推动绿色发展 建设美丽中国

2013
中国绿色发展
指数报告
——区域比较

北京师范大学科学发展观与经济可持续发展研究基地
西南财经大学绿色经济与经济可持续发展研究基地　著
国 家 统 计 局 中 国 经 济 景 气 监 测 中 心

北京师范大学出版集团
BEIJING NORMAL UNIVERSITY PUBLISHING GROUP
北京师范大学出版社

图书在版编目(CIP)数据

2013中国绿色发展指数报告／北京师范大学科学发展观与经济可持续发展研究基地，西南财经大学绿色经济与经济可持续发展研究基地，国家统计局中国经济景气监测中心著. —北京：北京师范大学出版社，2013.8
ISBN 978-7-303-16966-5

Ⅰ.①2… Ⅱ.①北…②西…③国… Ⅲ.①区域经济发展—对比研究—研究报告—中国—2013 Ⅳ.①F127

中国版本图书馆CIP数据核字（2013）第 191535 号

营 销 中 心 电 话　010-58802181 58805532
北师大出版社高等教育分社网　http://gaojiao.bnup.com
电 子 信 箱　gaojiao@bnupg.com

2013 ZHONGGUO LÜSEFAZHAN ZHISHU BAOGAO

出版发行：北京师范大学出版社 www.bnup.com
　　　　　北京新街口外大街19 号
　　　　　邮政编码：100875

印　　刷：北京盛通印刷股份有限公司
经　　销：全国新华书店
开　　本：210 mm×285 mm
印　　张：27
字　　数：708千字
版　　次：2013年8 月第 1 版
印　　次：2013年8 月第 1 次印刷
定　　价：180.00 元

策划编辑：马洪立　　　　责任编辑：姚　兵
美术编辑：毛　佳　　　　装帧设计：毛　佳
责任校对：李　菡　　　　责任印制：孙文凯

课题负责人

李晓西（北京师范大学学术委员会副主任、西南财经大学学术顾问）

潘建成（国家统计局中国经济景气监测中心副主任）

合作单位负责人

赖德胜（北京师范大学经济与工商管理学院院长）

唐任伍（北京师范大学政府管理学院院长）

胡必亮（北京师范大学经济与资源管理研究院院长）

杨志峰（北京师范大学环境学院院长）

刘方健（西南财经大学经济学院执行院长）

协作与支持单位

国家统计局中国经济景气监测中心及相关研究处所

中国科学院预测科学研究中心

环境保护部环境与经济政策研究中心

北京师范大学资源学院

北京师范大学地理学与遥感科学学院

北京师范大学环境学院

北京师范大学生命科学学院

北京师范大学水科学研究院

北京师范大学国民核算研究院

北京师范大学中国公益研究院

城市绿色发展科技战略研究北京市重点实验室

首都科技发展战略研究院

西南财经大学公共管理学院

西南财经大学能源经济研究所

西南财经大学实验经济学实验室

课题协调人

赵军利　赵　峥　林永生

课题联系人

荣婷婷　蔡　宁

评审专家

序一

党的十八大报告将生态文明建设放在更加突出的地位，纳入中国特色社会主义事业"五位一体"总体布局，明确提出大力推进生态文明建设，努力建设美丽中国，实现中华民族永续发展。2013年5月24日，习近平同志在主持中央政治局第六次集体学习时强调，要正确处理好经济发展同生态环境保护的关系，更加自觉地推动绿色发展、循环发展、低碳发展。建设生态文明、实现绿色发展，是关系人民福祉、关乎民族未来的长远大计。推动资源节约、环境友好的绿色发展，过上更有质量的生活，实现美丽中国愿景，已经成为了13亿人民的共同期盼。

当下，推进绿色发展、建设生态文明，中央方略已定，民间亦有共识，关键在于将方略和共识真正变为各地的坚决行动。其间，研究并建立起一套有利于推动绿色发展的绩效评估指标体系和评估机制，作为科学评价全国及各地绿色发展水平的重要基础，实属必要而紧迫。由北京师范大学、西南财经大学和国家统计局中国经济景气监测中心三家单位联合开展的中国绿色发展指数研究，迄今已历时四年。经过这些年的探索和实践，课题组在定量监测各地绿色发展水平方面积累了不少经验，绿色发展指数研究更加深入、更为实用，相关成果日益受到全社会的广泛关注，逐步搭建起了一座从绿色理念到绿色行动的桥梁。

绿色发展指数报告通过对数十个指标的监测，更加强调经济增长的质量和效率，更加强调经济增长过程中要时刻关注资源环境的承载压力，更加强调政府需加强对绿色发展的投入，对各地推动绿色发展提供了操作性较强的参考意见。《2013中国绿色发展指数报告——区域比较》的一个显著新特点是将参与绿色发展水平测评的城市从38个扩展到100个，增强了样本城市对全国城市的代表性。对城市绿色发展水平进行科学测评，并进行相关绿色发展状况的"体检"，促进各地对照检查，巩固绿色发展中的积极成果，找出绿色发展方面不太健康的因素并加以主动"治疗"，对于提升发展过程中的城镇化质量，对于以城市为支点推动全国绿色发展整体水平的提高，对于支持和引导各地实践绿色发展、建设生态文明，具有十分重要的意义。

不积跬步，无以至千里；不积小流，无以成江海。今天我们取得举世瞩目的经济成就，是30多年来对改革开放不懈坚持的结果；建设美丽中国的美好梦想，也需要我们不断践行绿色发展理念，一步一步脚踏实地去实现。希望课题组同志将这项有意义的工作坚持做下去，不断积累经验，完善提高，取得更加丰硕的成果。

长空碧澄，山色如黛，清水荡漾，芳草茵茵……这是每一位中国人心中的美丽中国！建设生态文明、推进绿色发展是我们这一代人的历史责任。让我们携起手来，为建设天蓝、地绿、山青、水净的美丽中国共同努力！

国家统计局局长 马建堂

序二

　　人与自然的矛盾从未像今天这样突出，如何实现人与自然的可持续发展，是当今世界面临的共同课题。继 2009 年哥本哈根世界气候大会为人类发展敲响警钟后，2012 年"里约＋20"联合国可持续发展峰会再次让世界探讨"我们期望的未来"。经济与生态、环境、资源之间的关系日益引发世人关注，在经济增长的同时解决气候变化、粮食安全、水资源和能源短缺等问题，实现绿色发展，成为全球共识。

　　改革开放以来，中国经济高速增长，但由此带来的环境问题也愈发明显。实现绿色发展涉及经济社会方方面面，是一个需要多领域合作、多维度推动、多层次结合的课题，需要我们共同研究。

　　自 2010 年起，由北京师范大学李晓西教授领衔，北京师范大学科学发展观与经济可持续发展研究基地、西南财经大学绿色经济与经济可持续发展研究基地、国家统计局中国经济景气监测中心三家单位联合，组织来自经济、管理、资源、环境多个领域的专家团队，开展了针对促进中国绿色发展的有益探索，共同研究推出了"中国绿色发展指数系列报告"，以丰富的数据、翔实的内容、深入的分析，刻画了我国绿色发展的概貌。

　　2013 年，第四本系列报告已经完成。在已有研究成果基础之上，2013 年报告将绿色发展测评城市扩展到 100 个，同时还通过深入青海省、浙江省、四川省、中国香港特别行政区、中国台湾地区，以及韩国首尔都市圈的实地调研，进一步获得了更多反映中国绿色发展现状的重要信息，使研究的结果更加深入细致。我们相信，《2013 中国绿色发展指数报告——区域比较》的发布，一定会进一步促进我国绿色发展的研究，推动建设美丽中国，为我们的地球及今世后代创造可持续的明天。

北京师范大学党委书记

北京师范大学校长

序三

促进绿色发展、提升生态文明、建设美丽中国，是我国全面建成小康社会的重要前提，是实现中国特色社会主义全面发展的必然要求，是实现中国梦的重要保障，也是党的十八大在新的历史征程中对社会主义现代化建设做出的重大战略布局。

绿色发展的重要意义要求理论界不断完善对绿色发展的研究，洞悉绿色发展的内在规律，把脉当前中国绿色发展的根本问题，追踪未来世界绿色发展的最新趋势。由李晓西教授和潘建成先生共同领衔，北京师范大学科学发展观与经济可持续发展研究基地、西南财经大学绿色经济与经济可持续发展研究基地和国家统计局中国经济景气监测中心三家单位联合攻关，自2010年以来连续四年推出中国绿色发展指数年度报告，从经济增长绿化度、资源环境承载潜力和政府政策支持度三个方面，全面测算和评估中国各地区和城市的绿色经济发展，为深入践行科学发展观、推动国家和地方绿色发展、提高绿色民生水平提供了一个良好的理论指导和行动指南，得到了包括国际组织、中国各级政府、学界和公众的广泛关注以及广大媒体的深度报道，已经成为引领国内外绿色发展理论研究创新的典范。

加强绿色发展方面的理论研究，是西南财经大学作为中国特色新型智库的社会责任之所在。西南财经大学作为教育部直属的国家"211工程"和"985工程"优势学科创新平台建设的全国重点大学，将一如既往，秉承"经世济民，孜孜以求"的大学精神，发挥作为财经大学特别是在"大金融学科"方面所具有的特色鲜明的学科优势，进一步与各方大力开展协同创新，推动绿色发展研究，为实现中华民族的伟大复兴和永续发展贡献自己的力量。

西南财经大学党委书记

西南财经大学校长

专家评议[①]

吴敬琏： 2013 年以来北方频繁出现的严重雾霾天气、接着曝光的华北地区水污染以及湖南等地耕地严重重金属污染等信息，尖锐地显示了中国绿色发展面临的严峻形势，但也唤起公众对绿色发展问题的普遍关注。

李晓西教授近年推动中国绿色发展指数研究，发布中国绿色发展的年度报告，对于推动学术界进一步开展绿色发展研究起到了积极的带头作用。《2013 中国绿色发展指数报告——区域比较》在往年报告基础上，进一步修订了测算指标体系，并延续区域比较和城市比较的方式进行测算和评估，对于推动各地政府改进工作也有实际意义。这次报告中绿色发展公众满意度的问卷调查结果清楚地表明，公众对城市环境的满意度明显下降，这也印证了积极的绿色行动的迫切性和必要性。

绿色发展在中国是一项极为复杂的工作，尤其是需要切实有效的制度设计。就中国绿色发展指数研究报告来说，我希望作者能继续改进测评指数量纲，特别是希望读到对于绿色发展面临的制度障碍和解决思路更深入的讨论。

厉以宁： 由北京师范大学科学发展观与经济可持续发展研究基地、西南财经大学绿色经济与经济可持续发展研究基地、国家统计局中国经济景气监测中心撰写的《2013 中国绿色发展指数报告——区域比较》一书已经阅读。同《2012 中国绿色发展指数报告——区域比较》一样，这是一部有关中国绿色经济与经济可持续发展的资料翔实、可信度高的研究作品，我认为它的完成反映国内在这个研究领域内的新成绩。

两部作品作了比较后，发现 2013 年报告在以下五方面比 2012 年报告有了较大的改进：

第一，测评城市由 38 个增加为 100 个；

第二，新增加"可吸入细颗粒物(PM2.5)浓度年均值"这一重要指标；

第三，适当调整"环境压力与气候变化"下属三级指标权重；

第四，增加了"绿色发展实地调研与考察"一篇，包括青海、浙江(安吉县)、山西(晋城市)、湖北(建始县)、四川(珙县)这些有典型意义的地区的调研；

第五，依托国家统计局，继续进行绿色发展公众满意度问卷调查，加强了对区域绿色发展的公众评价。

至于报告中提到的本书准备增加的两个三级指标("每万人市容环境专用车辆设备数"、"城市人均再生水生产能力")，由于考虑到数据统计质量有待提高，所以 2013 年报告上暂不列入，我认为，这两个三级指标不妨采取"部分城市"两个指标的方式，作为附录列入，这样似乎可行，供参考。

[①] 2013 年评审专家的意见为 2 万多字，与 2012 年篇幅大致相同，为体现专家意见的全貌，以飨读者，这里全文照登。专家们的热情肯定与宝贵建议使我们受益颇多，推动了报告的不断进步与完善，我们将在明年的报告中消化吸收。再次感谢专家对我们研究成果的肯定，感谢专家们提出的宝贵意见。

张卓元：本报告进一步完善了评价指标体系，如新增"可吸入细颗粒物（PM2.5）浓度年均值"这一重要指标，测评城市也由 2012 年的 38 个增加到 100 个，说明报告内容进一步充实，质量进一步提高。报告的出版，将使大家更加关心和重视中国经济社会的绿色发展，从而有利于"两型社会"建设。

建议以后能把公众评价纳入指标体系中，作为第四个一级指标。我认为公众满意度很重要。我一直怀疑北京、石家庄、唐山等城市绿色发展指标怎么会好过珠海，如加上公众评价，情况反映得可能更全面些。还有，下一次希望能增加土地贵金属含量指标。

魏礼群：《2013 中国绿色发展指数报告——区域比较》完全符合党的十八大关于"加快推进生态文明建设"、"建设美丽中国"的重大决策部署，是推动全国建设生态文明、走绿色发展的重要行动。这本报告比前三本报告内容更加丰富、实在，特别是增加"绿色发展实地调研与考察"一篇，有些指标体系趋于完善，说明这项重大课题研究更加深入。几点建议：

第一，按照十八大报告精神，进一步拓宽绿色发展的内容、路径和形式。

第二，逐步增加中、小城市绿色发展指数对比，以引导和推进中国新型城镇化持续健康发展。

第三，适时增加重点农村绿色发展实地调研，促进新农村绿色发展。

第四，采取适当方式，包括召开小型探讨会，征求有关地区、城市和专家意见，进一步提高报告的科学性、真实性、可行性。

第五，目录中第一篇"省际篇"，可否改为"地区篇"或"省（区、市）篇"？

最后，衷心祝愿《2013 中国绿色发展指数报告——区域比较》越办越好。

以上建议，仅供参考。

陈锡文：近年来，课题组不断完善研究思路和方法，已经形成了比较科学、完整的分析框架，建立了比较稳定的指标体系。2013 年的报告进一步完善了城市测算指标体系，选取典型地区进行了实地考察和案例分析，加强了区域绿色发展的公众评价，使得分析框架更为完整、分析更为深入。对中国城镇化与城市绿色发展的分析，具有很强的针对性和重要现实意义。在做了大量艰苦细致调查的基础上，课题组完成了关于公众对城市绿色发展满意度的研究，得出了具有重要参考价值的结论。对部分地区的成功发展经验进行总结分析，有利于进一步形成走绿色发展之路的共识，也有利于因地制宜探索绿色发展路径。

总体来看，本项研究得出的结论比较符合实际，尤其是以下几个分析结论具有很强的警醒性：一是在 30 个省（区、市）中，有 17 个省（区、市）的绿色发展指数、21 个省（区、市）的经济增长绿化度、18 个省（区、市）的资源环境承载潜力指数、13 个省（区、市）政策支持度指数为负数。二是实现"高绿色—高城镇化"的城市不到测评城市的 1/5。三是 38 个城市的居民对政府的绿色行动满意度为负数且比 2012 年下降。对这些重要结论产生的原因，有必要进行深入分析，并提出解决问题的突破口和系统的政策建议。

提三点建议供参考：一是要继续根据发展阶段的变化，在组织专家深入分析讨论的基础上对分析指标及权重进行适当调整。二是不同地区人口数量、资源环境承载能力、经济社会发展水平、发展方向和重点、政府支持水平和结构等具有很强的差异性，要进一步加强区域间的比较研究，针对不同类型地区提出更具针对性的建议。三是进一步加强国际比较研究，对典型国家和地区的成功经验和教训进行总结和借鉴。

刘世锦： 当前，中国经济已经步入增长阶段的转型期。未来 10 年若能成功转型，中国将进入一个增长速度虽有所降低，但经济发展却更具活力、创造力和可持续性的新增长阶段。新增长阶段的开启也预示着新发展方式登上舞台，其中绿色发展被寄予厚望。人们期望绿色发展方式能够重拾强劲的发展动力、有效缓解资源环境压力、营造公平分享发展成果的制度环境。

《2013 中国绿色发展指数报告——区域比较》在以往研究的基础上，提供了关于"可检测、可报告、可核实、可比较"的绿色发展度量框架，细致地标定了中国 30 个省（区、市）和 100 个城市当前的绿色发展空间坐标，给出了不同地区迈向绿色发展的努力方向，对指导当前我国的经济增长阶段转换和发展方式转变具有重要意义。

与往年的研究成果相比，2013 年报告有了不少颇具新意的进展：

一是理论框架得到改进。2013 年报告改进了中国城市绿色发展指数指标体系，增加了"可吸入细颗粒物（PM2.5）浓度年均值"指标，反映出报告紧扣当前我国环境污染治理的重点和难点。

二是理论应用得到加强。参与测评的城市从 2012 年的 38 个增加到 100 个，体现了研究工作的广度在扩展，深度在加强。报告将 100 个城市绿色发展测评结果与各自的城镇化水平做出比较，将城市放在"城镇化水平"和"绿色发展水平"二维空间进行考察，给出了新型城镇化背景下中国城市发展的路径选择，体现出研究成果更加与国家当前的政策进程相吻合。

三是理论检验得到加强。报告继续了 2012 年的"城市绿色发展公众满意度调查"，试图通过实地调查来验证通过城市指标体系测算的绿色发展水平，这反映了绿色发展的最终目的是让老百姓满意，值得充分肯定。报告还增加了绿色发展的实地调研，选择了青海省、浙江省安吉市、山西省晋城市、湖北省建始县以及四川省珙县作为案例研究对象，从微观层面分析了绿色发展现状，成为指数研究的重要补充。

2013 年报告在取得显著成绩的同时，依然存在继续完善的空间：

一是报告的研究要点还可以进一步提炼。在调研分析的基础上，可以进一步提炼出一些有目标、有路径、有动力、有重点、有政策的战略性想法或观点。可以考虑在报告"总论"中适当补充相关内容。

二是整个报告研究成果的政策含义还可以进一步清晰化。报告侧重绿色发展水平的区域比较，可以考虑多方面提炼政策含义。例如，鉴于绿色发展水平的差异，如何合理确定不同地区的考核目标，如何在这个基础上建立中央政府和地方政府谈判的公开、透明机制；国家相关政策制定时如何挖掘不同地区的发展潜力，在产业转移和化解产能过剩中，如何利用不同地区发展实力的差异更有效地实现产业布局优化和产业结构调整等。

三是报告框架可作微调。建议当前的第四篇"绿色发展实地调研与考察"与第三篇"公众评价篇"进行调换，理由是在完成城市绿色发展水平测算之后，紧接着进行典型城市绿色发展实地调研，似乎逻辑联系更加顺畅。建议目前的第三篇"公众评价篇"中的第九章"城市绿色发展公众满意度调查方案及组织实施情况"内容调到"附录"中，理由是本部分内容仅仅摘录了媒体对 2012年研究报告的各种报道和评价，研究分析的成分不多，或者将这部分有深度的评价内容调到第五篇"专家论坛——为绿色发展建言献策"中。

以上意见和建议，仅供修改时参考。

卢中原：2013 年的报告扩大到 100 个城市，增加了对国内外一些省市、地区的"绿色发展实地调研与考察"，并且对城市测算体系做了进一步修订，这些新的内容都是值得肯定的。提两个建议：

第一，以后的系列报告如果坚持每年出一本，可否考虑各个年度间既要保持连续性、可比性，又能突出某个重点、某个专题性的对比。比如，可以保持三个一级指标的评估和排序，而下一级具体指标的排序则突出某个领域，或某些有突出进展的省（区、市）。这样，可以防止报告越来越长，容量越来越大，反而不易于把握要点，也不易于突出亮点。

第二，可否增加对居民消费行为模式和理念的调查，包括问卷调查和统计指标分析。这方面的内容在报告中有个别指标能够反映，但不充分，也不够鲜明。促进绿色发展，不仅涉及有利于资源节约和环境保护的生产方式、投资行为和产业结构极其相关政策，也包括有利于资源节约和环境保护的消费行为、观念、模式以及相关政策。毫无疑问，促进绿色发展的主要责任在政府，对居民消费行为模式和理念的调查，首先还是需要摸清消费行为和观念是否有利于绿色发展，公共政策应当鼓励什么、抑制什么。其次，此类调查有利于启发和引导社会舆论。消费者自己是否也应当想一想，我们能够为绿色发展做些什么，哪些消费行为和观念是应当发扬光大的，哪些是应当改变和抛弃的。可以考虑以居民满意度问卷调查为基础，对调查内容做一些调整。

辜胜阻：《2013 中国绿色发展指数报告——区域比较》给我印象最深的是这一报告从中国城镇化和城市绿色发展关系的角度出发，在对 100 个城市进行绿色测评的基础上，分析了中国城镇化进程中城市绿色发展的格局、特征，并根据中国城市绿色发展的具体情况，提出了现阶段进一步推动城市绿色发展、走新型城镇化道路的实现路径。

中国城镇化迫切需要向绿色发展转型。2013 年以来，全国许多地区出现雾霾天气，尤其是长三角、珠三角和京津冀鲁地区等区域，大气污染程度十分严重。按照 2012 年 2 月新修订的《环境空气质量标准》，全国有 2/3 的城市空气质量不达标。对雾霾的担忧尚未散去，地下水的污染又激起了巨大的波澜。有关部门对 118 个城市的连续监测数据显示，约有 64% 的城市地下水遭受严重污染，33% 的地下水受到轻度污染，地下水基本清洁的城市只有 3%。空气污染、水污染是中国城镇化进程中"大城市病"的集中表现，所造成的健康损失极大，事关生命安全。有研究显示，近 20 年来癌症呈现年轻化、发病率和死亡率"三线"走高的趋势，空气污染、水污染与癌症的多发有着密切的关系。以破坏环境和资源高消耗来换取城镇发展的传统模式，将会严重削弱城镇化发展的质量，不利于城镇化健康可持续发展。城市在发展过程中，其资源环境的承载能力是有一定限度的，随着全国城镇化率超过 52%，我国进入了"大城市病"的集中爆发期，对居民生活和城市发展的不利影响日益显现。中国城镇化进程中的城市病并不仅仅是人口和产业过度集中所造成的交通拥挤、空气污染等问题，更与中国经济发展中的粗放型发展方式和扭曲的激励机制联系在一起，最终导致了"病态的城市化"，尤其是空气污染和水污染，甚至直接威胁城镇居民的生存底线，喝干净水、吸清洁空气已经成为重大的民生期待。

中国城镇化如何向绿色发展转型？新型城镇化"要把生态文明理念和原则全面融入城镇化全过程，走集约、智能、绿色、低碳"的城镇化之路。推进城镇化的绿色发展转型，需要围绕城市体系、产业结构、制度安排及企业和公众参与机制五个方面进行。

第一，应对日益严重的"大城市病"，要反思城市功能和优质资源高度集聚和集中的弊端，优化城市结构体系，走均衡城镇化之路。科学制定城市规划，引导城镇人口合理布局，改变人口、产业、资源过于集中在少数大城市的局面，从根本上缓解城镇化发展过程中的资源环境压力。要优化城市结构体系，坚持"两条腿走路"，实现城镇化均衡发展。一是大力发展城市群来充分发挥中心城市的规模效应和辐射效应，以大带小、合理分工。应把城市群作为主体形态，增强城市综合承载能力，既防止大城市过度膨胀，也注意推进大、中、小城市和城镇的协调发展。采取以大都市圈为特征的城市化策略，实行组团式的城市结构，明确都市圈中城市之间的功能定位，形成合理高效的城市分工体系，通过大都市的辐射能力，直接把周边的中小城市和小城镇纳入块状的城市圈内。二是依托县城发展一批布局合理、功能完善、有吸引力的中小城市，增强中小城市产业发展、公共服务、吸纳就业、人口聚集功能，鼓励更多的人实现就地城镇化。通过发展城市群和做多中小城市，科学布局城市体系，改变城市体系"头重脚轻"态势，使人口合理流动，防止大城市人口过度膨胀以及城市功能的过分集中。

第二，保障居民呼吸和饮水安全，要着力解决经济发展方式过于粗放的问题，加快形成支撑绿色城镇化的产业基础。城镇化离不开产业支撑，推进城镇化绿色转型更需要实现产业的绿色发展。应通过积极控制增量、优化存量的方式，构建绿色现代产业体系。增量方面，要建立差别化的产业进入机制，进一步提高火电、石油炼制、有机化工、钢铁、有色金属、水泥、建材等高耗能、高排放和产能过剩行业的环境准入门槛；要按照全国主体功能区定位，综合考虑资源、环境、物流等因素，有重点地发展现代服务业，培育战略性新兴产业；要加强绿色制造技术的创新和应用，大力推行绿色生产，积极发展绿色先进制造业，重点扶持节能环保产业和绿色服务业的发展，并以此带动其他产业的绿色发展。存量方面，应因地制宜推行现有企业群集约化和燃料清洁化发展，对规模小、重复性高的行业进行整合；完善绿色生产技术指标体系和产品标准体系，对重点耗能、污染企业加大检查惩罚力度，倒逼企业加快技术创新和产业升级；完善企业退出机制，加快淘汰产能效率低、优化升级难度大的企业。

第三，建立更加严格的环境保护制度，健全环境监督体系，推进城镇化，走绿色发展之路。推进绿色城镇化需要政府发挥"有形之手"的作用，加强公共服务管理，通过建立健全相关环境保护制度，实现利益调节和行为纠偏。首先，要确立政府绩效考核的绿色导向，明确城镇化发展过程中生态环境保护的政府责任，从根本上扭转地方政府片面追求GDP的政绩观，将单位GDP能耗及主要污染物排放强度等指标纳入地方政绩考核的硬指标体系，使促进绿色城镇化成为地方政府的自觉行为。其次，要广泛借鉴、吸纳发达国家通过立法手段治理污染的成功经验，结合当前国情、民情，加快推进环境保护法、大气污染防治法、清洁生产促进法、环境影响评价法等法律的修订工作，研究制定大气污染物总量控制、排污许可证管理、机动车污染防治、环境污染损害赔偿等方面的法律、法规，实现环境保护"有法可依"；强化环境保护中的法治管理，加大对环境污染违法行为的查处力度，提高违法成本，实现环境保护"有法必依"。最后，要健全污染监测、预警和风险评估机制，加强环境监督体系建设，提升自身的监测能力，健全空气和水污染的应对体系，提高执行力，解除民众焦虑，增强居民安全感；尽快建立区域联防联控机制，建立区域重污染天气应急预案，构建区域、省、市联动一体的应急响应体系，推动各项防治措施有效落实。

第四，激励企业主动减排治污，提倡低碳环保的生产方式，用市场机制推进城镇化的绿色发展。要探索运用经济手段激励市场主体主动治污减污，对积极从事治污减污工作的企业，提供财税和金融等方面政策支持。在推进环境税费改革的过程中，可探索对优先采用清洁生产工艺的企业给予税收优惠；建立企业环境行为信用评价制度，加大对符合环保要求和信贷原则的企业和项目的信贷支持力度，推进环境金融产品创新，完善市场化融资机制。充分发挥市场机制在环境保护中的作用，加强环境污染成本核算，发挥民营企业在城市绿色发展中的作用，调动民间资本参与城市环境改善和发展环保产业的积极性。

第五，提高公民环境保护的意识，提倡绿色消费模式，引导市民广泛参与城镇化的绿色发展。倡导绿色消费方式，有利于带动绿色产业发展，促进城镇产业结构升级优化，进而推动城镇化绿色转型。中国绿色消费市场潜力巨大。有研究表明，80%以上的欧美国家消费者把环保购物放在首位，愿意为环境清洁支付较高的价格；而与国外相比，中国的绿色消费人群比例要低很多。为此，要进一步增强公民环保意识，增强公众对环境保护的监督，将环保意识上升为公民意识，将环保行动普及为公民行动。加大绿色消费的补贴力度和信贷支持，鼓励消费者购买和使用节能环保产品和环境标志产品。要加强对绿色生活和消费模式的舆论宣传，促进公民逐步树立绿色消费观，在全社会营造生态、适度、节俭的绿色消费氛围。

周宏仁："中国绿色发展指数系列报告"至今已连续出版了四个年度，从 2010 年第一本报告中极富创意地提出"绿色发展指数"这一新概念和对应的一套测算指标体系，到现在这本《2013 中国绿色发展指数报告——区域比较》发展出来的涵盖省际和城市两套测算指标体系的研究成果，"中国绿色发展指数系列报告"完整记录了我国绿色发展的历史进程，同时更从理论的高度推动了我国绿色发展研究的系统化和深化。经历了连续两年的修订和完善，绿色发展的省际指标体系目前已相对稳定，2013 年没有做出任何更改，该指标体系在当前国内绿色发展测算方面已具有了一定的权威性，定会成为众多相关研究的重要基础和参照；城市指标体系目前仍在不断探索完善中，相信随着省际和城市两套测评体系的不断成熟，报告将毫无疑问会对我国绿色发展的理论研究、政府的政策制定以及地方推进绿色发展的实践工作具有重要的指导意义。

这里给出一点建议供参考：从当前绿色发展的国际前沿来看，发达国家越来越强调信息技术在绿色发展中的应用，通过信息化来实现绿色发展正在成为绿色发展的国际共识和发展趋势。2012 年 10 月，美国、日本、韩国等国在日本专门召开了针对绿色发展的"2012 全球绿色信息技术（Green IT）"国际会议，会议就各国通过信息化手段利用信息技术促进绿色发展的主要做法和特点展开了充分的讨论。随着信息产业日益成为中国经济的高速增长点，通过信息化的手段探索利用信息技术促进绿色发展必将成为我国绿色发展过程中不可忽视的重要内容。

信息化促进绿色发展的影响可以分为两个方面：一是信息技术帮助其他行业在节能降耗、减污减排等绿色发展发面起到的关键作用。二是信息化已经渗透到国民经济和社会发展的各个方面，信息产业自身的绿色发展也成为重要关注问题。其实，早在 2010 年经济合作与发展组织就已提出过通过加强信息技术来促进节能减排的十项基本原则。鉴于此，建议在今后关于绿色发展指数的研究中，进一步研究和考虑信息化过程中信息技术对绿色发展的影响，当然，考虑到在全国范围获取标准化的数据可能存在困难，可以先从某个行业或某个地区入手以专题的形式进行研究，这样既可使绿色发展指数报告与国际当前绿色发展的趋势接轨，使报告具有更广的国际视野，也可更好地引导中央和地方各级政府和部门，更积极地、主动地通过推动信息化、利用信息技术实现我国经济增长的"绿色发展"。

潘岳： 由李晓西教授领衔的中国绿色发展指数报告研究团队，继续深入研究、不断创新，克服诸多困难，又推出了 2013 年评估报告，在此表示祝贺。2013 年评估报告在前几次报告基础上做出了以下贡献：

第一，紧密结合当前国际和国内新形势，对绿色发展的内涵和意义有了更深入的认识，评估报告内容丰富、数据翔实、结论可靠，对落实党的十八大精神，建设生态文明和美丽中国具有十分重要的指导意义。

第二，本着科学严谨、实事求是的态度，课题组对城市绿色发展评估指标体系进行了完善，增加了"可吸入细颗粒物（PM2.5）浓度年均值"等多项环境质量指标，并与 113 个环境保护重点城市接轨，测评城市增加到 100 个，针对性更强了。

第三，进一步丰富了评估报告内容，特别是增加了绿色发展实地调研和案例研究内容，国际调研与国内调研相结合，对比分析绿色发展的经验和存在问题，提出有针对性的建议，对当前全国各地如何实现绿色发展、努力探索绿色发展的新路子具有更强的指导意义。

为了更好地服务于政府决策，建议在以后工作中：

第一，进一步加强评估报告的重要结论和政策建议的提炼，最好有一个精练的执行摘要或提交给有关部门的政策建议报告。

第二，进一步加强评估数据和结果的生动形象的可视化效果展示。

第三，进一步创新评估指标体系和评估方法，增强评估报告的活力，适当时候加入一些综合性评估指数，如生态供给指数、绿色 GDP 指数等。

甘藏春： 党的十八大报告明确提出："把生态文明建设放在突出地位"，"着力推进绿色发展、循环发展、低碳发展，形成节约资源和保护环境的空间格局、产业结构、生产方式、生活方式"，"努力建设魅力中国"。在党中央、国务院越来越重视生态文明建设的今天，课题组完成的《2013 中国绿色发展指数报告——区域比较》适应新形势的需要，注重对中国省际绿色发展指数和中国城市绿色发展指数相关数据的统计分析，并用专章探讨了中国城镇化与城市绿色发展的格局、特征以及路径选择；注重了解居民对城市绿色发展情况的主观感受和评价，与客观指标的测评结果作互补性的论证；同时还注重听取专家学者的意见和建议，从而使研究成果更为客观、全面、科学。相较于 2012 年的研究报告，《2013 中国绿色发展指数报告——区域比较》在以下几方面更加完善：一是专门增加了"绿色发展实地调研与考察"，深入考察了国内外绿色发展现状，学习借鉴各地绿色发展成功经验，使研究报告的内容得到极大充实与完善。二是进一步完善了城市测算指标体系，根据专家意见新增了"可吸入细颗粒物（PM2.5）浓度年均值"这一指标，调整了部分指标的权重，将测评城市由 38 个增加为 100 个。三是继续进行绿色发展公众满意度问卷调查，加强对区域绿色发展的公众评价；通过问卷调查发现民生民意方面的问题，以引起社会各界的高度重视。总的来说，研究报告数据测算扎实，分析研究深入，注重理论联系实际，具有较高的参考价值。提一点建议供参考：研究报告更多侧重于对统计数据的分析研究，在措施建议方面的作用有待进一步发挥。例如，可考虑将单个城市的分类统计数据综合分析研究，指出该城市今后在绿色发展方面需要加强和改进的地方，供城市管理者参考借鉴，以不断提高研究报告的影响力。

徐庆华： 1. 总体评价：全面、翔实、有说服力；2. 内容排序合理，结构完整；3. 理念、方法先进，具有理论指导和进一步推广的价值。

刘伟： 由李晓西和潘建成两位先生作为负责人的研究报告《2013 中国绿色发展指数报告——区域比较》即将面世，付梓之前，我有机会读了书稿，谈不上读得深入细致，但由于此前读过他们这一课题组编写的 2011 年和 2012 年的中国绿色发展指数报告，对其基本方法和指标及其调整变化还是有一定体会的。

他们所做的中国绿色发展指数研究的报告，包括中国省际绿色发展指数和中国城市绿色发展指数两部分，相互间有联系，在方法和指标选择上也有一些相同处，但区别还是明显的。其中，省际绿色发展指数研究稍早些，在方法上也更成熟；城市绿色发展指数研究在此之后开始，研究范围不断扩大，指标也在不断调整中，但总体上方法是较成熟的。

绿色国民经济核算体系是在现有国民经济核算体系基础上融入资源和环境因素进行综合核算，即综合环境经济核算体系（System of Integrated Environment and Economic Accounting, SEEA）。

从 20 世纪 20 年代库兹涅茨对国民收入的计量和增长研究（以此获 1971 年诺贝尔经济学奖），到 20 世纪 40 年代斯通主持的国民经济账户体系研究（以此获 1984 年诺贝尔经济学奖），传统的国民收入统计逐渐发展成为对国民经济价值流量和存量进行全面计量的国民经济核算体系，联合国于 1968 年公布新的国民经济核算体系（SNA）后，逐渐在世界范围内达成了共识，SNA 把国民收入核算投入产出表、资金流量表、国际收支平衡表、国民资产负债表结合起来，构成一个综合体系，空前提高了国民经济核算的系统性、全面性和深入性，但相对于发展变化且远远超出理论能力的经济发展实践而言，这一体系存在许多局限，其中突出的一点便是 SNA 难以反映资源环境变化问题。从 20 世纪 70 年代起一些国家和国际组织对经济发展中的资源和环境的经济核算展开探索。

综合环境经济核算体系（SEEA）是作为国民经济核算体系（SNA）的一个延续展开，一方面与 SNA 之间有联系，一方面通过对 SNA 的扩展，把资源、环境与经济方面的各种变量结合在一起，通过国民账户的方式对环境和经济变量进行核算，包括实物账户、国民经济核算中与环境管理有关因素的账户、环境资产账户、经济活动对环境发生影响活动的账户四类账户。但绿色国民经济核算是非常复杂的工作，目前世界上还没有一个国家建立起完善的绿色国民经济核算制度，也没有一个国家在计算全部资源耗减成本和全部环境损失后，从 GDP 中扣除这部分，公布出完整、可信的"绿色 GDP"。原因在于：一是资源耗减和全部环境损失的范围还不能精确地确定，很多还未被认识；二是对环境污染成本和损失的价值量核算是极为困难的事情。

问题在于，世界及我国的社会经济发展，迫切要求对资源环境进行系统而又科学的核算，李晓西、潘建成先生负责的课题组正是在这种理论分析方法存在严重困难的基础上，从中国实际出发，针对中国发展中的资源环境现实，做出可行的且有针对性的研究。这一研究，并不是要得出准确权威的"绿色 GDP"数据，而是通过绿色发展指数的研究和指标的比对，使我们能够更为深刻地观察到中国经济发展中的资源环境问题，观察到社会经济发展与资源环境之间的互动关系。这种研究，不仅对中国的发展有着重要的实践意义，而且，通过对中国省际、城市间的绿色发展指数研究，从理论和方法上推动着绿色国民经济核算体系的建设。这是极有意义且极其艰难的工作，他们所取得的成果是值得重视和尊敬的。

葛剑平： 非常高兴地看到我国著名经济学家李晓西先生领导的创新团队，连续四年倾心致力于中国绿色发展。这不禁使我这个从事 30 余年生态学研究的工作者由衷敬佩。早在 1997 年，全球 2 500 名经济学家，包括 500 名诺贝尔奖获得者就发现了生态问题的严重性，认为现有的传统经济模式难以规范和遏止人类对资源过度掠夺和无限制扩张带来的问题，不仅对全球气候环境产生重大影响，而且也将引发政治、社会和地缘政治等巨大风险，呼吁亟待建立一个新的经济运行体制与发展秩序。李晓西先生推动的中国绿色发展理论与实践体系，给了我们一个崭新的视野，重新审视、思考人与自然的关系，审视我们现有的经济模式和管理体制。读中国绿色发展指数报告也使我想起美国学者哈定于 1968 年描述的一个场景：一群牧民共享一片草场。每一个牧民都想多养一只羊增加个人收益，尽管他们都知道过度放牧将导致草场崩溃。但是，在无制度制约情景之下，由于草场退化的代价将由大家共同负担，每个牧民都从自己利益出发选择多养羊获取更多的利益，最终结果导致草场持续衰退，直至毁灭，所有牧民共同破产。这就是著名的"公地悲剧"理论。目前，这种悲剧还在持续地上演，诸如全球范围的二氧化碳过度排放导致的全球气候变化，以及区域的雾霾天气、河流断流与水域污染、生物多样性灭绝等严重生态问题，已日益演变成为全球关注的政治与社会问题，尤其是在我们这样一个资源短缺的人口大国中上演得更为剧烈。"公地悲剧"已经不是一个简单的科学与技术问题了，它已成为一个国家、一个区域生存和发展的政治与社会问题。我们必须选择一条崭新的中国可持续发展道路。李晓西先生致力于的中国绿色发展指数，就是要从经济制度设计和政府决策层面，推动中国生态文明建设进程。四年的努力已经取得了丰硕业绩，中国绿色发展指数报告不仅在学界产生了极大影响，也受到了政府决策部门的高度重视，民众也给予了热情关注。2013 年度的报告将更为深入，不仅修订了测算指标体系，还进行了实地调查研究和公众问卷调查，同时还积极推进国际化进程。我相信 2013 年报告的发布一定会进一步推进中国绿色发展，同时也祝贺李晓西先生领导的创新团队取得的新进展。

边慧敏：这是我连续第四年被邀请参加中国绿色发展指数年度报告的评审，通读完 2013 年的报告，我觉得这是一部特色鲜明的报告，具有以下几个方面的特点。

一、绿色发展指数体系趋于成熟，保持连续性和稳定性

中国绿色发展指数由 2010 年开始研发测算，近四年来，课题组吸收了国内外几十位评审专家及统计专家的建议，不断探索和改进，已经形成相对稳定的指标体系。2013 年的省际绿色发展指数指标和 2012 年的指标完全一样，保持了连续性和稳定性，说明该指数报告已经日趋成熟和完善，这具有重要意义。一方面，我们可以运用这一指标体系框架在省区内部进行绿色发展指数的测算，使国内的绿色发展研究进一步深化；另一方面，我们也可以在国外推广这一指标体系框架，特别是与中国类似的新兴经济体和诸多发展中国家，值得借鉴这一指数体系的构建方法，去测度各自国家的绿色发展情况，有助于世界绿色发展研究的比较和交流，扩大世界绿色发展的广度。从这个意义上说，中国绿色发展指数年度报告已经成为引领国内外绿色发展研究创新的典范。事实上，我了解到课题组赴泰国曼谷亚洲理工学院进行研究，运用该指标体系对泰国的绿色发展情况进行了测算，得到了泰国有关部门和专家的高度重视和好评。

二、绿色发展指数报告与时俱进，富有创新性和时代性

纵观 2010 年以来的这四部报告，报告并没有因为指标体系的日益完善而走向封闭和"沉闷"，相反，这是一部开放的报告，始终紧扣中国发展的时代主题和现实需要，把握国内外绿色发展实践的时代前沿，使得报告极富创新性和时代性。例如，2011 年是中国"十二五"开局之年，报告着重对"十一五"期间的绿色发展进行了总结，并对"十二五"期间的绿色发展进行了展望和

建议。2012 年的报告紧扣中央经济工作会议提出的转变经济发展方式为主线的会议精神，编制了"绿色体检"表，为各省（区、市）总结各自在推行绿色发展、转变经济方式过程中的进步和不足提供了直观的参考，并就各级政府普遍关注的民生问题，增加了面向公众的问卷调查，聆听广大群众对当地绿色发展的亲身感受。2013 年是贯彻落实中共十八大精神的开局之年，报告围绕十八大提出的建设生态文明、实施"五位一体"的发展战略、走新型城镇化道路的精神进行了丰富的论述，包括对各地生态文明建设和绿色发展情况进行实地调研，对中国城镇和城市绿色发展的基本格局和总体特征进行了概括，为新型城镇推动绿色发展和绿色发展促进新型城镇化提供了战略和策略上的政策建议。

三、绿色发展指数编制求真务实，具有科学性和责任感

自 2010 年以来的这四部年度报告，都体现了课题组从事理论创新研究的"大胆假设，小心求证"的科学精神，也充分体现了课题组作为有"社会良心"的理论工作者的历史责任感。之所以这样说，其一，2011 年的报告中，成都市（2009 年）绿色发展指数排名较为靠后，与媒体报道和民众感受似乎不符，报告负责人和课题组成员为此专门赴成都与相关部门进行深入座谈和广泛调研，寻找原因，"小心求证"。也正是在成都的座谈中得到启示形成了 2012 年报告中的"绿色体检"和"公众评价"部分。其二，2010 年青海绿色发展指数排名全国第二，而西宁市的绿色发展指数排名却不尽如人意，位居全国末位，存在着青海省和西宁市绿色发展指数排名的"省市悖论"。三年后中国绿色发展指数课题组就此赴青海省进行了六天实地考察，走访相关部门、高校、研究机构和企业，与相关领导、专家及企业代表进行了座谈，三年前的排名悖论，并没有因为"理性的数据证实"而放弃，而是在三年后到实地进行"小心求证"。其三，2013 年的报告除了保持2012 年报告中的公众的问卷调查，了解广大群众对当地绿色发展的评价，还增加了国际组织、地方政府和研究机构等有关领导、官员和学者对绿色发展指数报告的专业评价和广大新闻媒体的广泛报导，把专家的理性思考与大众的直观感受相结合，不只是简单追求各类数据指标的权威，还注重结合地方的实情和民意，这些既体现了课题组严谨求证的科学精神，又反映其对社会高度负责的研究态度。

许宪春：改革开放以来，我国经济快速发展，经济总量已居世界第二位。然而，随着我国经济地位的不断提升，中国资源环境与经济发展之间的矛盾日益突出，特别是 2013 年来大范围持续的重污染雾霾天，引起了社会的广泛关注。社会公众的环境保护意识不断提高，过去长期高投入、高消耗、高污染的粗放增长方式已经到了必须改变的时候。党的十八大首次把生态文明建设列入中国特色社会主义建设总体布局，强调着力推进绿色发展、循环经济、低碳发展。建设生态文明，是关系人民福祉、关系民族未来的长远大计。面对资源约束趋紧、环境污染严重、生态系统退化的严峻形势，生态文明建设和绿色发展既是重大民生问题，也是经济升级的重要抓手。早在 2010 年，北京师范大学、西南财经大学、国家统计局中国经济景气监测中心联袂推出《2010 中国绿色发展指数报告——区域比较》，之后每年都新推出一本报告，旨在科学、客观地评估中国各省（区、市）和重要城市的绿色发展情况，探求中国绿色发展的路径，可谓紧扣时代主题，反映公众重大关切。报告在利用统计指标和方法量化中国各省（区、市）和重要城市的绿色发展上做了大量有益的探索。比如，通过建立地区"绿色发展体检表"，进行地区纵向和横向的比较；通过建立"城市绿色发展公众满意度调查"，为公众参与提供渠道等。正是由于这些特点，自报告推出以来引起了社会的广泛反响，收到了良好的社会效益。从政府到公众，

越来越多的人更加关心、关注绿色发展。在取得以上成绩的同时，我欣喜地看到，报告每年都有创新，每年都在进步。《2013 中国绿色发展指数报告——区域比较》不仅继承了前三本报告的长处，而且在框架结构和指标体系上有了不少创新和发展。与 2012 年相比，报告的主体内容由四篇增加为六大篇。其中，在公众评价篇新增了社会各界对绿色发展指数的反馈与思考方面的内容。新增第四篇"绿色发展实地调研与考察"，通过深入实地调研考察国内外绿色发展，总结绿色发展的经验与教训，探讨贫困地区、乡村、资源型（煤）城市等的绿色发展之路；在第六篇"省、市'绿色体检'表"给予进退脸谱和排名变化分析。与 2012 年相比，中国城市绿色发展指数体系新增了社会关注度高的"可吸入细颗粒物（PM2.5）浓度年均值"指标，并相应地调整了"环境压力与气候变化"下属三级指标的权重。测评城市大幅增加，由 2012 年的 38 个增加到 100 个。我相信，随着报告评估指标选择的不断优化、权重确定的更加合理，报告将更科学、客观、全面地评估各地区绿色发展，在生态文明建设和实现美丽中国梦的进程中发挥更大的影响力。

张新时：又一次拜读了北京师范大学等单位组织完成的《2013 中国绿色发展指数报告——区域比较》后，感觉 2013 年的报告内容更加丰富了、指标体系更加完善了、对现实状况的表达更加准确了。

第一，内容非常丰富。从经济增长绿化度、资源环境承载力、政府支持度等方面，进行了省际（30 个）、城市（38 个）绿色发展指数的测度和比较分析。还通过公众满意度调查评价、大量实地调研工作，夯实了本研究报告对科学决策的基础，专家论坛进一步为理论和实践探讨指明了方向。

第二，指标体系更加完善了。我国的生态文明建设，已经为学术界、政府和大众所普遍接受！资源环境承载力是生态文明的基础，本研究报告也充分体现了这一观念，与时俱进地将"可吸入细颗粒物（PM2.5）浓度年均值"等指标也列入了评价指标体系中。

第三，对现实情况的表达更加准确了。以首都北京市为例，绿色发展排名第 1 位，但资源环境承载力排名第 8 位，政府支持度排名第 1 位，但城市绿色发展公众满意度却排名第 32 位（倒数第 7 位，共 38 个城市参评），这一评价结果，值得我们进一步去探究，值得首都领导们好好地参考！

随着研究的深入、数据的积累，以后有条件时，关于指标权重的获取，是否可以尝试使用其他定量分析方法或软件（如熵值法、AHP 分析软件等），也可以尝试使用数据获取的其他手段。

牛文元：《2013 中国绿色发展指数报告——区域比较》是一份连续性的、有开创性的年度报告，无论在国际、国内，其影响越来越大，对于社会发展的推动也起到了重大的作用。对于 2013 年的报告，通过"区域比较"分析，特别深入地剖析了中国各省（区、市）和各城市（100 个大中城市）的绿化度测算，让读者全面了解中国的绿色发展全貌。兹有两个小建议供参考：

第一，可否有一篇关于"低碳发展"的文章。因为十八大将"绿色发展、循环发展、低碳发展"作为一组任务提出，本报告前两项均十分充分，稍感缺失低碳部分，不知能否补救一下？

第二，在"总论"中，可否简要介绍一下国际上有关绿色发展的概貌，以利于读者全面了解国内外的总体状况。

王毅： 中国绿色发展指数报告已经连续出版四年，所带来的影响力也与日俱增，在传播绿色发展理念、探索绿色发展的测量、提高政府部门绿色发展意识等方面发挥了十分积极的作用。《2013 中国绿色发展指数报告——区域比较》秉承过去三年的主旨，与 2012 年报告相比有多处的修改和完善，主要体现在：一是增加了典型地区绿色发展的实地调研，通过总结成功经验、树立绿色发展典型，特别是通过案例分析弥补了指标测量的不足；二是把"省、市'绿色体检'表"单独成篇，使地方政府和读者可以更加方便直观地查阅不同省份和城市各项绿色发展指标的排名和进展特征；三是完善了城市绿色发展指标，并在相关分析基础上提出了中国城镇化与城市绿色发展的格局、特征与路径选择，对进一步促进我国城镇化健康发展具有很好的参考价值。

关于报告的改进和完善，有以下四点建议供参考：第一，关于绿色发展指标的定义和测量是当前研究的难点问题，今后探索的重点包括绿色发展的社会维度、价值判断取向、逻辑起点比较和多元化表达，明确和强化绿色发展指标的目的和目标，更加关注绿色发展的过程、结果和差异化评价。第二，增加对绿色发展指数排名靠前和靠后的几个省（区、市）的实地调研和分析，对于排名靠前的省（区、市），总结其成功经验和最佳实践、树立绿色发展典型，对于排名靠后的省（区、市），分析其原因和潜力，并提出有针对性的路径选择及政策建议。第三，增加与国际上同类城市间绿色发展的比较分析，为我国实现绿色城镇化道路、塑造中国特色的绿色发展模式提供有益的参考和借鉴。第四，城市绿色发展公众满意度不仅受城市绿色发展水平的影响，还与受访者的意识、文化程度、收入水平等社会经济因素有关，因此，在公众评价部分，有必要列出各城市受访者的社会经济统计学特征，并分析这些社会经济因素对公众绿色发展满意度的潜在影响。

此外，报告中还有一些内容和表述需要进一步完善和更正。例如，有关资源环境承载潜力的定义还值得深入探讨；在城市绿色发展指数中，"可吸入细颗粒物（PM2.5）浓度年均值"中应去掉"可吸入细颗粒物浓度"，并充分考虑其量纲与其他指标的差异性；在第四篇的篇头语中提到"深入韩国、香港……考察绿色发展现状"，但文中并没有交代，表述上也建议改成"韩国以及我国的香港等地区和省市"；附录二中，关于"首要污染物可吸入颗粒物天数占全年比重"中的可吸入颗粒物以及整个指标的表达不准确，请予更正。

魏杰： 本次的指数报告扩大了测评城市，而且将案例分析和公众满意度相结合，这就使本报告更加具有科学性和公众认同性，这对完善指数测算体系是很有好处的。单纯指数分析有时会有某种局限性，报告在克服这种局限性上做了很好的探索。我用本报告测试了我所熟悉的几个城市，和报告的结果完全相同，这说明此次报告会更具有公信度。

潘家华：《2013 中国绿色发展指数报告——区域比较》相对于从前的报告，体系更为完善，内容更为丰富，资料更为翔实，信息更为全面，案例调研、问卷调查使得这一报告的科学性、权威性及客观性接受了检验，使之成为既往报告的升级版。

通读全报告，深感其价值量：资料性、现实性、史料性。通过这一报告，我们可以认识中国绿色发展的实际、实践、差距、潜力以及努力方向。

有几点建议，共修改参考：

第一，目前的指标分为动态属性、强度、人均、比例等，建议增加状态指标，尤其是水质、空气质量、土壤污染，以及反映生活品质的预期寿命。

第二，给出预警如一票否决指标的数值，如果北京的水资源、大气污染已严重超载，不宜人居，就凭单项指标，否决其他一切"优秀"指标。

第三，对一些自相矛盾的结果需进一步解读。北京绿色发展排名第1位，公众满意度严重靠后，如此强烈的反差，可分析。关于青海—西宁"省市悖论"，目前的解释说服力不够：青海省的承载能力如此之高，人们却又为什么涌向承载力低的西宁？更何况西宁的发展水平在全国并不算高。

第四，关于案例，除了正面的经验外，还可选取全国典型恶性个案，解剖分析。

第五，少数编辑建议，见书稿。

范恒山：《2013 中国绿色发展指数报告——区域比较》（以下简称《报告》）在总结回顾 2010 年以来绿色发展指数研究经验的基础上，进一步健全了绿色发展体系指标，新增了"可吸入细颗粒物（PM2.5）浓度年均值"等评价指标；更加突出关注实践进展，增加了东、中、西部地区典型省（区、市）以及境外发达国家绿色发展情况的分析研究；一如既往地重视公众对区域绿色发展的态度和评价，增强了研究的客观性和公正性。《报告》从省际、城市和公众评价等多个角度客观反映了我国东、中、西部地区在不同的资源禀赋条件下的发展现状、阶段以及存在的问题，分析了各地区在绿色发展中存在的差异，为更好地推动发展方式转变、加快生态文明建设提供了有益的参考。

《报告》整体框架结构较为完整，指标体系设计合理，能够比较全面地反映当前中国绿色发展的实际和要求，具有一定的可操作性，通过"绿色体检"表显示评价结果的方式也比较直观。《报告》中的公众评价调查，将社会认同度、公众感知与理论研究有机结合，使研究结果更具客观性，而其中的专家论坛篇则提升了《报告》的研究深度，为绿色发展的路径选择、推进方式等提供了不同的视角，使研究工作更具权威性。特别的是，《报告》还增加了实地调研环节，选取具有一定典型性和代表性的地区进行个案分析，有针对性地提出进一步加强绿色发展的意见建议和政策措施，具有较好的指导意义。

建议《报告》在以下几方面作进一步修改：一是建议在现有共性指标的框架下，针对不同地区的特点，适当设置一些能反映不同地区特点的差异性指标，可以使评价结果更具针对性；二是建议在现有体检表显示进退脸谱的基础上，增加原因分析和提升绿色发展能力的政策建议，丰富体检表的诊断内容，为该地区未来的绿色发展指明方向；三是建议增加国内外地区间的对比分析，为我国更好地实现绿色发展提供有益的参考和借鉴；四是建议对 2010 年以来的省际绿色发展指数进行年际分析和纵向对比研究。

夏光：北京师范大学等机构完成的《2013 中国绿色发展指数报告——区域比较》（以下简称《报告》）再次对区域发展进行"绿色体检"，保持了与前几年的连续性，同时又进行了进一步完善。

2013 年年初，全国大范围内经历了长时间的雾霾污染天气，不但国外提出了"中国会因自己的成功而窒息死亡吗？"的问题，国内舆论和网络也前所未有地给予了关注和评论。根据监测数据，在同样的雾霾强度下，产业机构比较重的地区，污染危害程度也重一些，这表明各地区的绿色发展水平还不够高。如果提高了绿色发展水平，产业强度就能与污染程度"脱钩"，这是绿色发展追求的境界。《报告》告诉我们，北京、上海、浙江等东部地区资源环境承载力较低但经济增长的绿化度和政府政策支持度较高，说明绿色发展的水平与人们的努力程度有很大的关系，这些地区产业强度与污染程度"脱钩"已经有了进展，但距离还比较大。

《报告》对中国城镇化与城市绿色发展的评价和研究是这次报告的新亮点。绿色发展与城镇化具有内在的一致性，因为城镇化具有集约适用土地、提高资源利用效率的作用。《报告》以城市绿色指数测度的 100 个城市为对象，分析了城镇化进程中城市绿色发展的格局和特征，提出了推动新型城市化的实现路径。目前具有高绿色—高城镇化特点的只有深圳、海口等城市，大部分城市还处在低绿色—高城镇化和低绿色—低城镇化的阶段，人们所引以为傲的北京、广州、珠海、杭州等城市也不过处在高绿色—高城镇化的初级阶段。这些结论是非常重要的，因为这会改变人们所习惯的对城市的综合评价，指导人们择业和定居的价值取向，同时也有利于提醒各个城市的执政者，使他们看到所在城市的真实地位。《报告》在城市绿色发展的路径选择中提出了从"局部均衡"到"整体均衡"的思路，建议全面推动绿色城镇化发展，缩小发展阶段和空间层次差距，这些建议具有很好的针对性。

《报告》所提供的"城市绿色发展公众满意度调查结果与分析"具有重要的价值。调查表明 2013 年综合满意度比 2012 年有所下降，这与 2013 年以来发生了雾霾和黄浦江死猪事件等有关，其中城市空气质量满意度跌入了不满意区间，说明人们真切地感受到了空气污染对健康的损害。与此同时，公众对政府绿色行动有较大期待。《报告》做的这项工作不但具有现实意义，同时也具有较高的学术价值，因为通过一定样本的社会调查，可以在很大程度上反映出环境问题的真实民意。

对《报告》的建议，还是 2012 年提出过的那条：北京这样的城市，在冬春季节的空气质量确实差强人意，人们反映强烈，《报告》对这样的城市给出绿色发展指数高的评价，说服力不够。建议对环境质量方面的数值给予"一票否决"的地位，只要环境质量不高，就不能参加绿色城市评价，不要拿工作上的高分去弥补环境质量上的低分。等北京市经过努力把环境质量改善了，再给予它绿色发展指数高的评价。

苏伟：北京师范大学科学发展观与经济可持续发展研究基地牵头编写的《2013 中国绿色发展指数报告——区域比较》运用绿色发展指标体系对我国 30 个省（区、市）、100 个城市的经济增长绿化度、资源环境承载潜力、政府政策支持度进行了测算分析，并结合中央关于积极稳妥推进城镇化的战略部署，深入剖析了我国城市绿色发展的主要特征和路径选择。课题组还委托专业机构在 38 个重点城市开展了"城市绿色发展民众满意度调查"，深入 5 个具有代表性的地区进行调研，并邀请相关领域的专家学者为中国的绿色发展事业建言献策。

该报告内容翔实，问题把握准确，研究方法科学，研究成果对于国家研究制定加快绿色低碳发展、推进生态文明建设的政策措施具有重要的参考价值，对于指导地方加快低碳转型、促进经济发展方式转变具有重要的借鉴意义。

同时，希望课题组在今后的研究中，结合我国主体功能区战略对区域绿色发展情况进行评价。建议统一第四篇"绿色发展实地调研与考察"各报告的标题风格。

陈东琪：李晓西教授带领北师大绿色研究团队推出的《2013 中国绿色发展指数报告——区域比较》是我国绿色研究领域一项新成果。它既扩大了绿色测评城市范围（100 个），进一步完善了城市绿色测算指标体系，也增加了一些具有代表意义的实地调研，还利用国家统计局在全国大范围采集样本的平台优势，进行了公众对绿色发展满意度的问卷调查，据此获得的研究资料和结论具有较高的可信度。我国绿色研究要从"知识引进"转到"独立创新"，首要途径是不断从我们所处的现实中获取具有动态意义的一手资料。李晓西及其团队，连续几年跟踪研究我国地区绿色发展动态变化，不断充实一手材料，做出源于实践的判断，这种研究精神可嘉、可敬，希望能够长期坚持下去。

在研究样本基本定型、所获资料和标准判断的动态实践足够长后，建议今后逐步（比如先从大城市，再到大中城市）公布"城市绿色指数"，让公众了解各主要城市的绿色发展差异及其变化，并促使城市政府、社会和公众自觉推进绿色城市的持续发展。这是一件有利于建设美丽中国、惠及子孙后代的大事、好事。

贾康： 绿色发展的重要性在近年中国经济社会的实际生活中日益凸显，多年来研究者反复强调的避免走其他工业化国家"先污染后治理"老路的主张，虽然得到了管理层和社会人士广泛的认可，但无情的现实是国内伴随工业化、城镇化而来的环境污染问题仍趋于严重，直至出现不久之前打击了大半个中国的雾霾事件，可说环境警钟正在以更高亢的声音鸣响。基于对环境问题的客观、全面认识与动态跟踪，积极推进绿色发展、缓解环境与资源压力，为事关国家前途的重中之重，亟待有效举措。所以党的十八大前所未有地把生态文明概念放在发展战略最高层面，成为"五位一体"科学发展的组成部分。正是在这一背景下，李晓西教授和他的研究团队，数年来致力于按年度推出"中国绿色发展指数报告"，在客观反映绿色发展的现状、问题与公众评价，量化测评各地区绿色发展水平，促使各方努力推进环保事业方面，做出了值得高度评价的专业化努力与独特贡献。这本2013年度的报告，在优化修订指标体系的同时，还扩大了测评城市范围，增加了涉及境内外的绿色发展实地调研内容，是对于以往工作的进一步拓展和提升。我对这一颇有分量的研究成果表示由衷的钦佩和充分的认同。愿国家有关部门、各地方政府和管理机构，以及企业界人士和社会公众，高度重视这样的研究成果，同心协力落实绿色发展，克服困难，消解环境矛盾制约，在持之以恒的努力中，建设资源节约、环境友好、可持续发展的美丽中国！

陈宗胜： 随着经济发展水平的不断提高，以及经济增长方式转型，我国越来越重视生态文明的建设，十八大报告首次将生态文明建设与经济、政治、文化、社会建设，纳入中国特色社会主义事业的总体布局，并明确提出"要把资源消耗、环境损害、生态效益纳入经济社会发展评价体系，建立体现生态文明要求的目标体系、考核办法、奖惩机制"。在这一背景下，《2013中国绿色发展指数报告——区域比较》的研究具有了更加重大的实践意义和理论指导意义。

报告的出台对国家政策的科学制定、经济社会发展的有效测评与绿色经济学的深入研究，提供了重要的参考依据。从经济学角度量化绿色发展，建立一套完整的指标体系是本课题的创新之处，也为日后深入研究中国的绿色发展提供了理论框架和良好的科研基础。通过大量的数据测算和实地调研形成的省（区、市）"绿色体检"表是本课题的重要成果，各地方政府可依据"体检表"切实有效地发展当地的绿色经济。

我国"十二五"规划中提出"化学需氧量、二氧化硫排放分别减少8%，氨氮、氮氧化物排放分别减少10%，森林覆盖率提高到21.66%"。与此相对应，本报告中以"人均当年新增造林面积、工业二氧化硫去除率、工业废水化学需氧量去除率、工业氮氧化物去除率、工业废水氨氮去除率、突发环境事件次数"等作为环境治理指标，这就将计划与研究工作结合在一起，这是值得充分肯定的。但是由于各地排放量情况和污染负荷差异较大，仅以去除率一项来衡量各地"环境治理"的能力可能不够全面，建议可以考虑加入年减排量等指标，同时考察相关标准的达标情况，如《GB18918-2002 城镇污水处理厂污染物排放标准》、《GB3838-2002 地表水环境质量标准》、《GB16297-1996 大气污染物综合排放标准》及各地相关地方标准等，因而使得检测更加科学可信。

另外，在公众评价调查问卷的问题设计中，也可以考虑将回答的满意度改为 1～10 的等级，这样可以更精确地测算公众的评价。同时应该在问卷中专门设置对于绿色发展的理解情况和自身环保行为的实施情况调查项，把公众评价和公众行为统一在一张问卷上。发展的核心在人，要看一看绿色发展的理念是否深入人心，生态文明建设不仅是政府的事情也是全民应担负的责任。比如，在问卷的第三部分政府绿色行动中，有一个问题是"您对所在城市的垃圾分类设施的配置情况是否满意?"但没有问"您是否会在弃置垃圾时对垃圾进行分类?"像北京、天津很多小区都设有分类的垃圾箱，但真正能分类投放的居民不多。因此在日后的研究中，建议把人的行为和影响行为的因素适当地加入到指标体系中，同时采用一些行为经济学的研究方法进行分析研究。如果把这些因素引入分析，可能各地区的排位也应当做出适当的调整。

总体而言，本课题的全面性和系统性具有突出特色。文章阐述完整、思路清晰、理论和数据严谨可信，具有较高的参考价值和指导意义。

邱东：李晓西教授主持完成的《2013 中国绿色发展指数报告——区域比较》（以下简称《报告》）以鲜明的观点、持续的关注，对中国当前绿色发展问题做出了深入分析。我们注意到，《报告》自 2010 年首发以来，受到学术界和实践工作者的高度关注，而每年新报告的发布则进一步强化了该研究在本领域的权威性和重要性。从内容上看，本报告修订了城市测算指标体系，大幅增加了测评城市，同时在原有框架下进一步增加了案例调研研究，并第二次发布了绿色发展公众满意度问卷调查结果，使报告在体系上更为全面和立体，反映出研究者实事求是、精益求精的科学态度。可以说，《报告》已经成为我国绿色发展研究中的标志性成果，相关数据将为有关科学研究和政策制定提供重要信息支持。同时，正如本报告"专家论坛"中各位专家指出的那样，中国绿色发展进程中不断出现新问题和新挑战，绿色发展指数也要不断完善，比如 2013 年《报告》中增加了对可吸入细颗粒物(PM2.5)浓度的关注，就是一个很好的进展。在生态文明建设的大背景下，我们期望《报告》能为促进协同创新发展、服务国家重大决策发挥更大的作用。

目　录

省际绿色发展"体检"表目录

城市绿色发展"体检"表目录

城市绿色发展"体检"表目录

表　目

图 目

总 论

　　2013 年 2 月，中国绿色发展研究课题组参加在泰国举行的"绿色经济及其测度"国际研讨会，并与联合国环境规划署——亚洲理工学院亚太地区资源中心（RRC. AP）共同召开了亚太绿色发展中心（GDI. AP）第一次理事会。其间，我们看到泰国《国家报》（*The Nation*）2013 年 2 月 19 日的报纸转载了美国学者 Robert A. Manning 发表在《耶鲁全球在线》（*Yale Global Online*）上的一篇报道，标题是："Is China Choking to Death on Its Own Success?"[①]，即"中国会因自己的成功而窒息死亡吗?"，并登载了一位戴口罩的女士在北京雾霾中骑行的照片。这篇文章让课题组专家产生了极大的震撼。去冬今春，北京乃至华北的雾霾天气让我们感同身受。中国正在为过去多年的高速发展承受着巨大的环境代价，我们的课题组也面临着巨大的压力与挑战。

>> 一、全面实施绿色发展已刻不容缓 <<

　　2012 年 6 月，来自约 100 个国家的政府首脑以及至少 5 万名各领域代表参与了在巴西里约热内卢举行的"里约＋20"联合国可持续发展峰会。本次峰会的主要议题为减少贫困、绿色经济和可持续发展。会议让全世界更加关注经济与生态、环境、资源之间的关系，并通过非常具体的行动方案，力争在经济增长的同时解决气候变化、粮食安全、水资源和能源短缺等问题，做到绿色发展。大会形成决议"我们期望的未来"，各国代表再次承诺实现可持续发展，确保为我们的地球及今世后代创造可持续的明天。[②]

　　2012 年 11 月，联合国气候变化大会在卡塔尔首都多哈举行。来自全球近 200 个国家和地区的代表围绕如何确保《京都议定书》第二承诺期和减排目标的实现、如何落实德班世界气候大会成果，以及发达国家对发展中国家的资金和技术援助承诺何时兑现等重要议题展开谈判与商讨。本次会议是一次具有承上启下意味的过渡性会议，大会对全球气候变化进行了激烈的讨论，进一步促进了人类对生存发展环境的关注，发展绿色经济也已从各国共识转化为紧迫的行动。[③]

　　国际社会高度关注绿色经济，中国也越来越重视绿色发展问题。2012 年 11 月，党的十八大胜利召开。十八大报告明确提出，"坚持节约资源和保护环境的基本国策，坚持节约优先、保护优先、自然恢复为主的方针，着力推进绿色发展、循环发展、低碳发展，形成节约资源和保护环境的空间格局、产业结构、生产方式、生活方式，从源头上扭转生态环境恶化趋势，为人民

---

　　① Robert A. Manning，Is China Choking to Death on Its Own Success? *The Nation*，2013-02-19.
　　② 来源于联合国"里约＋20"可持续发展峰会网站：《里约＋20——我们期望的未来》，载 http://www.un.org/zh/sustainablefuture/，2013-05-22。
　　③ 来源于网易财经：《2012 多哈世界气候大会》，载 http://money.163.com/special/cop18/，2013-05-22。

创造良好生产生活环境，为全球生态安全作出贡献"；"要把生态文明建设放在突出地位"，"努力建设美丽中国"。

2013 年 4 月，习近平同志在出席博鳌亚洲论坛 2013 年年会时指出，中国要继续深化改革开放，强化创新驱动贯穿经济发展进程。在加快转变经济发展方式的过程中，要强调质量和效益，保护环境、节约资源，下大气力推进绿色发展、循环发展、低碳发展，稳中求好、稳中求优，促进经济持续健康发展。[①]

我们看到，过去 30 年，全球经济快速发展，经济总量翻了两番，惠及亿万人民。然而，世界经济的增长伴随着环境、资源的过度消耗，全球 60％的生态系统已经因此退化或被破坏。据联合国环境规划署最新的研究报告显示，目前全球水资源已日益稀缺，水资源承受的压力正急剧上升，20 年后水资源供应仅能满足全世界 60％的需求。农业增产主要靠化肥、农药等实现，由此而造成的土壤质量下降问题已日趋明显。全球 52％的商业鱼类已经充分开发而无进一步增产空间，约 20％已被过度开发，8％已经耗竭。全球城市人口首次超过世界总人口的一半，并消耗全球 75％以上的能源，产生 75％左右的碳排放。[②]

中国也面临着较为严峻的资源环境问题。亚洲开发银行 2012 年年底最新研究报告指出，中国 500 个大中型城市中，仅有不到 1％达到了世界卫生组织的空气质量标准。全球 10 大空气污染城市，有 7 个在中国。中国目前所产生的固体废弃物约占世界总量的 25％，工业固体废弃物管理面临着较大压力。中国由气候变化导致的自然灾害和经济损失不断增加，并且各种风险还表现出不断上升的趋势。[③]

传统高污染、高能耗、高排放的粗放式发展模式已不再满足当前经济发展之需要，世界经济增长与资源、生态、环境之间的矛盾已经越来越明显，转变经济发展方式迫在眉睫，推行绿色发展刻不容缓！

>>二、中国绿色发展指数指标体系及其完善<<

中国绿色发展指数包括中国省际绿色发展指数和中国城市绿色发展指数两套体系。中国省际绿色发展指数由 2010 年研发测算，在过去三年时间，有小的调整，但大体上相对稳定。专家、学者建议在进入"十三五"时根据新形势的进展及实际情况再进行调整，以保证指标体系的持续性和可比性，因此，2013 年没有进行修改。而中国城市绿色发展指数是在 2011 年研发测算的。两年来，在多位专家、学者的指导下，测算体系逐年改进，逐步完善。

（一）中国省际绿色发展指数指标体系————————————————————

2013 年中国省际绿色发展指数仍由经济增长绿化度、资源环境承载潜力和政府政策支持度 3 个一级指标及 9 个二级指标、60 个三级指标构成，具体指标如表 0-1 所示。

---

① 习近平：《共同创造亚洲和世界的美好未来——在博鳌亚洲论坛 2013 年年会上的主旨演讲》，来源于新华网，载 http://news.xinhuanet.com/politics/2013-04/07/c_115296408.htm，2013-04-07。

② UNEP, *Towards a Green Economy: Pathways to Sustainable Development and Poverty Eradication*, 2011.

③ 张庆丰、[美]罗伯特·克鲁克斯：《迈向环境可持续的未来：中华人民共和国国家环境分析》，北京，中国财政经济出版社，2012。

表 0-1　　　　　　　　　　　　　中国省际绿色发展指数指标体系

一级指标	二级指标	三级指标	
经济增长绿化度	绿色增长效率指标	1. 人均地区生产总值 2. 单位地区生产总值能耗 3. 非化石能源消费量占能源消费量的比重 4. 单位地区生产总值二氧化碳排放量 5. 单位地区生产总值二氧化硫排放量	6. 单位地区生产总值化学需氧量排放量 7. 单位地区生产总值氮氧化物排放量 8. 单位地区生产总值氨氮排放量 9. 人均城镇生活消费用电
	第一产业指标	10. 第一产业劳动生产率 11. 土地产出率	12. 节灌率 13. 有效灌溉面积占耕地面积比重
	第二产业指标	14. 第二产业劳动生产率 15. 单位工业增加值水耗 16. 规模以上工业增加值能耗	17. 工业固体废物综合利用率 18. 工业用水重复利用率 19. 六大高载能行业产值占工业总产值比重
	第三产业指标	20. 第三产业劳动生产率 21. 第三产业增加值比重	22. 第三产业从业人员比重
资源环境承载潜力	资源丰裕与生态保护指标	23. 人均水资源量 24. 人均森林面积 25. 森林覆盖率	26. 自然保护区面积占辖区面积比重 27. 湿地面积占国土面积比重 28. 人均活立木总蓄积量
	环境压力与气候变化指标	29. 单位土地面积二氧化碳排放量 30. 人均二氧化碳排放量 31. 单位土地面积二氧化硫排放量 32. 人均二氧化硫排放量 33. 单位土地面积化学需氧量排放量 34. 人均化学需氧量排放量 35. 单位土地面积氮氧化物排放量	36. 人均氮氧化物排放量 37. 单位土地面积氨氮排放量 38. 人均氨氮排放量 39. 单位耕地面积化肥施用量 40. 单位耕地面积农药使用量 41. 人均公路交通氮氧化物排放量
政府政策支持度	绿色投资指标	42. 环境保护支出占财政支出比重 43. 环境污染治理投资占地区生产总值比重 44. 农村人均改水、改厕的政府投资	45. 单位耕地面积退耕还林投资完成额 46. 科教文卫支出占财政支出比重
	基础设施指标	47. 城市人均绿地面积 48. 城市用水普及率 49. 城市污水处理率 50. 城市生活垃圾无害化处理率 51. 城市每万人拥有公交车辆	52. 人均城市公共交通运营线路网长度 53. 农村累计已改水受益人口占农村总人口比重 54. 建成区绿化覆盖率
	环境治理指标	55. 人均当年新增造林面积 56. 工业二氧化硫去除率 57. 工业废水化学需氧量去除率	58. 工业氮氧化物去除率 59. 工业废水氨氮去除率 60. 突发环境事件次数

注：本表内容由课题组在 2013 年多次专家研讨会上讨论确定。

　　在 2013 年课题组专家研讨会上，专家们针对是否在省际指标体系中加入土壤环境质量指标、绿色发展法律制度保障指标、信息技术支撑绿色发展指标等展开了激烈的讨论。专家们一致认为，目前这些指标在数据获取上存在一定难度，有的省市甚至没有统计这些数据，能够获得的数据质量也有待提高，因此，经反复讨论后，专家们建议 2013 年暂不修正指标，待这些指标数据质量等有所提高，适时可再作调整。

（二）中国城市绿色发展指数指标体系及其改进────────

　　《2012 中国绿色发展指数报告——区域比较》发布以后，领导、专家及民众对城市绿色发展指数的改进提出很多好的意见。课题组通过与统计、生态、资源、环境等相关领域专家的多次讨论，反复研究，最后对 2013 年的指标体系做出如下修正。

1. 测评城市由 38 个增加为 100 个

中国城市绿色发展指数测评城市源于环保部公布的 113 个环境监测重点城市。2011 年确定测评城市时，由于大部分城市数据不全，因此最终选择了 34 个城市，即 4 个直辖市、5 个计划单列市和 25 个省会城市（因数据原因，拉萨和乌鲁木齐暂未列入）。

2012 年，在多位评审专家的建议下，课题组根据"人均 GDP 位于当年全国城市前 20 位"和"数据完备"这两条原则，新增 4 个城市：克拉玛依、苏州、珠海和乌鲁木齐。2012 年共计 38 个测评城市。

2013 年，根据环保部公布的数据显示，113 个重点监测城市中，绝大部分城市数据已经完备。因此，根据专家们的意见，2013 年中国城市绿色发展指数测评城市由 2012 年的 38 个新增为 100 个，具体如表 0-2 所示。

表 0-2 　　　　　　　　　　中国城市绿色发展指数测评城市

省（区、市）	城市个数	具体城市	省（区、市）	城市个数	具体城市
北　京	1	北京	河　南	6	郑州、开封、洛阳、平顶山、安阳、焦作
天　津	1	天津	湖　北	3	武汉、宜昌、荆州
河　北	3	石家庄、唐山、秦皇岛	湖　南	5	长沙、株洲、湘潭、岳阳、常德
山　西	5	太原、大同、阳泉、长治、临汾	广　东	6	广州、韶关、深圳、珠海、汕头、湛江
内蒙古	3	呼和浩特、包头、赤峰	广　西	4	南宁、柳州、桂林、北海
辽　宁	6	沈阳、大连、鞍山、抚顺、本溪、锦州	海　南	1	海口
吉　林	2	长春、吉林	重　庆	1	重庆
黑龙江	3	哈尔滨、齐齐哈尔、牡丹江	四　川	5	成都、攀枝花、泸州、绵阳、宜宾
上　海	1	上海	贵　州	2	贵阳、遵义
江　苏	7	南京、无锡、徐州、常州、苏州、南通、扬州	云　南	2	昆明、曲靖
浙　江	5	杭州、宁波、温州、湖州、绍兴	陕　西	5	西安、铜川、宝鸡、咸阳、延安
安　徽	3	合肥、芜湖、马鞍山	甘　肃	2	兰州、金昌
福　建	3	福州、厦门、泉州	青　海	1	西宁
江　西	2	南昌、九江	宁　夏	2	银川、石嘴山
山　东	8	济南、青岛、淄博、烟台、潍坊、济宁、泰安、日照	新　疆	2	乌鲁木齐、克拉玛依

注：本表的城市选自环保部公布的环境监测重点城市。

2. 将"可吸入细颗粒物（PM2.5）浓度年均值"指标无数列表

在 2013 年的专家讨论会中，结合评审专家、统计专家等的意见，课题组拟在原 43 个三级指标的基础上，新增 3 个三级指标，即"可吸入细颗粒物（PM2.5）浓度年均值"、"每万人市容环境专用车辆设备数"和"城市人均再生水生产能力"。前一指标隶属于"资源环境承载潜力"一级指标，表征"环境压力与气候变化"；后两个指标隶属于"政府政策支持度"一级指标，表征"基础设施"。在反复的讨论中，专家们达成这样的共识：对"可吸入细颗粒物(PM2.5)浓度年均值"这一指标，虽然其数据不可得，但由于其重要且社会各界对其高度关注，因此课题组将其纳入2013年城市指标体系，并将其作无数列表处理；对"每万人市容环境专用车辆设备数"和"城市人均再生水生产能力"这两个指标，由于其数据统计质量有待提高，建议2013年暂不增加，留待以后再进行完善。

具体指标如表0-3所示。

表0-3　　　　　　　　　　　中国城市绿色发展指数指标体系

一级指标	二级指标	三级指标	
经济增长绿化度	绿色增长效率指标	1. 人均地区生产总值 2. 单位地区生产总值能耗 3. 人均城镇生活消费用电 4. 单位地区生产总值二氧化碳排放量	5. 单位地区生产总值二氧化硫排放量 6. 单位地区生产总值化学需氧量排放量 7. 单位地区生产总值氮氧化物排放量 8. 单位地区生产总值氨氮排放量
	第一产业指标	9. 第一产业劳动生产率	
	第二产业指标	10. 第二产业劳动生产率 11. 单位工业增加值水耗 12. 单位工业增加值能耗	13. 工业固体废物综合利用率 14. 工业用水重复利用率
	第三产业指标	15. 第三产业劳动生产率 16. 第三产业增加值比重	17. 第三产业就业人员比重
资源环境承载潜力	资源丰裕与生态保护指标	18. 人均水资源量	
	环境压力与气候变化指标	19. 单位土地面积二氧化碳排放量 20. 人均二氧化碳排放量 21. 单位土地面积二氧化硫排放量 22. 人均二氧化硫排放量 23. 单位土地面积化学需氧量排放量 24. 人均化学需氧量排放量 25. 单位土地面积氮氧化物排放量 26. 人均氮氧化物排放量	27. 单位土地面积氨氮排放量 28. 人均氨氮排放量 29. 空气质量达到二级以上天数占全年比重 30. 首要污染物可吸入颗粒物天数占全年比重 31. 可吸入细颗粒物(PM2.5)浓度年均值
政府政策支持度	绿色投资指标	32. 环境保护支出占财政支出比重 33. 工业环境污染治理投资占地区生产总值比重	34. 科教文卫支出占财政支出比重
	基础设施指标	35. 人均绿地面积 36. 建成区绿化覆盖率 37. 用水普及率	38. 城市生活污水处理率 39. 生活垃圾无害化处理率 40. 每万人拥有公共汽车
	环境治理指标	41. 工业二氧化硫去除率 42. 工业废水化学需氧量去除率	43. 工业氮氧化物去除率 44. 工业废水氨氮去除率

注：本表内容由课题组在2013年多次专家研讨会上讨论确定。

从表0-3中可以看到，2013中国城市绿色发展指数指标体系三级指标将由2012年的43个增加为44个，而一级和二级指标保持不变。

3. 适当调整"环境压力与气候变化"下属三级指标权重

由于2013中国城市绿色发展指数指标体系新增"可吸入细颗粒物(PM2.5)浓度年均值"三级指标，其隶属于"资源环境承载潜力"一级指标，表征"环境压力与气候变化"，因此，在专家们的建议下，课题组对"环境压力与气候变化"下属三级指标权重进行了调整，具体如表 0-4 所示。

表 0-4　　　　中国城市绿色发展指数"环境压力与气候变化"下属三级指标权重调整

一级指标	二级指标	三级指标	调整前权重	调整后权重
资源环境承载潜力	环境压力与气候变化指标	单位土地面积二氧化碳排放量	3.08%	2.94%
		人均二氧化碳排放量	3.08%	2.94%
		单位土地面积二氧化硫排放量	2.50%	2.20%
		人均二氧化硫排放量	2.50%	2.20%
		单位土地面积化学需氧量排放量	2.50%	2.20%
		人均化学需氧量排放量	2.50%	2.20%
		单位土地面积氮氧化物排放量	2.50%	2.20%
		人均氮氧化物排放量	2.50%	2.20%
		单位土地面积氨氮排放量	2.50%	2.20%
		人均氨氮排放量	2.50%	2.20%
		空气质量达到二级以上天数占全年比重	3.08%	2.94%
		首要污染物可吸入颗粒物天数占全年比重	3.08%	2.94%
		可吸入细颗粒物(PM2.5)浓度年均值	—	2.94%

注：本表内容由课题组在 2013 年多次专家研讨会上讨论确定。

需要说明的是，为保证测算的客观性、可靠性和稳定性，2013 中国城市绿色发展指数一级指标和二级指标权重与 2012 中国城市绿色发展指数指标体系保持一致，没有变动。

>>三、中国省际绿色发展指数测算结果及分析[①]<<

在中国省际绿色发展指数指标体系的基础上，我们测算得到了 2011 年除西藏自治区、香港特别行政区、澳门特别行政区、中国台湾地区外 30 个省(区、市)的省际"绿色发展指数"，下面简介之。

1. 省际绿色发展指数测算结果

根据"省际绿色发展指数"指标体系以及各指标 2011 年的数据，测算出中国 30 个省(区、市) 2011 年绿色发展指数[②]及经济增长绿化度、资源环境承载潜力和政府政策支持度三个分指数的结果如表 0-5 所示。

表 0-5　　　　中国 30 个省(区、市)绿色发展指数及排名

地 区	绿色发展指数		一级指标					
			经济增长绿化度		资源环境承载潜力		政府政策支持度	
	指数值	排 名	指数值	排 名	指数值	排 名	指数值	排 名
北 京	0.721	1	0.468	1	0.053	8	0.200	1
青 海	0.335	2	−0.179	29	0.558	1	−0.045	22

[①] 课题组的测算组承担了中国省际及城市绿色发展指数的具体测算和分析工作。

[②] 由于数据等原因，西藏自治区、香港特别行政区、澳门特别行政区和中国台湾地区未参与测算。

地　区	绿色发展指数		一级指标					
			经济增长绿化度		资源环境承载潜力		政府政策支持度	
	指数值	排　名	指数值	排　名	指数值	排　名	指数值	排　名
海　南	0.250	3	−0.022	12	0.094	6	0.178	2
上　海	0.192	4	0.346	2	−0.091	22	−0.063	23
浙　江	0.168	5	0.148	5	−0.027	18	0.047	7
天　津	0.132	6	0.302	3	−0.157	29	−0.013	19
福　建	0.120	7	0.079	8	−0.004	13	0.045	9
内蒙古	0.100	8	−0.005	10	0.079	7	0.025	12
江　苏	0.073	9	0.155	4	−0.128	25	0.046	8
陕　西	0.067	10	−0.030	13	0.013	11	0.083	3
云　南	0.061	11	−0.154	27	0.175	2	0.040	11
广　东	0.049	12	0.104	6	−0.062	19	0.008	16
四　川	0.035	13	−0.080	21	0.132	4	−0.017	20
山　东	−0.003	14	0.090	7	−0.146	27	0.053	6
新　疆	−0.042	15	−0.099	25	−0.014	15	0.070	5
江　西	−0.044	16	−0.076	20	−0.010	14	0.041	10
重　庆	−0.080	17	−0.084	23	−0.016	17	0.021	14
贵　州	−0.092	18	−0.180	30	0.173	3	−0.086	25
湖　北	−0.106	19	−0.039	16	−0.066	20	−0.001	18
黑龙江	−0.108	20	−0.039	15	0.113	5	−0.183	30
安　徽	−0.119	21	−0.055	18	−0.068	21	0.004	17
广　西	−0.119	22	−0.089	24	0.050	10	−0.080	24
吉　林	−0.121	23	−0.031	14	0.001	12	−0.092	26
辽　宁	−0.127	24	0.006	9	−0.112	24	−0.021	21
河　北	−0.158	25	−0.019	11	−0.149	28	0.010	15
山　西	−0.158	26	−0.082	22	−0.102	23	0.025	13
湖　南	−0.184	27	−0.068	19	−0.014	16	−0.102	27
甘　肃	−0.273	28	−0.164	28	0.052	9	−0.161	29
宁　夏	−0.282	29	−0.153	26	−0.201	30	0.072	4
河　南	−0.285	30	−0.051	17	−0.128	26	−0.106	28

　　注：①本表根据省际绿色发展指数测算体系，依各指标2011年数据测算而得；②本表各省（区、市）按照绿色发展指数的指数值从大到小排序；③本表中绿色发展指数等于经济增长绿化度、资源环境承载潜力和政府政策支持度三个一级指标指数值之和；④以上数据及排名根据《中国统计年鉴2012》、《中国环境统计年鉴2012》、《中国环境统计年报2011》、《中国城市统计年鉴2012》、《中国水利统计年鉴2012》、《中国工业经济统计年鉴2012》、《中国沙漠及其治理》等测算。

　　由于本次测算采用"均值—标准差法"进行无量纲化处理，因此"0"代表所有参评省份绿色发展的平均水平，得分高于"0"表示该省（区、市）的绿色发展水平高于全国平均水平，得分低于"0"表示该省（区、市）绿色发展水平低于全国平均水平。

2. 省际绿色发展指数的区域分布与比较①

根据测算结果，2013 年绿色发展指数排在前 10 位的省（区、市）依次是北京、青海、海南、上海、浙江、天津、福建、内蒙古、江苏和陕西。从地理区位看，青海、内蒙古和陕西 3 个省区位于西部，其他 7 个省市均位于东部。位于第 11 位～第 20 位的 10 个省（区、市）中，东部地区 2 个，分别是广东和山东，分别排名第 12 位和第 14 位；中部地区 2 个，为江西和湖北，分别排名第 16 位和第 19 位；西部地区 5 个，为云南、四川、新疆、重庆和贵州，分别排名第 11 位、第 13 位、第 15 位、第 17 位和第 18 位；东北地区 1 个，为黑龙江，排名第 20 位。位于第 21 位～第 30 位的 10 个省（区、市）中，东部地区 1 个，为河北，排名第 25 位；中部地区 4 个，为安徽、山西、湖南和河南，分别排名第 21 位、第 26 位、第 27 位和第 30 位；西部地区 3 个，为广西、甘肃和宁夏，分别排名第 22 位、第 28 位和第 29 位；东北地区 2 个，为吉林和辽宁，分别排名第 23 位和第 24 位。

为了直观地比较绿色发展指数的区域分布，我们绘制了地理分布图（见图 0-1）。其中，指数排前 10 位的为绿色发展水平好一些的地区，用"深绿色"表示；第 11 位～第 20 位的为绿色发展水平较好的地区，用"中度绿色"表示；排名后 10 位的为绿色发展水平一般的地区，用"浅绿色"表示。

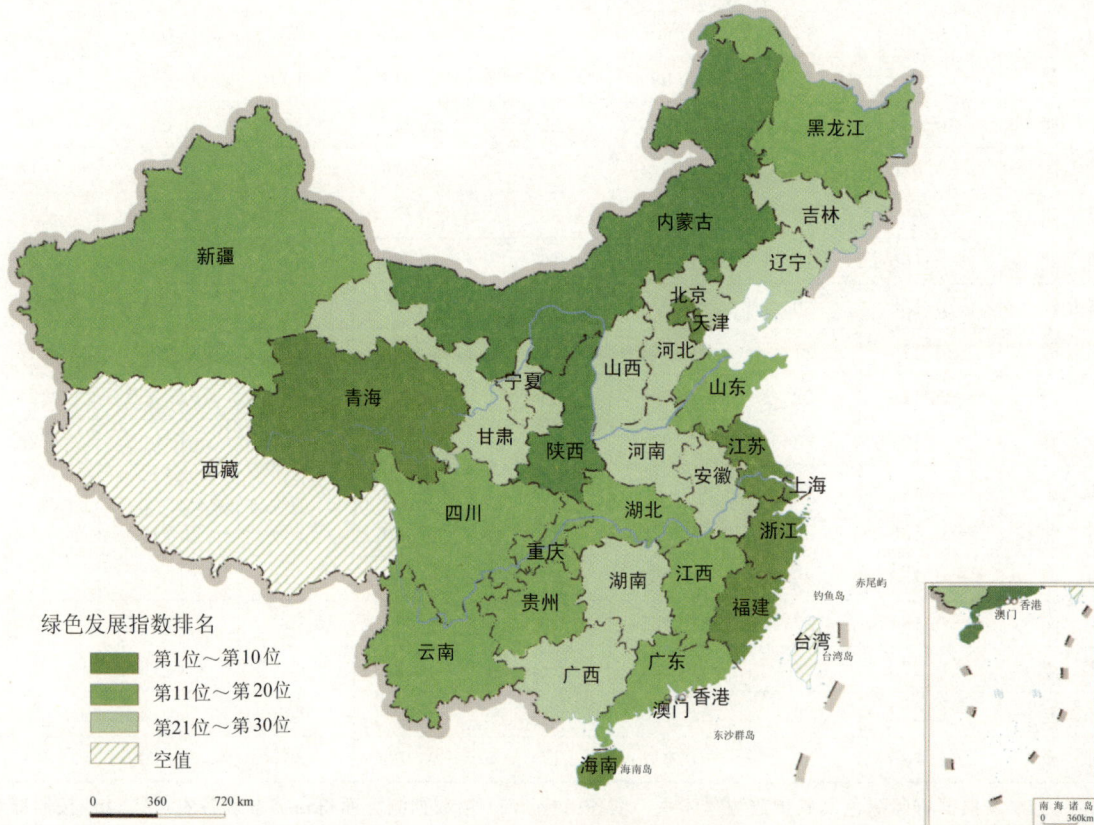

图 0-1 中国绿色发展指数排名地区分布

注：本图根据表 0-5 制作。

---

① 本报告根据"十一五"规划区域发展战略提出的四大区划，即东、中、西和东北地区为区域比较的基础。其中，东部地区包括北京、天津、河北、上海、江苏、浙江、福建、山东、广东和海南 10 省市；中部地区包括山西、安徽、江西、河南、湖北和湖南 6 省；西部地区包括内蒙古、广西、重庆、四川、贵州、云南、西藏、陕西、甘肃、青海、宁夏和新疆 12 省（区、市）；东北地区包括辽宁、吉林和黑龙江 3 省。

中国省际绿色发展指数呈现较明显的区域差异，具体如图 0-2 所示。

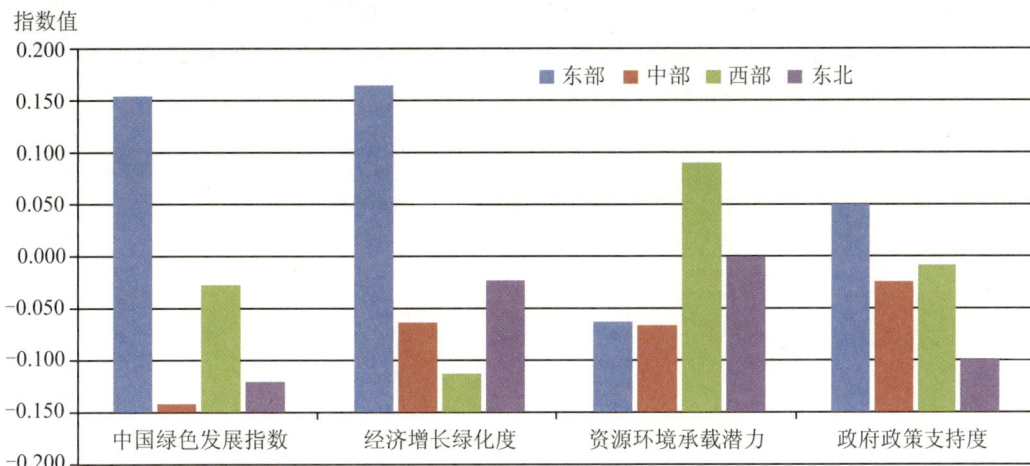

图 0-2 中国省际绿色发展指数区域比较

注：图中数据为四大区域各省（区、市）指标值的算术平均值。

东部地区绿色发展优势明显，经济增长绿化度及政府政策支持度状况良好。总指数方面，东部 10 省市中，有 7 个省市排名全国前 10 位；除河北、山东外，其余 8 个省市的绿色发展水平均高于全国平均水平。一级指标方面，经济增长绿化度东部 10 省市有 8 个省市排名前 10 位，河北、海南分别名列第 11 位及第 12 位；政府政策支持度有 6 个省市排名全国前 10 位，其余省市表现也相对较好。东部省市在经济区位及国家政策方面有较大优势，经济增长效率、三次产业结构、政府绿色投资等状况良好，但东部受资源环境约束较强，资源环境承载潜力相对较弱。

西部地区资源环境表现突出，但经济发展水平相对较低。总指标方面，西部参与测评的 11 个省（区、市）中，有 3 个排在前 10 位，5 个排在第 11 位～第 20 位，3 个排在第 21 位～第 30 位。西部省（区、市）在资源环境承载潜力上得分较高，推升了绿色发展指数的排名位次，但在经济增长绿化度方面不占优势，只有内蒙古排名进入前 10 位；在政府政策支持度上优势也不明显，虽然陕西（第 3 位）、宁夏（第 4 位）和新疆（第 5 位）这 3 个省区进入了前 10 位，但其他 8 个省（区、市）都在 11 位之后，甘肃更是排在了第 29 位。

中部地区缺乏突出优势，绿色发展水平有待进一步提高。总指标方面，中部 6 个省中只有江西（第 16 位）和湖北（第 19 位）排在前 20 位，其他 4 个省均在 20 位之后，整体水平偏低。从 3 个一级指标来看，中部 6 省在经济增长绿化度、资源环境承载潜力和政府政策支持度上发展较为均衡，但整体处于中等偏下的水平。近年来，中部 6 省经济虽然获得了较快发展，但与东部相比仍有很大差距，而在资源环境承载潜力上又无法同西部地区相提并论，经济实力和资源环境的双重限制使得中部省份在经济增长与绿色发展之间很难协调。

东北三省绿色发展水平偏低，且三省差异显著。从总指数来看，黑龙江、吉林、辽宁三省绿色发展水平均低于全国平均水平，指数值分别为－0.108、－0.121 和－0.127，排名分别为第 20 位、第 23 位和第 24 位。一级指标方面，黑龙江"资源环境承载潜力"表现较好，其余两个指标排名靠后；吉林"经济增长绿化度"和"资源环境承载潜力"处于全国中游，而"政府政策支持度"排名较差；辽宁"经济增长绿化度"得分较高，而其余两个指标有待提高。东北三省绿色发展水平整体偏低，但各省导致偏低的原因却有所差异。

测算结果显示，在参与测算的 30 个省（区、市）中，有 13 个省（区、市）绿色发展水平高于全国平均水平，按指数值高低排序依次是北京、青海、海南、上海、浙江、天津、福建、内蒙古、江苏、陕西、云南、广东和四川；其他 17 个省（区、市）的绿色发展水平低于平均水平（见图 0-3）。为了保持与 2012 年的一致性，根据诸多专家的建议，2013 年的测算指标和测算方法保持稳定，2013 年排在前 15 位的省（区、市）中有 14 个在 2012 年的测算结果中位列前 15 位，只有个别省份排序有较大差异，这说明绿色发展指数的测算方法日趋成熟。

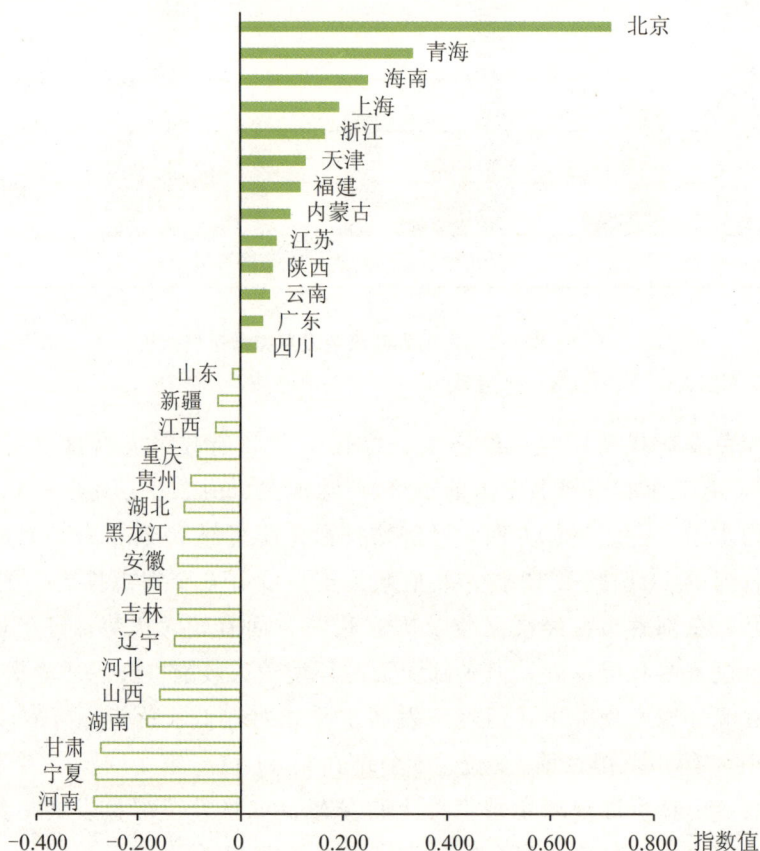

图 0-3　中国绿色发展指数排名比较

注：本图根据表 0-5 制作。

>>四、中国 100 个城市绿色发展指数测算结果及分析<<

在中国城市绿色发展指数指标体系的基础上，我们测算得到了 2011 年 100 个城市的"绿色发展指数"，下面简介之。

1. 城市绿色发展指数测算结果

利用 2011 年的数据，根据 2013 中国城市绿色发展指数指标体系测算，2011 年中国 100 个城市的绿色发展指数及其排名如表 0-6 所示。

表 0-6　　　　　　　　　　　　　中国 100 个城市绿色发展指数及排名

城　市	绿色发展指数		一级指标					
			经济增长绿化度		资源环境承载潜力		政府政策支持度	
	指数值	排　名	指数值	排　名	指数值	排　名	指数值	排　名
海　口	1.019	1	0.244	3	0.837	1	−0.062	73
深　圳	0.763	2	0.410	1	0.002	43	0.351	1
克拉玛依	0.734	3	0.236	4	0.449	2	0.049	34
无　锡	0.437	4	0.276	2	0.019	28	0.142	7
烟　台	0.298	5	0.103	13	0.073	14	0.122	10
青　岛	0.278	6	0.133	11	0.033	19	0.112	14
湛　江	0.236	7	−0.018	48	0.234	4	0.020	46
延　安	0.228	8	0.139	9	0.176	7	−0.087	79
北　京	0.223	9	0.139	10	−0.099	86	0.183	3
潍　坊	0.218	10	0.034	31	0.023	24	0.161	5
昆　明	0.189	11	−0.018	47	0.191	6	0.016	47
赤　峰	0.186	12	−0.057	70	0.312	3	−0.069	76
福　州	0.185	13	0.081	15	−0.003	45	0.107	17
广　州	0.182	14	0.076	17	−0.028	57	0.134	8
常　州	0.169	15	0.141	8	−0.048	69	0.076	25
长　沙	0.161	16	0.181	6	0.015	32	−0.035	64
石家庄	0.160	17	0.071	20	−0.042	63	0.131	9
绵　阳	0.159	18	0.011	37	0.142	9	0.006	50
济　宁	0.158	19	0.064	24	−0.026	54	0.120	12
唐　山	0.153	20	0.081	16	0.029	22	0.043	36
苏　州	0.151	21	0.206	5	−0.109	91	0.054	32
珠　海	0.136	22	−0.057	72	−0.018	49	0.211	2
曲　靖	0.113	23	−0.021	51	0.014	35	0.120	11
徐　州	0.104	24	0.039	30	−0.040	62	0.106	18
日　照	0.097	25	0.034	32	−0.044	65	0.108	16
株　洲	0.089	26	−0.038	59	0.023	25	0.104	19
常　德	0.082	27	0.167	7	0.012	36	−0.096	83
杭　州	0.079	28	0.054	26	−0.052	70	0.078	24
长　春	0.077	29	0.052	27	0.017	29	0.008	48
桂　林	0.059	30	0.002	43	0.168	8	−0.110	86
南　通	0.050	31	0.042	29	−0.019	51	0.027	43
厦　门	0.049	32	−0.079	81	−0.046	67	0.174	4
扬　州	0.036	33	0.076	18	−0.064	75	0.024	45
淄　博	0.034	34	0.034	33	−0.108	89	0.108	15
安　阳	0.030	35	−0.052	66	0.015	31	0.067	28

续表

城 市	绿色发展指数		一级指标					
			经济增长绿化度		资源环境承载潜力		政府政策支持度	
	指数值	排 名	指数值	排 名	指数值	排 名	指数值	排 名
呼和浩特	0.026	36	0.094	14	0.033	20	−0.100	85
济 南	0.025	37	0.065	23	−0.104	87	0.064	29
秦皇岛	0.021	38	−0.025	53	0.043	17	0.003	52
沈 阳	0.020	39	0.105	12	−0.070	77	−0.014	57
宁 波	0.019	40	0.004	41	−0.098	85	0.112	13
阳 泉	0.013	41	−0.149	98	0.007	40	0.155	6
合 肥	−0.002	42	0.006	40	−0.075	79	0.068	27
绍 兴	−0.003	43	0.073	19	−0.109	90	0.033	39
湖 州	−0.003	44	0.068	21	−0.119	93	0.048	35
太 原	−0.006	45	−0.055	68	−0.010	48	0.058	30
泰 安	−0.007	46	−0.006	44	−0.057	72	0.056	31
成 都	−0.008	47	0.021	34	−0.057	73	0.028	42
南 昌	−0.021	48	−0.042	63	−0.019	52	0.041	38
上 海	−0.021	49	0.066	22	−0.094	83	0.007	49
洛 阳	−0.025	50	0.013	35	0.049	16	−0.087	80
大 连	−0.027	51	0.007	39	−0.018	50	−0.016	58
临 汾	−0.028	52	−0.038	61	0.028	23	−0.018	59
遵 义	−0.029	53	0.010	38	0.030	21	−0.069	75
长 治	−0.030	54	−0.078	80	−0.030	58	0.079	23
宝 鸡	−0.031	55	−0.086	83	−0.035	60	0.090	22
泉 州	−0.034	56	−0.070	77	−0.037	61	0.073	26
重 庆	−0.035	57	−0.090	86	−0.046	68	0.102	21
南 京	−0.043	58	0.002	42	−0.147	98	0.102	20
汕 头	−0.043	59	−0.049	65	0.016	30	−0.010	54
芜 湖	−0.045	60	−0.040	62	−0.045	66	0.041	37
韶 关	−0.046	61	−0.094	87	0.081	12	−0.033	62
柳 州	−0.052	62	−0.057	71	0.060	15	−0.056	70
牡丹江	−0.052	63	−0.038	60	0.231	5	−0.245	100
马鞍山	−0.057	64	−0.010	45	−0.076	80	0.029	41
九 江	−0.058	65	−0.103	91	0.020	26	0.025	44
北 海	−0.060	66	−0.088	84	0.105	10	−0.076	77
咸 阳	−0.061	67	−0.033	57	0.008	38	−0.036	66
湘 潭	−0.067	68	−0.060	74	−0.002	44	−0.005	53
锦 州	−0.072	69	−0.021	52	0.003	42	−0.054	69
天 津	−0.077	70	0.048	28	−0.113	92	−0.011	56

城　市	绿色发展指数		一级指标					
			经济增长绿化度		资源环境承载潜力		政府政策支持度	
	指数值	排　名	指数值	排　名	指数值	排　名	指数值	排　名
南　宁	−0.092	71	−0.028	56	0.075	13	−0.138	91
焦　作	−0.114	72	−0.057	73	−0.027	55	−0.030	60
吉　林	−0.118	73	−0.043	64	0.019	27	−0.094	81
温　州	−0.119	74	−0.028	55	−0.055	71	−0.036	65
大　同	−0.122	75	−0.125	97	0.014	34	−0.011	55
宜　宾	−0.125	76	−0.090	85	0.090	11	−0.125	90
武　汉	−0.128	77	−0.014	46	−0.142	95	0.029	40
泸　州	−0.134	78	−0.069	76	−0.021	53	−0.044	67
宜　昌	−0.135	79	−0.098	88	0.015	33	−0.052	68
包　头	−0.138	80	0.059	25	−0.097	84	−0.100	84
开　封	−0.139	81	−0.019	49	−0.005	46	−0.115	89
郑　州	−0.149	82	0.011	36	−0.082	81	−0.078	78
贵　阳	−0.152	83	−0.111	93	−0.009	47	−0.033	61
平顶山	−0.161	84	−0.056	69	0.008	39	−0.113	87
本　溪	−0.168	85	−0.114	95	0.004	41	−0.058	71
银　川	−0.187	86	−0.064	75	−0.127	94	0.004	51
金　昌	−0.203	87	−0.214	100	−0.042	64	0.053	33
哈尔滨	−0.206	88	−0.027	54	−0.064	76	−0.115	88
岳　阳	−0.210	89	−0.074	78	−0.075	78	−0.062	72
西　安	−0.213	90	−0.034	58	−0.145	97	−0.034	63
乌鲁木齐	−0.244	91	−0.020	50	−0.158	100	−0.066	74
石嘴山	−0.258	92	−0.100	89	−0.063	74	−0.096	82
抚　顺	−0.293	93	−0.083	82	−0.028	56	−0.183	95
齐齐哈尔	−0.297	94	−0.101	90	0.038	18	−0.234	98
攀枝花	−0.329	95	−0.166	99	0.011	37	−0.175	94
荆　州	−0.355	96	−0.116	96	−0.032	59	−0.207	96
西　宁	−0.362	97	−0.075	79	−0.145	96	−0.142	92
铜　川	−0.363	98	−0.113	94	−0.086	82	−0.164	93
鞍　山	−0.397	99	−0.054	67	−0.106	88	−0.237	99
兰　州	−0.495	100	−0.106	92	−0.156	99	−0.233	97

注：①本表根据 2013 中国城市绿色发展指数体系，依据各指标 2011 年数据测算而得；②本表城市按绿色发展指数的指数值从高到低排序；③以上数据及排名根据《中国城市统计年鉴 2012》、《中国环境统计年报 2011》、《中国城市建设统计年鉴 2011》、《中国区域经济统计年鉴 2012》等测算；④由于拉萨部分指标数据暂不全，因此本次测算不包含拉萨。

与往年的测算类似，在 2013 中国城市绿色发展指数测算结果中，指数值 0 表示所有参评城市的平均水平，指数值高于"0"表示该城市的绿色发展水平高于参评城市的平均水平，指数值低于"0"表示该城市的绿色发展水平低于参评城市的平均水平。

2. 城市绿色发展指数的特点与比较

在参与测算的 100 个城市中，有 41 个城市的绿色发展水平高于平均水平，59 个城市的绿色发展水平低于平均水平。

为方便读者，根据表 0-6，绘出 2013 中国城市绿色发展指数排名前 20 位城市和排名后 20 位城市比较图，如图 0-4 所示。

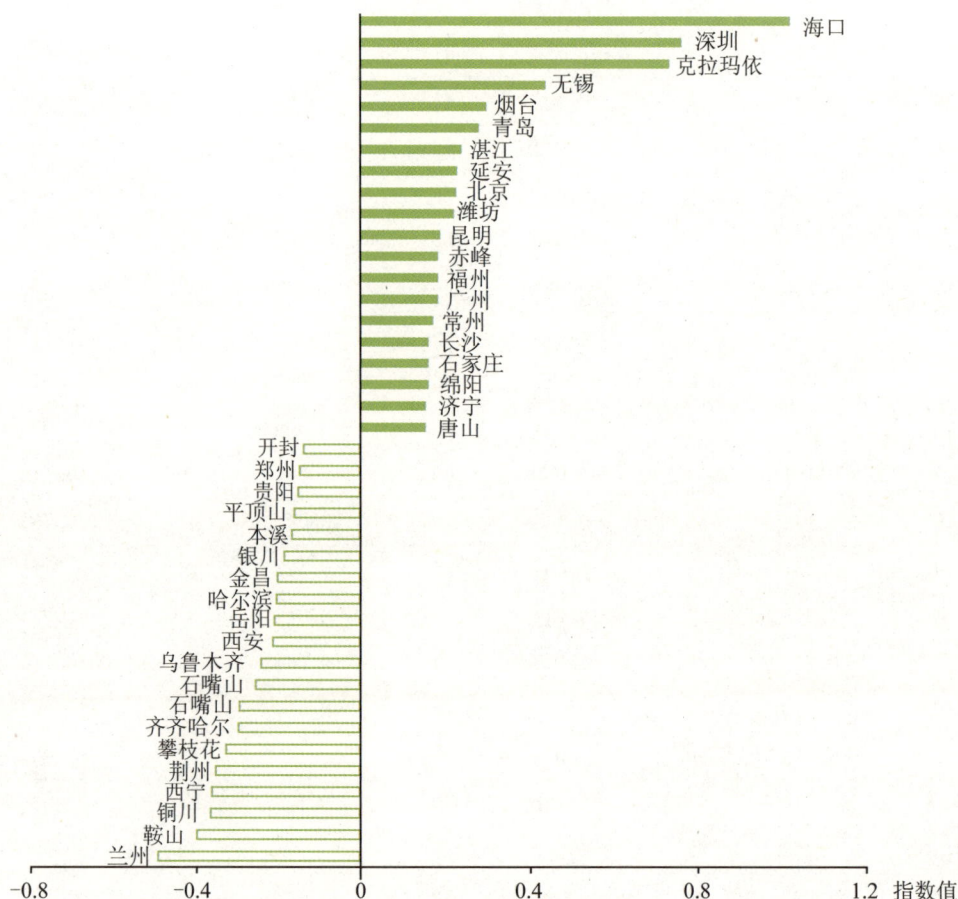

图 0-4　2013 中国城市绿色发展指数排名前 20 位城市和排名后 20 位城市比较图

注：本图根据表 0-6 制作。

同时，我们绘制了 2013 中国城市绿色发展指数区域①比较图，具体如图 0-5 所示。

---

① 报告对城市区域的划分源自于"十一五"规划区域发展战略。参与测算的东部城市包括北京、天津、上海、深圳、南京、海口、无锡、烟台、青岛、湛江、福州、潍坊、济宁、唐山、苏州、珠海、徐州、日照、杭州、南通、厦门、扬州、淄博、济南、广州、常州、石家庄、绍兴、湖州、泰安、泉州、秦皇岛、宁波、汕头、韶关、温州 36 个城市。中部城市包括武汉、长沙、合肥、太原、南昌、株洲、常德、安阳、洛阳、临汾、长治、阳泉、马鞍山、九江、湘潭、焦作、芜湖、开封、郑州、平顶山、岳阳、荆州、大同、宜昌 24 个城市。西部城市包括重庆、成都、昆明、呼和浩特、乌鲁木齐、贵阳、克拉玛依、延安、赤峰、绵阳、曲靖、桂林、遵义、宝鸡、北海、咸阳、南宁、柳州、银川、金昌、西安、石嘴山、攀枝花、西宁、铜川、兰州、宜宾、泸州、包头 29 个城市。东北城市包括长春、沈阳、哈尔滨、大连、吉林、牡丹江、锦州、本溪、抚顺、齐齐哈尔、鞍山 11 个城市。

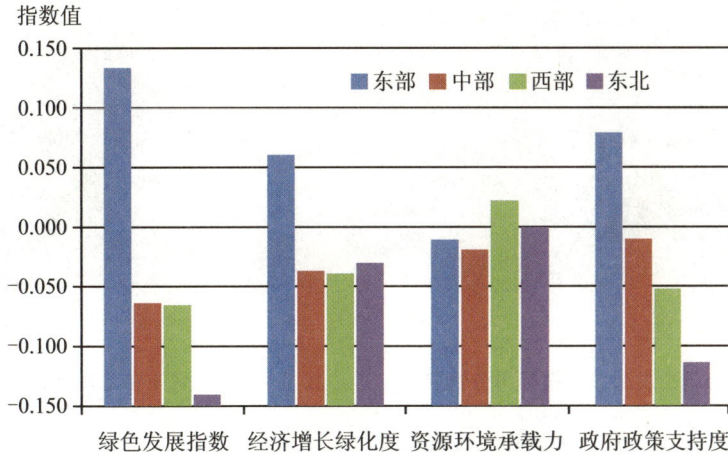

图 0-5　中国城市绿色发展指数区域比较

注：本图数据为四大区域中各城市指数值的算术平均值。

由上可知，2013 中国城市绿色发展指数呈现以下几个特点。

第一，中国东部城市绿色发展优势明显，中部城市绿色发展状况良好，西部城市绿色发展与中部相当，东北城市绿色发展相对落后。

东部城市绿色发展指数平均值达到 0.136，超过全国平均水平，远高于中部、西部和东北地区；36 个城市中，除温州、天津等几个城市排名中等偏下，其余城市均处于中等偏上的位置；排名前 20 位的城市中，有 70% 的城市来自东部地区；排名后 20 位的城市中，没有一个城市是东部城市。

中部城市绿色发展指数平均值达到 −0.062，接近全国平均水平，仅低于东部但高于西部和东北地区；24 个城市中，除长沙排名前 20 位，开封、郑州、平顶山等 5 个城市排名后 20 位，其他城市均位列所有测评城市的中段。

西部城市绿色发展指数平均值为 −0.065，总体与中部整体水平相当；29 个城市中，排名前 20 位的城市有 5 个来自西部，其中有 2 个城市排名前 10 位；排名后 20 位的城市有 10 个来自西部，其中有 6 个城市排名后 10 位。

东北城市绿色发展指数平均值仅为 −0.139，远低于全国平均水平，在四大区域中排名最末；东北地区 11 个城市中，没有城市排名全国前 20 位，排名最高的是长春，为第 29 位；有 5 个城市排名后 20 位，几乎占东北测评城市的一半，且有 3 个城市排名后 10 位。

为进一步分析中国四大区域绿色发展二级指标情况，我们做出雷达图进行比较，如图 0-6、图 0-7、图 0-8 和图 0-9 所示。

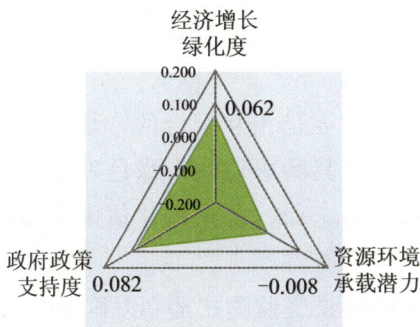

图 0-6　东部城市绿色发展二级指标得分情况

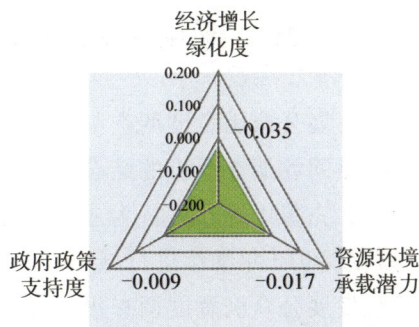

图 0-7　中部城市绿色发展二级指标得分情况

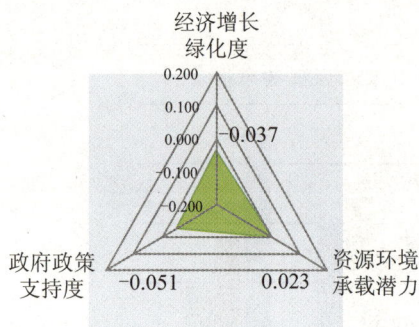

图 0-8　西部城市绿色发展二级指标得分情况　　图 0-9　东北城市绿色发展二级指标得分情况

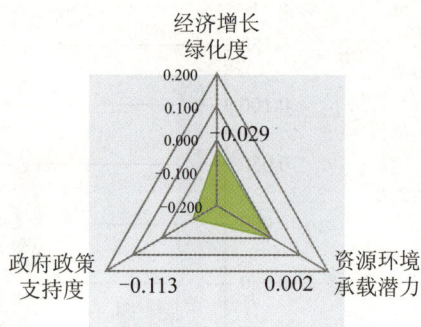

由上可知，东部城市除资源环境承载潜力外，经济增长绿化度和政府政策支持度远优于其他地区。中部城市经济增长绿化度、资源环境承载潜力和政府政策支持度 3 个二级指标得分较为均衡，政府政策支持度仅次于东部，经济增长绿化度和资源环境承载潜力居于全国中游水平。西部城市在资源环境承载潜力方面拥有优势，但在经济增长绿化度和政府政策支持度方面表现较弱。东北城市经济增长绿化度和资源环境承载潜力处于全国中游水平，但东北政府政策支持度与其他区域差距过于明显，整体绿色发展水平有待提高。

第二，一批资源型城市绿色发展排名靠前，绿色发展经验值得借鉴。

资源型城市的转型一直是中国城市发展的重点与难点，多年来，党中央、国务院制定多项专门政策，以推动资源型城市的可持续发展。根据我们的测算，100 个测评城市中，已有一批资源型城市绿色发展排名靠前，城市的绿色转型成效显著，如克拉玛依、赤峰、唐山等，这其中以克拉玛依最为突出与典型。

克拉玛依是以石油命名的城市，石油是该城市的主要产业。根据经验判断，石油城市绿色发展应当相对较弱，绿色经济有待提高。然而，近年来，克拉玛依先后荣获"国家卫生城市"、"中国人居环境范例奖"、"国家环保模范城市"、"国家园林城市"、"中国优秀旅游城市"、"全国工业旅游示范点"、"中国优秀生态文化旅游城市"、"全国文明城市"、"2012 年度中国特色魅力城市 200 强"等多项荣誉称号，绿色发展成绩喜人，绿色经验值得其他资源型城市学习与借鉴。

第三，部分传统旅游城市、宜居城市绿色发展排名不列前，这值得我们深思。

"上有天堂，下有苏杭"，"桂林山水甲天下"，"巴山蜀水，天府之国"，在我们的印象中，苏州、杭州、桂林、成都、重庆等传统旅游城市、宜居城市的绿色发展理应在全国名列前茅。然而，根据中国城市绿色发展指数的测算，这些城市在 100 个测评城市中仅位于所有测评城市的中段及中等偏上位置，与现实期望有一定差距，这值得我们深思。

>>五、继续进行城市绿色发展公众满意度调查<<

城市绿色发展公众满意度调查与中国绿色发展的统计测度是相互配合的，是客观统计数据分析与主观民意问卷调查分析的结合。为进一步反映居民对其所居住城市绿色发展的主观感受和评价，补充、完善以统计分析为主的中国绿色发展指数，全面、公正地评估中国城市绿色发展情况，课题组 2013 年继续进行城市绿色发展公众满意度调查。

城市绿色发展公众满意度调查仍由国家统计局中国经济景气监测中心（以下简称景气中心）承担，其下属社情民意调查处负责具体组织实施。景气中心在进行全国性专项调查方面具有显著的优势和丰富的实践经验，在全国 30 个省级统计机构建立了电话访问中心，形成了覆盖全国的电话调查网络系统。此次调查中，为保证调查的公正与客观，课题组专门安排成员到景气中心详细了解调查情况，并进行现场考察与试听。通过实地走访我们发现，景气中心制定了详细的调查执行方案，严格规定了执行单位进行访问员培训、问卷调查、问卷复核、数据上报和质量检查的标准。为保证调查数据质量，在执行过程中特别加强了调查录音的核查，使每个调查结果都可追溯。为保证调查的客观和公正，景气中心将 38 个城市分配给四个调查机构，并采取了互相回避的原则：一是调查机构仅知道其负责调查的城市及样本量，并不了解其他城市由谁来进行调查；二是调查机构不负责其所在城市的调查任务。

调查结果显示：2013 年 38 个重点城市绿色发展公众综合满意度为 0.091，比 2012 年有所下降。尽管大多数城市居民对其所居住城市的绿色发展水平持肯定态度，但综合满意度较低。各城市绿色发展水平仍存在较大差异，呈现出西部和东部地区最高、东北较高、中部最低的特征。与 2012 年相比，东北、西部和东部城市公众综合满意度均有所下降，东北和西部下降较多，中部城市基本持平。

绿色发展公众满意度调查排名前 10 位的城市分别为克拉玛依、厦门、西宁、银川、海口、杭州、重庆、青岛、苏州和宁波；排名后 10 位的城市分别为乌鲁木齐、沈阳、武汉、北京、石家庄、西安、广州、兰州、呼和浩特和郑州。

>>六、首次开展绿色发展实地调研与考察<<

2013 年是"十二五"规划的攻坚之年，党的十八大提出建设"美丽中国"，将绿色发展上升到新的高度。鉴于此，2013 年课题组深入青海、浙江、山西、湖北、四川等省（区、市）进行调研，并分赴中国香港特别行政区、中国台湾地区，以及韩国首尔都市圈等地进行绿色发展实地考察，以求更加深刻评判中国绿色发展现状，促进中国绿色发展。

省际与城市绿色发展差距的调研与思考——青海省绿色发展调研考察报告。课题组与青海省及西宁市相关部门、科研机构和高等院校的领导与专家进行了座谈，并对西宁经济技术开发区、海南藏族自治州等进行了实地调查。通过调研，课题组对青海省绿色发展的总体情况、新亮点及政策举措有了进一步了解，获得了青海省绿色发展指数排名靠前而西宁市绿色发展指数排名靠后的第一手资料，这些都在调研报告中得到充分的反映。

走绿色发展道路，建中国美丽乡村——浙江省安吉县调研报告。农村是中国推进绿色发展、建设美丽中国的重点和难点。浙江省安吉县在传统的工业化和城市化发展道路上，依靠自身的后发优势和丰富的生态资源，实施"美丽乡村"战略，走出了一条经济、社会、生态全面协调可持续发展之路。课题组在实地调研中分析了安吉实施绿色发展的背景，并提出绿色产业是安吉绿色发展的关键，美丽乡村是安吉绿色发展的载体，领导理念创新是安吉绿色发展的保障。

资源城市绿色发展转型之路——山西省晋城市调研报告。尽管是传统的能源型城市，但山西省晋城市却被誉为"看不见煤的煤都"。近年来，晋城相继被评为"全国卫生城市"、"中国优秀旅游城市"、"国家园林城市"、"全国绿化模范城市"，2012 年更是被联合国评为"国际花园城市"，可见晋城在绿色发展方面卓有成效。课题组深入山西晋城，总结了晋城绿色发展的经验与问题。

绿色发展促减贫——连片特困地区湖北省恩施土家族苗族自治州建始县调研报告。贫困地区的可持续增长，离不开绿色发展。贫困地区与发达地区一样，都是绿色发展的重要组成部分。贫困地区能否通过绿色发展来实现减贫，是一个世界性的难题。课题组通过对建始县的调研，总结了通过绿色发展促减贫的经验，分析了建始县绿色发展促减贫的效果，展望了绿色发展促减贫的方向和趋势。

以循环经济为重点促进绿色发展——四川省珙县调研报告。县域经济是国民经济的重要组成部分之一，其在经济发展与经济转型中的绿色探索与绿色创新具有重要意义。为了解西南地区县市的绿色发展一般情况，课题组深入四川珙县，剖析了珙县经济绿色发展的六条途径，对我国处于成长区的县市具有一定的借鉴意义。

城市绿色发展的香港经验——香港特别行政区绿色发展考察报告。经过实地考察，课题组分析了香港政府和学术机构在监测空气质量上互相监督和促进的做法，解读了香港高效的公共交通系统运行及其特点，对加快内地城市绿色发展转型具有借鉴意义。

中国台湾地区城市环保考察记——新北市垃圾焚化处理调研与思考。在我国台湾地区学术界及新闻界的协助下，课题组深入台湾新北市八里垃圾焚化厂，考察了台湾高水平的垃圾处理，对政府采取的有效措施和在垃圾处理中的成功经验进行了总结。

首尔市环境治理经验与借鉴——韩国首都圈考察报告。课题组重点考察了韩国首尔清溪川修复工程、韩国烟囱排污治理、首都圈垃圾填埋处理，对韩国在促进经济绿色发展、开展城市环境治理、推动绿色国际合作与交流等方面有了深入的了解，在报告中详细剖析了韩国绿色发展的经验与做法。

>>七、本报告的框架结构及分析重点<<

《2013 中国绿色发展指数报告——区域比较》由序，专家评议，总论，省际篇，城市篇，公众评价篇，绿色发展实地调研与考察，专家论坛，省、市"绿色体检"表和附录组成。各部分围绕绿色发展这一主题，从不同角度对中国 30 个省（区、市）和 100 个城市的绿色发展进行了测度和分析。本报告分析框架较 2012 年有了不少的改进和创新。

2013 年报告继续聘请 28 位资深专家进行专业评审。专家们的热情肯定与宝贵建议使我们受益颇多，推动了报告的不断进步与完善。与往年一样，我们将专家评审意见编辑为"专家评议"，置于报告之前，与大家共勉。

"总论"重点介绍了 2013 中国绿色发展指数省际指标体系和城市指标体系的完善，展示了30 个省（区、市）和 100 个城市的测算结果及排序，并对报告的新增内容进行了介绍。

与 2012 年报告的"四大篇"有所不同，2013 年报告的主体内容为"六大篇"。

第一篇为省际篇，共 3 章。该篇与省际绿色发展指数的 3 个一级指标（经济增长绿化度、资源环境承载潜力和政府政策支持度）相对应，对省际 3 个一级指标的测度及结果进行分析。

第二篇为城市篇，共 4 章。前 3 章与城市绿色发展指数的 3 个一级指标（经济增长绿化度、资源环境承载潜力和政府政策支持度）相对应，对城市 3 个一级指标的测度及结果进行分析；第4 章新增"城镇化与城市绿色发展：100 个城市双维度分析"，尝试对中国城市绿色发展及其相关研究进行理论分析。

第三篇为公众评价篇，共 2 章。前 1 章为"城市绿色发展公众满意度调查结果与分析"，公布了 38 个城市公众满意度调查的结果；后 1 章为"城市绿色发展公众满意度调查方案及组织实施情况"，介绍了城市绿色发展公众满意度调查问卷、调查方法、组织实施等。

第四篇为绿色发展实地调研与考察。为进一步了解绿色发展的实际情况，更客观地分析比较统计测度结果，课题组组织了国内外的调研考察，以求更加深刻评判中国绿色发展现状，促进中国绿色发展。

第五篇为专家论坛。为了对绿色发展进行更为深入和广泛的讨论和研究，课题组邀请了参与课题的理工科和文科教授参与该论坛，讨论的主题是"对中国绿色发展事业建言献策"。每位受邀教授将为中国的绿色发展事业提出自己的看法和建议，从不同的角度探讨绿色发展问题。同时，我们还整理了五位特约嘉宾在"中国绿色发展指数系列报告"发布暨研讨会上的精彩发言，以飨读者。

第六篇是省、市"绿色体检"表。本篇分别对 30 个省（区、市）及 38 个直辖市、省会城市、计划单列市进行"绿色体检"，根据各指标的排名变化给予进退"脸谱"，并进行简要分析。

本报告的最后部分为附录。分别对省际、城市绿色发展指数测算指标、数据来源等进行解释。

最后，让我们引用国家统计局马建堂局长在序言中一段富有诗意的话作为结尾："长空碧澄，山色如黛，清水荡漾，芳草茵茵……这是每一位中国人心中的美丽中国！建设生态文明、推进绿色发展是我们这一代人的历史责任。让我们携起手来，为建设天蓝、地绿、山青、水净的美丽中国共同努力！"

第一篇
省际篇

本篇以公开出版的统计年鉴为基础，以 2013 中国绿色发展指数（省际）指标体系为依据，全面系统地反映了 2011 年中国 30 个测评地区的绿色发展情况，分析了这些地区的绿色发展排名。同时，本篇从绿色发展指数3个一级指标出发，分别编撰了三章，即"第一章　省际经济增长绿化度测算及分析"、"第二章　省际资源环境承载潜力测算及分析"和"第三章　省际政府政策支持度测算及分析"，深入解析了 2011 年中国 30 个测评地区经济增长绿化度、资源环境承载潜力与政府政策支持度的具体情况。

第一章

省际经济增长绿化度测算及分析

作为绿色发展指数的重要内涵之一，经济增长绿化度是对一个地区经济发展过程中绿色程度的综合评价。本章根据"中国绿色发展指数评价体系（省际）"（以下简称"省际测算体系"）中经济增长绿化度的测度标准，利用 2011 年的年度数据，从绿色增长效率和三次产业指标四个角度分别对中国 30 个省（区、市）①的经济增长绿化度指数进行了测度及分析。

>>一、省际经济增长绿化度的测算结果<<

根据"中国绿色发展指数评价体系（省际）"中经济增长绿化度的测度体系和权重标准，中国 30 个省（区、市）经济增长绿化度指数的测算结果如表 1-1 所示。

表 1-1　　　　　2011 年中国 30 个省（区、市）经济增长绿化度指数及排名

指　　标	经济增长绿化度		二级指标							
			绿色增长效率指标		第一产业指标		第二产业指标		第三产业指标	
地　　区	指数值	排　名	指数值	排名	指数值	排　名	指数值	排名	指数值	排　名
北　京	0.468	1	0.229	1	0.083	1	0.013	10	0.142	1
上　海	0.346	2	0.139	2	0.060	2	0.041	3	0.106	2
天　津	0.302	3	0.097	3	0.038	7	0.100	1	0.067	3
江　苏	0.155	4	0.071	4	0.038	6	0.025	5	0.021	4
浙　江	0.148	5	0.066	5	0.050	3	0.018	8	0.014	6
广　东	0.104	6	0.052	6	0.005	11	0.029	4	0.018	5
山　东	0.090	7	0.025	8	0.012	10	0.058	2	−0.005	12
福　建	0.079	8	0.028	7	0.042	5	0.008	14	0.001	10
辽　宁	0.006	9	−0.013	15	0.002	12	0.010	13	0.007	9
内蒙古	−0.005	10	−0.031	23	−0.001	13	0.021	6	0.007	8

———————————

①　西藏自治区、中国香港特别行政区、中国澳门特别行政区和中国台湾地区由于缺少主要测算数据，因此未参与测算。

指 标	经济增长绿化度		二级指标							
			绿色增长效率指标		第一产业指标		第二产业指标		第三产业指标	
地 区	指数值	排名	指数值	排名	指数值	排名	指数值	排名	指数值	排名
河 北	−0.019	11	−0.005	11	0.019	9	−0.013	18	−0.019	21
海 南	−0.022	12	−0.009	13	0.024	8	−0.045	29	0.008	7
陕 西	−0.030	13	−0.019	21	−0.008	14	0.017	9	−0.020	22
吉 林	−0.031	14	−0.016	19	−0.027	24	0.020	7	−0.008	13
黑龙江	−0.039	15	−0.030	22	−0.011	16	0.011	12	−0.009	14
湖 北	−0.039	16	−0.013	16	−0.013	17	0.005	12	−0.018	20
河 南	−0.051	17	0.000	10	−0.015	19	0.006	16	−0.043	30
安 徽	−0.055	18	−0.006	12	−0.026	23	0.006	15	−0.029	26
湖 南	−0.068	19	−0.012	14	−0.011	15	−0.031	23	−0.014	16
江 西	−0.076	20	0.012	9	−0.023	22	−0.040	27	−0.024	25
四 川	−0.080	21	−0.015	17	−0.016	20	−0.017	21	−0.032	27
山 西	−0.082	22	−0.053	25	−0.028	25	0.013	11	−0.014	17
重 庆	−0.084	23	−0.016	18	−0.038	28	−0.017	19	−0.014	19
广 西	−0.089	24	−0.016	20	−0.022	21	−0.017	20	−0.034	29
新 疆	−0.099	25	−0.090	29	0.045	4	−0.039	25	−0.014	18
宁 夏	−0.153	26	−0.119	30	−0.014	18	−0.018	22	−0.002	11
云 南	−0.154	27	−0.043	24	−0.048	29	−0.040	26	−0.023	23
甘 肃	−0.164	28	−0.057	26	−0.031	27	−0.042	28	−0.034	28
青 海	−0.179	29	−0.076	27	−0.029	26	−0.050	30	−0.024	24
贵 州	−0.180	30	−0.080	28	−0.057	30	−0.033	24	−0.010	15

注：①本表根据省际测算体系中经济增长绿化度的指标体系，依各指标 2011 年数据测算而得。②本表各省（区、市）按照经济增长绿化度的指数值从大到小排序。③本表一级指标"经济增长绿化度"指标值等于"绿色增长效率指标"、"第一产业指标"、"第二产业指标"、"第三产业指标"四个二级指标指数值之和。④以上数据及排名根据《中国统计年鉴 2012》、《中国环境统计年鉴 2012》、《中国环境统计年报 2011》、《中国城市统计年鉴 2012》、《中国水利统计年鉴 2012》、《中国工业经济统计年鉴 2012》、《中国沙漠及其治理》等测算。

从表 1-1 中看到，排在经济增长绿化度前 10 位的省（区、市）依次是北京、上海、天津、江苏、浙江、广东、山东、福建、辽宁和内蒙古（排序见图 1-1）。其中，绿色增长效率指标排名前 10 位的省（区、市）依次是北京、上海、天津、江苏、浙江、广东、福建、山东、江西和河南；第一产业指标排名前 10 位的省（区、市）依次是北京、上海、浙江、新疆、福建、江苏、天津、海南、河北和山东；第二产业指标排名前 10 位的省（区、市）依次是天津、山东、上海、广东、江苏、内蒙古、吉林、浙江、陕西和北京；第三产业指标排名前 10 位的省（区、市）依次是北京、上海、天津、江苏、广东、浙江、海南、内蒙古、辽宁和福建。

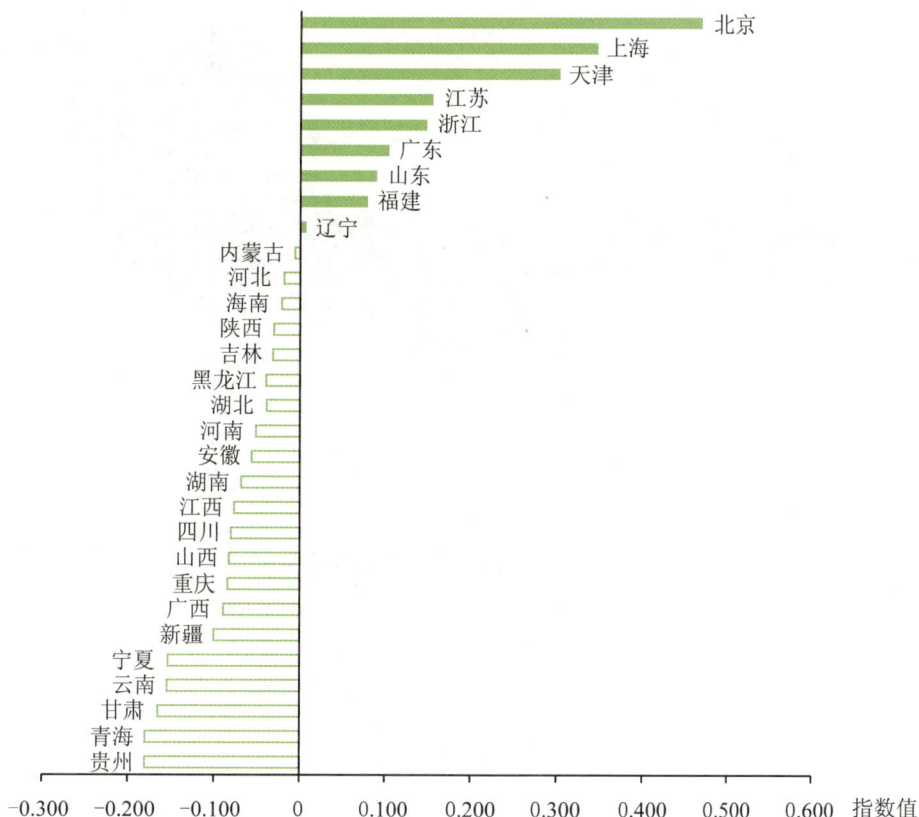

图 1-1　2011 年经济增长绿化度排名省际比较

注：根据表 1-1 中相关数据制作。

各地区经济增长绿化度的地理分布如图 1-2 所示。其中排在前 10 位的省（区、市）用"深绿色"表示；排在第 11 位～第 20 位的省（区、市）用"中度绿色"来表示；排在后 10 位的省（区、市）用"浅绿色"表示。不同颜色代表经济增长绿化度的不同程度，颜色越深，表明经济增长绿化度越好。从地理区域来看，用"深绿色"代表的省（区、市）几乎都集中在中国的东部沿海地区；"中度绿色"省（区、市）集中在中国的中部偏东部的地区；"浅绿色"省（区、市）则集中在中国的中部偏西部的地区。

结合以上各表和图，下面进一步从四大区域间经济增长绿化度的差异、区域内部各个地区的差异以及经济增长绿化度与绿色发展指数的相关关系三个方面进行分析。

1. 经济增长绿化度区域间差异分析

从经济增长绿化度的区域分布来看，经济增长绿化度总体呈现东部较好、东北和中部居中、西部偏低的局面。在东部地区[①]的 10 个省市中，排在前 10 位的有 8 个，河北、海南分别排在第 11 位、第 12 位。其中，北京以 0.468 的高分居全国第 1 位。从各项指标来看，除第二产业指标外，北京在绿色增长效率指标、第一产业指标、第三产业指标上的得分均排在全国首位，整体较好。东北三省的排名分别为第 9 位、第 14 位和第 15 位，处于中等偏上水平；中部 6 省中，湖

[①] 东部地区包括：北京、天津、河北、上海、江苏、浙江、福建、山东、广东和海南；中部地区包括山西、安徽、江西、河南、湖北和湖南；西部地区包括内蒙古、广西、重庆、四川、贵州、云南、西藏、陕西、甘肃、青海、宁夏和新疆；东北地区包括辽宁、吉林和黑龙江。

图 1-2　2011 年经济增长绿化度排名地区分布

注：根据表 1-1 制作。

北排名最为靠前，列第 16 位，其余 5 省份排在第 17 位～第 22 位，位次居中偏后；西部地区的 11 个参评省（区、市）（除西藏外）中，除内蒙古排在第 10 位、陕西排在第 13 位以外，其他 9 个省（区、市）排在第 21 位～第 30 位，依次为四川、重庆、广西、新疆、宁夏、云南、甘肃、青海和贵州，整体排名靠后。

中国四大区域经济增长绿化度对照如图 1-3 所示。

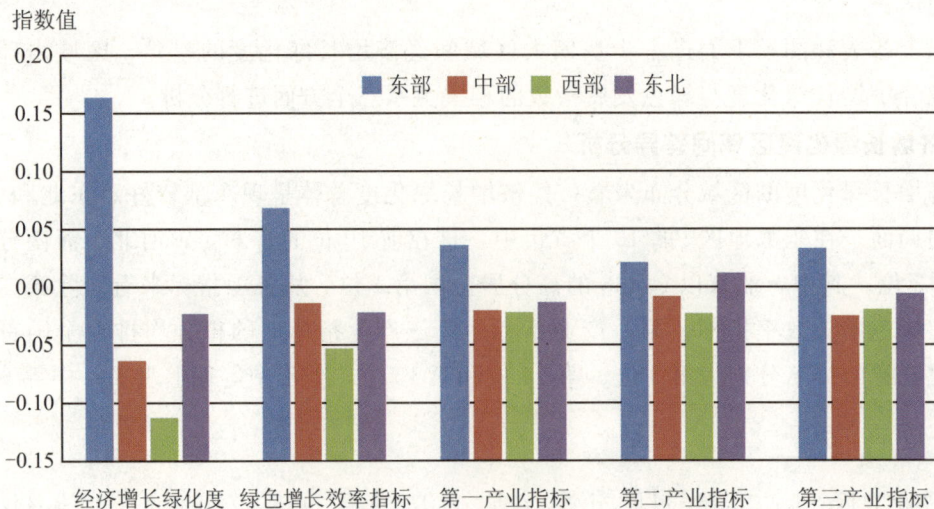

图 1-3　2011 年中国四大区域经济增长绿化度对照图

注：图中数据为四大区域中各省（区、市）指标值的算术平均值。

就经济增长绿化度的四个分指标而言，区域间的差异也非常显著。绿色增长效率指标区域间差异最大，西部地区远落后于东部地区，而中部地区和东北地区则较为接近，且均低于全国平均水平，位于东部地区与西部地区之间。第一产业指标特点有所不同，东部地区明显高于其他地区，但中部地区、西部地区和东北地区之间的差异较小，均低于全国平均水平。第二产业指标的区域差异相对较小，东部地区和东北地区情况较好，高于全国平均水平，而中部地区和西部地区略低于全国平均水平。第三产业指标中各地区位于全国均值附近，东部地区高于全国平均水平，紧随其后的是东北地区，而西部地区则超过中部地区，成为经济增长绿化度的四个分指标中唯一没有垫底的指标。

2. 经济增长绿化度区域内情况分析

从四大区域内各省（区、市）的情况看，区域内部经济增长绿化度情况较为相似。东部 10 个省市除河北和海南外其余省市的经济增长绿化度均高于全国平均水平，分列全国第 1 位～第 8 位；河北指标得分为－0.019，比北京低 0.487，列第 11 位；海南指标得分为－0.022，比北京低 0.490，列第 12 位。中部 6 省的经济增长绿化度均低于全国平均水平，得分介于－0.039 和－0.082 之间，得分最高的湖北高于最低的山西 0.043，显示了中部 6 省经济增长绿化度的高度一致性。西部 11 省（区、市）的经济增长绿化度也均低于全国平均水平，内蒙古得分最高，为－0.005，贵州得分最低，为－0.180，相差 0.175。东北三省中，辽宁的经济增长绿化度高于全国平均水平，得分为 0.006，另外两省中吉林得分为－0.031，黑龙江得分－0.039。具体如表 1-2 所示。

表 1-2 　　　　　　　　　**2011 年经济增长绿化度四大区域内部差异分析**

区 域	地 区	指数值	排 名	区 域	地 区	指数值	排 名
东 部	北 京	0.468	1	西 部	内蒙古	－0.005	10
	天 津	0.302	3		广 西	－0.089	24
	河 北	－0.019	11		重 庆	－0.084	23
	上 海	0.346	2		四 川	－0.080	21
	江 苏	0.155	4		贵 州	－0.180	30
	浙 江	0.148	5		云 南	－0.154	27
	福 建	0.079	8		陕 西	－0.030	13
	山 东	0.090	7		甘 肃	－0.164	28
	广 东	0.104	6		青 海	－0.179	29
	海 南	－0.022	12		宁 夏	－0.153	26
中 部	山 西	－0.082	22		新 疆	－0.099	25
	安 徽	－0.055	18	东 北	辽 宁	0.006	9
	江 西	－0.076	20		吉 林	－0.031	14
	河 南	－0.051	17		黑龙江	－0.039	15
	湖 北	－0.039	16				
	湖 南	－0.068	19				

注：本表根据表 1-1 整理。

3. 经济增长绿化度对绿色发展的影响分析

对比各地区经济增长绿化度指数排序与绿色发展指数排序后发现，30 个参评省（区、市）名次变动在 5 个位次（不含变动 5 位）以内的省（区、市）达 14 个，接近总参评省（区、市）的 1/2。名次变动 10 个位次及以上的省（区、市）有 7 个，接近参评省（区、市）数量的 1/4，分别是青海、云南、贵州、新疆、河南、河北以及辽宁(见表1-3)。

表1-3　　　　　　　　　2011年省际绿色发展指数与经济增长绿化度排名差异比较

地　区	绿色发展指数排名	经济增长绿化度排名	位次差异	地　区	绿色发展指数排名	经济增长绿化度排名	位次差异
北　京	1	1	0	江　西	16	20	－4
青　海	2	29	－27	重　庆	17	23	－6
海　南	3	12	－9	贵　州	18	30	－12
上　海	4	2	2	湖　北	19	16	3
浙　江	5	5	0	黑龙江	20	15	5
天　津	6	3	3	安　徽	21	18	3
福　建	7	8	－1	广　西	22	24	－2
内蒙古	8	10	－2	吉　林	23	14	9
江　苏	9	4	5	辽　宁	24	9	15
陕　西	10	13	－3	河　北	25	11	14
云　南	11	27	－16	山　西	26	22	4
广　东	12	6	6	湖　南	27	19	8
四　川	13	21	－8	甘　肃	28	28	0
山　东	14	7	7	宁　夏	29	26	3
新　疆	15	25	－10	河　南	30	17	13

注:本表根据表0-5与表1-1整理。

经济增长绿化度是绿色发展指数的重要组成部分。从表1-3中可以发现,西部11个省(区、市)中除了甘肃和宁夏外其余9个省(区、市)的经济增长绿化度排名远远落后于其绿色发展指数排名,平均而言,在西部地区经济增长绿化度排名落后于其绿色发展指数排名近8位;东部10个省(区、市)中除了海南和福建外其余8个省(区、市)的经济增长绿化度排名领先于其绿色发展指数排名,平均而言,在东部地区经济增长绿化度排名领先于其绿色发展指数排名近3位;中部6个省中除了江西外其余5个省的经济增长绿化度排名领先于其绿色发展指数排名,平均而言,在中部地区经济增长绿化度排名领先于其绿色发展指数排名近5位;东北三省的经济增长绿化度排名大大领先于其绿色发展指数排名,平均而言,在东北地区经济增长绿化度排名领先于其绿色发展指数排名近10位。这在一定程度上显示了一个地区的经济增长绿化度发展好坏将会对该地区整体的绿色发展水平产生较大的影响。一般说来,经济越发达地区,其经济增长绿化度相对较高,对绿色发展指数水平的贡献也相对较大;反之,经济越落后地区,其经济增长绿化度相对较低,对绿色发展指数水平的贡献也相对较小,甚至拖了绿色发展指数的后腿。总而言之,提升经济增长绿化度将有助于区域的绿色发展。

>>二、省际经济增长绿化度比较分析<<

省际经济增长绿化度指数占绿色发展指数总权重的30%,共由22个三级指标构成,正指标12个,逆指标10个,其中参与测算的指标有19个。

（一）绿色增长效率指标比较

在省际经济增长绿化度测度体系中，绿色增长效率指标占经济增长绿化度指数的权重为45％，占绿色发展指数的13.5％，相对于其他3个指标，这一指标对经济增长绿化度指数的贡献较大。从指标构成来看，绿色增长效率指标主要是由表1-4中的9个指标加权组合而成。

表1-4　　　　　　　　　　省际绿色增长效率三级指标、权重及指标属性

指标序号	指　　标	权　　重	指标属性
1	人均地区生产总值	1.70％	正
2	单位地区生产总值能耗	1.70％	逆
3	非化石能源消费量占能源消费量的比重	1.70％	正
4	单位地区生产总值二氧化碳排放量	1.40％	逆
5	单位地区生产总值二氧化硫排放量	1.40％	逆
6	单位地区生产总值化学需氧量排放量	1.40％	逆
7	单位地区生产总值氮氧化物排放量	1.40％	逆
8	单位地区生产总值氨氮排放量	1.40％	逆
9	人均城镇生活消费用电	1.40％	逆

注：本表内容是由本报告课题组召开的多次专家座谈会研讨确定的。

绿色增长效率指标的9个三级指标中，指标1"人均地区生产总值"、指标2"单位地区生产总值能耗"、指标3"非化石能源消费量占能源消费量的比重"的权重均为1.70％，高于其他6个指标的权重（1.40％）。在衡量一个地区经济发展水平的指标中，测算体系只选择了"人均地区生产总值"这一指标，因此，在权重上做了适当的倾斜。实现单位地区生产总值能耗降低是各地区经济发展中的重要目标，因此，绿色增长效率指标中"单位地区生产总值能耗"的权重略高于其他6个一般指标的权重。与之相对应，作为衡量一个地区能源结构转型的重要标准之一，"非化石能源消费量占能源消费量的比重"这一指标权重的提高有利于明确绿色发展的导向意义。鉴于此，将以上3个指标的权重略作提高。但由于缺少部分省份的数据，故指标3未参与测算。除上述3个指标外，其他6个指标的权重均为1.40％，其中指标4"单位地区生产总值二氧化碳排放量"由于缺少部分省份的数据，未参与测算。在绿色增长效率指标中，9个三级指标相互补充但又有所侧重，以期达到对各地区绿色增长效率进行综合测度和评价的目的。

从表1-5和图1-4中可以发现，在绿色增长效率指标排名的前10位中，前8个均来自东部地区，分别是北京、上海、天津、江苏、浙江、广东、福建、山东，这些地区均为经济增长绿化度排名的前10位，仅是位次稍有差异。绿色增长效率指标排名第11位～第20位的依次是河北、安徽、海南、湖南、辽宁、湖北、四川、重庆、吉林和广西。其中东部2个、中部3个，西部3个，东北2个。绿色增长效率指标排名第21位～第30位的依次是陕西、黑龙江、内蒙古、云南、山西、甘肃、青海、贵州、新疆和宁夏。在绿色增长效率指标排名的后10位省（区、市）中，山西是唯一的中部地区省份，黑龙江是唯一的东北地区省份，其余8个省（区、市）都来自西部地区。

表 1-5　　　　　　　　　　　2011 年中国省际绿色增长效率指标指数及其排名

地　区	指数值	排　名	地　区	指数值	排　名
北　京	0.229	1	湖　北	−0.013	16
上　海	0.139	2	四　川	−0.015	17
天　津	0.097	3	重　庆	−0.016	18
江　苏	0.071	4	吉　林	−0.016	19
浙　江	0.066	5	广　西	−0.016	20
广　东	0.052	6	陕　西	−0.019	21
福　建	0.028	7	黑龙江	−0.030	22
山　东	0.025	8	内蒙古	−0.031	23
江　西	0.012	9	云　南	−0.043	24
河　南	0.000	10	山　西	−0.053	25
河　北	−0.005	11	甘　肃	−0.057	26
安　徽	−0.006	12	青　海	−0.076	27
海　南	−0.009	13	贵　州	−0.080	28
湖　南	−0.012	14	新　疆	−0.090	29
辽　宁	−0.013	15	宁　夏	−0.119	30

注：以上数据及排名根据《中国统计年鉴 2012》、《中国环境统计年鉴 2012》、《中国环境统计年报 2011》、《中国城市统计年鉴 2012》、《中国水利统计年鉴 2012》、《中国工业经济统计年鉴 2012》、《中国沙漠及其治理》等测算。

　　如图 1-4 所示，在绿色增长效率指标中，东部地区整体较好，除河北、海南外其余省（区、市）均高于全国平均水平，但内部差距较大，北京以 0.229 的绝对优势遥遥领先于其他省（区、市）；中部地区和东北地区内部整体差异不大，略低于平均水平；西部地区整体偏低，且内部具有一定的差异。

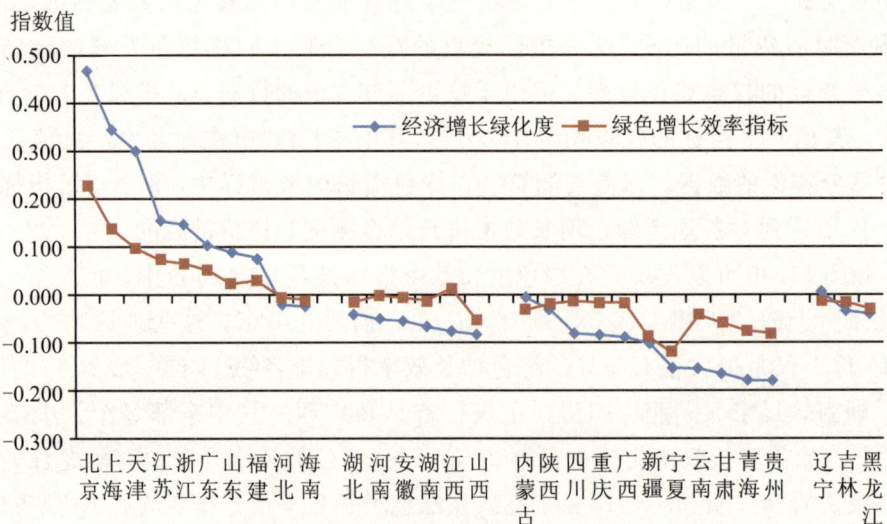

图 1-4　2011 年省际绿色增长效率指标与经济增长绿化度指数对比

注：本表从东部、中部、西部和东北地区划分的角度，根据经济增长绿化度指数大小自左到右排列。

(二)第一产业指标比较

在经济增长绿化度测算体系中，第一产业指标占经济增长绿化度指数的权重为15%，共由4个三级指标构成(见表1-6)，单个指标权重均为1.13%，是所有三级指标中权重最低的。

表 1-6　　　　　　　　　省际第一产业三级指标、权重及指标属性

指标序号	指　标	权　重	指标属性
10	第一产业劳动生产率	1.13%	正
11	土地产出率	1.13%	正
12	节灌率	1.13%	正
13	有效灌溉面积占耕地面积比重	1.13%	正

注：本表内容是由本报告课题组召开的多次专家座谈会研讨确定的。

从表1-7和图1-5中可以看到，第一产业指标的前10位省(区、市)分别是北京、上海、浙江、新疆、福建、江苏、天津、海南、河北和山东，在前10位的省(区、市)中，除新疆为西部地区外，其他9个均为东部地区。第一产业指标第11位～第20位的依次是广东、辽宁、内蒙古、陕西、湖南、黑龙江、湖北、宁夏、河南和四川。除广东为东部省份外，3个属于中部地区、4个属于西部地区、2个属于东北地区。第一产业指标排名后10位的依次为广西、江西、安徽、吉林、山西、青海、甘肃、重庆、云南和贵州。

表 1-7　　　　　　　　　2011 年中国省际第一产业指标指数及其排名

地　区	指数值	排　名	地　区	指数值	排　名
北　京	0.083	1	黑龙江	−0.011	16
上　海	0.060	2	湖　北	−0.013	17
浙　江	0.050	3	宁　夏	−0.014	18
新　疆	0.045	4	河　南	−0.015	19
福　建	0.042	5	四　川	−0.016	20
江　苏	0.038	6	广　西	−0.022	21
天　津	0.038	7	江　西	−0.023	22
海　南	0.024	8	安　徽	−0.026	23
河　北	0.019	9	吉　林	−0.027	24
山　东	0.012	10	山　西	−0.028	25
广　东	0.005	11	青　海	−0.029	26
辽　宁	0.002	12	甘　肃	−0.031	27
内蒙古	−0.001	13	重　庆	−0.038	28
陕　西	−0.008	14	云　南	−0.048	29
湖　南	−0.011	15	贵　州	−0.057	30

注：以上数据及排名根据《中国统计年鉴2012》、《中国环境统计年鉴2012》、《中国环境统计年报2011》、《中国城市统计年鉴2012》、《中国水利统计年鉴2012》、《中国工业经济统计年鉴2012》、《中国沙漠及其治理》等测算。

如图1-5所示，在第一产业指标中，东部地区整体较好，各地均高于全国平均水平，内部差

距较小，北京得分 0.083，位列第 1 位；中部地区和东北地区内部差异不大，在全国平均水平附近；西部地区整体偏低，且内部差异显著，新疆得分 0.045，位列全国第 4 位，而贵州得分仅为 —0.057，位列倒数第 1 位，两省得分相差超过 0.1。

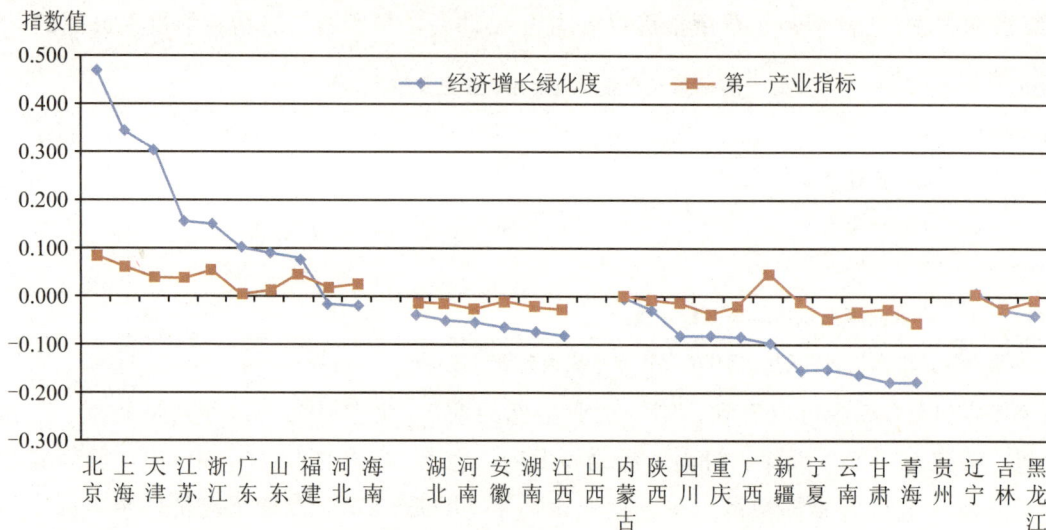

图 1-5　2011 年省际第一产业指标与经济增长绿化度指数对比

注：本表从东部、中部、西部和东北地区划分的角度，根据经济增长绿化度指数大小自左到右排列。

（三）第二产业指标比较

在经济增长绿化度测算体系中，第二产业指标占经济增长绿化度指数的权重为 25%，由指标 14～19 共 6 个指标构成，单个指标权重均为 1.25%（见表 1-8）。

表 1-8　　　　　　　　　省际第二产业三级指标、权重及指标属性

指标序号	指　　标	权　　重	指标属性
14	第二产业劳动生产率	1.25%	正
15	单位工业增加值水耗	1.25%	逆
16	规模以上单位工业增加值能耗	1.25%	逆
17	工业固体废物综合利用率	1.25%	正
18	工业用水重复利用率	1.25%	正
19	六大高载能行业产值占工业总产值比重	1.25%	逆

注：本表内容是由本报告课题组召开的多次专家座谈会研讨确定的。

从表 1-9 以及图 1-6 中可以看到，第二产业指标的前 10 位省（区、市）分别是天津、山东、上海、广东、江苏、内蒙古、吉林、浙江、陕西和北京，在前 10 位的省（区、市）中，内蒙古、陕西为西部省（区、市），吉林为东北地区省份，其他 7 个均为东部省（区、市）。第二产业指标第 11 位～第 20 位的省（区、市）依次是山西、黑龙江、辽宁、福建、安徽、河南、湖北、河北、重庆和广西。第二产业指标排名后 10 位的依次为四川、宁夏、湖南、贵州、新疆、云南、江西、甘肃、海南和青海。

表 1-9   2011 年中国省际第二产业指标指数及其排名

地　区	指数值	排　名	地　区	指数值	排　名
天　津	0.100	1	河　南	0.006	16
山　东	0.058	2	湖　北	0.005	17
上　海	0.041	3	河　北	−0.013	18
广　东	0.029	4	重　庆	−0.017	19
江　苏	0.025	5	广　西	−0.017	20
内蒙古	0.021	6	四　川	−0.017	21
吉　林	0.020	7	宁　夏	−0.018	22
浙　江	0.018	8	湖　南	−0.031	23
陕　西	0.017	9	贵　州	−0.033	24
北　京	0.013	10	新　疆	−0.039	25
山　西	0.013	11	云　南	−0.040	26
黑龙江	0.011	12	江　西	−0.040	27
辽　宁	0.010	13	甘　肃	−0.042	28
福　建	0.008	14	海　南	−0.045	29
安　徽	0.006	15	青　海	−0.050	30

注：以上数据及排名根据《中国统计年鉴 2012》、《中国环境统计年鉴 2012》、《中国环境统计年报 2011》、《中国城市统计年鉴 2012》、《中国水利统计年鉴 2012》、《中国工业经济统计年鉴 2012》、《中国沙漠及其治理》等测算。

　　如图 1-6 所示，在第二产业指标中，东部地区整体较好，除海南、河北外，其余省（区、市）均高于全国平均水平，但内部差距较大，天津得分 0.100，遥遥领先，而海南则以−0.045 的得分位列第 29 位；中部和东北地区内部差异不大，在全国平均水平附近；西部地区整体偏低，且内部差异显著，内蒙古得分 0.021，位列全国第 6 位，而青海得分仅为−0.050，位列倒数第 1 位。

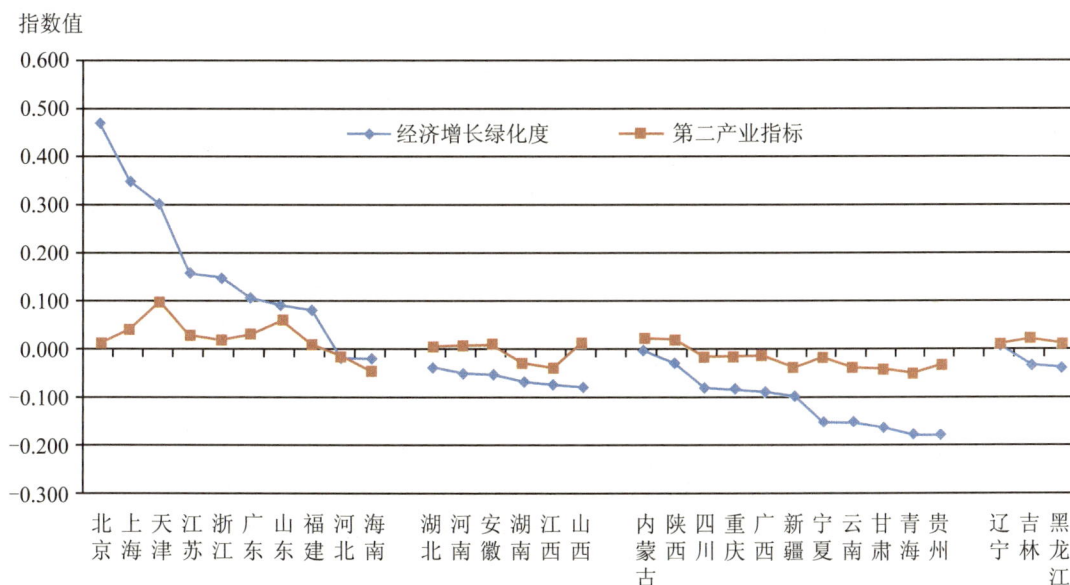

图 1-6　2011 年省际第二产业指标与经济增长绿化度指数对比

注：本表从东部、中部、西部和东北地区划分的角度，根据经济增长绿化度指数大小自左到右排列。

（四）第三产业指标比较

在省际经济增长绿化度的测度体系中，第三产业指标占经济增长绿化度的权重为15％，由指标20～22共3个三级指标构成。在指标权重设计上，采取均权的方法，即每个指标权重占总权重的1.50％，各项三级指标权重及其属性如表1-10所示。

表1-10 省际第三产业三级指标、权重及指标属性

指标序号	指 标	权 重	指标属性
20	第三产业劳动生产率	1.50％	正
21	第三产业增加值比重	1.50％	正
22	第三产业就业人员比重	1.50％	正

注：本表内容是由本报告课题组召开的多次专家座谈会研讨确定的。

从表1-11以及图1-7中可以看到，第三产业指标的前10位省（区、市）分别是北京、上海、天津、江苏、广东、浙江、海南、内蒙古、辽宁和福建，在前10位的省（区、市）中，内蒙古属于西部地区，辽宁为东北地区省份，其他8个均属于东部地区。第三产业指标第11位～第20位的省份依次是宁夏、山东、吉林、黑龙江、贵州、湖南、山西、新疆、重庆和湖北。第三产业指标排名后10位的依次为河北、陕西、云南、青海、江西、安徽、四川、甘肃、广西和河南。

表1-11 2011年中国省际第三产业指标指数及其排名

地 区	指数值	排 名	地 区	指数值	排 名
北 京	0.142	1	湖 南	−0.014	16
上 海	0.106	2	山 西	−0.014	17
天 津	0.067	3	新 疆	−0.014	18
江 苏	0.021	4	重 庆	−0.014	19
广 东	0.018	5	湖 北	−0.018	20
浙 江	0.014	6	河 北	−0.019	21
海 南	0.008	7	陕 西	−0.020	22
内蒙古	0.007	8	云 南	−0.023	23
辽 宁	0.007	9	青 海	−0.024	24
福 建	0.001	10	江 西	−0.024	25
宁 夏	−0.002	11	安 徽	−0.029	26
山 东	−0.005	12	四 川	−0.032	27
吉 林	−0.008	13	甘 肃	−0.034	28
黑龙江	−0.009	14	广 西	−0.034	29
贵 州	−0.010	15	河 南	−0.043	30

注：以上数据及排名根据《中国统计年鉴2012》、《中国环境统计年鉴2012》、《中国环境统计年报2011》、《中国城市统计年鉴2012》、《中国水利统计年鉴2012》、《中国工业经济统计年鉴2012》、《中国沙漠及其治理》等测算。

如图1-7所示，在第三产业指标中，东部地区整体较好，但内部差距较大，北京、上海、天津分列前3位，而河北得分则相对较低，列第21位。中部地区差距也较大，其中湖南得分−0.014，列第16位，而河南得分−0.043，列全国倒数第1位。西部地区整体水平较低，但依然

存在明显的内部差异，其中内蒙古得分 0.007，列第 8 位，而广西得分－0.034，列全国第 29 位。相对而言，东北地区内部差异不大，在全国平均水平附近。以上显示了第三产业指标区域内发展的不均衡。

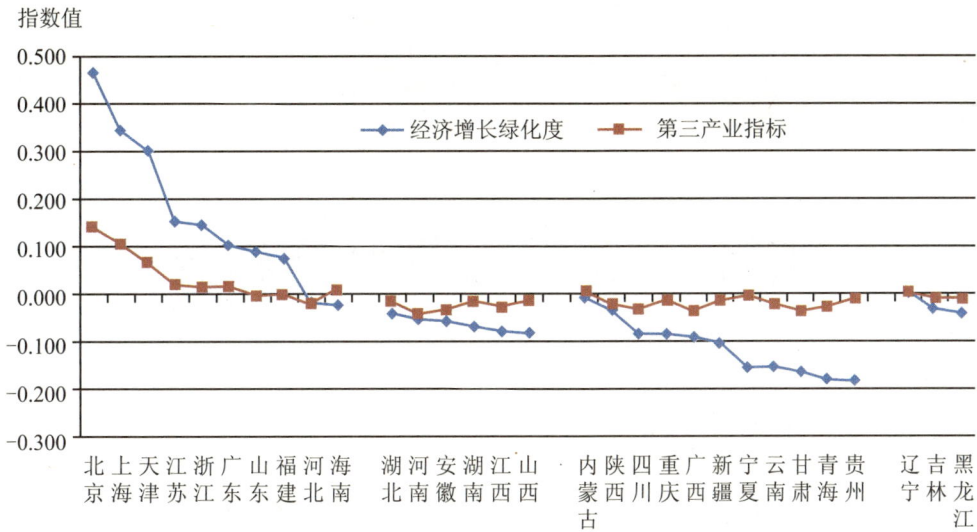

图 1-7　2011 年省际第三产业指标与经济增长绿化度指数对比

注：本表从东部、中部、西部和东北地区划分的角度，根据经济增长绿化度指数大小自左到右排列。

第二章

省际资源环境承载潜力测算及分析

资源环境承载潜力衡量的是一个地区资源丰裕、生态保护、环境压力与气候变化对今后经济发展和人类活动的承载能力，它是各地区自然资源和生态的禀赋条件拥有水平、人类活动对资源环境生态气候等影响程度的综合反映，是绿色发展指数的重要指标之一。

本章从地区比较的视角，采用"中国绿色发展指数评价体系（省际）"分析体系，测算了中国30个省（区、市）的资源环境承载潜力，分析并刻画这些地区在资源丰裕和生态保护、环境压力与气候变化两个方面承载潜力的特点及基本格局，比较各地区资源环境承载潜力的差异。

>>一、省际资源环境承载潜力指数测算结果<<

根据"中国绿色发展指数评价体系（省际）"中资源环境承载潜力的评价体系和权重标准，中国30个省（区、市）的资源环境承载潜力的测算结果如表2-1所示。

表2-1　　2011年中国30个省（区、市）资源环境承载潜力指数及排名

指　标	资源环境承载潜力		二级指标			
			资源丰裕与生态保护指标		环境压力与气候变化指标	
地　区	指数值	排　名	指数值	排　名	指数值	排　名
青　海	0.558	1	0.167	1	0.391	1
云　南	0.175	2	0.072	4	0.103	4
贵　州	0.173	3	−0.031	20	0.204	2
四　川	0.132	4	0.052	6	0.080	5
黑龙江	0.113	5	0.115	3	−0.002	11
海　南	0.094	6	0.052	7	0.043	7
内蒙古	0.079	7	0.130	2	−0.050	20
北　京	0.053	8	−0.057	22	0.109	3
甘　肃	0.052	9	−0.017	18	0.069	6
广　西	0.050	10	0.024	9	0.026	9

续表

指　标	资源环境承载潜力		二级指标			
			资源丰裕与生态保护指标		环境压力与气候变化指标	
地　区	指数值	排　名	指数值	排　名	指数值	排　名
陕　西	0.013	11	−0.016	17	0.029	8
吉　林	0.001	12	0.054	5	−0.052	21
福　建	−0.004	13	0.019	10	−0.023	16
江　西	−0.010	14	0.030	8	−0.039	19
新　疆	−0.014	15	0.007	12	−0.021	15
湖　南	−0.014	16	−0.009	14	−0.005	12
重　庆	−0.016	17	−0.021	19	0.006	10
浙　江	−0.027	18	−0.015	16	−0.012	14
广　东	−0.062	19	−0.009	15	−0.054	22
湖　北	−0.066	20	−0.039	21	−0.027	17
安　徽	−0.068	21	−0.058	23	−0.010	13
上　海	−0.091	22	0.012	11	−0.103	28
山　西	−0.102	23	−0.068	28	−0.034	18
辽　宁	−0.112	24	−0.003	13	−0.109	29
江　苏	−0.128	25	−0.062	25	−0.066	24
河　南	−0.128	26	−0.074	30	−0.054	23
山　东	−0.146	27	−0.062	26	−0.084	26
河　北	−0.149	28	−0.071	29	−0.078	25
天　津	−0.157	29	−0.059	24	−0.098	27
宁　夏	−0.201	30	−0.063	27	−0.138	30

注：①本表根据资源环境承载潜力的指标体系，依据各指标2010年和2011年数据测算而得。②本表各省（区、市）按照资源环境承载潜力的指数值从大到小排序。③以上数据及排名根据《中国统计年鉴2012》、《中国环境统计年鉴2012》、《中国环境统计年报2011》、《中国城市统计年鉴2012》、《中国水利统计年鉴2012》、《中国工业经济统计年鉴2012》、《中国沙漠及其治理》测算。

从表2-1可以看到，排在资源环境承载潜力前10位的省（区、市）依次是青海、云南、贵州、四川、黑龙江、海南、内蒙古、北京、甘肃和广西。资源丰裕与生态保护指标排名前10位的省（区、市）依次是青海、内蒙古、黑龙江、云南、吉林、四川、海南、江西、广西和福建。环境压力与气候变化指标排名前10位的省（区、市）依次是：青海、贵州、北京、云南、四川、甘肃、海南、陕西、广西和重庆。

根据表2-1中各地区的资源环境承载潜力的指数值可绘制出图2-1。其中，横轴为资源环境承载潜力指数值，0点为30个省（区、市）资源环境承载潜力的平均水平。资源环境承载潜力指数值高于全国平均水平的省（区、市）用绿色条框表示，资源环境承载潜力指数值越高，其绿色条框就越长；相反，资源环境承载潜力指数值低于全国平均水平的省（区、市）则用白色条框表示，资源环境承载潜力指数值越低，白色条框就越长。

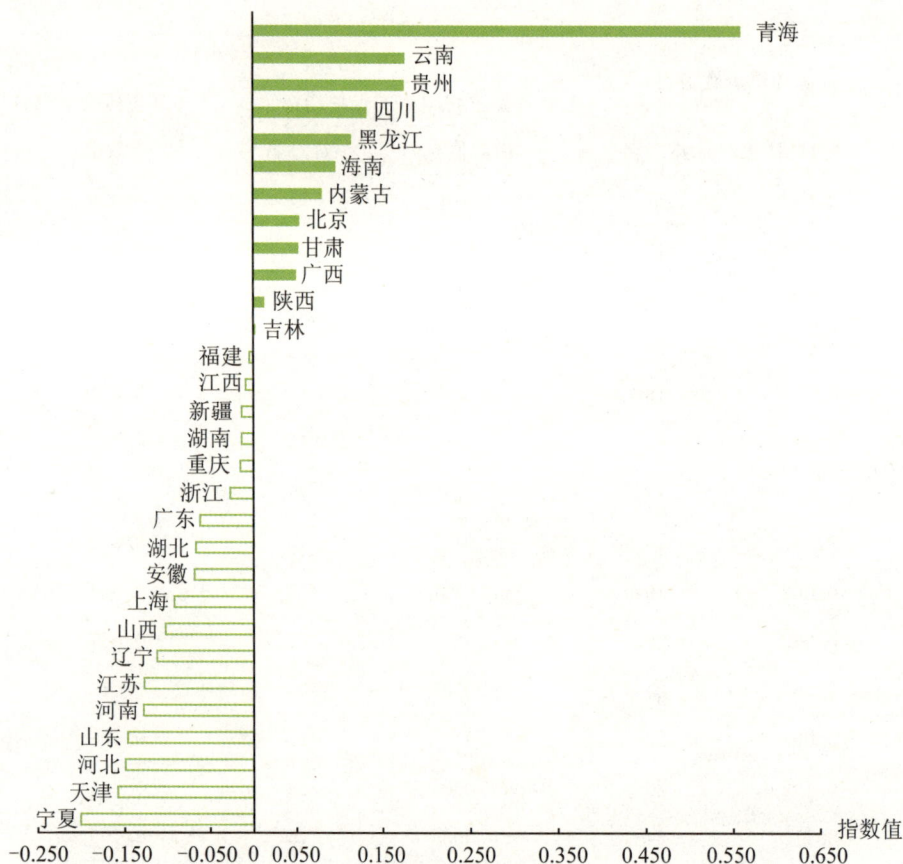

图 2-1　2011 年资源环境承载潜力排名省际比较

注：根据表 2-1 制作。

各地区资源环境承载潜力的地理分布状况如图 2-2 所示。其中，资源环境承载潜力指数值排在前 10 位的省（区、市）用"深绿色"表示；排在第 11 位～第 20 位的省（区、市）用"中度绿色"来表示；排在后 10 位的省（区、市）用"浅绿色"表示。不同颜色代表资源环境承载潜力的不同程度，颜色越深，表明资源环境承载潜力越好。从地理区域来看，用"深绿色"代表的省（区、市）集中在中国的西部和东北地区，"中度绿色"省份集中在中部和东部地区，"浅绿色"省份则集中在中国东部地区。

根据中国 30 个省（区、市）的资源环境承载潜力的测算结果，对各省（区、市）资源环境承载潜力总体特点分析如下。

1. 资源环境承载潜力区域间差异分析

总体上看，资源环境承载潜力的省际差异仍然非常明显，30 个省（区、市）得分值的极差为 0.76，相比 2010 年增大 0.1，标准差为 0.14，相比 2010 年减少了 0.01。排名第 1 位的青海得分是第 2 位云南的 3.19 倍，是第 3 位贵州的 3.23 倍。另外，30 个省（区、市）中有 18 个省（区、市）得分低于全国平均水平[①]。

从东部、中部、东北、西部四大区域看，资源环境承载潜力的区域差异也很明显。如图 2-3 所示，西部资源环境承载潜力明显好于其他三个地区，其次是东北地区，而中、东部的资源环

———————————

① 全国平均水平分值为 0。

图 2-2　2011 年资源环境承载潜力排名地区分布

注：根据表 2-1 制作。

境承载潜力则相对较弱。分析两个二级指标可以发现，资源环境承载潜力区域间的差异主要是由于西部和东北部地区在资源丰裕与生态保护方面明显优于东部和中部地区，而东部和中部地区在资源丰裕与生态保护方面的差异不大；在环境压力和气候变化方面，西部地区相对其他三个地区具有明显优势，这也是西部地区资源环境承载潜力得分最高的原因所在（见图 2-3 和表 2-2）。

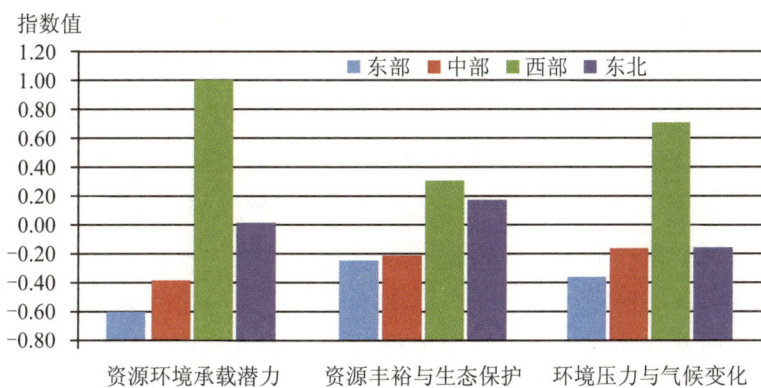

图 2-3　2011 年中国四大区域资源环境承载潜力对照图

注：上图中数据为四大区域中各省（区、市）指标值的算术平均值。

从四大区域内部各省（区、市）的资源环境承载潜力排名来看，东部地区 10 个省市中，海南和北京排名相对较高，分别位列第 6 位和第 8 位；福建、浙江和广东位于全国中游，分别排名在第 13 位、第 18 位和第 19 位；上海、江苏、山东、河北和天津 5 个省市排名则相对靠后，位列全国第 20 位～第 30 位。中部地区 6 省均未进入前 10 位。其中，江西排名最靠前，列第 14 位；湖南和湖北也处于中游水平，分别位列第 16 位和第 20 位；安徽、山西和河南排名全国后 10 位，分别列第 21 位、第 23 位和第 26 位。西部地区的资源环境承载潜力指标明显优于其他地区，11 个省（区、市）中（西藏未参评），青海、云南、贵州、四川、内蒙古、甘肃和广西 7 个省市位列全国前 10 位，并且有 8 个省（区、市）超过全国均值。具体而言，青海、云南、贵州和四川排名全国前 4 位；陕西、新疆和重庆位于全国中游，分别排第 11 位、第 15 位和第 17 位；但宁夏排名为全国倒数第 1 位。东北三省中，黑龙江的资源环境承载潜力较好，列全国第 5 位；吉林位于全国中游，列第 12 位；辽宁则相对较差，列第 24 位。

表 2-2　　　　　　　　　　2011 年分区域资源环境承载潜力排名情况

区域	地区	资源环境承载潜力	资源丰裕与生态保护	环境压力与气候变化	区域	地区	资源环境承载潜力	资源丰裕与生态保护	环境压力与气候变化
东部	北京	8	22	3	西部	内蒙古	7	2	20
	天津	29	24	27		广西	10	9	9
	河北	28	29	25		重庆	17	19	10
	上海	22	11	28		四川	4	6	5
	江苏	25	25	24		贵州	3	20	2
	浙江	18	16	14		云南	2	4	4
	福建	13	10	16		陕西	11	17	8
	山东	27	26	26		甘肃	9	18	6
	广东	19	15	22		青海	1	1	1
	海南	6	7	7		宁夏	30	27	30
中部	山西	23	28	18		新疆	15	12	15
	安徽	21	23	13	东北	辽宁	24	13	29
	江西	14	8	19		吉林	12	5	21
	河南	26	30	23		黑龙江	5	3	11
	湖北	20	21	17					
	湖南	16	14	12					

注：本表根据表 2-1 整理而得。

通过以上对资源环境承载潜力的分析，我们发现，中国的资源环境承载潜力存在明显的地域性差异，尤其是东部地区和西部地区的差距是十分明显。事实上，区域间的资源环境差异是一种客观事实，而这种地域性差异既有积极影响，又有消极影响。

积极影响主要体现为三个方面：第一，差距是各区域发展的动力源泉。第二，了解差距有助于我们找到提升各地区资源环境承载潜力的着力点和突破口。第三，资源环境的差距促进各区域间建立平衡、协作的发展模式。就东、西部地区而言，东部经济发达，但面临着资源环境承载潜力的巨大压力，因此东部地区的发展需要西部资源的支持；西部地区资源环境优越，但社会经济发展水平较低，因此，需要汲取发达地区发展的经验和教训，以绿色发展理念这一科学的发展观来引领结构转型和发展道路选择。

消极影响则体现为两个方面：第一，资源环境承载潜力的区域差异可能制约社会经济的总体发展。发达地区经济长期高速增长，是以大量的原材料、能源等需求支撑的，如果不尽快实行调结构、转方式，势必导致供求矛盾更为加剧；而欠发达地区如采取类似的发展模式进行追赶，只会加剧各地区对原材料、能源的争夺，导致资源配置效率下降。第二，资源环境承载潜力的区域差异可能加剧区域经济的差距。发达地区往往具有资金、人才上的优势，对资源吸引具有明显的优势，从而使经济落后地区处于更加不利地位，扩大区域经济矛盾。

2. 资源环境承载潜力区域内情况分析

从四大区域内各省(区、市)的情况看，除中部地区以外，其他三个区域内部资源环境承载潜力情况也存在很大差异。东部地区10个省市中，2个排名全国上游，3个排名全国中游，5个排名全国下游，且排名最高的海南(第6位)和排名最低的天津(第29位)名次差距为23位。西部地区11个省(区、市)在资源环境承载潜力上的排名普遍靠前，7个省(区、市)排名全国前10位，且青海、贵州、云南和四川位列全国前4位，但是宁夏却排名全国倒数第1位。东北三省在资源环境承载潜力上的排名差异最明显，排名最高的是黑龙江，列第5位；吉林则位于全国中游，排名第12位；辽宁位于全国下游，排名第24位。相对而言，中部地区6个省份在资源环境承载潜力方面的情况较为相似，均位于全国中下游，且各省份得分均低于全国平均水平。具体情况如表2-3所示。

表 2-3   **2011 年资源环境承载潜力四大区域内部差异分析**

区 域	地 区	指数值	排 名	区 域	地 区	指数值	排 名
东 部	北 京	0.053	8	西 部	内蒙古	0.079	7
	天 津	−0.157	29		广 西	0.05	10
	河 北	−0.149	28		重 庆	−0.016	17
	上 海	−0.091	22		四 川	0.132	4
	江 苏	−0.128	25		贵 州	0.173	3
	浙 江	−0.027	18		云 南	0.175	2
	福 建	−0.004	13		陕 西	0.013	11
	山 东	−0.146	27		甘 肃	0.052	9
	广 东	−0.062	19		青 海	0.558	1
	海 南	0.094	6		宁 夏	−0.201	30
中 部	山 西	−0.102	23		新 疆	−0.014	15
	安 徽	−0.068	21	东 北	辽 宁	−0.112	24
	江 西	−0.01	14		吉 林	0.001	12
	河 南	−0.128	26		黑龙江	0.113	5
	湖 北	−0.066	20				
	湖 南	−0.014	16				

注：本表根据表2-1整理而得。

3. 资源环境承载潜力对区域绿色发展的影响分析

从四大区域看，绿色发展指数排名与资源环境承载潜力指数排名之间差异值超过10位的11个省(区、市)中，东部地区最多，有5个，分别是天津、上海、江苏、浙江、山东；西部地区有3个，分别是广西、贵州、甘肃；东北地区有2个，分别是吉林和黑龙江。中部地区只有湖南的差异值超过10位。另外，差异值超过15位的6个省(区、市)中，东部地区就有3个，西部地区有2个，东北地区有1个。总体而言，东部地区资源环境承载潜力与绿色发展指数排名差异更加明显。

分省际看，多数省(区、市)绿色发展指数排名与资源环境承载潜力指数排名之间存在着显著的差异：两者位次差异值在10个位次(含10个)以上的地区多达11个；两者位次差异值在15个位次(含15个)以上的地区有6个，甚至还有1个省份的位次差异值超过20个位次(见表2-4)。

其中，位次差异最大的是东部地区的天津，其绿色发展指数与资源环境承载潜力排名位次差异为 23 个位次。

表 2-4　　　　　　　　2011 年分区域省际绿色发展指数与资源环境承载潜力排名差异比较

区 域	地 区	绿色发展指数排名	资源环境承载潜力排名	差 异	区 域	地 区	绿色发展指数排名	资源环境承载潜力排名	差 异
东 部	北 京	1	8	7	西 部	内蒙古	8	7	－1
	天 津	6	29	23		广 西	22	10	－12
	河 北	25	28	3		重 庆	17	17	0
	上 海	4	22	18		四 川	13	4	－9
	江 苏	9	25	16		贵 州	18	3	－15
	浙 江	5	18	13		云 南	11	2	－9
	福 建	7	13	6		陕 西	10	11	1
	山 东	14	27	13		甘 肃	28	9	－19
	广 东	12	19	7		青 海	2	1	－1
	海 南	3	6	3		宁 夏	29	30	1
中 部	山 西	26	23	－3		新 疆	15	15	0
	安 徽	21	21	0	东 北	辽 宁	24	24	0
	江 西	16	14	－2		吉 林	23	12	－11
	河 南	30	26	－4		黑龙江	20	5	－15
	湖 北	19	20	1					
	湖 南	27	16	－11					

注：本表根据表 0-5 和表 2-1 整理而得。

　　资源环境承载潜力与绿色发展指数地区排名差异，我们认为，主要缘于中国的经济空间梯度不平衡发展模式。从绿色发展指数的整体体系上分析，东部地区多个省份虽然存在资源环境承载潜力不足的隐忧，但由于其经济增长绿化度较高，且政府政策支持度较大，三方面综合后形成的绿色发展指数排名仍位于全国上游。而对于西部地区和东北地区，虽然各省份的资源丰富，环境承载潜力大，但是经济增长绿化度却明显低于全国其他地区，因此其绿色发展指数水平排名落后。对于中部地区，其经济发展水平和资源环境水平均处于全国中游，因此，除湖南以外，其他省份的资源环境承载潜力与绿色发展指数排名差异很小。

>>二、省际资源环境承载潜力比较分析<<

　　省际资源环境承载潜力占绿色发展指数总权重的 40%，由资源丰裕与生态保护指标和环境压力与气候变化指标 2 个二级指标构成，总共有 19 个三级指标，其中正指标 6 个，逆指标 13 个，参与测算的指标有 17 个。

1. 省际资源丰裕与生态保护指标测算结果及分析

　　在省际资源环境承载潜力测度体系中，资源丰裕与生态保护指标占资源环境承载潜力的权重为 30%，占绿色发展指数的 12%。

　　资源丰裕与生态保护的三级指标选择主要考虑两点：一是资源角度，资源是指自然资源，即一切可被人类开发和利用的、可以产生价值的自然物，因此它是客观存在的。二是生态保护角度，生态保护是指对人类赖以生存的生态系统进行保护，使之免遭破坏，使生态功能得以正常发挥的各种措施，因此它是人类的主观行动。

从指标构成来看，资源丰裕与生态保护指标由人均水资源量、人均森林面积、森林覆盖率、自然保护区面积占辖区面积比重、湿地面积占国土面积的比重、人均活立木总蓄积量 6 项三级指标构成。

同时，资源丰裕与生态保护的这 6 个三级指标包含了自然资源中最重要的几个方面：水、森林和湿地，且重要性不分上下，因此这 6 个三级指标平分权重。各项三级指标的权重及其指标属性如表 2-5 所示。

表 2-5   省际资源丰裕与生态保护三级指标、权重及指标属性

指标序号	指 标	权 重	指标属性
1	人均水资源量	2.00%	正
2	人均森林面积	2.00%	正
3	森林覆盖率	2.00%	正
4	自然保护区面积占辖区面积比重	2.00%	正
5	湿地面积占国土面积的比重	2.00%	正
6	人均活立木总蓄积量	2.00%	正

注：本表内容是由本报告课题组召开的多次专家座谈会研讨确定的。

在对三级指标的原始数据进行标准化处理基础上，根据表 2-5 中的权重，计算得出了各省（区、市）资源丰裕与生态保护指标测算结果如表 2-6 所示。

表 2-6   **2011 年省际资源丰裕与生态保护指标指数值及排名**

指 标 地 区	资源丰裕与生态保护指标		指 标 地 区	资源丰裕与生态保护指标	
	指数值	排 名		指数值	排 名
青 海	0.167	1	浙 江	−0.015	16
内蒙古	0.13	2	陕 西	−0.016	17
黑龙江	0.115	3	甘 肃	−0.017	18
云 南	0.072	4	重 庆	−0.021	19
吉 林	0.054	5	贵 州	−0.031	20
四 川	0.052	6	湖 北	−0.039	21
海 南	0.052	7	北 京	−0.057	22
江 西	0.03	8	安 徽	−0.058	23
广 西	0.024	9	天 津	−0.059	24
福 建	0.019	10	江 苏	−0.062	25
上 海	0.012	11	山 东	−0.062	26
新 疆	0.007	12	宁 夏	−0.063	27
辽 宁	−0.003	13	山 西	−0.068	28
湖 南	−0.009	14	河 北	−0.071	29
广 东	−0.009	15	河 南	−0.074	30

注：以上数据及排名根据《中国统计年鉴 2012》、《中国统计年鉴 2011》、《中国沙漠及其治理》、《中国环境统计年报 2011》、《中国环境统计年鉴 2012》等测算。

从表 2-6 和图 2-4 发现，在资源丰裕与生态保护指标中，西部地区和东北地区的整体情况较好，但西部地区的内部差距较大；东部地区和中部地区整体较差，但各省（区、市）得分相对平稳。

从得分上看，资源丰裕与生态保护指数得分介于－0.074 和 0.167 之间，超过 0.1 分的仅 3 个省区，即青海、内蒙古、黑龙江。30 个省（区、市）得分值的极差为 0.241，相比 2010 年增加了 0.006，标准差为 0.062，与 2010 年持平。

从四大区域看，东部地区资源丰裕与生态保护指标分值的极差为 0.12，排名最靠前的是海南，最靠后的河北；中部地区极差为 0.10，最靠前的是江西，最靠后的是河南；西部地区极差为 0.23，最靠前的是青海，最靠后的是宁夏；东北地区极差为 0.12，最靠前的是黑龙江，最靠后的是辽宁。

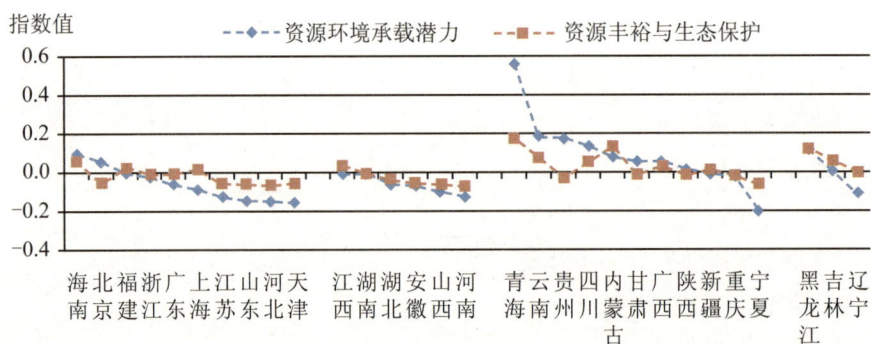

图 2-4 2011 年省际资源丰裕与生态保护和资源环境承载潜力指数对比

注：本表从东部、中部、西部和东北地区划分的角度，根据资源环境承载潜力指数大小自左到右排列。

从分省排名情况上看，排在资源丰裕与生态保护指标前 10 位的是青海、内蒙古、黑龙江、云南、吉林、四川、海南、江西、广西和福建。其中，西部地区有 5 个，并且青海排名第 1 位；东北地区有 2 个；中部地区有 1 个；东部地区有 2 个。排在资源丰裕与生态保护指标第 11 位～第 20 位的地区，在地域分布上，西部地区占有一半，分别为新疆（第 12 位）、陕西（第 17 位）、甘肃（第 18 位）、重庆（第 19 位）、贵州（第 20 位）；东部地区有 3 个；中部地区有 1 个；东北地区有 1 个。排在资源丰裕与生态保护指标后 10 位的地区有 5 个在东部地区，分别是北京（第 22 位）、天津（第 24 位）、江苏（第 25 位）、山东（第 26 位）、河北（第 29 位）；有 4 个位于中部地区；1 个位于西部地区。

从具体省份看，资源丰裕与生态保护指标排名中排名第 1 位的是青海，其指数值远高于其他各省（区、市）。在三级指标中，青海有 2 个三级指标排名第 1 位，即人均水资源量、自然保护区面积占辖区面积比重，并且人均森林面积位列第 2 位。值得一提的是，青海的人均水资源量遥遥领先全国其他省份，是第 2 位海南的 2 倍多。资源丰裕与生态保护指标排名中排名倒数第 1 位的省份是河南，6 个三级指标除"湿地面积占国土面积的比重"之外，均排名全国后 10 位。

2. 省际环境压力与气候变化指标测算结果及分析

在省际资源环境承载潜力测度体系中，环境压力和气候变化指标占资源环境承载潜力的权重为 70%，占绿色发展指数的 28%。

环境压力与气候变化是指由于人类的生活和发展，消耗自然环境资源，并造成环境污染，进而对环境产生压力；同时，污染物的大量排放，尤其是二氧化碳的排放，也会对气候变化造成影响。

由此，选择以下 13 个指标构成环境压力与气候变化指标的三级指标，分别是单位土地面积二氧化碳排放量、人均二氧化碳排放量、单位土地面积二氧化硫排放量、人均二氧化硫排放量、单位土地面积化学需氧量排放量、人均化学需氧量排放量、单位土地面积氮氧化物排放量、人均氮氧化物排放量、单位土地面积氨氮排放量、人均氨氮排放量、单位耕地面积化肥施用量、单位耕地面积农药使用量、人均公路交通氮氧化物排放量。

　　另外，由于环境压力与气候变化下的 8 个地均和人均污染物排放量指标存在一定相关性，因此权重应适当降低。由此，"单位耕地面积化肥施用量"、"单位耕地面积农药使用量"、"人均公路交通氮氧化物排放量"、"单位土地面积二氧化碳排放量"和"人均二氧化碳排放量"的权重定为 2.45%，然后 8 个地均和人均污染物排放量指标平分剩余权重。具体指标及其权重和指标属性如表 2-7 所示。

表 2-7　　　　　省际环境压力与气候变化三级指标、权重及指标属性

指标序号	指　标	权　重	指标属性
1	单位土地面积二氧化碳排放量	2.45%	逆
2	人均二氧化碳排放量	2.45%	逆
3	单位土地面积二氧化硫排放量	1.97%	逆
4	人均二氧化硫排放量	1.97%	逆
5	单位土地面积化学需氧量排放量	1.97%	逆
6	人均化学需氧量排放量	1.97%	逆
7	单位土地面积氮氧化物排放量	1.97%	逆
8	人均氮氧化物排放量	1.97%	逆
9	单位土地面积氨氮排放量	1.97%	逆
10	人均氨氮排放量	1.97%	逆
11	单位耕地面积化肥施用量	2.45%	逆
12	单位耕地面积农药使用量	2.45%	逆
13	人均公路交通氮氧化物排放量	2.45%	逆

注：本表内容是由本报告课题组召开的多次专家座谈会研讨确定的。

　　在对三级指标的原始数据进行标准化处理的基础上，根据表 2-7 中的权重，计算得出了各省（区、市）环境压力与气候变化指标的指数值，排名情况如表 2-8 所示。

表 2-8　　　　　2011 年省际环境压力与气候变化指标指数值及排名

指标 地区	环境压力与气候变化指标		指标 地区	环境压力与气候变化指标	
	指数值	排　名		指数值	排　名
青　海	0.391	1	福　建	−0.023	16
贵　州	0.204	2	湖　北	−0.027	17
北　京	0.109	3	山　西	−0.034	18
云　南	0.103	4	江　西	−0.039	19
四　川	0.08	5	内蒙古	−0.05	20
甘　肃	0.069	6	吉　林	−0.052	21
海　南	0.043	7	广　东	−0.054	22
陕　西	0.029	8	河　南	−0.054	23
广　西	0.026	9	江　苏	−0.066	24

续表

指 标	环境压力与气候变化指标		指 标	环境压力与气候变化指标	
地 区	指数值	排 名	地 区	指数值	排 名
重 庆	0.006	10	河 北	−0.078	25
黑龙江	−0.002	11	山 东	−0.084	26
湖 南	−0.005	12	天 津	−0.098	27
安 徽	−0.01	13	上 海	−0.103	28
浙 江	−0.012	14	辽 宁	−0.109	29
新 疆	−0.021	15	宁 夏	−0.138	30

注：以上数据及排名根据《中国统计年鉴 2012》、《中国统计年鉴 2011》、《中国沙漠及其治理》、《中国环境统计年报 2011》、《中国环境统计年鉴 2012》等测算。

从得分上看，环境压力与气候变化指数得分基本介于−0.138 和 0.391 之间。青海、贵州两个省份得分明显偏高，宁夏得分最低。30 个省（区、市）得分值的极差 0.529 分，相比 2010 年增加 0.012，标准差为 0.103（见表 2-8），相比 2010 年减少 0.003。

从四大区域看，在环境压力与气候变化指标中，西部地区整体情况明显好于其他三个地区，但西部地区的内部差距较大；东部、中部和东北地区各省得分差距较小（见表 2-8 和图 2-5）。通过区域内的比较分析，我们发现，环境压力与气候变化指标分值东部地区极差为 0.21，排名最靠前的是北京，最靠后的是上海；中部地区极差为 0.06，排名最靠前的是湖南，排名最靠后的是河南；西部地区极差为 0.53，排名最靠前的是青海，排名最靠后的是宁夏；东北地区极差为 0.11，排名最靠前的是黑龙江，排名最靠后的是辽宁。

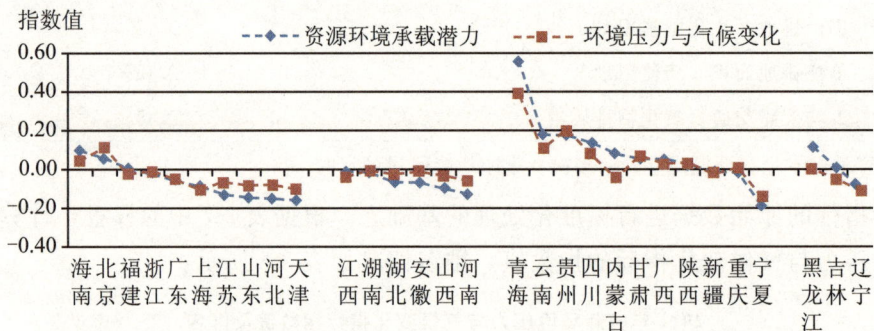

图 2-5 2011 年省际环境压力与气候变化和资源环境承载潜力指数对比

注：本表从东部、中部、西部和东北地区划分的角度，根据资源环境承载潜力指数大小自左到右排列。

从分省排名情况看，环境压力与气候变化指标排名前 10 位的省（区、市）分别是青海、贵州、北京、云南、四川、甘肃、海南、陕西、广西和重庆。从地域上看，西部地区有 8 个省（区、市）位列前 10 位之中，分别为青海（第 1 位）、贵州（第 2 位）、云南（第 4 位）、四川（第 5 位）、甘肃（第 6 位）、陕西（第 8 位）、广西（第 9 位）和重庆（第 10 位）。排名前 10 位的另外 2 个省（区、市）均来自东部地区，即北京（第 3 位）、海南（第 7 位）。环境压力与气候变化指标排名位于第 11 位～第 20 位的地区分别为黑龙江、湖南、安徽、浙江、新疆、福建、湖北、山西、江西和内蒙古，并且 10 个省（区、市）的得分均低于全国平均水平。从地域分布看，第 11 位～第 20 位中，中部地区有 5 个，分别为湖南（第 12 位）、安徽（第 13 位）、湖北（第 17 位）、山西（第 18 位）、江西（第 19 位）；西部地区有 2 个，为新疆（第 15 位）、内蒙古（第 20 位）；东部地区有 2 个，为浙江

（第 14 位）、福建（第 16 位）；东北地区的黑龙江位列第 11 位。环境压力与气候变化指标排名位于后 10 位的地区分别为吉林、广东、河南、江苏、河北、山东、天津、上海、辽宁和宁夏。从地域分布看，有 6 个来自东部地区，分别是：广东（第 22 位）、江苏（第 24 位）、河北（第 25 位）、山东（第 26 位）、天津（第 27 位）、上海（第 28 位）；中部地区有 1 个，河南（第 23 位）；西部地区有 1 个，即排名倒数第 1 位的宁夏（第 30 位）；东北地区有 2 个，分别为吉林（第 21 位）和辽宁（第 29 位）。

从具体省份看，环境压力与气候变化指标排名第 1 位的省份是青海，其次是贵州，且这两个省份的得分明显高于其他省份。从三级指标看，13 个参与计算的指标中，青海有 7 个指标排名全国第 1 位，并且这 7 个指标中有 5 个都是地均污染物排放指标，分别是单位土地面积二氧化碳排放量、单位土地面积二氧化硫排放量、单位土地面积化学需氧量排放量、单位土地面积氮氧化物排放量、单位土地面积氨氮排放量。对于排名第 2 位的贵州，13 个参与计算的指标中，有 9 个指标排名全国前 10 位。环境压力与气候变化指标排名倒数第 1 位的是宁夏。从三级指标看，13 个参与计算的指标中，有 3 个指标排名全国倒数第 1 位，分别是人均二氧化硫排放量、人均氮氧化物排放量和人均氨氮排放量。并且，有 8 个指标排名全国倒数 5 位。从经济发展上看，宁夏的经济增长绿化度排名较低，为全国第 26 位，然而，从人口上看，宁夏 2011 年年末总人口仅为 639.45 万人，是人口总量最高省份广东的 1/16。因此，宁夏人均污染物排放量较高，可能不是经济高速发展导致污染物增多，而是人口稀少的原因。

第三章

省际政府政策支持度测算及分析

作为绿色发展指数的重要内涵之一，政府政策支持度是对一个地区政府对绿色发展的重视程度和支持力度的综合评价。本章以政府政策支持度的测算结果为基础，从地区比较的视角，分别从绿色投资、基础设施和环境治理三个方面分析我国 30 个省（区、市）的政府政策支持度，探讨政府政策支持与地区绿色发展的关系。

>>一、省际政府政策支持度的测算结果<<

根据"中国绿色发展指数评价体系（省际）"中政府政策支持度的测度指标体系和权重标准，我国 2011 年 30 个省（区、市）政府政策支持度及三项分指数的测算结果及排名如表 3-1 所示。

表 3-1   2011 年中国 30 个省（区、市）政府政策支持度指数及排名

指 标	政府政策 支持度		二级指标					
			绿色投资指标		基础设施指标		环境治理指标	
地 区	指数值	排 名	指数值	排 名	指数值	排 名	指数值	排 名
北 京	0.200	1	0.045	3	0.140	1	0.015	10
海 南	0.178	2	0.021	7	0.107	3	0.051	1
陕 西	0.083	3	0.019	8	0.052	6	0.012	11
宁 夏	0.072	4	0.079	1	−0.045	23	0.038	4
新 疆	0.070	5	0.016	10	0.110	2	−0.056	28
山 东	0.053	6	−0.011	17	0.037	11	0.027	7
浙 江	0.047	7	−0.013	19	0.039	9	0.020	9
江 苏	0.046	8	−0.018	23	0.057	4	0.007	13
福 建	0.045	9	−0.030	26	0.040	8	0.034	5
江 西	0.041	10	−0.017	22	0.052	7	0.006	14
云 南	0.040	11	−0.001	14	0.013	14	0.028	6
内蒙古	0.025	12	0.050	2	−0.064	25	0.039	3

| 指　标 | 政府政策支持度 | | 二级指标 | | | | | |
| 地　区 | | | 绿色投资指标 | | 基础设施指标 | | 环境治理指标 | |
	指数值	排　名	指数值	排　名	指数值	排　名	指数值	排　名
山　西	0.025	13	0.015	11	−0.032	22	0.042	2
重　庆	0.021	14	0.019	9	−0.002	17	0.003	17
河　北	0.010	15	0.003	12	0.005	15	0.003	18
广　东	0.008	16	−0.015	21	0.017	13	0.005	15
安　徽	0.004	17	−0.006	15	−0.012	19	0.022	8
湖　北	−0.001	18	−0.013	18	0.004	16	0.007	12
天　津	−0.013	19	−0.029	25	0.053	5	−0.037	26
四　川	−0.017	20	−0.013	20	−0.009	18	0.005	16
辽　宁	−0.021	21	−0.042	29	0.028	12	−0.007	22
青　海	−0.045	22	0.041	4	−0.026	21	−0.060	29
上　海	−0.063	23	−0.034	27	0.038	10	−0.067	30
广　西	−0.080	24	0.002	13	−0.079	27	−0.003	19
贵　州	−0.086	25	−0.025	24	−0.055	24	−0.006	21
吉　林	−0.092	26	0.031	5	−0.091	28	−0.031	25
湖　南	−0.102	27	−0.059	30	−0.013	20	−0.030	24
河　南	−0.106	28	−0.035	28	−0.067	26	−0.005	20
甘　肃	−0.161	29	0.029	6	−0.147	29	−0.043	27
黑龙江	−0.183	30	−0.010	16	−0.151	30	−0.022	23

注：①本表根据省际测算体系中政府政策支持度的指标体系，依各指标2011年数据测算而得；②本表各省（区、市）按照政府政策支持度的指数值从大到小排序；③本表一级指标"政府政策支持度"指标值等于"绿色投资指标"、"基础设施指标"、"环境治理指标"三个二级指标指数值之和；④以上数据及排名根据《中国统计年鉴2012》、《中国环境统计年鉴2012》、《中国环境统计年报2011》、《中国城市统计年鉴2012》、《中国水利统计年鉴2012》、《中国工业经济统计年鉴2012》、《中国沙漠及其治理》测算。

从表3-1中看到，2011年指数值最高的是北京，为0.200，比全国平均水平高出20.0%；最低的黑龙江为−0.183，比平均水平低18.3%；有17个地区得分高于平均水平，较2010年的测算结果增加了2个地区。排在政府政策支持度前10位的省（区、市）依次是北京、海南、陕西、宁夏、新疆、山东、浙江、江苏、福建和江西（排序见图3-1）。其中，绿色投资指标排名前10位的省（区、市）依次是：宁夏、内蒙古、北京、青海、吉林、甘肃、海南、陕西、重庆、新疆；基础设施指标排名前10位的省（区、市）依次是：北京、新疆、海南、江苏、天津、陕西、江西、福建、浙江、上海；环境治理指标排名前10位的省（区、市）依次是：海南、山西、内蒙古、宁夏、福建、云南、山东、安徽、浙江、北京。

各地区政府政策支持度的地理分布如图3-2所示，地图颜色的深浅代表了政府政策支持度的不同程度，颜色越深，表明政府政策支持度越高，反之则越低。其中，排在前10位的省（区、市）用"深绿色"表示；排在第11位～第20位的省（区、市）用"中度绿色"来表示；排在后10位的省（区、市）用"浅绿色"表示。如图3-2所示，政策支持度的地区差异依旧明显。从东、中、西和

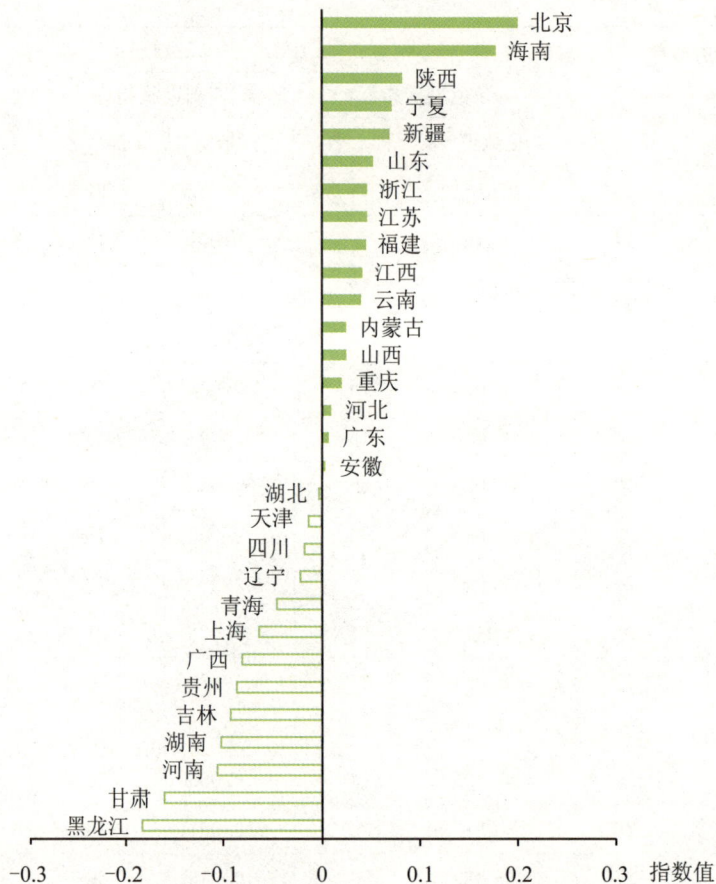

图 3-1　2011 年政府政策支持度排名省际比较

注：根据表 3-1 制作。

东北四大经济区的角度看，深绿色相对集中在东部沿海地区；东北地区全部是浅绿色；中部和西部依旧相对复杂，不同深浅的绿色交织，表明这两个区域内部各省份的差异较大。具体来看，各地区政府政策支持度的总体特点如下。

1. 政府政策支持度区域间差异分析

从政府政策支持度的区域分布来看，政府政策支持度总体呈现东部最好、西部和中部较好、东北地区偏低的局面。从图 3-3 中可以看出，东部地区政府政策支持度平均分最高且高于全国平均水平，为 0.051；西部和中部次之，略低于平均水平，分别为 -0.007 和 -0.023；东北地区最低，为 -0.099。

具体来看，东部总体水平明显高于其他地区。在东部地区的 10 个省市中，有 6 个排在前 10 位；其他 4 省市中，河北、广东和天津则分别排在第 15 位、第 16 位和第 19 位，均居于中等水平，只有上海列第 23 位。西部总体水平较高，处于前 10 位的省（区、市）比 2010 年增加 1 个地区。西部的 11 个省（区、市）中，陕西、宁夏和新疆分别以第 3 位、第 4 位和第 5 位的水平位居前 10 位；云南、内蒙古、重庆和四川 4 个省（区、市）排在第 11 位～第 20 位之间；其他 4 个省（区、市）排在第 21 位～第 30 位，依次为青海、广西、贵州和甘肃。中部总体水平比 2010 年有所提升。中部 6 省中，江西省排名第 10，是首个进入前 10 位的中部省份；山西、安徽和湖北 3 个省份则分别位居第 13 位、第 17 位和第 18 位；只有湖南和河南排名相对靠后，排名分别为第 27 位和第 28 位。东北地区总体水平相对较低，辽宁、吉林和黑龙江三省的排名分别为第 21

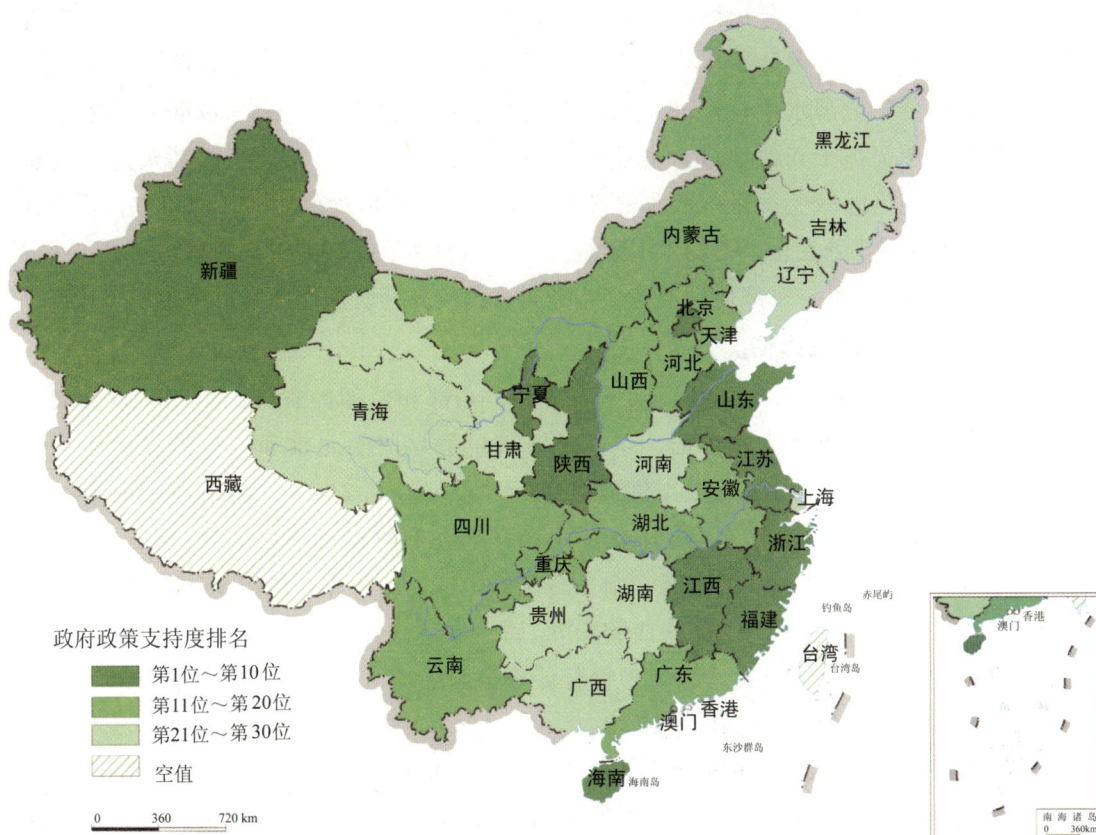

图 3-2　2011 年政府政策支持度排名地区分布

注：根据表 3-1 制作。

位、第 26 位和第 30 位，整体仍然处于靠后的位置。辽宁省比 2010 年前进了 2 位，其他两个省份则持平。

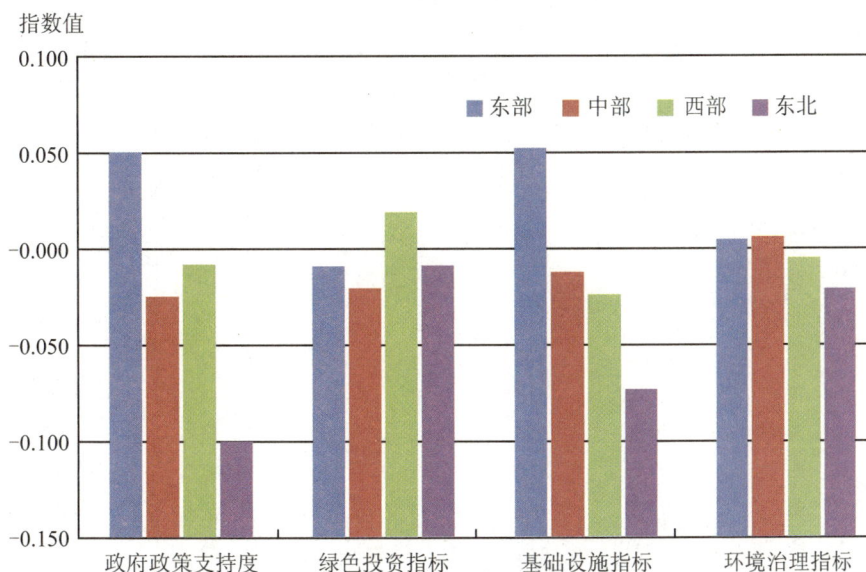

图 3-3　2011 年中国四大区域政府政策支持度对照图

注：上图中数据为四大区域中各省（区、市）指标值的算术平均值。

就政府政策支持度的三个分指标而言，区域间的差异也非常显著。其中，基础设施指数的区域间差异最大，东部地区明显高于全国平均水平及其他三个地区；中部地区和西部地区则较为接近，不过都略低于全国水平；东北地区得分最低。绿色投资指数的区域间差异较小，西部地区绿色投资指数明显高于其他地区，也是唯一高于全国平均水平的地区；其次是东北和东部地区，而且这两个地区的绿色投资指数非常接近；中部地区则相对落后。环境治理指数的区域差异相对最小，四大区域都处在全国平均水平附近，东部和中部地区略高于全国平均水平，西部和东北地区相对较低。总体来看，东部地区的各项指数得分都较高，而东北地区得分则相对较低。

2. 政府政策支持度区域内情况分析

从四大区域内各省(区、市)的情况看(见表 3-2)，东部和西部的省(区、市)间差异最大，区域内各省(区、市)呈现两极分化的特征。东部地区排位最靠前的北京和排位最靠后的上海相差0.263，西部地区排位最靠前的陕西和排位最靠后的甘肃相差 0.244。这两个地区内集中了一批政府政策支持度较高的省(区、市)，同时也存在着一定数量的相对落后的省(区、市)。政府政策支持度排名前 10 位的省(区、市)中有 6 个来自东部地区，3 个来自西部地区。排名前 16 位的省(区、市)中，除第 10 位和第 13 位(江西和山西)属于中部地区外，其他均属于东、西部地区。不过，东、西部地区中也有 7 个省(区、市)得分低于全国平均水平，而且上海、青海、广西、贵州和甘肃 5 个省(区、市)的排名处于后 10 位。

相比而言，中部和东北地区各省(区、市)间的差异相对较小，但两个地区的特征有所不同。中部 6 省中，得分最高的江西比得分最低的河南高出 0.147，各省得分虽普遍较低，但江西、山西和安徽得分高于全国平均水平，特别江西和山西排位比较靠前；而湖北、湖南和河南则低于平均水平，排名落后。不过，东北地区的辽宁、吉林和黑龙江支持度都较低，介于 -0.021 和 -0.183 之间，均明显低于全国平均水平，分别位列第 21 位、第 26 位和第 30 位，各省支持度都有待提升。

表 3-2　　　　　　　　　　2011 年政府政策支持度四大区域内部差异分析

区　域	地　区	指数值	排　名	区　域	地　区	指数值	排　名
东　部	北　京	0.200	1	西　部	陕　西	0.083	3
	海　南	0.178	2		宁　夏	0.072	4
	山　东	0.053	6		新　疆	0.070	5
	浙　江	0.047	7		云　南	0.040	11
	江　苏	0.046	8		内蒙古	0.025	12
	福　建	0.045	9		重　庆	0.021	14
	河　北	0.010	15		四　川	-0.017	20
	广　东	0.008	16		青　海	-0.045	22
	天　津	-0.013	19		广　西	-0.080	24
	上　海	-0.063	23		贵　州	-0.086	25
中　部	江　西	0.041	10		甘　肃	-0.161	29
	山　西	0.025	13	东　北	辽　宁	-0.021	21
	安　徽	0.004	17		吉　林	-0.092	26
	湖　北	-0.001	18		黑龙江	-0.183	30
	湖　南	-0.102	27				
	河　南	-0.106	28				

注：本表根据表 3-1 整理而得。

3. 政府政策支持度对区域绿色发展的影响分析

政府政策支持影响着地区绿色发展，测算结果表明，多数地区政府政策支持度指数排序与绿色发展指数排序存在一定差异（见表3-3），位次变动在5位（不含变动5位）以上的省（区、市）有13个，接近一半；排位变动10个位次及以上的省（区、市）有8个，分别是宁夏、青海、上海、天津、山西、黑龙江、新疆和河北。其中，宁夏、山西、河北和新疆因政策支持度指数得分较高而明显拉升了绿色发展指数。此外，绿色发展指数排名前10位的省份中，有3个省份因政府政策支持度得分较高，而拉动了其绿色发展指数的提升。这3个省份分别是陕西、江苏和海南。同时，各省份中也不乏政策支持力度较弱而影响绿色发展指数上升的例子，绿色指数排名后10位的省份中，有6个省份政策支持度的排名在后10位。研究表明，政府采取适宜的政策，并且实施力度较大，对于当地绿色经济发展具有明显的推动作用。

表3-3　　　　　　　　　2011年省际绿色发展指数与政府政策支持度排名差异比较

地　区	绿色发展指数排名	政府政策支持度排名	位次差异	地　区	绿色发展指数排名	政府政策支持度排名	位次差异
北　京	1	1	0	江　西	16	10	6
青　海	2	22	−20	重　庆	17	14	3
海　南	3	2	1	贵　州	18	25	−7
上　海	4	23	−19	湖　北	19	18	1
浙　江	5	7	−2	黑龙江	20	30	−10
天　津	6	19	−13	安　徽	21	17	4
福　建	7	9	−2	广　西	22	24	−2
内蒙古	8	12	−4	吉　林	23	26	−3
江　苏	9	8	1	辽　宁	24	21	3
陕　西	10	3	7	河　北	25	15	10
云　南	11	11	0	山　西	26	13	13
广　东	12	16	−4	湖　南	27	27	0
四　川	13	20	−7	甘　肃	28	29	−1
山　东	14	6	8	宁　夏	29	4	25
新　疆	15	5	10	河　南	30	28	2

注：本表根据表0-5和表3-1整理而得。

>>二、省际政府政策支持度比较分析<<

本节分别从绿色投资指标、基础设施和城市管理指标以及环境治理指标三个方面进行比较分析，以进一步剖析各地区政府政策支持度特征。省际政府政策支持度指数占绿色发展指数总权重的30%，三项构成指数绿色投资、基础设施和城市管理、环境治理的权重分别为25%、45%和30%。

1. 省际绿色投资指标测算结果及分析

绿色投资指标由"环境保护支出占财政支出比重"、"环境污染治理投资占地区生产总值比重"、"农村人均改水、改厕的政府投资"、"单位耕地面积退耕还林投资完成额"、"科教文卫支出占财政支出比重"5个三级指标构成，占政府政策支持度指数的权重为25%，占绿色发展指数的7.5%，各项指标的权重采用均权法，各占1.5%，如表3-4所示。

表 3-4　　　　　　　　　　　省际绿色投资指标三级指标、权重及指标属性

指标序号	指　标	权　重	指标属性
1	环境保护支出占财政支出比重	1.50%	正
2	环境污染治理投资总额占地区生产总值比重	1.50%	正
3	农村人均改水、改厕的政府投资	1.50%	正
4	单位耕地面积退耕还林投资完成额	1.50%	正
5	科教文卫支出占财政支出比重	1.50%	正

注：本表内容是由本报告课题组召开的多次专家座谈会研讨确定的。

测算结果表明（见表 3-5 和图 3-4），各地区绿色投资指数得分相差不大。其中，得分最高的宁夏为 0.079，比全国平均水平高 7.9%；得分最低的湖南为 -0.059，比平均水平低 5.9%；共有 13 个省（区、市）得分高于全国平均水平。按得分高低，排在前 10 位的省（区、市）依次是宁夏、内蒙古、北京、青海、吉林、甘肃、海南、陕西、重庆和新疆，其中东部 2 个、西部 7 个、东北 1 个。

排在第 11 位～第 20 位的省（区、市）依次是山西、河北、广西、云南、安徽、黑龙江、山东、湖北、浙江和四川，其中东部 3 个、中部 3 个、西部 3 个、东北 1 个。

排在后 10 位的省（区、市）依次是广东、江西、江苏、贵州、天津、福建、上海、河南、辽宁和湖南，其中东部 5 个、中部 3 个、西部 1 个、东北 1 个。

表 3-5　　　　　　　　　　2011 年中国省际绿色投资指标指数及其排名

地　区	指数值	排　名	地　区	指数值	排　名
宁　夏	0.079	1	黑龙江	-0.010	16
内蒙古	0.050	2	山　东	-0.011	17
北　京	0.045	3	湖　北	-0.013	18
青　海	0.041	4	浙　江	-0.013	19
吉　林	0.031	5	四　川	-0.013	20
甘　肃	0.029	6	广　东	-0.015	21
海　南	0.021	7	江　西	-0.017	22
陕　西	0.019	8	江　苏	-0.018	23
重　庆	0.019	9	贵　州	-0.025	24
新　疆	0.016	10	天　津	-0.029	25
山　西	0.015	11	福　建	-0.030	26
河　北	0.003	12	上　海	-0.034	27
广　西	0.002	13	河　南	-0.035	28
云　南	-0.001	14	辽　宁	-0.042	29
安　徽	-0.006	15	湖　南	-0.059	30

注：以上数据及排名根据《中国统计年鉴 2012》、《中国环境统计年鉴 2012》、《中国环境统计年报 2011》、《中国城市统计年鉴 2012》、《中国水利统计年鉴 2012》、《中国工业经济统计年鉴 2012》、《中国沙漠及其治理》等测算。

综上所述，西部各省（区、市）总体排名较靠前，在绿色投资指标上的得分具有整体优势，在全国前 10 位中独占了 7 位，而且除云南、贵州、四川外其余省（区、市）均高于全国平均水平。其次是东部和东北地区，东部各省（区、市）绿色投资指标得分有明显差异，得分较高的北京、

海南居于全国前 10 位，河北、山东、浙江处于中间水平，但广东、江苏、天津、福建和上海处于后 10 位。东北地区各省份得分差异较大，吉林为全国第 5 位，辽宁仅为倒数第 2 位。中部地区整体水较低，没有一个省份进入前 10 位，也仅有山西得分处于全国平均水平之上，排在第11 位。

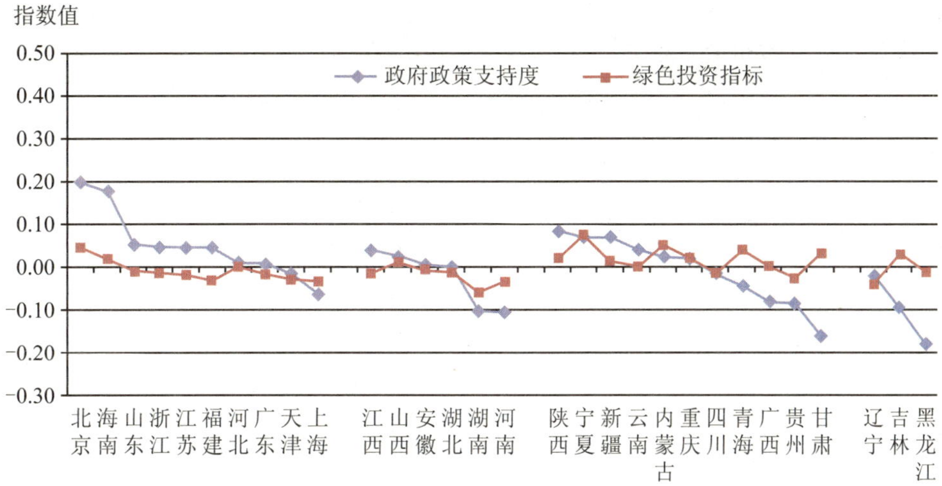

图 3-4　2011 年省际绿色投资指标与政府政策支持度指数对比

注：本表从东部、中部、西部和东北地区划分的角度，根据政府政策支持度指数大小自左到右排列。

2. 省际基础设施指标测算结果及分析

在政府政策支持度测算体系中，基础设施指标占政府政策支持度指数的权重为 45%，共由8 个三级指标构成，分别是"城市人均绿地面积"、"城市用水普及率"、"城市污水处理率"、"城市生活垃圾无害化处理率"、"城市每万人拥有公交车辆"、"人均城市公共交通运营线路网长度"、"农村累计已改水受益人口占农村总人口比重"和"建成区绿化覆盖率"，每个指标权重均为1.69%，如表 3-6 所示。

表 3-6　　　　　　　　　　省际基础设施三级指标、权重及指标属性

指标序号	指　　标	权　　重	指标属性
6	城市人均绿地面积	1.69%	正
7	城市用水普及率	1.69%	正
8	城市污水处理率	1.69%	正
9	城市生活垃圾无害化处理率	1.69%	正
10	城市每万人拥有公交车辆	1.69%	正
11	人均城市公共交通运营线路网长度	1.69%	正
12	农村累计已改水受益人口占农村总人口比重	1.69%	正
13	建成区绿化覆盖率	1.69%	正

注：本表内容是由本报告课题组召开的多次专家座谈会研讨确定的。

测算结果表明（见表 3-7 和图 3-5），基础设施指数地区差异较大，极差为 0.291，大于绿色投资指数间差异。其中，得分最高的北京为 0.140，比全国平均水平高出 14.0%；得分最低的黑龙江为 -0.151，比全国平均水平低 15.1%。有 16 个省（区、市）高于全国平均水平。

其中，排在前 10 位的省（区、市）依次是北京、新疆、海南、江苏、天津、陕西、江西、福

建、浙江和上海,其中新疆、陕西为西部省(区、市),江西为中部省(区、市),其他7个均为东部省(区、市),东部省(区、市)在基础设施指标上的得分具有绝对优势。

排在第11位~第20位的依次是山东、辽宁、广东、云南、河北、湖北、重庆、四川、安徽和湖南,其中东部3个、中部3个、西部3个、东北1个。

排名后10位的依次为青海、山西、宁夏、贵州、内蒙古、河南、广西、吉林、甘肃和黑龙江,其中中部2个、西部6个、东北2个。

表 3-7　　　　　　　　　　　2011 年中国省际基础设施指标指数及其排名

地 区	指数值	排 名	地 区	指数值	排 名
北 京	0.140	1	湖 北	0.004	16
新 疆	0.110	2	重 庆	−0.002	17
海 南	0.107	3	四 川	−0.009	18
江 苏	0.057	4	安 徽	−0.012	19
天 津	0.053	5	湖 南	−0.013	20
陕 西	0.052	6	青 海	−0.026	21
江 西	0.052	7	山 西	−0.032	22
福 建	0.040	8	宁 夏	−0.045	23
浙 江	0.039	9	贵 州	−0.055	24
上 海	0.038	10	内蒙古	−0.064	25
山 东	0.037	11	河 南	−0.067	26
辽 宁	0.028	12	广 西	−0.079	27
广 东	0.017	13	吉 林	−0.091	28
云 南	0.013	14	甘 肃	−0.147	29
河 北	0.005	15	黑龙江	−0.151	30

注:以上数据及排名根据《中国统计年鉴2012》、《中国环境统计年鉴2012》、《中国环境统计年报2011》、《中国城市统计年鉴2012》、《中国水利统计年鉴2012》、《中国工业经济统计年鉴2012》、《中国沙漠及其治理》等测算。

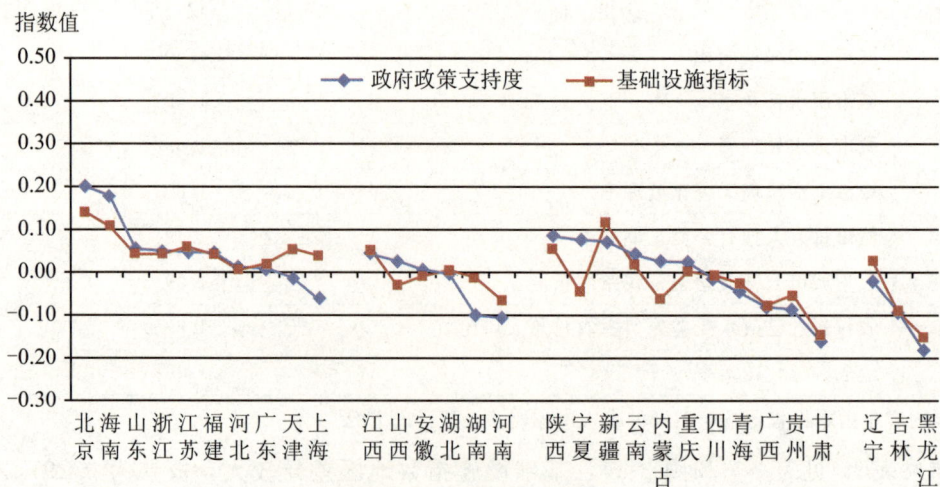

图 3-5　2011 年省际基础设施指标与政府政策支持度指数对比

注:本表从东部、中部、西部和东北地区划分的角度,根据政府政策支持度指数大小自左到右排列。

综上所述，东部地区基础设施最具优势，各省均高于全国平均水平，内部差距较小。中部地区内部差别也较小，且均与全国平均水平接近，其中江西排名较靠前，河南较靠后。西部地区各省差异显著，其中新疆得分0.11，位列全国第5位，而甘肃得分仅为−0.146，位列倒数第2位，两省区得分相差0.256。东北地区整体情况不容乐观，吉林和黑龙江分列全国倒数第3位和倒数第1位。

3. 省际环境治理指标测算结果及分析

在政府政策支持度测算体系中，环境治理指标占政府政策支持度指数的权重为30％，由6个三级指标构成，分别是"人均当年新增造林面积"、"工业二氧化硫去除率"、"工业废水化学需氧量去除率"、"工业氮氧化物去除率"、"工业废水氨氮去除率"和"突发环境事件次数"，每个指标权重均为1.5％，如表3-8所示。

表3-8　　　　　　　　　　　省际环境治理三级指标、权重及指标属性

指标序号	指 标	权 重	指标属性
14	人均当年新增造林面积	1.50％	正
15	工业二氧化硫去除率	1.50％	正
16	工业废水化学需氧量去除率	1.50％	正
17	工业氮氧化物去除率	1.50％	正
18	工业废水氨氮去除率	1.50％	正
19	突发环境事件次数	1.50％	逆

注：本表内容是由本报告课题组召开的多次专家座谈会研讨确定的。

测算结果表明（见表3-9和图3-6），地区间环境治理指数差异最小，极差为0.118，低于基础设施指数和绿色投资指数。其中，得分最高的海南为0.051，比全国平均水平高出5.1％；得分最低的上海为−0.067，比全国平均水平低6.7％，有18个省（区、市）高于全国平均水平。

排在全国前10位的省（区、市）依次是海南、山西、内蒙古、宁夏、福建、山东、云南、安徽、浙江和北京，其中东部地区5个、中部地区2个、西部地区3个。

排在第11位～第20位的省（区、市）依次是陕西、湖北、江苏、江西、广东、四川、重庆、河北、广西和河南，其中东部地区3个、中部地区3个、西部地区4个。

排在后10位的省（区、市）依次是贵州、辽宁、黑龙江、湖南、吉林、天津、甘肃、新疆、青海和上海，其中东部地区2个、中部地区1个、西部地区4个、东北地区3个。

表3-9　　　　　　　　　　　2011年中国省际环境治理指标指数及其排名

地 区	指数值	排 名	地 区	指数值	排 名
海 南	0.051	1	四 川	0.005	16
山 西	0.042	2	重 庆	0.003	17
内蒙古	0.039	3	河 北	0.003	18
宁 夏	0.038	4	广 西	−0.003	19
福 建	0.034	5	河 南	−0.005	20
云 南	0.028	6	贵 州	−0.006	21
山 东	0.027	7	辽 宁	−0.007	22
安 徽	0.022	8	黑龙江	−0.022	23

续表

地　区	指数值	排　名	地　区	指数值	排　名
浙　江	0.020	9	湖　南	−0.030	24
北　京	0.015	10	吉　林	−0.031	25
陕　西	0.012	11	天　津	−0.037	26
湖　北	0.007	12	甘　肃	−0.043	27
江　苏	0.007	13	新　疆	−0.056	28
江　西	0.006	14	青　海	−0.060	29
广　东	0.005	15	上　海	−0.067	30

注：以上数据及排名根据《中国统计年鉴 2012》、《中国环境统计年鉴 2012》、《中国环境统计年报 2011》、《中国城市统计年鉴 2012》、《中国水利统计年鉴 2012》、《中国工业经济统计年鉴 2012》、《中国沙漠及其治理》等测算。

综上所述，东部地区环境治理整体得分较高，除上海和天津外，其余地区均高于全国平均水平，但名次的内部差距较大，其中海南排名全国第 1 位，上海却名列倒数第 1 位。中部地区的整体水平也较高，6 省中只有河南显著低于全国平均水平，山西更以 0.042 分名列全国第 2 位。西部地区内部差异也较显著，内蒙古以 0.039 分居全国第 3 位，青海以 −0.060 分居全国倒数第 2 位。东北三省中辽宁最高，其次是黑龙江，吉林最低，整体得分偏低。

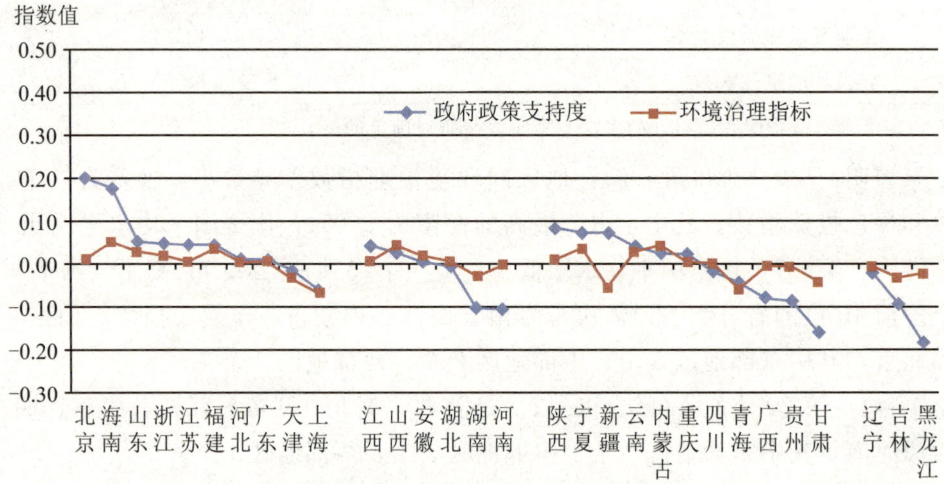

图 3-6　2011 年省际环境治理指标与政府政策支持度指数对比

注：本表从东部、中部、西部和东北地区划分的角度，根据政府政策支持度指数大小自左到右排列。

第二篇

城市篇

本篇以公开出版的统计年鉴为基础，以 2013 中国绿色发展指数（城市）指标体系为依据，全面系统地反映了 2011 年中国 100 个测评城市的绿色发展情况，分析了这些城市的绿色发展排名。同时，本篇从绿色发展指数 3 个一级指标出发，编撰了三章，即"第四章　城市经济增长绿化度测算及分析"、"第五章　城市资源环境承载潜力测算及分析"和"第六章　城市政府政策支持度测算及分析"，深入解析了 2011 年中国 100 个测评城市经济增长绿化度、资源环境承载潜力与政府政策支持度的具体情况。此外，2013 年报告尝试对中国城市绿色发展及其相关研究进行理论分析，因此新增"第七章　城镇化与城市绿色发展：100 个城市双维度分析"。

第四章

城市经济增长绿化度测算及分析

一个地区或城市的可持续发展，离不开经济的增长，也离不开环境的支持。经济增长绿化度就很好地评价了一个地区经济发展过程中的绿色程度。本章根据"中国绿色发展指数评价体系（城市）"中经济增长绿化度的测度标准，利用 2011 年度数据，从绿色增长效率和三次产业等四个方面对中国 100 个大中城市的经济增长绿化度进行了测度分析。

>>一、城市经济增长绿化度的测算结果<<

根据"中国绿色发展指数评价体系（城市）"中经济增长绿化度的测度体系和权重标准，对中国 100 个大中城市的经济增长绿化度进行测算，结果如表 4-1 所示。

表 4-1　　　　　　　　　　　　　2011 年中国 100 个城市经济增长绿化度指数及排名

城　市	一级指标		二级指标							
	经济增长绿化度		绿色增长效率指标		第一产业指标		第二产业指标		第三产业指标	
	指数值	排名	指数值	排名	指数值	排名	指数值	排名	指数值	排名
深　圳	0.410	1	0.278	2	−0.012	98	0.107	1	0.038	9
无　锡	0.276	2	0.190	4	−0.004	39	0.039	12	0.050	6
海　口	0.244	3	0.229	3	−0.012	100	−0.026	79	0.053	5
克拉玛依	0.236	4	0.307	1	−0.009	75	0.027	19	−0.089	100
苏　州	0.206	5	0.093	7	0.010	17	0.042	9	0.061	3
长　沙	0.181	6	0.052	14	0.031	4	0.088	2	0.009	38
常　德	0.167	7	0.080	11	0.059	2	0.026	20	0.002	45
常　州	0.141	8	0.036	19	0.005	25	0.064	4	0.036	11
延　安	0.139	9	0.100	6	−0.009	69	0.078	3	−0.029	87
北　京	0.139	10	0.084	10	−0.012	93	−0.023	75	0.090	1
青　岛	0.133	11	0.086	9	0.001	31	0.017	30	0.029	16
沈　阳	0.105	12	0.022	24	−0.007	52	0.057	6	0.032	13
烟　台	0.103	13	0.087	8	0.009	20	0.019	27	−0.012	65

续表

城 市	一级指标		二级指标								
	经济增长绿化度		绿色增长效率指标		第一产业指标		第二产业指标		第三产业指标	
	指数值	排 名	指数值	排 名	指数值	排 名	指数值	排 名	指数值	排 名
呼和浩特	0.094	14	−0.006	42	−0.007	50	0.022	23	0.085	2
福 州	0.081	15	0.103	5	−0.004	40	−0.014	65	−0.004	52
唐 山	0.081	16	0.064	13	−0.010	76	0.034	14	−0.008	56
广 州	0.076	17	0.047	15	−0.005	43	−0.025	78	0.059	4
扬 州	0.076	18	−0.007	43	0.027	6	0.041	10	0.015	28
绍 兴	0.073	19	0.071	12	0.057	3	−0.036	84	−0.019	72
石家庄	0.071	20	−0.001	39	0.006	24	0.043	8	0.022	22
湖 州	0.068	21	0.004	36	0.093	1	−0.016	69	−0.013	66
上 海	0.066	22	0.010	31	−0.011	88	0.019	29	0.048	7
济 南	0.065	23	0.005	35	0.018	11	0.011	36	0.031	14
济 宁	0.064	24	0.035	20	0.024	8	0.016	33	−0.011	64
包 头	0.059	25	0.010	30	−0.008	54	0.017	31	0.039	8
杭 州	0.054	26	0.043	16	0.015	13	−0.014	64	0.009	39
长 春	0.052	27	0.005	33	−0.008	61	0.040	11	0.015	29
天 津	0.048	28	0.010	29	−0.008	60	0.031	17	0.014	30
南 通	0.042	29	0.005	34	−0.008	57	0.032	16	0.013	33
徐 州	0.039	30	−0.034	67	−0.009	67	0.059	5	0.023	21
潍 坊	0.034	31	0.013	27	0.005	26	0.019	26	−0.003	51
日 照	0.034	32	−0.033	65	0.004	28	0.052	7	0.010	34
淄 博	0.034	33	0.021	25	−0.003	37	0.024	22	−0.008	59
成 都	0.021	34	−0.022	52	0.014	14	0.011	37	0.018	24
洛 阳	0.013	35	0.018	26	0.005	27	0.001	49	−0.010	63
郑 州	0.011	36	0.007	32	−0.001	35	0.007	44	−0.002	50
绵 阳	0.011	37	0.012	28	0.010	16	0.007	42	−0.019	74
遵 义	0.010	38	−0.021	51	0.009	18	−0.004	55	0.025	20
大 连	0.007	39	0.023	23	−0.005	45	−0.033	83	0.021	23
合 肥	0.006	40	−0.037	71	0.016	12	0.025	21	0.001	46
宁 波	0.004	41	0.040	18	0.024	7	−0.051	95	−0.009	60
南 京	0.002	42	−0.014	46	−0.005	46	−0.016	68	0.037	10
桂 林	0.002	43	−0.036	70	−0.006	47	0.033	15	0.010	36
泰 安	−0.006	44	0.000	38	0.001	30	0.006	45	−0.013	67
马鞍山	−0.010	45	−0.037	72	0.008	21	0.037	13	−0.018	70
武 汉	−0.014	46	−0.026	55	−0.006	48	0.000	50	0.018	25
昆 明	−0.018	47	0.024	22	−0.009	71	−0.045	91	0.013	32
湛 江	−0.018	48	−0.038	74	−0.010	77	0.022	24	0.008	42

续表

城 市	一级指标		二级指标								
	经济增长绿化度		绿色增长效率指标		第一产业指标		第二产业指标		第三产业指标	
	指数值	排 名	指数值	排 名	指数值	排 名	指数值	排 名	指数值	排 名
开 封	-0.019	49	-0.031	60	-0.007	49	0.019	28	0.000	48
乌鲁木齐	-0.020	50	-0.043	81	-0.012	99	0.001	48	0.035	12
曲 靖	-0.021	51	0.029	21	-0.005	42	-0.017	71	-0.028	86
锦 州	-0.021	52	-0.031	61	-0.010	82	0.020	25	0.001	47
秦皇岛	-0.025	53	-0.033	64	0.003	29	-0.024	76	0.029	17
哈尔滨	-0.027	54	-0.046	85	-0.011	91	0.001	47	0.030	15
温 州	-0.028	55	0.040	17	0.006	23	-0.072	99	-0.002	49
南 宁	-0.028	56	-0.043	80	-0.009	68	-0.004	56	0.027	18
咸 阳	-0.033	57	-0.007	44	0.001	32	-0.005	58	-0.021	79
西 安	-0.034	58	-0.031	59	-0.004	41	-0.024	77	0.025	19
株 洲	-0.038	59	-0.032	62	0.012	15	0.008	40	-0.026	83
牡丹江	-0.038	60	-0.049	87	-0.012	97	0.015	34	0.009	40
临 汾	-0.038	61	-0.034	66	-0.009	72	0.010	39	-0.005	55
芜 湖	-0.040	62	-0.035	68	0.030	5	-0.017	70	-0.019	75
南 昌	-0.042	63	-0.023	54	-0.011	87	0.011	38	-0.018	71
吉 林	-0.043	64	-0.039	76	-0.010	79	-0.009	60	0.015	27
汕 头	-0.049	65	-0.075	98	0.021	9	-0.005	57	0.010	35
安 阳	-0.052	66	-0.029	58	0.007	22	0.008	41	-0.037	94
鞍 山	-0.054	67	-0.013	45	-0.010	78	-0.041	88	0.010	37
太 原	-0.055	68	-0.023	53	-0.011	84	-0.038	86	0.017	26
平顶山	-0.056	69	-0.021	49	0.009	19	-0.002	52	-0.043	96
赤 峰	-0.057	70	-0.028	57	-0.011	83	-0.014	63	-0.004	54
柳 州	-0.057	71	-0.059	91	-0.009	73	0.030	18	-0.019	73
珠 海	-0.057	72	-0.004	40	-0.012	92	-0.017	72	-0.024	81
焦 作	-0.057	73	-0.005	41	-0.009	65	-0.001	51	-0.043	95
湘 潭	-0.060	74	-0.047	86	0.000	34	0.014	35	-0.027	85
银 川	-0.064	75	-0.053	90	-0.012	94	-0.002	54	0.003	44
泸 州	-0.069	76	-0.050	89	-0.002	36	0.017	32	-0.033	91
泉 州	-0.070	77	-0.020	48	-0.005	44	-0.010	62	-0.035	92
岳 阳	-0.074	78	-0.042	79	-0.011	90	0.003	46	-0.024	82
西 宁	-0.075	79	-0.077	99	-0.009	70	0.007	43	0.004	43
长 治	-0.078	80	-0.032	63	-0.009	74	-0.007	59	-0.030	89
厦 门	-0.079	81	0.001	37	-0.011	85	-0.061	97	-0.009	61
抚 顺	-0.083	82	-0.026	56	-0.010	80	-0.026	80	-0.020	76
宝 鸡	-0.086	83	-0.038	75	-0.008	59	-0.010	61	-0.030	88

城　市	一级指标		二级指标							
	经济增长绿化度		绿色增长效率指标		第一产业指标		第二产业指标		第三产业指标	
	指数值	排　名	指数值	排　名	指数值	排　名	指数值	排　名	指数值	排　名
北　海	−0.088	84	−0.044	83	−0.008	62	−0.028	81	−0.008	58
宜　宾	−0.090	85	−0.040	77	0.020	10	−0.021	74	−0.049	97
重　庆	−0.090	86	−0.063	94	−0.003	38	−0.014	66	−0.010	62
韶　关	−0.094	87	−0.063	93	−0.008	56	−0.020	73	−0.004	53
宜　昌	−0.098	88	−0.020	47	0.001	33	−0.043	90	−0.035	93
石嘴山	−0.100	89	−0.050	88	−0.011	89	−0.016	67	−0.023	80
齐齐哈尔	−0.101	90	−0.043	82	−0.012	96	−0.031	82	−0.016	69
九　江	−0.103	91	−0.021	50	−0.010	81	−0.052	96	−0.020	77
兰　州	−0.106	92	−0.071	96	−0.008	53	−0.041	87	0.013	31
贵　阳	−0.111	93	−0.068	95	−0.008	58	−0.043	89	0.008	41
铜　川	−0.113	94	−0.078	100	−0.007	51	−0.002	53	−0.026	84
本　溪	−0.114	95	−0.037	73	−0.008	55	−0.048	93	−0.020	78
荆　州	−0.116	96	−0.041	78	−0.011	86	−0.049	94	−0.015	68
大　同	−0.125	97	−0.072	97	−0.009	63	−0.037	85	−0.008	57
阳　泉	−0.149	98	−0.035	69	−0.009	64	−0.075	100	−0.030	90
攀枝花	−0.166	99	−0.045	84	−0.009	66	−0.047	92	−0.064	98
金　昌	−0.214	100	−0.059	92	−0.012	95	−0.062	98	−0.081	99

注：①本表根据经济增长绿化度的指标体系，依据各指标 2011 年数据测算而得；②本表各测评城市按照经济增长绿化度的指数值从大到小排序；③本表一级指标"经济增长绿化度"指数值等于 4 个二级指标"绿色增长效率指标"、"第一产业指标"、"第二产业指标"和"第三产业指标"指数值之和；④各项指标的全国平均水平为 0；⑤以上数据及排名根据《中国统计年鉴 2012》、《中国环境统计年报 2011》、《中国环境统计年鉴 2012》、《中国城市统计年鉴 2012》、《中国城市建设统计年鉴 2011》、《中国区域经济统计年鉴 2012》等测算。

从表 4-1 可以看到，2011 年中国 100 个城市经济增长绿化度中，指数值最高的是深圳，达到了 0.410；最低的是金昌，为−0.214。排在前 20 位的城市依次是深圳、无锡、海口、克拉玛依、苏州、长沙、常德、常州、延安、北京、青岛、沈阳、烟台、呼和浩特、福州、唐山、广州、扬州、绍兴和石家庄。其中，二级指标中，绿色增长效率指标排名前 20 位的城市依次为克拉玛依、深圳、海口、无锡、福州、延安、苏州、烟台、青岛、北京、常德、绍兴、唐山、长沙、广州、杭州、温州、宁波、常州和济宁；第一产业指标排名前 20 位的城市依次为湖州、常德、绍兴、长沙、芜湖、扬州、宁波、济宁、汕头、宜宾、济南、合肥、杭州、成都、株洲、绵阳、苏州、遵义、平顶山和烟台；第二产业指标排名前 20 位的城市依次是深圳、长沙、延安、常州、徐州、沈阳、日照、石家庄、苏州、扬州、长春、无锡、马鞍山、唐山、桂林、南通、天津、柳州、克拉玛依和常德；第三产业指标排名前 20 位的城市依次是北京、呼和浩特、苏州、广州、海口、无锡、上海、包头、深圳、南京、常州、乌鲁木齐、沈阳、济南、哈尔滨、青岛、秦皇岛、南宁、西安和遵义。2011 年中国 100 个城市经济增长绿化度排名前 20 位和后 20 位的具体情况如图 4-1 所示。

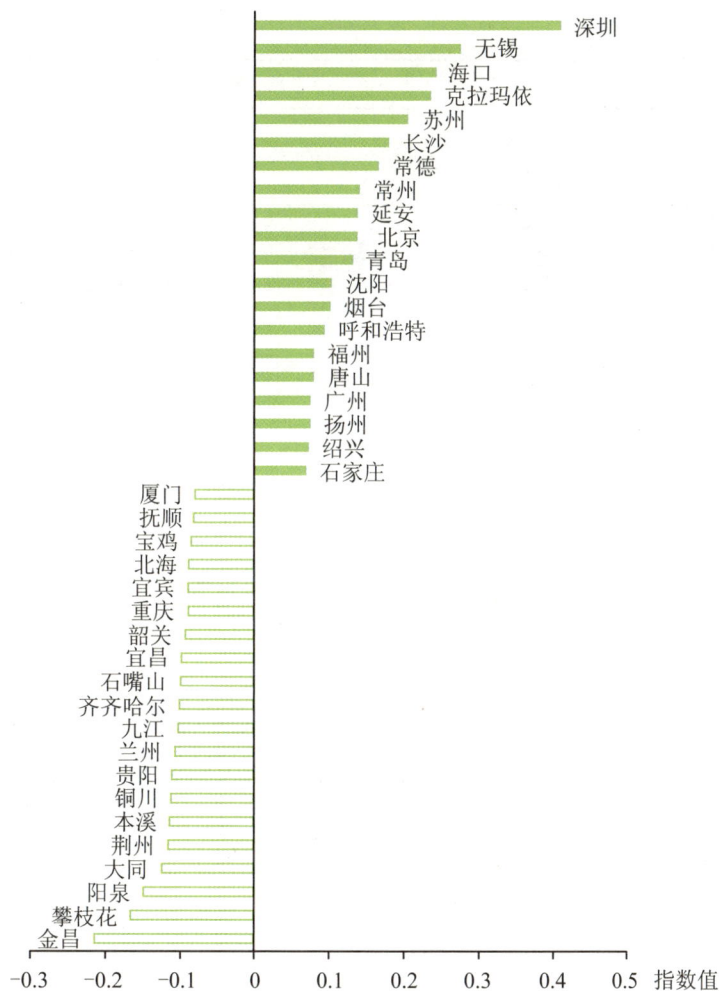

图 4-1 2011 年中国城市经济增长绿化度排名前 20 位和后 20 位的城市

注：本图根据表 4-1 制作。

根据表 4-1 和图 4-1，下面进一步从城市经济增长绿化度区域之间差异、城市经济增长绿化度区域内部差异，以及 2011 年中国绿色发展指数（城市）与城市经济增长绿化度的相关关系三个方面进行分析。

1. 城市经济增长绿化度区域间差异分析

总体看来，城市经济增长绿化度的区域差异非常明显，其中东部地区城市遥遥领先，其他三个地区较为接近，东北地区稍强，中部次之，西部地区最弱。具体如图 4-2 所示。其中，东部所有测评城市的均值达到 0.062 2，远高于其他地区。东北部、中部和西部地区城市的均值分别为 -0.028 8、-0.035 3 和 -0.036 8，均远低于东部地区，同时也低于全国平均水平。

与 2010 年相比，四大地区经济增长绿化度的相对排名没有变化。东部仍然是四大区域中城市经济增长绿化度最高的地区，而且优势越发明显；东北地区有较大程度的下降，但由于 2010 年得分较高，2011 年仍排在第 2 位的位置；中部地区同样出现了大幅下降，排名第 3 位；西部虽仍排名垫底，但与中部地区的差距逐渐缩小。

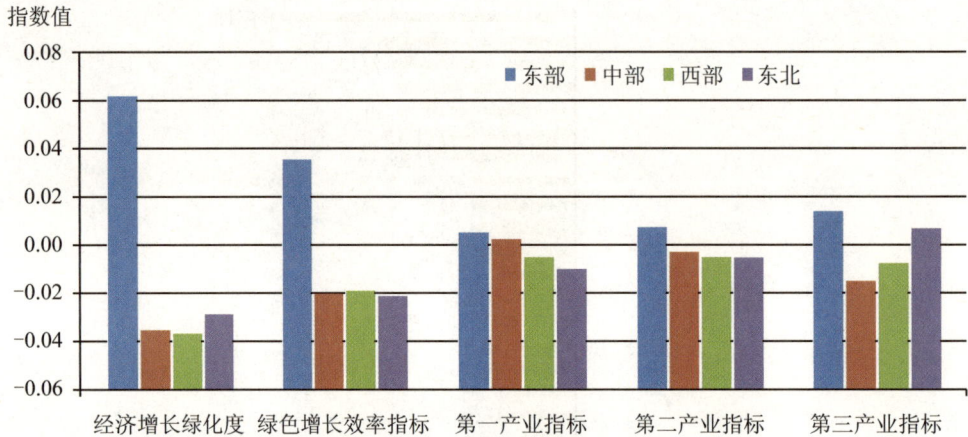

图 4-2　2011 年中国四大区域城市经济增长绿化度对照图

注：本图数据为四大区域中各城市指数值的算术平均值。

具体到各二级指标，经济增长效率指标中，东部地区指数值为 0.035 4，依然遥遥领先；西部地区指数值为 −0.019 0，排名第 2 位；中部地区得分 −0.020 3，排名第 3 位；东北地区排名垫底，得分 −0.021 3。

第一产业指标中，东部地区和中部地区指数值分别为 0.005 0 和 0.002 7，稍高于全国平均水平；西部地区和东北地区稍低于全国水平，得分分别为 −0.004 9 和 −0.009 4；总体上各地区差别不是很大。

第二产业指标中，东部地区指数值为 0.007 4，依然排在首位，稍高于全国平均水平；中部、东北和西部地区指标值均低于全国平均水平，且非常接近，分别为 −0.002 7、−0.005 0 和 −0.005 1。

第三产业指标中，还是东部地区得分最高，为 0.014 2；东北地区次之，得分 0.007 0；西部地区得分 −0.007 9，排在第 3 位；中部地区最低，得分 −0.015 1。

2. 城市经济增长绿化度区域内差异分析

从城市经济增长绿化度测算结果来看，城市排名呈现出区域化特征，东部地区城市排名相对靠前，东北部次之，中部稍弱，西部最弱。同时各区域内部城市之间的排名状况差异也较为明显。从区域内部最高位次与最低位次的位差数来看：西部地区差距最大，为 96 位；中部次之，为 92 位；东部第 3，为 86 位；东北地区最小，为 83 位。

（1）东部地区城市经济增长绿化度指数及排名

2011 年中国东部地区城市经济增长绿化度指数及排名如表 4-2 所示。

表 4-2　　　　　　　　　　　2011 年中国东部地区城市经济增长绿化度指数及排名

城　市	指数值	所有测评城市排名	区域内部排名	城　市	指数值	所有测评城市排名	区域内部排名
深　圳	0.410	1	1	杭　州	0.054	26	19
无　锡	0.276	2	2	天　津	0.048	28	20
海　口	0.244	3	3	南　通	0.042	30	21
苏　州	0.206	5	4	徐　州	0.039	30	22

续表

城　　市	指数值	所有测评城市排名	区域内部排名	城　　市	指数值	所有测评城市排名	区域内部排名
常　州	0.141	8	5	潍　坊	0.034	31	23
北　京	0.139	10	6	日　照	0.034	32	24
青　岛	0.133	11	7	淄　博	0.034	33	25
烟　台	0.103	13	8	宁　波	0.004	41	26
福　州	0.081	15	9	南　京	0.002	42	27
唐　山	0.081	16	10	泰　安	−0.006	44	28
广　州	0.076	17	11	湛　江	−0.018	48	29
扬　州	0.076	18	12	秦皇岛	−0.025	53	30
绍　兴	0.073	19	13	温　州	−0.028	55	31
石家庄	0.071	20	14	汕　头	−0.049	65	32
湖　州	0.068	21	15	珠　海	−0.057	72	33
上　海	0.066	22	16	泉　州	−0.070	77	34
济　南	0.065	23	17	厦　门	−0.079	81	35
济　宁	0.064	24	18	韶　关	−0.094	87	36

注：本表根据表 4-1 整理而得。

在东部参评的 36 个城市中，有 6 个城市位居所有测评城市的前 10 位，分别是深圳、无锡、海口、苏州、常州和北京，占东部城市的 1/6。其中深圳以 0.410 的高分位居所有测评城市之首，远远高于其他参评城市。除去全国排名前 10 位的 6 个城市外，青岛、烟台、福州、唐山等 21 个城市排在全国第 11 位~第 42 位不等的位置。这 27 个东部城市的经济增长绿化度高于全国平均水平，占东部城市的 75%，优势非常明显。而泰安、湛江、秦皇岛、温州等其余的 9 个城市位于所有参评城市的第 44 位~第 87 位，它们的指数值均小于 0，低于全国平均水平。总体来看，东部地区的 36 个城市在经济增长绿化度上处于领先地位。

从区域内部差异来看，东部地区排名最高的深圳（第 1 位，得分 0.410）与排名最低的韶关（第 87 位，得分−0.094）之间的位差为 86 位，在四大区域中排名第 3；二者得分差为 0.504，在四大区域中最高。可见，东部地区虽整体较强，但区域内部差距也较大。

（2）中部地区城市经济增长绿化度指数及排名

2011 年中国中部地区城市经济增长绿化度指数及排名如表 4-3 所示。

表 4-3　　　　　　　　　2011 年中国中部地区城市经济增长绿化度指数及排名

城　　市	指数值	所有测评城市排名	区域内部排名	城　　市	指数值	所有测评城市排名	区域内部排名
长　沙	0.181	6	1	安　阳	−0.052	66	13
常　德	0.167	7	2	太　原	−0.055	68	14
洛　阳	0.013	35	3	平顶山	−0.056	69	15
郑　州	0.011	36	4	焦　作	−0.057	73	16
合　肥	0.006	40	5	湘　潭	−0.060	74	17
马鞍山	−0.010	45	6	岳　阳	−0.074	78	18

续表

城　市	指数值	所有测评城市排名	区域内部排名	城　市	指数值	所有测评城市排名	区域内部排名
武　汉	−0.014	46	7	长　治	−0.078	80	19
开　封	−0.019	49	8	宜　昌	−0.098	88	20
株　洲	−0.038	59	9	九　江	−0.103	91	21
临　汾	−0.038	61	10	荆　州	−0.116	96	22
芜　湖	−0.040	62	11	大　同	−0.125	97	23
南　昌	−0.042	63	12	阳　泉	−0.149	98	24

注：本表根据表 4-1 整理而得。

　　中部参与测评的 24 个城市中，有 2 个城市位居所有参评城市的前 10 位，分别是长沙和常德，位于第 6 位、第 7 位；除此之外中部还有洛阳、郑州、合肥 3 个城市的经济增长绿化度指数值高于 0，即高于全国所有参评城市的平均水平。而中部城市的指数值从全国排名第 45 位的马鞍山开始，余下的 19 个城市指标值均小于 0，即低于平均水平，排名从第 45 位～第 98 位。因此，绝大部分中部城市经济增长绿化度这一指标位居全国较低的水平。

　　从区域内部差异来看，中部地区排名最高的长沙（第 6 位，得分 0.181）与排名最低的阳泉（第 98 位，得分−0.149）之间的位差为 92 位，在四大区域中排名第 2；二者得分差为 0.330，在四大区域中排名第 3。可见，中部地区区域内部城市经济增长绿化度差距也较大。

　　（3）西部地区城市经济增长绿化度指数及排名

　　2011 年中国西部地区城市经济增长绿化度指数及排名如表 4-4 所示。

表 4-4　　　　　　　　　　2011 年中国西部地区城市经济增长绿化度指数及排名

城　市	指数值	所有测评城市排名	区域内部排名	城　市	指数值	所有测评城市排名	区域内部排名
克拉玛依	0.236	4	1	柳　州	−0.057	71	16
延　安	0.139	9	2	银　川	−0.064	75	17
呼和浩特	0.094	14	3	泸　州	−0.069	76	18
包　头	0.059	25	4	西　宁	−0.075	79	19
成　都	0.021	34	5	宝　鸡	−0.086	83	20
绵　阳	0.011	37	6	北　海	−0.088	84	21
遵　义	0.010	38	7	宜　宾	−0.090	85	22
桂　林	0.002	43	8	重　庆	−0.090	86	23
昆　明	−0.018	47	9	石嘴山	−0.100	89	24
乌鲁木齐	−0.020	50	10	兰　州	−0.106	92	25
曲　靖	−0.021	51	11	贵　阳	−0.111	93	26
南　宁	−0.028	56	12	铜　川	−0.113	94	27
咸　阳	−0.033	57	13	攀枝花	−0.166	99	28
西　安	−0.034	58	14	金　昌	−0.214	100	29
赤　峰	−0.057	70	15				

注：本表根据表 4-1 整理而得。

西部参与测评的 29 个城市中，克拉玛依和延安位居所有参评城市的前 10 位，分别位于第 4 和第 9 位。呼和浩特、包头、成都、绵阳、遵义和桂林 6 个城市指数值大于 0，其城市经济增长绿化度高于全国平均水平，位居全国所有参评城市中上游，也同时位居西部参评城市的前列。而昆明、乌鲁木齐、曲靖、南宁等 21 个城市经济增长绿化度指数值小于 0，低于全国平均水平，位居全国所有参评城市中下游，同时在西部所有城市中排名靠后。总体来说，西部城市的指数值结构与中部城市类似，绝大多数城市经济增长绿化度位于全国中下游水平。

从区域内部差异来看，西部地区排名最高的克拉玛依（第 4 位，得分 0.236）与排名最低的金昌（第 100 位，得分－0.214）之间的位差为 96 位，在四大区域中最大；二者得分差为 0.450，在四大区域中排名第 2。可见，西部地区城市经济增长绿化度总体较差，区域内部差距也非常大。

（4）东北地区城市经济增长绿化度指数及排名

2011 年中国东北地区城市经济增长绿化度指数及排名如表 4-5 所示。

表 4-5　　　　　　　　　　　2011 年中国东北地区城市经济增长绿化度指数及排名

城　市	指数值	所有测评城市排名	区域内部排名	城　市	指数值	所有测评城市排名	区域内部排名
沈　阳	0.105	12	1	吉　林	－0.043	64	7
长　春	0.052	27	2	鞍　山	－0.054	67	8
大　连	0.007	39	3	抚　顺	－0.083	82	9
锦　州	－0.021	52	4	齐齐哈尔	－0.101	90	10
哈尔滨	－0.027	54	5	本　溪	－0.114	95	11
牡丹江	－0.038	60	6				

注：本表根据表 4-1 整理。

东北部参与测评的 11 个城市中，没有一个城市位居所有参评城市的前 10 位。沈阳、长春和大连 3 个城市指数值均大于 0，高于全国平均水平，并均位居全国前 50 位；而锦州、哈尔滨、牡丹江等其余 8 个城市的指数值都小于 0，低于全国平均水平，位居全国所有参评城市的中下游。总体来说，东北部地区绝大多数城市的经济增长绿化度在全国排名不高。

从区域内部差异来看，东北地区排名最高的沈阳（第 12 位，得分 0.105）与排名最低的本溪（第 95 位，得分－0.114）之间的位差为 83 位，在四大区域中最小；二者得分差为 0.219，在四大区域中同样最小。可见，东北地区城市经济增长绿化度较为接近，区域内部差距相对较小。

3. 城市经济增长绿化度对 2011 年中国绿色发展指数（城市）的影响分析

对比 2011 年中国绿色发展指数（城市）与经济增长绿化度后我们可以看到，100 个参评城市中，有 51 个城市经济增长绿化度排名高于中国绿色发展指数（城市）排名，这表明超过半数的城市在经济发展过程中越来越关注"绿色"发展方式，因此推动了城市整体的绿色发展水平。这些城市包括深圳、常德、成都、呼和浩特等。同时，有 48 个城市经济增长绿化度排名低于中国绿色发展指数（城市）排名，因而影响了城市整体绿色发展的提升，如烟台、乌鲁木齐、宝鸡、本溪等。而只有荆州 1 个城市经济增长绿化度排名与中国绿色发展指数（城市）排名相同，保持了在经济发展过程中与绿色发展水平的一致性。

从影响的程度分析，通过将城市经济增长绿化度与绿色发展指数（城市）排名进行比较发现，名次变化差异较大（超过 20 位）的城市有 33 个，占所有城市的 33%。其中，为正差的城市有 15 个，如天津、常德、武汉等，这些城市的经济增长绿化度对城市总体绿色发展的贡献很大；为负差的城市有 18 个，如湛江、长治、潍坊等，这些城市的经济增长绿化度对城市总体绿色发展的贡献较小。其中，赤峰的排名差异变化最大，其中国绿色发展指数（城市）位居所有测评城市第 12 位，但经济增长绿化度仅为第 70 位，变化幅度达到了 58 位。同时，名次变动差异较小（20位以内）的城市共有 66 个，占所有城市的 66%，如海口、深圳、广州、牡丹江等，说明城市经济绿色增长对城市总体绿色发展的影响，与其他因素基本平分秋色。而只有荆州 1 个城市的经济增长绿化度排位与绿色发展指数排位相同，保持了经济发展与绿色发展的一致性。2011 年中国绿色发展指数（城市）与城市经济增长绿化度排名差异超过 20 位的城市如表 4-6 所示。

表 4-6　2011 年中国绿色发展指数（城市）与城市经济增长绿化度排名差异超过 20 位的城市

城　市	绿色发展指数排名	经济增长绿化度排名	位次变化	城　市	绿色发展指数排名	经济增长绿化度排名	位次变化
湛　江	7	48	−41	长　治	54	80	−26
潍　坊	10	31	−21	宝　鸡	55	83	−28
昆　明	11	47	−36	泉　州	56	77	−21
赤　峰	12	70	−58	重　庆	57	86	−29
珠　海	22	72	−50	韶　关	61	87	−26
曲　靖	23	51	−28	九　江	65	91	−26
株　洲	26	59	−33	天　津	70	28	42
常　德	27	7	20	大　同	75	97	−22
厦　门	32	81	−49	武　汉	77	46	31
安　阳	35	66	−31	包　头	80	25	55
呼和浩特	36	14	22	开　封	81	49	32
沈　阳	39	12	27	郑　州	82	36	46
阳　泉	41	98	−57	哈尔滨	88	54	34
绍　兴	43	19	24	西　安	90	58	32
湖　州	44	21	23	乌鲁木齐	91	50	41
太　原	45	68	−23	鞍　山	99	67	32
上　海	49	22	27				

注：①本表根据表 0-6 和表 4-1 整理而得；②表中排名差异为经济增长绿化度排名与绿色发展指数排名之差，正值表示经济增长绿化度较之于绿色发展指数进步的名次，负值表示经济增长绿化度较之于绿色发展指数退后的名次。

>>二、城市经济增长绿化度比较分析<<

　　为了保证测算体系的稳定性与连续性，本次城市经济增长绿化度仍占 2011 中国绿色发展指数（城市）总权重的 33%，共由绿色增长效率指标、第一产业指标、第二产业指标和第三产业指标 4 个二级指标及 17 个三级指标构成。在这些三级指标中，正指标 8 个，逆指标 9 个，包含 2 个无数列表指标；三级指标权重介于 1.65%～2.36%。本部分将以 4 个二级指标为例进行详细的分析与比较。

（一）城市绿色增长效率指标比较

在城市经济增长绿化度测度体系中，绿色增长效率指标占经济增长绿化度指数总权重的50％，占城市绿色发展指数总权重的16.5％，是经济增长绿化度中权重最大的一个二级指标，因此对经济增长绿化度指数的贡献较大。表4-7中列出了绿色增长效率指标下面的8个三级指标。

表 4-7　　　　　　　　　　城市绿色增长效率三级指标、权重及指标属性

指标序号	指　　　标	权　　重	指标属性
1	人均地区生产总值	2.02％	正
2	单位地区生产总值能耗	2.36％	逆
3	人均城镇生活消费用电	2.02％	逆
4	单位地区生产总值二氧化碳排放量	2.02％	逆
5	单位地区生产总值二氧化硫排放量	2.02％	逆
6	单位地区生产总值化学需氧量排放量	2.02％	逆
7	单位地区生产总值氮氧化物排放量	2.02％	逆
8	单位地区生产总值氨氮排放量	2.02％	逆

注：①本表内容是由本报告课题组召开的多次专家座谈会研讨确定的；②单位地区生产总值二氧化碳排放量为无数列表。

与2010年相比，2011年城市绿色增长效率的三级指标、权重和指标属性没发生变化，保留了与上年一致的指标选取原则和权重分配原则。根据表4-7所列指标和权重，经过标准化处理综合测算，最后得出2011年中国城市绿色增长效率指标指数及其排名情况，具体如表4-8所示。

表 4-8　　　　　　　　　　2011 年中国城市绿色增长效率指数及其排名

指　标	绿色增长效率指标		指　标	绿色增长效率指标		指　标	绿色增长效率指标	
城　市	指数值	排　名	城　市	指数值	排　名	城　市	指数值	排　名
克拉玛依	0.307	1	济　南	0.005	35	阳　泉	−0.035	69
深　圳	0.278	2	湖　州	0.004	36	桂　林	−0.036	70
海　口	0.229	3	厦　门	0.001	37	合　肥	−0.037	71
无　锡	0.190	4	泰　安	−0.000	38	马鞍山	−0.037	72
福　州	0.103	5	石家庄	−0.001	39	本　溪	−0.037	73
延　安	0.100	6	珠　海	−0.004	40	湛　江	−0.038	74
苏　州	0.093	7	焦　作	−0.005	41	宝　鸡	−0.038	75
烟　台	0.087	8	呼和浩特	−0.006	42	吉　林	−0.039	76
青　岛	0.086	9	扬　州	−0.007	43	宜　宾	−0.040	77
北　京	0.084	10	咸　阳	−0.007	44	荆　州	−0.041	78
常　德	0.080	11	鞍　山	−0.013	45	岳　阳	−0.042	79
绍　兴	0.071	12	南　京	−0.014	46	南　宁	−0.043	80
唐　山	0.064	13	宜　昌	−0.020	47	乌鲁木齐	−0.043	81

指　标	绿色增长效率指标		指　标	绿色增长效率指标		指　标	绿色增长效率指标	
城　市	指数值	排　名	城　市	指数值	排　名	城　市	指数值	排　名
长　沙	0.052	14	泉　州	−0.020	48	齐齐哈尔	−0.043	82
广　州	0.047	15	平顶山	−0.021	49	北　海	−0.044	83
杭　州	0.043	16	九　江	−0.021	50	攀枝花	−0.045	84
温　州	0.040	17	遵　义	−0.021	51	哈尔滨	−0.046	85
宁　波	0.040	18	成　都	−0.022	52	湘　潭	−0.047	86
常　州	0.036	19	太　原	−0.023	53	牡丹江	−0.049	87
济　宁	0.035	20	南　昌	−0.023	54	石嘴山	−0.050	88
曲　靖	0.029	21	武　汉	−0.026	55	泸　州	−0.050	89
昆　明	0.024	22	抚　顺	−0.026	56	银　川	−0.053	90
大　连	0.023	23	赤　峰	−0.028	57	柳　州	−0.059	91
沈　阳	0.022	24	安　阳	−0.029	58	金　昌	−0.059	92
淄　博	0.021	25	西　安	−0.031	59	韶　关	−0.063	93
洛　阳	0.018	26	开　封	−0.031	60	重　庆	−0.063	94
潍　坊	0.013	27	锦　州	−0.031	61	贵　阳	−0.068	95
绵　阳	0.012	28	株　洲	−0.032	62	兰　州	−0.071	96
天　津	0.010	29	长　治	−0.032	63	大　同	−0.072	97
包　头	0.010	30	秦皇岛	−0.033	64	汕　头	−0.075	98
上　海	0.010	31	日　照	−0.033	65	西　宁	−0.077	99
郑　州	0.007	32	临　汾	−0.034	66	铜　川	−0.078	100
长　春	0.005	33	徐　州	−0.034	67			
南　通	0.005	34	芜　湖	−0.035	68			

注：本表数据及排名根据《中国统计年鉴 2012》、《中国环境统计年报 2011》、《中国环境统计年鉴 2012》、《中国城市统计年鉴 2012》、《中国城市建设统计年鉴 2011》等测算。

从表 4-8 我们可以看到，全国参评的 100 个城市绿色增长效率指标测算结果介于−0.078 和 0.307 之间，差异相当明显。其中，有 37 个城市绿色增长效率水平高于全国平均水平，占全部参评城市的 37%，如北京、上海、克拉玛依、长春、厦门等；其中，克拉玛依、深圳和海口位居所有参评城市前 3 位，指数值达到了 0.307、0.278 和 0.229。有 62 个城市绿色增长效率低于全国平均水平，占全部参评城市的 62%，这些城市有石家庄、珠海、焦作、呼和浩特、扬州等；其中，汕头、西宁和铜川位居所有参评城市的最后 3 位，指数值仅为−0.075、−0.077 和−0.078。泰安的城市绿色增长效率指数值取近似值后，与全国平均水平基本持平，位居所有参评城市的第 38 位。

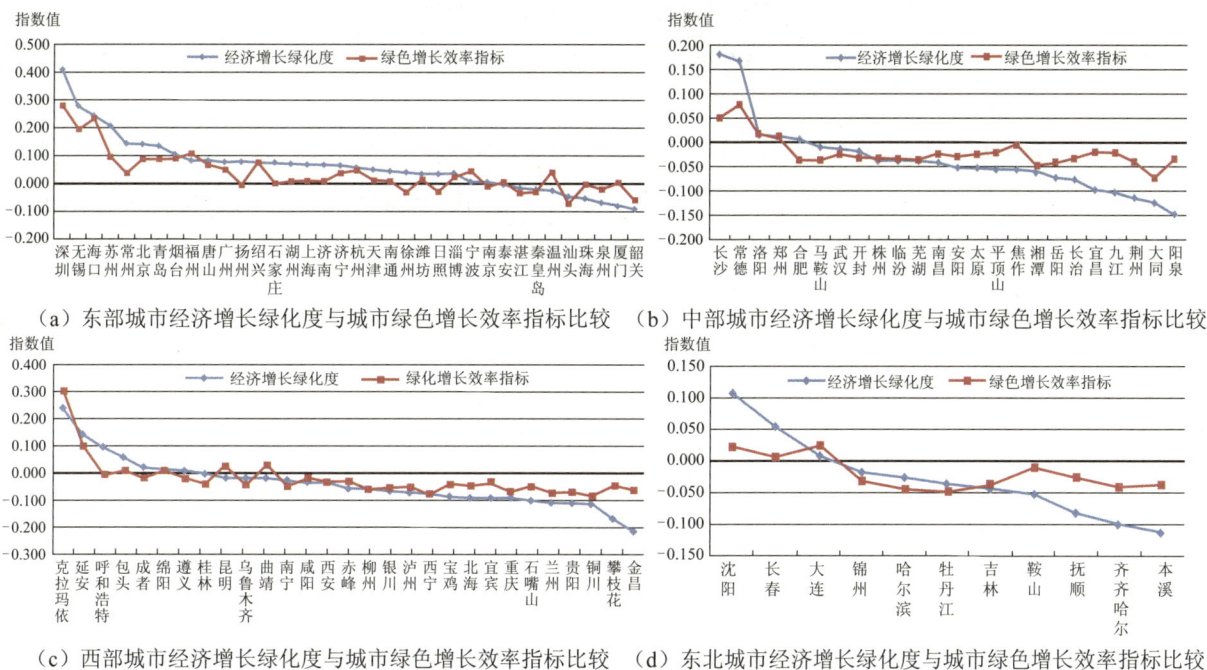

（a）东部城市经济增长绿化度与城市绿色增长效率指标比较　（b）中部城市经济增长绿化度与城市绿色增长效率指标比较

（c）西部城市经济增长绿化度与城市绿色增长效率指标比较　（d）东北城市经济增长绿化度与城市绿色增长效率指标比较

图 4-3　城市经济增长绿化度与城市绿色增长效率指标比较

注：本图从东部、中部、西部和东北地区划分的角度，根据经济增长绿化度指数大小自左到右排列。

从图 4-3 中可以看出，在城市的绿色增长效率指标的排名中，东部地区总体得分较高，中部、西部和东北三个地区总体水平相当。通过具体计算可得，东部地区绿色增长效率指标平均得分为 0.035 4，中部地区城市平均得分为－0.020 3，西部地区为－0.019 0，东北地区为－0.021 3。从中可以看出，东部地区绿色增长效率指标总体优势明显，其余三个地区差别不大，西部地区稍强，中部地区次之，东北地区稍弱。

就排名结果来看，在绿色增长效率指标前 10 位的城市中，东部地区城市有 8 个，分别是深圳、海口、无锡、福州、苏州、烟台、青岛和北京；西部地区城市有 2 个，分别是克拉玛依和延安；没有中部和东北部地区城市。而排名后 10 位的城市中，西部地区城市有 7 个，分别是柳州、金昌、重庆、贵阳、兰州、西宁和铜川；东部地区有 2 个；中部地区有 1 个；没有东北地区城市。总体看来，东部城市优势明显，其余三个地区总体水平接近。

按照区域内部城市最高得分值与最低得分值的差值来看，东部得分最高城市深圳（得分 0.278）与得分最低城市汕头（得分－0.075）之间的差值为 0.353；中部得分最高城市常德（得分 0.080）与得分最低城市大同（得分－0.072）之间的差值为 0.152；西部得分最高城市克拉玛依（得分 0.307）与得分最低城市铜川（得分－0.078）之间的差值为 0.385；东北部得分最高城市大连（得分 0.023）与得分最低城市牡丹江（得分－0.049）之间的差值为 0.072。从中可以看出，西部和东部城市间在得分上的差异还是比较大的。

（二）第一产业指标比较

在城市经济增长绿化度测算体系中，第一产业指标仅包括"第一产业劳动生产率"1 个三级指标，其权重占经济增长绿化度指数的 5%，也即占城市绿色发展指数总权重的 1.65%，属于正指标，如表 4-9 所示。

表 4-9　　　　　　　　　　城市第一产业三级指标、权重及指标属性

指标序号	指标	权重	指标属性
9	第一产业劳动生产率	1.65%	正

注：本表内容是由本报告课题组召开的多次专家座谈会研讨确定的。

2011 年城市第一产业三级指标、权重及指标属性与 2010 年相比没有变化。按表 4-9 给出的权重，对三级指标原始数据作标准化处理后，计算出了 100 个城市第一产业指标指数及其排名，具体如表 4-10 所示。

表 4-10　　　　　　　　　2011 年中国城市第一产业指标指数及其排名

城市	指数值	排名	城市	指数值	排名	城市	指数值	排名
湖州	0.093	1	郑州	−0.001	35	延安	−0.009	69
常德	0.059	2	泸州	−0.002	36	西宁	−0.009	70
绍兴	0.057	3	淄博	−0.003	37	昆明	−0.009	71
长沙	0.031	4	重庆	−0.003	38	临汾	−0.009	72
芜湖	0.030	5	无锡	−0.004	39	柳州	−0.009	73
扬州	0.027	6	福州	−0.004	40	长治	−0.009	74
宁波	0.024	7	西安	−0.004	41	克拉玛依	−0.009	75
济宁	0.024	8	曲靖	−0.005	42	唐山	−0.010	76
汕头	0.021	9	广州	−0.005	43	湛江	−0.010	77
宜宾	0.020	10	泉州	−0.005	44	鞍山	−0.010	78
济南	0.018	11	大连	−0.005	45	吉林	−0.010	79
合肥	0.016	12	南京	−0.005	46	抚顺	−0.010	80
杭州	0.015	13	桂林	−0.006	47	九江	−0.010	81
成都	0.014	14	武汉	−0.006	48	锦州	−0.010	82
株洲	0.012	15	开封	−0.007	49	赤峰	−0.011	83
绵阳	0.010	16	呼和浩特	−0.007	50	太原	−0.011	84
苏州	0.010	17	铜川	−0.007	51	厦门	−0.011	85
遵义	0.009	18	沈阳	−0.007	52	荆州	−0.011	86
平顶山	0.009	19	兰州	−0.008	53	南昌	−0.011	87
烟台	0.009	20	包头	−0.008	54	上海	−0.011	88
马鞍山	0.008	21	本溪	−0.008	55	石嘴山	−0.011	89
安阳	0.007	22	韶关	−0.008	56	岳阳	−0.011	90
温州	0.006	23	南通	−0.008	57	哈尔滨	−0.011	91
石家庄	0.006	24	贵阳	−0.008	58	珠海	−0.012	92
常州	0.005	25	宝鸡	−0.008	59	北京	−0.012	93
潍坊	0.005	26	天津	−0.008	60	银川	−0.012	94
洛阳	0.005	27	长春	−0.008	61	金昌	−0.012	95
日照	0.004	28	北海	−0.008	62	齐齐哈尔	−0.012	96
秦皇岛	0.003	29	大同	−0.009	63	牡丹江	−0.012	97
泰安	0.001	30	阳泉	−0.009	64	深圳	−0.012	98

指　标	第一产业指标		指　标	第一产业指标		指　标	第一产业指标	
城　市	指数值	排　名	城　市	指数值	排　名	城　市	指数值	排　名
青　岛	0.001	31	焦　作	−0.009	65	乌鲁木齐	−0.012	99
咸　阳	0.001	32	攀枝花	−0.009	66	海　口	−0.012	100
宜　昌	0.001	33	徐　州	−0.009	67			
湘　潭	0.000	34	南　宁	−0.009	68			

注：本表数据及排名根据《中国统计年鉴 2012》、《中国环境统计年报 2011》、《中国环境统计年鉴 2012》、《中国城市统计年鉴 2012》、《中国城市建设统计年鉴 2011》等测算。

从表 4-10 我们发现，城市第一产业指标指数中，排名最高的是湖州，该值为 0.093，排最后 1 位的是海口，指数值为 −0.012，但二者之间差距不大。在参评的 100 个城市中，第一产业指标指数值高于全国平均水平的城市共 33 个，占全部参评城市的 33%，如湖州、济南、成都、青岛等；其中，湖州、常德和绍兴位居所有参评城市前 3 位，指数值为 0.093、0.059 和 0.057，且排名第 1 位的指数值领先不少。有 66 个城市第一产业指标指数值低于全国平均水平，占全部参评城市的 66%，比例较大，如郑州、武汉、包头、攀枝花等，其中深圳、乌鲁木齐和海口排到了 100 个城市该指标的最后 3 位，指数值在做了近似后均为 −0.012。只有湘潭 1 个城市的第一产业指标指数几乎与全国平均水平相当，位居所有参评城市的第 34 位。

从地域划分角度看，总体来说，城市第一产业指标高于全国平均水平的城市主要分布于东部地区，而低于全国平均水平的城市在各地区分布还比较平均。但由于第一产业指标相对于城市绿色增长效率占总比重权重较小，因此第一产业指标指数值对经济增长绿化度指数排序的总影响不大。

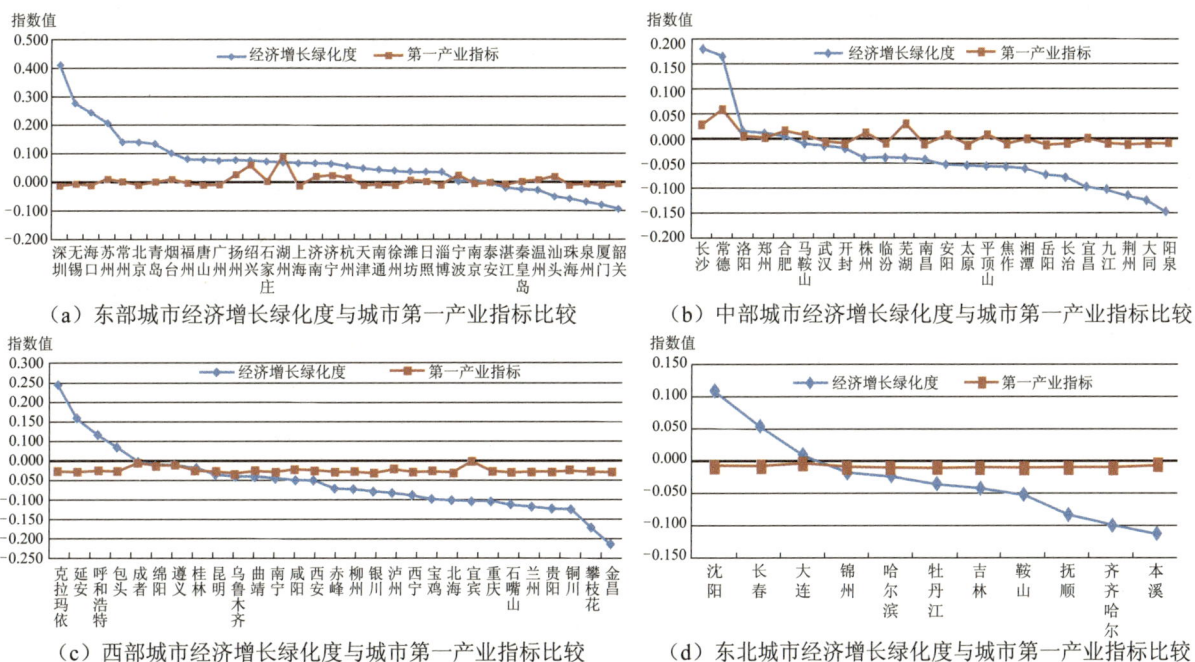

（a）东部城市经济增长绿化度与城市第一产业指标比较

（b）中部城市经济增长绿化度与城市第一产业指标比较

（c）西部城市经济增长绿化度与城市第一产业指标比较

（d）东北城市经济增长绿化度与城市第一产业指标比较

图 4-4　城市经济增长绿化度与城市第一产业指标比较

注：本图从东部、中部、西部和东北地区划分的角度，根据经济增长绿化度指数大小自左到右排列。

具体分析图 4-4，可以看出，相对于绿色增长效率指标，各地区城市在第一产业指标的得分曲线更为平稳。从得分区间上来看，经济增长效率指标得分区间从－0.078分到0.307分，第一产业指标得分区间从0.012分到0.093分，后者得分区间较小，各地区间差距较小。从曲线走势上看，第一产业指标得分曲线与城市经济增长绿化度得分曲线趋同关系不强，影响不是很显著。

总体来看，东部、中部、西部和东北四大地区的第一产业指标平均得分分别为0.005 0、0.002 7、－0.004 9和－0.009 4，总体情况较为接近，各地区间差别不大。

按照区域内部城市最高得分值与最低得分值的差值来看，东部得分最高城市湖州（得分0.093）与得分最低城市海口（得分－0.012）之间的差值为0.105；中部得分最高城市常德（得分0.059）与得分最低城市岳阳（得分－0.011）之间的差值为0.070；西部得分最高城市宜宾（得分0.020）与得分最低城市乌鲁木齐（得分－0.012）之间的差值为0.032；东北部得分最高城市大连（得分－0.005）与得分最低城市牡丹江（得分－0.012）之间的差值为0.007。从中可以看出，四大地区内部城市间在第一产业指标上的得分都比较接近，区域内部差距不大。

（三）第二产业指标比较

第二产业指标是在经济增长绿化度测算体系中第三个二级指标，占经济增长绿化度指数的权重为30%，该指标是权重仅次于"绿色增长效率指标"的第二大二级指标。第二产业指标由5个三级指标构成，包含3个正指标，2个逆指标，还含有一个无数列表；并且每个三级指标的权重仍按照均权处理，均为1.98%，具体情况如表4-11所示。

表4-11　　　　　　　　　城市第二产业三级指标、权重及指标属性

指标序号	指　标	权　重	指标属性
10	第二产业劳动生产率	1.98%	正
11	单位工业增加值水耗	1.98%	逆
12	单位工业增加值能耗	1.98%	逆
13	工业固体废物综合利用率	1.98%	正
14	工业用水重复利用率	1.98%	正

注：①本表内容是由本报告课题组召开的多次专家座谈会研讨确定的；②单位工业增加值能耗为无数列表。

2011年城市第二产业指标与2010年保持了一致。根据表4-11给出的指标和权重，我们对2011年中国100个城市的第二产业指标指数及其排名进行了测算，结果显示在表4-12中。

表4-12　　　　　　　　　2011年中国城市第二产业指标指数及其排名

指　标城　市	第二产业指标指数值	排　名	指　标城　市	第二产业指标指数值	排　名	指　标城　市	第二产业指标指数值	排　名
深　圳	0.107	1	湘　潭	0.014	35	湖　州	－0.016	69
长　沙	0.088	2	济　南	0.011	36	芜　湖	－0.017	70
延　安	0.078	3	成　都	0.011	37	曲　靖	－0.017	71
常　州	0.064	4	南　昌	0.011	38	珠　海	－0.017	72
徐　州	0.059	5	临　汾	0.010	39	韶　关	－0.020	73
沈　阳	0.057	6	株　洲	0.008	40	宜　宾	－0.021	74

指　标	第二产业指标		指　标	第二产业指标		指　标	第二产业指标	
城　市	指数值	排　名	城　市	指数值	排　名	城　市	指数值	排　名
日　照	0.052	7	安　阳	0.008	41	北　京	−0.023	75
石家庄	0.043	8	绵　阳	0.007	42	秦皇岛	−0.024	76
苏　州	0.042	9	西　宁	0.007	43	西　安	−0.024	77
扬　州	0.041	10	郑　州	0.007	44	广　州	−0.025	78
长　春	0.040	11	泰　安	0.006	45	海　口	−0.026	79
无　锡	0.039	12	岳　阳	0.003	46	抚　顺	−0.026	80
马鞍山	0.037	13	哈尔滨	0.001	47	北　海	−0.028	81
唐　山	0.034	14	乌鲁木齐	0.001	48	齐齐哈尔	−0.031	82
桂　林	0.033	15	洛　阳	0.001	49	大　连	−0.033	83
南　通	0.032	16	武　汉	0.000	50	绍　兴	−0.036	84
天　津	0.031	17	焦　作	−0.001	51	大　同	−0.037	85
柳　州	0.030	18	平顶山	−0.002	52	太　原	−0.038	86
克拉玛依	0.027	19	铜　川	−0.002	53	兰　州	−0.041	87
常　德	0.026	20	银　川	−0.002	54	鞍　山	−0.041	88
合　肥	0.025	21	遵　义	−0.004	55	贵　阳	−0.043	89
淄　博	0.024	22	南　宁	−0.004	56	宜　昌	−0.043	90
呼和浩特	0.022	23	汕　头	−0.005	57	昆　明	−0.045	91
湛　江	0.022	24	咸　阳	−0.005	58	攀枝花	−0.047	92
锦　州	0.020	25	长　治	−0.007	59	本　溪	−0.048	93
潍　坊	0.019	26	吉　林	−0.009	60	荆　州	−0.049	94
烟　台	0.019	27	宝　鸡	−0.010	61	宁　波	−0.051	95
开　封	0.019	28	泉　州	−0.010	62	九　江	−0.052	96
上　海	0.019	29	赤　峰	−0.014	63	厦　门	−0.061	97
青　岛	0.017	30	杭　州	−0.014	64	金　昌	−0.062	98
包　头	0.017	31	福　州	−0.014	65	温　州	−0.072	99
泸　州	0.017	32	重　庆	−0.014	66	阳　泉	−0.075	100
济　宁	0.016	33	石嘴山	−0.016	67			
牡丹江	0.015	34	南　京	−0.016	68			

　　注：本表数据及排名根据《中国统计年鉴 2012》、《中国环境统计年报 2011》、《中国环境统计年鉴 2012》、《中国城市统计年鉴 2012》、《中国城市建设统计年鉴 2011》等测算。

　　从表 4-12 我们看到，第二产业指标中，排名最高的是深圳，其指数值为 0.107；排名最低的是阳泉，指数值仅为 −0.075。从测算结果可以看出，在 100 个测评城市中，共有 49 个城市得分高于全国平均水平，51 个城市得分低于全国平均水平，分布几乎各占一半，分布非常平均。

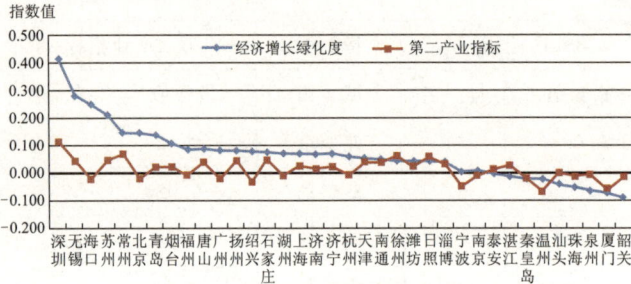

（a）东部城市经济增长绿化度与城市第二产业指标比较

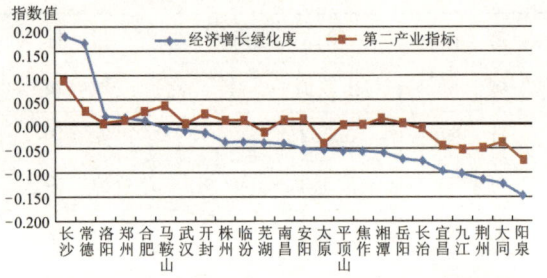

（b）中部城市经济增长绿化度与城市第二产业指标比较

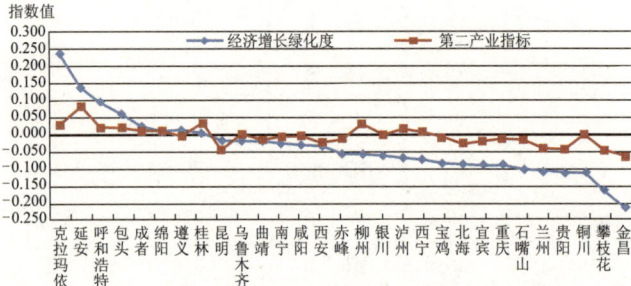

（c）西部城市经济增长绿化度与城市第二产业指标比较

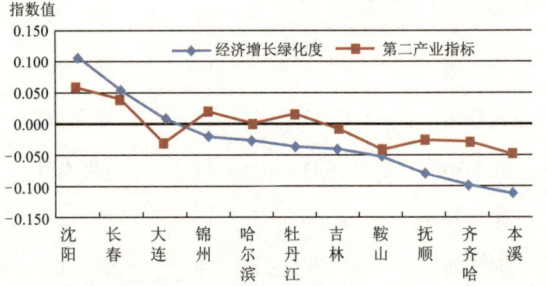

（d）东北城市经济增长绿化度与城市第二产业指标比较

图 4-5　城市经济增长绿化度与城市第二产业指标比较

注：本图从东部、中部、西部和东北地区划分的角度，根据经济增长绿化度指数大小自左到右排列。

从图 4-5 中可以看出，各地区间的第二产业指标得分较为接近，区域间差异不明显。具体到指标数据上，东部地区城市第二产业指标指数平均值为 0.007 4，中部地区为−0.002 7，西部地区为−0.005 1，东北地区为−0.005 0。东部地区的优势不再明显，各地区间水平较为接近，与图中趋势相吻合。

就排名结果来看，在城市第二产业指标前 10 位的城市中，东部地区城市有 7 个，分别是深圳、常州、徐州、日照、石家庄、苏州和扬州；中部、西部和东北地区城市各 1 个。而第二产业指标后 10 位的城市中，东部地区城市有 3 个，中部地区 3 个，西部地区 3 个，东北地区 1 个。总体城市分布较为平均，差异较小。

按照区域内部城市最高得分值与最低得分值的差值来看，东部得分最高城市深圳（得分 0.107）与得分最低城市温州（得分−0.072）之间的差值为 0.179；中部得分最高城市长沙（得分 0.088）与得分最低城市阳泉（得分−0.075）之间的差值为 0.163；西部得分最高城市延安（得分 0.078）与得分最低城市金昌（得分−0.062）之间的差值为 0.140；东北部得分最高城市沈阳（得分 0.057）与得分最低城市本溪（得分−0.048）之间的差值为 0.105。从中可以看出，四大地区内部城市间在第二产业指标上的得分差值都介于 0.1 和 0.2 之间，区域内部差距不大。

（四）第三产业指标比较

在城市经济增长绿化度的测度体系中，第三产业指标权重为 15%，相当于绿色发展指数总权重的 4.95%。第三产业指标由 3 个指标构成，均为正向指标。在三级指标权重的设计上，采取均权重的处理方法，每个三级指标在总指数中的权重为 1.65%，具体如表 4-13 所示。

表 4-13　　　　　　　　　　　城市第三产业三级指标、权重及指标属性

指标序号	指　　标	权　　重	指标属性
15	第三产业劳动生产率	1.65%	正
16	第三产业增加值比重	1.65%	正
17	第三产业就业人员比重	1.65%	正

注：本表内容是由本报告课题组召开的多次专家座谈会研讨确定的。

　　第三产业各项指标是衡量产业结构的优化程度和经济发展的绿色程度的重要评价内容。根据表 4-13 中所列的指标和权重，利用相关数据测算，得出 2011 年中国城市第三产业指标指数和具体排名情况，如表 4-14 所示。

表 4-14　　　　　　　　　　　2011 年中国城市第三产业指标指数及其排名

指　标 城　市	第三产业指标 指数值	排　名	指　标 城　市	第三产业指标 指数值	排　名	指　标 城　市	第三产业指标 指数值	排　名
北　京	0.090	1	汕　头	0.010	35	齐齐哈尔	−0.016	69
呼和浩特	0.085	2	桂　林	0.010	36	马鞍山	−0.018	70
苏　州	0.061	3	鞍　山	0.010	37	南　昌	−0.018	71
广　州	0.059	4	长　沙	0.009	38	绍　兴	−0.019	72
海　口	0.053	5	杭　州	0.009	39	柳　州	−0.019	73
无　锡	0.050	6	牡丹江	0.009	40	绵　阳	−0.019	74
上　海	0.048	7	贵　阳	0.008	41	芜　湖	−0.019	75
包　头	0.039	8	湛　江	0.008	42	抚　顺	−0.019	76
深　圳	0.038	9	西　宁	0.004	43	九　江	−0.020	77
南　京	0.037	10	银　川	0.003	44	本　溪	−0.020	78
常　州	0.036	11	常　德	0.002	45	咸　阳	−0.021	79
乌鲁木齐	0.035	12	合　肥	0.001	46	石嘴山	−0.023	80
沈　阳	0.032	13	锦　州	0.001	47	珠　海	−0.024	81
济　南	0.031	14	开　封	0.000	48	岳　阳	−0.024	82
哈尔滨	0.030	15	温　州	−0.002	49	株　洲	−0.026	83
青　岛	0.029	16	郑　州	−0.002	50	铜　川	−0.026	84
秦皇岛	0.029	17	潍　坊	−0.003	51	湘　潭	−0.027	85
南　宁	0.027	18	福　州	−0.004	52	曲　靖	−0.028	86
西　安	0.025	19	韶　关	−0.004	53	延　安	−0.029	87
遵　义	0.025	20	赤　峰	−0.004	54	宝　鸡	−0.030	88
徐　州	0.023	21	临　汾	−0.005	55	长　治	−0.030	89
石家庄	0.022	22	唐　山	−0.008	56	阳　泉	−0.030	90
大　连	0.021	23	大　同	−0.008	57	泸　州	−0.033	91
成　都	0.018	24	北　海	−0.008	58	泉　州	−0.035	92
武　汉	0.018	25	淄　博	−0.008	59	宜　昌	−0.035	93
太　原	0.017	26	宁　波	−0.009	60	安　阳	−0.037	94

续表

指 标	第三产业指标		指 标	第三产业指标		指 标	第三产业指标	
城 市	指数值	排 名	城 市	指数值	排 名	城 市	指数值	排 名
吉 林	0.015	27	厦 门	−0.009	61	焦 作	−0.043	95
扬 州	0.015	28	重 庆	−0.010	62	平顶山	−0.043	96
长 春	0.015	29	洛 阳	−0.010	63	宜 宾	−0.049	97
天 津	0.014	30	济 宁	−0.011	64	攀枝花	−0.064	98
兰 州	0.013	31	烟 台	−0.012	65	金 昌	−0.081	99
昆 明	0.013	32	湖 州	−0.013	66	克拉玛依	−0.089	100
南 通	0.013	33	泰 安	−0.013	67			
日 照	0.013	34	荆 州	−0.015	68			

注：本表数据及排名根据《中国统计年鉴 2012》、《中国环境统计年报 2011》、《中国环境统计年鉴 2012》、《中国城市统计年鉴 2012》、《中国城市建设统计年鉴 2011》等测算。

表 4-14 显示，100 个参评城市中，第三产业指标指数最高的是北京，指数值为 0.090，指标值最低的是克拉玛依，指数值为 −0.089，两者相差 0.179。所有参评城市中，共有 47 个城市第三产业指标指数高于全国平均水平，占总体的 47%，比例接近一半；低于全国平均水平的城市有 52 个，占总体的 52%；开封市水平与全国平均水平相当；总体分布较平均。

从地区分布上来看，高于全国平均水平的城市中，东部地区有 21 个，占了总体的 43.8%；中部地区城市有 6 个；西部地区 13 个；东北地区 8 个。低于全国水平的城市中，东部地区有 15 个，中部地区 18 个，西部地区 16 个，东北地区 3 个。可以看出第三产业指标值高于全国平均水平的城市主要分布在东部地区，低于全国平均水平的城市主要分布在中、西部地区。

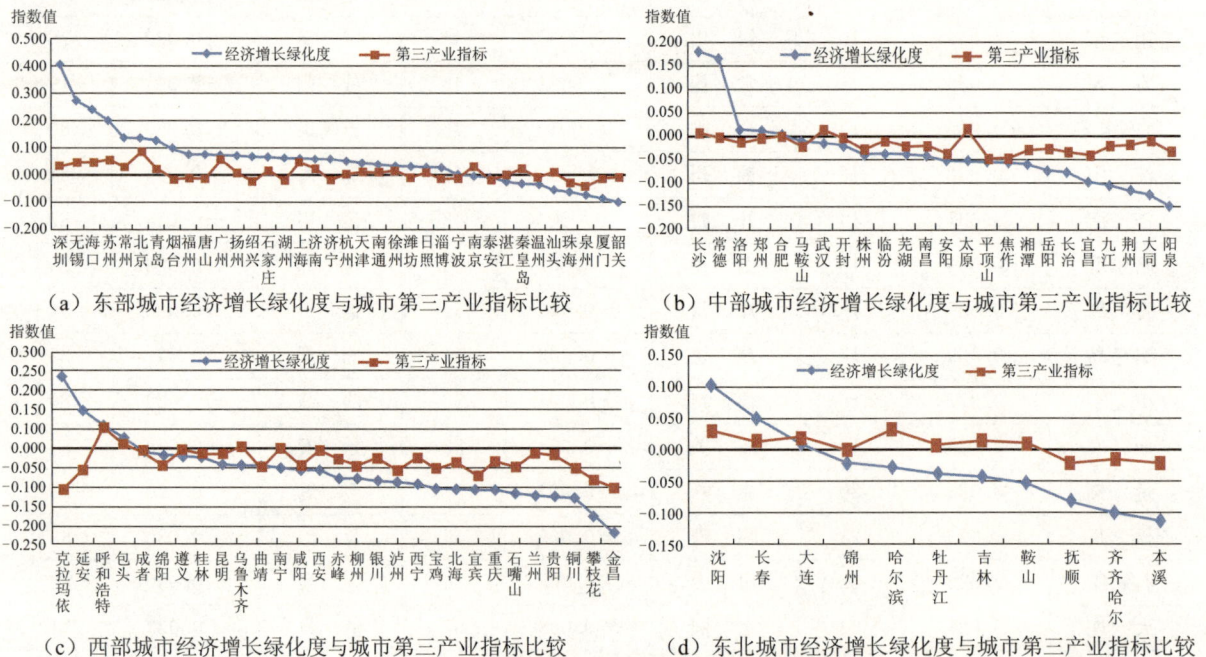

（a）东部城市经济增长绿化度与城市第三产业指标比较

（b）中部城市经济增长绿化度与城市第三产业指标比较

（c）西部城市经济增长绿化度与城市第三产业指标比较

（d）东北城市经济增长绿化度与城市第三产业指标比较

图 4-6　城市经济增长绿化度与城市第三产业指标比较

注：本图从东部、中部、西部和东北地区划分的角度，根据经济增长绿化度指数大小自左到右排列。

从图 4-6 中可以看出，东部地区的第三产业指标指数值依然处于领先位置，且优势较大；东北地区次之，但高于全国平均水平；西部地区和中部地区列第 3 位、第 4 位，均低于全国平均水平。

从数据上看，东部地区城市第三产业指数指标平均值为 0.014 2，中部地区为－0.015 1，西部地区为－0.007 9，东北地区为 0.007 0，东部地区具有明显的优势，同时东北地区表现也不错。

从排名结果来看，第三产业指标排名前 10 位的城市中，东部地区城市有 8 个，西部地区 2 个，没有中部和东北地区城市；排名后 10 位的城市中，东部地区城市有 1 个，中部地区 4 个，西部地区 5 个，依然没有东北地区城市。从中可以看出，东部地区城市在第三产业指标指数中有绝对的优势；东北地区城市总体水平较高，且分布较为集中；中部和西部地区城市总体水平较差，且西部地区分布分散，城市间水平参差不齐，有高有低。

按照区域内部城市最高得分值与最低得分值的差值来看，东部得分最高城市北京（得分 0.090）与得分最低城市泉州（得分－0.035）之间的差值为 0.125；中部得分最高城市武汉（得分 0.018）与得分最低城市平顶山（得分－0.043）之间的差值为 0.061；西部得分最高城市呼和浩特（得分 0.085）与得分最低城市克拉玛依（得分－0.089）之间的差值为 0.174；东北部得分最高城市沈阳（得分 0.032）与得分最低城市本溪（得分－0.020）之间的差值为 0.052。从中可以看出，东北地区城市间差距最小，西部地区最大，这与上面的分析相吻合。

第五章

城市资源环境承载潜力测算及分析

城市资源环境承载潜力衡量的是城市资源丰裕、生态保护、环境压力与气候变化对今后经济发展与人类活动的承载潜力。本章根据"中国绿色发展指数评价体系（城市）"中资源环境承载潜力的测度标准，利用 2011 年的年度数据，从资源丰裕与生态保护、环境压力与气候变化两个方面对中国 100 个大中城市的资源环境承载潜力进行了测度。

>>一、城市资源环境承载潜力的测算结果<<

根据"中国绿色发展指数评价体系（城市）"中资源环境承载潜力的测度体系和权重标准，2011 年中国 100 个大中城市的资源环境承载潜力测算结果如表 5-1 所示。

表 5-1　　　　　　2011 年中国 100 个城市资源环境承载潜力指数及排名

城　市	一级指标		二级指标			
	资源环境承载潜力		资源丰裕与生态保护指标		环境与气候变化指标	
	指数值	排　名	指数值	排　名	指数值	排　名
海　口	0.837	1	−0.011	98	0.848	1
克拉玛依	0.449	2	−0.008	67	0.457	2
赤　峰	0.312	3	0.088	2	0.224	4
湛　江	0.234	4	0.002	26	0.232	3
牡丹江	0.231	5	0.029	6	0.201	5
昆　明	0.191	6	−0.007	64	0.198	6
延　安	0.176	7	−0.011	99	0.187	7
桂　林	0.168	8	0.038	3	0.130	9
绵　阳	0.142	9	0.012	9	0.130	8
北　海	0.105	10	0.011	12	0.094	10
宜　宾	0.090	11	0.011	11	0.079	11
韶　关	0.081	12	0.030	5	0.051	15

续表

城 市	一级指标		二级指标			
	资源环境承载潜力		资源丰裕与生态保护指标		环境与气候变化指标	
	指数值	排 名	指数值	排 名	指数值	排 名
南 宁	0.075	13	0.010	13	0.065	13
烟 台	0.073	14	−0.005	48	0.078	12
柳 州	0.060	15	0.030	4	0.030	23
洛 阳	0.049	16	−0.007	62	0.056	14
秦皇岛	0.043	17	−0.007	61	0.050	16
齐齐哈尔	0.038	18	−0.005	49	0.043	17
青 岛	0.033	19	−0.009	76	0.042	18
呼和浩特	0.033	20	−0.006	59	0.039	19
遵 义	0.030	21	0.003	21	0.026	24
唐 山	0.029	22	−0.009	80	0.039	20
临 汾	0.028	23	−0.010	89	0.038	21
潍 坊	0.023	24	−0.008	70	0.031	22
株 洲	0.023	25	0.026	8	−0.003	44
九 江	0.020	26	0.009	15	0.010	36
吉 林	0.019	27	0.005	19	0.015	33
无 锡	0.019	28	−0.003	40	0.022	30
长 春	0.017	29	−0.009	72	0.026	25
汕 头	0.016	30	−0.009	81	0.025	27
安 阳	0.015	31	−0.010	84	0.025	26
长 沙	0.015	32	−0.001	35	0.016	32
宜 昌	0.015	33	0.012	10	0.003	42
大 同	0.014	34	−0.010	86	0.025	29
曲 靖	0.014	35	−0.011	93	0.025	28
常 德	0.012	36	0.004	20	0.008	40
攀枝花	0.011	37	0.026	7	−0.015	50
咸 阳	0.008	38	−0.011	95	0.019	31
平顶山	0.008	39	−0.006	56	0.014	35
阳 泉	0.007	40	−0.008	69	0.015	34
本 溪	0.004	41	0.009	16	−0.005	46
锦 州	0.003	42	−0.005	51	0.008	37
深 圳	0.002	43	−0.006	57	0.008	39
湘 潭	−0.002	44	−0.011	97	0.008	38

续表

城 市	一级指标		二级指标			
	资源环境承载潜力		资源丰裕与生态保护指标		环境与气候变化指标	
	指数值	排 名	指数值	排 名	指数值	排 名
福 州	−0.003	45	0.001	28	−0.004	45
开 封	−0.005	46	−0.009	78	0.004	41
贵 阳	−0.009	47	0.003	22	−0.012	47
太 原	−0.010	48	−0.011	96	0.001	43
珠 海	−0.018	49	0.002	25	−0.020	54
大 连	−0.018	50	−0.005	47	−0.013	48
南 通	−0.019	51	−0.005	46	−0.014	49
南 昌	−0.019	52	−0.001	36	−0.018	53
泸 州	−0.021	53	−0.004	42	−0.017	52
济 宁	−0.026	54	−0.006	53	−0.020	55
焦 作	−0.027	55	−0.010	82	−0.017	51
抚 顺	−0.028	56	0.000	32	−0.028	58
广 州	−0.028	57	0.001	30	−0.029	59
长 治	−0.030	58	−0.009	79	−0.021	56
荆 州	−0.032	59	−0.002	37	−0.029	60
宝 鸡	−0.035	60	−0.010	90	−0.025	57
泉 州	−0.037	61	−0.001	33	−0.037	63
徐 州	−0.040	62	−0.008	71	−0.032	61
石家庄	−0.042	63	−0.010	88	−0.032	62
金 昌	−0.042	64	0.001	27	−0.044	67
日 照	−0.044	65	−0.005	50	−0.039	65
芜 湖	−0.045	66	−0.007	60	−0.039	64
厦 门	−0.046	67	−0.006	58	−0.040	66
重 庆	−0.046	68	0.005	18	−0.051	71
常 州	−0.048	69	−0.003	39	−0.045	68
杭 州	−0.052	70	0.010	14	−0.062	76
温 州	−0.055	71	0.000	31	−0.055	73
泰 安	−0.057	72	−0.007	63	−0.050	69
成 都	−0.057	73	−0.006	54	−0.051	70
石嘴山	−0.063	74	−0.011	92	−0.052	72
扬 州	−0.064	75	−0.003	38	−0.061	74
哈尔滨	−0.064	76	0.001	29	−0.065	77

城　市	一级指标		二级指标			
	资源环境承载潜力		资源丰裕与生态保护指标		环境与气候变化指标	
	指数值	排　名	指数值	排　名	指数值	排　名
沈　阳	−0.070	77	−0.009	73	−0.061	75
岳　阳	−0.075	78	0.008	17	−0.083	82
合　肥	−0.075	79	−0.008	66	−0.068	78
马鞍山	−0.076	80	−0.005	45	−0.071	79
郑　州	−0.082	81	−0.010	87	−0.072	80
铜　川	−0.086	82	−0.009	77	−0.077	81
上　海	−0.094	83	−0.011	94	−0.083	83
包　头	−0.097	84	−0.010	83	−0.088	84
宁　波	−0.098	85	−0.001	34	−0.096	87
北　京	−0.099	86	−0.010	85	−0.089	85
济　南	−0.104	87	−0.009	74	−0.095	86
鞍　山	−0.106	88	−0.003	41	−0.102	89
淄　博	−0.108	89	−0.009	75	−0.099	88
绍　兴	−0.109	90	0.003	24	−0.111	92
苏　州	−0.109	91	−0.004	43	−0.105	91
天　津	−0.113	92	−0.010	91	−0.103	90
湖　州	−0.119	93	0.003	23	−0.121	94
银　川	−0.127	94	−0.011	100	−0.116	93
武　汉	−0.142	95	−0.005	52	−0.137	95
西　宁	−0.145	96	−0.005	44	−0.140	97
西　安	−0.145	97	−0.008	68	−0.137	96
南　京	−0.147	98	−0.006	55	−0.141	98
兰　州	−0.156	99	0.101	1	−0.256	100
乌鲁木齐	−0.158	100	−0.008	65	−0.150	99

　　注：①本表根据资源环境承载潜力的指标体系，依据各指标 2011 年数据测算而得；②本表各测评城市按照资源环境承载潜力的指数值从大到小排序；③本表一级指标"资源环境承载潜力"指数值等于两个二级指标"资源丰裕与环境保护指标"和"环境压力与气候变化指标"指数值之和；④各项指标数值的全国平均水平为 0；⑤以上数据及排名根据《中国统计年鉴 2012》、《中国环境统计年报 2011》、《中国环境统计年鉴 2012》、《中国城市统计年鉴 2012》、《中国城市建设统计年鉴 2011》、《中国区域经济统计年鉴 2012》等测算。

　　从表 5-1 中可以看到，2011 年中国 100 个城市资源环境承载潜力中，指数值最高的是海口，达到 0.837；最低的是乌鲁木齐，仅为 −0.158。100 个测评城市中，有 43 个城市资源环境承载潜力高出全国平均水平。资源环境承载潜力指标排在前 20 位的城市依次是海口、克拉玛依、赤峰、湛江、牡丹江、昆明、延安、桂林、绵阳、北海、宜宾、韶关、南宁、烟台、柳州、洛阳、秦皇岛、齐齐哈尔、青岛、呼和浩特；资源丰裕与生态保护指标排名前 20 位的城市依次是兰州、赤峰、桂林、柳州、韶关、牡丹江、攀枝花、株洲、绵阳、宜昌、宜宾、北海、南宁、杭州、九江、本溪、岳阳、重庆、吉林、常德；环境压力与气候变化指标排名前 20 位的城市依次是海口、克拉玛依、湛江、赤峰、牡丹江、昆明、延安、绵阳、桂林、北海、宜宾、烟台、南宁、洛阳、韶关、秦皇岛、齐齐哈尔、青岛、呼和浩特、唐山。2011 年中国 100 个城市资源环境承载潜力排名前 20 位和后 20 位的具体情况如图 5-1 所示。

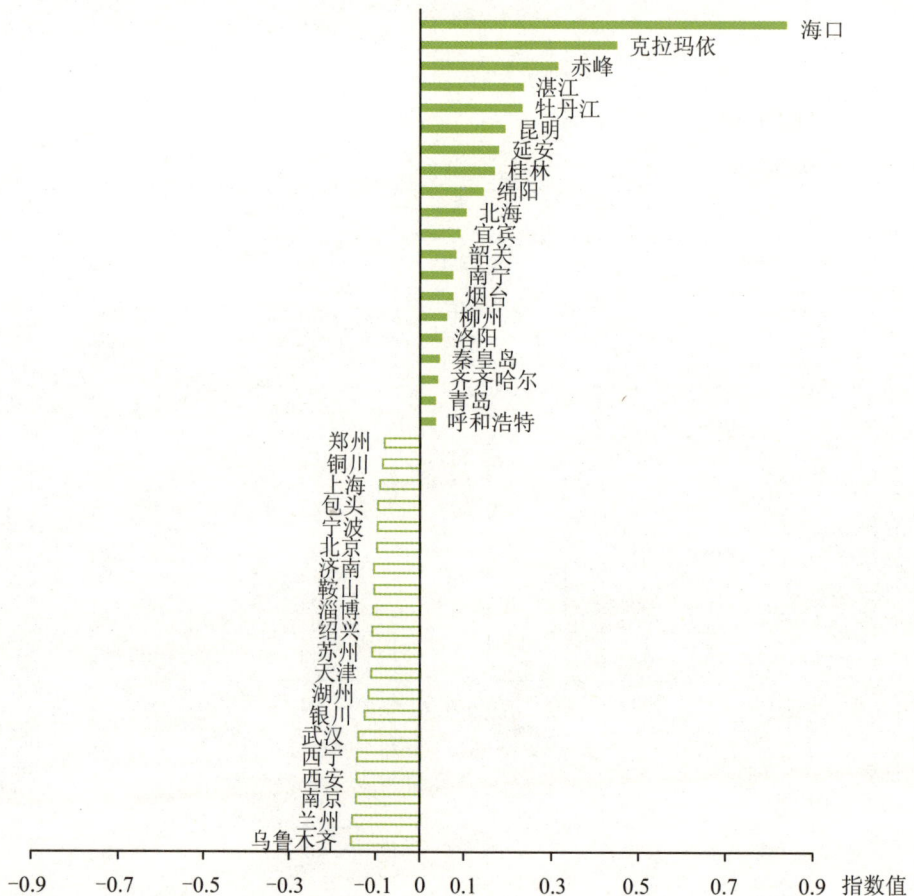

图 5-1　2011 年中国城市资源环境承载潜力排名前 20 位和后 20 位的城市

注：本图根据表 5-1 制作。

　　根据表 5-1 和图 5-1，下面进一步从城市资源环境承载潜力区域间差异、城市资源环境承载潜力区域内差异以及 2011 年中国绿色发展指数（城市）与城市资源环境承载潜力的相关关系三个方面进行分析。

（一）城市资源环境承载潜力区域间差异分析

　　资源环境承载潜力具有西部地区和东北地区明显好于东部和中部地区的地域分化格局。具体如图 5-2 所示。其中，西部地区所有测评城市的均值达到 0.023；东北地区所有测评城市的均值达到 0.002；而东部和中部地区城市的均值分别为 -0.008 和 -0.017，均低于全国平均水平。

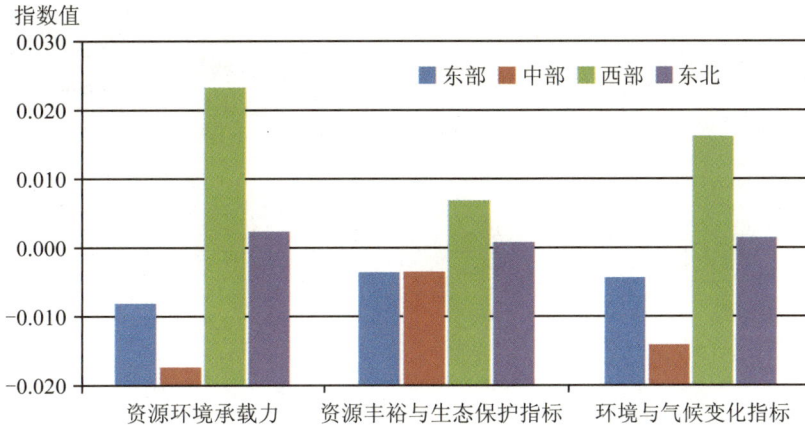

图 5-2　2011 年中国四大区域城市资源环境承载潜力对照图

注：本图数据为四大区域中各城市指数值的算术平均值。

二级指标方面，资源丰裕与生态保护指标中，西部地区指数值均值达到 0.007，位居四大区域首位；东北地区指数值均值为 0.001，高于全国平均水平；东部和中部地区指数值均值均低于全国平均水平，分别为－0.004 和－0.003。

环境压力与气候变化指标中，西部地区城市指数值均值达到 0.016，远高于其他区域；东北地区城市指数值均值为 0.002，高于全国平均水平；东部和中部地区城市指数值均值均低于全国平均水平，其中中部地区城市指标值均值最低，为－0.014。

（二）城市资源环境承载潜力区域内差异分析

城市资源环境承载潜力虽然在区域间呈现西部地区和东北地区较好，东部和中部地区较弱的局面，但区域内部各城市之间的差异较为明显，排名有高有低。

1. 东部地区城市资源环境承载潜力指数及排名

2011 年中国东部地区城市资源环境承载潜力指数及排名如表 5-2 所示。

表 5-2　　　　　　　　　2011 年中国东部地区城市资源环境承载潜力指数及排名

城　市	指数值	所有测评城市排名	区域内部排名	城　市	指数值	所有测评城市排名	区域内部排名
海　口	0.837	1	1	石家庄	－0.042	63	19
湛　江	0.234	4	2	日　照	－0.044	65	20
韶　关	0.081	12	3	厦　门	－0.046	67	21
烟　台	0.073	14	4	常　州	－0.048	69	22
秦皇岛	0.043	17	5	杭　州	－0.052	70	23
青　岛	0.033	19	6	温　州	－0.055	71	24
唐　山	0.029	22	7	泰　安	－0.057	72	25
潍　坊	0.023	24	8	扬　州	－0.064	75	26
无　锡	0.019	28	9	上　海	－0.094	83	27

续表

城　市	指数值	所有测评城市排名	区域内部排名	城　市	指数值	所有测评城市排名	区域内部排名
汕　头	0.016	30	10	宁　波	−0.098	85	28
深　圳	0.002	43	11	北　京	−0.099	86	29
福　州	−0.003	45	12	济　南	−0.104	87	30
珠　海	−0.018	49	13	淄　博	−0.108	89	31
南　通	−0.019	51	14	绍　兴	−0.109	90	32
济　宁	−0.026	54	15	苏　州	−0.109	91	33
广　州	−0.028	57	16	天　津	−0.113	92	34
泉　州	−0.037	61	17	湖　州	−0.119	93	35
徐　州	−0.04	62	18	南　京	−0.147	98	36

注：本表根据表 5-1 整理而得。

　　东部参与测评的 36 个城市中，只有 2 个城市位居所有测评城市的前 10 位，分别是海口和湛江，仅占东部测评城市的 5.56%。其中，海口以 0.837 的高分位居所有测评城市第 1 位，远高于其他东部测评城市。东部的湛江、韶关、烟台、秦皇岛、青岛、唐山、潍坊、无锡、汕头、深圳位于所有测评城市的第 4 位～第 43 位，这 10 个城市的资源环境承载潜力指数值均大于 0，高于全国平均水平。而东部的福州、珠海、南通、济宁等 25 个城市的指数值均小于 0，表明其资源环境承载潜力低于全国平均水平。东部大部分城市资源与环境承载潜力位居全国中下游。

2. 中部地区城市资源环境承载潜力指数及排名

　　2011 年中国中部地区城市资源环境承载潜力指数及排名如表 5-3 所示。

表 5-3　　　　　　　　　　　2011 年中国中部地区城市资源环境承载潜力指数及排名

城　市	指数值	所有测评城市排名	区域内部排名	城　市	指数值	所有测评城市排名	区域内部排名
洛　阳	0.049	16	1	开　封	−0.005	46	13
临　汾	0.028	23	2	太　原	−0.010	48	14
株　洲	0.023	25	3	南　昌	−0.019	52	15
九　江	0.020	26	4	焦　作	−0.027	55	16
安　阳	0.015	31	5	长　治	−0.030	58	17
长　沙	0.015	32	6	荆　州	−0.032	59	18
宜　昌	0.015	33	7	芜　湖	−0.045	66	19
大　同	0.014	34	8	岳　阳	−0.075	78	20
常　德	0.012	36	9	合　肥	−0.075	79	21
平顶山	0.008	39	10	马鞍山	−0.076	80	22
阳　泉	0.007	40	11	郑　州	−0.082	81	23
湘　潭	−0.002	44	12	武　汉	−0.142	95	24

注：本表根据表 5-1 整理而得。

　　中部参与测评的 24 个城市中，没有城市位居所有测评城市的前 10 位。洛阳、临汾、株洲、九江、安阳、长沙、宜昌、大同、常德、平顶山、阳泉 11 个城市位居所有测评城市的第 16 位～

第 40 位，其指数值均大于 0，资源环境承载潜力高于全国平均水平。湘潭、开封、太原、南昌、焦作、长治、荆州、芜湖、岳阳、合肥、马鞍山、郑州、武汉 13 个城市位居所有测评城市的第 44 位～第 95 位，指数值均小于 0，资源环境承载潜力低于全国平均水平。中部大部分城市资源环境承载潜力在全国排名靠后。

3. 西部地区城市资源环境承载潜力指数及排名

2011 年中国西部地区城市资源环境承载潜力指数及排名如表 5-4 所示。

表 5-4　　　　　　　　2011 年中国西部地区城市资源环境承载潜力指数及排名

城　市	指数值	所有测评城市排名	区域内部排名	城　市	指数值	所有测评城市排名	区域内部排名
克拉玛依	0.449	2	1	贵　阳	−0.009	47	16
赤　峰	0.312	3	2	泸　州	−0.021	53	17
昆　明	0.191	6	3	宝　鸡	−0.035	60	18
延　安	0.176	7	4	金　昌	−0.042	64	19
桂　林	0.168	8	5	重　庆	−0.046	68	20
绵　阳	0.142	9	6	成　都	−0.057	73	21
北　海	0.105	10	7	石嘴山	−0.063	74	22
宜　宾	0.090	11	8	铜　川	−0.086	82	23
南　宁	0.075	13	9	包　头	−0.097	84	24
柳　州	0.060	15	10	银　川	−0.127	94	25
呼和浩特	0.033	20	11	西　宁	−0.145	96	26
遵　义	0.030	21	12	西　安	−0.145	97	27
曲　靖	0.014	35	13	兰　州	−0.156	99	28
攀枝花	0.011	37	14	乌鲁木齐	−0.158	100	29
咸　阳	0.008	38	15				

注：本表根据表 5-1 整理而得。

西部参与测评的 29 个城市中，有 7 个城市位居所有测评城市的前 10 位，分别是克拉玛依、赤峰、昆明、延安、桂林、绵阳和北海，占西部测评城市的 24.1%，这些城市的指数值均高于全国平均水平。西部的宜宾、南宁、柳州、呼和浩特、遵义、曲靖、攀枝花和咸阳 8 个城市的指数值也高于全国平均水平。西部的贵阳、泸州、宝鸡、金昌、重庆、成都、石嘴山、铜川、包头、银川、西宁、西安、兰州、乌鲁木齐 14 个城市的指数值均小于 0，资源环境承载潜力均低于全国平均水平。西部地区大多数城市资源环境承载潜力位居全国上游。

4. 东北地区城市资源环境承载潜力指数及排名

2011 年中国东北地区城市资源环境承载潜力指数及排名如表 5-5 所示。

表 5-5　　　　　　　　2011 年中国东北地区城市资源环境承载潜力指数及排名

城　市	指数值	所有测评城市排名	区域内部排名	城　市	指数值	所有测评城市排名	区域内部排名
牡丹江	0.231	5	1	大　连	−0.018	50	7
齐齐哈尔	0.038	18	2	抚　顺	−0.028	56	8

城　市	指数值	所有测评城市排名	区域内部排名	城　市	指数值	所有测评城市排名	区域内部排名
吉　林	0.019	27	3	哈尔滨	−0.064	76	9
长　春	0.017	29	4	沈　阳	−0.070	77	10
本　溪	0.004	41	5	鞍　山	−0.106	88	11
锦　州	0.003	42	6				

注：本表根据表5-1整理而得。

东北地区参与测评的11个城市中，仅有牡丹江1个城市位居全国所有测评城市排名前10位，排名第5位。齐齐哈尔、吉林、长春、本溪和锦州5个城市的指数值均大于0，资源环境承载潜力也高于全国平均水平。大连、抚顺、哈尔滨、沈阳和鞍山的指数值均小于0，资源环境承载潜力低于全国平均水平。东北地区城市资源环境承载潜力位居全国中上游的偏多。

(三)城市资源环境承载潜力对2011年中国绿色发展指数(城市)影响分析

对比2011年中国绿色发展指数(城市)与城市资源环境承载潜力后发现，100个测评城市中，有50个城市资源环境承载潜力排名高于中国绿色发展指数(城市)排名，这表明这些城市资源环境承载潜力推高了城市整体绿色发展水平，如齐齐哈尔、宜宾、攀枝花、南宁等；有48个城市资源环境承载潜力排名低于中国绿色发展指数(城市)排名，这表明这些城市资源环境承载潜力不足以支撑城市整体绿色发展，如北京、苏州、淄博、常州等；而海口和长春的城市资源环境承载潜力排名与中国绿色发展指数(城市)排名相同，城市资源环境承载潜力与城市绿色发展水平一致。

从影响的程度看，城市资源环境承载潜力与中国绿色发展指数(城市)排名差异较大(超过20位)的城市有57个，如北京、苏州、齐齐哈尔、宜宾等，这表明这些城市的资源环境承载潜力对绿色发展指数总排名影响明显。其中，北京的排名差异最大，其中国绿色发展指数(城市)位居所有测评城市第9位，但资源环境承载潜力仅排第86位，名次变化达到77位。有33个城市排名差异较小或者排名没有变化(20位以内)，如海口、克拉玛依、延安、株洲等，这表明这些城市的资源环境承载潜力对绿色发展指数总排名影响不明显。2011年中国绿色发展指数(城市)与城市资源环境承载潜力排名差异超过20位的城市如表5-6所示。

表5-6　2011年中国绿色发展指数(城市)与城市资源环境承载潜力排名差异超过20位的城市

城　市	绿色发展指数排名	资源环境承载潜力排名	排名差异	城　市	绿色发展指数排名	资源环境承载潜力排名	排名差异
深　圳	2	43	−41	临　汾	52	23	29
无　锡	4	28	−24	遵　义	53	21	32
北　京	9	86	−77	南　京	58	98	−40
福　州	13	45	−32	汕　头	59	30	29
广　州	14	57	−43	韶　关	61	12	49
常　州	15	69	−54	柳　州	62	15	47
石家庄	17	63	−46	牡丹江	63	5	58

续表

城　市	绿色发展指数排名	资源环境承载潜力排名	排名差异	城　市	绿色发展指数排名	资源环境承载潜力排名	排名差异
济　宁	19	54	−35	九　江	65	26	39
苏　州	21	91	−70	北　海	66	10	56
珠　海	22	49	−27	咸　阳	67	38	29
徐　州	24	62	−38	湘　潭	68	44	24
日　照	25	65	−40	锦　州	69	42	27
杭　州	28	70	−42	天　津	70	92	−22
桂　林	30	8	22	南　宁	71	13	58
南　通	31	51	−20	吉　林	73	27	46
厦　门	32	67	−35	大　同	75	34	41
扬　州	33	75	−42	宜　宾	76	11	65
淄　博	34	89	−55	泸　州	78	53	25
济　南	37	87	−50	宜　昌	79	33	46
秦皇岛	38	17	21	开　封	81	46	35
沈　阳	39	77	−38	贵　阳	83	47	36
宁　波	40	85	−45	平顶山	84	39	45
合　肥	42	79	−37	本　溪	85	41	44
绍　兴	43	90	−47	金　昌	87	64	23
湖　州	44	93	−49	抚　顺	93	56	37
泰　安	46	72	−26	齐齐哈尔	94	18	76
成　都	47	73	−26	攀枝花	95	37	58
上　海	49	83	−34	荆　州	96	59	37
洛　阳	50	16	34				

注：①本表根据表0-6和表5-1整理而得；②表中排名差异为资源环境承载潜力排名与绿色发展指数排名之差，正值表示资源环境承载潜力较之于绿色发展指数进步的名次，负值表示资源环境承载潜力较之于绿色发展指数退后的名次。

>>二、城市资源环境承载潜力比较分析<<

城市资源环境承载潜力占2011年中国绿色发展指数（城市）总权重的34％，共由14个三级指标构成，包含2个正指标和12个逆指标，其中有3个无数列表指标。

(一)城市资源丰裕与生态保护指标测算结果及分析

城市资源丰裕与生态保护指标占资源环境承载潜力指标总体权重的5％，相对于环境压力与气候变化指标，该指标对资源环境承载潜力的贡献很小。从指标结构上看，资源丰裕与生态保护指标只包括1个三级指标，即人均水资源量。人均水资源量这一指标是正指标，占绿色发展指数的权重仅为1.70％。

在对三级指标的原始数据进行标准化处理的基础上，我们得到 2011 年中国城市资源丰裕与生态保护指标指数及其排名情况，如表 5-7 所示。

表 5-7 2011 年中国城市资源丰裕与生态保护指标指数及其排名

指　标	资源丰裕与生态保护指标		指　标	资源丰裕与生态保护指标		指　标	资源丰裕与生态保护指标	
城　市	指数值	排　名	城　市	指数值	排　名	城　市	指数值	排　名
兰　州	0.101	1	长　沙	−0.001	35	阳　泉	−0.008	69
赤　峰	0.088	2	南　昌	−0.001	36	潍　坊	−0.008	70
桂　林	0.038	3	荆　州	−0.002	37	徐　州	−0.008	71
柳　州	0.030	4	扬　州	−0.003	38	长　春	−0.009	72
韶　关	0.030	5	常　州	−0.003	39	沈　阳	−0.009	73
牡丹江	0.029	6	无　锡	−0.003	40	济　南	−0.009	74
攀枝花	0.026	7	鞍　山	−0.003	41	淄　博	−0.009	75
株　洲	0.026	8	泸　州	−0.004	42	青　岛	−0.009	76
绵　阳	0.012	9	苏　州	−0.004	43	铜　川	−0.009	77
宜　昌	0.012	10	西　宁	−0.005	44	开　封	−0.009	78
宜　宾	0.011	11	马鞍山	−0.005	45	长　治	−0.009	79
北　海	0.011	12	南　通	−0.005	46	唐　山	−0.009	80
南　宁	0.010	13	大　连	−0.005	47	汕　头	−0.009	81
杭　州	0.010	14	烟　台	−0.005	48	焦　作	−0.010	82
九　江	0.009	15	齐齐哈尔	−0.005	49	包　头	−0.010	83
本　溪	0.009	16	日　照	−0.005	50	安　阳	−0.010	84
岳　阳	0.008	17	锦　州	−0.005	51	北　京	−0.010	85
重　庆	0.005	18	武　汉	−0.005	52	大　同	−0.010	86
吉　林	0.005	19	济　宁	−0.006	53	郑　州	−0.010	87
常　德	0.004	20	成　都	−0.006	54	石家庄	−0.010	88
遵　义	0.003	21	南　京	−0.006	55	临　汾	−0.010	89
贵　阳	0.003	22	平顶山	−0.006	56	宝　鸡	−0.010	90
湖　州	0.003	23	深　圳	−0.006	57	天　津	−0.010	91
绍　兴	0.003	24	厦　门	−0.006	58	石嘴山	−0.011	92
珠　海	0.002	25	呼和浩特	−0.006	59	曲　靖	−0.011	93
湛　江	0.002	26	芜　湖	−0.007	60	上　海	−0.011	94
金　昌	0.001	27	秦皇岛	−0.007	61	咸　阳	−0.011	95
福　州	0.001	28	洛　阳	−0.007	62	太　原	−0.011	96
哈尔滨	0.001	29	泰　安	−0.007	63	湘　潭	−0.011	97
广　州	0.001	30	昆　明	−0.007	64	海　口	−0.011	98
温　州	0.000	31	乌鲁木齐	−0.008	65	延　安	−0.011	99
抚　顺	0.000	32	合　肥	−0.008	66	银　川	−0.011	100
泉　州	−0.001	33	克拉玛依	−0.008	67			
宁　波	−0.001	34	西　安	−0.008	68			

注：本表数据及排名根据《中国统计年鉴 2012》、《中国环境统计年报 2011》、《中国环境统计年鉴 2012》、《中国城市统计年鉴 2012》、《中国城市建设统计年鉴 2011》、《中国区域经济统计年鉴 2012》测算。

从表 5-7 可以看出，全国 100 个城市的资源丰裕与生态保护指标测算结果介于−0.011 和 0.101 之间，总体差距并不大。其中高于全国平均水平的城市有 32 个，约占全部测评城市的 1/3。其中前 20 位的城市分别为兰州、赤峰、桂林、柳州、韶关、牡丹江、攀枝花、株洲、绵阳、宜昌、宜宾、北海、南宁、杭州、九江、本溪、岳阳、重庆、吉林和常德；并有 68 个城市的资源丰裕与生态保护指标低于全部测评城市平均水平。

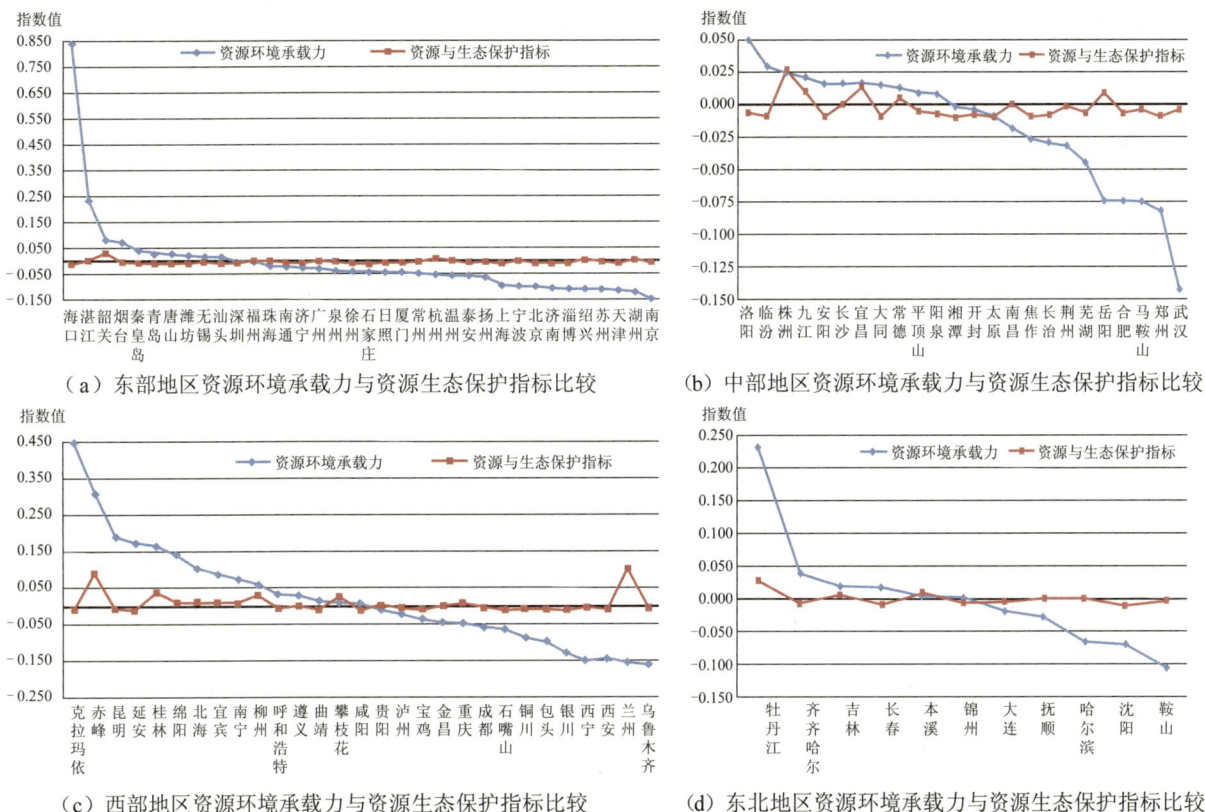

（a）东部地区资源环境承载力与资源生态保护指标比较

（b）中部地区资源环境承载力与资源生态保护指标比较

（c）西部地区资源环境承载力与资源生态保护指标比较

（d）东北地区资源环境承载力与资源生态保护指标比较

图 5-3　城市资源环境承载潜力与城市资源丰裕与生态保护指标对比

注：本图从东部、中部、西部和东北地区划分的角度，根据资源环境承载潜力指数大小自左到右排列。

为了进行地区间的比较，图 5-3 从东部、中部、西部和东北地区划分的角度，根据资源环境承载潜力指数大小顺序给出了城市资源环境承载力与城市资源丰裕与生态保护指标的对比。从地区间差异的角度来看，东部、中部、西部和东北地区资源丰裕与生态保护指标的平均值分别为−0.004、−0.003、0.007、0.001(保留三位有效数字)，可以看出，平均而言西部地区的资源丰裕与生态保护水平较高，而东部和中部地区则相对落后。

就排名结果而言，资源丰裕与生态保护指标前 20 位的城市中，西部城市占 10 个，分别是兰州、赤峰、桂林、柳州、攀枝花、绵阳、宜宾、北海、南宁和重庆；东部地区只占 2 个，分别是韶关和杭州。而资源丰裕与生态保护指标排名后 10 位的城市里东部城市有 3 个，分别是天津、上海和海口；中部地区有 2 个，分别是太原和湘潭。

（二）城市环境压力与气候变化指标测算结果及分析

城市环境压力与气候变化指标是测度城市资源环境承载潜力最重要的二级指标，也是所占权重最大的一个指标。它包含单位土地面积二氧化碳排放量、人均二氧化碳排放量、单位土地面积二氧化硫排放量、人均二氧化硫排放量、单位土地面积化学需氧量排放量、人均化学需氧量排放量、单位土地面积氮氧化物排放量、人均氮氧化物排放量、单位土地面积氨氮排放量、人均氨氮排放量、空气质量达到二级以上天数占全年比重、首要污染物可吸入颗粒物天数占全年比重、可吸入细颗粒物（PM2.5）浓度年均值13个三级指标。这13个指标共占城市资源环境承载潜力权重的95％，每个指标占总权重有所不同，具体情况如表5-8所示。

表5-8　　　　　　　　城市环境压力与气候变化三级指标、权重及指标属性

指标序号	指　　标	权　　重	指标属性
19	单位土地面积二氧化碳排放量	3.08％	逆
20	人均二氧化碳排放量	3.08％	逆
21	单位土地面积二氧化硫排放量	2.50％	逆
22	人均二氧化硫排放量	2.50％	逆
23	单位土地面积化学需氧量排放量	2.50％	逆
24	人均化学需氧量排放量	2.50％	逆
25	单位土地面积氮氧化物排放量	2.50％	逆
26	人均氮氧化物排放量	2.50％	逆
27	单位土地面积氨氮排放量	2.50％	逆
28	人均氨氮排放量	2.50％	逆
29	空气质量达到二级以上天数占全年比重	3.08％	正
30	首要污染物可吸入颗粒物天数占全年比重	3.08％	逆
31	可吸入细颗粒物（PM2.5）浓度年均值	0.00％	逆

注：①本表内容是由本报告课题组召开的多次专家座谈会研讨确定的；②单位土地面积二氧化碳排放量、人均二氧化碳排放量和可吸入细颗粒物（PM2.5）浓度年均值为无数列表。

　　在对三级指标原始数据加以标准化处理后，根据表5-8中所示的权重，计算得出了本次测评的100个城市的环境压力与气候变化指标的指数值。测算结果和排名如表5-9所示。

表5-9　　　　　　　　2011年中国城市环境压力与气候变化指标指数及其排名

指　标	环境压力与气候变化指标		指　标	环境压力与气候变化指标		指　标	环境压力与气候变化指标	
城　市	指数值	排　名	城　市	城　市	排　名	城　市	指数值	排　名
海　口	0.848	1	平顶山	0.014	35	泰　安	−0.050	69
克拉玛依	0.457	2	九　江	0.010	36	成　都	−0.051	70
湛　江	0.232	3	锦　州	0.008	37	重　庆	−0.051	71
赤　峰	0.224	4	湘　潭	0.008	38	石嘴山	−0.052	72
牡丹江	0.201	5	深　圳	0.008	39	温　州	−0.055	73
昆　明	0.198	6	常　德	0.008	40	扬　州	−0.061	74
延　安	0.187	7	开　封	0.004	41	沈　阳	−0.061	75
绵　阳	0.130	8	宜　昌	0.003	42	杭　州	−0.062	76
桂　林	0.130	9	太　原	0.001	43	哈尔滨	−0.065	77
北　海	0.094	10	株　洲	−0.003	44	合　肥	−0.068	78

指 标	环境压力与气候变化指标		指 标	环境压力与气候变化指标		指 标	环境压力与气候变化指标	
城 市	指数值	排 名	城 市	城 市	排 名	城 市	指数值	排 名
宜 宾	0.079	11	福 州	−0.004	45	马鞍山	−0.071	79
烟 台	0.078	12	本 溪	−0.005	46	郑 州	−0.072	80
南 宁	0.065	13	贵 阳	−0.012	47	铜 川	−0.077	81
洛 阳	0.056	14	大 连	−0.013	48	岳 阳	−0.083	82
韶 关	0.051	15	南 通	−0.014	49	上 海	−0.083	83
秦皇岛	0.050	16	攀枝花	−0.015	50	包 头	−0.088	84
齐齐哈尔	0.043	17	焦 作	−0.017	51	北 京	−0.089	85
青 岛	0.042	18	泸 州	−0.017	52	济 南	−0.095	86
呼和浩特	0.039	19	南 昌	−0.018	53	宁 波	−0.096	87
唐 山	0.039	20	珠 海	−0.020	54	淄 博	−0.099	88
临 汾	0.038	21	济 宁	−0.020	55	鞍 山	−0.102	89
潍 坊	0.031	22	长 治	−0.021	56	天 津	−0.103	90
柳 州	0.030	23	宝 鸡	−0.025	57	苏 州	−0.105	91
遵 义	0.026	24	抚 顺	−0.028	58	绍 兴	−0.111	92
长 春	0.026	25	广 州	−0.029	59	银 川	−0.116	93
安 阳	0.025	26	荆 州	−0.029	60	湖 州	−0.121	94
汕 头	0.025	27	徐 州	−0.032	61	武 汉	−0.137	95
曲 靖	0.025	28	石家庄	−0.032	62	西 安	−0.137	96
大 同	0.025	29	泉 州	−0.037	63	西 宁	−0.140	97
无 锡	0.022	30	芜 湖	−0.039	64	南 京	−0.141	98
咸 阳	0.019	31	日 照	−0.039	65	乌鲁木齐	−0.150	99
长 沙	0.016	32	厦 门	−0.040	66	兰 州	−0.256	100
吉 林	0.015	33	金 昌	−0.044	67			
阳 泉	0.015	34	常 州	−0.045	68			

注：本表数据及排名根据《中国统计年鉴 2012》、《中国环境统计年报 2011》、《中国环境统计年鉴 2012》、《中国城市统计年鉴 2012》、《中国城市建设统计年鉴 2011》、《中国区域经济统计年鉴 2012》测算。

从表 5-9 中可以看到，排名最高的海口市城市环境压力与气候变化指标指数值为 0.848，排名 98 位的南京市城市环境压力与气候变化指标指数值为 −0.141，相差较大，而这两个城市都位于东部地区。这说明在同一地区内，不同城市的环境压力与气候变化指标值有很大幅度的波动。这一波动在西部地区也很明显，克拉玛依市的该项指标值为 0.457，而排名最低的兰州市的指标值为 −0.256。就排名情况来看，100 个测评城市中，有 43 个城市指标值大于 0，即它们的城市环境压力与气候变化指标高于全国平均水平，其中前 20 位的城市分别是海口、克拉玛依、湛江、赤峰、牡丹江、昆明、延安、绵阳、桂林、北海、宜宾、烟台、南宁、洛阳、韶关、秦皇岛、齐齐哈尔、青岛、呼和浩特和唐山；并有 57 个城市环境压力与气候变化指标低于全国平均水平。

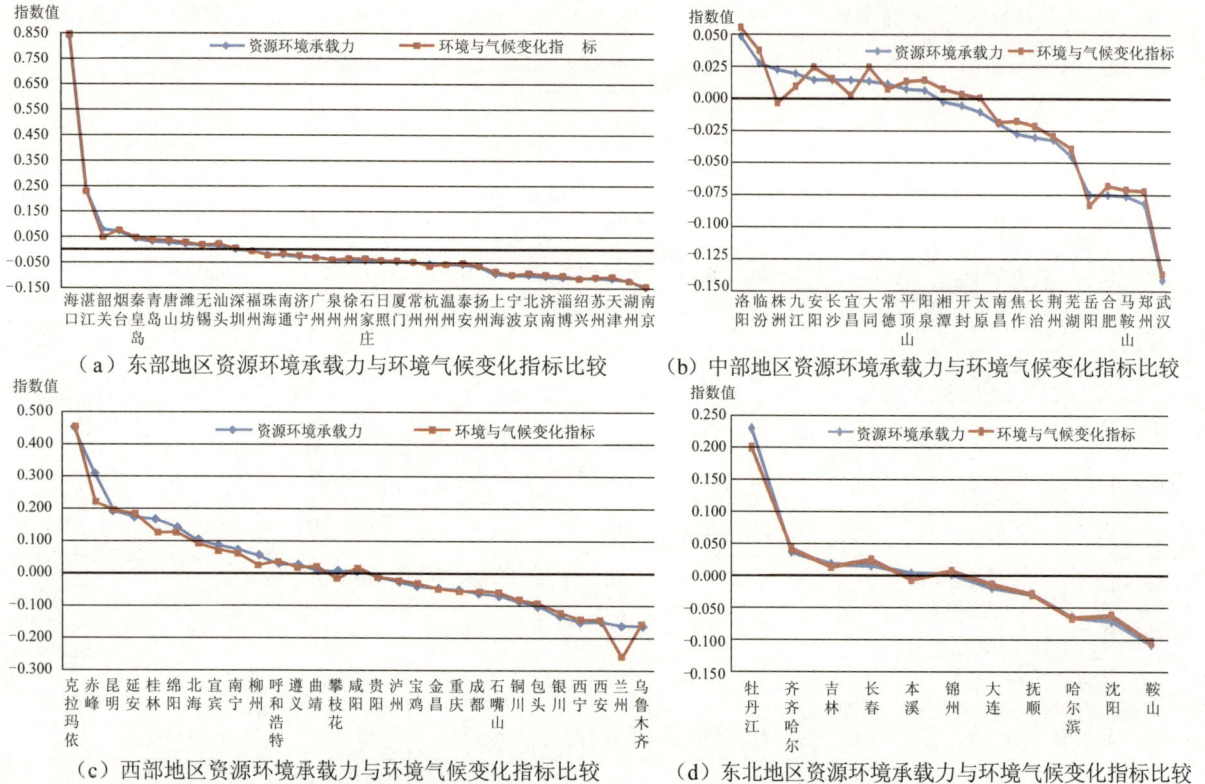

（a）东部地区资源环境承载力与环境气候变化指标比较

（b）中部地区资源环境承载力与环境气候变化指标比较

（c）西部地区资源环境承载力与环境气候变化指标比较

（d）东北地区资源环境承载力与环境气候变化指标比较

图 5-4　城市资源环境承载潜力与城市环境压力与气候变化指标对比

注：本图从东部、中部、西部和东北地区划分的角度，根据资源环境承载潜力指数大小自左到右排列。

图 5-4 按照不同地区显示了城市资源环境承载潜力与城市环境压力与气候变化指标的对比，城市资源环境承载潜力和城市环境压力与气候变化指标之间有着很强的一致性，特别是东部地区、中部地区和东北地区，城市环境压力与气候变化指标对城市资源环境承载潜力做出了很大的贡献。西部地区的城市中，兰州市的环境压力与气候变化指标远低于资源环境承载潜力。

从指标值来看，东部、中部、西部和东北地区环境压力与气候变化指标平均值分别为－0.004、－0.014、0.016、0.002（保留三位有效数字），可以看出，平均而言西部地区的环境压力与气候变化指标水平较高，而东部和中部地区则相对落后。从排名的角度看，西部地区和东北地区在城市环境压力与气候变化指标排名前 20 位的城市中占到了 12 个，而东部地区和中部地区则占据了城市环境压力与气候变化指标排名后 20 位城市中的 12 个。

第六章

城市政府政策支持度测算及分析

　　城市绿色发展战略的实施，离不开政府的支持。政府绿色发展政策的制定，是城市推行绿色经济、实现绿色发展的保证。本章根据"中国绿色发展指数评价体系（城市）"中政府政策支持度的测度标准，利用 2011 年的年度数据，从绿色投资、基础设施建设和环境治理三个方面，对中国 100 个大中城市政府在经济社会发展过程中的绿色行动进行综合评价。

>>一、城市政府政策支持度的测算结果<<

　　根据"中国绿色发展指数评价体系（城市）"中政府政策支持度的测度体系和权重标准，中国100 个大中城市的政府政策支持度测算结果如表 6-1 所示。

表 6-1　　　　　　　　　　2011 年中国 100 个城市政府政策支持度指数及排名

城　　市	一级指标		二级指标					
	政府政策支持度		绿色投资指标		基础设施指标		环境治理指标	
	指数值	排　名	指数值	排　名	指数值	排　名	指数值	排　名
深　圳	0.351	1	0.047	14	0.272	1	0.032	26
珠　海	0.211	2	0.143	1	0.066	11	0.001	51
北　京	0.183	3	0.019	28	0.107	6	0.058	11
厦　门	0.174	4	−0.027	71	0.034	32	0.166	1
潍　坊	0.161	5	0.073	6	0.051	19	0.038	22
阳　泉	0.155	6	0.120	3	0.005	58	0.029	28
无　锡	0.142	7	0.019	29	0.059	15	0.064	9
广　州	0.134	8	−0.032	80	0.009	53	0.157	2
石家庄	0.131	9	0.005	40	0.132	4	−0.005	57
烟　台	0.122	10	0.003	42	0.060	14	0.058	10
曲　靖	0.120	11	0.059	8	0.018	48	0.043	20
济　宁	0.120	12	0.025	25	0.048	21	0.047	17
宁　波	0.112	13	−0.039	84	0.033	35	0.118	3

城　市	一级指标 政府政策支持度		二级指标 绿色投资指标		基础设施指标		环境治理指标	
	指数值	排名	指数值	排名	指数值	排名	指数值	排名
青　岛	0.112	14	−0.042	87	0.107	5	0.046	18
淄　博	0.108	15	0.014	33	0.045	25	0.050	15
日　照	0.108	16	0.054	11	0.017	49	0.036	23
福　州	0.107	17	−0.024	67	0.040	28	0.091	5
徐　州	0.106	18	−0.004	46	0.019	47	0.091	4
株　洲	0.104	19	0.056	9	0.050	20	−0.002	53
南　京	0.102	20	−0.030	77	0.051	17	0.081	6
重　庆	0.102	21	−0.063	97	0.162	2	0.003	48
宝　鸡	0.090	22	0.017	31	−0.005	63	0.078	7
长　治	0.079	23	0.037	21	0.023	43	0.019	35
杭　州	0.078	24	−0.008	51	0.069	10	0.017	37
常　州	0.076	25	−0.015	57	0.039	30	0.052	12
泉　州	0.073	26	0.021	26	0.029	40	0.023	32
合　肥	0.068	27	−0.040	86	0.093	7	0.015	39
安　阳	0.067	28	0.050	12	0.033	34	−0.017	69
济　南	0.064	29	−0.013	53	0.031	38	0.046	19
太　原	0.058	30	0.013	34	−0.003	62	0.048	16
泰　安	0.056	31	−0.024	66	0.047	22	0.033	24
苏　州	0.054	32	−0.035	81	0.062	12	0.027	30
金　昌	0.053	33	0.140	2	−0.036	70	−0.050	84
克拉玛依	0.049	34	0.103	4	0.019	45	−0.073	91
湖　州	0.048	35	0.003	43	0.047	23	−0.002	54
唐　山	0.043	36	0.000	44	0.029	39	0.014	40
芜　湖	0.041	37	0.047	13	0.010	52	−0.016	66
南　昌	0.041	38	−0.025	68	0.052	16	0.014	41
绍　兴	0.033	39	0.009	37	0.027	41	−0.003	56
武　汉	0.029	40	0.006	38	0.039	29	−0.017	68
马鞍山	0.029	41	0.005	39	0.022	44	0.002	50
成　都	0.028	42	−0.057	94	0.062	13	0.024	31
南　通	0.027	43	−0.015	54	0.044	26	−0.003	55
九　江	0.025	44	−0.031	79	0.138	3	−0.081	92
扬　州	0.024	45	−0.015	56	0.037	31	0.002	49
湛　江	0.020	46	0.041	19	0.031	37	−0.051	85
昆　明	0.016	47	−0.043	88	0.008	54	0.051	14
长　春	0.008	48	−0.007	50	−0.016	66	0.031	27

续表

城　　市	一级指标		二级指标					
	政府政策支持度		绿色投资指标		基础设施指标		环境治理指标	
	指数值	排　名	指数值	排　名	指数值	排　名	指数值	排　名
上　海	0.007	49	−0.031	78	−0.002	61	0.040	21
绵　阳	0.006	50	−0.028	74	0.013	51	0.022	34
银　川	0.004	51	−0.020	62	−0.043	74	0.067	8
秦皇岛	0.003	52	−0.028	73	0.074	9	−0.043	83
湘　潭	−0.005	53	0.013	36	0.003	59	−0.021	71
汕　头	−0.010	54	0.066	7	−0.083	87	0.008	46
大　同	−0.011	55	0.041	17	−0.045	76	−0.007	59
天　津	−0.011	56	−0.005	48	0.023	42	−0.029	78
沈　阳	−0.014	57	−0.038	83	0.047	24	−0.023	73
大　连	−0.016	58	−0.053	91	0.090	8	−0.053	86
临　汾	−0.018	59	−0.029	76	−0.040	73	0.051	13
焦　作	−0.030	60	−0.021	64	−0.012	65	0.003	47
贵　阳	−0.033	61	0.013	35	−0.036	69	−0.010	61
韶　关	−0.033	62	0.045	15	0.008	55	−0.086	93
西　安	−0.034	63	−0.046	89	0.051	18	−0.039	82
长　沙	−0.035	64	−0.053	92	0.042	27	−0.024	75
温　州	−0.036	65	0.018	30	−0.086	88	0.032	25
咸　阳	−0.036	66	0.041	18	−0.062	81	−0.015	65
泸　州	−0.044	67	−0.001	45	−0.065	82	0.022	33
宜　昌	−0.052	68	−0.029	75	0.000	60	−0.023	74
锦　州	−0.054	69	−0.036	82	−0.006	64	−0.012	62
柳　州	−0.056	70	0.014	32	−0.088	89	0.019	36
本　溪	−0.058	71	−0.061	95	0.031	36	−0.029	77
岳　阳	−0.062	72	−0.022	65	0.019	46	−0.059	89
海　口	−0.062	73	0.021	27	0.007	56	−0.090	95
乌鲁木齐	−0.066	74	−0.004	47	−0.049	79	−0.013	64
遵　义	−0.069	75	−0.016	58	−0.047	77	−0.006	58
赤　峰	−0.069	76	0.026	24	−0.103	93	0.008	45
北　海	−0.076	77	−0.018	61	−0.038	71	−0.019	70
郑　州	−0.078	78	−0.039	85	0.016	50	−0.054	88
延　安	−0.087	79	0.032	23	−0.131	95	0.012	42
洛　阳	−0.087	80	−0.017	60	−0.036	68	−0.033	79
吉　林	−0.094	81	−0.015	55	0.007	57	−0.086	94
石嘴山	−0.096	82	−0.012	52	−0.092	90	0.008	44
常　德	−0.096	83	−0.020	63	0.034	33	−0.110	96

城 市	一级指标		二级指标					
	政府政策支持度		绿色投资指标		基础设施指标		环境治理指标	
	指数值	排 名	指数值	排 名	指数值	排 名	指数值	排 名
包 头	−0.100	84	−0.062	96	−0.066	83	0.028	29
呼和浩特	−0.100	85	−0.078	100	−0.039	72	0.016	38
桂 林	−0.110	86	−0.025	69	−0.051	80	−0.034	80
平顶山	−0.113	87	0.004	41	−0.125	94	0.009	43
哈尔滨	−0.115	88	−0.047	90	−0.069	84	0.001	52
开 封	−0.115	89	−0.017	59	−0.071	85	−0.027	76
宜 宾	−0.125	90	−0.006	49	−0.096	91	−0.023	72
南 宁	−0.138	91	−0.025	70	−0.044	75	−0.069	90
西 宁	−0.142	92	0.042	16	−0.047	78	−0.137	98
铜 川	−0.164	93	0.035	22	−0.082	86	−0.117	97
攀枝花	−0.175	94	0.037	20	−0.205	99	−0.007	60
抚 顺	−0.183	95	−0.028	72	−0.101	92	−0.054	87
荆 州	−0.207	96	−0.055	93	−0.139	97	−0.013	63
兰 州	−0.233	97	0.055	10	−0.271	100	−0.016	67
齐齐哈尔	−0.234	98	0.085	5	−0.147	98	−0.172	100
鞍 山	−0.237	99	−0.073	99	−0.023	67	−0.141	99
牡丹江	−0.245	100	−0.071	98	−0.137	96	−0.036	81

注：①本表根据政府政策支持度的指标体系，依据各指标 2011 年数据测算而得；②本表各测评城市按照政府政策支持度的指数值从大到小排序；③本表一级指标"政府政策支持度"指数值等于 3 个二级指标"绿色投资指标"、"基础设施指标"和"环境治理指标"指数值之和；④各项指标的全国平均水平为 0；⑤以上数据及排名根据《中国统计年鉴2012》、《中国环境统计年报 2011》、《中国环境统计年鉴 2012》、《中国城市统计年鉴 2012》、《中国城市建设统计年鉴2011》、《中国区域经济统计年鉴 2012》等测算。

从表 6-1 中可以看到，2011 年中国 100 个城市政府政策支持度中，指数值最高的是深圳，达到 0.351；最低的是牡丹江，仅为−0.245。100 个测评城市中，有 52 个城市政府政策支持度高出全国平均水平，超过半数。排在前 20 位的城市依次是深圳、珠海、北京、厦门、潍坊、阳泉、无锡、广州、石家庄、烟台、曲靖、济宁、宁波、青岛、淄博、日照、福州、徐州、株洲和南京。其中，二级指标中，绿色投资指标排名前 20 位的城市依次是珠海、金昌、阳泉、克拉玛依、齐齐哈尔、潍坊、汕头、曲靖、株洲、兰州、日照、安阳、芜湖、深圳、韶关、西宁、大同、咸阳、湛江、攀枝花；基础设施指标排名前 20 位的城市依次是深圳、重庆、九江、石家庄、青岛、北京、合肥、大连、秦皇岛、杭州、珠海、苏州、成都、烟台、无锡、南昌、南京、西安、潍坊、株洲；环境治理指标排名前 20 位的城市依次是厦门、广州、宁波、徐州、福州、南京、宝鸡、银川、无锡、烟台、北京、常州、临汾、昆明、淄博、太原、济宁、青岛、济南、曲靖。2011 年中国 100 个城市政府政策支持度排名前 20 位和后 20 位的具体情况如图 6-1 所示。

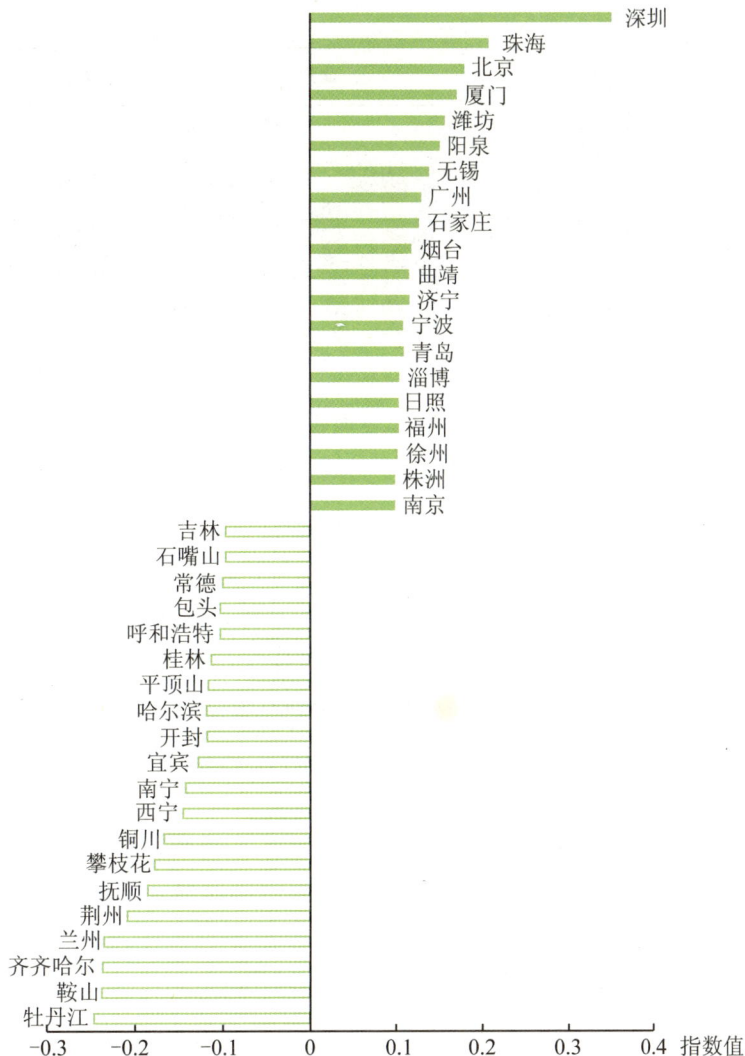

图 6-1　2011 年中国城市政府政策支持度排名前 20 位和后 20 位的城市

注：本图根据表 6-1 制作。

根据表 6-1 和图 6-1，下面进一步从城市政府政策支持度区域间差异、城市政府政策支持度区域内差异、2011 年中国绿色发展指数（城市）与城市政府政策支持度的相关关系三个方面进行分析。

（一）城市政府政策支持度区域间差异分析

从区域分布的角度来看，城市政府政策支持度总体呈现东部最好、中部和西部次之、东北地区城市最弱的局面，具体如图 6-2 所示。其中，东部所有测评城市的均值达到 0.081 6，远高于其他地区；中部和西部地区城市的均值分别为－0.006 8 和－0.053 0，均低于东部地区，也低于全国平均水平；而东北地区城市的均值仅为－0.112 9，较之东部、中部和西部地区城市最弱。

与 2010 年相比，东部仍然是四大区域中城市政府政策支持度最高的地区；中部和西部则互换名次，2010 年为"西高中低"，2011 年中部地区城市政府政策支持力度较大，已经超过西部，呈现"中高西低"的局面；而东北地区连续两年城市政府政策支持度在四大区域中排名垫底。

指数值

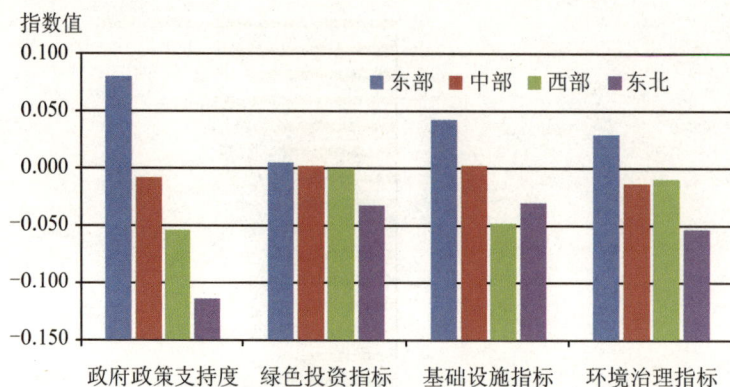

图 6-2　2011 年中国四大区域城市政府政策支持度对照图

注：本图数据为四大区域中各城市指数值的算术平均值。

　　二级指标方面，绿色投资指标中，四大区域绿色投资水平差距较小，东部、中部和西部地区略高于全国平均水平，东北地区略低于全国平均水平。具体到各区域，东部地区位居四大区域首位，指数值为 0.006 6；中部和西部地区略低于东部，指数值分别为 0.002 2、0.001 8；东北地区城市的绿色投资水平较弱，指数值仅为 -0.031 3。

　　基础设施指标中，东部地区城市指数值均值达到 0.044 0，远高于其他区域；中部地区指数值次之，为 -0.003 4，低于全国平均水平；东北和西部地区城市基础设施建设有待提高，指数值仅为 -0.029 5 和 -0.045 1，位居四大区域后两位。

　　环境治理指标中，排名首位的仍旧是东部地区城市，指数值达到 0.031 0，高于全国平均水平；随后依次是西部、中部和东北地区，三者间的差距不明显，但都低于全国平均水平。

(二)城市政府政策支持度区域内差异分析

　　城市政府政策支持度虽然在区域间呈现东部最好、中部和西部次之、东北地区城市最弱的局面，但区域内部各城市之间的差异较为明显，排名有高有低。

1. 东部地区城市政府政策支持度指数及排名

　　2011 年中国东部地区城市政府政策支持度指数及排名如表 6-2 所示。

表 6-2　　　　　　　　　　　　2011 年中国东部地区城市政府政策支持度指数及排名

城　市	指数值	所有测评城市排名	区域内部排名	城　市	指数值	所有测评城市排名	区域内部排名
深　圳	0.351	1	1	常　州	0.076	25	19
珠　海	0.211	2	2	泉　州	0.073	26	20
北　京	0.183	3	3	济　南	0.064	29	21
厦　门	0.174	4	4	泰　安	0.056	31	22
潍　坊	0.161	5	5	苏　州	0.054	32	23
无　锡	0.142	7	6	湖　州	0.048	35	24
广　州	0.134	8	7	唐　山	0.043	36	25
石家庄	0.131	9	8	绍　兴	0.033	39	26

城　市	指数值	所有测评城市排名	区域内部排名	城　市	指数值	所有测评城市排名	区域内部排名
烟　台	0.122	10	9	南　通	0.027	43	27
济　宁	0.12	12	10	扬　州	0.024	45	28
宁　波	0.112	13	11	湛　江	0.02	46	29
青　岛	0.112	14	12	上　海	0.007	49	30
淄　博	0.108	15	13	秦皇岛	0.003	52	31
日　照	0.108	16	14	汕　头	−0.01	54	32
福　州	0.107	17	15	天　津	−0.011	56	33
徐　州	0.106	18	16	韶　关	−0.033	62	34
南　京	0.102	20	17	温　州	−0.036	65	35
杭　州	0.078	24	18	海　口	−0.062	73	36

注：本表根据表 6-1 整理而得。

　　东部参与测评的 36 个城市中，有 9 个城市位居所有测评城市的前 10 位，分别是深圳、珠海、北京、厦门、潍坊、无锡、广州、石家庄和烟台，占东部测评城市的 25%。其中深圳以 0.351 的高分位居所有测评城市首位，远高于其他测评城市。东部的济宁、宁波、青岛、淄博、日照等 22 个城市位于所有测评城市的第 12 位～第 52 位，这些城市的政府政策支持度指数值均大于 0，高于全国平均水平。而东部的汕头、天津、韶关、温州、海口 5 个城市排名位于所有测评城市的第 54 位、第 56 位、第 62 位、第 65 位和第 73 位，其指数值均小于 0，这些城市的政府政策支持度低于全国平均水平。东部绝大部分城市政府政策支持度位居全国前列。

2. 中部地区城市政府政策支持度指数及排名

　　2011 年中国中部地区城市政府政策支持度指数及排名如表 6-3 所示。

表 6-3　　　　　　　　　**2011 年中国中部地区城市政府政策支持度指数及排名**

城　市	指数值	所有测评城市排名	区域内部排名	城　市	指数值	所有测评城市排名	区域内部排名
阳　泉	0.155	6	1	大　同	−0.011	55	13
株　洲	0.104	19	2	临　汾	−0.018	59	14
长　治	0.079	23	3	焦　作	−0.030	60	15
合　肥	0.068	27	4	长　沙	−0.035	64	16
安　阳	0.067	28	5	宜　昌	−0.052	68	17
太　原	0.058	30	6	岳　阳	−0.062	72	18
芜　湖	0.041	37	7	郑　州	−0.078	78	19
南　昌	0.041	38	8	洛　阳	−0.087	80	20
武　汉	0.029	40	9	常　德	−0.096	83	21
马鞍山	0.029	41	10	平顶山	−0.113	87	22
九　江	0.025	44	11	开　封	−0.115	89	23
湘　潭	−0.005	53	12	荆　州	−0.207	96	24

注：本表根据表 6-1 整理而得。

中部参与测评的 24 个城市中，有 1 个城市位居所有测评城市的前 10 位，即阳泉，占中部测评城市的 4.2%。中部的株洲、长治、合肥、安阳、太原、芜湖、南昌、武汉、马鞍山、九江 10 个城市位居所有测评城市的第 19 位～第 44 位，其指数值均大于 0，政府政策支持度高于全国平均水平，位居所有中部城市的前列。而中部的湘潭、大同、临汾、焦作、长沙、宜昌、岳阳、郑州、洛阳、常德、平顶山、开封、荆州 13 个城市位居所有测评城市的第 53 位～第 96 位，其指数值均小于 0，政府政策支持度低于全国平均水平，在所有中部城市中排名靠后。中部绝大部分城市政府政策支持度位居全国中游。

3. 西部地区城市政府政策支持度指数及排名

2011 年中国西部地区城市政府政策支持度指数及排名如表 6-4 所示。

表 6-4　　　　　　　　　**2011 年中国西部地区城市政府政策支持度指数及排名**

城　市	指数值	所有测评城市排名	区域内部排名	城　市	指数值	所有测评城市排名	区域内部排名
曲　靖	0.120	11	1	遵　义	−0.069	75	16
重　庆	0.102	21	2	赤　峰	−0.069	76	17
宝　鸡	0.090	22	3	北　海	−0.076	77	18
金　昌	0.053	33	4	延　安	−0.087	79	19
克拉玛依	0.049	34	5	石嘴山	−0.096	82	20
成　都	0.028	42	6	包　头	−0.100	84	21
昆　明	0.016	47	7	呼和浩特	−0.100	85	22
绵　阳	0.006	50	8	桂　林	−0.110	86	23
银　川	0.004	51	9	宜　宾	−0.125	90	24
贵　阳	−0.033	61	10	南　宁	−0.138	91	25
西　安	−0.034	63	11	西　宁	−0.142	92	26
咸　阳	−0.036	66	12	铜　川	−0.164	93	27
泸　州	−0.044	67	13	攀枝花	−0.175	94	28
柳　州	−0.056	70	14	兰　州	−0.233	97	29
乌鲁木齐	−0.066	74	15				

注：本表根据表 6-1 整理而得。

西部参与测评的 29 个城市中，没有城市位居所有测评城市的前 10 位。曲靖、重庆、宝鸡、金昌、克拉玛依、成都、昆明、绵阳和银川 9 个城市指数值大于 0，其城市政府政策支持度高于全国平均水平，位居全国所有测评城市中上游，位居西部测评城市的前列。贵阳、西安、泸州、柳州、乌鲁木齐、遵义等 20 个城市其指数值小于 0，城市政府政策支持度低于全国平均水平，位居全国所有测评城市中下游，在西部测评城市中排名靠后。同中部地区城市相似，西部地区绝大部分城市政府政策支持度位居全国中游水平。

4. 东北地区城市政府政策支持度指数及排名

2011 年中国东北地区城市政府政策支持度指数及排名如表 6-5 所示。

表 6-5　　　　　　　　　　　　　**2011 年中国东北地区城市政府政策支持度指数及排名**

城　市	指数值	所有测评城市排名	区域内部排名	城　市	指数值	所有测评城市排名	区域内部排名
长　春	0.008	48	1	哈尔滨	−0.115	88	7
沈　阳	−0.014	57	2	抚　顺	−0.183	95	8
大　连	−0.016	58	3	齐齐哈尔	−0.234	98	9
锦　州	−0.054	69	4	鞍　山	−0.237	99	10
本　溪	−0.058	71	5	牡丹江	−0.245	100	11
吉　林	−0.094	81	6				

注：本表根据表 6-1 整理而得。

东北地区参与测评的 11 个城市中，仅有长春指数值大于 0，高于全国平均水平，位居所有测评城市第 48 位。其他城市如沈阳、大连、锦州等，其指数值均小于 0，城市政府政策支持度低于全国平均水平，位居全国所有测评城市的中下游。齐齐哈尔、鞍山和牡丹江 3 个城市更是位列全国 100 个城市的最后 3 位，政府政策支持度有待于进一步提高。东北地区绝大部分城市政府政策支持度在全国排名相对靠后。

(三)城市政府政策支持度对 2011 年中国绿色发展指数(城市)影响分析——

对比 2011 年中国绿色发展指数(城市)与城市政府政策支持度后发现，100 个测评城市中，有 56 个城市政府政策支持度排名高于中国绿色发展指数(城市)排名，这表明这些城市政府的绿色行动推高了城市整体绿色发展水平，如深圳、北京、潍坊、福州等；有 39 个城市政府政策支持度排名低于中国绿色发展指数(城市)排名，这表明这些城市政府的绿色行动不足，影响了城市整体绿色发展水平的进一步提高，如海口、克拉玛依、无锡、烟台等；而上海、锦州、哈尔滨、荆州、鞍山 5 个城市政府政策支持度排名与中国绿色发展指数(城市)排名相同，城市政府绿色行动与城市绿色发展水平一致。

从影响的程度看，城市政府政策支持度与中国绿色发展指数(城市)排名差异较大(超过 20 位)的城市有 33 个，占所有城市的 33％，如海口、克拉玛依、湛江、延安等，这表明这些城市的政府政策支持度对绿色发展指数总排名影响明显。其中，海口的排名差异最大，其中国绿色发展指数(城市)位居所有测评城市第 1 位，但政府政策支持度仅为第 73 位，名次变化达到 72 位。有 67 个城市排名差异较小(20 位以内)，如福州、广州、常州、石家庄等，这表明这些城市的政府政策支持度对绿色发展指数总排名影响不明显。2011 年中国绿色发展指数(城市)与城市政府政策支持度排名差异超过 20 位的城市如表 6-6 所示。

表 6-6　　**2011 年中国绿色发展指数(城市)与城市政府政策支持度排名差异超过 20 位的城市**

城　市	绿色发展指数排名	政府政策支持度排名	排名差异	城　市	绿色发展指数排名	政府政策支持度排名	排名差异
海　口	1	73	−72	长　治	54	23	31
克拉玛依	3	34	−31	宝　鸡	55	22	33
湛　江	7	46	−39	泉　州	56	26	30
延　安	8	79	−71	重　庆	57	21	36

城　市	绿色发展指数排名	政府政策支持度排名	排名差异	城　市	绿色发展指数排名	政府政策支持度排名	排名差异
昆　明	11	47	－36	南　京	58	20	38
赤　峰	12	76	－64	芜　湖	60	37	23
长　沙	16	64	－48	牡丹江	63	100	－37
绵　阳	18	50	－32	马鞍山	64	41	23
珠　海	22	2	20	九　江	65	44	21
常　德	27	83	－56	南　宁	71	91	－20
桂　林	30	86	－56	大　同	75	55	20
厦　门	32	4	28	武　汉	77	40	37
呼和浩特	36	85	－49	贵　阳	83	61	22
宁　波	40	13	27	银　川	86	51	35
阳　泉	41	6	35	金　昌	87	33	54
洛　阳	50	80	－30	西　安	90	63	27
遵　义	53	75	－22				

注：①本表根据表 0-6 和表 6-1 整理而得；②表中排名差异为政府政策支持度排名与绿色发展指数排名之差，正值表示政府政策支持度较之于绿色发展指数进步的名次，负值表示政府政策支持度较之于绿色发展指数退后的名次。

>>二、城市政府政策支持度比较分析<<

　　城市政府政策支持度占 2011 年中国绿色发展指数（城市）总权重的 33％，共由绿色投资指标、基础设施指标和环境治理指标 3 个二级指标以及 13 个三级指标构成。三级指标全部都为正指标，且都参与测算，没有无数列表指标。为深入剖析城市政府政策支持度特征，本部分将以 3 个二级指标为基础进行详细的分析与比较。

（一）城市绿色投资指标测算结果及分析

　　城市绿色投资指标占政府政策支持度指标总体权重的 25％，衡量城市对绿色发展的资金支持，从经济投入角度反映了政府对绿色发展的重视程度。城市绿色投资指标的三级指标、权重及指标属性如表 6-7 所示。

表 6-7　　　　　　　　　　　　城市绿色投资三级指标、权重及指标属性

指标序号	指　标	权　重	指标属性
32	环境保护支出占财政支出比重	2.75％	正
33	工业环境污染治理投资占地区生产总值比重	2.75％	正
34	科教文卫支出占财政支出比重	2.75％	正

注：本表内容是由本报告课题组召开的多次专家座谈会研讨确定的。

　　与 2010 年相比，2011 年城市绿色投资的三级指标、权重及指标属性没有变化，指标序号因前面指标的增加而递增一位。根据表 6-7 所列指标和权重，经过标准化处理及综合测算，我们得到 2011 年中国城市绿色投资指标指数及其排名情况，如表 6-8 所示。

表 6-8   **2011 年中国城市绿色投资指标指数及其排名**

指　标	绿色投资指标		指　标	绿色投资指标		指　标	绿色投资指标	
城　市	指数值	排　名	城　市	指数值	排　名	城　市	指数值	排　名
珠　海	0.143	1	贵　阳	0.013	35	桂　林	−0.025	69
金　昌	0.140	2	湘　潭	0.013	36	南　宁	−0.025	70
阳　泉	0.120	3	绍　兴	0.009	37	厦　门	−0.027	71
克拉玛依	0.103	4	武　汉	0.006	38	抚　顺	−0.028	72
齐齐哈尔	0.085	5	马鞍山	0.005	39	秦皇岛	−0.028	73
潍　坊	0.073	6	石家庄	0.005	40	绵　阳	−0.028	74
汕　头	0.066	7	平顶山	0.004	41	宜　昌	−0.029	75
曲　靖	0.059	8	烟　台	0.003	42	临　汾	−0.029	76
株　洲	0.056	9	湖　州	0.003	43	南　京	−0.030	77
兰　州	0.055	10	唐　山	0.000	44	上　海	−0.031	78
日　照	0.054	11	泸　州	−0.001	45	九　江	−0.031	79
安　阳	0.050	12	徐　州	−0.004	46	广　州	−0.032	80
芜　湖	0.047	13	乌鲁木齐	−0.004	47	苏　州	−0.035	81
深　圳	0.047	14	天　津	−0.005	48	锦　州	−0.036	82
韶　关	0.045	15	宜　宾	−0.006	49	沈　阳	−0.038	83
西　宁	0.042	16	长　春	−0.007	50	宁　波	−0.039	84
大　同	0.041	17	杭　州	−0.008	51	郑　州	−0.039	85
咸　阳	0.041	18	石嘴山	−0.012	52	合　肥	−0.040	86
湛　江	0.041	19	济　南	−0.013	53	青　岛	−0.042	87
攀枝花	0.037	20	南　通	−0.015	54	昆　明	−0.043	88
长　治	0.037	21	吉　林	−0.015	55	西　安	−0.046	89
铜　川	0.035	22	扬　州	−0.015	56	哈尔滨	−0.047	90
延　安	0.032	23	常　州	−0.015	57	大　连	−0.053	91
赤　峰	0.026	24	遵　义	−0.016	58	长　沙	−0.053	92
济　宁	0.025	25	开　封	−0.017	59	荆　州	−0.055	93
泉　州	0.021	26	洛　阳	−0.017	60	成　都	−0.057	94
海　口	0.021	27	北　海	−0.018	61	本　溪	−0.061	95
北　京	0.019	28	银　川	−0.020	62	包　头	−0.062	96
无　锡	0.019	29	常　德	−0.020	63	重　庆	−0.063	97
温　州	0.018	30	焦　作	−0.021	64	牡丹江	−0.071	98
宝　鸡	0.017	31	岳　阳	−0.022	65	鞍　山	−0.073	99
柳　州	0.014	32	泰　安	−0.024	66	呼和浩特	−0.078	100
淄　博	0.014	33	福　州	−0.024	67			
太　原	0.013	34	南　昌	−0.025	68			

    注：本表数据及排名根据《中国统计年鉴 2012》、《中国环境统计年报 2011》、《中国环境统计年鉴 2012》、《中国城市统计年鉴 2012》、《中国城市建设统计年鉴 2011》等测算。

从表 6-8 中我们可以看出，测评的 100 个城市绿色投资指数介于－0.078 和 0.143 之间，总体差距明显。有 43 个城市绿色投资水平高于全国平均水平，占全部测评城市的 43％，如珠海、金昌、阳泉、克拉玛依、齐齐哈尔、潍坊、汕头、曲靖等；其中珠海、金昌、阳泉位居所有测评城市前 3 位，指数值达到 0.143、0.140 和 0.120。有 56 个城市绿色投资水平低于全国平均水平，占全部测评城市的 56％，如泸州、徐州、乌鲁木齐、天津、宜宾、长春等；其中牡丹江、鞍山、呼和浩特位居所有测评城市后 3 位，指数值仅有－0.071、－0.073 和－0.078。唐山城市绿色投资水平与全国平均水平持平，位居所有测评城市的第 44 位。

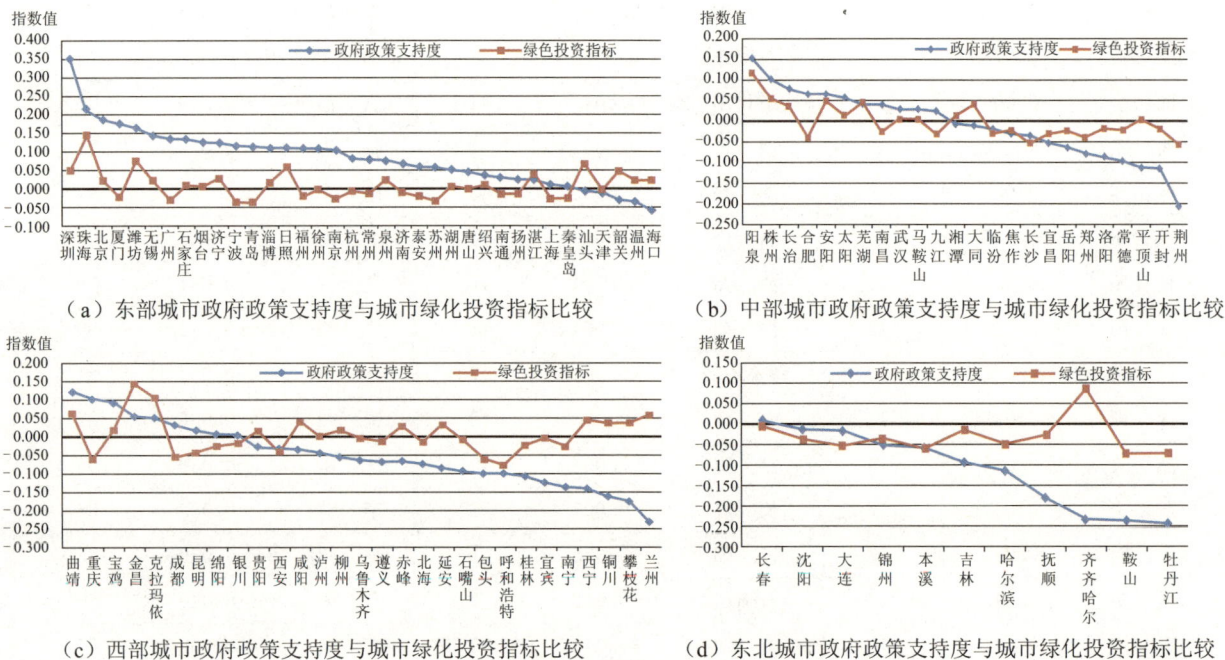

（a）东部城市政府政策支持度与城市绿化投资指标比较　（b）中部城市政府政策支持度与城市绿化投资指标比较

（c）西部城市政府政策支持度与城市绿化投资指标比较　（d）东北城市政府政策支持度与城市绿化投资指标比较

图 6-3　城市政府政策支持度与城市绿色投资指标比较

注：本图从东部、中部、西部和东北地区划分的角度，根据政府政策支持度指数大小自左到右排列。

为了反映城市政府政策支持度与城市绿色投资指标之间的关系，图 6-3 从东部、中部、西部和东北地区角度，给出了城市政府政策支持度与城市绿色投资指标的对比。从图中可以看出：第一，东部地区城市绿色投资指标在全国平均水平上下浮动，除珠海、潍坊、日照、汕头等少数几个城市较为突出以外，各城市之间的差距不大；中部地区阳泉、株洲、安阳等城市高于全国平均水平，而合肥、南昌、长沙等城市则低于全国平均水平，各城市之间差异较大；而西部和东北地区城市普遍低于全国平均水平。第二，东部和中部地区城市绿色投资指标普遍低于其政府政策支持度，对政府政策支持度的贡献较小；而西部和东北地区城市绿色投资指标大都高于其政府政策支持度，总体对政府政策支持度的贡献较大。

（二）城市基础设施指标测算结果及分析

城市基础设施指标是测度城市政府政策支持度最重要的二级指标，其反映的是城市基建对城市绿色发展的支撑作用。该二级指标在城市政府政策支持度中所占权重最大，为 45％，共 6 个三级指标，每个三级指标占总权重的 2.48％，具体情况如表 6-9 所示。

表 6-9　　　　　　　　　　　　城市基础设施三级指标、权重及指标属性

指标序号	指　　　标	权　　重	指标属性
35	人均绿地面积	2.48%	正
36	建成区绿化覆盖率	2.48%	正
37	用水普及率	2.48%	正
38	城镇生活污水处理率	2.48%	正
39	生活垃圾无害化处理率	2.48%	正
40	每万人拥有公共汽车	2.48%	正

注：本表内容是由本报告课题组召开的多次专家座谈会研讨确定的。

2011 年城市基础设施三级指标、权重及指标属性较 2010 年也没有变化，指标序号与前面指标相同均递增一位。对三级指标原始数据标准化处理后，根据表 6-9 中所示权重，计算出 100 个测评城市基础设施指标指数值，具体如表 6-10 所示。

表 6-10　　　　　　　　　　　2011 年中国城市基础设施指标指数及其排名

指标城市	基础设施指标 指数值	排名	指标城市	基础设施指标 指数值	排名	指标城市	基础设施指标 指数值	排名
深 圳	0.272	1	宁 波	0.033	35	贵 阳	−0.036	69
重 庆	0.162	2	本 溪	0.031	36	金 昌	−0.036	70
九 江	0.138	3	湛 江	0.031	37	北 海	−0.038	71
石家庄	0.132	4	济 南	0.031	38	呼和浩特	−0.039	72
青 岛	0.107	5	唐 山	0.029	39	临 汾	−0.040	73
北 京	0.107	6	泉 州	0.029	40	银 川	−0.043	74
合 肥	0.093	7	绍 兴	0.027	41	南 宁	−0.044	75
大 连	0.090	8	天 津	0.023	42	大 同	−0.045	76
秦皇岛	0.074	9	长 治	0.023	43	遵 义	−0.047	77
杭 州	0.069	10	马鞍山	0.022	44	西 宁	−0.047	78
珠 海	0.066	11	克拉玛依	0.019	45	乌鲁木齐	−0.049	79
苏 州	0.062	12	岳 阳	0.019	46	桂 林	−0.051	80
成 都	0.062	13	徐 州	0.019	47	咸 阳	−0.062	81
烟 台	0.060	14	曲 靖	0.018	48	泸 州	−0.065	82
无 锡	0.059	15	日 照	0.017	49	包 头	−0.066	83
南 昌	0.052	16	郑 州	0.016	50	哈尔滨	−0.069	84
南 京	0.051	17	绵 阳	0.013	51	开 封	−0.071	85
西 安	0.051	18	芜 湖	0.010	52	铜 川	−0.082	86
潍 坊	0.051	19	广 州	0.009	53	汕 头	−0.083	87
株 洲	0.050	20	昆 明	0.008	54	温 州	−0.086	88
济 宁	0.048	21	韶 关	0.008	55	柳 州	−0.088	89
泰 安	0.047	22	海 口	0.007	56	石嘴山	−0.092	90
湖 州	0.047	23	吉 林	0.007	57	宜 宾	−0.096	91
沈 阳	0.047	24	阳 泉	0.005	58	抚 顺	−0.101	92
淄 博	0.045	25	湘 潭	0.003	59	赤 峰	−0.103	93
南 通	0.044	26	宜 昌	0.000	60	平顶山	−0.125	94

续表

指标	基础设施指标		指标	基础设施指标		指标	基础设施指标	
城市	指数值	排名	城市	指数值	排名	城市	指数值	排名
长沙	0.042	27	上海	−0.002	61	延安	−0.131	95
福州	0.040	28	太原	−0.003	62	牡丹江	−0.137	96
武汉	0.039	29	宝鸡	−0.005	63	荆州	−0.139	97
常州	0.039	30	锦州	−0.006	64	齐齐哈尔	−0.147	98
扬州	0.037	31	焦作	−0.012	65	攀枝花	−0.205	99
厦门	0.034	32	长春	−0.016	66	兰州	−0.271	100
常德	0.034	33	鞍山	−0.023	67			
安阳	0.033	34	洛阳	−0.036	68			

注：本表数据及排名根据《中国统计年鉴 2012》、《中国环境统计年报 2011》、《中国环境统计年鉴 2012》、《中国城市统计年鉴 2012》、《中国城市建设统计年鉴 2011》等测算。

从表 6-10 我们看到，城市基础设施指标中，排名最高的是深圳，其指数值达到 0.272；排名最低的是兰州，其指数值仅为−0.271，二者之间的差距较大。在同一区域内，如中部地区，排名最高的为九江，指数值为 0.138，位居 100 个测评城市的第 3 位；排名最低的是荆州，指数值仅有−0.139，位居所有测评城市的第 98 位，城市基础设施指标在区域内也有较大幅度波动。

100 个测评城市中，有 59 个城市基础设施指标高于全国平均水平，占全部测评城市的 59%，如深圳、大连、南京、昆明等；其中深圳、重庆、九江 3 个城市位居所有测评城市前 3 位，指数值达到 0.272、0.162 和 0.138。有 40 个城市基础设施指标低于全国平均水平，占全部测评城市的 40%，如上海、太原、长春等；其中齐齐哈尔、攀枝花、兰州位居所有测评城市后 3 位，指数值仅有−0.147、−0.205 和−0.271。宜昌城市基础设施指标与全国平均水平持平，位居所有测评城市的第 60 位。

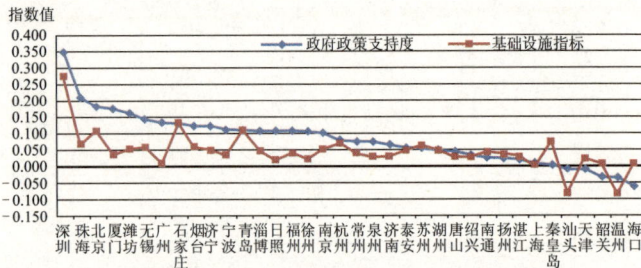

（a）东部城市政府政策支持度与城市基础设施指标比较

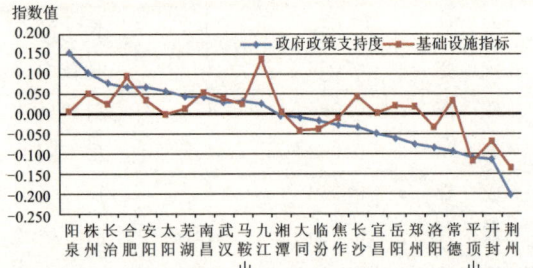

（b）中部城市政府政策支持度与城市基础设施指标比较

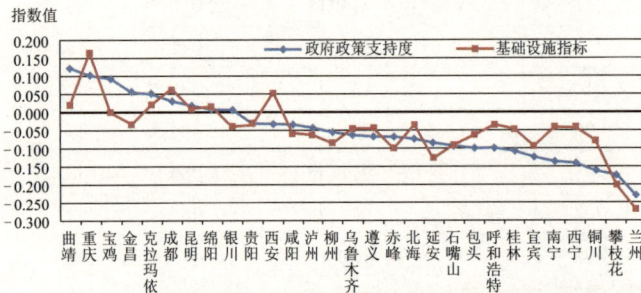

（c）西部城市政府政策支持度与城市基础设施指标比较

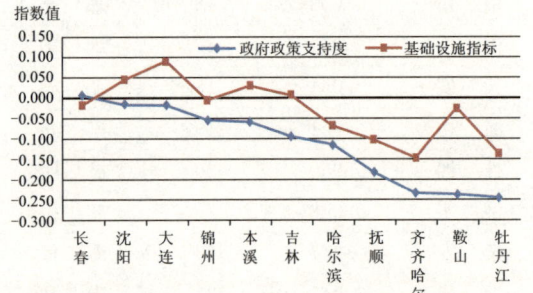

（d）东北城市政府政策支持度与城市基础设施指标比较

图 6-4　城市政府政策支持度与城市基础设施指标比较

注：本图从东部、中部、西部和东北地区划分的角度，根据政府政策支持度指数大小自左到右排列。

图 6-4 按照不同区域显示了城市政府政策支持度与城市基础设施指标的差异。从图中可以看出：第一，东部和中部地区城市基础设施指标绝大部分均高于全国平均水平，除上海、温州、汕头、太原、大同、临汾、焦作、洛阳、平顶山、开封、荆州 11 个城市较弱以外，其他各城市之间的差距不明显；西部和东北地区城市基础设施指标除重庆、大连、成都等部分城市得分较高以外，绝大部分均低于全国平均水平，较之东部和中部地区城市相对落后。第二，东部地区城市基础设施指标普遍低于城市政府政策支持度，其对政府政策支持度的贡献较小。中部和西部地区部分城市其基础设施指标高于政府政策支持度，如九江、长沙、重庆、西安；部分城市低于政府政策支持度，如阳泉、株洲、曲靖、克拉玛依等，区域内差异明显。而东北地区除长春外，其他城市基础设施指标均高于城市政府政策支持度，对政府政策支持度的贡献较大。

(三)城市环境治理指标测算结果及分析

城市政府政策支持度的第三个二级指标是城市环境治理指标，它是对城市在环境保护、生态治理等方面的综合衡量，占城市政府政策支持度权重的 30%。该指标由 4 个三级指标组成，每个指标占总权重的 2.48%，具体情况如表 6-11 所示。

表 6-11　　　　　　　　　城市环境治理三级指标、权重及指标属性

指标序号	指 标	权 重	指标属性
41	工业二氧化硫去除率	2.48%	正
42	工业废水化学需氧量去除率	2.48%	正
43	工业氮氧化物去除率	2.48%	正
44	工业废水氨氮去除率	2.48%	正

注：本表内容是由本报告课题组召开的多次专家座谈会研讨确定的。

2011 年城市环境治理指标较 2010 年没有变化，指标序号同前递增一位。根据表 6-11 中的权重，我们得到 2011 年中国城市环境治理指标指数及其排名，其结果如表 6-12 所示。

表 6-12　　　　　　　　　2011 年中国城市环境治理指标指数及其排名

指标城市	环境治理指标 指数值	排名	指标城市	环境治理指标 指数值	排名	指标城市	环境治理指标 指数值	排名
厦 门	0.166	1	长 治	0.019	35	安 阳	−0.017	69
广 州	0.157	2	柳 州	0.019	36	北 海	−0.019	70
宁 波	0.118	3	杭 州	0.017	37	湘 潭	−0.021	71
徐 州	0.091	4	呼和浩特	0.016	38	宜 宾	−0.023	72
福 州	0.091	5	合 肥	0.015	39	沈 阳	−0.023	73
南 京	0.081	6	唐 山	0.014	40	宜 昌	−0.023	74
宝 鸡	0.078	7	南 昌	0.014	41	长 沙	−0.024	75
银 川	0.067	8	延 安	0.012	42	开 封	−0.027	76
无 锡	0.064	9	平顶山	0.009	43	本 溪	−0.029	77
烟 台	0.058	10	石嘴山	0.008	44	天 津	−0.029	78
北 京	0.058	11	赤 峰	0.008	45	洛 阳	−0.033	79

指　标	环境治理指标		指　标	环境治理指标		指　标	环境治理指标	
城　市	指数值	排　名	城　市	指数值	排　名	城　市	指数值	排　名
常　州	0.052	12	汕　头	0.008	46	桂　林	−0.034	80
临　汾	0.051	13	焦　作	0.003	47	牡丹江	−0.036	81
昆　明	0.051	14	重　庆	0.003	48	西　安	−0.039	82
淄　博	0.050	15	扬　州	0.002	49	秦皇岛	−0.043	83
太　原	0.048	16	马鞍山	0.002	50	金　昌	−0.050	84
济　宁	0.047	17	珠　海	0.001	51	湛　江	−0.051	85
青　岛	0.046	18	哈尔滨	0.001	52	大　连	−0.053	86
济　南	0.046	19	株　洲	−0.002	53	抚　顺	−0.054	87
曲　靖	0.043	20	湖　州	−0.002	54	郑　州	−0.054	88
上　海	0.040	21	南　通	−0.003	55	岳　阳	−0.059	89
潍　坊	0.038	22	绍　兴	−0.003	56	南　宁	−0.069	90
日　照	0.036	23	石家庄	−0.005	57	克拉玛依	−0.073	91
泰　安	0.033	24	遵　义	−0.006	58	九　江	−0.081	92
温　州	0.032	25	大　同	−0.007	59	韶　关	−0.086	93
深　圳	0.032	26	攀枝花	−0.007	60	吉　林	−0.086	94
长　春	0.031	27	贵　阳	−0.010	61	海　口	−0.090	95
阳　泉	0.029	28	锦　州	−0.012	62	常　德	−0.110	96
包　头	0.028	29	荆　州	−0.013	63	铜　川	−0.117	97
苏　州	0.027	30	乌鲁木齐	−0.013	64	西　宁	−0.137	98
成　都	0.024	31	咸　阳	−0.015	65	鞍　山	−0.141	99
泉　州	0.023	32	芜　湖	−0.016	66	齐齐哈尔	−0.172	100
泸　州	0.022	33	兰　州	−0.016	67			
绵　阳	0.022	34	武　汉	−0.017	68			

注：本表数据及排名根据《中国统计年鉴2012》、《中国环境统计年报2011》、《中国环境统计年鉴2012》、《中国城市统计年鉴2012》、《中国城市建设统计年鉴2011》等测算。

从表6-12我们可以看到，城市环境治理指标中，排名最高的是厦门，其指数值为0.166；排名最低的是齐齐哈尔，其指数值仅为−0.172，二者之间的差距明显。在同一区域内，如西部地区，排名最高的为宝鸡，指数值为0.078，位居100个测评城市的第7位；排名最低的是西宁，指数值仅有−0.137，位居所有测评城市的第98位，城市环境治理指标在区域内波动幅度较大。

100个测评城市中，有52个城市环境治理指标高于全国平均水平，占全部测评城市的52%，如广州、宁波、南昌、扬州等；其中厦门、广州、宁波3个城市位居所有测评城市前3位，指数值达到0.166、0.157和0.118。有48个城市环境治理指标低于全国平均水平，占全部测评城市的48%，如贵阳、芜湖、海口等；其中西宁、鞍山、齐齐哈尔位居所有测评城市后3位，指数值仅有−0.137、−0.141和−0.172。

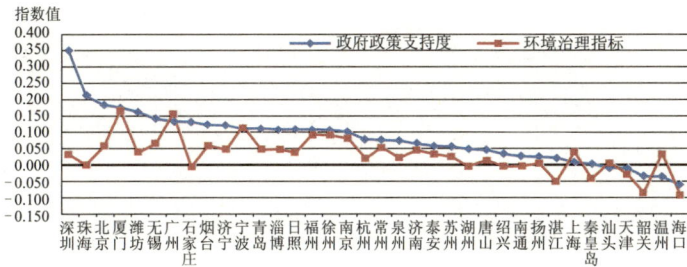

（a）东部城市政府政策支持度与城市环境治理指标比较

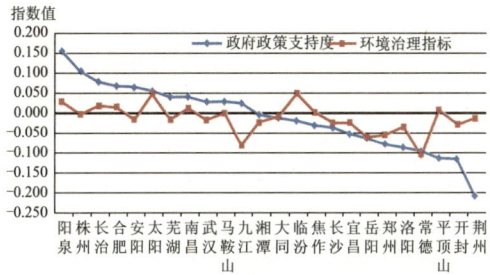

（b）中部城市政府政策支持度与城市环境治理指标比较

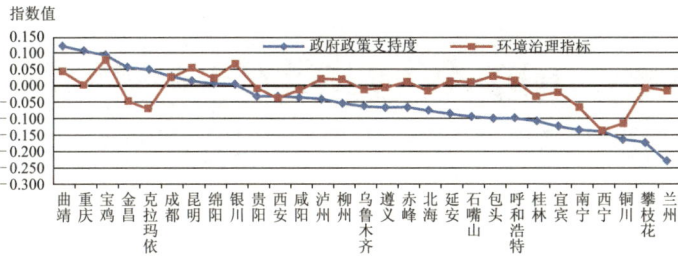

（c）西部城市政府政策支持度与城市环境治理指标比较

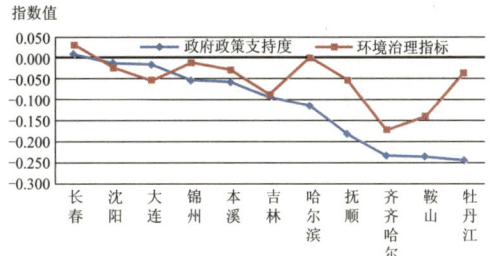

（d）东北城市政府政策支持度与城市环境治理指标比较

图 6-5　城市政府政策支持度与城市环境治理指标比较

注：本图从东部、中部、西部和东北地区划分的角度，根据政府政策支持度指数大小自左到右排列。

图 6-5 按照不同区域显示了城市政府政策支持度与城市环境治理指标的差异。从图中可以看出：第一，除石家庄、湖州、绍兴、南通、湛江、秦皇岛、天津和海口 8 个城市以外，东部地区城市环境治理指标普遍高于全国平均水平，且各城市之间差距较小；中部和西部地区环境治理指标高于和低于全国平均水平的城市参半，各城市之间波动幅度较大；而东北地区城市除长春和哈尔滨以外，其余城市全部低于全国平均水平，区域整体表现相对较弱。第二，东部地区除上海、广州、宁波和温州 4 个城市以外，城市环境治理指标普遍低于城市政府政策支持度，其对政府政策支持度的贡献较小；中部地区有一半的城市环境治理指标高于城市政府政策支持度，有一半的城市城市环境治理指标低于城市政府政策支持度，二者之间的相关关系不显著；西部和东北地区除曲靖、重庆、宝鸡、金昌、克拉玛依、成都、西安、大连、沈阳 9 个城市以外，绝大部分城市环境治理指标高于城市政府政策支持度，其对政府政策支持度的贡献较大。

第七章

城镇化与城市绿色发展：100 个城市双维度分析

城市是人类走向成熟与智慧的标志，是现代社会文明与国民经济发展的主要精神载体和物质载体。积极稳妥地推进城镇化有利于国民经济增长和结构升级，对国家发展和民族崛起具有深远的意义和影响。人类从早期的居无定所，随遇而栖，到现在的村落市井，城郭安邦，经历了千年的演进与巨变。进入 21 世纪以来，在经济全球化与区域经济一体化浪潮的洗礼下，随着生产要素的高度聚集，城市已经成为社会经济发展的引擎，推动国民经济高速增长。2011 年，占中国国土面积 6.70% 的 288 个地级及以上城市拥有中国 29.55% 的人口，创造了中国 61.97% 的 GDP，中国的城镇化率首次突破 50%。[①]

在过去一段时间里，中国城镇化经历了一个以速度扩张、数量增长为主的发展时期，1978—2011 年，我国城市人口从 1.72 亿人增加到 6.9 亿人，人口城镇化率从 17.92% 提升到 51.27%，人口城镇化率在统计意义上已经过半，正式进入了城市主导型社会。伴随着城乡二元结构的变迁，大量农村人口流向城市，为中国城市发展提供了充足廉价的劳动力，带来了巨额的"人口红利"，有力地支持了中国经济增长的奇迹。高速的城镇化进程为城市发展带来严峻挑战，经济增长与资源环境之间的矛盾在城市里日益突出。2011 年，中国城市人口密度高达 618.85 人/平方公里，天津、石家庄、杭州、上海等城市甚至过千。中国城市人均生活消费用电量达到 365.43 千瓦时/人，单位 GDP 二氧化硫排放量达到 39.64 吨/亿元，单位土地面积氮氧化物排放量达到 6.16 吨/平方公里，这些指标均远高于欧美等发达国家城市，传统高污染、高能耗、高排放的城市发展模式已不足以支撑当前中国城市发展之需要。[②] 长远来看，城镇化的快速推进主要建立在环境承载严重压力的基础之上，过多地依靠扩大投资规模和增加物质投入，使有限的自然供给能力和生态环境承载能力日渐削弱，造成了环境污染、生态破坏、水源短缺等一系列黑色发展问题。这些都迫切要求我们加快城镇化发展方式转型，积极走新型城镇化道路。

在全球金融危机影响和中国城镇化进程深入推进的形势下，国家对城镇化发展高度重视，将城镇化视为最大的内需潜力、经济结构调整的重要依靠和实现现代化的战略选择，提出必须以推进城镇化为重点，着力解决制约经济持续健康发展的重大结构性问题。同时，近年来，绿

---

① 数据来源：国家统计局：《中国城市统计年鉴 2012》，北京，中国统计出版社，2013。

② 数据来源：国家统计局：《中国区域经济统计年鉴 2012》，北京，中国统计出版社，2012；国家统计局：《中国城市统计年鉴 2012》，北京，中国统计出版社，2013；环境保护部：《中国环境统计年报 2011》，北京，中国环境科学出版社，2012。

色发展的浪潮席卷全球，绿色发展已经日益成为全世界的共识。自"里约＋20"峰会上关于绿色发展的广泛讨论之后，绿色发展在全球范围内赢得了更多的关注，中国也越来越重视绿色发展问题，从政府到公众都开始意识到环境污染、资源耗竭的可能性和危险性，许多中国城市也正在积极推动城市绿色发展，纷纷把发展新能源、新材料、节能环保、低碳技术等作为新一轮产业发展的重点，制定绿色产业发展路线图，推进绿色经济发展，全国范围城市绿色发展浪潮正在展开。总的来看，绿色发展是当今世界发展的潮流与趋势。绿色发展与城镇化具有内在的一致性，城镇化经济本质上是空间集聚经济，强调空间投入产出的合意比例，具有降低资源消耗、实现绿色发展的内在要求，而绿色发展也需要通过城镇化这一重要战略途径来实现和提升。

本部分主要以 2013 中国城市绿色发展指数所测度的 100 个城市为研究对象，从中国城镇化和城市绿色发展关系的角度出发，分析了中国城镇化进程中城市绿色发展的格局、特征，并根据中国城市绿色发展的具体情况，提出了现阶段进一步推动城市绿色发展、走新型城镇化道路的实现路径。

>>一、100 个城市双维度定位<<

城镇化是人类历史发展的必然结果，是衡量一个国家或地区经济社会发展水平的重要标志。城镇化一词的出现至今已有百余年历史，然而由于城镇化研究的多学科性和城镇化过程本身的复杂性，不同学科对城镇化的理解各有不同。[①]

改革开放以来，中国城镇化进程快速推进，2011 年城镇化率已超过 50％，达到世界平均水平。[②] 高速的城镇化使中国城市资源、生态条件逐渐恶化，城镇化进程中的高污染、高排放最终换来一系列环境问题。2012 年，党的十八大明确提出改变中国传统粗放的城镇化方式，要求中国"城镇化质量明显提高"，建设"美丽中国"。本部分主要利用人口城镇化指标来衡量城镇化水平，以 100 个测评城市的城镇化率平均值为标准，判断城市的城镇化水平，并结合 100 个城市绿色发展指数，根据不同城市城镇化与城市绿色发展二者的状况，将其分类归纳入"高绿色发展—高城镇化"的双超区、"低绿色发展—高城镇化"的城超区、"高绿色发展—低城镇化"的绿超区、"低绿色发展—低城镇化"的成长区四类区域，如图 7-1 所示。

图 7-1 纵轴表示城镇化率，横轴表示 2013 中国城市绿色发展指数。纵轴与横轴交于城市绿色发展指数等于 0 处，其左表示城市绿色发展指数低于全国平均水平，右表示城市绿色发展指数高于全国平均水平。横轴与纵轴交于 100 个测评城市城镇化率均值 55.21％处，其上表示城镇化率高于全国平均水平，其下表示城镇化率低于全国平均水平。纵轴和横轴将图 7-1 分为四个区域，反映了中国城镇化进程中城市绿色发展的总体格局。

Ⅰ：双超区——高绿色发展—高城镇化。这一区域共有 22 个城市，包括海口、深圳、克拉

[①]　不同的学科领域对城镇化的研究对象与研究内容的具体理解有所不同。例如，地理学重点研究城市的形成、发展、空间结构和分布规律，主要强调城市是地区经济活动的中心；人口学主要研究城市人口的规模与结构的变化和分布规律，更多强调城镇化是城市人口数量在总人口中的比例提升过程；社会学主要研究城乡社会文化和生活形态的演变规律，侧重关注社会生活方式主体从乡村向城市转化所产生的社会结构变迁问题。我们主要结合现有文献资料和研究数据可得性，利用人口城镇化指标来衡量城镇化水平。

[②]　中国社会科学院《城镇化质量评估与提升路径研究》创新工程项目组：《中国城镇化质量综合评价报告》，2013。

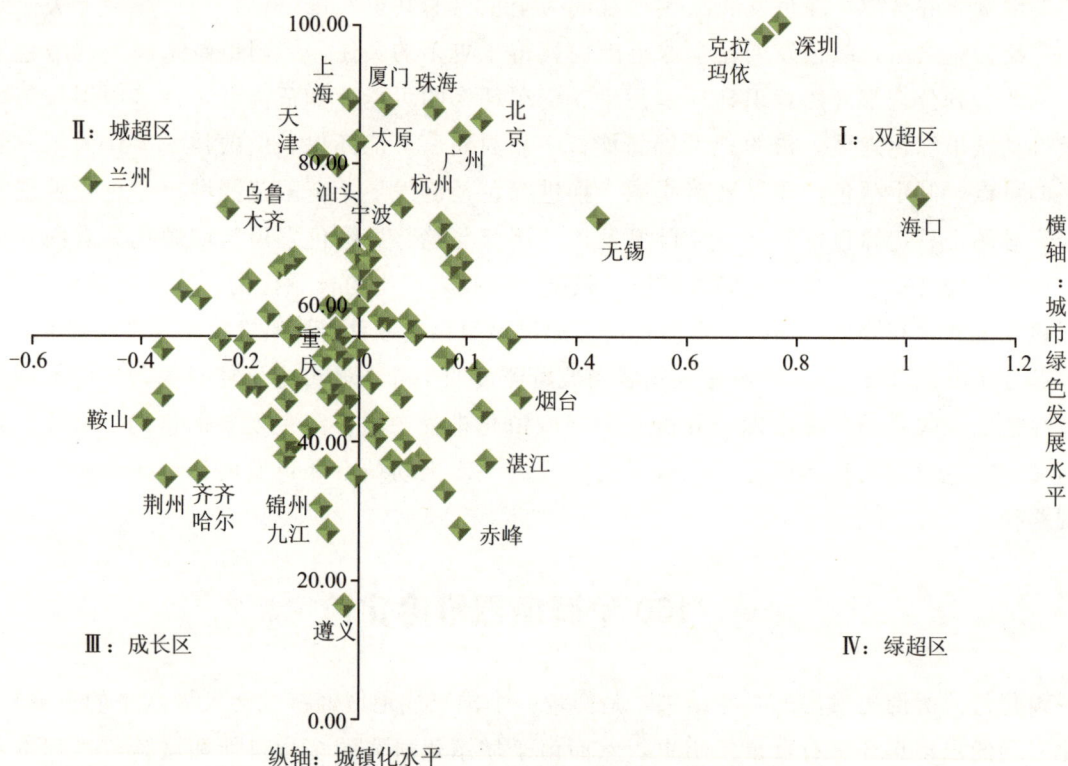

图 7-1 2013 年中国城市绿色发展—城镇化进程图

注：①本图根据表 0-6 及 2013 中国城市绿色发展指数 100 个测评城市的城镇化率所作；②根据国内外通行的算法，城镇化率用城镇人口与地区总人口的比重来计算。

玛依、无锡、昆明、福州、北京、苏州、珠海、杭州、厦门、济南、广州、常州、长沙、沈阳、宁波、阳泉、徐州、株洲、南通、扬州，占所有测评城市的 22%。这些城市绿色发展高于全国平均水平，且城镇化率也高于 100 个测评城市的均值，属于城市绿色发展与城镇化"双高成长"的城市。

Ⅱ：城超区——低绿色发展—高城镇化。这一区域共有 22 个城市，包括合肥、太原、成都、上海、天津、南京、汕头、包头、郑州、本溪、金昌、乌鲁木齐、抚顺、攀枝花、兰州、温州、武汉、大同、芜湖、马鞍山、泉州、绍兴，占所有测评城市的 22%。这些城市大力推进城镇化，但忽略了对资源环境的保护，城市绿色发展水平相对落后。

Ⅲ：成长区——低绿色发展—低城镇化。这一区域共有 37 个城市，包括湖州、泰安、南昌、大连、洛阳、临汾、遵义、长治、宝鸡、重庆、牡丹江、九江、北海、咸阳、湘潭、锦州、南宁、焦作、韶关、柳州、开封、贵阳、平顶山、银川、哈尔滨、岳阳、西安、石嘴山、齐齐哈尔、荆州、西宁、铜川、鞍山、吉林、宜宾、泸州、宜昌，占所有测评城市的 37%。这些城市绿色发展低于全国平均水平，且城镇化率也较低，属于城市绿色发展与城镇化"双低发展"城市，未来发展潜力较大。

Ⅳ：绿超区——高绿色发展—低城镇化。这一区域共有 19 个城市，包括湛江、唐山、烟台、青岛、延安、赤峰、潍坊、绵阳、济宁、曲靖、日照、常德、长春、桂林、安阳、淄博、呼和浩特、石家庄、秦皇岛，占所有测评城市的 19%。这些城市绿色发展水平较高，但城镇化进程相对较慢，城镇化速度有待提高。

>>二、100 个城市双维度区域分布<<

中国幅员辽阔，各城市在城镇化和绿色发展进程中也呈现出不均衡。特别是近年来，随着中国四大区域发展差异明显，东部、中部、西部和东北地区城市绿色发展表现出较为显著的地域特征。根据图 7-1，将 100 个测评城市进行分类，各区域城市城镇化进程绿色特征的分布如表 7-1 所示。

表 7-1　　　　　　　　　　2013 年中国城镇化进程中城市绿色发展特征区域分布

	Ⅰ：双超区——高绿色发展—高城镇化	Ⅱ：城超区——低绿色发展—高城镇化	Ⅲ：成长区——低绿色发展—低城镇化	Ⅳ：绿超区——高绿色发展—低城镇化
东部地区	海口、深圳、无锡、福州、北京、苏州、珠海、杭州、厦门、济南、广州、常州、宁波、扬州、南通、徐州（16）	上海、天津、南京、汕头、温州、绍兴、泉州（7）	湖州、泰安、韶关（3）	烟台、青岛、湛江、潍坊、济宁、唐山、日照、淄博、石家庄、秦皇岛（10）
中部地区	长沙、阳泉、株洲（3）	合肥、太原、郑州、大同、武汉、芜湖、马鞍山（7）	南昌、洛阳、临汾、长治、九江、湘潭、焦作、开封、平顶山、岳阳、荆州、宜昌（12）	常德、安阳（2）
西部地区	克拉玛依、昆明（2）	兰州、攀枝花、乌鲁木齐、金昌、成都、包头（6）	遵义、宝鸡、重庆、北海、咸阳、南宁、柳州、贵阳、银川、西安、石嘴山、西宁、铜川、宜宾、泸州（15）	延安、赤峰、绵阳、曲靖、桂林、呼和浩特（6）
东北地区	沈阳（1）	抚顺、本溪（2）	牡丹江、锦州、哈尔滨、大连、齐齐哈尔、吉林、鞍山（7）	长春（1）

注：①本表根据图 7-1 所作；②表中括号内数字表示属于该区域的城市个数。

为更清晰地分析中国城市城镇化进程绿色特征的区域差异，将表 7-1 按照区域和城市所属版块分类做出图 7-2，如下所示。

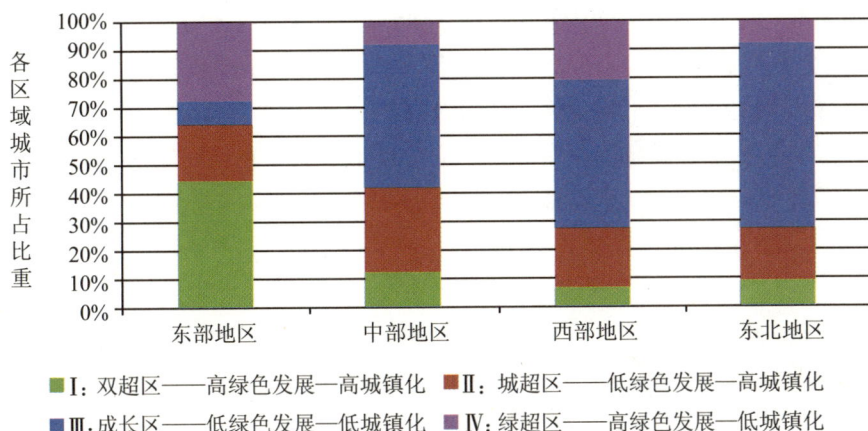

图 7-2　2013 年中国城镇化进程中城市绿色发展特征的区域差异

注：本图根据表 7-1 所作。

根据表7-1及图7-2，可知东部、中部、西部和东北地区四大区域内部城镇化进程中的绿色发展特征如下。

东部地区36个测评城市中，有16个城市位于"高绿色发展—高城镇化"的双超区，占东部城市的44.44%；有7个城市位于"低绿色发展—高城镇化"的城超区，占东部城市的19.44%；有3个城市位于"低绿色发展—低城镇化"的成长区，占东部城市的8.33%；有10个城市位于"高绿色发展—低城镇化"的绿超区，占东部城市的27.78%，如图7-3所示。

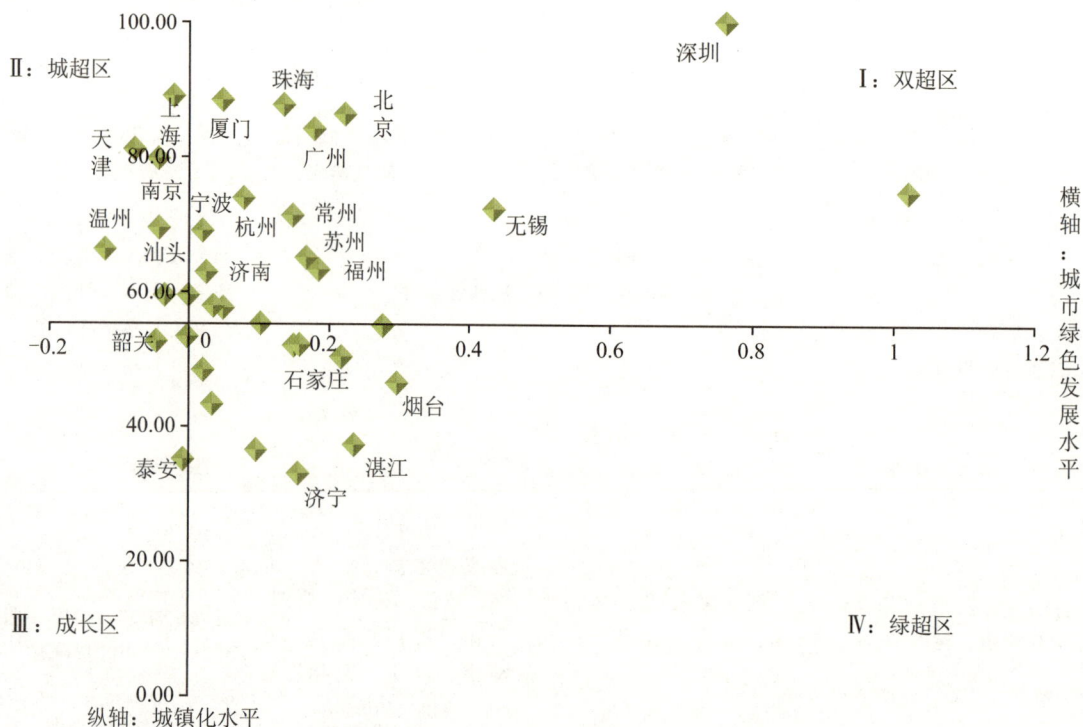

图7-3　2013年中国东部地区城镇化进程中城市绿色发展特征

注：本表根据图7-1及表7-1所作。

中部地区24个测评城市中，有3个城市位于"高绿色发展—高城镇化"的双超区，占中部城市的12.50%；有7个城市位于"低绿色发展—高城镇化"的城超区，占中部城市的29.17%；有12个城市位于"低绿色发展—低城镇化"的成长区，占中部城市的50.00%；有2个城市位于"高绿色发展—低城镇化"的绿超区，占中部城市的8.33%，如图7-4所示。

西部地区29个测评城市中，有2个城市位于"高绿色发展—高城镇化"的双超区，占西部城市的6.90%；有6个城市位于"低绿色发展—高城镇化"的城超区，占西部城市的20.69%；有15个城市位于"低绿色发展—低城镇化"的成长区，占西部城市的51.72%；有6个城市位于"高绿色发展—低城镇化"的绿超区，占西部城市的20.69%，如图7-5所示。

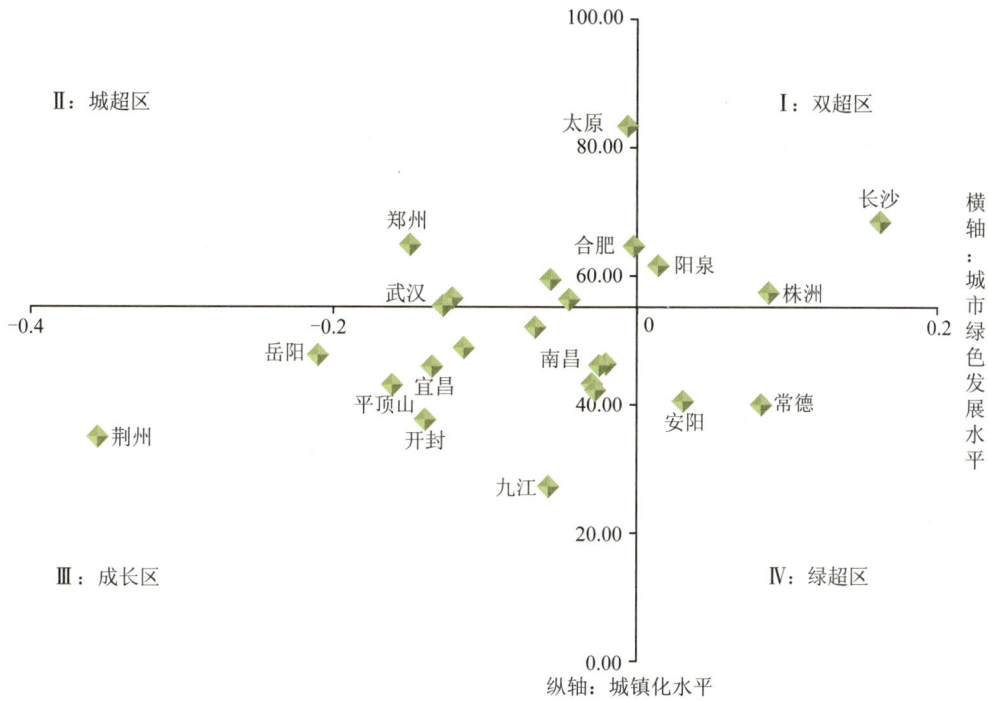

图 7-4　2013 年中国中部地区城镇化进程中城市绿色发展特征

注：本表根据图 7-1 及表 7-1 所作。

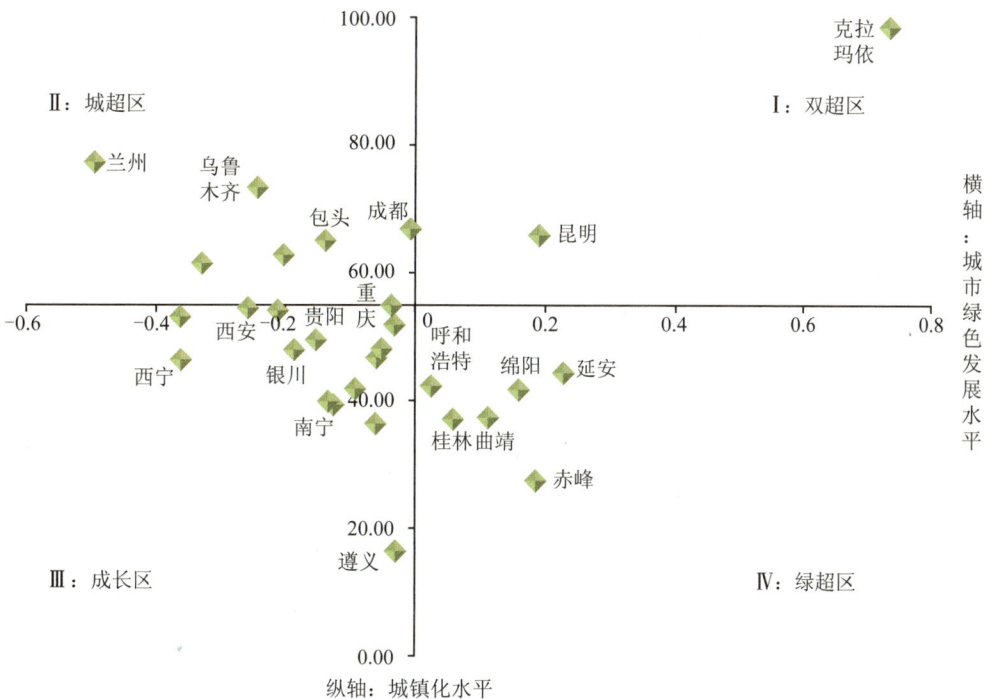

图 7-5　2013 年中国西部地区城镇化进程中城市绿色发展特征

注：本表根据图 7-1 及表 7-1 所作。

东北地区 11 个测评城市中，有 1 个城市位于"高绿色发展—高城镇化"的双超区，占东北城市的 9.09％；有 2 个城市位于"低绿色发展—高城镇化"的城超区，占东北城市的 18.18％；有 7 个城市位于"低绿色发展—低城镇化"的成长区，占东北城市的 63.64％；有 1 个城市位于"高绿色发展—低城镇化"的绿超区，占东北城市的 9.09％，如图 7-6 所示。

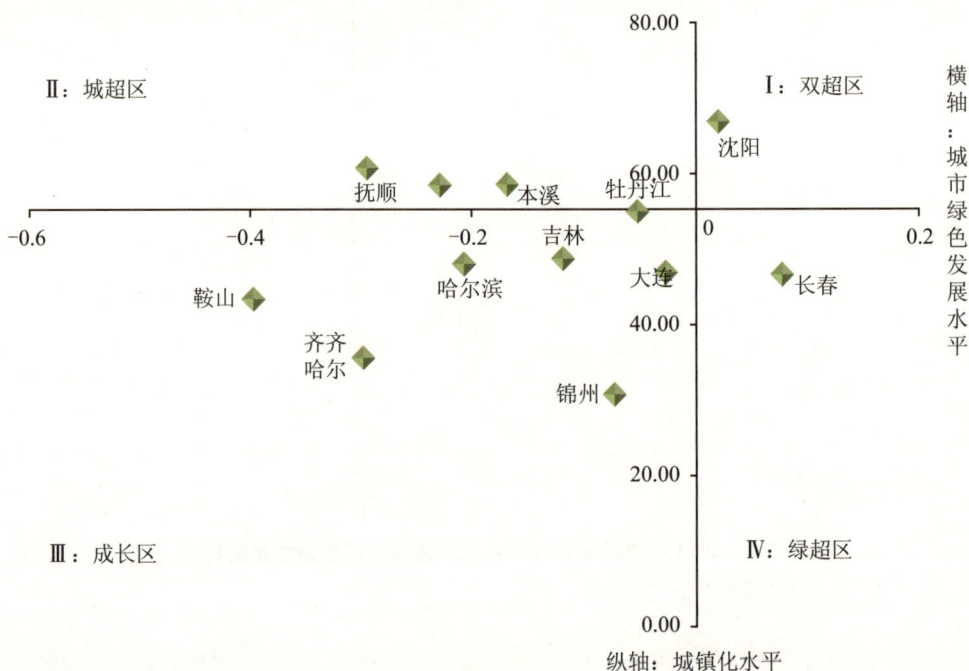

图 7-6　2013 年中国东北地区城镇化进程中城市绿色发展特征

注：本表根据图 7-1 及表 7-1 所作。

>>三、简要结论<<

1. 评估与提升城市绿色发展水平是历史的必然

工业革命以来，人类征服自然和改造自然的能力迅速提高，经济得到快速发展，人们的生活水平得到极大改善。然而，人类的经济活动消耗了大量的资源、能源，生态环境遭到严重破坏，经济增长与资源、环境、生态之间的矛盾日益突出，传统高污染、高能耗、高排放的粗放式发展模式已不能满足当前发展之需要，推动经济社会绿色发展迫在眉睫。城镇化是人类文明发展和世界经济增长的助推器。波澜壮阔的城镇化发展历史，蕴含着人类对美好生活的憧憬与希望，凝聚着人类社会不断繁荣进步的澎湃动力。中国城镇化是国家最大的内需潜力、经济结构调整的重要依靠和实现现代化的战略选择，是解决制约经济持续健康发展的重大结构性问题的关键所在。

走新型城镇化道路，建设绿色城市，特别需要形成一套相对系统的分析框架和评价指标体系，科学合理的评估城市绿色发展水平，发现薄弱环节，找到着力重点，增强城市发展的绿色活力和动力，推动中国城镇化绿色转型发展，促进中国城市绿色发展水平的全面提升与进步。

2. 城市绿色发展的分析与测度在一定程度上解读了新型城镇化的内涵

新型城镇化强调城镇化发展的全面可持续性，是一种注重长远和均衡的发展模式。与传统城镇化相比，新型城镇化更多地表现为人口、产业、空间资源配置效率不断得到改善和提高，强调协调、友好、共生、持续的绿色发展思想，达到人口、产业、空间、制度在时间和空间上的整体均衡与协调发展。

城市绿色发展的分析与测度为我们认识和理解新型城镇化的内涵提供了一个视角。城市绿色发展指数评价指标体系强调以人为本的城市发展理念，重视绿色与发展相结合，突出城市绿色发展的特色指标，突出政府绿色管理的引导作用，突出绿色生产的重要性，从经济增长绿化度、资源环境承载潜力、政府政策支持度三个主要方面，评估了城市的产业发展的绿化程度，环境资源的保护程度，政府在规划与领导绿色经济发展中的努力程度，从分析和测度理念与方法上充分体现了新型城镇化强调以人为本、人与自然和谐发展的内涵。同时，根据城市绿色发展评价指标体系，通过对 100 个城市的绿色发展指数的测度，我们发现了一批在经济增长绿化度、资源环境承载潜力、政府政策支持度等方面都表现较为突出的绿色城市，尽管排名仅供参考，但这些城市绿色发展水平总体较高，在推动城市绿色发展与城镇化融合进程中表现出了较好的成效，在走新型城镇化道路方面做出了积极探索和努力，也为丰富新型城镇化的内涵提供了良好的实践素材。

3. 双维度分析为理解城镇化与城市绿色发展关系提供了重要工具

双维度分析是课题组为更好地理解城镇化与城市绿色发展关系所做的一次探索性尝试。在传统的分析中，城镇化的评价与城市绿色发展的评价是相对独立的，可以说是单维度的。双维度的方式实际上为分析与判断城市化与城市绿色发展的关系提供了一种思路与分析工具。

利用双维度分析方法，我们梳理了不同城市城镇化与绿色发展的关系，既有助于鼓励相对先进的城市进一步提升城镇化和绿色发展质量，在更高水平上走绿色城镇化道路，也有助于激励相对落后的城市扬长避短，挖掘城市的城镇化和绿色发展潜力，着力将后发劣势转化为后发优势，实现城市绿色转型发展。

双维度分析还有助于我们理解区域发展的差异。在空间层面上，通过双维分析我们可以发现，东部地区与中西部地区在城镇化和城市绿色发展方面的差异仍然明显。东部地区 91.67％的城市绿色发展或城镇化相对较好，仅有 8.33％的城市较为落后。中部、西部和东北地区分别仅有 50.00％、48.28％、36.36％的城市绿色发展或城镇化相对领先，50.00％、51.72％、63.64％的城市未来仍有较大提升空间。

4. 政府需要统筹城镇化与绿色发展的关系

统筹城镇化与绿色发展的关系已经引起了各级政府的关注，但仍需改进，再上一个台阶。从测评的 100 个城市来看，过半的城市呈"绿色发展—城镇化"双领先或绿色发展和城镇化单方面领先的状态，城镇化发展规模和质量有了很大提升，推动绿色城镇化大有可为。同时，尽管部分城市仍然在城镇化和绿色发展方面存在差距，但仍然存在成长发展的潜力。

在我国着力推动新型城镇化建设的背景下，各级政府应重视将协调、友好、共生、持续的绿色发展理念纳入全国性和区域城镇发展规划体系中，构建与城市绿色发展需要相匹配的绿色政策制定、执行和评估体系，转变单纯追求经济增长的倾向，结合城市特点发展绿色产业，构建安全清洁、吸纳就业强的产业体系，使城市发展始终建立在稳固的绿色产业基础之上，并注重合理确定城市开发边界，规范新城新区建设，加快城市群和都市圈的建设，增强城市综合承载能力，克服交通拥堵、环境污染、健康危害、城市灾害、安全弱化等"城市病"。

　　实际上，绿色发展与城镇化具有内在的一致性，城镇化经济本质上是空间集聚经济，强调空间投入产出的合理比例，具有降低资源消耗的内在要求。发展城市经济的目的是提升人民的生活品质，人们来到城市就是让生活更美好，这与绿色经济的宗旨是完全一致的。中国城市需要着力提升城市品质，完善城市绿色功能，走绿色城镇化道路。

第三篇
公众评价篇

在进行城市绿色发展指数的测评过程中，以及在绿色发展指数报告的发布会上，我们与各界尤其是新闻界的朋友有一个共同感受，即绿色发展指数的省区和城市排序，如果只根据统计数据测算，可能与公众的实际感受有差距。接受各界朋友的宝贵建议，从2012年起，我们的报告增加了城市绿色发展公众满意度调查，反映居民对本城市的主观感受和评价，以更加全面地阐释城市绿色发展情况。本篇包括两章："第八章　城市绿色发展公众满意度调查结果与分析"和"第九章　城市绿色发展公众满意度调查方案及组织实施情况"。希望读者对我们的问卷调查设计、调查结果等提出宝贵意见，我们愿意进一步改进。

第八章

城市绿色发展公众满意度调查结果与分析

　　2012 年 5 月，我们对 38 个重点城市进行了"城市绿色发展公众满意度调查"，了解城市居民对其所居住城市绿色发展情况的主观感受和评价。公众满意度调查结果成为以客观统计数据为基础的"城市绿色发展指数测评指标体系"的重要补充和完善。为此，2013 年 4 月我们继续对 38 个重点城市开展公众满意度调查。

　　调查结果显示，2013 年重点城市绿色发展公众综合满意度为 0.091[1]，比 2012 年有所下降。尽管大多数城市居民对其所居住城市的绿色发展水平持肯定态度，但综合满意度较低。各城市绿色发展水平仍存在较大差异，呈现出西部和东部地区最高、东北较高、中部最低的特征。与 2012 年相比，东北、西部和东部城市公众综合满意度均有所下降，东北和西部下降较多，中部城市基本持平。从公众综合满意度的三项构成指数看，居民对城市基础设施的满意度最高，其次是城市环境，不过，对政府绿色行动效果仍然表示不太满意，多数城市居民对政府的绿色行动有较大的期待。与 2012 年相比，三项指数满意度均有所下降，城市环境满意度下降最多。调查发现，城市居民普遍对环境投诉、食品安全、交通拥堵、河湖污染、空气质量和企业排污治理等问题感到担忧，对空气质量、街道卫生、城市绿化、垃圾分类设施配置、城市饮用水等的满意度降幅较大。从总体上看，城市绿色发展水平与居民的期望存在明显差距，各城市在改善城市环境、完善基础设施等方面仍需加大工作力度，在实施推进城市绿色发展的各项政策时，应重视居民的诉求和期望，更加注重政策的针对性和有效性。

>>一、居民对城市绿色发展水平总体上表示满意，
但综合满意度比 2012 年有所下降<<

　　2013 年重点城市绿色发展公众综合满意度为 0.091(见表 8-1)，按可比口径[2]比 2012 年下降

---

　　① 满意度得分在 -1 和 1 之间，0 为"满意"和"不满意"的临界值。得分为正表示"满意"，越趋近于 1 满意程度越高；反之表示"不满意"，越趋近于 -1 表示越不满意。

　　② 2013 年调查问卷的政府绿色行动部分中增加了对"环境污染突发事件处理效果"指标，使得 2013 年公众综合满意度和政府绿色行动满意度与 2012 年结果不完全可比，这里测算了不包括新增指标的结果，即用可比口径的综合满意度和政府绿色行动满意度进行比较。此外，我们发现 38 个城市 2013 年公众综合满意度排序与剔除新增指标影响后的排序差异不大，即该指标对所有城市的影响是同向的，因此在报告中直接使用 2013 年城市综合满意度排名与 2012 年的排名进行比较。

0.047(名义下降0.030)，虽然仍处于满意区间，但满意度较低。各城市的综合满意度差异较大，东部、中部、西部和东北地区四大经济区域呈现西部和东部地区城市绿色发展水平相对最高、东北较高、中部最低的特征。从公众综合满意度的三项构成指数看，居民对城市基础设施和城市环境表示满意，但比2012年均有所下降；对政府绿色行动仍不满意，且按可比口径比2012年进一步下降。

表 8-1　　　　　　　　　　　2013 年中国重点城市绿色发展公众满意度

城　市	绿色发展公众综合满意度		城市环境满意度		城市基础设施满意度		政府绿色行动满意度	
	排　名	指　数	排　名	指　数	排　名	指　数	排　名	指　数
平均水平	0.091		0.140		0.200		−0.068	
克拉玛依	1	0.557	1	0.711	1	0.646	1	0.313
厦　门	2	0.294	3	0.378	2	0.420	2	0.083
西　宁	3	0.222	4	0.362	10	0.287	5	0.019
银　川	4	0.220	5	0.349	6	0.325	8	−0.014
海　口	5	0.209	2	0.408	14	0.273	13	−0.054
杭　州	6	0.196	11	0.225	5	0.336	3	0.027
重　庆	7	0.192	6	0.272	8	0.295	6	0.011
青　岛	8	0.190	7	0.254	9	0.290	4	0.026
苏　州	9	0.179	15	0.171	3	0.355	6	0.011
宁　波	10	0.162	15	0.171	4	0.341	10	−0.024
珠　海	11	0.143	9	0.235	7	0.304	25	−0.109
福　州	12	0.136	10	0.232	15	0.248	20	−0.071
成　都	13	0.132	19	0.131	11	0.285	9	−0.020
南　宁	14	0.129	12	0.221	16	0.233	17	−0.066
贵　阳	15	0.106	8	0.249	30	0.114	12	−0.045
深　圳	16	0.092	21	0.124	13	0.276	27	−0.123
大　连	17	0.091	20	0.128	16	0.233	23	−0.090
南　京	18	0.087	30	0.024	12	0.277	11	−0.041
合　肥	19	0.082	18	0.161	21	0.151	16	−0.065
长　春	20	0.066	23	0.108	24	0.148	14	−0.058
太　原	21	0.059	23	0.108	25	0.139	19	−0.069
天　津	22	0.048	26	0.068	19	0.212	31	−0.136
南　昌	23	0.046	13	0.198	33	0.071	28	−0.130
昆　明	23	0.046	25	0.087	29	0.119	18	−0.068
长　沙	25	0.045	22	0.118	21	0.151	30	−0.133
上　海	26	0.041	32	−0.025	18	0.227	22	−0.078
哈尔滨	27	0.040	14	0.184	34	0.065	29	−0.131
济　南	28	0.039	31	0.016	20	0.163	15	−0.062
乌鲁木齐	29	0.036	17	0.162	35	0.040	24	−0.093
沈　阳	30	0.011	29	0.028	23	0.150	32	−0.146

城　市	绿色发展公众综合满意度		城市环境满意度		城市基础设施满意度		政府绿色行动满意度	
	排　名	指　数	排　名	指　数	排　名	指　数	排　名	指　数
平均水平	0.091		0.140		0.200		−0.068	
武　汉	30	0.011	28	0.041	30	0.114	26	−0.122
北　京	32	−0.008	37	−0.085	26	0.135	21	−0.073
石家庄	33	−0.033	36	−0.076	27	0.127	33	−0.150
西　安	34	−0.034	34	−0.036	32	0.092	35	−0.156
广　州	35	−0.048	35	−0.075	27	0.127	37	−0.196
兰　州	36	−0.080	33	−0.026	37	−0.060	34	−0.153
呼和浩特	37	−0.092	27	0.055	38	−0.122	38	−0.208
郑　州	38	−0.119	38	−0.173	36	0.009	36	−0.192

　　分四大经济区域看，东部、中部、西部和东北地区的城市绿色发展公众综合满意度分别为0.102、0.021、0.121和0.052（见图8-1），西部和东部城市满意度相对最高，东北城市较高，中部城市相对最低。按可比口径与2012年相比，中部城市基本持平，但东部、西部和东北地区城市分别下降0.042、0.065和0.082，东北地区和西部城市下降较多。西部12个城市中，克拉玛依满意度最高，达到0.557，比满意度最低的呼和浩特高出0.649；西部排第2位的西宁比最低的呼和浩特也高出0.314，西部各城市的绿色发展水平存在较大差异。12个城市中，有4个城市排在全国前10位，比2012年减少1个；3个城市排在第11位～第20位，也比2012年减少1个；5个城市排在后18位，比2012年增加2个。东部16个城市中，满意度最高的厦门比最低的广州高出0.342，城市间绿色发展水平差异较大。16个城市中，有6个城市排在全国前10位，比2012年增加1个；4个城市排在第11位～第20位，与2012年持平；6个城市排在后18位，比2012年减少1个。中部6个城市中，满意度最高的合肥比最低的郑州高出0.201，除合肥排在第19位，其他5个城市都排在后18位。东北4个城市绿色发展水平都相对较低，也比较接近。其中，大连满意度相对最高，排在第17位；沈阳相对最低，排在第30位；两者仅相差0.080。长春和哈尔滨分别排在第20位和第27位。

　　分城市看，城市间公众综合满意度差异仍然较大，居民对城市绿色发展水平表示不满意的城市比2012年有所增加。与2012年一样，克拉玛依一枝独秀，公众综合满意度达到0.557，比排在第2位的厦门高出0.263，比排名最低的郑州高0.676；厦门比郑州也高出0.413。38个城市中，有31个城市的公众综合满意度大于0，处于满意区间，表明居民对其所在城市的绿色发展状况持肯定态度。其中有17个城市高于或等于平均水平，排前10位的依次是克拉玛依、厦门、西宁、银川、海口、杭州、重庆、青岛、苏州和宁波。不过，有7个城市的满意度小于0，比2012年增加了4个，表明居民对其所在城市的绿色发展状况不满意。这7个城市按得分从高到低依次是北京、石家庄、西安、广州、兰州、呼和浩特和郑州，其中北京、石家庄、西安、广州和郑州由2012年的满意下降为不满意。

　　与2012年相比，多数城市（31个）的公众综合满意度排名有所变化，其中，排名上升5位及以上的有9个城市，上升位次从高到低依次是合肥、福州、南京、海口、长沙、天津、武汉、苏州和哈尔滨，主要是由于这些城市基础设施和政府绿色行动满意度提升较多。排名下降5位及以上的有 9 个城市，下降位次从高到低依次为西安、济南、郑州、石家庄、长春、乌鲁木齐、广州、成都和昆明，这些城市三项构成指标的满意度大都同时下降。

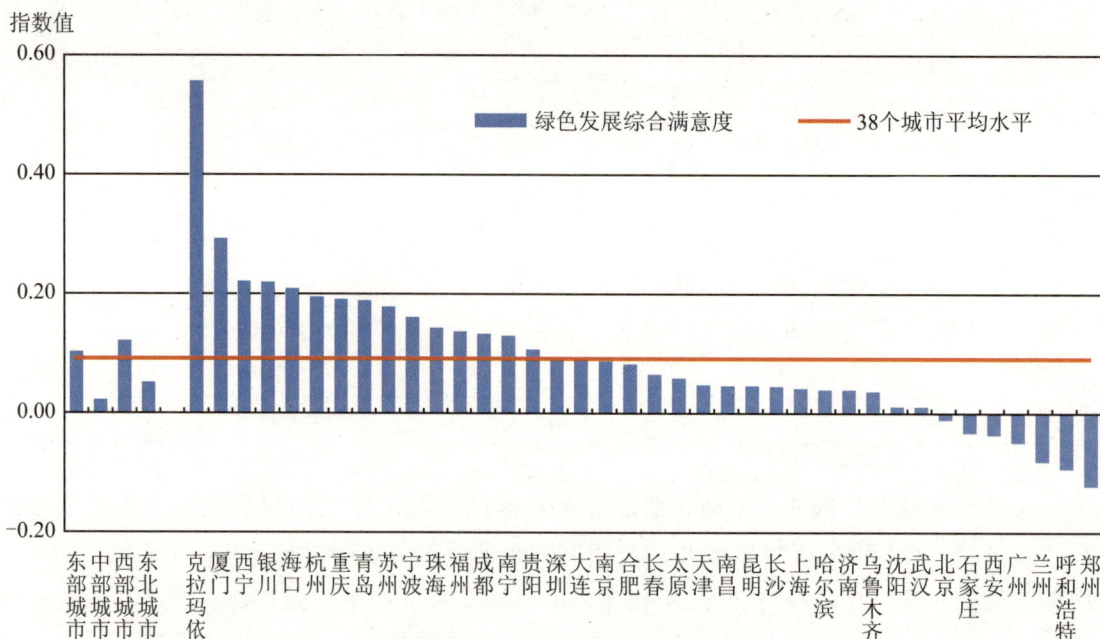

图 8-1　城市绿色发展综合满意度

　　城市绿色发展公众综合满意度的三项构成指数分别为城市环境满意度、城市基础设施满意度和政府绿色行动满意度，得分分别为 0.140、0.200 和－0.068，城市居民对环境和基础设施表示满意，但仍对政府相关政策措施及其实施效果不满意。与 2012 年相比，城市环境满意度和城市基础设施满意度分别下降 0.093 和 0.027，环境满意度下降最多；2013 年政府绿色行动满意度名义上提高 0.030，主要是受新增指标"环境污染突发事件处理效果"满意度较高的拉动，按可比口径实际下降 0.021。

　　分地区看，东部、中部、西部和东北地区城市的城市环境和基础设施满意度均远高于政府绿色行动满意度。此外，东部、中部和东北地区城市的基础设施满意度高于城市环境满意度，尤其是东部地区高出最多；西部地区则是城市环境满意度略高于基础设施满意度（见图 8-2）。与2012 年相比，东部、中部、西部和东北地区城市的基础设施满意度有升有降、变化不大，城市环境满意度均有所下降且降幅偏大，而可比口径的政府绿色行动满意度均为微幅下降。分城市看，绝大多数城市的居民对城市环境和基础设施的满意度较高，对政府绿色行动的满意度较低。38 个城市中，城市环境满意度大于 0 的有 31 个，比 2012 年减少 5 个；城市基础设施满意度大于 0 的有 36 个，比 2012 年增加 1 个；政府绿色行动满意度大于 0 的有 7 个，按可比口径大于 0的有 2 个，比 2012 年减少 2 个。调查结果表明，政府政策支持绿色发展的力度仍然不足，保持良好城市环境的难度也在增加；各地区应处理好发展与治理的关系，事后响应和事前预防并举，切实转变经济发展方式，不断提高城市绿色发展水平。

指数值

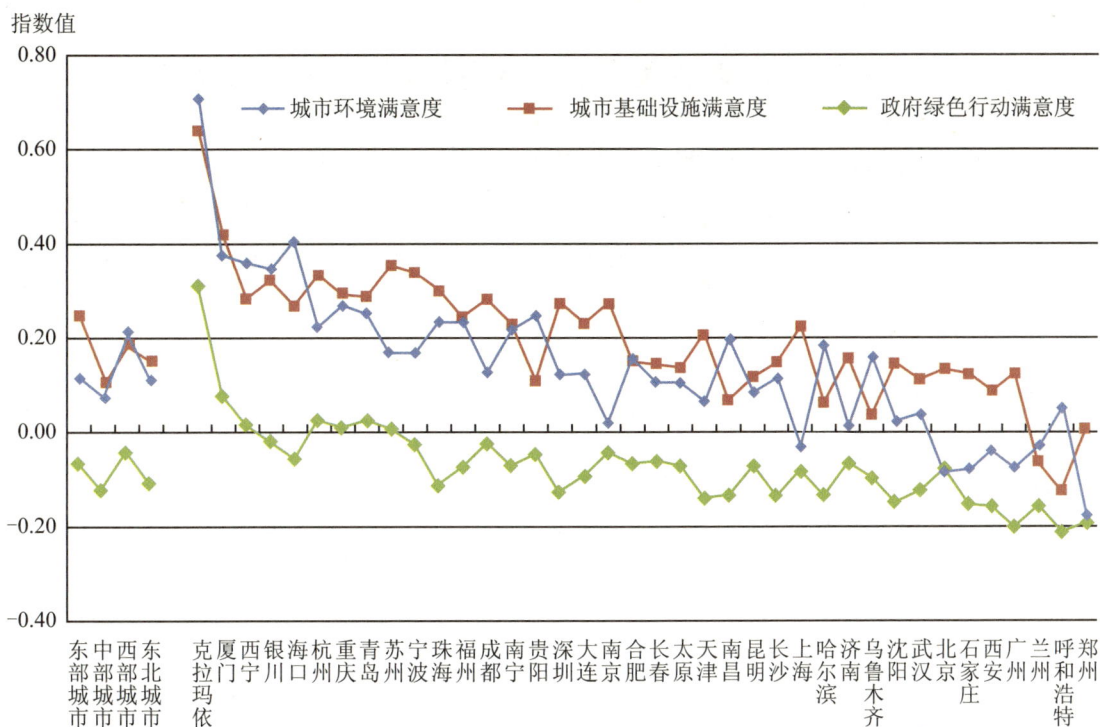

图 8-2　城市绿色发展构成指数满意度

进一步调查显示，城市居民对于所居住城市的满意程度仍然很高，38 个城市的平均满意度为 0.451，比 2012 年下降 0.024。其中，有 51.3％的居民对所居住城市表示满意，仅有 6.2％表示不满意。居民对所居住城市的评价包括对城市就业、收入水平、教育、医疗和文化生活等多方面，当然也包括对城市绿色发展水平的评价。2013 年，城市居民对城市绿色发展的满意度有所下降，与对城市的总体满意度下降相一致。从 38 个城市来看，各城市居民对所在城市的总体满意度均远高于对所在城市的绿色发展满意度（见图 8-3），两者的相关系数高达 0.938，表明各城市提高绿色发展水平对进一步增加城市居民认同感的效果较好。

指数值

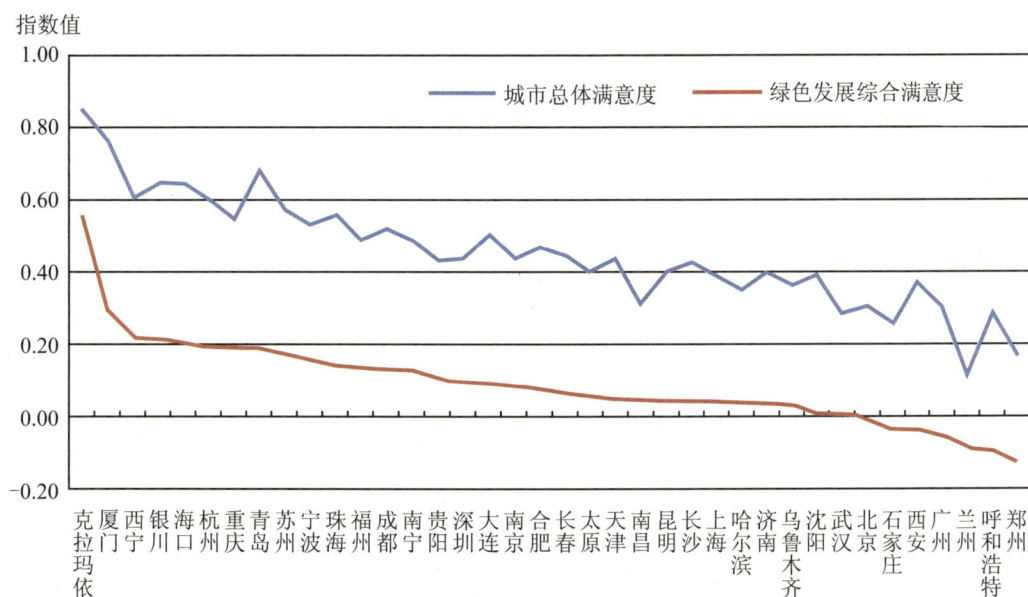

图 8-3　城市总体满意度与绿色发展综合满意度比较

>>二、城市环境满意度较高，但比 2012 年有所下降<<

城市环境满意度是指居民对所在城市的街道卫生、饮用水、河流湖泊的受污染程度、空气质量和近三年城市环境变化五项指标的综合评价。调查结果显示，38 个城市的城市环境满意度平均水平为 0.140（见图 8-4），低于基础设施满意度，但高于政府绿色行动满意度；比 2012 年下降 0.093，表明居民对当前城市的环境状况总体仍较为肯定，但不满意的城市居民有所增加。城市间的环境满意度差异较大，各经济区域呈现西部满意度最高、东部和东北较高、中部较低的特征。

分城市看，31 个城市的环境满意度大于 0，比 2012 年减少了 5 个；7 个城市的环境满意度小于 0。与 2012 年相比，有 5 个城市的环境满意度上升，按升幅从高到低依次是武汉、福州、兰州、海口和乌鲁木齐；33 个城市的环境满意度下降，后 5 位按降幅从高到低依次是西安、郑州、长春、成都和石家庄。

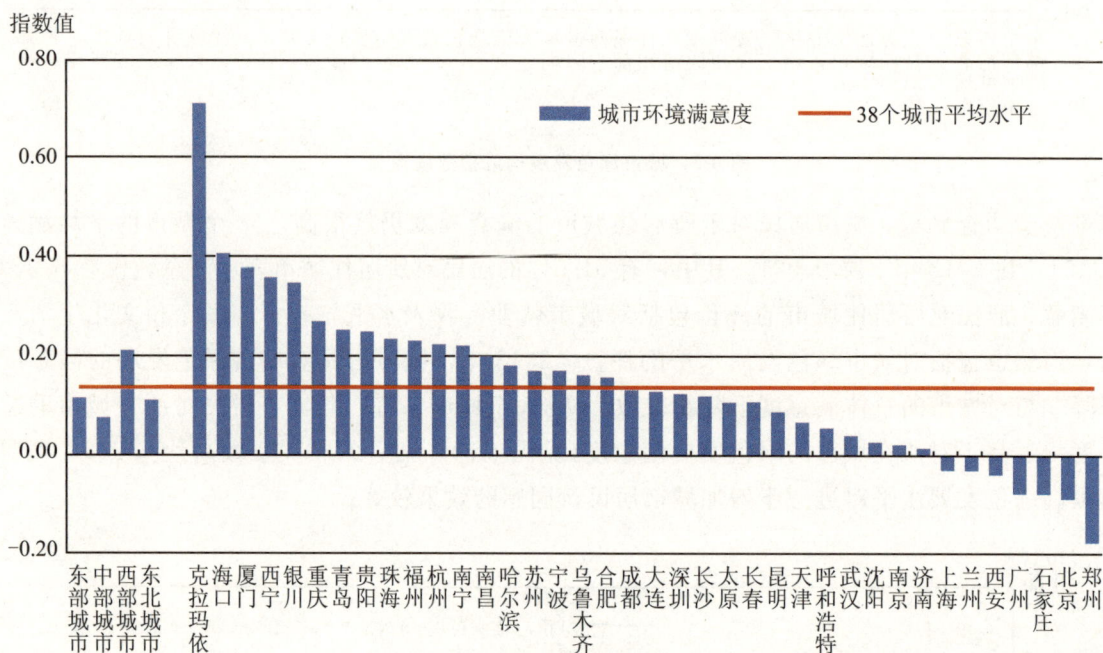

图 8-4　城市环境满意度

城市环境的五项构成指标中，居民对近三年城市环境变化最为满意，满意度较高的是城市饮用水、城市街道卫生，不满意的是城市空气质量和城市河流湖泊的受污染程度。与 2012 年相比，五项指标的满意度均有不同程度的下降（见图 8-5）。

近三年城市环境变化满意度为 0.431，比 2012 年大幅下降 0.147。其中，高达 62.4％的受访居民认为近三年城市环境"变好了"，比 2012 年下降 7.4 个百分点；18.3％认为"没有变化"；19.3％认为"变差了"，比 2012 年上升 7.3 个百分点。分城市看，绝大多数（37 个）城市的近三年环境变化满意度大于 0（见图 8-6），减少了大连。与 2012 年相比，有 7 个城市的环境变化满意度上升，按升幅高低依次是武汉、兰州、乌鲁木齐、珠海、银川、福州和克拉玛依；31 个城市的环境变化满意度下降，后 5 位按降幅高低依次是长春、北京、郑州、石家庄和西安。

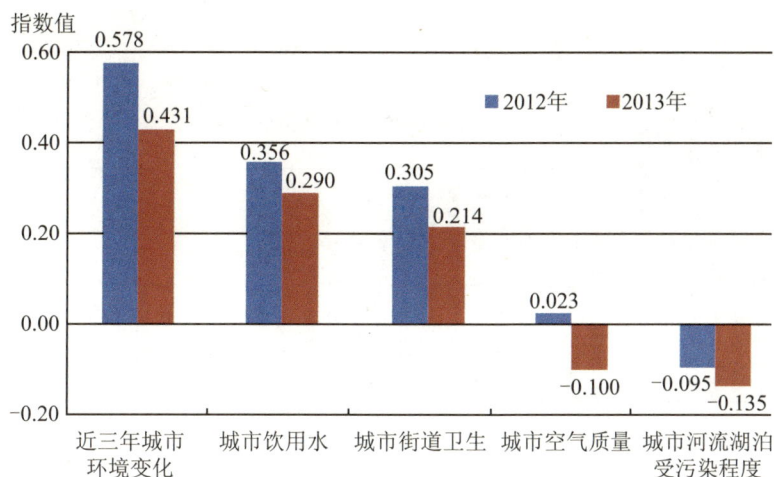

图 8-5　城市环境满意度构成指标得分

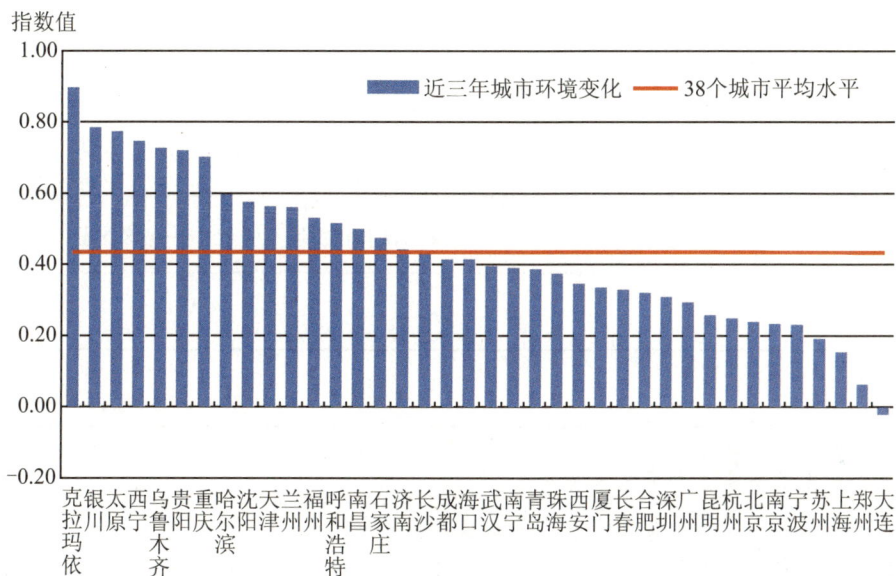

图 8-6　近三年城市环境变化满意度

城市饮用水质量的满意度为 0.290，比 2012 年下降 0.066。其中，43.5％的受访居民对所在城市的饮用水质量表示"满意"，下降 4.9 个百分点；42.0％认为"一般"，上升 3.3 个百分点；另有 14.5％表示"不满意"，上升 1.6 个百分点。分城市看，37 个城市的饮用水质量的满意度大于 0（见图 8-7），石家庄仍小于 0。与 2012 年相比，有 10 个城市的饮用水质量满意度上升，前 5 位按升幅高低依次是南昌、福州、武汉、天津和海口；28 个城市满意度下降，后 5 位按降幅高低依次是银川、昆明、郑州、西安和成都。

城市街道卫生满意度为 0.214，比 2012 年下降 0.091。其中，35.0％的受访居民认为所在城市的街道卫生环境"干净"，下降 5.9 个百分点；51.4％认为"一般"，13.6％认为"不干净"，分别上升 2.6 个百分点和 3.3 个百分点。分城市看，33 个城市的街道卫生满意度大于 0，比 2012 年少了 2 个；另有 5 个城市的街道卫生满意度小于 0（见图 8-8）。与 2012 年相比，有 9 个城市的街道卫生满意度上升，前 5 位按升幅高低依次是武汉、兰州、合肥、福州和克拉玛依；29 个城市的街道卫生满意度下降，后 5 位按降幅高低依次是长春、珠海、郑州、西安和西宁。

指数值

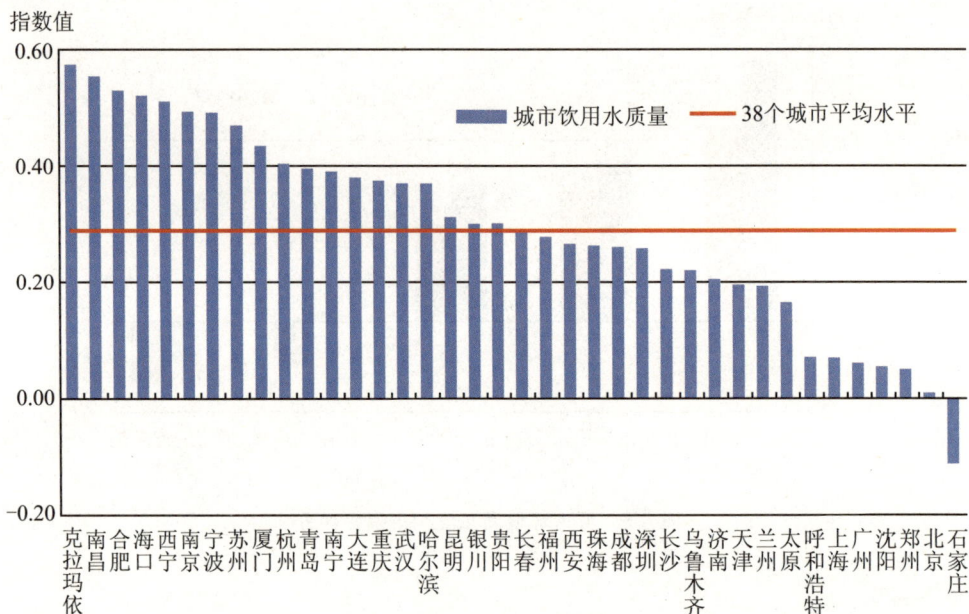

图 8-7　城市饮用水质量满意度

指数值

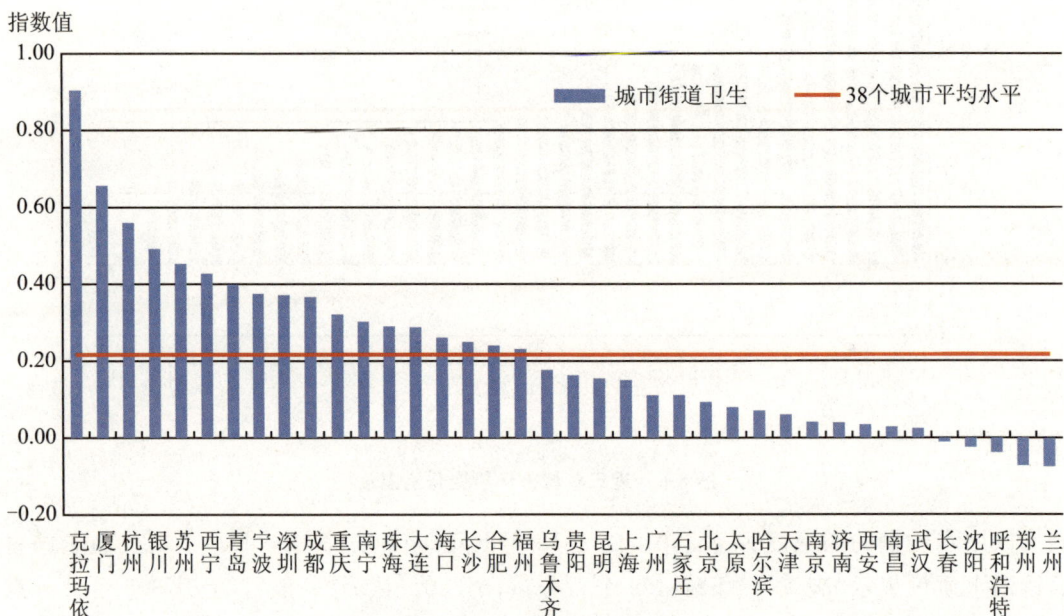

图 8-8　城市街道卫生满意度

城市空气质量满意度比 2012 年大幅下降 0.123，至－0.100，跌入了不满意区间。其中，仅有 20.1％的受访居民认为所在城市的空气质量"好"，49.8％认为"一般"，分别下降 5.3 个百分点和 1.6 个百分点；30.1％认为"不好"，上升 6.9 个百分点。分城市看，仅有 13 个城市的空气质量满意度大于 0，比 2012 年少了 7 个；24 个城市的空气质量满意度小于 0，另有 1 个城市等于 0(见图 8-9)。与 2012 年相比，有 9 个城市的空气质量满意度上升，前 5 位按升幅高低依次是福州、海口、兰州、乌鲁木齐和武汉；29 个城市的空气质量满意度下降，后 5 位按降幅高低依次是西安、郑州、石家庄、成都和杭州。

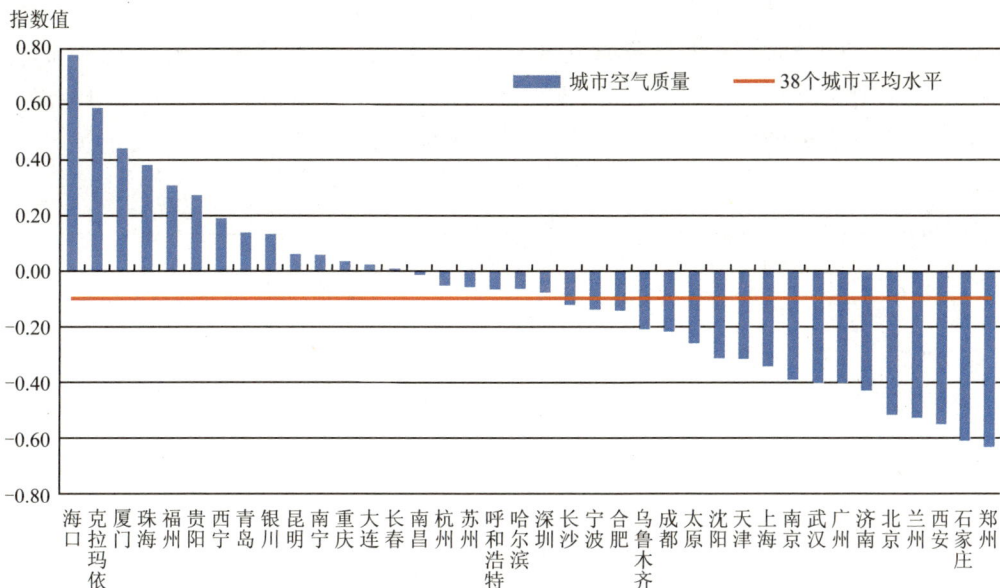

图 8-9　城市空气质量满意度

　　五项指标中，城市河流湖泊受污染程度满意度最低，为－0.135，且比 2012 年下降 0.040。其中，仅有 11.2％的受访居民认为所在城市的河流、湖泊"没有污染"，下降 2.3 个百分点；64.2％认为"有点污染"，24.6％认为"严重污染"，分别上升 0.7 个百分点和 1.6 个百分点。分城市看，仅有 4 个城市的居民表示满意，比 2012 年减少了 7 个；多达 34 个城市的受访居民表示不满意（见图 8-10）。与 2012 年相比，有 13 个城市的河流湖泊受污染程度满意度上升，前 5 位按升幅高低依次是哈尔滨、武汉、福州、苏州和南京；24 个城市满意度下降，后 5 位按降幅高低依次是西安、济南、青岛、石家庄和银川；克拉玛依与 2012 年持平。

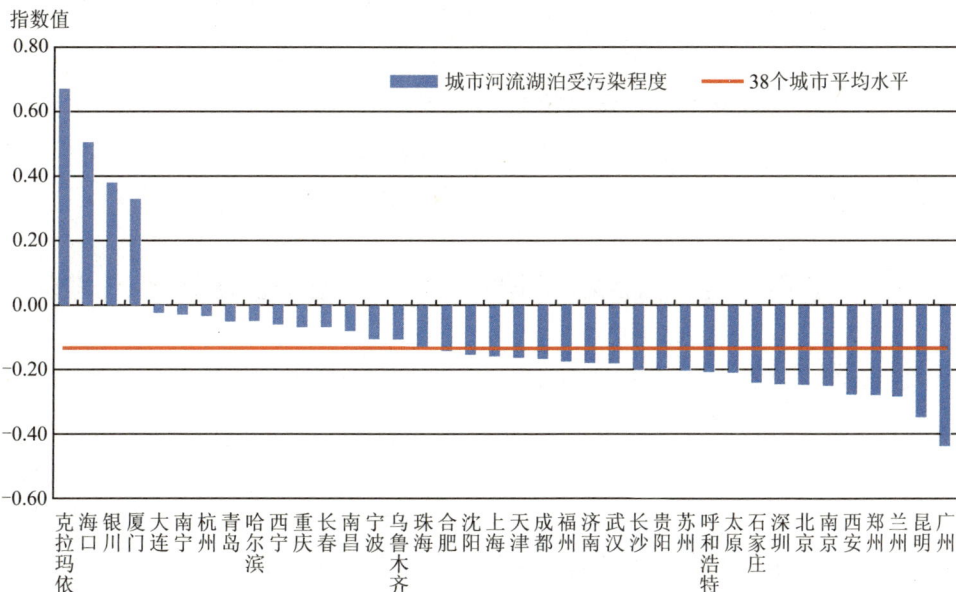

图 8-10　城市河流湖泊受污染程度满意度

　　对于所在城市污染最严重的领域，调查结果显示，城市居民认为机动车尾气污染最严重，选择比重高达 72.3%，认为污染较严重的依次是生活垃圾污染（33.6%）、噪音污染①（28.9%）、工厂排污（27.0%）和塑料袋或塑料餐盒污染（26.7%），选择比重较低的是饮食业油烟污染（13.7%）、电磁辐射污染（4.8%）和农业污染（2.5%）。与 2012 年相比，认为机动车尾气和塑料袋或塑料餐盒污染最严重的比重分别上升 5.0 个百分点和 4.1 个百分点（见图 8-11）。

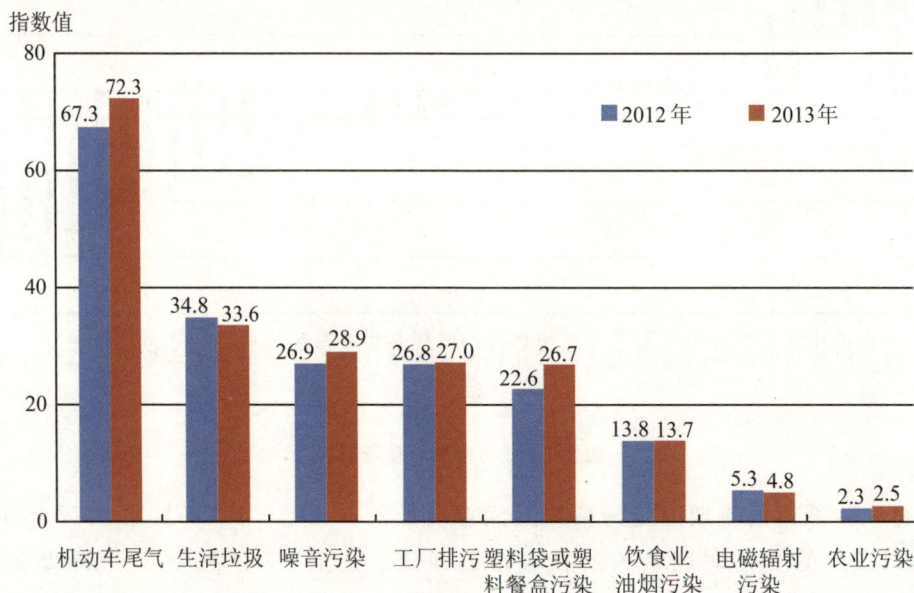

图 8-11　城市污染最严重的领域

分城市看，38 个城市的受访居民均认为机动车尾气是第一污染源，选择的比重均在 50% 以上，选择比重超过 80% 的城市依次是杭州、青岛、上海、大连和济南。认为生活垃圾是第二污染源的城市有 16 个，选择比重超过 40% 的依次是呼和浩特、福州、海口、贵阳和南昌；认为工厂排污是第二污染源的城市有 10 个，选择比重超过 40% 的依次是苏州、兰州、广州、宁波和珠海，另外石家庄的选择比重也超过 40%；认为噪音是第二污染源的城市有 9 个，选择比重超过 40% 的是武汉；认为塑料袋或塑料餐盒是第二污染源的城市有 3 个，分别是石家庄、天津和郑州，选择比重均超过 40%，另外超过 40% 的还有呼和浩特。其他污染源方面，38 个城市的受访居民中选择饮食业油烟污染、电磁辐射污染和农业污染的比重均很低。

>>三、城市基础设施满意度最高，比 2012 年略有下降<<

城市基础设施满意度是指城市居民对所在城市的绿化情况、休闲娱乐场所的数量和分布、生活垃圾处理、公共交通便利程度和交通畅通情况等五项指标的综合评价。调查结果显示，38 个城市的基础设施满意度平均水平为 0.200（见图 8-12），是三项构成指数中满意度最高的，比 2012 年略降 0.027，表明居民对当前城市的基础设施状况较为肯定。城市间的基础设施满意度差异较大，各经济区域呈现东部满意度最高、西部和东北较高、中部较低的特征。

分城市看，38 个城市的基础设施满意度大于 0，得到绝大多数城市居民的肯定，比 2012 年增加了 1 个城市；仅有 2 个城市的基础设施满意度小于 0。与 2012 年相比，有 14 个城市的基础

---

① 包括交通噪音、建筑施工、娱乐场所噪音等。

设施满意度上升，前5位按升幅高低依次是武汉、海口、福州、长沙和合肥；24个城市的基础设施满意度下降，后5位按降幅高低依次是郑州、长春、西安、大连和乌鲁木齐。

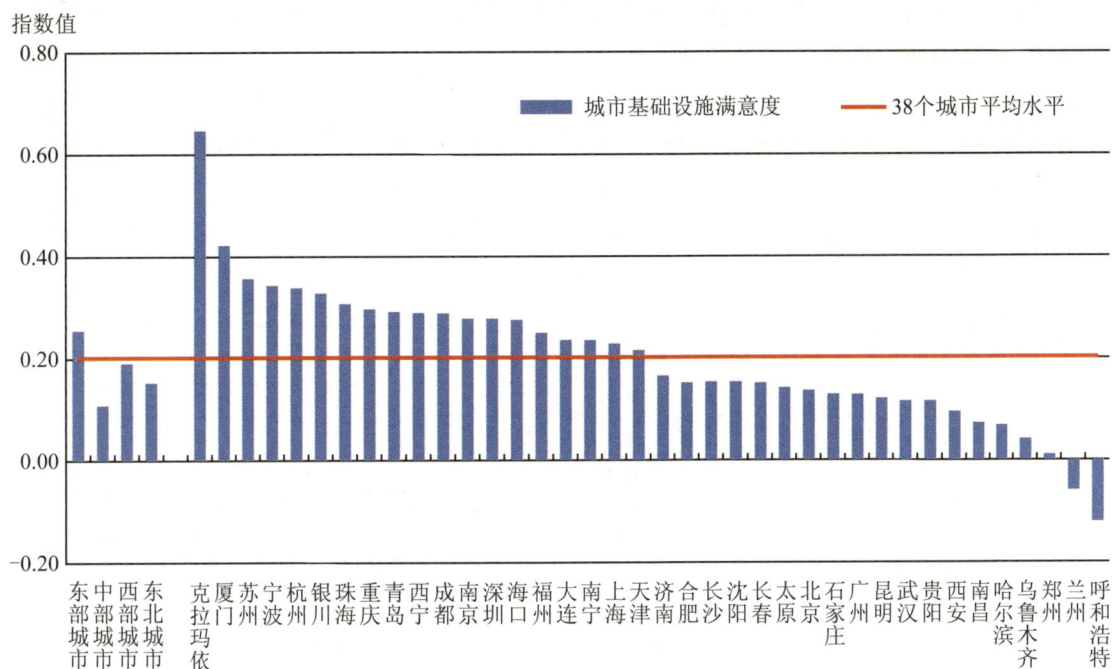

图 8-12　城市基础设施满意度

城市基础设施的五项指标中，居民对城市公共交通便利程度最为满意，满意度较高的是城市绿化情况、休闲娱乐场所的数量和分布、生活垃圾处理情况，不满意的是城市交通畅通情况。与2012年相比，除城市公共交通便利程度满意度略有上升外，其余四项指标的满意度均有不同程度的下降（见图8-13）。

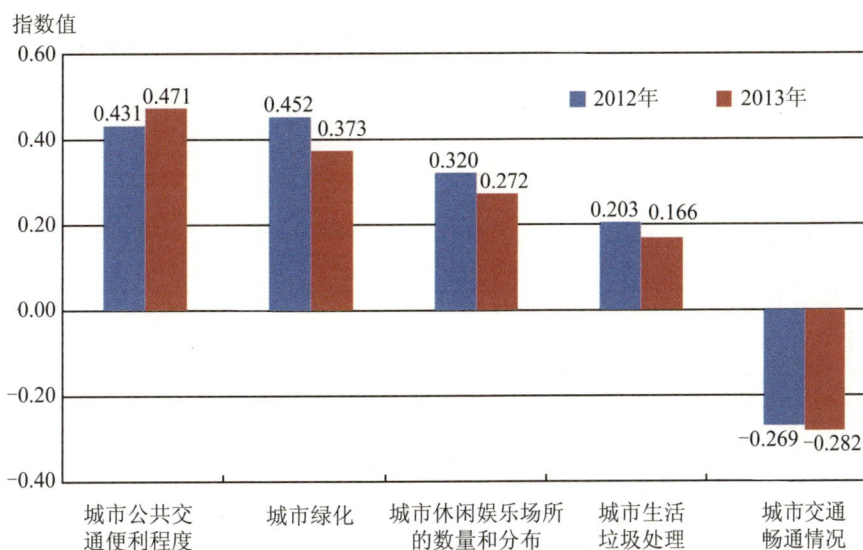

图 8-13　城市基础设施满意度构成指标得分

城市公共交通便利程度满意度为0.471，比2012年上升0.040。其中，59.9%的受访居民认为所在城市的公共交通"方便"，27.3%认为"一般"，分别上升1.7个百分点和0.6个百分点；仅有 12.8％认为"不方便"，下降 2.3 个百分点。分城市看，38 个城市的居民总体上均对所在城市的公共交通便利程度表示满意（见图 8-14）。与 2012 年相比，有 25 个城市的满意度上升，前 5 位按升幅高低依次是武汉、太原、天津、长沙和兰州；13 个城市的满意度下降，后 5 位按降幅高低依次是长春、昆明、西安、石家庄和南宁。

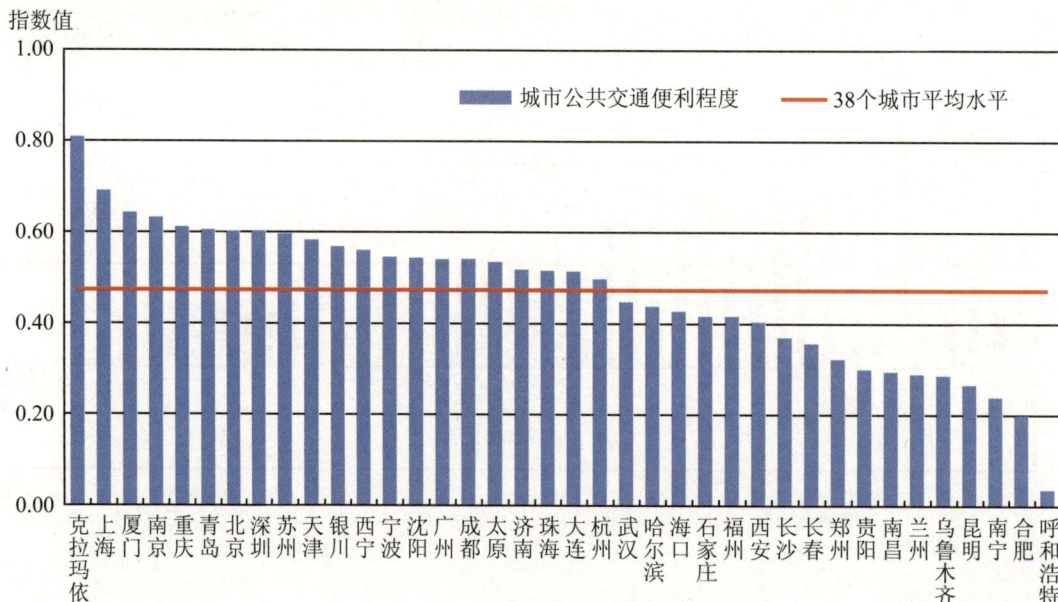

图 8-14 城市公共交通便利程度满意度

城市绿化满意度为 0.373，比 2012 年下降 0.079。其中，44.4％的受访居民认为所在城市的绿化情况"好"，下降 6.7 个百分点；48.5％认为"一般"，仅有 7.1％认为"不好"，分别上升 5.6 个百分点和 1.1 个百分点。分城市看，38 个城市的居民总体上均对所在城市的绿化情况表示满意（见图 8-15）。与 2012 年相比，有 10 个城市的绿化满意度上升，前 5 位按升幅高低依次是武汉、福州、合肥、长沙和南京；28 个城市的绿化满意度下降，后 5 位按降幅高低依次是郑州、呼和浩特、西宁、大连和太原。

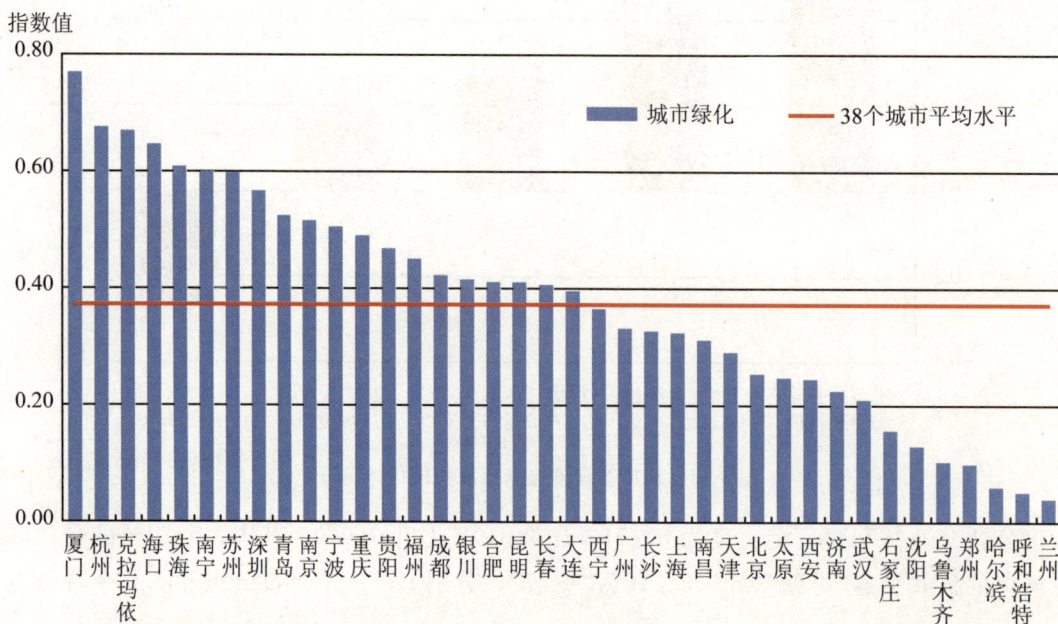

图 8-15 城市绿化满意度

　　城市休闲娱乐场所满意度为 0.272，比 2012 年下降 0.048。其中，41.7％的受访居民对所在城市的公园、广场等公共休闲娱乐场所的数量和分布表示"满意"，下降 4.2 个百分点；43.8％认为"一般"，14.5％表示"不满意"，分别上升 3.6 个百分点和 0.6 个百分点。在少数表示不满意的居民中，67.9％认为休闲娱乐场所"数量少"，22.8％认为"分布不合理"，9.3％认为"数量少且分布不合理"、"公园有收费情况"、"设施配套不完善"或"管理和维护不到位"等。

　　分城市看，37 个城市的休闲娱乐场所满意度大于 0（见图 8-16），比 2012 年减少了 1 个城市哈尔滨。与 2012 年相比，有 9 个城市的休闲娱乐场所满意度上升，前 5 位按升幅高低依次是合肥、福州、武汉、苏州和海口；28 个城市的休闲娱乐场所满意度下降，后 5 位按降幅高低依次是珠海、呼和浩特、天津、石家庄和西安；贵阳与 2012 年持平。

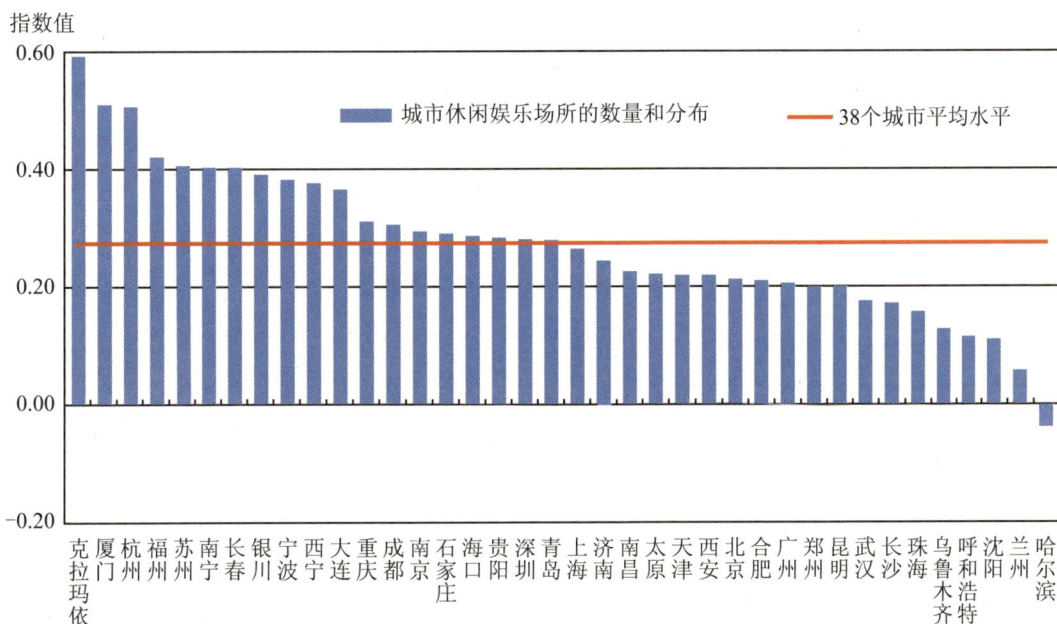

图 8-16　城市休闲娱乐场所满意度

　　城市生活垃圾处理满意度为 0.166，比 2012 年下降 0.037。其中，37.4％的受访居民对所在城市的生活垃圾处理情况表示"满意"，下降 3.1 个百分点；41.8％认为"一般"，20.8％表示"不满意"，分别上升 2.4 个百分点和 0.7 个百分点。分城市看，35 个城市的生活垃圾处理满意度大于 0（见图 8-17），比 2012 年增加了 1 个城市；另有 3 个城市的满意度小于 0。与 2012 年相比，有 11 个城市的生活垃圾处理满意度上升，前 5 位按升幅高低依次是武汉、合肥、福州、贵阳和兰州；27 个城市的生活垃圾处理满意度下降，后 5 位按降幅高低依次是长春、济南、西宁、郑州和珠海。

　　五项指标中，城市交通畅通满意度最低，为 -0.282，且比 2012 年下降 0.013。其中，仅有 17.1％的受访居民认为所在城市的交通"畅通"，下降 1.4 个百分点；37.6％认为"一般"，上升 1.4 个百分点；仍然有高达 45.3％的居民认为所在城市的交通"拥堵"。分城市看，仅有 2 个城市的交通畅通满意度大于 0（见图 8-18），比 2012 年减少 2 个城市；多达 36 个城市的交通畅通满意度小于 0。与 2012 年相比，有 18 个城市的交通畅通满意度上升，前 5 位按升幅高低依次是沈阳、天津、武汉、长沙和海口；20 个城市的交通畅通满意度下降，后 5 位按降幅高低依次是重庆、郑州、乌鲁木齐、银川和昆明。

指数值

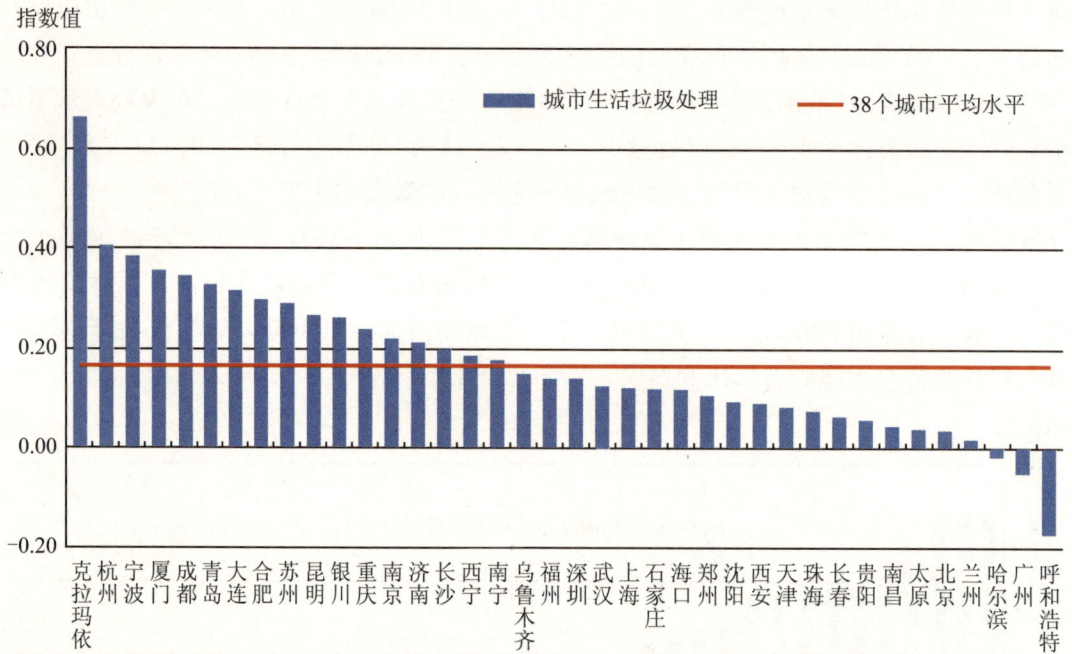

图 8-17　城市生活垃圾处理满意度

指数值

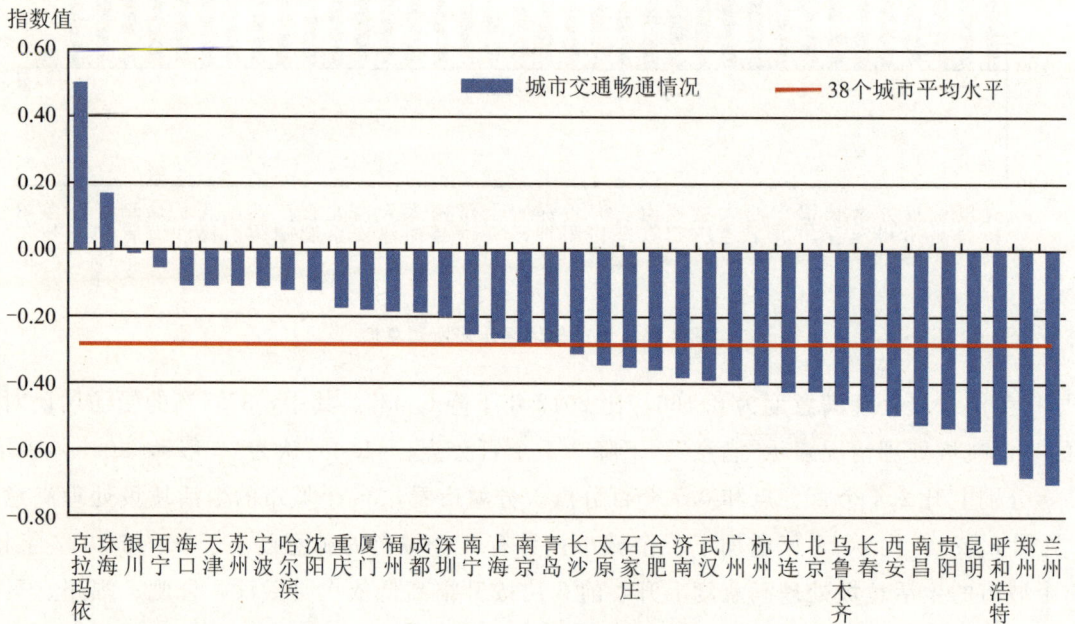

图 8-18　城市交通畅通满意度

对于日常出行主要采用的交通方式，调查结果显示，超过半数（51.2％）的居民选择公共交通（公交或地铁），其次是自行车、电动车或步行（22.9％）和自驾（汽车或摩托车，22.0％），选择比重较低的是出租车（3.3％）和其他（0.6％）。与 2012 年相比，选择公共交通和自行车、电动车或步行的居民分别增加了 2.6 和 1.7 个百分点，选择自驾和出租车的居民分别下降了 3.1 个百分点和 1.3 个百分点（见图 8-19）。

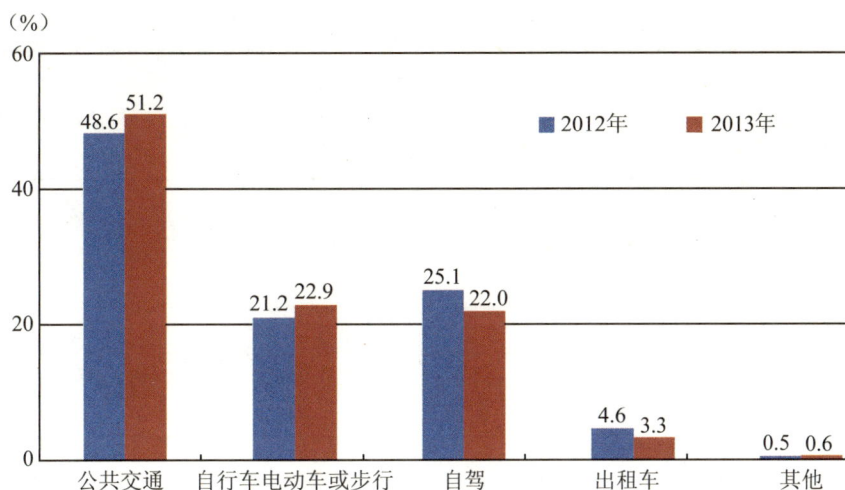

图 8-19　日常出行的主要交通方式

　　分城市看，多数城市(33 个)的居民日常出行的首选交通方式是公共交通，选择比重最高的城市依次是西宁、重庆、大连、深圳、乌鲁木齐、广州、武汉、兰州、长春、沈阳和西安，选择的比重均在 60％以上。不过，郑州、石家庄和南宁的居民日常出行的首选交通方式是自行车、电动车或步行，选择的比重达到或超过 40％；选择自行车、电动车或步行的比重超过 30％的城市还有海口、杭州、苏州、成都、福州、南昌和宁波。苏州和宁波的居民日常出行的首选交通方式是自驾，选择的比重超过 30％；选择自驾的比重超过 30％的城市还有青岛、厦门和长沙。另外，38 个城市的居民日常出行选择出租车或其他方式的比重均很低。

>>四、大多数城市居民对政府绿色行动有较大期待<<

　　政府绿色行动满意度是指居民对所在城市的垃圾分类设施配置情况、日常食品放心程度、环境投诉方式知晓程度、企业排污治理成效、环境污染突发事件处理效果和政府环保重视程度六项指标的综合评价。调查结果显示，38 个城市的政府绿色行动满意度平均水平为 −0.068(见图 8-20)，按可比口径比 2012 年下降 0.021。38 个城市中仅有 7 个城市的政府绿色行动满意度大于 0，处于满意区间，但数值均较低。由于政府的支持对于推动城市绿色发展具有十分重要的作用，大多数城市居民对政府绿色行动有较大的期待。

　　分城市看，满意度大于 0 的 7 个城市依次是克拉玛依、厦门、杭州、青岛、西宁、苏州和重庆；其中，克拉玛依得分达到 0.313，明显高于其他 6 城市，其他 6 城市得分相近，仅略高于临界值 0。满意度小于 0 的 31 个城市中，后 10 位城市按得分高低依次是哈尔滨、长沙、天津、沈阳、石家庄、兰州、西安、郑州、广州和呼和浩特。

　　政府绿色行动的六项指标中，城市居民对政府环保工作重视程度仍最为满意，其次是对环境污染突发事件的处理效果；居民表示不满意的依次是垃圾分类设施配置、企业排污治理成效、日常食品放心程度和环境投诉方式的知晓度。与 2012 年相比，政府环保工作重视程度、垃圾分类设施配置和企业排污治理成效的满意度均有所下降，而日常食品放心程度和环境投诉方式知晓度的满意度则略有提升(见图 8-21)。

指数值

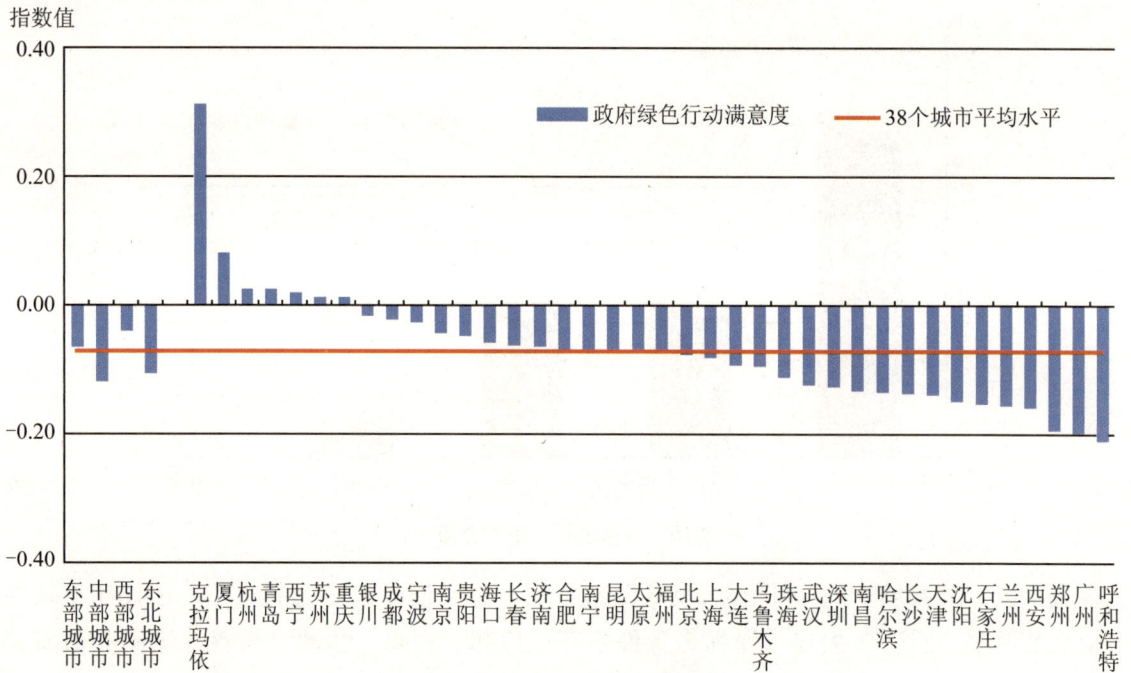

图 8-20　政府绿色行动满意度

指数值

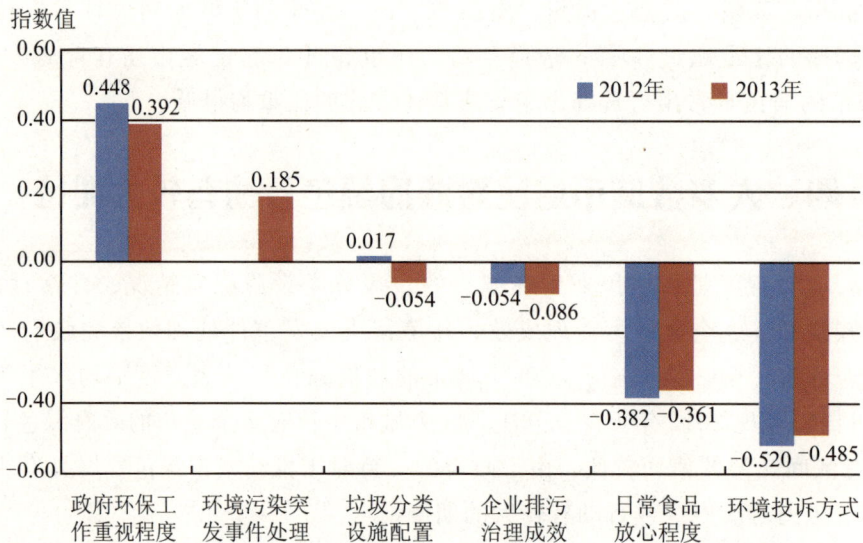

图 8-21　政府绿色行动满意度构成指标得分

政府环保工作重视程度满意度为 0.392，比 2012 年下降 0.056。其中，49.3％的受访居民认为政府"重视"城市环保工作，下降 6.0 个百分点；40.7％认为"一般"，上升 6.5 个百分点；10.0％认为"不重视"，下降 0.5 个百分点。分城市看，38 个城市的政府环保工作重视程度满意度均处于满意区间（见图 8-22）。与 2012 年相比，有 7 个城市的满意度上升，按升幅高低依次是南京、武汉、兰州、苏州、福州、乌鲁木齐和克拉玛依；31 个城市的满意度下降，后 7 位按降幅高低依次是长春、昆明、郑州、成都、天津、西安和珠海。

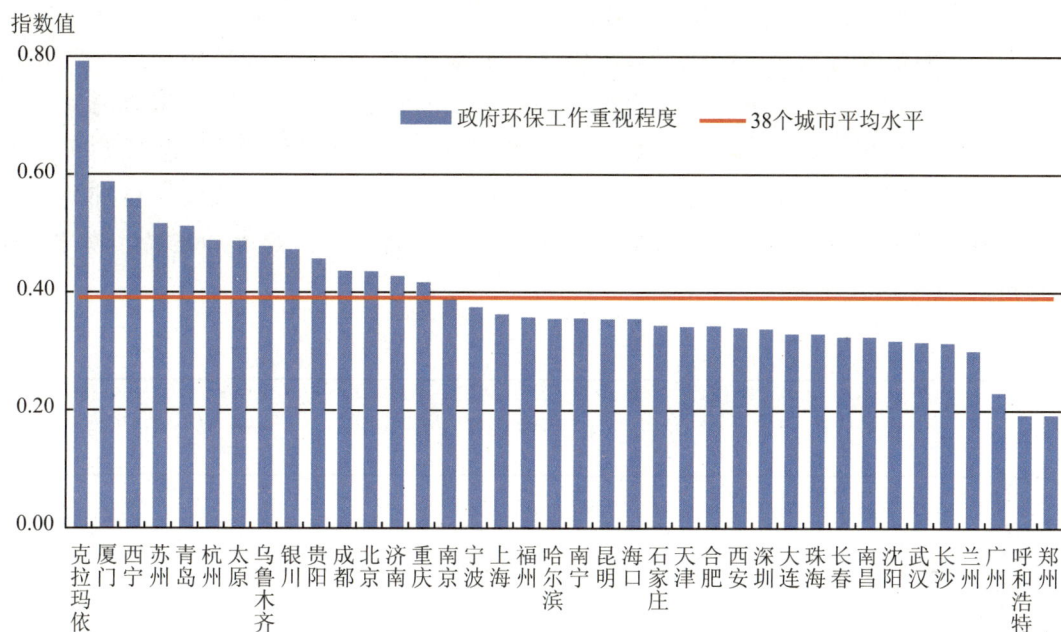

图 8-22　政府环保工作重视程度满意度

环境污染突发事件处理满意度为 0.185。其中，33.9％的受访居民对政府处理环境污染突发事件的效果表示"满意"，50.7％认为"一般"，15.4％表示"不满意"。分城市看，38 个城市的环境污染突发事件处理满意度均处于满意区间，其中 17 个城市的满意度高于全国平均水平（见图 8-23）。

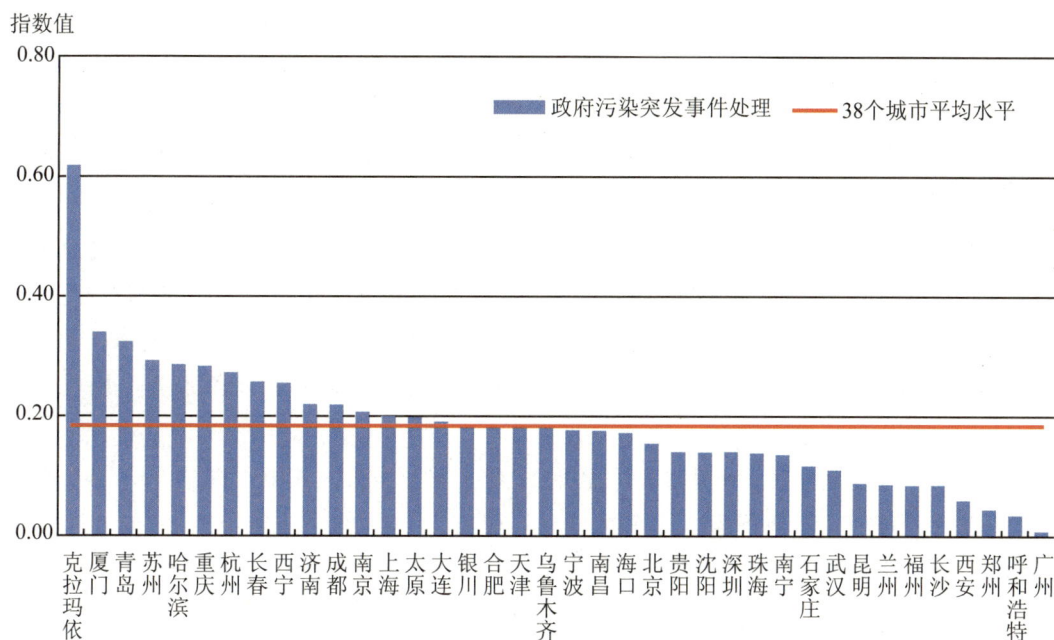

图 8-23　环境污染突发事件处理满意度

垃圾分类设施配置满意度为－0.054，比 2012 年下降 0.071。其中，24.5％的受访居民对城市垃圾分类实施的配置情况表示"满意"，下降 3.8 个百分点；45.5％认为"一般"，30.0％表示"不满意"，分别上升 0.5 个百分点和 3.3 个百分点。38 个城市中，只有 10 个城市的垃圾分类设施配置满意度处于满意区间，比 2012 年减少 8 个；28 个城市的居民总体持不满意态度（见图 8-24）。与 2012 年相比，只有 7 个城市的满意度提升，按升幅高低依次是北京、武汉、福州、兰州、苏州、长沙和海口；31 个的城市满意度下降，后 5 位按降幅高低依次是呼和浩特、南宁、长春、广州和郑州。

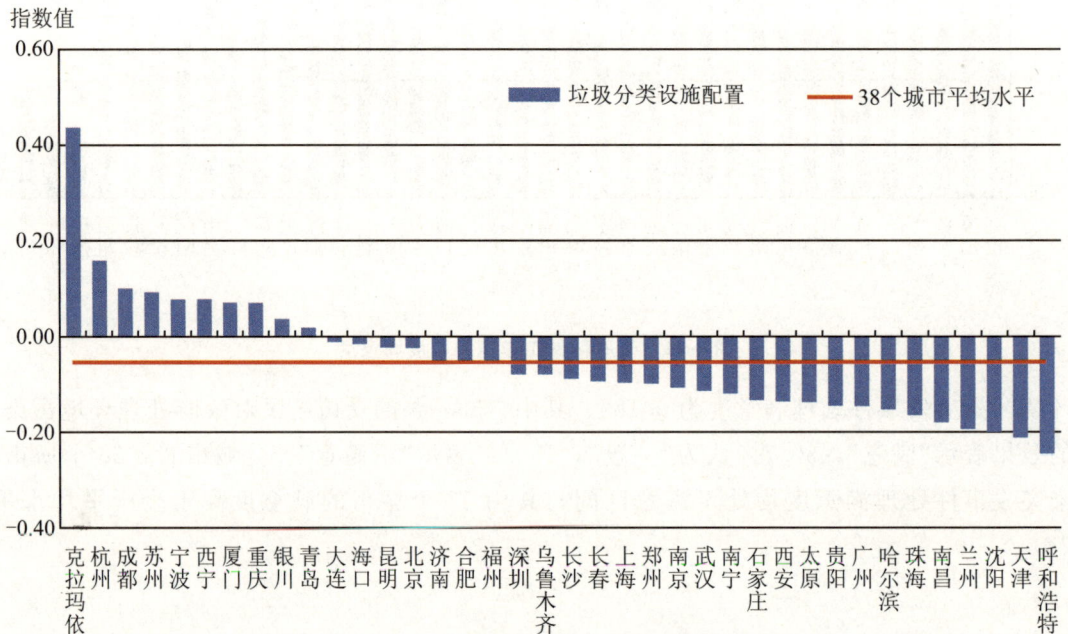

图 8-24　垃圾分类设施配置满意度

企业排污治理成效满意度为－0.086，比 2012 年下降 0.032。其中，仅有 12.7％的受访居民认为企业排污治理"成效很大"，与 2012 年基本持平；66.0％认为"成效一般"，下降 3.3 个百分点；21.3％认为"成效很小"，上升 3.2 个百分点。分城市看，多达 35 个城市的居民总体对企业排污治理表示不满意，比 2012 年增加了 5 个城市；仅 3 个城市的居民总体表示满意（见图 8-25）。与 2012 年相比，有 11 个城市的满意度提升，前 5 位按升幅高低依次是合肥、上海、厦门、福州和南京。27 个的城市满意度下降，后 5 位按降幅高低依次是哈尔滨、乌鲁木齐、南昌、西安和石家庄。

日常食品放心程度满意度为－0.361，比 2012 年上升 0.021。其中，高达 50.7％的受访居民对日常食品表示"不放心"，但下降 3.2 个百分点；仅有 14.5％的受访居民表示"放心"，下降 1.1 个百分点；34.8％认为"一般"，上升 4.3 个百分点。分城市看，除克拉玛依外，37 个城市的满意度均处于不满意区间，且不满意程度均较高（见图 8-26）。不过，与 2012 年相比，有 24 个城市的满意度上升，前 5 位按升幅高低依次是南京、天津、北京、沈阳和呼和浩特；14 个城市的满意度下降，后 5 位按降幅高低依次是乌鲁木齐、银川、重庆、广州和克拉玛依。

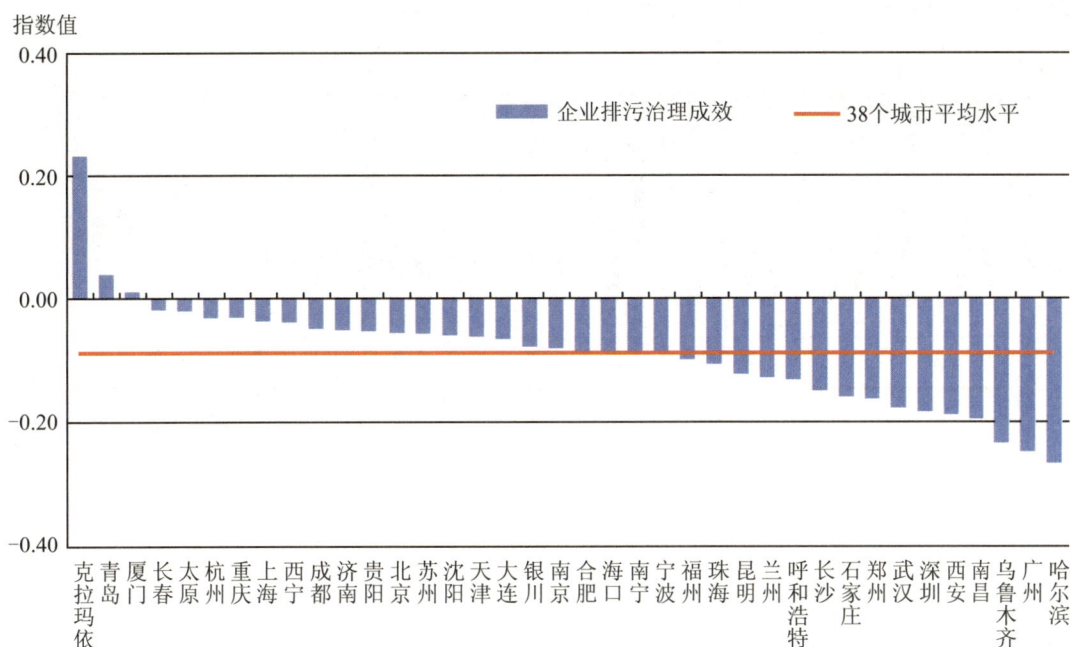

图 8-25 企业排污治理成效满意度

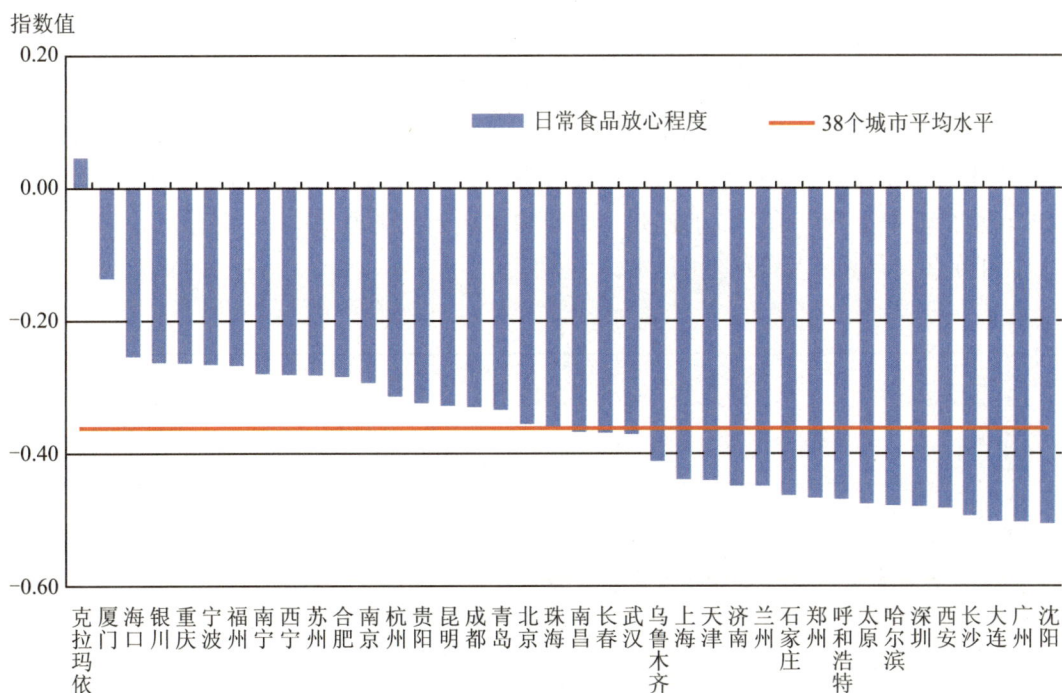

图 8-26 日常食品放心程度满意度

环境投诉方式满意度为−0.485，比 2012 年上升 0.035。其中，仅有 9.5％的受访居民表示"完全了解"环境投诉方式（网站或电话等），上升 1.0 个百分点；32.5％的居民表示"听过，但不记得了"，上升 1.5 个百分点；高达 58.0％的居民表示"完全不知道"，但下降 2.5 个百分点。分城市看，38 个城市的居民总体均表示不满意，满意度远低于 0（见图 8-27），表明政府有关机构与居民就环境问题的沟通渠道仍不畅通。与 2012 年相比，27 个城市的满意度提升，前 6 位按升幅高低依次是南宁、南京、海口、青岛、乌鲁木齐和克拉玛依；11 个城市的满意度下降，后

5 位按降幅高低依次是珠海、广州、天津、石家庄和呼和浩特。

指数值

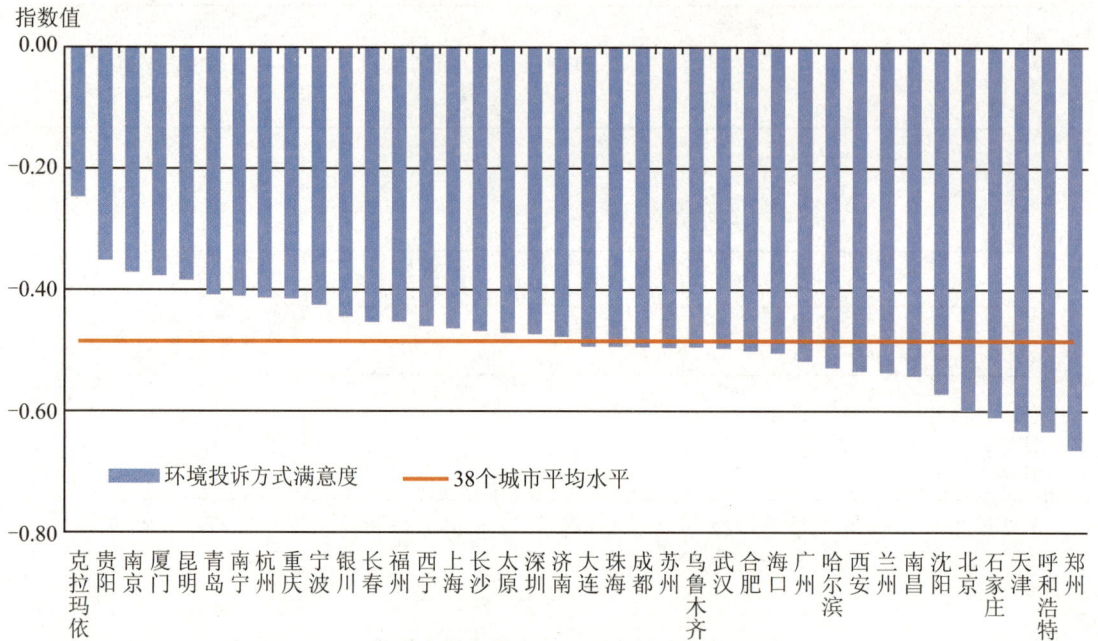

图 8-27　环境投诉方式满意度

进一步调查显示，2013 年 38 个城市的平均环境投诉率为 11.3%，比 2012 年上升 5.3 个百分点，投诉率明显增加，一定程度上表明居民对城市环境保护意识和参与意识增强。分城市看，38 个城市的投诉率均在 6% 以上，均超过 2012 年平均水平（6.0%）。其中，投诉率最高的 5 个城市依次是广州、深圳、南宁、南京和珠海，投诉率均超过 15%（见图 8-28）。与 2012 年相比，37 个城市的环境投诉率上升，前 3 位的广州、福州和深圳分别上升 13.8 个百分点、10.6 个百分点和 10.1 个百分点；石家庄与 2012 年持平。

（%）

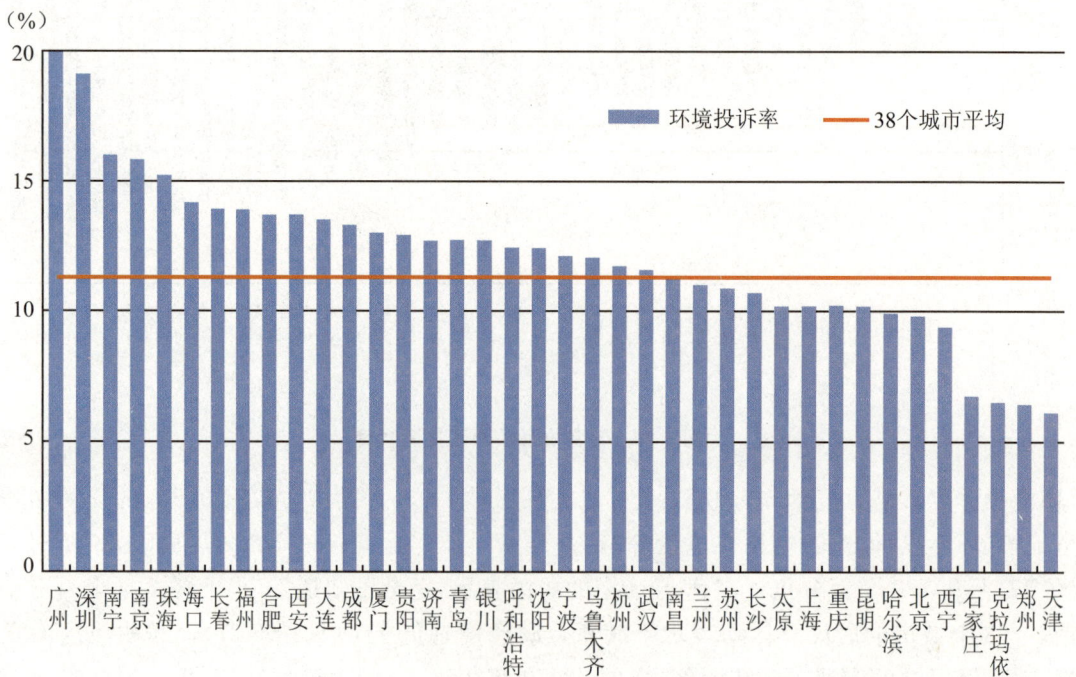

图 8-28　城市居民环境投诉率

城市居民的环境投诉率明显上升，但投诉居民对投诉处理结果的不满意率仍然较高，38个城市平均为51.8%，仅比2012年下降2.0个百分点。其中，有8个城市的不满意率超过60%，仅有7个城市的不满意率低于40%（见图8-29）。与2012年相比，19个城市的不满意率上升，前5位按升幅高低依次是长春、沈阳、西安、杭州和昆明；18个城市的不满意率下降，后5位按降幅高低依次是贵阳、南京、呼和浩特、青岛和乌鲁木齐；苏州与2012年持平。

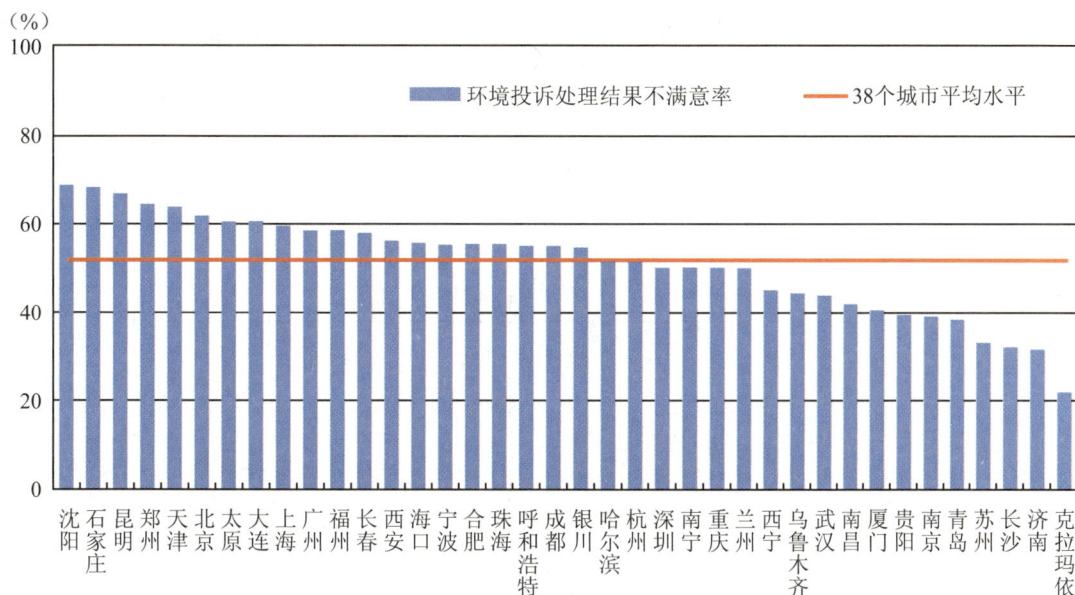

图8-29 环境投诉处理结果不满意率

>>五、城市绿色发展公众满意度与绿色发展指数测评结果的差异分析<<

如前文所述，城市绿色发展指数测评指标体系是以统计数据为基础的。然而，由于相关统计数据可获得性差以及有关指标不易量化等原因，绿色发展指数测评指标体系中缺乏反映城市绿色治理问题的指标，如生态建设、空气和水的质量、垃圾处理方式、交通拥堵状况以及食品安全等；也缺乏反映经济发展质量、政府政策实施效果的指标，如城市环境和基础设施的完善程度、污染治理及环境污染突发事件处理效果等。公众满意度是对城市居民主观感受的综合反映，调查内容更加具有针对性和灵活性，它通过数学方法将受访者的定性回答进行量化测度，补充了城市绿色发展指数测评指标体系缺乏的相关内容。此外，统计数据往往存在一定的滞后性，反映的是过去的状况，而公众满意度调查能够及时地反映现实的状态。实际上，两种测评方法是相互补充的关系，分别从不同的角度展示绿色发展的内涵。因此，使用两种方法得到的测评结果能够反映出不同的问题。

从2013年38个重点城市绿色发展指数测评结果[①]与城市公众满意度调查结果来看，两种测评结果存在一定的差异（见图8-30）。我们以城市公众满意度排名为横轴、以城市绿色发展指数

---

① 2013年我们对100个城市进行了绿色发展指数的测评，这里把开展了公众满意度调查的38个城市提取出来单独进行了排序，再与公众满意度的排序结果进行对比分析。

排名为纵轴将各城市分为四组，从左上象限顺时针至左下相限依次是：第Ⅰ组城市的公众满意度高，但发展指数低；第Ⅱ组城市的公众满意度低，发展指数也低；第Ⅲ组城市的公众满意度低，但发展指数高；第Ⅳ组城市的公众满意度高，发展指数也高。从图 8-30 中也可清楚看到每个城市两项排名的差异，落在对角线上的城市两项指数排名相同，离对角线越近的城市两项指数排名越接近，反之则相差越大。

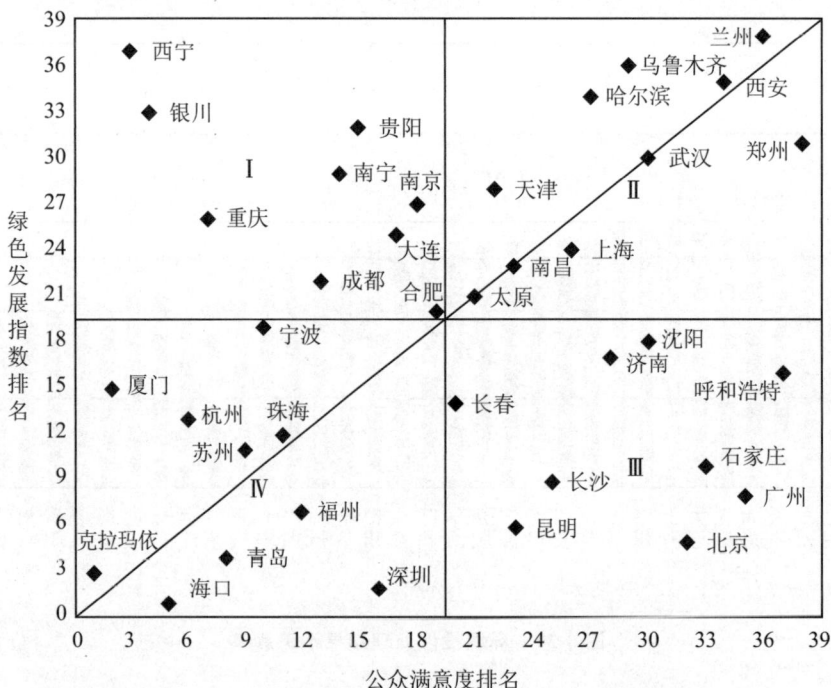

图 8-30　城市绿色发展公众满意度排名与绿色发展指数排名

　　第Ⅰ组公众满意度高而绿色发展指数低的城市中，两项指数排名差异最大的依次是西宁、银川、重庆、贵阳和南宁，均属于西部城市。这些城市的优势在于城市污染少，交通拥堵等城市病还不严重；劣势在于经济发展水平相对偏低，从而导致了两项指数的较大差异。这些城市在推进绿色发展的过程中，应充分依靠后发优势，关注居民的现实需求，避免资源过度开发、工业产业盲目扩张，努力保持经济、生态、社会和人文的和谐发展。

　　第Ⅱ组公众满意度低、绿色发展指数也低的城市中，两项指数排名均靠后且非常接近的是兰州、西安和武汉；两项排名均靠后但有一定差异的是乌鲁木齐、哈尔滨和郑州，乌鲁木齐和哈尔滨的绿色发展指数排名低于公众满意度排名，郑州则正好相反。这些城市绿色发展的各个方面都较低，推进绿色发展任重而道远，面临着环境保护、绿色治理与经济发展的双重压力，应着力避免落入边发展、边污染、边治理的困境。

　　第Ⅲ组公众满意度低、绿色发展指数高的城市中，两项指数差异最大的依次是北京、广州、石家庄、呼和浩特、昆明和长沙。这些城市的优势在于经济发展水平高，但是城市河湖污染严重、空气质量差、交通拥堵严重等影响了公众满意度，特别是 2012 年冬季以来北京、石家庄等地持续雾霾天气降低了居民对城市环境和政府有关政策有效性的评价。这些城市需要加快产业结构调整，合理规划城市布局，加大环境保护与污染治理力度，提高相关政策的针对性和有效性。

　　第Ⅳ组公众满意度高、绿色发展指数也高的城市中，两项指数差异较小的分别是克拉玛依、海口、青岛、福州、苏州和珠海。这些城市绿色发展水平较高，而且自然环境、绿色治理效果和经济发展质量较好，与城市居民的主观感受基本一致。

　　两项指数的差异除了源于测度指标的差异，也源于满意度调查的特点，即居民的满意度不但取决于现实的状况，同时也受到居民心理预期的影响。当居民对城市绿色发展水平的期望值较高时，即使该城市现实的发展水平较高，其总体满意度也可能相对较低。通常来讲，发达地区的居民期望值较高。虽然总体上看，东部地区满意度整体低于西部地区，但并不意味着东部城市在环境保护、基础设施建设、绿色治理效果等方面整体落后于西部，需要客观看待地区间、城市间满意度的差异。绿色发展公众满意度调查的意义在于通过调查反映出一定的民生民意问题，以引起社会各界的高度重视，并下大力气逐一解决，从而不断提高城市绿色发展水平。

第九章

城市绿色发展公众满意度调查方案及组织实施情况[①]

城市绿色发展公众满意度调查是《2012 中国绿色发展指数报告——区域比较》新增项目，2012 年报告发布以后，该部分内容受到社会各界广泛关注。为进一步从居民角度反映其对所居住城市的主观感受和评价，课题组 2013 年继续进行城市绿色发展公众满意度调查，以更加全面地反映城市绿色发展情况。

>>一、关于公众满意度调查问卷的说明<<

2013 年调查仍主要了解居民对所居住城市的环境、基础设施和政府的绿色行动的综合评价。其中，城市环境评价包括城市街道卫生、城市饮用水、河流湖泊受污染程度、空气质量和近三年环境变化五个方面；城市基础设施评价包括绿化情况、休闲娱乐场所的数量和分布、生活垃圾处理、公共交通便利程度和交通畅通情况等；这两部分问题与 2012 年完全一致。不过，为了更全面地反映政府的绿色行动的效果，经专家组讨论决定，政府绿色行动评价中增加了对环境污染突发事件处理效果的评价，即包括垃圾分类设施的配置情况、食品安全、环境污染突发事件处理效果、环境投诉知晓度、企业排污治理成效以及政府对环保的重视程度六项指标（详见调查问卷）。由于增加了一项指标，2013 年调查结果中的城市绿色发展公众综合满意度及政府绿色行动满意度与 2012 年的结果不完全可比，在进行数据比较时，我们采用可比口径数据，即剔除新增指标的影响后进行对比。此外，我们发现 38 个城市 2013 年公众综合满意度排序与剔除新增指标影响后的排序差异不大，即该指标对所有城市的影响是同向的，因此在报告中直接使用 2013 年城市综合满意度排名与 2012 年排名进行比较。

>>二、抽样及调查方法说明<<

此次调查仍采用电话调查方式即利用计算机辅助电话（CATI）系统[②]进行调查，采用电话号

---

① 国家统计局中国经济景气监测中心的刘岩参与了调查的组织实施及数据处理等工作。

② CATI(Computer Assisted Telephone Interviewing)系统是计算机辅助电话调查系统的简称。CATI 系统作为一种先进的计算机辅助调查工具已经被广泛应用于众多研究工作中。CATI 系统通常的工作形式是：访员坐在计算机前，面对屏幕上的问卷，向电话对面的被访者读出问题，并将被访者回答的结果通过鼠标或键盘记录到计算机中去；督导在另一台计算机前借助局域网和电话交换机的辅助对整个访问工作进行现场监控。通过该系统，调查者可以以更短的时间、更少的费用，得到更加优质的访问数据，导出的数据能够被各种统计软件直接使用。

码随机抽样方法抽取调查对象。调查对象为调查城市年满 18 周岁、并且在该市居住满半年及以上的城区居民。调查范围仍为全国 38 个重点城市，其中东部地区有 16 个城市，分别是北京、天津、石家庄、上海、南京、苏州、杭州、宁波、福州、厦门、济南、青岛、广州、深圳、珠海和海口；中部地区有 6 个城市，分别是太原、合肥、南昌、郑州、武汉和长沙；西部地区有 12 个城市，分别是呼和浩特、南宁、重庆、成都、贵阳、昆明、西安、兰州、西宁、银川、乌鲁木齐和克拉玛依；东北地区有 4 个城市，分别是沈阳、大连、长春和哈尔滨。调查设计样本量为每个直辖市 1 000 个，其他城市均为 700 个，共计 27 800 个样本。

>>三、调查样本情况说明<<

调查结果显示，本次调查实际共完成有效样本量为 28 025 个，各城市样本量均达到或超过设计值。调查样本的构成为：分户籍看，本市户口受访者占 76.4%，非本市户口受访者占 23.6%（见图 9-1）。其中，超过九成（90.9%）受访者在本城市居住超过三年，半年到三年的接近一成（9.1%）。分年龄看，受访者的年龄多在 18～40 岁之间，占 52.3%；41～60 岁和 61 岁及以上的分别占 28.5% 和 19.2%。分性别看，受访者中男女比例相当，男性和女性分别占 45.8% 和 54.2%。分教育程度看，超过一半（53.6%）受访者的教育程度为大专及以上学历，高中、中专学历占 26.5%，初中及以下占 19.9%。分收入水平看，受访者家庭的平均月收入①在 3 000～7 000 元之间的占 43.9%，3 000 元以下的占 26.7%，7 000～12 000 元之间的占 15.9%，12 000 元以上的占 10.7%。调查样本分布合理，对不同地区和群体的城市居民有较好的代表性。

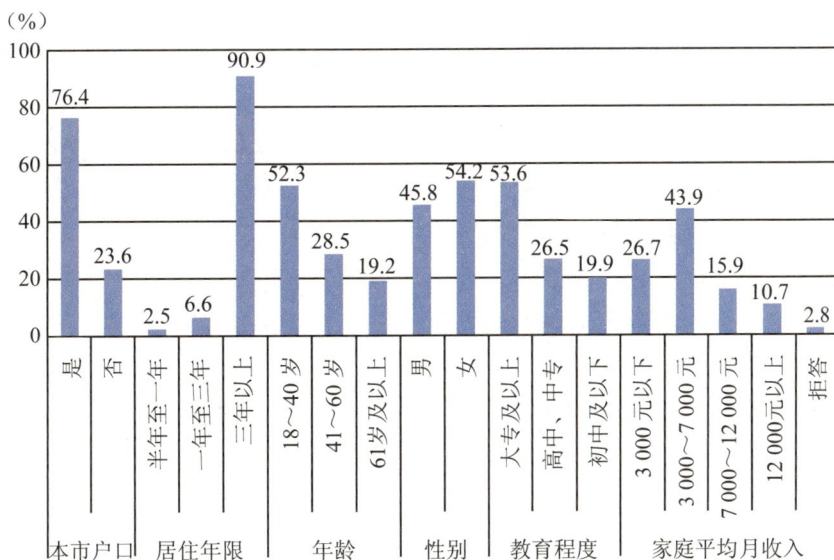

图 9-1　调查样本结构

>>四、关于公众满意度测算方法的说明<<

2013 年满意度的测算方法与 2012 年保持一致，仅政府绿色行动满意度增加了一项指标

---

① 包括所有家庭成员的薪水和其他收入。

（Q16），具体方法如下。

第一，测算问卷中每个问题的得分：对于问卷答案分三级的问题，从"好（干净、满意）"到"不好（不干净、不满意）"分别赋值为 1、0、−1。每个问题的得分的计算方法为：令 $X_1 = 1$，$X_2 = 0$，$X_3 = -1$，则每个问题的得分 Q_j 计算公式为：

$$Q_j = (N_1 \cdot X_1 + N_2 \cdot X_2 + N_3 \cdot X_3)/N$$

式中：N_i 为选择 X_i 的人数；N 为答题总人数；X_i 为各选项的赋值。

对于问卷答案分三级以上的回答，其不计入满意度测算，如 Q5、Q12、Q19、Q20 等，仅作为深入分析研究的参考指标。

第二，问卷调查中城市环境满意度、基础设施满意度及政府绿色行动满意度这三大部分的评分方法是：城市环境、城市基础设施和政府绿色行动指标满意度，分别等于问卷相应部分的问题得分的算术平均数。即：

城市环境满意度＝（Q1＋Q2＋Q3＋Q4＋Q6）/5

城市基础设施满意度＝（Q7＋Q8＋Q9＋Q10＋Q11）/5

政府绿色行动满意度＝（Q13＋Q14＋Q15＋Q16＋Q17＋Q18）/6

第三，城市绿色发展综合满意度等于以上三项构成指数满意度的算术平均数，其得分在−1 和 1 之间，0 为临界值。得分为正表示"满意"，越趋近于 1 满意程度越高；反之表示"不满意"，越趋近于−1 满意程度越低。

>>五、关于调查的组织与实施<<

本次调查由国家统计局中国经济景气监测中心统一组织，分别由其下属的社情民意调查处，以及河北、河南省的统计机构和重庆立信市场研究有限公司负责问卷调查。景气中心在组织全国性专项调查方面具有显著的优势和丰富的实践经验，特别是在全国 30 个省级统计机构建立了电话访问中心，形成了覆盖全国的电话调查网络系统。多年来，景气中心承担了大量来自于党政机关、有关部委的委托调查项目，在组织实施中坚持科学制定调查方案，规范调查组织实施，严格控制调查质量，确保调查数据的准确和客观，得到了委托单位的广泛好评。

此次调查中，景气中心制定了详细的调查执行方案，严格规定了执行单位进行访问员培训、问卷调查、问卷复核、数据上报和质量检查的标准。为保证调查数据质量，在执行过程中特别加强了访问员培训以及调查录音的核查。在调查完成后，执行机构在提交调查数据的同时还提交了每个调查的调查录音，使每个调查结果都可追溯、可核查。为保证调查的客观和公正，景气中心将 38 个城市分配给了四个调查机构，并采取了回避的原则：一是调查机构仅知道其负责调查的城市及样本量，并不了解其他城市由谁来进行调查；二是调查机构不负责其所在城市的调查任务，如北京市调查由河北完成，石家庄、郑州和重庆市的调查由社情民意调查处完成等，保证了调查的独立性和权威性。

>>六、城市绿色发展公众满意度调查问卷<<

2013 年城市绿色发展公众满意度调查问卷

甄别信息

A1　受访者的年龄：

　　①18 岁以下（停止访问，其他选项继续）　　　　②18～40 岁

　　③41～60 岁　　　　　　　　　　　　　　　　④61 岁及以上

A2　受访者在所在城市的居住年限：

　　①半年以下（停止访问，其他选项继续）　　　　②半年到一年

　　③一至三年　　　　　　　　　　　　　　　　　④三年以上

受访者基本信息

城市（访问员填写，无须询问受访者）：_____

A3　受访者性别（访问员填写，无须询问受访者）：①男　　　②女

A4　请问您是否具有本市户口：

　　①是　　　　　　②否

A5　请问您的教育程度是：

　　①大专及以上　　　②高中、中专　　　③初中及以下

第一部分：城市环境评价

Q1　您感觉城市街道卫生环境怎么样？

　　①干净　　　　　　②一般　　　　　　③不干净

Q2　您对您所在城市饮用水是否满意？

　　①满意　　　　　　②一般　　　　　　③不满意

Q3　您认为您所在城市的河流、湖泊受污染的程度是？

　　①没有污染　　　　②有点污染　　　　③严重污染

　　④不清楚或不关注

Q4　您认为您所在城市的空气质量怎么样？

　　①好　　　　　　　②一般　　　　　　③不好

Q5　您所在城市下列哪些方面的污染最严重（最多选三项）？

　　①机动车尾气　②饮食业油烟污染　　③工厂排污　　　　④生活垃圾

　　⑤农业污染　　⑥电磁辐射污染　　　⑦塑料袋或塑料餐盒污染

　　⑧噪音污染（交通噪音、建筑施工、娱乐场所噪音等）

Q6　您认为近三年城市环境有什么变化？

　　①变好了　　　　　②没变化　　　　　③变差了

第二部分：城市基础设施评价

Q7　您所在城市的绿化情况怎么样？

　　①好　　　　　　　②一般　　　　　　③不好

Q8　您对城市公园、广场等公共休闲娱乐场所的数量和分布是否满意？

　　①满意　　　　　　②一般　　　　　　③不满意

Q8.1　不满意的最主要原因是：

　　　　①数量太少　　　　②分布不合理　　　　③其他，请注明＿＿＿＿＿

Q9　您对您周边的生活垃圾处理情况是否满意？

　　①满意　　　　　　　②一般　　　　　　　③不满意

Q10　您认为所在城市的公共交通便利程度如何？

　　①方便　　　　　　　②一般　　　　　　　③不方便

Q11　您所在城市的交通畅通情况如何？

　　①畅通　　　　　　　②一般　　　　　　　③拥堵

Q12　您日常出行主要采用的交通方式是？

　　①自驾(汽车或摩托车)　　　　②公共交通(公交或地铁)　　　　③出租车

　　④自行车、电动车或步行　　　　⑤其他

第三部分：政府的绿色行动

Q13　您对所在城市的垃圾分类设施的配置情况是否满意？

　　①满意　　　　　　　②一般　　　　　　　③不满意

Q14　您对日常所食用的食品是否放心？

　　①放心　　　　　　　②一般　　　　　　　③不放心

Q15　您认为所在城市企业排污治理的成效怎么样？

　　①成效很大　　　　　②一般　　　　　　　③成效很小

Q16　您对所在城市环境污染突发事件处理效果是否满意？

　　①满意　　　　　　　②一般　　　　　　　③不满意　　　　④不清楚或不关注

Q17　您是否了解环境投诉方式(网站或电话等)？

　　①完全了解　　　　　②听过，但不记得了　　③完全不知道

　　Q17.1　您是否进行过环境投诉？

　　　　①是　　　　　　②否(跳问 Q18)

　　Q17.2　您对投诉处理结果是否满意？

　　　　①满意　　　　　②一般　　　　　　　③不满意

Q18　您觉得所在城市政府是否重视城市环保工作？

　　①重视　　　　　　　②一般　　　　　　　③不重视

第四部分：总体判断

Q19　总体而言，您对居住在这个城市是否满意？

　　①满意　　　　　　　②一般　　　　　　　③不满意

Q20　您家庭的平均月收入是(包括所有家庭成员的薪水和其他收入)？

　　①3 000 元以下　　　②3 000～7 000 元　　③7 000～12 000 元　　④12 000 元以上

第四篇
绿色发展实地调研与考察

2013 年是"十二五"规划的攻坚之年,党的十八大提出建设"美丽中国",将绿色发展上升到新的高度。鉴于此,2013 年课题组深入青海、浙江、山西、湖北、四川等省市进行调研,并分赴中国香港特别行政区、中国台湾地区,以及韩国首尔都市圈等地进行绿色发展实地考察,以求更加深刻评判中国绿色发展现状,促进中国绿色发展。

专题一

省际与城市绿色发展差距的调研与思考[①]
——青海省绿色发展调研考察报告

"中国绿色发展指数报告"连续三年对我国各省(区、市)和一些大中城市的绿色发展水平进行了测算,在国内外产生了较为广泛的影响,并引起了许多地方政府的高度关注。2011年,中国绿色发展指数报告发布后,原青海省委书记强卫同志高度重视并进行批示,专门安排青海省环保厅同志来京与课题组进行探讨。2012年年底,青海省委政策研究室领导赴北京师范大学与中国绿色发展指数课题组沟通,希望课题组能够赴青海开展实地调研,进一步研究青海绿色发展问题。为促进理论与实践结合,更好地为地方发展决策服务,2013年4月14至20日,在青海省委政策研究室的支持下,中国绿色发展指数课题组赴青海省进行了实地考察。考察期间,课题组与青海省及西宁市委政策研究室、环保厅、发展改革委、农牧厅、统计局、住建厅等政府部门以及青海省委党校、社科院、社科联和青海大学等科研机构和高等院校的领导与专家进行了座谈,并对西宁(国家级)经济技术开发区甘河工业园区和生物医药园区进行了实地调查,走访了百通化工、金诃藏药等典型企业。同时,课题组还前往海南藏族自治州,同海南藏族自治州和共和县三江办、环保局、林业局、农牧局等部门进行了座谈交流,参观了共和县倒淌河镇哈乙亥村和青海湖景区,考察了青海典型州县绿色发展和生态保护情况,并到青海省生态环境遥感监测中心交流访问,对青海省绿色发展的总体情况有了进一步的了解,并形成了简要的调研考察报告。

>> 一、青海省绿色发展指数为何排名靠前 <<

据中国绿色发展指数报告研究显示,2010年至今,青海绿色发展指数排名始终名列前茅,2010—2012年排名分别位居全国第2位、第3位和第6位,2013年初步排名又跃升为全国第2位。

[①] 在青海课题组调研过程中,得到了青海省委政策研究室的大力支持,研究室对课题组座谈和实地考察进行了认真细致的安排,李春杰副主任与李晓西教授就青海绿色发展问题进行了探讨,周勇处长全程陪同课题组开展调研工作,特此致谢。同时,青海省环保厅杨汝坤厅长、西宁市委马国中副秘书长、海南藏族自治州委王佐发副秘书长、西宁(国家级)经济技术开发区工委吕品副书记、青海省委党校马洪波教育长、青海省社科院孙发平副院长和苏海红副院长、青海省生态环境遥感监测中心田俊量主任、青海大学曲波教授以及青海省、西宁市、海南藏族自治州的领导与专家也为课题组的调研工作提供了很多帮助,并对青海绿色发展和中国绿色发展指数研究提出了很多有价值的意见和建议。

但同时，也有专家认为青海生态环境脆弱，排名靠前不具有绿色发展的典型性和代表性。为此，课题组赴青海进行实地考察。通过此次调研，课题组发现，尽管青海省经济社会发展水平仍然相对滞后，在经济增长绿化度和政府政策支持度等指标方面仍然落后于全国其他省区，但青海省在自然资源禀赋等方面确实具有突出的比较优势，青海绿色发展指数排名靠前可以从以下六个方面得以证实。

1. 绿色植被面积占全省土地面积近70％，生态资源禀赋优势明显

由于独特的地貌与气候条件，青海省形成了以大面积草甸植被为主的绿色植被分布特征。如图专题 1-1 所示，2011 年青海省土地利用类型中，草地面积 41.51 万平方公里，占全省土地面积的 59.59％；林地面积 4.04 万平方公里，占全省土地面积的 5.8％；水域湿地面积 3.15 万平方公里，占全省土地面积的 4.52％；建筑用地面积 0.24 万平方公里，占全省土地面积的 0.34％；耕地面积 0.96 万平方公里，占全省土地面积的 1.37％；未利用地面积 19.76 万平方公里，占全省土地面积的 28.3％。由此可见，青海省绿色植被面积占土地面积的比重近 70％。[①] 这使得青海省在绿色植被覆盖率方面领先于全国大多数省份，为青海绿色发展提供了较强的资源支撑力。

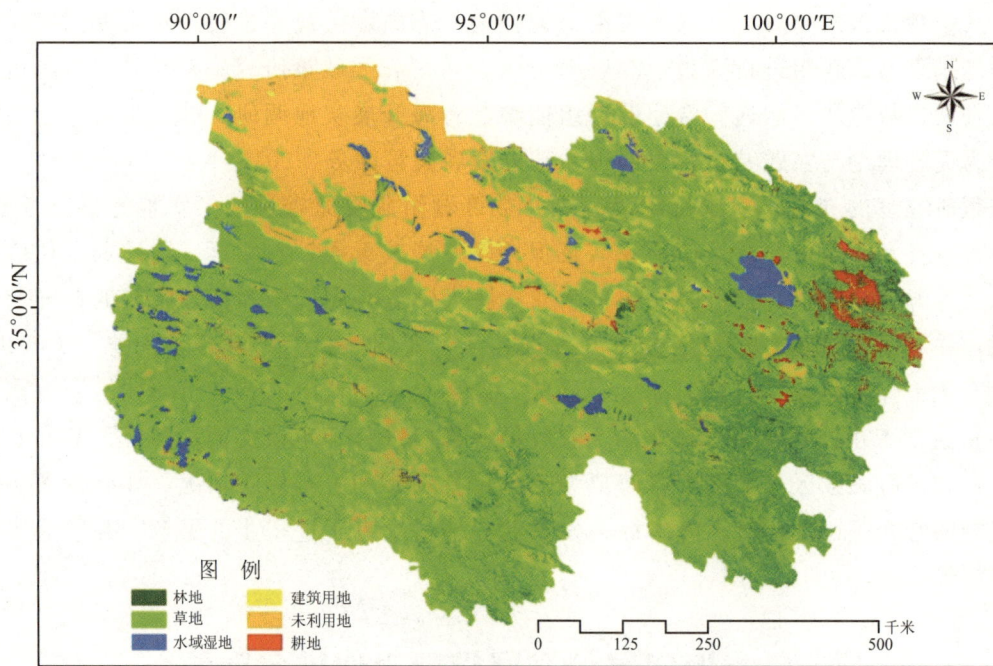

图专题 1-1　2011 年青海省土地利用/覆盖类型空间分布图

2. 全省 274 条河流中仅有一条受过污染，水质总体情况优良

近年来，青海全省环境质量总体保持良好，污染物排放有所控制，尤其是长江、黄河、澜沧江干流、青海湖流域及格尔木内流河地表水均保持优良水质。同时，特别值得一提的是，流经青海省内超过 300 公里的河流多达 274 条，但仅有湟水河流域受到污染。而且，伴随着青海省深入推进湟水流域水污染治理步伐的加快，经过五年的治理，目前湟水河水质已达到国家标准。可以说，目前就青海全省而言，基本所有主要河流水质均已符合国家标准，水环境质量在全国

---

① 图片来源：青海省生态环境遥感监测中心：《2012 年青海省生态环境状况监测与评价报告》，2012 年 12 月。

居于领先地位。

3. 已开发的资源量仅占总资源量的8%，资源开发潜力巨大

青海是我国重要的资源富集区。据统计，青海有11种资源全国储量第一。其中，可供开发的水电装机容量超2 000万千瓦，且开发条件优越；铝、镁、铜、钾等有色金属资源及太阳能、风能资源特别丰富；煤炭、石油和天然气的储量也很大。此外，青海还具有独特的动植物资源，如青海牦牛的数量为世界之首，冬虫夏草等名贵中药材产量约占全国的70%。但从目前的情况来看，青海已开发的资源储量仅为总资源量的8%左右，未来资源开发潜力巨大。

4. 青海全省主要污染物排放较少，空气环境质量总体较好

由于青海面积辽阔，地势高峻，全省人少地多，加之植被覆盖率较高，工业产业布局较为集中，使得省域范围内总体空气质量良好。根据《环境空气质量标准》监测评价，青海全年优良率高，空气中二氧化硫、二氧化氮年均浓度达到国家二级标准。这在绿色发展指数指标中也得到充分体现，数据显示，青海省的单位土地面积二氧化硫排放量、单位土地面积化学需氧量排放量、单位土地面积氮氧化物排放量、单位土地面积氨氮排放量指标等排名均位居全国前列。

5. 生态圈绿色投资力度逐年加大，自然环境保护得力

青海具有重要的生态战略地位，在国家的大力支持下，青海省积极实施生态立省战略，以三江源生态圈、青海湖生态圈、柴达木生态圈、祁连山南麓生态圈和湟水流域生态保护圈等为重点，加强生态建设，各项环保投入逐年递增，有效提高了青海省的环境治理能力。2004—2010年，中央政府对国家级三江源生态保护工程投资总计达75亿元，新一期的工程投资力度将更大。同时青海省政府也积极加强环境投资，这使得青海在"环境保护支出占财政支出比重"、"环境污染治理投资占地区生产总值比重"、"单位耕地面积退耕还林投资完成额"方面均位居全国前列，在自然环境保护方面具有一定优势。

6. 高原少数民族对生态与资源有着很强的保护意识

与其他省市不同，青海省是一个多民族聚居地区，少数民族占全省人口比重达47.1%，存在多民族聚集和多元文化并存的特征，这就决定了青海省绿色发展往往受到非正式制度和民族文化的影响，使得生态保护的理念与宗教信仰有效结合，使得青海省绿色理念深入人心。比如，藏族居民有水葬习俗，认为保护水环境与人的生存是紧密相关的，防止水污染和维护水生物的持续生存就成为了藏族人民与生俱来的观念。

>>二、西宁市绿色发展指数为什么排名靠后<<

中国绿色发展指数报告的测算结果显示，在省区绿色发展指数测算结果中青海省始终名列前茅，而西宁市的绿色发展指数排名却不尽如人意，存在着青海省和西宁市绿色发展指数排名的"省市悖论"。但同时，在公众满意度问卷调查中，西宁市在38个被调查的重点城市中排名第3位，民众对西宁市城市绿色发展的总体状况则持肯定态度。在调研过程中我们发现，西宁在促进城市绿色发展方面有许多可圈可点之处。例如，西宁城市绿化投入很大，城市面貌整洁，空气质量优良率全国领先，饮用水质量100%达标。同时，课题组在西宁考察的前几天，西宁城市的空气质量良好，就令课题组成员深感西宁城市绿色发展的成效。课题组对青海省、西宁市的绿色发展情况进行了实地考察。通过此次实地考察与座谈交流，课题组认为，西宁城市绿色发展指数排名靠后的原因可能归纳为以下五个方面。

1. 西宁人均地区生产总值仅为全国的一半

中国绿色发展指数报告研究显示，2010 年所测评的 38 个城市人均地区生产总值为 55 399.15 元，而西宁的数值仅为 28 428 元，只达到全国平均水平的一半左右，在所测评的 38 个城市中名列倒数第 3 位，在全国乃至西部地区都属于经济欠发达城市。尽管西宁政府已经在改善城市交通、加强环保支出等方面做出很多积极的努力，但由于城市经济规模较小，总体发展相对落后，绿色发展缺乏强有力的经济基础支撑，直接影响了西宁在全国城市绿色发展排名中的位次。

2. 西宁产业结构"重化工"化特征明显

通过调研我们发现，西宁城市产业结构仍不合理且短期内不会发生根本性变化，工业经济过度依赖重化工业特别是高耗能行业的发展，冶金、钢铁两大支柱产业占工业总产值的 50% 以上。而能源、原材料工业往往导致资源消耗过大且污染物排放相对较高，这也在绿色发展指数指标上有明显体现，西宁单位地区生产总值氮氧化物排放量、氨氮排放量、二氧化硫排放量等均列倒数后 2 位，经济增长的绿化度相对较低。而代表现代城市发展方向、具有高附加值、高就业率的生产性服务业和生活性服务业则发展相对缓慢。

3. 西宁"工业园区围城"现象突出

西宁地处青藏高原河湟谷地南北两山对峙之间的狭长地带，城市地理环境相对封闭，空气流动本身就受地理条件限制。而西宁城市产业空间布局不尽合理，目前，西宁的东南西北四个方向分别建设了四个工业园区，即东川工业园区、南川工业园、甘河工业园区和生物科技产业园区。这些分散的园区往往不能发挥产业集群的集聚经济效应，招商引资仍缺乏高新技术产业进入，反而使西宁中心城区被工业区所包围，各园区中单个企业往往在环境治理方面均已达标，但众多企业污染物排放总量却对西宁城市环境质量造成了很大影响，加剧了西宁城市发展的生态和环境压力。

4. 西宁城市首位度极高影响人均指标

城市首位度主要表明地区首位城市的集聚程度。通过调查，我们发现，青海省只有西宁和海东的自然条件相对适合人类居住，且由于西宁是青海省的省会城市，是全省政治、经济、文化、科教中心，与其他州县相比还具有无法比拟的软硬条件优势，所以西宁在青海全省的城市首位度很高。目前，西宁以全省 1% 的面积，创造了全省近 45% 的 GDP，近 67% 的社会消费品零售总额，拥有 30 层以上的高楼 1 600 多栋，集中了全省近 40% 的人口，是青海省产业、资本、人口等要素最集中的区域。在这种情况下，尽管西宁在城市公共基础设施建设方面做出了很多努力，但由于城市发展过度集中导致人口基数较大，使得西宁市在人均绿地面积、人均用水普及率、人均生活污水处理率等指标方面均处于相对落后水平，严重地影响了城市的承载能力和绿色发展水平。

5. 西宁与青海相比是"地少人多"

西宁与青海的自然资源环境承载方面有很多差异。青海资源环境承载的优势主要体现在地广人稀的三江源等植被覆盖率高，自然保护区面积大，土地、水能、畜牧业资源丰富的地区。可以说，从省域的角度看，青海人均自然资源占有量大，资源支撑强度高，是真正意义上的"地广人稀"。而从城市的角度看，西宁的情况则相反，西宁作为青海省的一座城市，并不具备与青海同等的自然生态条件，不是各类生态环境资源的集聚区，而城市人口本身就很集中，外来人口数量较大，特别是在冬季，青海其他州县居民都会选择在西宁居住，实际在西宁居住和生活的人口则更远超过统计人口，人均自然资源的占有量丰裕度低，集中表现为"地少人多"，城市人均资源承载水平在统计上必然会弱于全省平均水平。

>>三、生态畜牧业是青海省绿色发展的新亮点<<

生态畜牧业是体现生态价值、经济价值与社会价值统一的新型畜牧业。近年来，青海省结合区域特点，不断挖掘畜牧业的生态价值产业链，在促进畜牧业发展的生态、经济与社会平衡方面做出了积极努力，使得生态畜牧业成为了青海绿色发展的新亮点。

1. 生态畜牧业注重生态、经济与社会的平衡发展

传统畜牧业只偏重于经济效益，不注重生态、经济和社会的平衡发展。长期以来，畜牧业追求畜牧数量的增长来扩大产量，不仅没有提高收入，反而忽视了草原对牲畜的承载能力，导致草场生态环境恶化。为此，青海省建立以草定畜、草畜平衡制度，大力发展饲草料产业，为家畜提供丰富的饲料来源，缓解了草场承载过度问题，保护和恢复了草原植被。另外，为缓解人畜之间的矛盾，青海积极推行畜种改良，健全畜禽良种繁育体系，加强各类种畜场建设，进一步提高良种繁育能力，不仅满足了生态畜牧业对种畜的需求，还实现了牧民减畜不减收，取得了良好的效果。

2. 生态畜牧业要求深入挖掘生态价值产业链，提高产品附加值

生态畜牧业追求经济与生态的平衡，不断从生态角度挖掘畜牧业的价值，实现生态经济效益。近年来，青海省着力打造农业产业化，培育龙头企业，重点打造富有市场竞争力的农畜产品深加工企业，提高农畜产品的附加值，推动农牧产业化步伐。与此同时，青海还发挥自身自然环境优势，结合旅游资源开发，促进休闲农业、养生农业、观光农业的大发展，积极推进农畜产品的品牌建设，营造良好的农产品品牌培育环境，打造了一批高原品牌、绿色品牌、有机品牌等特色农畜产品品牌，有力地提高了青海农畜产品的市场竞争力和影响力。

3. 生态畜牧业在实现规模经济基础上着重提高畜牧业发展的质量

为推进生态畜牧业的发展，青海省以改变过去牧区分散的经营状况为重点，实行牧区居民集中居住政策，将牲畜圈养与放养等方式相结合，大力优化重组畜牧业资源，实现规模经济。同时，青海还注重在规模经济基础上着重提高畜牧业的质量。通过生态畜牧业示范村的结构调整，逐步增加能够繁殖的母畜比例，提高畜牧业发展的质量，使得很多州县草地畜牧业生产逐步走上集约化发展道路，实现了规模经济基础上的质量提高型道路。

4. 生态畜牧业运用绿色的方式抵抗自然灾害，维护草场生态环境

长期以来，由于科学技术的落后，传统畜牧业发展往往遭受鼠害等自然灾害，不仅使得生产能力低下，经济效益较差，而且损害了草场的生态环境，大大增加了草场的维护成本。为此，青海省政府加大资金支持，提高科研机构的研究能力，从青海省内的实际情况出发，运用绿色、生态的方式从牛、羊等动物的体内提取元素，成功研制生物毒素，一方面预防和消除了鼠害，另一方面维护了草地的生长环境，降低了草场维护的成本。

5. 完善畜牧区的生态基础设施建设，为生态畜牧业提供有力保障

由于历史原因，青海省牧区畜牧业基础建设较为薄弱，养畜设施发展滞后，致使青海省草地畜牧业长期存在着"靠天养畜"的局面，抗灾能力低，生产起伏波动大。为此，青海政府不断拓宽投资渠道，加大投资力度，使得畜牧区生态基础设施建设水平逐步完善。与此同时，青海

政府不断强化对生态畜牧业发展的政策扶持力度，设立了生态畜牧业建设的科技研发基金和后续产业发展基金，采取财政兜底、银行配额、企业权益性融资方式，健全贷款担保体系，积极引导信贷资金和社会资金投向牧区，为生态畜牧业发展提供了强大保障。

>>四、绿色建筑行动是青海绿色发展的重要举措<<

绿色建筑行动主要以节能、节水、节地、节材和环境保护为核心，不断开发建筑节能新产品、新技术并促进其推广应用，以此推进绿色建筑的发展。青海省为提高资源利用效率，实现节能减排目标，于 2011 年开始逐步开展绿色建筑行动，主要从政策支持、能源开发、技术创新等方面促进绿色建筑业的发展。

1. 建立健全绿色技术标准体系和奖励补助政策引导等措施，着力推广和普及绿色建筑

目前，青海已初步建立起三级绿色建筑星级评价标识体系，并确定了相关财政奖励机制和示范项目激励机制，对符合条件的高星级绿色建筑按照国家政策给予奖励。2012 年出台的《关于加快推进绿色建筑发展的意见》中确定了奖励办法：被认定为二星级的绿色建筑每平方米可获得 45 元奖励，三级绿色建筑每平方米可获得 80 元奖励；而对绿色生态城（区）则采取资金定额补助方式进行奖励，资金补助基准为 5 000 万元。此外，对取得星级绿色建筑的建设项目，城市配套费采用先征后返的政策，最高返还比例可达 70%，极大地激发了当地开发商打造绿色建筑的积极性。

2. 通过开发利用太阳能资源，推动建筑行业向高效低碳生态型发展模式转变

青海着重利用海拔高、太阳角度大、日照充足、太阳辐射强等资源优势，开发利用太阳能资源推动建筑行业向高效低碳生态型发展模式转变。一方面，明确要求建筑行业的新建和改造利用太阳能资源。例如，青海自 2013 年起就规定，新建十八层以下居住建筑，以及十八层以上居住建筑的逆向十二层，新建、改建、扩建宾馆、酒店、医院等有生活热水需求的公共建筑，应当安装太阳能热水系统。另一方面，大力建立集中式大型的太阳能光伏发电基地。以海南藏族自治州为例，该地区拥有可利用开发太阳能光伏发电的土地面积约为 1 168 平方公里。2013 年 4 月，该自治州 20 千瓦屋顶光伏发电项目系统接入工程成功通过海南供电公司竣工验收，顺利并网发电，成为青海省绿色建筑行动的亮点之一。目前，青海其他州县也在充分利用太阳能资源，推动绿色建筑业的发展。

3. 利用各种新能源和节能建材发展绿色建筑业

青海在《关于加强"十二五"期间节能工作的意见》中提出，将在建筑领域大力推广使用各种新能源和绿色建筑材料。在《青海省绿色建筑行动方案中》也提出，面积在 5 000 平方米以上的新建公共建筑项目中，应当至少利用一种可再生能源。例如，青海省地热能资源种类齐全，地下热水、浅层地温能、干热岩三种类型地热能资源储量均很大。青海省就在地热能分布的集中地区，重点通过对既有建筑的墙面、地面、门窗、地下室等进行热力改造和温控设施装置改造，配置地缘热泵空调系统，推广地热节能式新型建筑。同时，青海省还特别注重发展建筑节能材料，大力推广绿色建筑材料的使用，提高新型墙体材料、新型保温材料和散装水泥预拌混凝土应用比重。

>>五、启示<<

对青海省绿色发展情况的调研，不仅有助于我们了解青海绿色发展的实际情况，也有助于使理论研究更加贴近实践，带给了我们诸多启示。

1. 实地考察与统计分析的对比验证分析是很有价值的

通过此次调研，课题组听取了青海省、西宁市有关政府部门和专家的工作汇报和建议，并深入重点州县、工业园区、企业进行实地考察，分析了影响青海省、西宁市绿色指数排名的原因，使我们对中国绿色发展指数报告中关于青海省绿色发展指数排名靠前、西宁市绿色发展指数排名靠后的结论有了更为直观的感受，不仅验证了理论研究结论，还在实践中发现了引发结论的主要原因，使理论研究更加贴近现实并反映现实问题。

2. 实地考察有助于了解理论研究是否能为地方发展服务

我们的中国绿色发展指数报告研究的测度排名仅供参考，而理论研究的真正目还是在于服务实践。从调研的情况来看，青海省对中国绿色发展指数报告给予了高度评价。例如，青海省委政策研究室调查研究报告(2012 年 12 月 19 日)认为，中国绿色发展指数报告的研究为促进经济发展方式转变提供了定量评估的重要参考指标，省级排序得到基本认同，对客观认识和科学分析青海的绿色发展水平，推动青海绿色发展，具有重要的参考价值和现实意义。该调查研究报告根据指标框架，对青海资源环境承载潜力、经济增长绿化度、政府政策支持度三个方面进行了具体指标分析，提出了青海绿色发展的薄弱环节和制约瓶颈，提出了扩大可利用资源总量、扩大环节容量、加强政府政策制度支持等六条政策建议。从青海省委政策研究室的调查研究报告来看，中国绿色发展指数报告已经为地方政府推动绿色经济提供了一个较为客观全面的参照系，并为地方政府提供了良好的决策参考与支撑。

3. 实地考察促使我们为当地绿色发展提供政策建议

从研究报告的角度看，纯粹的统计分析很难形成符合实际情况的政策建议。实地考察不仅可以使我们能够完善"绿色体检"的研究成果，而且使我们为促进地方绿色实践建言献策提供了可能。通过调研，我们验证了中国绿色发展指数报告排名的可靠性。同时，我们也对地方绿色发展提供了一些政策建议。比如，青海产业结构不合理，就需要着力构建绿色服务体系，加快西宁等中心城市服务业发展步伐，增强中心城市的发展的动力和承载能力。同时，依托青海省丰富的自然资源和人文资源，重点加强青海湖等现有知名旅游景区开发，提升开发品位和层次，打造能够体现青海文化特色的旅游目的地。此外，应大胆创新、勇于尝试，通过高水平商业运作和策划，探索藏獒产业、生态殡葬产业发展，提升青海服务业发展的活力。

4. 实地考察为我们的研究提出了新的课题和探索空间

通过调研课题组发现，近年来青海省委、省政府通过将生态保护和经济发展相互结合，在探索区域绿色经济发展方面取得了许多成绩和经验。但由于本身经济基础和产业结构条件的限制，青海省资源环境与经济发展的矛盾仍然存在，如何实现既要绿色、又要发展，还特别需要一套成熟的理论体系支持。同时，还有些当地同志指出，对不同工业化、城市化阶段城市进行横向比较，不能反映各城市发展的真实绿色发展情况；全国评价指标"一刀切"，二氧化硫排放西宁基本很少，而内陆地区却很多，评价指标方面是否可以有特例。这些问题都在提醒我们，应不断丰富绿色发展指数报告，增加对新问题的专题研究，使理论研究与实践更好地结合起来。

专题二

走绿色发展道路，建中国美丽乡村[①]
——浙江省安吉县调研报告

农村是中国推进绿色发展、建设美丽中国的重点和难点。浙江省安吉县面对激烈的区域竞争，在传统的工业化和城市化发展道路上另辟新途，依靠自身的后发优势和丰富的生态资源，实施"生态立县"战略，以"美丽乡村"建设为载体，走出了一条经济、社会、生态全面协调可持续发展之路。2012 年 9 月，安吉县获得"联合国人居奖"，成为中国自 1990 年参与评选以来唯一获此殊荣的县市。基于此，总结安吉经验和发展模式，对积极探索新时期中国绿色发展具有十分重要的意义。

>>一、绿色发展是一条被逼出来的道路<<

安吉取名自《诗经》"安且吉兮"，是浙江省西北部典型的山区县，县域总面积 1 886 平方公里，常住人口 46 万。安吉的生态环境十分优美，七山二水一分田，林业资源非常丰富，森林覆盖率 71%，林木绿化率 75%，自然资源有较大优势。然而，绿色资源优势一开始并没有成为安吉发展的有利条件，在探索符合安吉实际情况的发展道路中，走了不少弯路、经受了很多挫折，最终走上一条经济与环境互促共进的绿色发展之路。

1. 初期发展起步艰难

改革开放之初，由于交通条件落后、工业基础薄弱等原因，安吉经济社会发展水平不高，被列为浙江省贫困县之一。周边县市大力发展工业致富，安吉也开始追随苏南模式、温州模式，谋求"工业强县"。20 世纪八九十年代，安吉引进一大批造纸、化工、建材、印染等污染重、耗能高的项目，企业迅猛发展成就了 GDP 高速增长，安吉摘掉了贫困县帽子，经济水平飞速增长。

但过度消耗资源、污染环境的发展方式，严重破坏了当地生态平衡，经济社会无法得到可持续发展。林木、矿产等资源过度开采，导致严重的水土流失；大量工业废水直接排放，造成

---

① 2013 年 4 月 19 日至 26 日，在安吉县科技局的大力支持下，中国绿色发展指数课题组赴安吉县进行了实地考察。课题组与安吉县政策研究室、环保局、发经委、农业局、林业局、统计局、教育局等 13 个政府部门进行了座谈，并对美丽乡村建设的典型村庄横山坞、洪家村和黄杜村等进行实地考察，走访了浙江省安吉县永裕竹业开发有限公司、浙江安吉宋茗白茶有限公司等企业。在此，特别感谢安吉科技局徐人良局长、胡景琦副局长、陈小瑛科长；感谢参加座谈会的各部门领导、企业经理和村干部。

水质严重污染，甚至危及到整个太湖流域。太湖流域 60％ 的水来自浙西北的苕溪，苕溪流域 60％ 的水来自西苕溪，安吉境内西苕溪上游企业每年直接排放的工业污水达 1 200 万吨，溪水布满白色泡沫，臭气熏天、鱼虾绝迹。原本清澈见底的西苕溪水质变成了 V 类甚至劣 V 类，生物多样性锐减，下游居民饮用水告急。曾经的青山绿水变成了灰山黑水，自然灾害不断加剧，人居环境和生活质量急剧恶化，严重影响安吉的生态环境安全。

2. 卧薪尝胆治理污染

曾经环境优美的安吉被国务院列为太湖水污染治理重点区域，1998 年，治理太湖的"零点行动"打响，国家环保总局会同监察部和浙江省政府领导坐镇安吉督办治理污染问题。为此，安吉在当时县财政收入不足亿元的情况下，两年投入 8 000 余万元，封死工业企业污染源头。对全县 74 家水污染企业强制治理，关闭 33 家污染严重企业，包括拆除地处西苕溪上游具有 30 年历史、规模和利税均居全县首位的孝丰造纸厂的制浆生产线；对全县烟尘污染企业进行集中整治。治理行动砍掉全县 1/3 税源，财政收入大幅下滑，刚刚脱贫的安吉又一次与周边县市拉大了经济发展距离。

安吉人重新审视安吉的优势和特点、逐步理清发展思路，最终意识到太湖和黄浦江之源的特殊地理位置决定安吉只有走绿色发展之路才能使环境与经济互促共进。1999 年安吉出台《关于加快实施绿色工程的决议》；2000 年出台《关于实施生态立县、生态经济强县的决议》；2001 年提出生态立县的发展战略，《安吉生态县建设总体规划》公之于世。自此，安吉稳步走向绿色发展之路。

3. 生态立县创新思路

从工业立县到生态立县，安吉真切感受到转变增长方式的阵痛。在以发展论英雄、GDP 说明一切的年代，绿色发展遭受了种种质疑和巨大压力。一段时间内，在湖州各县市的经济指标中，安吉连年倒数第一。1999 年，安吉与长兴县的财政收入差距仅是 4 430 万元；2002 年扩大到 1.5 亿元，差距最大时财政收入只有长兴县的一半。当时舆论普遍认为：安吉强调了生态，忽视了经济，偏离了发展方向。

在尖锐的对峙中，安吉坚持选择绿色发展道路，培育绿色产业，发展生态经济，把优美的生态资源转变为生态效益。在生态立县的发展战略下，安吉已成为气净、水净、土净的"三净"之地。2004 年安吉农村居民人均纯收入就已超过浙江全省平均水平，实现了既要青山绿水，也要县强民富的目标。2008 年安吉提出创建"中国美丽乡村"，2012 年获得"联合国人居奖"。在经历了多次挫折和教训后，安吉经济社会步入绿色发展的轨道，这是一条被逼出来的道路，也是一条主动选择的道路。

＞＞二、绿色产业是绿色发展的关键＜＜

在良好的生态资源越来越稀缺的工业化时代，安吉决策者另辟蹊径，将发展的引擎寄希望于安吉优美的山水。2012 年安吉人均 GDP 53 380 元，城镇居民可支配收入 32 211 元，农民人均纯收入 15 836 元，居民收入水平高于全省中间水平，而城乡收入差距小于全省平均水平。生态环境状况在全省位于前列，2012 年安吉县万元 GDP 能耗为 0.46 吨标准煤，而安吉所在的国家环保模范市湖州市万元 GDP 能耗为 0.72 吨标准煤。这些年的发展经验证明了安吉走生态立县之路不仅是无奈之举，更是科学决策，也证明了安吉的发展理念："污染环境就是破坏生产力，保护环境就是解放生产力，改善环境就是发展生产力，经营环境就是创造生产力。"

1. 依托生态资源，构建绿色产业链

在生态立县的征途中，安吉的农业一直处于核心的地位，而且安吉的农业早已超出了传统第一产业的概念，与第二、第三产业相融合，在第一、第二、第三产业上同时发挥着联动作用。农业发展主要依托当地的两大资源：毛竹和白茶。竹与茶在中国南方并不是稀缺的资源，安吉发展经验在于充分利用资源，并迎合时代需求，将产业链进行创造性延伸，从而使生态资源成为富民强县的依托和源源不断的财源。

安吉是最著名的"中国竹乡"，拥有竹林面积 108 万亩，毛竹蓄积量 1.4 亿支，年产商品竹 3 000 万支。安吉竹产业经过 30 多年的发展，先后经历过从卖原竹到进原竹、从用竹竿到用全竹、从物理利用到生化利用、从单纯加工到链式经营的四次跨越，形成了 8 大系列 3 000 多个品种所组成的竹产业产品格局。安吉竹产业在发展的过程中逐步形成了以原料竹生产、涉竹技术的研发为主的产业链上游环节；以 8 大类竹产品的生产为安吉竹产业链的中游环节，包括竹地板、竹编织产品、竹家具、竹笋绿色有机食品、竹饮料、竹纤维制品、竹工艺品、竹工机械八类。以竹制品的销售、品牌运营提升为中心的竹产业链下游，包括竹产业文化与理念的推广。以生态、环保、低碳、绿色为核心理念的文化宣传是安吉竹产业链下游的重要工作。由上中下游又衍生促进了相关的旅游业、生产型服务业包括会展业等行业的发展，大大促进了当地经济的全面发展，吸引了大量的就业。

安吉以全国 1.5% 的立竹量，创造了全国 18% 的竹产值，走出了一条以低消耗、高效益为特征的循环经济发展模式，2010 年竹产业企业 2 450 家，年产值收入 135 亿元，规模以上企业产值占全县规模以上企业产值的 16%，从业 4.5 万人。竹产业为全县农民平均增收 6 500 元，占农民收入近 60%。竹产业发展空间布局总体框架为"一核一带两轴"。"一核"为以孝丰镇集聚核，以发展竹质装饰材和竹木加工机械产业为主。"一带"为以孝丰、递铺、天荒坪为核心的中心城市产业带，发展与竹产业及其配套的产业。"两轴"分别为"从递铺中心城区向西延伸到孝丰镇，向东延伸到梅溪，形成的东西向产业发展轴"和"县域南部由杭长高速公路、安吉港等组成的南北向产业发展轴"，主要发展竹产业的现代物流业。如图专题 2-1 所示。

安吉的白茶产业也是经历了曲折的发展历程。白茶营养成分高，香高味鲜，颇受当今消费者喜爱。20 余年前，安吉白茶濒临消失，后经过引种和培育，现已发展到 10 万亩，种植户 5 800 户，茶加工企业 350 多家，年产量 1 200 吨，产值 13.6 亿元，安吉用心挖掘白茶文化，致力打造白茶品牌，2008 年，安吉白茶同时获得"中国名牌农产品"和"中国驰名商标"荣誉，为国内茶界绝无仅有。安吉白茶的品牌价值已达 22.67 亿元，2012 年安吉白茶产业为全县农民人均增收 2 000 元以上。

2. 经营生态资源，实现生态经济化

绿水青山也需要智慧的经营才能变成金山银山。良好的生态资源是安吉旅游业蓬勃发展的基础。2012 年安吉全年实现接待旅游 875.9 万人次，旅游总收入 68.1 亿元。旅游业大发展，除了安吉的自然生态优势外，最主要的还在于当地系统有序地推进旅游业的建设，注重创新与迎合现代市场的需求。第一，发展旅游，交通先行。安吉非常重视道路基础设施的建设。以县、乡镇两级财政投入为主体，投资 20 亿元，建设乡村旅游交通线路及沿线旅游配套设施，使基础设施和公共服务建设向乡村经营延伸，极大地推动了乡村旅游由点到面的扩展。第二，注重引进优质旅游项目，形成集群式发展。安吉制定落实休闲旅游招商等各项优惠政策，着力引进"大、

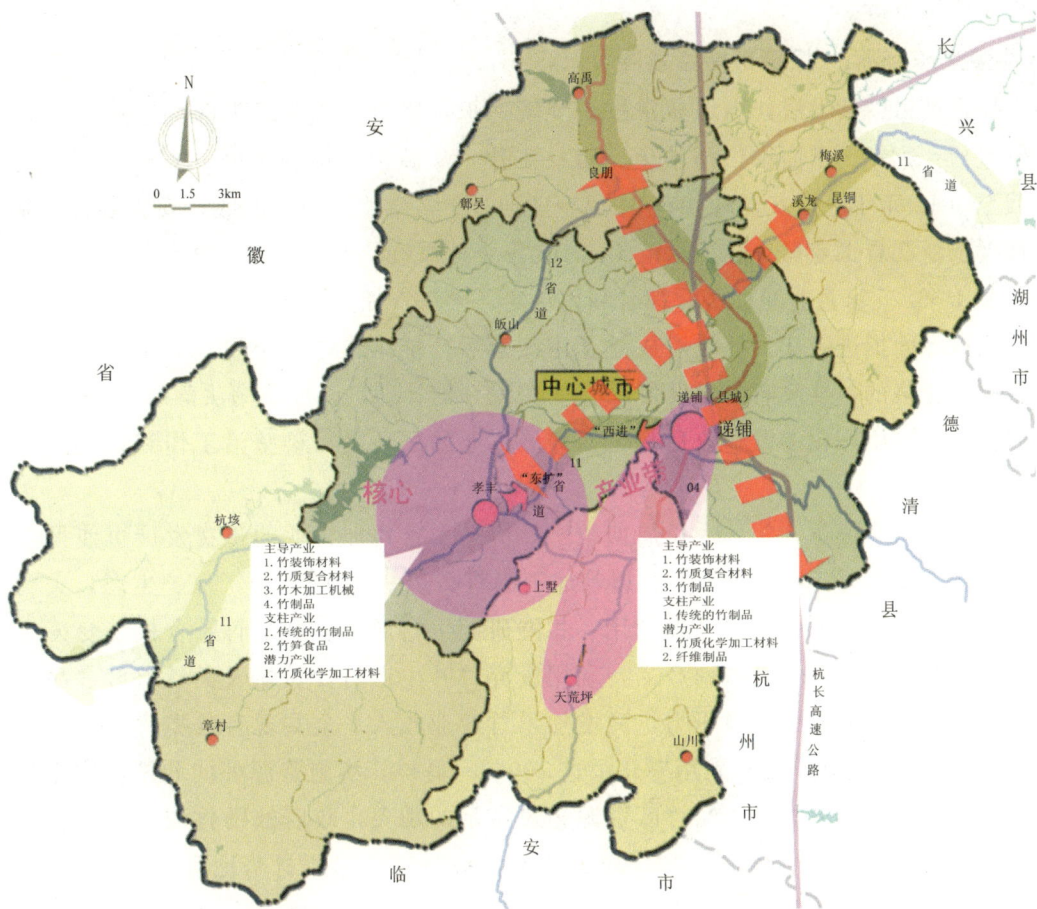

图专题 2-1　安吉县"一核一带两轴"竹产业功能分区规划图

好、高"休闲旅游项目，突出强调项目创新性、领先度和高端化。第三，注重创意开发，为自然资源融入人文元素，使得旅游产业链得以延伸。如依托竹林资源，创办竹博园景区，充分发挥"竹文化"优势，举办各类以"竹"为主题的节庆宣传活动。优美的竹景观，也吸引了在《卧虎藏龙》、《夜宴》等著名影片先后在安吉竹海拍摄，安吉县已被国家广电总局命名为生态影视拍摄基地。第四，注重营销和推广宣传，打造安吉名片。2009 年，推出"安吉——中国美丽乡村"共享券 3 000 万元派送计划，吸引了广泛关注，"中国美丽乡村"品牌迅速深入人心；2011 年，在全省率先开通"玩转安吉"旅游官方微博，通过不间断资讯提供与更新，迅速聚拢人气，打造出具有高人气的旅游营销平台；2008—2012 年，以旅游活动为主要载体，连续五年举办"中国美丽乡村节"，得到社会各界高度关注和肯定，荣获中国县域最佳旅游节庆奖项。2010 年起，整合全县乡镇、旅游企业的节庆活动，包装成为"中国美丽乡村嘉年华"，在长三角地区形成了轰动效应。第五，注重推动农家乐项目，使得乡村旅游成为农民增收的重要途径。通过政策的引导，充分带动乡镇、村和社会资本投入休闲产业发展的积极性，推动美丽乡村各项产业向乡村旅游产品转化，促进旅游企业转型升级。全县共创建省级旅游强镇 3 个、省级特色旅游村 8 个、农家乐658 户。2012 年，全县农家乐乡村旅游实现接待游客 312.1 万人次，营业收入 6.1 亿元。第六，政府加强管理、规范和服务，使得旅游业有序发展。成立旅游质量监督管理所，实现了旅游质监与行业管理齐抓共管的良好局面。建立起县、乡镇、村、企业四级旅游质监网络体系，实现规范整顿常态化，定期开展全县旅游环境专项整治和安全大排查活动，杜绝重大旅游安全责任事故和重大旅游投诉。

3. 珍惜生态资源，保障可持续发展

为了安吉的可持续发展，当地非常重视环境保护，努力将工业产生的环境负面影响降到最低。具体包括：第一，全面推广清洁生产审核工作，从源头上遏制污染，实现节能降耗、减污增效。截至 2012 年年底，安吉县共有 94 家企业通过了清洁生产审核验收，安吉县竹产业科技创业中心被授予浙江省工业循环经济示范园区，5 家企业被授予浙江省工业循环经济示范企业，省级绿色企业 4 家，5 家企业通过资源综合利用认定。第二，加大淘汰落后产能工作力度。从组织领导、政策等方面推进工作。县政府成立了淘汰落后产能工作领导小组，对于列入淘汰计划并按时淘汰验收合格的，县政府给予设备评估净值 10% 的补助，以推动淘汰落后产能工作。第三，有序开展工业园区生态化建设和改造。包括开展工业园区环境污染整治工作和积极推进热电联产项目建设。

竹子属于可再生资源，并且生长周期较短，但是安吉竹加工业的迅猛发展也使得当地的竹资源日益紧张。安吉每年产生竹节、竹屑等加工废料高达 20 万吨，为了保护生态，实现资源的可持续利用，安吉加大竹废料的开发利用，相继研制出竹屑板、重组竹胶合板等变废为宝的新产品，竹节、竹梢加工成竹炭系列产品，利用废弃竹叶生产竹叶黄酮及天然保健食品，所有加工废料就地解决，既减轻了环境压力，又增加了竹产业收入。全县现有各类竹废料利用企业达41 家，年产值达 10 亿元，废料利用率几乎达 100%。另外，实施资源外向利用，构建开放型格局。针对安吉竹资源短缺而其他产竹区资源相对富足的现象，政府鼓励竹加工企业利用外地原料优势，结合安吉先进的竹资源培育、加工技术优势，通过建原材基地和新建竹木加工企业，实现安吉竹产业的外向扩张。目前安吉在江西、福建、安徽、湖南等省合作开发竹产业，已建立原材基地 62.5 万亩，不仅有效缓解了安吉的资源瓶颈，也推动了外地毛竹资源的高效栽培和利用。

>>三、美丽乡村是绿色发展的载体<<

安吉由于其气候及地域环境优越，物种多样性保持良好，具有很好的生态资源。全县植被覆盖率达到 75%、森林覆盖率为 71%，境内空气质量达到一级，水质在二类以上，雨水充沛、光照充足、四季分明，在客观条件上达到了人类宜居的条件。美丽乡村建设不仅需要将天然的生态环境，还需要有绿色意识、先进的生态文化与现代科技融合，最终实现全面绿色发展。

1. 绿色意识是绿色发展的基础

安吉是一个典型的以农业人口为主的县，其工业发展并不突出，这在初期限制了其经济发展的速度。但是，自 2003 年以来，安吉将这一特点转化为了后发优势。通过吸取周边地区工业发展的经验和教训，安吉主动规避了工业发展过程中的危害，以较快的速度淘汰了对环境危害较大的制浆产业等化工产业。通过相关的研究和规划，安吉以可持续发展理念为原则，以生态功能分区为构建基础，以自然资源保障体系、环境支撑体系、人居环境体系、生态产业体系、生态文化体系为支撑体系，努力把安吉建设成为生态功能良性循环、生态经济发达高效、生态文化进步繁荣、生态家园舒适优美、适宜居住与创业的现代化生态县。这些努力在安吉生产生活的各方面都得到了体现，形成了安吉特有的绿色发展之路。

2. 绿色科技是绿色发展的助力

安吉在保护当地生态系统的同时，将科技与生态结合，使绿色科技融入安吉生活的每一方面，使当地居民及慕名前来的旅游者体会到天然生态与现代科技结合的美好宜居环境。

安吉的工业产业是受到严格控制的，其地区生活污水处理成为安吉生产生活最基础的问题。农村生活污水处理方面，安吉地区自 2003 年，就与多个科研单位及大专院校合作，在实际操作中引入了大量使用技术。在 10 年的技术运用及推广过程中，安吉形成了农村生活污水处理的"三大模式"，并使用推广了"十种技术"。2009 年至今，西苕溪出境断面水质从Ⅲ类提高到了Ⅱ类，全县 70％以上河流断面水质长期稳定Ⅱ类。经过结合地域特点及实际应用的实践，安吉重点转化应用了复合介质生物滤器污水处理技术、太阳能驱动污水处理技术、PEZ 高效污水处理技术、强化型人工湿地污水组合处理技术、接触氧化＋人工湿地生活污水处理技术和分散性强化厌氧土地渗透处理技术。每一种技术的应用及推广都是有针对性的。从 2010—2012 年，安吉累计新增集中式污水处理设施 132 座、分散式 190 余处；技术类型涵盖了太阳能驱动处理、集中生态复合床、PEZ 高效污水处理、农家乐废水多介质土壤层处理、日本净化槽一体化系统、嘉兴爱迪曼动力站等，切实达到了因地制宜、节约高效、易维护的要求。安吉的农村生活污水处理不但在当地取得了效果，还建立了我国第一个农村生活污水处理技术展馆暨技术培训服务中心和成果推广平台。

安吉地区还将数字化引入每一个乡村社区，力图建设绿色智慧乡村，使村务、气象、农业技术、劳动力市场等信息的快速公开，而且查询便捷。在调研组对横山坞的实地调研中，体验到了数字综合服务的明了、简单和实用。操作界面及使用方式充分考虑了当地农户的文化和生活水平，信息清晰，操作便捷。

在农业生产方面，农业技术是绿色科技推广的主要方式。以当地白茶生产为例，其茶树使用的肥料和杀虫剂均为生物制剂，每年 4 月至 6 月用药，其余时间均不用药，尽力保持白茶的原始状态和食品安全性。为了进一步降低残留比率，当地政府近期在产茶区推广太阳能灭虫灯，效用面积 3 亩/个，进一步节省了白茶的生产成本，同时提高了食品的安全性。

3. 绿色教育是绿色发展的人文动力

在本次调研中，令人印象深刻的除了当地的自然风光和绿色科技应用之外，还有安吉的生态文化和相关教育。2013 年 3 月，安吉地区推出《生态安吉县民守则》，以积极明快的风格和朗朗上口的形式，成为了当地生态文化建设的代表。安吉地区的生态教育是从十几年前就开始的，并且是从孩子抓起的。近年来，安吉结合美丽乡村建设，提出了美丽学校创建，主要包括：推进以构建高效课堂为目标的课堂教学改革；推进以满足和促进学生多元发展需求为目标的校本课程开发；推进以加强学校德育和校园文化建设为目标的"美丽班级"创建。在"美丽班级"的创建过程中，倡导主题是班班优美，在班级中建立若干美丽小组，小组中的 6 名成员同活动、同评价、同竞争，提倡积极的学习生活态度。在课程建设方面，安吉除了规定的国家课程和地方课程外，还设置了结合生态文明理念的校本课程，例如，由学校与水利局和环保局联合开发特色课程。在安吉的中小学中，生态文明教育课程是纳入正常课程体系并要进行考试考核的。这样使当地居民从小培养生态文明的意识、习惯、能力。在校外，小手拉大手活动是从孩子反向促进成年人培养生态文明的意识、习惯、能力的有效活动。由此可见当地政府将生态理念融入百姓生活的努力和决心。百草园、竹博园等当地的生态旅游景点，也成了当地的环保教育基地。这使人们在享受大自然的美好的同时，也不忘记强化生态文明理念，自觉保护生态系统。

4. 绿色人居是绿色发展的目标

安吉成功创建并获得了首个国家级生态县、全国首个县级"人居环境奖"等称号。2012 年，安吉获得联合国人居奖。在实地调研中，我们发现，政府部门对生态建设与经济发展互促共进有着清晰的认识：一是良好的生态环境使安吉拥有大量的生态资源，有助于引入投资；二是经济的发展提高了当地居民的生活水平，使其认识到生态建设是可以带来丰厚经济效益的，也使政府有足够的资金进行新的规划和建设，从各方面促进了对当地生态环境的投入和保护。为了更好地提升生活质量，安吉立足于现有成果，不断向构建绿色人居城市的目标发展。安吉的绿色城市规划主要集中在城市功能的集聚、品质细节的完善、城市文化氛围的进一步营造，最后通过三方面的完善达到城市活力的增强。同时，为了进一步了解并提高安吉人民的幸福感，安吉县政研室正在初步调研，构建幸福安吉评价体系。

在安吉现阶段的发展中，仍然面临着一些待解决的问题。例如，安吉在节能减排和环境保护方面投入许多资源，但是效果会受到周边其他地区的影响，如何与其他地区合作解决，仍需要研究和实践。此外，一些具体问题也有待解决。例如，当地的生活垃圾的处理以炉排炉焚烧为主，而垃圾焚烧处理的最优方式是进行分类，将可以回收的有用物回收再生处理应用，不能回收的废弃物再焚烧处理。安吉城区的生活垃圾收取率为 100％，农村地区为 80％，而垃圾的分类仅在城区和多个村进行了试点，还未完全推广。

>>四、领导理念创新是绿色发展的保障<<

安吉的中国美丽乡村建设已经成为中国新农村建设的鲜活样本，通过本次实地调研和分析，课题组发现领导理念创新是安吉走上绿色发展道路的重要经验，是安吉实现绿色与可持续发展的重要保障。

1. 找准绿色增长点

安吉的实践告诉我们，山区县的资源在山水，潜力在山水，山水资源就是金山银山，是绿色增长点。山区县的发展完全可以摒弃常规模式，走出一条通过优化生态环境带动经济发展的全新道路。对工业的过度迷信和盲目依赖，不仅并不明智，而且将遗失自我，给山区县的发展带来毁灭性的打击。安吉县委、县政府在意识到破坏资源环境的发展道路不可持续后，主动规避了工业发展过程中的危害，实现绿色发展。安吉领导理念创新的经验告诉我们，农业与农村资源保护好、利用好、经营好，不仅使农民就近、就地就业增收，还可以充分发挥市场经济的驱动作用，进一步促进农村基础设施改善，推动农村社会发展、市场繁荣，推进农村生态文明建设和物质文明建设协调发展。

2. 科技、教育、文化促进绿色发展

发展离不开科技，安吉县委、县政府抓住科技的重要性，用科技的发展推动当地生活水平和经济发展；在保护当地生态系统方面，将科技与生态结合，使科技进入安吉生活的每一方面，创造出智慧乡村的安吉生活模式；将数字化引入每一个乡村社区，力图建设智慧乡村；以农业技术的推广为主要方式，实现了科技助民。

安吉的生态文化和相关教育也同样令人印象深刻。安吉地区的生态教育是从十几年前就开始的，并且是从小学生抓起的。近年来，提出创建美丽学校、美丽班级，已经取得明显效果。有了生态意识和生活方式的安吉居民，尤其是新一代、年轻的居民，热爱自己的家乡，保护自

己的家乡，自觉地投入到当地的经济发展与生态文明建设当中。

3. 构建"幸福安吉"评价体系

当地政府部门清楚地认识到，生态环境与社会发展是相互促进的，是实现农村和谐、农民幸福的根本要求。为了进一步提高安吉人民的幸福感，安吉县政研室正在努力构建幸福安吉评价体系。安吉始终把农村作为一个整体社会来发展，注重在农村全面推进经济建设、政治建设、文化建设、社会建设和生态建设以及党的建设，促进农村各项事业协调发展。各项农村社会事业全面协调发展，使安吉实现了"生产发展、生活宽裕、环境整洁、乡风文明、管理民主"的新农村建设总体要求，出现了"村村优美、家家创业、处处和谐、人人幸福"的繁荣景象。

4. 绿色与可持续发展任重而道远

在 2011 年，安吉县政府围绕《关于深入推进生态文明建设的决定》要求，坚持"生态立县、工业强县、开放兴县"战略，以科学发展观为指导，以"中国美丽乡村"建设为载体，以维护人民群众生态环境权益、保障和改善环境民生为核心，全力推进生态文明建设。但是，在安吉现阶段的发展中，仍然面临着一些待解决的问题。例如，安吉在节能减排和环境保护方面投入许多资源，但是效果会受到周边其他地区环境的影响；垃圾的分类仅在城区和多个村进行了试点，还未完全推广；土地流转、林地流转等还存在很多问题。因此，从长远的社会可持续发展目标来看，安吉还有很长的一段路要走，还需要当地政府与时俱进、不断创新！

专题三

资源城市绿色发展转型之路^①
——山西省晋城市调研报告

晋城市位于山西省东南部，现辖一市（高平）一区（城区）四县（泽州、阳城、陵川、沁水）。全市总面积 9 490 平方公里，总人口 227 万。2012 年，全市生产总值 1 011 亿元；人均 GDP4.45 万元，较全国平均水平高 16%；财政总收入 213.5 亿元。晋城素有"煤铁之乡"的美誉，是全国储量最大的优质无烟煤和煤层气生产基地，在规模以上工业总产值中，煤炭占 75% 以上，是名副其实的"能源之都"。

尽管作为传统的能源型城市，以黑色的煤炭为主导产业，但晋城却被誉为"看不见煤的煤都"。近年来相继被评为全国卫生城市、中国优秀旅游城市、国家园林城市、全国绿化模范城市、山西省环保模范城市。2012 年更是被联合国环境规划署评为"国际花园城市"，被国家确定为"全国低碳试点城市"。可见，作为典型的资源型经济地区，山西晋城在绿色发展方面卓有成效。为此，中国绿色发展指数报告课题组专门组织调研小组赴山西晋城进行为期一周的典型调研。在山西省政府发展研究中心的指导、帮助和带领下，调研小组先后调研了晋城开发区及其所辖的富士康晋城工业园区、晋氏织造创意馆、金匠工业园区、丹河人工湿地、白马寺森林公园、保障性住房项目、润城小城镇、沁水煤层气开采和加工企业等。最后，与山西省政府研究中心、山西省政府办公厅、晋城市政府以及晋城市发改委、经信委、财政局、人社局、环保局、住建局、交通局、商务局、旅游局、林业局、水务局、统计局、发展研究中心等部门相关负责人进行了为期半天的座谈会，在此基础上，综合分析、总结晋城市绿色发展的经验与问题，形成此调研报告，希望对探索资源型经济地区的绿色发展道路具有一定的参考价值。

>> 一、国家级开发区引领产业绿色转型 <<

长期以来，晋城市的工业结构主要以重型化、资源型产业为主导。由于产品粗放、产业链条短、附加值低，因而极易受到外部环境的影响。面对日益严峻的形势和"过山车"式经济波动带来的影响，"十一五"以来，晋城市加大了产业结构调整力度，经济发展由粗放落后方式逐渐

① 在赴山西省晋城市调研中，课题组得到了山西省政府研究中心、山西省政府办公厅、晋城市委市政府、晋城市发改委、晋城经济技术开发区、经信委、财政局、人社局、环保局、住建局、交通局、商务局、旅游局、林业局、水务局、统计局、发展研究中心等单位和相关人员的大力支持，在此表示感谢。

向绿色发展方式转变，从资源依赖型向创新驱动型转变。在这个过程中，晋城市开发区在促进全市转型发展，推进经济结构调整，特别是在发展高新技术产业上的示范、带动作用日益显现，为晋城市乃至全省实现产业绿色转型树立了良好的标杆。

1. 招商引资带动经济转型

晋城开发区紧抓 2008 年金融危机以来沿海产业加速向内地转移的宝贵机遇，成功引入富士康集团，出台协力富士康共度危机的特殊扶持政策，支持富士康在晋城扩大投资。2007 年以来，富士康晋城园区六年八次增资扩股，注册资本由 750 万美元增至 3.03 亿美元，累计完成投资总额近 75 亿元人民币。虽然经受国际金融危机的巨大冲击，但是富士康在晋城持续布局、逆势成长，以光电通讯、光学镜头、相机模组、精密模具、自动化设备、工业机器人、精密刀具、手机精密机构件等为代表的高科技产品陆续落户晋城开发区。2007—2012 年，富士康晋城园区产值由 1.27 亿元增至 85 亿元，年均增长 101.5%；就业人数由 1 700 人增至 3.6 万人，六年新增就业 3.4 万人。

此外，开发区也成功引进来自美国、英国、日本、南非、萨摩亚以及我国台湾地区、香港特别行政区的 10 多家企业投资落户；同时，积极吸引本地实力企业入区投资，兰花集团、晋煤集团、皇城相府集团等骨干企业的一批重大转型项目在开发区落户，江淮重工、汉通机械等一批装备制造项目在开发区建成。在不断开拓的招商引资带动下，目前开发区已形成以光电通讯、装备制造为主导，以丝麻服装、生物医药、新能源、新材料等为重点的产业发展格局，产业的绿色转型功效显著。

2. 科技创新驱动产业转型

开发区一直注重扶持高新技术产业，激励企业自主创新。目前，开发区高新技术企业占晋城全市的一半。区内拥有省级企业技术中心和工程技术研究中心 4 家，依托重点企业，建成了洁净煤、特种陶瓷、半导体照明等 7 家工程技术研究中心。富士康晋城科技工业园现已建成全球最大的光通讯连接器、光学镜头模组、精密刀具生产基地，集光学镜头产品"八项世界第一"，拥有自主知识产权的 FOXBOT 工业机器人"富晋一号"也正式落户开发区。

另外，"千人计划"留美博士伍永安创办乐百利特公司，其开发的 LED 光源产品在全球光效最优、显色指数最高。留日博士施海潮创办索福拉药业公司，集中 18 位博士研发团队，自主开发"苦山薯"食品，在治疗糖尿病、高血脂等方面效果优于一线药物。留美博士碗海鹰创办华美瑞泽新材料公司，在全球首家实现纳米介孔 ZSM－5 分子筛的产业化，其技术水平国际领先。兰花汉斯公司首家引进煤矿瓦斯抑爆设备生产项目，其抑爆装置可在百分之一秒迅速响应并抑制瓦斯爆炸，技术水平国际领先。江淮重工公司自主研发的高温高压核级阀门，应用于第三代核电站及各类核动力装置系统，产品填补国内空白，技术达到国际领先水平。

3. 基础设施建设助推产业转型

十年间，开发区内从昔日的两条"断头路"到今天四通八达的道路交通网络，开发区建成区已实现了高标准的"七通一平"。新区开发全面启动，金鼎路建成通车，金匠街完成规划。十年来，开发区累计投入基础设施建设资金近 20 亿元，积极针对入区企业投资需求，在基础设施配备、厂房建设、员工宿舍修建以及劳动力供应等方面，开发区政府进行了不懈努力，为企业减轻了负担、扫平了障碍，大大提高了企业建厂投产的积极性，为当地产业转型升级发挥了重要作用。

>>二、人工湿地净化河流污染<<

近年来，晋城市煤化工行业发展快速，大量工业废水、生活污水排入丹河①，导致丹河流域水环境受到严重污染，水东桥监测断面化学需氧量、氨氮超标几倍到十几倍，水质富营养化加剧，中下游鱼虾绝迹，龙门景区游人锐减，并且引起了晋豫两省的水环境纠纷。2006年以来，巴公工业废水处理厂（3万吨/日）、晋煤集团生活污水处理厂（1万吨/日）相继建成投运后，虽然缓解了丹河水质恶化的趋势，但是，丹河水环境仍不容乐观，严重影响着郭壁饮用水源地水质安全和东焦河水库蓄水发电以及珏山景区、龙门景区旅游的效益。

为彻底解决丹河的水污染问题，晋城市政府和环保部门几经调研，决定在丹河上游建设一个工艺先进、规模为华北地区最大的人工湿地（见图专题3-1）。2008年8月7日，丹河人工湿地项目正式启动。当前，丹河人工湿地总规划用地1684亩，工程总投资12179万元，主要建设内容为防洪工程、污水处理工程。防洪工程设计以30年一遇为标准，采用拦河坝和翻板间自动控制河道水位，配水渠将拦河坝蓄水引流并配送到各块人工湿地，防洪坝将防止洪水进入湿地；污水处理工程采用垂直流人工湿地＋渗滤床——自由表面湿地＋水体人工强化自净生态工艺。人工湿地床铺设1.5米不同规格碎石填层，通过层内微生物吸收净化水质，表面层种植芦苇、香蒲等10多种植物净化水质。三期工程全面竣工后，丹河人工湿地将成为全国最大的垂直流人工湿地。优点是占地面积小，处理效率高，整个系统可以完全建在地下，地上可以建成绿地和配合景观规划使用。

丹河人工湿地一期、二期、三期工程通水运行后，日可处理污水8万立方米，全年可处理污水2880万吨，可削减氨氮540吨，化学需氧量2000余吨，水质将由现在的劣V类净化为Ⅳ类标准，并形成了315亩的植物长廊。人工湿地建设不仅有效改善了丹河水质和沿线的生态环境，还能促进郭壁饮用水源地的保护和东焦河水库的蓄水发电，同时可带动珏山和龙门景区的旅游产业发展。

图专题3-1　丹河人工湿地全景图

---

① 丹河是晋城的母亲河，发源于高平市丹朱岭，流经高平市、泽州县城区，境内干流全长128.3公里，流域面积2965平方公里。

当前，随着工业的发展和城镇人口的不断增加，巴公、高都、北石店片区改造，市委党校和晋城大学的相继投用使得丹河人工湿地所承载的工业废水、生活污水的负荷呈现出持续增长的趋势，丹河人工湿地现有的处理规模已不能满足要求。为保证下游水源地安全、出水水质持续达到设计要求，未来还将在丹河、巴公河交汇处开工建设四期工程，预达到日处理污水5万吨，年处理污水1 820万吨。总之，丹河人工湿地工程是利用生物技术治理水污染的一次重要探索和尝试，所取得的成果可广泛应用于水体的污染治理、水体生态修复、水环境质量的长效维护，具有一定的推广价值。

三、采空区"化身"城市"绿心"

由于煤矿开采时限较长，白马寺山下采空区①面积过大，导致地表结构发生沉陷，水土流失，地下水位下降，生态植被严重破坏。再加上此处常年倾倒煤矸石、煤泥和垃圾，导致环境恶化，植被完全毁灭，严重影响着市区环境。

2004年，晋城市政府制定了白马寺山森林公园总体规划，逐步开始建设。特别是2008年以来，在制定的新版城市规划中，计划投入15亿元建成以60平方公里白马寺山生态区为城市绿心，主城区、北石店区、巴公区、金村区四周环绕、众星捧月、环状向心的生态园林城市。近年来，白马寺山森林公园绿化工程累计投资上亿元，绿化面积17 000余亩，森林覆盖率达到65%，绿化覆盖率达到80%以上，目前公园内苗木品种达65种。

白马寺山森林公园是白马寺山生态区建设的主体，位于晋城市区北部4公里处，总面积12平方公里，最高海拔1 054.8米，最低海拔728米，相对高差326.8米，森林覆盖率65%，绿化覆盖率85.6%。可以说，白马寺山沉陷区治理与建设植物园充分结合，对生态环境进行了综合整治和恢复，在增加城市绿地面积的同时，有效改善了市区生态环境，对防止水土流失、净化空气、调节气候有着重要的意义。白马寺山生态建设为晋城市创建中国优秀旅游城市、全国绿化模范城市、省级环保城市、文明城市等荣誉发挥了很大作用，特别是2012年在全球公认的"绿色奥斯卡大赛"中晋城市荣膺国际花园城市综合金奖，与此同时，白马寺山森林公园获自然类单项金奖，使白马寺山成为市区最具代表性的自然景观和人文景观相融合的旅游胜地。

四、生态林业打造环城绿色景观

晋城市在城市景观建设上坚持生态优先、因地制宜的原则，注重了生态效益和景观效果的结合。城市东、南出入口形成了以雪松、油松为主，乔灌结合的两片大型林带，成为了城市的"氧吧"。

2007年，晋城首先开展东出入口景观绿化工程。东起长晋高速晋城东收费站，西至晋焦高速东上庄立交桥，全长2 760米，绿化面积80余万平方米。主要是立体绿化，以"市树"雪松为主的绿化风格，营造了"万壑松涛"的景观效果，当年共种植雪松、毛白杨等乔木2.3万余株，紫薇、木槿等灌木30万株，草坪4万平方米，达到了一处成林、一次成景的效果。2008年春天，又对西属互通南部山头景观107亩面积进行了绿化，共栽植4米以上雪松5 589株。

---

① 白马寺沉陷区位于白马寺风景区南部，南临屋厦村北，东靠泽州北路延伸段，西至焦山村东。

南出入口绿化工程的绿化风格以"省树"油松为主，按照"生态优先，因地制宜，适地适树"的原则，结合晋城市特有的花灌木营造太行山自然微缩景观。为了节约建绿，采用中水灌溉技术，每年可以节约城市用水 100 万吨；并安装太阳能草坪灯，实现了环保、美观、节能的目标。2008 年年底，该项工程与东出入口景观绿化工程同时被山西省建设厅命名为"城市园林绿化示范工程"，并获得"中国人居环境范例奖"。

2009 年年初，晋城市开始实施北出入口的整体绿化工程，对陵（川）沁（水）路以北、泽州路以东 500 米至白马寺山可视范围进行整体绿化，总长度约 1.71 公里，绿化面积 66.67 万平方米。绿化风格采取常绿与落叶、乔木与灌木、草坪与花卉相结合的手法，两侧绿化带分别以"省树"油松和"市树"雪松环环相扣，以 7 米高的毛白杨为背景，搭配木槿、樱花、海棠等 7 个品种的花灌木，形成错落有致、层次分明的景观效果。2010 年，园林局又实施北出入口景观绿化二期工程，绿化面积达 32 万平方米。

据测算，东、南、北出入口共 206.3 万平方米的景观林带，每天可以吸收二氧化碳 20.63 万千克，释放氧气 14.44 万千克，每天生产杀菌素 6 189 千克，对水土保持、降低噪声、缓解城市热岛效应起到了促进作用，有效地改善了城市空气质量和生态环境。在 2012 年晋城市荣膺国际花园城市 15 万～40 万人口类综合金奖的同时，不但白马寺山森林公园获自然类单项金奖，晋城还被组委会评为国际花园城市景观改善类特别金奖，成为本届大赛唯一同时获得三项金奖的城市！

>>五、围绕产业片区打造中心镇建设<<

山西晋城在新型能源和煤化工基地建设的同时，将新型工业化和特色城镇化建设作为重要的环节，以 6 大产业片区为中心，进行城镇化改造，同时建设 20 个中心镇。晋城市围绕着八公装备制造工业园、金匠新兴产业工业园、高平煤焦化工业园、北留周村煤电化工业园、沁水新能源产业工业园和高平新能源科技创新园六大园区为依托，通过产业集聚带动人口集聚，通过工业化带动城镇化，加快 6 大产业片区的城镇化进程，同时推进中心镇建设。晋城市计划三年内，城镇化率平均年增幅不低于 2%，吸纳转移到城镇的劳动力累计不少于 15 万人，计划到"十二五"末，全市城镇人口总数达到 140 万以上，城镇化率达到 60%。形成中心城市、4 个县城、6 大产业片区、20 个中心镇的市域城镇化格局。

在推进城镇化，特别是"中心镇"的建设中，政策配套和落实，才是最根本的行动力体现。首先是用地问题，这是城镇化建设中的核心环节。晋城市利用工矿废弃地复垦利用等办法，把节约的用地指标优先用于产业片区和中心镇建设。其次是土地出让净收益的返还额度不低于60%，用于对所在镇区基础设施和公共服务设施的建设投入，从资金上保证了城镇化的实施。再次是财政上，通过财税返还和直接专项资金支持城镇化建设，在自求平衡的财政运行机制中，所在县（市）财政结合具体情况，在下一年度按照 50% 比例返还用于城镇化建设，特别是基础设施配套费、污水处理费、垃圾处理费等收入全部返还。从 2012 年，市、县两级财政每年安排专项资金支持，其中市财政每年投入 1 亿元作为城镇基础设施建设的配套资金，每年投入 500 万资金用于村镇补助，每年投入 200 万元用于历史文化名镇名村的保护。最后，配套放宽户籍制度，鼓励非农产业和农村人口向城镇转移，放宽城镇落户条件，在市城镇户籍改革区域内，放松转为城镇户口的限制，使农村人口落户后平等享有城镇居民的福利待遇。

>>六、煤层气开发利用助推清洁发展<<

提高能源利用效率和调整能源结构是未来我国能源经济科学、优化发展的两大主旋律。其中，调整能源结构意味着未来清洁能源对高排放化石能源的逐步替代，主要是非化石能源和天然气对煤炭的替代。根据《能源发展"十二五"规划》，到2015年我国能源结构优化的主要目标是：非化石能源消费比重提高到11.4%，天然气占一次能源消费比重提高到7.5%，煤炭消费比重降低到65%左右。天然气的大规模开发利用是我国未来能源发展的主要内容。但是，我国常规天然气资源储量稀少，预计到2015年产量为1300亿立方米左右，远远无法满足能源经济转型发展的需要。大力开发非常规天然气资源因此被《能源发展"十二五"规划》列为能源发展的重要任务之一："到2015年，煤层气、页岩气探明地质储量分别增加1万亿和6000亿立方米，商品量分别达到200亿和65亿立方米，非常规天然气成为天然气供应的重要增长极。"山西晋城在煤层气资源开发利用方面走在全国前列，对经济社会清洁发展具有重要的助推和引领作用。

1. 煤层气开发引领全国

沁水煤田是我国发现的第一个大型整装煤层气田，资源储量6.85亿立方米，得天独厚的资源条件为晋城市开发利用煤层气资源提供了必要基础。2011年全国煤层气地面抽采量23亿立方米，地面煤层气利用量18亿立方米，利用率为78.3%。其中山西省沁水盆地及河东区域煤层气地面抽采量20亿立方米，占全国煤层气开采量87.0%；地面煤层气利用量15亿立方米，占全国利用量的83.3%。在煤层气开发企业中，晋城煤炭集团蓝焰煤层气公司是业界领先者。截至2012年，晋煤蓝焰公司共建成煤层气井5000余口。2011年，地面煤层气抽采量达12.61亿立方米，占全国煤层气抽采量的55%；煤层气利用量8.57亿立方米，占全国煤层气利用量的48%。

2. 煤层气利用多元化

晋城煤层气通过管道运输、液化和压缩等多方式运抵终端多元化利用。管道方面，山西晋城建有全国第一条煤层气输气管道，管道长度52公里，年输气能力10亿立方米，于2007年建成投入使用；目前，晋城沁水共有3条外输管道，设计输送能力22亿立方米/年，建有全国最大的煤层气中心集输站。液化方面，截至2011年，晋城沁水煤层气液化规模达155万方/日。压缩方面，晋城沁水目前煤层气压缩能力达101万方/日，其中晋煤集团煤层气公司建成全国最大的煤层气压缩站，日处理能力达88万立方米。终端利用方面，主要包括交通、居民和工业等，以晋城煤炭集团蓝焰煤层气公司为例，产品销往7个省、20多个地市；在山西省内，供应CNG汽车7500辆、民用15万户40万人、工业用气50万立方米/天、煤层气加气站点21个。其中，寺河12万千瓦的瓦斯发电厂为世界最大的瓦斯发电厂。截至2011年年底，晋城沁水煤层气发电装机容量24.22万千瓦。煤层气发电是煤层气产业中最具发展前景的行业之一。

3. 引入清洁发展机制

煤层气作为清洁能源[①]，在节能减排、保护生态环境等方面具有十分广阔的发展空间和社会意义。作为当前煤层气开发利用的龙头企业，晋城煤炭集团成功引入清洁发展机制（CDM）。2004年与世界银行碳基金签订《碳减排购买协议》，以1900万美元出售二氧化碳减排额度450万

---

① 每使用1万立方米煤层气可减排5.6吨二氧化碳。

吨，该协议成为世界银行在中国签订的第一个也是最大的一项碳基金减排购买协议；2005 年与日本碳基金(JCF)签订协议，以 1 700 万美元出售 240 万吨减排量；此外，还与荷兰清洁发展机构、英国等碳基金机构先后签订碳减排购买协议。由此可见，煤层气的开发利用对于推进清洁发展具有重要意义。当前，晋城市沁水县正在按照"产业向园区集中，人口向城镇集中的总体思路"，以"新能源、新气象、新发展"为理念，在嘉峰镇规划建设煤层气产业园区，规划总面积约 5.89 平方公里，这对推动煤层气产业的健康有序快速发展、推进绿色清洁发展将发挥积极的引领作用。

专题四

绿色发展促减贫[①]
——连片特困地区湖北省恩施土家族苗族自治州建始县调研报告

通过绿色发展促减贫，在贫困地区同样有巨大潜力。武陵山区恩施土家族苗族自治州建始县是国家新阶段扶贫开发工作重点县和2008—2009年国家"整村推进、连片开发"试点县，2011年还被国务院扶贫办确定为全国扶贫特色优势产业连片开发的试点县，在全国先行先试，积极探索绿色发展促减贫之路。

2013年4月20至26日，在中国国际扶贫中心大力支持下，北京师范大学中国绿色发展指数武陵山区绿色发展与减贫调研组一行6人赴建始县，进行为期一周的实地调研，我们与建始县人民政府办、扶贫办、农业局、财政局、发改局、环保局、林业局、水利局、旅游局、经信局、社保局、统计局、妇联、职教中心14个部门分别举行了4次座谈会，就建始县政府及各部门围绕绿色发展促减贫的做法进行了深入讨论，调研组还深入到花坪乡和业州镇共4村、近100个农家进行入户问卷调研和重点访谈，形成了调研考察报告。

>>一、如何通过绿色发展促减贫<<

近年来，基于国家战略与自身实际，湖北省恩施土家族苗族自治州建始县多管齐下、积极探索切实可行的政策措施，走出了一条以特色农业为主要特征的绿色发展促减贫之路。

1. 实施产品差异化与布局一体化的发展战略

建始县发展特色农业的重要经验之一便是实施产品差异化与布局一体化的发展战略，始终强调优化产品种类选择和产业布局。在特色产业品种选择方面，建始县始终强调注意特色产业品类的多样性，根据县域内不同乡村自身的特点发展适宜的特色产品，按照"市场前景好、投入少、见效快、技术相对简单、带动增收能力强"的基本原则，经过与群众座谈，到相关企业调研和专家论证选定能够体现建始县区位优势、资源优势、环境优势和技术优势的特色产业品种，按照"一村一品、一乡一业"的思路建设特色产业基地，最终确定将建始县猕猴桃、魔芋、茶叶、

---

① 本次调研过程得到了中国国际扶贫中心左常升主任、黄承伟副主任的大力支持，王大军处长专门指定了课题组联系人张萌萌进行调研点选择联系和协调，建始县扶贫办向定群主任就建始县绿色发展与扶贫攻坚问题进行了专题座谈，何平副主任和刘开坤股长全程陪同课题组开展调研工作，特此致谢。调研过程中，我们与建始县人民政府办、扶贫办、农业局、财政局、发改局、环保局、林业局、水利局、旅游局、经信局、社保局、统计局、妇联、职教中心14个部门举行了多次座谈会，在此一并表示感谢。

景阳鸡等多个极具浓郁地方特色的产业作为扶贫特色产业。与此同时，按照"长短结合、同步发展、重点突出、分年实施"的思路对特色产业进行布局，强调产品布局的层次性，比如在我们调研的花坪镇村坊村，关口葡萄随处可见，在业州镇的岩风洞村，则几乎家家户户都种植土豆和玉米，不能因为某个地区某种产品行情看好，其他地区就跟着盲目上项目、搞基地。

2. 推广"龙头企业＋专业合作社＋基地＋农户"的发展模式

龙头企业具有资金、技术、品牌及销售网络等优势，还可以延伸产业链，增加产品附加值。专业合作社则由规模不等的农户自发组成，入社农户可以共享技术和信息，享受某些基本生产用具的优惠，我们在调研村坊村一家入社农户时，他说，"入社可以市场价更低的价格买到包葡萄用的袋子"。在龙头企业和专业合作社的带动下，易于形成颇具规模的产业基地，进而带动个体农户脱贫致富。建始县在促进绿色产业发展过程中，始终强调三个方面：首先是依托优势产业引龙头。把优质资源配置给优势企业，加大资金投入和技改创新，壮大企业集群，做大做强现有龙头企业。2012 年，全县农业企业发展到 40 家，其中州级龙头企业 20 家，省级 2 家（恩施皇冠、金茨泉酒业）。其次是依托龙头企业带专业合作社与示范基地。目前，全县农民专业合作社累计达到 342 家（其中，2012 年新创 26 家），创建省级示范社共 6 家（其中，2012 年新创 4 家）。最后是依托示范基地带农户。大力推广"基地带业主、业主带大户、大户带农户"的发展模式，走小规模、大集群的路子，积极开展农企联建，取得了一定成效，有些产品进入中百仓储、武商量贩、沃尔玛、家乐福、大润发等大型商超集团，供不应求。

3. 发掘特色产业长廊建设的集群效应

通过打造大型特色产业长廊，利于充分发挥产业集群效应。2012 年以前，建始县提出了"一化三带"（农业产业化、"318"国道沿线特色林果产业带、"209"国道沿线林药产业带和城郊休闲观光农业示范带）和"九个万亩乡镇"（高坪、花坪、官店 3 个万亩烟叶乡镇，花坪、官店 2 个万亩魔芋板块基地乡镇，龙坪、官店 2 个万亩高山蔬菜板块基地乡镇，官店、龙坪 2 个万亩地道中药材乡镇）的建设目标。经过多年发展，该县已经基本形成了独具特色的产业集群，立足于此，目前，建始县集中打造三大特色产业长廊：首先是以高坪、三里、红岩寺、花坪、景阳等地为主的特色林果产业长廊。迄今，本长廊沿线乡镇已建成以猕猴桃、景阳核桃、关口葡萄、空心李、茶叶、柑橘为主的林果产业板块基地 4.5 万亩，沿"一品两河"旅游景区沿线的林果产业带已初具雏形。其次是以茅田、龙坪等地为主的特色林药产业长廊，初步形成了以"山上日本落叶松、山下厚朴、林下药材"为发展模式的特色林药产业雏形。最后是打造以业州、长梁等地为主的多元特色产业长廊，主要集中在特色种植业、特色养殖业以及休闲农业。

4. 采用休闲农业和生态旅游整体带动的发展思路

休闲农业是一种农业特色绿色产业，主要以农业活动为基础，充分利用农村设备与空间、农业生产场地、农业产品、农业经营活动、自然生态、农业自然环境、农村人文资源等，发挥农业与农村休闲旅游功能，促进农村发展的一种新型产业。休闲农业的发展能优化产业结构，打破产业界线，延伸农业产业链，优化农村产业结构。建始县发展的休闲农业主要有农家乐、休闲农庄、休闲农业园区和民俗村等。生态旅游实现了新突破，"一心三线"的旅游空间布局初步构建，石门古风旅游景区正式开工建设，野三河景区建设步伐加快，知名度不断提高。建始县已成功创建为"湖北旅游强县"，旅游经济效益逐步释放。

5. 坚持贫困户自身能力建设与脱贫机制结合的发展宗旨

根据经济学中的短边原则，在绿色发展过程中，贫困户作为区域减贫的短边，如果解决不了其自身的能力建设和脱贫增收问题，则无论绿色发展到何种程度，也难以实现产业扶贫的最终目标。基于此，建始县在促进特色农业发展过程中，始终加强贫困户自身能力建设，完善贫困户的脱贫增收机制：关于贫困户的自身能力建设，该县建立扶贫特色优势产业技术研发和推广中心，建立产业化经营和发展的技术研发和应用推广服务体系。截至 2012 年，县扶贫办利用扶贫专项资金，以实施"雨露计划"为重点，整合各类培训资源培训贫困劳动力 35 795 人次，为产业发展、规模经营、增加收入奠定了智力基础。此外，政府、龙头企业、专业合作社等组织专家以田间授课等形式，加大对贫困户的科技知识和种养技术的培训。此外，该县还组建科技扶贫小分队，针对贫困户开展科技服务。组织开展"1＋X"结对帮扶机制，让种养大户与贫困户结对，跟踪指导贫困户的产业发展。我们调研过程中，县扶贫办的向主任、何主任以及刘开坤先生还同时邀请了来自华中农业大学的一位果树专家，专门解决当地农户的猕猴桃和魔芋种植过程中出现的病虫灾害及相关技术问题。关于贫困户的脱贫增收机制，该县主要采取了三种措施：首先建立贫困户产前投入扶持机制。对贫困户的产前投入实行差异化扶持措施，其中，10％界定为特困农户，对其前期投入进行全额补助；30％界定为贫困户，对其产前投入部分补贴；对非贫困户一般不进行财政扶贫资金补助。此外，在重点贫困村建立扶贫互助合作社，采取赠予份额的方式支持贫困户加入互助资金组织，优先支持贫困户借款，解决贫困户发展生产资金短缺问题。其次是建立贫困户产品销售保护机制。对贫困户进行订单种植、订单收购，建立最低保护价制度。对贫困户要做到产多少就收购多少，不压价，最大限度保护贫困农民的利益。最后是建立企业参与扶贫奖励机制。政府积极引导农业龙头企业支持贫困户发展产业，鼓励企业采取"农超对接"等多种方式，带动贫困户的发展。

>>二、绿色发展促减贫效果明显<<

建始县通过大力发展特色优势绿色产业，县域经济综合实力明显增强。2012 年实现地区生产总值 51.36 亿元，农林牧渔业总产值为 27.02 亿元，占当年全县地区生产总值的 52.6％，实现增加值 15.9 亿元，充分体现了经济发展的绿色特征。农村居民人均纯收入从 2005 年的 1 616 元提高到 2012 年的 4 527 元，年均增长率近 16％。减贫效果也尤为明显，在 1 196 元的原贫困标准下，2009 年全县贫困人口为 191 306 人，2010 年降至 176 039 人；而 2011 年在提高至 2 300 元的新贫困标准下，全县贫困人口仍在下降，降至 160 039 人。

1. 贫困居民收入显著增加

第一，特色农业对贫困农民收入增长的带动作用明显。课题组 2013 年 4 月进行的入户调查结果表明，"关口葡萄"收入已成为大部分农户的最主要收入来源，受访农户 2012 年的户均收入 3 万余元，其中葡萄种植户年均收入高达 4.3 万余元，而未种植户年均收入仅 1.4 万元，相差了 2 倍多，葡萄产业成为农户脱贫致富的良好渠道。"关口葡萄"获得国家绿色食品认证，其良好的经济效益也带动了周边村农户种植的积极性。与村坊村仅几公里之隔的长槽村和新溪村，多数农户原来长期经营传统种植业，收入相对较低，贫困户比例较高。近一两年，在扶贫政策的支持下，这两个村的大部分农户也积极发展葡萄种植，其中一些农户的葡萄已经或即将进入收获期，增收致富效益将逐步显现。业州镇岩风洞村根据本村自然条件，大多数农户发展了高山蔬菜产业，很多贫困户几年间就实现了脱贫致富，受访农户 2012 年的户均收入也突破了 3 万元。

第二，现代生态旅游和绿色休闲产业实现减贫增收的作用大。建始县旅游业虽然发展时间不长，但带来的收入增长却很明显，2012 年共接待游客 119.6 万人次，实现旅游综合收入 6.06 亿元，分别增长了 85% 和 80%。同时，农家乐、休闲农庄、休闲农业园区和民俗村等绿色休闲产业的发展也促进了一部分农户致富增收。2012 年，全县的休闲农业点达到了 145 个，接待 35 万人次，创造了营业收入 7 500 万元，从业农民人均收入达到 15 000 元，比当年全县农民人均收入 4 527 元高了 2 倍多。

2. 绿色产业发展拓宽了农民就业渠道

第一，特色优势农业发展提供了更多农村就业机会。2011 年国务院扶贫办将建始县定为武陵山连片特困地区扶贫特色优势产业发展试点县。建始猕猴桃、茶叶、魔芋和景阳鸡被确定为建始县的四个扶贫特色优势产业，产前投入较低、种养技术相对简单、管理难度小、病虫害发生少，特别适宜劳力和生产投资缺乏、实用技术差的贫困户发展，也适宜老人和妇女种植管理。例如，猕猴桃平均每亩可实现收入 6 000 元，纯收入在 4 000 元以上。不少贫困户依靠几亩猕猴桃就脱了贫，再也不用背井离乡到外面去打"苦工"了。

第二，特色农业龙头企业创造了更多就业岗位。2012 年，全县农业企业发展到 40 家，其中州级以上农业龙头企业 20 家，包括从事粮油生产加工、畜牧产业、魔芋加工、蔬菜等农产品生产、果品生产加工、茶叶生产加工以及特色食品加工的企业等。全县特色农业农产品品牌发展很快，农业"三品一标"产品（即无公害产品、绿色食品、有机食品和农产品地理标志）达到 35 个。这些特色农业企业的发展有利于就近创造就业岗位。如"戴大姐"是本地妇女创建的一个小食品加工企业品牌，年产值几百万元，就带动了 40 多名妇女就业，并与 100 多个农户（妇女）签订了初加工合同，带动了农户脱贫致富。至 2012 年年底，已有 37 家企业和 68 个村结对共建，建立农业产业基地 2 万多亩，带动农户 105 639 户（次）。例如，2012 年一家民营企业投资了一个较大的茶叶加工厂，不仅在茶厂新增了几百个就业岗位，而且带动当地新发展了 12 000 亩乌龙茶，相当一部分农户成为其稳定的供货茶农。

3. 乡村基础设施和生态建设：生产生活环境大为改善

建始县的农村基础设施和生态建设效果显著，全县贫困村的饮水难、行路难、通讯难等问题都得到很大改善，农村生产生活条件有了很大提高，使得贫困乡村的发展环境更加优化。

第一，乡村基础设施建设改善了农村生产生活条件。从 2006 年以来，建始县解决了 19.6 万农村人口的饮水不安全问题，2012 年全县农村饮水安全普及率达到了 72.56%。实施了农村通畅工程和通达工程，2012 年年底全县公路通车里程比 2006 年增长了 149%，其中农村公路占比 94.5%。贫困村村组公路改造也有了很大进展，课题组实地调研的两个乡镇的四个村，通村主干道均已硬化，受访农户均表示，现在出门时交通都非常方便了。扶贫搬迁、生态移民、农村危房改造、特色民居改造等多项工程的实施也取得了良好效果。危房改造共启动 6 212 户，每户七八千元的资金支持均由财政直补到贫困农户。在我们调研的村坊村和岩风洞村，大部分农户都享受到了特色民居改造实物或资金补贴，村容村貌和生产生活条件有了很大改善。

第二，通过多种方式实现清洁能源入户。如 2011 年和 2012 年两年就完成了 13 000 多户的清洁能源入户，其中包括以补助形式鼓励农户用沼气池、发放高效节能生物质炉和节柴灶等，促进了农户建设使用清洁能源。农户建沼气池一般每家补助 2 600 元，也鼓励采取集中供气，如有些地方有规模养殖场，猪粪比较多，就集中起来一起建一个大的沼气池，集中为 10 户以上供气，补贴高达 10 万元。全县的农村，只要是气候适宜的地方，几乎每家每户都用上了沼气。

第三，生态建设提升了绿色发展基础。自 2002 年启动退耕还林工程以来，截至 2012 年年底，累计完成工程造林 25.752 万亩，森林覆盖率达到 61%。实施了 16 个村的农村环境连片整治项目，3 个省级、2 个县级土地整治项目。这些都为建始县进一步推进绿色发展提供了良好的生态基础。在课题组调查的 4 个村的 65 户受访农户中，9 成以上的村民认为近 3 年村里环境变好了，主要得益于新农村建设等政府政策与投资支持以及村民自身素质的提高。

第四，农村居民的民生保障也有很大提高。2012 年全县 45 万农村人口中 41 万多人参加了农村合作医疗保险，而未参加"新农合"的基本上都是外出打工因而有了其他医疗保障的人员；22.9 万人参加了城乡养老保险，基本覆盖了 45 岁以上的中老年人口。再加上农村最低保障金惠及了最贫困的那部分人群，表明了绝大多数贫困人口目前已经有了最基本的生活保障。受访村民的生活满意度也较高，表示对现在生活比较满意的占了 7 成。

>>三、绿色发展促减贫面临新挑战<<

贫困地区绿色发展促减贫效果明显，但也应看到，贫困地区尤其是集中连片特困地区绿色发展促减贫也面临着比其他地区更多的困难和挑战。

1. 贫困面广、贫困强度大、减贫任务依然很艰巨

建始县是全国的重点贫困县，截至 2012 年 10 月 10 日，全县共登记贫困户 67 467 户，贫困人口 202 015 人[①]，占县总人口的 39.6%。贫困发生率比湖北省高 19.4 个百分点，比全国平均水平高 26.2 个百分点，呈现出贫困人口多、贫困面广、贫困强度大的现状。

第一，与全国人均收入水平的差距呈现扩大之势。建始县的农民人均纯收入从 2008—2012 年，由比全省和全国低 2 166 元、2 272 元扩大到低 3 236 元、3 302 元，差距持续扩大。

第二，贫困发生率高、收入差距扩大，导致减贫目标实现难度大。按照《建始县区域发展与扶贫攻坚实施规划(2011—2020 年)》，到 2015 年贫困发生率下降为 30%，到 2020 年完成贫困发生率下降到 20% 以内。但实际情况是，2009 年贫困发生率为 40.5%，到 2010 年降至 39.6%，年均下降了 0.3 个百分点。而要达到 2015 年和 2020 年预期目标每年需下降 3.2 个百分点和 2.8 个百分点，但以现有 0.9% 的减贫速度，实现减贫目标任务难度相当大。

2. 贫困与灾害相重合、减贫与减灾相叠加

连片特困地区大多处于山区和自然地质条件较差地区，自然灾害频繁、防灾减灾任务重，从而增加了绿色发展与减贫的难度和强度。如建始县地处湖北西南，位于云贵高原东延部分，海拔高差达 1 877 米，垂直气候十分明显，因此常常发生冰雹、暴雨、泥石流、干旱等自然灾害。全县 410 个行政村，每年都会遭受不同程度的自然灾害，常年受灾人口数量高达 20 万人次以上，占全县总人口的 40%，灾害造成的经济损失每年均在 6 000 万元以上。石漠化防治任务重。建始县境内岩溶地区面积为 2 449.65 平方米，占总面积的 90.87%。在岩溶地区，石漠化占总面积的 26.96%。其中，林业用地 604.31 平方米，耕地 55.94 平方米，分别占石漠化土地的 92% 和 8%。在 778.29 平方米潜在石漠化土地中，林业用地 765.05 平方米，占全部潜在石漠化土地的 98.3%，耕地 13.24 平方米，占整个潜在石漠化土地的 1.7%。[②] 土地石漠化所产生的危害极大，它直接导致可耕地面积大幅减少、人畜饮水困难加剧、旱涝灾害发生的频率和强度增

---

① 参见建始县扶贫办 2012 年工作总结。
② 李国平：《建始县岩溶地区石漠化现状与防治对策》，载《湖北林业科技》，2007(5)。

加。因此，贫困地区面临的不仅是要承担减贫重责，还要承担防灾减灾重任，减贫与减灾双重任务相叠加。

3. 基础设施改善难度大

一般来说，贫困地区本身的基础设施条件就差。一是交通设施条件差。目前建始县内交通网络尚未形成，外接内联的大通道尚未打通，县乡公路建设等级低、断头路多，通行保障能力非常有限，不能满足广大群众生产生活的基本需求。截至 2010 年年底，建始县仍有 35% 的行政村尚未通水泥（沥青）路。二是农村饮水不安全。截至 2010 年年底，全县农村饮水安全人口为 16.53 万人，仅占农村总人口的 36.1%；饮水不安全的人口为 29.27 万人，占到农村总人口的 63.9%。三是农业基础设施落后。农田水利等基础设施薄弱并且严重老化，大部分的农田水利设备没有及时更新，抗灾能力弱。而要改变这种状况，难度又比较大。主要表现在：贫困地区交通投资成本、饮水安全成本、农业基础设施建设投资的成本和标准要大大高于平原地带，同量扶贫投资的受惠范围和规模就会缩减，同样的建设项目，投资就要高。

4. 绿色产业发展规模经营受制约、 市场对接很艰难

绿色发展尤其是绿色产业发展规模受制约程度相当明显。武陵山区恩施建始县绿色经济发展尤其是产业发展面临的一个重要问题就是难以实现规模经营。建始县农村人均耕地少。一方面，贫困地区土地流转相对困难，农民轻易不会将土地流转给其他农户；另一方面，山区本身也限制了绿色产业发展规模。山区有高山区、二高山区、浅山区、低山区，不同的地理气候条件，作物生长也有所差异，有些作物可能只适应在高山区，有些只适应在浅山区，有些只适应在低山区，有些只适用于山沟条件等，因此，也难以实现规模化经营。与此同时，从山区土地自身来看，往往被山、沟和石头等阻隔，无法连片，也难以形成较大规模连片土地，缺乏规模化的绿色产业，无论是生产组织还是流通市场的组织，都难以获得规模效益，也就难以适应农产品加工产业生产和经营效益提高以及市场竞争力提高的需求。因此，绿色发展与市场对接相当困难，表现出明显滞后性。

5. 绿色发展促减贫需要政府和全社会共同推进

贫困地区绿色发展不仅仅是贫困地区的任务，更是国家和全社会的共同职责，减贫也不仅仅是贫困地区和全国扶贫系统的工作，更是国家及其所有部门和地方政府以及当代所有人的职责，更是政府的当务之急，只有全社会提高对绿色发展和减贫的认识、认知水平，举全国之力，推动绿色发展与减贫，才能保持贫困地区这片净土不受污染。全社会应充分认识到，全国之所以能够得以保持社会经济可持续发展，就是因为还有广大贫困地区资源环境尚未遭受巨大侵害。在一定程度上说，贫困地区在国家环境保护中的贡献是巨大的，是以牺牲自身发展担当着国家环境的保护职责，就凭这一点，国家对贫困地区的支持就是应该的、必须的。

专题五

以循环经济为重点促进绿色发展[①]
——四川省珙县调研报告

珙县位于四川省宜宾市南部，地处川滇黔结合部和成渝经济区腹部，辖区面积 1 150 平方公里，总人口 42 万人。珙县矿产资源富集，其中以煤炭、硫铁矿、石灰石、石英砂藏量最为丰富，是四川省重要的能源、建材基地。珙县森林植被丰富，森林面积 82 万亩，森林覆盖率 48.57%，动植物资源较为丰富，有美丽而罕见的桫椤幽谷和雀舞蝶飞的王家原始森林，生态环境优美，被评为"国家级生态示范县"和"省级卫生城市"。珙县依托资源优势，在大力发展经济的同时，又注重生态保护，强调绿色发展，在全国县域绿色发展方面具有代表性。

为促进理论与实践结合，更好地为地方绿色发展提供服务，2013 年 4 月下旬，中国绿色发展指数课题组西南财经大学调研小组赴珙县开展绿色发展情况调研。在珙县，课题组参观了珙县的工业集中区循环经济和生态园区建设的情况，认真听取了园区负责人对珙县"一区两园三点"布局的介绍，并实地走访了园区的欧冠陶瓷生产线项目、浮法玻璃生产线项目以及珙县海天水务污水处理有限公司、拉法基瑞安水泥珙县公司以及珙县林场实施的"天保工程"等企业和项目。同时，课题组还与珙县发改局、经信委、农委、统计局、环保局、科技局、财政局、招商局、农业局、林业局、旅游局、建设局、工业集中区管委会等相关部门的代表同志进行了座谈，介绍了 2013 年中国绿色发展指数报告的编制工作，也认真听取了各部门在促进珙县绿色发展方面所做的工作、取得的成效、存在的问题和面临的困难等，对珙县的绿色发展情况有了比较详细的了解。

调研发现，珙县作为资源县，在节能减排降耗方面具有较大的压力，但依然以发展循环经济为重点，强调绿色发展，大力引导企业加强自主创新、集成创新和引进消化吸收再创新的力度，逐步形成了循环经济的绿色技术支撑体系，并且以循环经济为重点建设生态工业园区，通过持续的资金和技术投入，强化园区企业内部和园区之间实现资源循环再利用，实现节能减排，保护生态环境。同时在实施工业强县战略过程中又注重统筹城乡绿色发展，发展特色农业，实施天然林保护工程，发展林下经济，建立农村生产和生活的循环经济发展模式，建设社会主义生态新农村。珙县以发展循环经济为主要抓手，实施经济转型，助力绿色发展，着力保护城乡环境和推进生态建设，在推进可持续发展方面取得了良好的成效，一些探索和创新在全国县域

---

① 在调研过程中，课题组得到四川省珙县发改局、经信委、农委、统计局、环保局、科技局、财政局、招商局、农业局、林业局、旅游局、建设局、工业集中区管委会等相关部门代表同志的支持，在此表示感谢。

经济发展和经济转型过程中也具有一定的借鉴意义。

1. 鼓励企业采用资源再利用技术，有效实现节能减排

珙县具有良好的产业基础，工业主导作用明显，形成了以电、煤为主体的能源产业，以水泥、石材为主的建材产业，以电石、甲醇为主的化工产业，以竹荪为主的食品产业和以岩桂为主的林业加工产业的"五大支柱"产业体系。围绕突出优势资源就地转化和深加工的发展战略，珙县工业集中区着力于将煤炭转化为电力、陶土转化为陶瓷、石英砂转化为高档玻璃、玄武岩转化为纤维材料、石灰石转化为新型水泥的"五个转化"产业发展路径，先后引进中华电力集团、川煤芙蓉集团、欧冠陶瓷公司、五粮液环球集团、冠能特种材料公司、中正化工集团、拉法基水泥公司、华福双三水泥公司等国内外知名企业。

这些资源型企业大多属于传统高耗能、高污染的行业，但是，珙县在发挥资源优势引进资源型企业的同时，特别注重应用循环经济技术，以减量化、再利用、再循环为原则，通过技术创新和管理创新探索企业层面的集约型增长模式，开发和完善资源循环利用的技术和工艺，实现资源循环利用；建立废弃资源的回收和供应体制，开发废弃物再利用技术，实现废弃物资源化；建立生态工艺，实现资源的循环利用和多层次利用等。通过大量资金投入和持续技术创新，园区企业在设备上更新、在工艺上创新、在管理上细心，实施重点节能工业技术改造，多数高能耗企业都实行了脱硫、脱硝改造，并且在资源综合利用上取得一定的成就。

例如，2012年拉法基控股的四川双马宜宾水泥制造有限公司采用新技术，将酒糟加入水泥窑炉煅烧，实现用酒糟替代水泥厂15%左右的煤炭使用量，年节约原煤约1.05万吨，产生巨大的经济效益和社会示范效益，并获得四川省奖励资金79万元。芙蓉集团利用矿井煤层中丰富的煤层气(瓦斯)资源建成装机容量10 500千瓦的瓦斯发电站两座，在建3 000千瓦瓦斯发电站一座，年发电量3 500万千瓦时，同时调整机组的运行方式，对机组尾气余热进行利用，形成热电联产，提高了瓦斯的综合利用率，节约了社会资源、能源消耗量，大幅度提高了煤层气公司的经济效益和环境效益。中正化工对以硫铁矿为原料来生产硫酸的废水处理工艺进行技术改造，使得经过净化后的稀酸能够循环利用，不需要废水处理系统，通过此项技术，每年可回收铁粉约2 500吨，价值约150万元，另外每年还可以节约其他资金197万元，合计增收节支可达347万元，同时实现硫酸生产中的用水全部封闭循环使用，做到零污染、零排放，达到了节能减排的目的，极大改善了生产对环境的污染，此项技术获得四川省奖励40万元。此外，中正化工还通过自主创新开发了利用低品位磷矿石生产优质磷酸一铵技术，极大地提高了磷矿石的利用率，减少了矿山的过度开采，同时，该公司开发的利用生产磷铵产生的固体废弃物磷石膏和其产生的余热生产高效复合肥尿磷铵，年消化固体废弃物磷石膏8万吨，节约标准煤1万吨，减少二氧化碳排放2万立方米，有效地降低了生产成本，提高了生产率，减少了对有限矿石资源的开采量，并且实现了废弃物的再利用，产生较高的生态效益。另外，还有珙县金沙水泥生产公司废渣尾气再利用项目、华电脱硫石膏回收利用项目等。这些项目延伸了企业产业链，促进了废水、废气、废渣的再利用，达到节能减排的目的，促进资源综合利用，而且这些企业都获得了省级资源综合利用认定，实现减免税收200万以上，在节能减排的同时提高了经济效益。

2. 促进企业之间资源循环利用，建设生态园区

珙县本着"智慧、生态、和谐"的园区发展目标，园区内按循环经济模式布局，大力发展以大中型企业为主导的工业循环经济体系，建设生态园区。引导相关企业加强合作，通过科技创新，将企业生产过程中产生的废弃物再提供给相关企业作为再生产的原料，最大限度提高资源使用效率，促进园区内企业间的资源代谢和共生关系，使各企业间形成梯次开发的良好格局，最终形成无废弃物生产的企业群。

庆昌铁业通过科技创新研究开发了利用中正化工生产硫酸排放出的硫酸渣生产铸铁的技术，有效地消化了中正化工生产硫酸排放出的固体废弃物，庆昌铁业产生的废弃物煤灰渣又可以运到砖厂作为砖厂的生产原料。火电厂华电集团在利用煤炭进行发电时产生的粉煤炭、煤矸石、炉底渣等，运送到拉法基水泥厂作为它们的生产原料生产出新型建筑材料，双马水泥厂的余热电站又可以利用拉法基水泥生产线尾气排放的余热作为能源发电，提供了拉法基水泥厂 10% 以上的用电，而且其发电系统达到了环评标准，据统计，两企业合作回收固体粉尘达 80% 以上，年减少二氧化碳排放 12 000 吨，发电 2 000 万千瓦时，年增产值 1 000 余万元。同时，火电厂和拉法基水泥生产线等水泥厂在生产作业时产生的脱硫石膏又回到了最初的中正化工的硫酸生产线，代替部分硫铁矿资源，作为原料可用于提炼硫酸。

此外，珙县还投资污水处理厂，通过公共配套设施和废水收集管网建设，实现 80% 的城市生活废水进入污水处理厂进行集中处理，而经过处理后的中水又输送到工业园区，作为工业用水供园区企业使用，实现中水再利用。企业之间的资源循环再利用如图专题 5-1 所示。

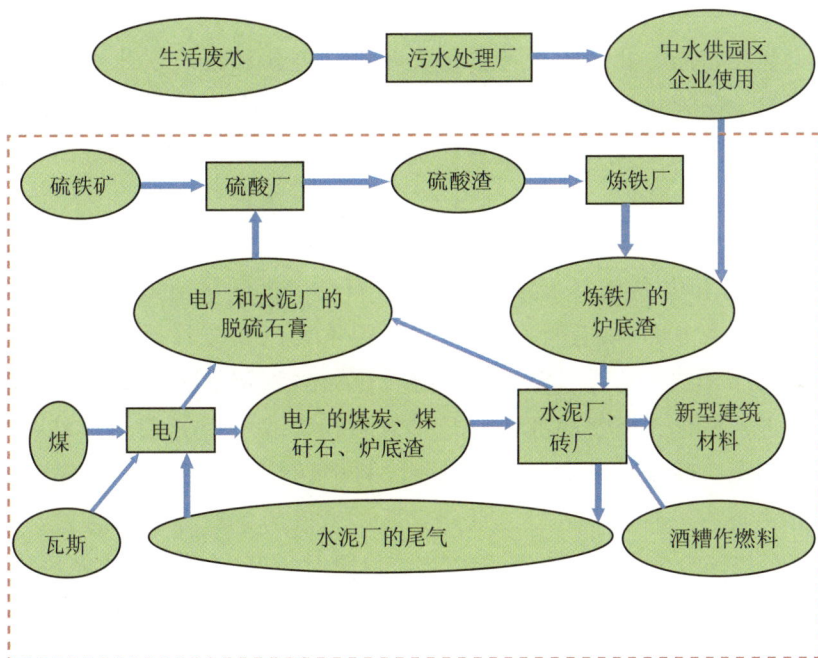

图专题 5-1　珙县生态园区建设中的循环经济模式

珙县以生态园区为载体，以发展循环经济为主线，以研发和推广循环经济技术为重点，建立起比较完善的循环经济技术创新体系、政策支持体系和有效的约束激励机制。在此基础上，大力引导企业加强自主创新、集成创新和引进消化吸收再创新的力度，逐步形成了循环经济的绿色技术支撑体系，实现资源开发与循环经济建设"两者"的有机结合、同步推进，走出一条开放式发展循环经济的新路子，为县域经济转型和社会健康发展做出了积极的贡献。

3. 高标准集中处理生活污水，实现中水循环再利用

珙县县委、县政府认识到，扎实推进农村生活污水治理工作是深化生态文明建设的有效举措，是提升群众生活品质的迫切需要，也是打造秀美乡村的必然要求。因此，珙县加强组织领导，加大公共财政投入力度，引入市场机制，充分调动社会资金参与城镇生活污水处理及再生利用设施建设和运营的积极性。重点建设和完善污水配套管网，提高管网覆盖率和污水收集率，加快形成"厂网并举、再生利用"的污水处理设施建设格局，全面提升污水处理设施运行管理水平，切实推进农村生活污水治理工作。

2010 年，珙县人民政府与珙县海天水务有限公司签订《珙县城市生活污水处理工程项目特许经营协议》，将珙县的城市生活污水处理厂的管理、运营、维护工作交给珙县海天水务有限公司。污水处理厂公共配套设施及管网按日处理生活污水 4 万吨建设，新建截污干管 15.30 公里，收集范围为珙县巡场镇主城区生活污水。污水处理厂采用 CASS 工艺＋生物曝气滤池，出水水质达到《城镇污水处理厂污染物排放标准》(GB18918—2002)一级 A 标。项目设计一期污水处理能力 2 万方/天。项目总投资 4 900 万元，绿化率 35％。目前巡场污水处理厂进水 1.76 万方/天，出水 1.71 万方/天，处理后的中水供工业园区的企业用水。通过大量资金投入和技术创新，污水处理厂处理的污水等级比较高，不仅使得珙县主城区大部分的生活污水不再对环境造成污染，而且还将污水变废为宝，实现了循环再利用。

4. 普及农业生产的循环经济技术，发展绿色农业

在农业生产方面，珙县按照"培育壮大特色产业，促进农民多元增收"的总体要求，积极引导农民调整结构、优化布局、壮大产业，强化农业科技创新和推广农业生产的循环技术。同时加快构建产业化开发、品牌化经营的现代农业发展格局，加大农民示范专合社的培育力度，积极发展订单农业，推进农超对接，促进农业产业结构优化升级，推进以蚕桑、烤烟、茶叶、畜牧和林木为重点的产业基地建设，实现农业生产的"特色与绿色"并重。

其中，特别需要指出的是，对蚕桑主产物、附产物和废弃物进行循环利用和开发的"蚕桑综合循环利用示范中心"是珙县特色农业的一个创新。目前，珙县是四川省蚕桑优势特色效益农业基地县之一，也是国家商务部"东桑西移"工程项目的重要产业转移承接地，同时又是国家农业部蚕桑产业技术体系综合试验基地、国家级蚕桑农业标准化示范区和省级农业蚕桑科技示范园区。该基地通过引进、消化、吸收的办法，与多家科研单位合作，引进桑枝栽培食用菌技术，生产多种优质的食用菌，改变了过去用桑枝做饭、排放污染的现状。而出菇后的桑枝食用菌菌渣和蚕桑产业废弃物蚕沙，在加入适当微量元素后，又成为生产有机肥的主要原料。目前已按国家标准(GB18877—2002)生产新型有机肥 200 吨，同时还开发出不同性能的化肥品种。蚕沙、菌渣有机肥实现了废物资源化，增加土壤有机质，改良了土壤结构，增加了土壤肥力，同时也减少了农业面源污染，达到了节能减排的目的，保护了生态环境。全县已有桑园面积 10.5 万亩，投产面积 9 万亩，2011 年发放蚕种 14.468 5 万张，产茧 5 787.4 吨，蚕农售茧收入 2.3 亿元，加上农户桑园套种、桑枝食用菌以及桑枝条、蚕沙收入，合计实现蚕桑总产值 3.2 亿元。2004 年引入智溢茧丝绸有限公司，通过公司旗下的缫丝厂，可年产白厂丝 150 吨，丝棉厂可年产蚕丝被 5 万床，已建立销售网点 43 个，有 22 种规格与种类，同时还研制了蚕丝枕、蚕沙枕、桑葚酒等系列新产品，实现产销两旺。珙县蚕桑优势特色效益农业基地的循环经济技术，不仅有效增加了产值，提高了农民的收入，还实现了节能减排，促进了农村生态建设。

另外，根据农业部发展现代农业的"十大行动"和四川省政府的"十大富民行动"，珙县积极实施测土配方施肥项目，并且被确定为国家测土配方施肥补贴资金项目县。测土配方施肥是当今农业生产上的一项先进技术，它是对我国传统施肥技术的重大改革。大力推广测土配方施肥技术不但可以改变过去长期凭经验施肥的旧习惯，使施肥向定量化、科学化迈进，而且可以提高肥料利用率，减轻农业面源污染。珙县围绕"测土、配方、配肥、供肥、施肥指导"五个环节开展工作，通过项目的实施，转变了农民传统施肥观念，树立测土配方施肥的理念，科学合理地施用肥料，降低了农业生产成本，提高了投入产出率，促进珙县的生态县建设，实现生产、生活、生态和谐统一。

5. 经济效益与生态效益并重，建设林下经济的生态循环系统

本着发挥优势、彰显特色、突破瓶颈、引领发展的思路，围绕全县林业生态文明建设战略，珙县充分发挥林下特色产品区域优势，积极引进、培育龙头企业和专业合作组织，大力推广"龙头企业＋专业合作组织＋基地＋农户"的模式，强势推进"411"林下经济项目工程，即：重点实施食用菌、黄连、天麻、绞股蓝4个林下种植项目，1个林下养殖山地乌骨鸡项目和1个林下生态休闲旅游产业项目。着力培育一批林下产业基地建设的重点乡镇、示范村，建成一批各具特色的林下经济加工企业，争创一批林下经济区域品牌产品，带动广大林农积极参与林下经济建设，促进林下经济全面发展，提高林地的综合效益。目前，珙县林下养殖山地土鸡面积5 000亩，养殖山地土鸡30万只，桑园套种黑花生、紫红薯面积2 000亩，林下种植黄连、绞股蓝500亩，林下种植蕨菜5 000亩，林下种植天麻5万平方米，2012年实现产值5 943万元。

更为重要的是，林下经济将保护生态的政策制约变为经济发展的优势。首先，林下经济发展的前提就是护林造林。森林为林下种植养殖提供合理的空间、适宜的小气候及养分原料，只有以大面积的森林资源作为依托，林下种养才能得到更丰富的供给。其次，林下经济属于绿色循环、可持续发展的经济模式。利用林地空隙地发展农业作物、家禽，可以充分利用林地内空气湿度大、光照强度低、富含氧气等优势，促进农作物、家禽的生长。同时，农作物、家禽的生产生长又能产生大量有机肥，并释放二氧化碳加强林木光合作用，促进林木增长，实现循环发展。在利用林业资源创造价值的过程中，科学利用生物生长相辅相成的生态循环系统，经济效益、社会效益和环境效益达到高度统一。大力发展林下经济，走出一条保护与发展相结合的生态经济模式，实现经济绿色增长，拓宽农民增收途径，是今后林区经济发展的一个方向。

6. 推广能源循环利用模式，建设生态新农村

农村能源生态建设既能为农民的生产生活提供清洁能源，又可以促进物质资源循环利用，是生态环境建设的重要内容和有效途径。珙县大力推广能源节约和综合利用技术，加快新能源建设，开发经济、清洁、可再生的新能源，不断优化能源结构，提高资源利用效率。

珙县以资源循环利用为核心，因地制宜，加快农村沼气发展，大力推广普及家用沼气池技术，充分利用农村可再生资源，改善农村家庭环境卫生，增强农民生活质量意识。2006—2012年的七年间发展迅速，县级技术员由2人增加到8人，乡村技术人员由10人增加到200人，沼气池累计达到了38 918口；针对后续服务工作，珙县还建立了3个县级服务公司、17个乡村服务站和48个村级服务网站，不断完善农村沼气池建设。

另外，珙县以农村沼气池为纽带，示范推广农村沼气能源循环利用模式。加强对规模化养殖场（基地）的环保建设，大力推广、应用农作物秸秆综合利用设备和技术，创造出"猪—沼—果"、"生态养殖＋沼气＋绿色种植"的标准化规模养殖小区等循环经济模式。通过沼气池项目建设和探索出的循环经济模式，农民的生活观念有所转变，卫生意识有所提高，生活环境进一步改善，生活质量进一步提高，也有效改善了村容村貌，优化了居住环境，塑造了生态农村新形象。

专题六

城市绿色发展的香港经验[①]
——香港特别行政区绿色发展考察报告

经过一个月的实地考察，本文认为借鉴香港经验，对于加快内地城市的绿色发展转型具有重要意义。这里侧重介绍其中的两个方面。

>>一、政府和学术机构在监测空气质量上互相监督和促进<<

香港绿色发展同样面临着空气污染等环境问题。在这方面，政府和香港的学术机构都在公布空气污染指数，形成了互相监督和促进的机制。

自 1995 年 6 月以来，香港环境保护署开始发布"空气污染指数"。"空气污染指数"分为"一般空气污染指数"和"路边空气污染指数"两类。环境保护署在香港各区共有 11 个一般空气质量监测站及 3 个路边空气质量监测站，监测站位置信息公开。"路边监测站"录得的指数一般会较"一般监测站"为高，主要是受地面汽车废气影响。监测站录得的实时空气污染物数据，会传送至环境保护署于税务大楼的空气质量数据处理中心，计算出空气污染指数。每个监测站的空气污染指数，不是各种污染物浓度的平均数值，而是取该监测站各污染物含量的最高指数，以表示整体的污染水平。监测站指数每小时计算及公布，每日下午 4 时公布预测未来 24 小时的空气污染指数。

为方便大众认知香港空气污染情况并采取适当措施，"空气污染指数"按空气污染可能对人体健康造成的影响程度而划分为轻微、中等、偏高、甚高和严重五级。这五个等级是根据五种空气污染物(二氧化氮、二氧化硫、臭氧、一氧化碳、可吸入悬浮粒子)的浓度来确定的。浓度的标识转化为一个由 0～500 的单一数字：数值在 0～25、26～50 时，分别称为"轻微"和"中等"，表示空气污染对人体健康没有影响；数值在 51～100 时，称为"偏高"，预计空气质量不会产生急性的健康影响，但如果长时间在这样的空气污染水平中，可能引致慢性不良影响；数值在 101～200，称为"甚高"，患有心脏或呼吸系统疾病的人的健康状况会轻微转坏，而一般人可能稍感不适；数值在 201～500 为"严重"，患有心脏或呼吸系统疾病的人的病征会明显转坏，而一般人也会普遍感到不适，包括眼睛不适、气喘、咳嗽、痰多、喉痛等。

---

① 感谢香港中文大学当代中国研究服务中心邀请，使这次实地调研得以成行；感谢香港大学许成钢教授、香港中文大学萧今教授、熊景明教授、丁建福博士、香港教育学院王腊梅博士接受本文作者的访问。

关于香港空气质量的监督，香港学术机构也发挥了重要作用，其中最具代表性的就是香港大学流行病学家贺达理博士(Dr. Anthony J. Hedley)的"达理指数"及相关报告。贺达理博士领导的研究小组指出，香港空气污染指数的标准是以20多年前的空气污染和健康关系的数据为基础制定的。政府可能认为短期内无法达到新标准而不愿修改。事实上，这个指数没有跟随新的世界卫生组织的空气质量指引标准加以修订，也没有反映最新有关空气污染和健康关系的学术研究证据，空气污染水平的五级分类使用的术语模糊，市民难以理解空气污染对健康带来的实质影响。

贺达理及其研究团队于2008年设计出"达理指数"，并于2012年推出更新版，务求能够更清晰及精确地揭露香港空气污染水平及其带来的严重经济及健康损失。新修订的"达理指数"，包括即时空气污染地图，以及健康风险警告的计算器，令市民更清晰地了解空气污染及带来的经济及健康损失。

"达理指数"以世界卫生组织空气质量指引作为基础，将空气污染水平划分了五个等级，让公众在网络上自由使用及分享。通过即时空气污染地图显示香港14个空气监测站内主要污染物的水平(包括悬浮粒子、二氧化氮、二氧化硫及臭氧)。香港市民可以从不同颜色、地区分布和数值了解香港即时的空气质量。根据世界卫生组织空气质量指引，列出空气质量的无超标及超标天数。达理指数通过"转动式显示计"，计算公众因空气污染而造成的医疗成本及劳动力损失，同时显示社会愿意为避免因空气污染而引致生病的日子、住院或死亡而付出的金钱成本。该指数利用香港以往多项空气污染与患病或死亡的关系的研究，推算出当空气污染水平超越世界卫生组织指引标准时所引致的社会生产力的损失、医疗成本及死亡数字。该指数还以香港环保署每小时的空气污染数据为基础推算每小时的健康代价，并将这些每小时的代价数值相加，计算在不同年、月、日内空气污染的总代价成本。其中，"健康的损失"根据因空气污染超出世界卫生组织的标准来评估市民因空气污染损害的经济代价，包括因空气污染导致的额外求诊次数、额外住院日数及额外死亡的数据。

>> 二、以公共交通系统为主，避免"大城市病" <<

交通拥堵是典型的"大城市病"，也是绿色发展要面临的重要课题。香港土地有限，人口高达700多万，是全球人口密度最大的地区之一。但香港却成功地发展了世界领先的便捷城市交通体系，对香港社会的整体竞争能力贡献突出。

根据世界铁路协会的一项调查，香港是世界上交通费用最低，但也是交通最方便的城市之一。在香港的GDP产业构成中，交通只占5%，包括建设公路、铁路、购买车辆、能源、劳动力和物资费用在内；伦敦和纽约占7%～9%；相比之下，美国的休斯敦则要占14%，比香港高出9%。

香港之所以发展了便利的交通系统，关键在于采取有效措施抑制私家汽车的高速增长，发展便捷的高速公共交通系统。

香港私家车数量为44万辆(截至2012年7月)，每一千人尚不足65辆。为了严格控制车辆增长，香港一直沿用管制私家车的财政政策，征收较高的车辆首次登记税、车辆牌照费及燃油税，将私家车每年的增长率控制在2～3个百分点之内。其中首次登记税采用累进税制，15万港元以下部分，税率40%；15万～20万港元部分，税率75%；20万～50万元部分，税率100%；

高于 50 万元部分，税率 115%。在此基础上，一定程度上限制停车地点，减少私家车驶入市中心的可能性；市区计时车位一般 20 元每小时，经常要排队等位；停车点布局常常靠近地铁，便利市民转乘地铁去市中心。

在抑制私家车快速增长的同时，香港发展了发达的公共交通体系，市民可以搭乘巴士、地铁、的士等多种公共交通工具，方便、快捷、准时地到达目的地。其中，专营巴士网络最有特点。现在香港共有 5 家专营巴士公司，共拥有 5 900 辆巴士，行走在 579 条巴士线上。其特点是较为灵活，能够在较短的时间内适应需求的转变。在策划巴士线路上，运输署对巴士公司提出了善用资源的要求。减少行走繁忙市区道路的巴士班次、限制巴士数目和发展巴士转乘计划为善用资源的主要体现。据了解，每年巴士公司要提交发展计划给运输署，超过规定的在繁华地区行走的巴士，就会被要求减少班次。同时，运输署给巴士公司定下每年减少 5% 班次的目标。

香港地铁网发达，人口集中地带均有地铁直达。地铁一天运营 19 个小时，夜间服务到很晚。不仅如此，香港地铁还首创了"铁路加物业综合开发"的发展模式，在世界地铁发展中独树一帜。

一般来说，地铁的竞争对手是路面交通，但路面的道路是政府修建的，公交公司不需做出投入。而地铁公司则要修建路轨，修建车站，需要做出大量的前期投资，因而，单靠运营收入远远不够。而且，香港地铁是上市公司，需要为股东创造收益，需要开发多种业务，包括物业开发、物业投资和站内商业经营等。因此，香港地铁与政府密切合作，共同规划，在征询香港公众意见的基础上，将地铁建设、地铁运营和沿线物业开发紧密结合起来。利用地铁交通便利的特点，就近建设环境舒适、商住结合、公众可以负担得起的优质社区，进行物业发展。这样，地铁建设为公众生活创造便利，同时新的社区也为地铁运营提供稳定的客流，形成一个良性的循环。

香港的"铁路加物业综合开发"的模式操作简单。在修建铁路的时候，政府授予香港地铁一定的物业开发权，香港地铁向政府缴付地价，但按地铁建成以前的地价水平。当地铁建成后，沿线的物业升值，香港地铁就利用这一部分的收益再去建设新的地铁项目，这样，地铁便利使土地升值所带来的经济收益又重新转化到地铁建设当中。这一模式不仅使香港政府从地铁公司获得地价收入和分红，而且将铁路与物业综合发展，有效地利用土地资源，对香港政府、地铁发展商及公众来说，是一个多赢的局面。特别对于香港的市民来说，不但享受一个效率高、服务好的地下铁路交通系统，同时也生活在一个衣食住行样样都方便的良好的社区当中。

内地城市主要采取财政补贴公共交通，同时大力发展私家汽车的交通政策。事实证明，借鉴香港经验，在限制私人汽车快速发展的同时，构建便捷、高效、多元的公共交通，才能有效解决交通拥挤这一"大城市病"。

专题七

中国台湾地区城市环保考察记^①
——新北市垃圾焚化处理调研与思考

2013 年 5 月 28 日，我在"中华经济研究院"几位博士的陪同下，到新北市八里垃圾焚化厂进行了考察访问；同时与有关专家就台湾市容环境方面的近况进行了交谈，获益匪浅，受教良多。下面拟从八里垃圾焚化厂处理垃圾的基本情况、特点以及可借鉴的启示这三方面，结合从台湾学术界和新闻界了解的情况，概述自己的思考与体会。

>>一、高水平的垃圾处理<<

八里垃圾焚化厂，位于台北市西南方新北市八里区。土地面积约 3.5 公顷，厂房建筑面积有 18 000 平方米。主要处理八里区等 6 个区 20 万人的家庭生活垃圾和一般事业废弃物，每日垃圾处理量达 1 350 吨。因为成绩显著，工厂获得很多荣誉。

工厂负责人带领我们至现场厂区进行考察，了解了垃圾处理流程与厂内设备，后由导览领至掩埋现场参观，对垃圾处理有了一个全貌的认识。垃圾处理的流程是：先经由各乡镇清洁队垃圾车收集→进厂过磅→至垃圾倾卸区→倾倒垃圾至垃圾储存坑。吊车控制室人员借由操作吊车将垃圾投入焚化炉内燃烧→燃烧后产生热能加热锅炉产生蒸汽→推动汽轮机组发电。与此同时，垃圾燃烧结束后形成稳定状态的底灰物质→输送机构送至工厂灰烬储坑暂存→许可的废弃物清除厂商运至最终处置场处理。而垃圾焚化所产生的废气→工厂设置的废气处理设施处理→符合排放标准的气体送至烟囱入口→于高度 150 米的高空中再行排放。从这个流程中可以看到，垃圾处理的重点是废气、废水和臭味防治。

考察中我感受到这个厂在垃圾处理上水平很高，设备先进，效果良好。先说废气处理：这里有共有三套具旋风集尘器、半干式洗涤塔、袋滤式集尘器等完整的废气处理装备，完全可以去除焚化垃圾过程中所产生的酸性气体及悬浮微粒，并经由多道处理程序确保气体合规排放，机械混烧式炉体焚化 24 小时连续运转，每天每套可处理 450 吨垃圾。再说废水处理：垃圾贮坑中的垃圾渗水经收集喷入炉内燃烧以去除其中的有机物及臭味，同时设置了废水处理系统，对

① 2013 年 5 月 24 日至 29 日受台湾"中华经济研究院"邀请，我参加了"中国大陆经济转型与政府角色"的国际研讨会。5 月 28 日该院大陆研究所副所长刘柏定博士和吴明泽博士陪同我考察了新北市八里垃圾焚化厂，受到了江厂长和黄课长的热心接待。我的学生徐妍在台湾攻读 MBA 第二硕士学位，也陪同前往，在此一并表示感谢。

所有废水再度处理，再生水送入回收水槽，工厂达成废水零排放。最后说一下臭味防制：垃圾贮坑所生臭气及沼气经由一次风扇抽入焚化炉内燃烧，同时借由该风扇的抽力使贮坑内的压力略小于大气压力，以控制臭味外溢。同时于垃圾倾卸平台上设计除臭系统，以消除垃圾车所带来的臭味。

随后，我们实地考察了垃圾填埋场。一层层填埋的垃圾被一层层纱网覆掩，填埋场谷地在一年一年形成小山。据介绍，这还能填埋垃圾 20 年。经过多年努力，先期的填埋场已成为鸟语花香、绿色葱葱、没有异味的生态园区，与淡水、十三行博物馆、台北港区、观音山等风景区连接成观光风景区，取名为"碳中和乐园"。园中还建了三座绿色环保小屋，市民可以进行预约，来免费居住，享受低碳生活。八里厂生态环保园区同时产生沼气用于发电，已可保障园内用电所需。园中废水经过物理、化学处理后，成为中水，每天大约产生 150 吨中水，既用于园内植物浇灌，还协助洒水车用于新北市的马路冲洗。

>>二、台湾地区政府的相关措施<<

台湾地区政府高度重视垃圾与污水处理，推出了很多政策措施，在这里简介其中几项。

1. 垃圾费随袋征收

台湾垃圾不落地的做法已广为人知，这里介绍一下其垃圾费随袋征收政策及其效果。政府行政法规要求回收垃圾必须使用统一的含垃圾费用的垃圾袋。台北市的垃圾专用袋售价是每公升 0.45 元新台币。随袋征收就是民众自行掌握垃圾费交纳机制，垃圾丢得越少，需用的垃圾袋越少，垃圾费支出也越少。这项政策对减少垃圾量效果明显。以新北市为例。全面实施随袋征收政策后，百姓大包小包丢垃圾景象大为减少。据其环保局 2011 年民调统计，随袋征收实施前近 44% 的民众天天倒垃圾，现在只剩 23%，其中 30% 的民众习惯三天倒一次垃圾。新北市每天回收垃圾量由 2008 年的 2 497 吨减为 2011 年的 1 341 吨，日减量率达 46%，相当于每人每日垃圾量由实施前 0.58 公斤降低为 0.34 公斤。与此同时，家庭垃圾费支出在 2008 年平均每户 1 107 元新台币，已减至 436 元新台币。为进一步推动这项政策，鉴于垃圾分类回收及减量，垃圾处理成本跟着下降，垃圾袋费率也将调降，现台北市的垃圾专用袋售价已调降为 0.36 元新台币。新北市现也开始实施对中低收入户专用垃圾袋补助措施，每人每年补到 220 元新台币。

2. 黄金里资收站

黄金里资收站政策，是指民众可用资源回收物兑换专用垃圾袋，回收物变卖所得再由里（区政府下设的一级行政组织）办公室反馈当地居民。资收不仅使垃圾减量，更可减少垃圾费支出。新北市先期成立的 127 个黄金里资收站，回收物已达 3 591 公吨，回馈市民约 17 万包专用垃圾袋，折合市值约 1 100 万元新台币；而里长将回收物变卖所得，多用于里内各项建设、活动及奖助学金、急难救助等公务用途。2012 年年底已建立了 200 处资收站。里民来换资收物时，还有义工辅导民众进行垃圾的正确分类，根据新北环保局估算，新北市民每户一年买专用袋费用约 429 元新台币，若落实垃圾分类及资收，一年可获得 440 元新台币，实现了不花分文处理垃圾。

3. 减并垃圾车清运路线

新北市为了降低垃圾处理成本，垃圾清运拟从每周 5 天减为 4 天，同时把现有 383 条清运路线整并为 250 条，预计可降低清运成本 5%，累计约 4 亿元新台币。降低清运成本，垃圾袋费率就能跟着下降。整合清运路线后，还力求做到垃圾不在市区转运、直接运进焚化厂处理的环保新政策。过去乡镇市公所各自设立的垃圾转运站、堆积场，即起要逐步废除。

4. 节能减污

新北市拟在垃圾处理上采取"垃圾焚化厂转型生质能源中心"及"垃圾掩埋场挖除活化"两大措施。前者指增加垃圾中残存资源物再分选和回收利用的空间，提高转化为热能的基础来源。如果能转型生质能中心，发电量的产能产值将更高，电价更便宜。而掩埋场挖除活化，是指将掩埋物挖除分选回收再利用。例如可燃物焚化、玻璃、金属等资源回收物可以回收再利用，土石可以回填、覆土或运至土资场运用。垃圾掩埋场实施此计划将改善或去除掩埋场的负面环境影响，促进掩埋场土地循环利用，解决掩埋容积不足、新辟不易的困境。当然，此政策仍有异议，担心重新挖除活化恐造成扬尘，以及工程车大量进出，有噪声的二次公害。

>> 三、几点启示 <<

1. 政府与民间结合的经营体制

台湾垃圾机构有多种类型，有公办公营，也有公办民营。八里垃圾焚化厂是公办民营。厂区建设是由"行政院环保署"投资兴建的，建成后移交给台北县政府，并由台北县环保局代管。1992 年中兴工程顾问股份有限公司通过竞标取得监督顾问公司资格，为期 5 年。1996 年至今，由新北市环保局委托中兴工程顾问股份有限公司拟定操作管理合约计划，并经由发包作业由达和环保服务股份有限公司取得营运权，合约为期 15 年。达和环保服务股份有限公司是由台湾水泥股份有限公司与拥有 150 年悠久历史的法国威立雅环境（Veolia Environment）集团旗下专营废弃物管理的威立雅环境服务（Veolia Environmental Services）公司合作，于 1992 年合资设立的。达和环保服务股份有限公司自成立以来，积极参与环保工作，秉持"质量保证、永续经营、服务社会"的理念经营，建立了良好的品牌形象。这种政府投资建厂、民营企业经营的模式，值得我们借鉴。

2. 废物资源化的经济效益

据座谈会上介绍，八里垃圾焚化厂近三年来开始盈利。盈利主要是靠发电和售电，换言之，借由焚化垃圾时所产生的热能，得到附加的回收效益。该厂每年预估可输售给台电集团 2.6 亿度电，按 20 世纪 90 年代消费水平，这个电量可供 4 万户家庭的用电。此外还有按量收取事业单位垃圾费、出售垃圾制成的产品如空心砖等。

3. 高度重视并实现污染处理类企业的敦亲睦邻

参观八里垃圾焚化厂最深的印象是，污染处理类企业或称"嫌恶设施"应如何与周围的民众建立良好关系。台湾政府要求，焚化厂、掩埋场及污水处理厂，要从原来"邻避"场所转型为受欢迎的"邻庇"场所。为此，台湾政府在投资建八里垃圾焚化厂时，就委托了国际知名设计师贝聿铭团队来规划设计主体建筑，仅此投了 3 亿元台币。全厂采取铝帷幕玻璃设计，前面高耸着150 米的正方形烟囱，非常美观，远看如同一只大天鹅。而八里垃圾焚化厂为与附近居民建立良好关系，也做了大量有益的工作。例如，做环保公园和生态湿地，利用废热水处理后建成达标的温水游泳池，用自己做的再生砖做成"登山健行步道"，以及建环保形象馆、听海小木屋、香草温室等。与此同时，工厂还每年出资一两亿元新台币来回馈当地居民，如提供采购专用垃圾袋、看病的挂号费、学童营养、农民买肥料补助、水电费补助、意外保险、丧葬补助、免费小区巴士等。这些做法，深受当地民众欢迎，原来反对建厂的民众现在变成了工厂的坚定支持者了。

专题八

首尔市环境治理经验与借鉴[①]
——韩国首都圈考察报告

2013 年 5 月 11 至 17 日，北京师范大学绿色发展课题组赴韩国进行了考察访问。访韩期间，在组长李晓西教授的带领下，课题组重点考察了首尔清溪川、韩国环境公团、首都圈垃圾填埋管理公社，加深了对韩国在促进经济绿色发展、开展城市环境治理、推动绿色国际合作与交流等方面的经验与做法的了解与认识，并形成以下研究报告，拟供有关部门领导决策参考。

>> 一、韩国首尔城市内河治理考察——清溪川修复
工程的经验与启示 <<

2013 年 5 月 13 日下午，北京师范大学绿色发展课题组专程前往韩国首尔市清溪川修复工程进行考察。清溪川是韩国首尔市中心的一条河流，全长 10.84 公里，总流域面积 59.83 平方公里。19 世纪五六十年代，由于城市经济快速增长及规模急剧扩张，清溪川曾被覆盖成为暗渠并建成为城市主干道，水质也因工业和生活废水的排放而变得十分恶劣，交通拥堵、噪声污染等"城市病"现象十分突出。2003 年 7 月 1 日，韩国首尔政府启动清溪川修复工程，历时两年正式竣工。清溪川的改造与恢复不仅成功打造了一条现代化的都市内河，改善了首尔居民的生产生活环境，塑造了首尔人水和谐的国际绿色城市形象，也为其他国家城市内河水环境治理提供了可供学习与借鉴的案例与素材。

1. 清溪川修复工程揭示了人水和谐的生态型绿色都市的理念，创新了城市内河改造与修复的方式与方法

大城市究竟需不需要城市内河？如果需要，是在新址开发还是在原址修复？这是一个摆在许多城市施政者案头的问题。清溪川在修复工程开工以前，已经全部被混凝土路面所覆盖，道路宽 50～80 米，长约 6 公里，面上还建有宽 16 米、长 5.8 公里的双向四车道高架路，路面下则主要是污水管道、供水管道等 32 种地下埋设管线，实际上已经成为首尔城市主要的交通动脉和排污水道，污水排放、噪声、粉尘、拥堵等带来的污染问题已经相当突出，修复与改造势在必

---

① 访韩过程中，课题组得到了北京师范大学国际交流与合作处的大力支持。特别感谢韩国驻中国大使馆郑永禄经济公使，他为代表团在韩国的访问交流活动提供了极大的便利和帮助。感谢三星集团中国经济研究院朴起舜院长、首尔大学中国中心安时宪副所长对代表团的实地考察活动给予的协助。首尔大学中国留学生联谊会会长梁海胜博士、清州大学于蕾博士在代表团访韩期间承担了全部翻译工作，在此一并表示感谢。

行。清溪川修复工程通过拆除高架路，将被覆盖的清溪川挖开，把地下水道重新建设一条崭新的城市自然河道，并对河道重塑为三个区段：上游以清溪川广场为中心，与喷泉瀑布和高档写字楼相配，着重体现首尔现代都市特征；中游以植物群落、小型休息区为主，为市民和旅游者提供舒适的休闲空间；下游则主要是大规模的湿地，着重体现自然风光。总体来看，清溪川从起点到下游，形成了一条从都市印象到自然风光的城市内河生态水系，重新塑造一个人水和谐、自然环保的城市内涵，极大减少了污染，改善了环境。可以说，过去的清溪川覆盖主要是强调经济与效率的结果，而清溪川复原工程则创新了城市内河改造与修复的方式与方法，实现了城市发展理念从建设到恢复、从单纯追求经济增长到人与自然和谐共生的全面创新与变革。

2. 清溪川修复工程全程注重多元主体参与，改造与建设充分尊重和体现专家与公众意志

清溪川改造是政府、专家和市民共同努力的结果。在改造工程开始之初，首尔市政府就专门成立了清溪川复原项目中心，建立了由专家和普通市民组成的专门委员会，负责收集市民意见，召开公众听证会，并提供咨询服务。在清溪川改造工程中，无论是拆除高架路和覆盖清溪川的水泥道路，还是恢复沿河的历史文物古迹等诸多举措，就是专家、公众和政府部门集体智慧的结晶。特别值得一提的是，清溪川修复工程还充分考虑到原有区域商家的利益，在开工前，政府就积极倾听商家意见，召开工程说明会、对策协议会及面谈会等会议 4 000 多次，充分收集意见。之后以这些意见为基础，采用先进施工方法，减少噪声和粉尘，降低停车和货物装卸场收费，对经营困难的小工商业者给予低息贷款，并对希望迁走的商人开发专门商街给予安置，形成了有助于商圈发展的对策。在尊重与参与的基础上改造和建设，使得清溪川修复工程整体进展顺利，并未因各方利益矛盾冲突影响建设和发展。

3. 清溪川修复工程兼顾水环境与交通环境治理，塑造了以人为先的城市公共交通模式

在清溪川修复工程开始以前，2002 年平均每日经过清溪川路和清溪高架道路的车辆为168 556辆，很多首尔市民都担心拆除高架路将使首尔原本严重的交通拥堵状况更加恶化。但实际上，清溪川修复工程不仅考虑到了水环境治理所带来的城市生态效益，还通过水环境治理大力推动城市公共交通发展，将以疏导车流量为中心的城市交通模式转变为以公共交通和步行者为中心的交通管理模式。首尔政府通过在清溪川建立先进的公交信息管理控制中心、建造易于商家营业和市民步行的道路、增加专门的循环公交车线路、提高地铁运力、集中商业服务网点等措施，使市民不用远行或驾驶私家车，就能享受到便利的城市综合服务功能，在水环境与交通环境治理的统筹兼顾中实现了城市交通以车为主向以人为主的转变。

4. 清溪川修复工程以古桥重建为纽带，在现代化的改造中传承与发展了城市文脉

清溪川横穿首尔中心城区，历史上就是连接首尔城市南北两岸的重要河道，是记录朝鲜时代百姓生活的代表性都市文化遗迹。其中，清溪川上的桥梁更是体现首尔城市文化与历史的重要载体。在首尔 600 余年的历史发展中，在清溪川的干流上曾共建有广通桥、长通桥、水标桥等 9 座桥梁。历史上，每年的一定时期，人们都会以清溪川上的桥为中心，举行踏跳、花灯等活动。因此，桥梁的建设被列为清溪川修复工程的重要内容。通过努力，在清溪川上复原了广通古桥和水标桥，并新建了 16 座行车桥、4 座步行专用桥，并以长通桥、永渡桥等古桥的名字重新命名了新建的桥，同时重现了水标桥踏跳、花灯展示等传统文化活动，并在拆除旧高架桥时，在下游河段有意保留了三个"残留"高架桥墩，保持了首尔城市记忆的连贯性，不仅有助于人们追忆被遗忘的首尔城市原貌，体会历史与现实的时空感，增强市民和游客对首尔城市精神的文化认同，也令清溪川承载和融合了 600 年首尔都市历史、水文化与现代文明，使现代内河改造工程在建设、传承与发展中延续了城市的文脉。

5. 清溪川修复工程以短期集中投入撬动长期城市发展， 为城市持久繁荣提供了不竭动力

清溪川河道生态环境恢复工程全长 5.84 公里，还恢复和整修了 22 座桥梁，修建了 10 个喷泉、1 座广场、1 座文化会馆，总投入约 3 800 亿韩元(约 3.6 亿美元)。在整个工程中，首尔政府考虑到筹措资金来源不足的情况，政府主要通过削减年度预算的方式来进行投入。尽管初期经济投入很大，但短期集中投入对城市经济长期拉动效应已经显现。例如，原有清溪川地区共有 6 万多店铺和路边摊，主要从事低端批发零售商业服务业。自清溪川复原工程完工后，该地区则更多的承载了韩国艺术、商业、休闲和娱乐的功能，国际金融、文化创意、服装设计、旅游休闲等高附加值产业纷纷进驻，极大地加快了产业转型升级步伐，不仅大幅提升了该地区的发展动力和活力，也为实现首尔江南江北两岸发展均衡打下了良好的基础。同时，重新流淌的清溪川使首尔市的大气环境和空气质量得到很大改善，夏天清溪川周边的气温比全市平均气温低 2～3℃，为广大首尔市民提供了良好的居住和生活环境，也提升了首尔作为国际大都市的城市竞争力、影响力和吸引力，为首尔集聚全球高端人才、创新资源、创富资本提供了强有力的支持。

首尔清溪川的修复工程堪称现代城市水环境治理的典范。从城市长期可持续发展的角度来看，清溪川的修复工程不是简单地恢复一条河道，而是以一种全新的理念，在保留传统城市中心区魅力的同时，通过追求保留和开发的均衡，尊重公众意愿，转变发展模式，打造了一条具有历史水文化底蕴、生态环境友好、人与自然和谐、充满经济发展活力的全新的生态内河。对中国而言，在过去 30 多年快速的城镇化进程中，许多城市为了追逐经济增长速度，以水环境污染换取经济增长的模式已经让我们付出了沉重的代价。一些城市大力推动城市道路基础设施建设，为了修建或拓宽车道，甚至不惜覆盖原有河流、破坏绿地，但对交通拥堵、环境改善往往并未发挥实质性作用，交通拥堵改善不很明显，资源和能源浪费严重，城市居民的生活质量也没能得到根本性提升。在新的历史时期，中国城市应借鉴首尔清溪川修复工程的经验，充分利用已经积累的经济物质基础，创新城市发展理念，以人为本，将水环境治理与城市公共治理、交通系统建设、历史文化保护结合起来，将经济发展与生态保护结合起来，将现代都市生活与绿色自然环境结合起来，建设生态、便利、宜居、人与自然和谐共生的绿色城市，走绿色城镇化道路。

>> 二、韩国大气污染防治系统考察——韩国环境公团 排烟远程监控经验借鉴 <<

2013 年 5 月 14 日上午，北京师范大学绿色发展课题组应邀赴韩国环境公团考察，了解韩国大气污染防治经验。韩国环境公团成立于 1997 年，隶属于韩国环境部，是一个具有监督管理权限的事业机构，负责韩国环境政策制度实施和管理。20 世纪 90 年代，工业化给韩国带来大气污染的威胁，为了拥有清新洁净的空气，环境部与环境公团利用信息技术共同开发了排烟远程监控系统(以下简称 Clean SYS)，对韩国部分烟囱进行了长期、持续的监测管理，取得了良好的效果。2004—2010 年，韩国空气污染物排放量减少了 19%，并且每个 Clean SYS 监控的烟囱中污染物的排放量都有所降低，改善了大气环境。

1. Clean SYS 监控对象——工业烟囱

Clean SYS 是一个多功能远程监控系统，以排放大气污染物的主要载体——工业烟囱为监控对象，以可以测量的数据形式通过电信线路从现场传输给控制中心，达到科学利用空气污染统计数据来进行环境政策决策、制定排放交易基本框架和总排放量管制的目标，实现从管制驱动系统到预防导向系统的改革。具体而言，截至 2012 年 12 月底，韩国 562 家公司的 1 451 个烟囱被列为监控目标。其中，首尔有 434 个烟囱在监控范围之内。在韩国所有烟囱数量中，Clean SYS 监测烟囱的数量仅占全部的 17%，但涵盖了全部排放量的 70%。同时，Clean SYS 对监测的目标都有一个设定的范围。被测项目主要包括污染物和其他项目两部分。其中，污染物主要包括灰尘、二氧化硫、氮氧化物、氯化氢、氟化氢、氨气、一氧化碳七项，其他项目即氧气、温度和气流也在被测范围之内。Clean SYS 监测的主要目标为大气污染物排放超过 10 吨/年（以净化过程前的生成量计）的企业。在特定的行业中，会根据行业的特点对监控的目标进行具体的限制。

2. Clean SYS 管理机制

Clean SYS 的管理机构由环境部、监控中心与地方政府共同组成。为了不断完善环境监测系统，环保部将全国划分为特殊管制地区、大气环境管制地区和一般地区三个板块，并在韩国建设四个监测中心，分别为首都圈监测中心（仁川）、湖南地区监测中心（顺天）、岭南地区监测中心（蔚山）和中部地区监测中心（大田），形成了一套面向全国、区域合作的大气污染监测管理机制。Clean SYS 管理流程以数据为载体经过"测量—存储与分析—传输—处理—反馈"五个环节形成一个循环系统。具体而言，首先每一个烟囱上会安装自动测试仪，从工业烟囱排放的污染物会被自动测量，数据以平均 5 分钟或者 30 分钟的频率存储，随后数据被发送至控制中心及一个自我监测系统，监控中心向政府、行政企事业单位等发送数据，用于维护、分析、统计或对行政排污收费的度量。

3. Clean SYS 技术支撑

Clean SYS 拥有一套监测污染物排放状况的科学系统，通过信息技术实现监控。一是数据收集和分析技术。通过这一技术，数据中心制成多种统计数据，实时统计被监测烟囱污染物排放状况。被监测企业可通过这些实时检测数据妥善管理其排放污染物的状况。二是实时监控污染物排放技术。通过这一技术，行政机关、管制中心和企事业单位可以随时获得污染物排放状况的数据并进行监控，行政机关可以通过这些数据来检查企业的工业设施是否遵守排放标准，并基于收集的数据具体计算排污收费金额。三是发布预报和警报技术。当工业设施接近或超过许可的排污量时，当地政府和企事业单位等将通过自动发送的 ARS、信息和传真等方式获知情况，保证及时获得排污信息，这一功能可以预防、警告和降低大气污染物的排放。四是核实数据收集是否完全的技术。这一技术可以通过各个管理中心进行遥控命令，核实是否存在遗漏数据并将未收取数据及时地传送到管理中心，确保 100% 的收信率。五是测试仪准确度的核查技术。从管理中心下达的监控命令通过有线、无线等通讯方式传到企事业单位的数据收集器。数据收集器按照传达的命令，将命令注入气体测试仪中，测试结果被传送到管理中心后确认测试仪是否正常运转，此命令可以保障测试资料的可信度和透明度。通过这五个技术的共同使用，确保了 Clean SYS 的科学运转，实现远程排烟监控。

4. Clean SYS 法律、法规

Clean SYS 是环保部、当地政府和集成监控中心共同负责的系统，为了使得 Clean SYS 的管

理和运转更加科学有序，政府通过一系列的法律、法规来约束和保护 Clean SYS。具体而言，Clean SYS 的法律基础包括《清洁空气保护法》第 32 条(测量设备的安装)、《清洁空气保护法执法条例》第 17 条(Clean SYS 设施的安装和类型)、《清洁空气保护法执行法条例》第 19 条(Clean SYS 监测中心的建立和运行)、《清洁空气保护法执法条例》第 66 条(管理委员会)和环境部通知(Clean SYS 监测中心的功能及其运营)。所有这些法律、法规均为 Clean SYS 制定目标、实施监督以及制定空气质量管理政策等提供了依据。同时，政府可以依据这些法律、法规有效使用 Clean SYS 中监测的数据，确认污染物的排放水平和体积，计算排污收费，用于制定相关的环境政策，为污染物排放水平控制提供可靠的法律保障。

>>三、韩国首都圈垃圾处理考察——韩国首都圈垃圾填埋场管理经验借鉴<<

2013 年 5 月 14 日，我们实地考察了韩国首都圈垃圾填埋场，该填埋场是韩国最大的垃圾填埋场，承担着首都圈 58 个地区 2 400 万人口的生活垃圾和工业废料处理，被誉为世界上规模最大的垃圾集中填埋成功典范。其成功原因就是，经过 20 多年时间，探索出了一条以绿色理念为指导完成填埋工程、以垃圾能源化和填埋场环境生态人文化为特色、低碳绿色处理和利用垃圾的成功方法。

1. 垃圾填埋场成功完成了韩国首都圈 20 多年来的垃圾处理

韩国首都圈垃圾填埋场从 1989 年开始填埋，1992 年正式运营，目前垃圾填埋场占地面积为 1 979 万平方米，约有 2 800 个足球场大小，占整个韩国垃圾填埋面积的 68%，垃圾处理能力为 22 800 万吨，日处理量 1.8 万吨。截至 2013 年，第一填埋场已成功完成了 20 多年的韩国首都圈的生活垃圾和工业废料处理任务，按照规划，第二填埋场、第三填埋场和第四填埋场可继续承担韩国首都圈未来 30 年的垃圾填埋。

2. 以绿色理念为指导完成填埋工程

韩国首都圈垃圾填埋场并不是简单填埋垃圾废弃物，而是以绿色理念为指导，严格按照科学的程序和先进的技术，对垃圾进行卫生填埋和安全填埋。

第一，垃圾分类收集。韩国实行严格的垃圾分类管理，将不同类型的垃圾分类收集，针对各种类型垃圾的特点采用不同的处理方式。对于再利用品和厨余垃圾则直接采用再利用方式进行处理。对于一般垃圾并不采用直接焚烧或填埋的方式，而是首先通过机械生物处理技术(MBT)转换为高热值的固体燃料(RDF)，这些垃圾衍生燃料广泛应用于干燥工程、水泥制造、供热和发电工程等领域。不能转化为 RDF 的其他有机垃圾燃烧值低、含水量高，不利于直接焚烧，如果直接填埋又会被微生物活动降解，有氧情况下产生二氧化碳，无氧情况下产生甲烷和渗滤液，会再次污染环境并产生温室效应。因此，在通过生物好氧或厌氧处理有机质部分后再进行焚烧或填埋。

第二，垃圾运输检查。首都圈垃圾填埋场从收运、处理、检查都有严格的管理系统，对废弃物收运车辆进行检查，以防违规废弃物的收运。车辆必须交计量卡押金登记，运到首都圈填埋场的垃圾进入计量台后，无线电波对其自动识别，工厂垃圾将在一个设有自动识别系统的检查台上另行接受检查；所有车辆均密闭营运，而且出口时都要经过特殊的冲洗、消毒、吹干程序。

第三，垃圾消毒填埋。填埋场工作人员在居民监督人员和工程职员的监督下进行装卸，部分车辆还被抽样进行精密检查。为了最大程度减少垃圾对周边环境带来的影响，首都圈垃圾填埋场的垃圾废弃物需要先经过消毒再采取分区填埋，在处理过程中进行搬运、铺开、轧平、覆土等作业。垃圾填埋共有8层，每一层垃圾堆积高度达到4.5米后，在其上用土进行0.5米厚度的中间覆土作业，填埋总高度达40米。为了提高垃圾夯实率，每天结束填埋作业后，在5小时内进行每日覆土作业0.15～0.2米。最后填埋后，会加高加厚60米水泥加盖，防止填埋物泄漏。在垃圾填埋区，洒水车也会定时在填埋区道路上洒水，用以防止尘土飞散等现象。

第四，垃圾及时除臭。为防止垃圾填埋过程中有污染物质外泄，还要进行除臭杀菌等防疫措施。填埋结束后，在5个小时内除了迅速进行覆土、夯实作业，同时对填埋区域内外进行脱臭作业。

第五，焚烧甲烷气体。填埋垃圾被分解后会产生甲烷气体，大部分甲烷气体由捕集甲烷气体管道运输至发电厂发电；还有小部分未被捕集到的甲烷气体，采取安装简易焚烧器进行焚烧处理，既可防止发生爆炸也可降低温室效应。我们在填埋场看到，每块300平方米的正方形区域中有24个烟囱，用来收集填埋垃圾产生的气体。填埋的垃圾废料可以分解甲烷气体的时间长达20年。

第六，渗滤液处理。垃圾在填埋过程中由于压实、发酵等生物化学降解作用，同时在降水和地下水的渗流作用下产生了一种高浓度的有毒有害的有机或无机成分的液体，即垃圾渗滤液。为了防止产生二次污染，首都圈垃圾填埋场底部铺设了0.75米厚度的固化处理层用来防渗，聚集到其上的渗滤液泵送至污水处理厂进行处理。同时，为了减少渗滤液产量、缩小填埋作业区域，在填埋区域安装了排水管道迅速排放雨水，降雨时也控制垃圾搬运，从而大大减少渗滤液产量。渗滤液处理设施一天能够处理6 700吨渗滤液，依次进行厌氧消化、脱氮和硝酸化、第一次化学絮凝、第二次氧化絮凝等处理工艺后，达到河川标准后排入韩国西海岸。处理后渗滤液中的生化需氧量均到了法规水治理值的标准。

3. 垃圾能源化

垃圾能源化是韩国首都圈填埋场的突出特色，也是其低碳绿色发展的集中表现，首都圈垃圾填埋场已成为韩国七大能源基地之一。垃圾能源化主要包括：废资源能源化、生物资源能源化和自然资源能源化。

第一，废资源能源化。废资源能源化主要包括沼气发电、甲烷发电和固体垃圾燃料化和气体化。在沼气和甲烷发电方面，韩国首都圈垃圾填埋场通过在填埋地铺设完善的沼气捕集设施、水平收集甲烷灌渠管道、垂直收集甲烷灌渠管道、填埋甲烷气体中转站、个别管道和移送管道，收集填埋地及中央焚烧器收集的沼气及甲烷气，建设了世界上规模最大的沼气发电站(50兆瓦)，年供50万居民使用，通过沼气发电的销售收入达350亿韩元。每年通过从垃圾填埋中获得的沼气甲烷用于发电、供热以及垃圾处理等产生的能源相当于154万桶原油，实际收入超过2 000亿韩元。与此同时，韩国首都圈填埋场通过填埋气体资源化CDM项目(联合国清洁发展机制项目)进行排放权交易，第一次就获得4 000万元收益。在固体垃圾燃料化方面，一是韩国首都圈垃圾填埋场通过采取无害固体燃料(RDF)制造技术，每天制成RDF燃料2 200吨。二是韩国首都圈垃圾填埋场每日建设垃圾燃料化和下水淤泥燃料化达到了4 000吨和2 600吨。目前，韩国首都圈垃圾填埋场每年厨余废水生物气体化和厨余类生物气体化以及生物气体汽车燃料化分别达到了16.5万吨、33万吨和220万立方米的处理能力。

　　第二，生物能源化和自然资源能源化。一方面是太阳能发电。首都圈垃圾填埋场为了使占地面积 1 979 万平方米空间发挥作用，在填埋场建立了容量为 30 兆瓦的太阳能发电站，有效利用了填埋地的闲置空间资源，最大限度地发挥自然资源能源化效应。另一方面是生物能源化。他们在填埋地营造了生物循环林和油菜生产基地，通过对生物循环林和油菜的处理每年实现生物资源能源化 388 万吨。

4. 填埋场的环境生态人文化

　　韩国首都圈垃圾填埋场从一开始就积极推行环境生态化和人文化建设。目前，已经关闭的第一垃圾填埋场，已经改造成了居民体育公园、展望公园和娱乐园区，成为人们的休闲娱乐场所，包括地上体育公园、飞行体育公园、高尔夫球场和一座娱乐及体育馆，馆内的设施有游泳和赛马跑道，这里还将是 2014 年亚运会的赛场之一。按照韩国首都圈填埋场发展规划，到 2025 年，第二填埋场关闭垃圾处理时，填埋场将会建成花卉园、树木园、植物园、环境博览园、湿地观光园、生态环境体验园、环境艺术公园、野草园区草地和森林生态区等。昔日的垃圾填埋场将成为韩国环境生态人文化的乐园，实现人与自然的完美和谐。

第五篇

专家论坛
——为绿色发展建言献策

第五篇

专家论坛
——为绿色发展建言献策[①]

　　绿色发展，是一个多领域合作、多维度推动、多层次结合的课题，是一个涉及经济社会方方面面的课题，是一个需要由人类社会共同完成的课题。为了更好地、持续地做好绿色发展的研究工作，我们特别邀请了参与课题各章及专题写作的多位理工科和文科教授学者为绿色发展建言献策，并整理了五位特约嘉宾在"中国绿色发展指数系列报告"发布会上的精彩发言，一并呈现给大家，共谋中国绿色发展之路。

>>绿色与发展的辩证关系[②]<<

　　绿色发展核算要比 GDP 核算包含更广泛的内容。传统 GDP 核算的缺陷之一就是不能衡量与核算那些不通过市场交易的东西，比如一个物种灭绝的损失究竟能值多少钱？GDP 核算可能不关注这个问题，但绿色发展要关注资源耗竭与生物濒危的问题。

　　在处理绿色与发展关系上，要认清两件事。

　　一是要不要肯定绿色与发展必须结合的问题。绿色发展首先是一个发展问题。没有发展，就没有绿色发展。发展有好的发展和坏的发展。人类一出现，自然界就进入被改造的时代，一系列人与自然的矛盾开始涌现：一方面提高了自然对人需求的效应，一方面加剧了人对自然破坏与蹂躏的程度。人类对发展中人与自然关系的两面性开始有所认识。早在 20 世纪 60 年代，罗马俱乐部提出了"零增长"，约 40 年前就有了第一本《人类环境报告》，再到后来的人们所熟悉的《京都议定书》，以及刚刚结束的"里约＋20"峰会等。中国现在面临的问题是极其迫切和严峻的：改革开放 30 多年，中国 GDP 总量提高了差不多有 20 倍，人均 GDP 水平提高了差不多有 16 倍，从一个贫穷国家发展上升到中等收入的发展中国家，在这个过程当中，环境问题、生态问题、绿色问题，其迫切性和严重性，越来越取得人们的共识。例如，中国钢材消耗量接近全球钢材消耗量的 40％，每年进口的铁矿石占全球贸易量的 60％以上，每年消耗的铝占全球总消耗量的 22％以上，消耗的铜占全球总消耗量的 20％以上。因此，在中国经济向绿色转型过程中，绝对不能把发展和绿色对立起来，不能以牺牲绿色作为发展的条件，但也不能以停止发展作为维持

[①]　教授学者的发言均为个人观点，在此全文照登。
[②]　根据刘伟教授在《2012 中国绿色发展指数报告——区域比较》发布会上的演讲整理。

绿色的基础。那种把绿色和发展对立的态度和做法是不科学的。课题组《2012 中国绿色发展指数报告——区域比较》就对此关系做了很好的具有客观性的证明。总体而言，绿色最好的多是东部地区，经济发展也更好，绿色发展要依靠发展，尤其是科学发展，这是要肯定的。

二是通过什么机制来处理绿色与发展的关系。需要多方协同，单纯依靠政府、市场抑或道德伦理机制都不能解决好绿色与发展的关系问题。首先不能单纯依靠市场机制。追求利润最大化的微观主体一般不会关注长远。其次，绿色发展又离不开市场交易，通过一系列市场交易的方法，比如污染物排放权交易等，可以将外部成本内部化，进而明确绿色的代价和成本。另一方面，单纯依靠政府也是不行的。在纯粹的市场经济中，如何管控与追究污染，政府是有责任的。但对污染物排放，监管追究的成本比不监管要高。换言之，政府干预的措施与做法可能失效与失灵，因此，还需要与民众的支持、市场的办法相结合。

北京大学副校长 刘伟教授

>>绿色发展必须是可测量和可衡量的[①]<<

《2011 中国绿色发展指数报告》(英文版)已由德国施普林格(Springer)出版集团面向全球推出英文版。该报告已受到了联合国环境规划署(UNEP)、联合国工业发展组织(UNIDO)、中国环境与发展国际合作委员会(CCICED)等国内外高端组织的关注。报告中"绿色"与"发展"相结合的意识，与国际合作的努力，有着积极的意义。本报告具有广泛的视野并具有四方面重要价值：第一，经济合作与发展组织(OECD)认为绿色发展必须是可测量和可衡量的，否则将得不到任何进展。该报告提出的绿色发展指数的框架体系为测量绿色发展提供了可能，不仅对于政策制定很有意义，对于经济改革和社会改革也具有重要影响。第二，本报告清楚地反映了中国不同层次的绿色经济发展，让我们意识到环境风险与绿色发展的重要性。第三，突出了区域绿色发展的比较，为中国区域均衡发展提供了有价值的思路，对促进中国各省(区、市)对绿色发展问题的重视有价值。第四，本报告证明了实现环境与经济的和谐发展是一件富有挑战性的长期工作，这必将为中国生态文明的建设带来积极影响。

中国发展具有显著的不平衡性、不协调性和不可持续性特征，而且从生态系统的生态供给和生态调节两大功能来看，当前及未来的生态系统面临严峻挑战。中国国内经济增长与环境污染之间的关系包括经济增长与环境污染不脱钩、一定程度脱钩和完全脱钩三种可能，中国未来的经济增长与环境污染之间可能介于不脱钩和一定程度脱钩之间。中国环境改善的目标是减少污染物排放、降低环境危险，环境改善的成果也是显而易见的。环境质量的改善能够提升人民健康水平，促进生态系统健康发展。中国目前的绿色发展面临的主要问题有五个方面：第一，中国目前的区域发展战略不能保证区域内以及区域间的可持续发展；第二，差异化区域的绿色发展机制仍处于初级阶段；第三，工业化和后工业化过程需要不同但相关联的绿色发展途径；第四，绿色发展协调机制和综合管理效果有待提升；第五，缺乏指导国家和地区绿色发展行动的长期愿景和战略。总之，在未来长远的实践中，中国政府需要继续提高可执行力和宣传力度，把握好机遇，共同应对挑战。

---

① 根据阿瑟·汉森教授在《2011 中国绿色发展指数报告》(英文版)发布会上的演讲整理。

《中国绿色发展指数报告》的研究为解决这些问题提供了很多有针对性的建议和思考。建议在与各国专家的共同合作下，将报告中的内容转化为制定政策的建议，转化为政府的实际行动。同时应当更加关注绿色发展中的"以人为本"理念，更加关注生态健康和人民健康。建议今后的报告研究中，能就 2030 年中国的绿色发展水平进行预测。

中国在促进世界生态文明过程中做出了杰出的贡献，但随着经济的增长，中国面临着需求增多、供给减少的生态挑战，亟待把挑战转化为机遇，把绿色发展放到生态文明和环境保护的体系中，这是中国政府下一步要纳入考虑的新思路。

加拿大可持续发展研究院特邀高级顾问　阿瑟·汉森教授

>>绿色发展研究助推中国走向国际①<<

绿色发展和可持续发展一直是近年来国际社会讨论研究的热点。2012 年 6 月，联合国可持续发展大会在巴西里约热内卢成功召开。与会代表围绕"可持续发展和消除贫困背景下的绿色经济"和"促进可持续发展的机制框架"两大主题展开讨论，会议成果文件《我国预期的共同未来》重申了对全球可持续发展的承诺，强调了绿色发展的至关重要性。绿色经济所代表的可持续发展理念已经成为时代潮流，绿色发展将成为后金融危机时代全球发展的重要趋势，国际社会对此领域的研究高度关注。

中国政府 2011 年开始实施的《国民经济和社会发展第十二个五年规划纲要》明确了"绿色发展"的概念，提出了绿色发展的目标和激励约束机制，体现了中国绿色发展的整体思路和发展战略的整体优化。以绿色发展带动经济转型，以绿色经济、低碳技术为代表的新一轮产业和科技变革正在孕育，转变经济发展方式是大势所趋。国际社会对于绿色发展和绿色经济的研究和实践还在不断深入，绿色增长和绿色经济观念是否可以促使经济走上绿色发展道路，实现良好的经济与环境关系，这个问题的答案会在今后的几年里逐渐变得清晰，同时也需要研究并探索建立一整套推动绿色发展的监测指标体系和指数测算体系，合理评估绿色发展绩效和资源环境承载潜力，科学评估经济转型实现的程度和绿色低碳发展的程度，并以此不断引导、推动绿色低碳发展，在这方面，"中国绿色发展指数报告"做了积极的探索和尝试。

《2012 中国绿色发展指数报告——区域比较》综合考虑了宏观经济、生态环境、资源能源和政策等因素，改进了中国省际绿色发展指标体系，建立了中国城市绿色发展指标体系，对中国30 个省（区、市）和 34 个城市的绿色发展指数进行了测算，为各省（区、市）实现科学发展、实现人与自然和谐发展提供了重要的决策参考，这对丰富绿色经济的理论研究、推动中国绿色发展实践具有积极的参考价值，希望此项研究能够深入推进，不断改进并完善绿色发展指标体系，为中国乃至全球的绿色发展研究和实践提供更多的支持。

中国环境与发展国际合作委员会副秘书长　徐庆华研究员

---

① 根据徐庆华研究员在《2012 中国绿色发展指数报告——区域比较》发布会上的演讲整理。

>>追求心灵的绿色[①]<<

绿色发展是对传统发展模式的反思，包括中国在内的全球各国如果现在不转变发展方式、促进绿色发展，将会使人类社会面临巨大挑战。关于全球及中国当前的高能耗、高排放现状，以下几组数据可以佐证：一是根据世界银行的统计，整个20世纪的短短100年时间里，人类消耗了2 650亿吨石油天然气、1 420亿吨煤炭、380亿吨钢、7.6亿吨铝、4.8亿吨铜，巨大的消耗与浪费使得全球平均每年的二氧化碳排放量高达300亿吨，其中75亿吨被海洋吸收，75亿吨被森林吸收，而剩余的整整一半滞留在了大气中。由于人类无休止的过度消耗与无节制的排放，从1900年到2000年的100年间，大气中的二氧化碳浓度增加了将近100ppm（相当于地质历史时期1万～5万年的浓度变化），其中的一半是20世纪70年代以后短短30年内增加的。二是世界自然保护联盟（IUCN）在其一份报告中指出，当前人类社会的生态赤字已经超过地球承载能力的20％。三是中国能源消耗总量快速增加。1951年，中国的能源消耗总量为2 240万吨标准煤，2011年，已经超过了33亿吨。1949年，中国的人均用电量不到1度，2011年，已经超过了138度。四是中国建筑业能耗数字惊人。中国每年房屋建筑面积约20亿平方米，每建1平方米的房屋需要消耗土地0.8平方米，需要消耗钢材55公斤，混凝土和墙砖0.3立方米，排出二氧化碳0.7吨。

绿色发展的实现路径至少包括四个阶段：一是自然的绿色，没有自然的绿色就没有高等生命；二是经济的绿色，在人类社会的生产和生活中学习自然生态系统里的高效、系统、互动等；三是社会的绿色，即公平正义，强调发展的成果普惠于民众；四是心灵的绿色，即要培育健康和绿色的人生观、价值观。

总而言之，绿色发展要逐渐升级并不断拓展。

国务院参事、中国科学院　牛文元研究员

>>城市绿色发展需要具有可持续竞争力[②]<<

人类可持续发展的城市应该是一个什么样的城市？我认为具体而言应该是具备八个特征。

一是以人为本的宜居城市，这是最核心的特征。现代城市发展需要考虑诸多方面，但是以人为本是最根本的。二是在信息化时代，可持续经济竞争力的城市是知识型活力城市，知识是城市发展的重要驱动力。城市作为区域发展的增长极，产业的发展引领区域的快速发展，未来全球产业将会向知识化进行转型升级，包括绿色产业的快速发展。三是公平共富的和谐城市。城市的竞争力既要考虑投入产出，也要考虑公平公正等社会领域，贫富分化严重肯定会造成城市社会环境不稳定。如果一个城市没有公平正义，贫富差距很大，则这个城市没有社会凝聚力，进而也无可持续性可谈。四是环境友好的生态城市。这是世界发展的趋势。目前国际上都在推动生态城市的发展。五是多元包容的文化城市，城市没有文化，就没有创新活力，将不可持续。

[①]　根据牛文元研究员在《2012中国绿色发展指数报告——区域比较》发布会上的演讲整理。
[②]　根据倪鹏飞研究员在《2012中国绿色发展指数报告——区域比较》发布会上的演讲整理。

城市具备多元文化，多种思想相互交融，才能利于创新，利于财富的增加、收入的增加，从而提升城市的竞争力。六是交流便捷的信息城市或者叫智能城市。交流的便捷是城市重要功能之一，通过交流才有生产力的发展。交流是社会发展的推动力，交流方式的便捷对城市可持续发展很重要。七是城乡一体的田园城市。八是自由开放的国际城市。最终全球城市体系将会形成，每个城市在全球体系中都有自己的位置。

生态环境是城市可持续竞争力的重要根基。通常而言，制约城市可持续发展的最根本因素有两个：一个是生态环境；一个是文化。生态环境是人类生存的基础，人类对生态环境的要求越来越高。随着社会发展，城市居民，尤其是高端人才和高端产业对环境的要求更高、更敏感。另外，生态环境对高端产业也具有重要影响。生态环境要素会影响到其他要素，比如人才、科技、资本等高端生产要素，因此，良好的生态环境可以吸引高端要素，建立高端产业，提高竞争力。相对而言，生态环境是不可流动的，但人才、科技等要素是可以流动的，因此建设相对不可流动的生态环境完全可以吸引高端要素过来。合理开发生态环境，可以吸引人才、科技等要素。对于具有良好生态环境的城市来说，要珍惜这宝贵的自然环境，并开发和利用好。文化因素也是如此，对于文化的保护和利用就至关重要。

《2012 中国绿色发展指数报告——区域比较》是具有重要战略意义的可信的报告，该报告具有重要的学术价值和实践价值。报告的推出产生了很大的社会影响，报告的很多内容与国内其他相关报告的结论也很相似。以报告中的东中部地区经济发展与生态环境的排名来看，报告中的结论基本验证了经济发展与生态环境的倒 U 形曲线。

中国社会科学院城市与竞争力研究中心　倪鹏飞研究员

>>经济增长的颜色<<

经济增长是有颜色的，但不同颜色的增长代表着不同质量的增长，用现今的标准来看，绿色的增长是一种可持续的增长，是我们所追求的增长；其他颜色的增长，比如黑色的增长、灰色的增长、红色的增长等，是不可持续的增长，是我们要避免的增长。

虽然经济增长有很长的历史，但在绝大部分国家的绝大部分时期，增长的颜色一直是绿色的，其他颜色的增长被人注意并加以讨论，是工业革命之后的事情。就我国来说，改革开放前的经济增长大体也算是绿色的。记得我小时候的农村，虽然也用农药化肥，但田里的泥鳅、河里的鱼类，可以说到处都是，田里挖泥鳅、河里抓鱼是小时候留下的美好记忆。这说明，那时的经济增长与自然界还是保持了比较好的协调。最近 30 多年，经济保持了快速的增长，但增长的颜色也变了，黑色的增长多了，灰色的增长多了，红色的增长也出现了，结果，绿色的增长成了一件困难之事，这大概是改革开放之初很少有人想到的。

黑色增长是伴随着黑色残留物的经济增长，比如有些工厂马不停蹄地运转，带来了 GDP 的增加，但烟囱里冒出的浓浓黑烟和管道里排出的废料废水，却污染了大气和河水，极大地破坏了人们生产生活的环境。2012 年有媒体描绘了我国癌症村地图，从中可知，这些某一癌症发病率较高的乡村，附近大都有大量排污的企业。也就是说，这些企业也许带动了当地的经济增长，但使附近的居民蒙受了难于恢复的身体之殇。

灰色增长的典型例子是雾霾。2012 年下半年以来，北京等地出现了程度不等的雾霾天气，

PM2.5 严重超标。其中的原因，当然非常复杂，比如人口的增长、机动车的增加等，但现行的经济增长方式是难辞其咎的。资源的过度开采、环境的过度破坏，使大自然的修复能力大为降低，一旦遇到某种极端的天气，一些城市就不可避免地会成为雾都。

红色增长的新近例子是 2013 年 4 月份曝光的河北沧县张官屯乡小朱庄的地下水变成红色事件。很多人记住的也许是沧县环保局局长邓连军的如下一段话："红色的水不等于不达标的水。有的红色的水，是因为物质是红色的，比如说放上一把红小豆，那里边也可能出红色，煮出来的饭也可能是红色的。"但更应该记住和警醒的是，地下水呈红色，反映出当地企业在发展过程中是如何严重地污染环境和水源的，如果不及时采取措施，癌症村名单只会越来越长。

当然，经济增长除呈上述的绿色、黑色、灰色、红色外，还有白色、黄色、褐色等。但不管何种颜色的增长，远离绿色，就意味着远离可持续，是一种有水分的增长。因此，必须想办法挤掉水分，提高增长的绿色和成色。党的十八大报告提出要大力推进生态文明建设，努力建设美丽中国。从经济增长的颜色来说，生态文明和美丽中国的建设，就是要大力推动绿色发展，建设绿色中国。

对此，要改进的地方很多，有三个方面需要特别指出。

一是技术创新。我国的经济增长消耗了大量资源，但资源的使用效率不高。有数据表明，2007 年，我国每万美元 GDP 消费的铜、铝、铅、锌四种常用有色金属达到 77.5 公斤，而同期发达国家的消费量均在 10 公斤以下。主要产品能耗也比国际先进水平要高，2007 年，我国每吨煤炭生产电耗为 24 千瓦时，而国际先进水平仅为 17 千瓦时；每吨电解铝综合电耗 14 488 千瓦时，国际先进水平仅为 14 100 千瓦时；每吨铜冶炼综合能耗为 610kgce（kgce 指千克标准煤），而国际先进水平为 500kgce；每吨原油加工综合能耗为 110kgce，国际先进水平仅为 73kgce。在资源再利用环节，2008 年，我国工业固体废弃物综合利用率为 64.3%，与 80% 左右固体废弃物综合利用目标仍然有很大的距离。我国选矿尾矿利用率也比较低，2010 年，我国金属尾矿的平均利用率不足 10%。[①] 因此，如何加大技术创新力度、提高资源利用效率，提高经济增长的绿色度，是一个需要认真对待的问题。

二是市场化改革。中国的经济增长是投入型增长而非创新型增长，其中一个重要原因是市场化改革不到位，扭曲了要素的价格，也就是说，现行的价格不能充分反映要素的稀缺性，投入生产的要素的价格偏低，使企业有多使用劳动力、自然资源等要素的内在驱动，而对创新的动力则不足。因此，深化改革，使市场在要素价格形成和配置中发挥基础性作用，是提升创新的重要前提。对于如何改革，十八大报告做了明确论述："深化资源性产品价格和税费改革，建立反映市场供求和资源稀缺程度、体现生态价值和代际补偿的资源有偿使用制度和生态补偿制度。"

三是地方干部绩效评价和晋升机制改革。按理说，前述的红色增长和癌症村地图，地方官员是知道的，为什么他们会睁一只眼闭一只眼？原因是经济增长速度在现行的地方干部绩效评价体系中占有比较大的权重。有些地方干部，为了尽可能快地出政绩，不惜损害当前群众利益和后代子孙利益，默许甚至是放纵企业的排污行为和资源破坏行为。因此，要改革干部绩效评价和晋升机制，GDP 固然重要，但民生建设、环境保护等，也应占有足够的比例，正如十八大报告所说，要"促进领导干部树立正确政绩观"。如果增长是环保的，是绿色的，是惠民的，那

① 刘通：《当前是提高资源利用效率的良好时机》，载《中国经济导报》，2013-01-05。

么即使速度慢一点，也是好的，当地干部也应该得到好的评价和应有的晋升。

总之，当下中国经济增长的颜色过于丰富，但绿色显得不足。因此，需要多方努力，促进绿色增长，减少甚至杜绝黑色、灰色、红色等颜色的增长。只有绿色增加了，美丽中国的梦想才能真正实现。

北京师范大学经济与工商管理学院　赖德胜教授

>>以"深绿色"托起生态文明<<

自十八大提出"把生态文明建设放在突出位置"以来，生态文明研究领域人声鼎沸，再一次成为焦点。然而，何以支撑生态文明建设，人们的理解却极不相同。许多研究和活动以"绿色"为标榜，但这种所谓"绿色"有些是已经过了时的"浅绿色"，有些却是"假绿色"或"伪绿色"。这些研究和活动，混淆视听，误导观念，在生态文明建设中起到了极坏的作用。

"浅绿色"关注工业发展带来的环境污染问题，它以人为尺度，来寻找治理污染的技术，制定和实施限制污染的法律，通过新技术应用和环境管理，来减轻国内和区内的污染，同时也就暗含着把污染产业向落后国家和落后地区转移。在"浅绿色"看来，资源问题可以通过市场和新技术应用加以解决。目前，许多人都是自觉或不自觉地循着这个思路来研究环境污染问题的。"浅绿色"认为，发达国家、发达地区在工业发展到一定程度以后，开始重视环境问题，因为有积累的财富可以推进可持续发展；对于落后国家、落后地区来说，推进可持续发展则是一种"奢侈"，各国所走的实际就是倒U形的环境库兹涅茨曲线所描述的"先污染后治理，先破坏后建设"的道路。"浅绿色"是针对工业文明出现问题以后的一种反思，它的产生有特殊的时代背景，其积极意义就在于促进了人类环境意识的觉醒。

如果说，"浅绿色"还是一种认识和观念的话，那么，在实际生活中却充满着"假绿色"或"伪绿色"。其表现就是借"绿色"之名，行"反绿色"之实。譬如，一些城市小区建设在"绿色"的幌子下，以欧美风情为诱饵，动辄"普鲁旺斯"、"维也纳"、"美利坚"，宣称把"家建在大自然中"、"沿着树的方向回家"，把"生态足迹"踏遍自然风景区。其实，在土地资源稀缺的大背景下，低密度的建设无疑是一种极大浪费。这不仅不符合可持续发展的原则，同时，这类小区还以多数人共享的城市乃至区域的优美环境为代价，蜕变成为少数有钱人、特权阶层拥有的局部"生态"、"绿色"，它凸显了社会问题的严重性。再如，在一些城市建设中，房地产开发商以"超大户型"、"二次置业"、"Town House"等所谓"新生活方式"来引导消费者，从而在消费社会起了推波助澜的作用，大行"反绿色"之实。"假绿色"或"伪绿色"还表现在视觉上的"绿色"，如不考虑区域的气候、资源和地理条件，盲目地大面积种植草坪，追求城市的珍稀树种，让山里大树也"城市化"（大树、古树移植进城），甚至河道硬化（在河岸和河底铺设水泥板）、湖底防渗（湖底铺设塑料膜），其实质都是"反绿色"的。

推进生态文明建设，必须摒弃"浅绿色"，坚决反对"假绿色"或"伪绿色"，要以"深绿色"托起生态文明。要使人们真正认识到，只有"深绿色"才是生态文明的真谛。

"深绿色"认为，作为整体的大自然是一个互相影响、互相依赖的共同体，即使是最不复杂的生命形式也具有稳定整个生物群落的作用，每一个有生命的"螺丝和齿轮"对大地的健康运作都是重要的。人类的生命维持与发展，依赖于整个生态系统的动态平衡。"深绿色"从发展的机制上防止、堵截环境问题的发生，倡导人类文明的创新与变革。它强调，人类是大自然的守护者而非主宰，世界万事万物都是平等的，任何物种都不可能获得超越生态学规律的特权；生态环境问题与社会问题是紧密联系在一起的，环境问题的产生存在社会根源；"深绿色"倡导全球的合作，因为尽管各国都在推进环境保护，推进可持续发展战略，但是由于地球是人类的共同家园——"只有一个地球"，环境问题的共同性，使一个国家不能独善其身，这就需要各国的通力合作。

以"深绿色"托起生态文明建设，至少应包括以下内容。

第一，发展循环经济。循环经济通过减量化、再利用、资源化、无害化，把资源消耗限制在资源再生的阈值之内，把污染排放限制在自然净化的阈值之内，从而实现可持续发展。循环经济是一种与环境和谐的经济发展模式，它要求把经济活动组织成一个"资源—产品—再生资源"的反馈式流程，其特征是低开采、高利用、低排放，所有的物质和能源要能在这个不断进行的经济循环中得到合理的和持久的利用，以把经济活动对自然环境的影响降低到尽可能小的程度，从而让生产和消费过程基本上不产生或者只产生很少的废弃物，从根本上消解环境与发展之间的尖锐冲突。

第二，促进低碳发展。碳的排放虽然不是污染物，但它作为温室气体具有累积效应。虽然目前还有人质疑全球气候谈判是以政治替代科学，但政府间气候变化专业委员会(IPCC)的报告显示，全球气候变暖已是一个不争的事实，碳排放正在影响着人们的生活。从人类的现实与未来看，全球极端天气和自然灾害的肆虐，对人类的生产、生活和社会活动乃至于政治都带来了严重的影响，使人类的生命财产遭受了重大损失，严重威胁到了人类的生存与安全，这已被各国政府和绝大多数科学家所接受。全球气候变暖是对全人类的重大挑战，如何降低碳排放量已经成为各国学者和政治家共同关注的话题。

第三，发展"环境产业"。传统的"环保产业"所产生的是"恶性经济效益"，因为有污染，就必须要采取措施治理，治理污染形成了市场，进而在国民经济账户中成为GDP。但是，"环境产业"却不同，它虽然包括由于传统发展造成生态环境破坏而产生的以防治环境污染、改善生态环境、保护自然资源为目的而进行的技术产品开发、商业流通、资源利用、信息服务、工程承包等活动，但把生态环境与产业发展融为一体，使环境本身成为一种大的产业，它更注重正面利用生态环境资产的效能和服务功能，更注意开发和利用环境资源。

第四，协调区域发展和缩小贫富差距。由于生态环境问题的产生存在深刻的社会根源，因而"深绿色"下的生态文明，不仅仅关注生态建设、环境污染治理问题，也不仅仅关注相关的技术进步和创新问题，它更关注人的生存状态，对人的尊严和符合人性的各种需要充分肯定，因而在发展中不同地域、不同人群之间，实现公共教育、就业服务、社会保障、医疗卫生、人口计生、住房保障、公共文化、基础设施、环境保护等公共服务的均等化，逐步缩小城乡之间、不同区域之间基本公共服务差距，做到广覆盖和全民享有。

北京师范大学资源学院　刘学敏教授

>>绿色文明与人的自由与发展<<

人类的终极目标是从自然走向自为，通过创造巨大的物质和精神财富，摆脱"物"的奴役与束缚，实现"人的解放"与全面发展。

　　工业物质文明时代，人类依靠科学技术对自然进行了前所未有的开发，实现了经济增长。但这是以资源枯竭、环境污染为代价。尤其是在我国工业化的初始阶段，企业作为理性的经济人，将自己的利润建立在掠夺性开发资源和污染环境之上，致使重大的生态危机、公共食品卫生安全问题频繁出现，直接危及到人们的身心健康。面临这一发展中的"悖论"，中共十七大报告首次明确提出"建设生态文明，基本形成节约能源资源和保护生态环境的产业结构、增长方式和消费模式"。启动由黑色文明（工业文明）向绿色文明（生态文明）的社会转型，需要以人为本，以人的自由与全面发展的诉求加以引导。

　　人类的生存与发展不可避免地产生了人与自然、人与人、人的物质需求与情感精神需求之间的关系。人与自然、个人与社会、灵与肉之间的冲突自私有制出现之后愈演愈烈。绿色发展首先是要纠正和克服长期以来人类对自然界一味索取的错误做法，引导人们逐渐接受以人与自然和谐发展的生态伦理作为自己的价值导向，在经济发展中就会更多地依赖于资源节约和替代技术、能量的梯级利用技术、延长产业链技术、相关企业链接技术、零排放技术、有害材料替代技术、回收处理技术、绿色再造技术等，这不仅为科学研究和技术攻关找到了新的突破口，同时也为科学技术绿色化奠定了人文基础；通过对资源的循环利用，既节约了资源又减少了污染，从而提高了社会经济效益，这也就为人的自由与全面发展提供了物资基础；而绿色发展所遵循的"此时此地此人之利，也是彼时彼地彼人之福"的理念，能有效地改善人际关系；当人们由物质追求上升到精神层面上的"道德境界"，再继续向"天地境界"升华，心灵也就由此获得了愉悦和充实。

　　明确了以人为本，实现人的全面发展与生态文明建设和绿色发展之间的良好互动关系，需要建设以尊重、保护自然为核心的价值观。对自然的尊重，就是间接地对人的尊重。否则在失去自然生态之后的人的发展是片面的，并将最终危及人类的生存。人的自由与全面发展，虽然需要借助市场经济体制中的分工与交换充分释放人的潜能，但当今世界生态危机的制度背景恰恰就是市场经济中的"搭便车"行为。这说明市场经济体制虽然提升了人的能动性，但人类在发挥其能动性时还没有处理好能动性与受动性关系，没有充分地认识到真正的自觉能动性的发挥是以对受动性的认识为前提条件。在急功近利的价值取向引导下，能动性会摆脱人的受动性而盲目膨胀，表现为对自然资源的掠夺式开发和无节制的耗费，最终会造成生态环境危机而祸及自身。因此，既要充分发挥人的能动性，又要处理好它与受动性的辩证关系，才能积极调整自然生态平衡。

　　绿色发展需要在全社会树立起适度消费的观念。所谓适度，即消费者在消费时不仅要考虑自身效用的最大化，而且要考虑他人利益乃至社会的利益；不仅要考虑当代人的利益而且要考虑子孙后代的利益，它体现了人类的理性精神和道德自律。可持续消费方式立足的原则是：承认地区资源的有限性和后代人的消费权，当代人的消费不以破坏后代人的生存条件为前提。此外，还需要引导人们从物质消费的追求逐渐转移到精神消费。人的需要是无穷尽的，而无穷无尽在物质王国里永远不能实现，只能在精神王国里实现。这也是东西方哲学与宗教的共识。

　　传统工业经济的生产观念是最大限度地开发利用资源，最大限度地创造社会财富，最大限度地获取利润。传统的工业化道路是"先发展，先污染，后治理"或者是"边发展，边污染，再治理"。新型工业化道路是从绿色意义上发展经济，用清洁生产、环保要求从事生产。清洁生产不但是指生产场所清洁，而且包括生产过程对自然环境没有污染，生产出来的产品是清洁产品和绿色产品。绿色发展要充分考虑自然生态系统的承载能力，尽可能地节约自然资源，不断提高自然资源的利用效率，努力使每个企业在生产过程中尽可能地少投入、少排放、高利用，达到废物最小化、资源化、无害化。用生态链条把工业与农业、生产与消费、城市与乡村、行业与行业有机结合起来，实现可持续生产和消费，逐步建成循环型社会。这就要求企业在进行生产时，最大限度地利用可循环再生的资源替代不可再生的资源。例如，更多地利用太阳能和风能；尽可能多地利用科学技术手段，对不可再生资源进行综合开发利用；用知识投入来替代物质资源投入。

西方经济学认为理性人从事经济活动的目的是追求自身利益的最大化——消费者追求效用最大化，生产者追求利润最大化。经济学家则研究如何充分地把资源投入使用，如何最大限度地增加国民财富，如何提高经济增长率。绿色发展则是要求把"最大化"发展为"最优化"：优化人与自然的和谐相处，优化自然资源的利用，优化自然生态环境；组织生产和从事经济活动不但考虑生产成本，还要考虑生态成本和环境成本。不是单纯地把效用最大化看作是来自产品和服务的消费，而是把优美和谐的环境也看作是人们获取效用的来源。

绿色发展在促进经济、社会、资源、环境的协调发展中的根本目的是为了人类自身的长远发展和根本利益。而人们的思想观念、人们的素质高低则关系到绿色发展的水平。因而，需要重塑人的文化价值观，需要通过顶层的制度设计来引导和规范理性经济人的行为。

西南财经大学经济学院　刘方健教授

>>以新型城镇化推动中国经济绿色发展<<

城镇化(Urbanization)是中国现代化建设的历史任务和战略选择，反映的是一国经济社会发展中城市人口相对农村人口的增长过程，城镇化的最终目的是将传统落后的乡村社会转变为现代先进的城市社会。与发达国家相比，中国的城镇化建设起步较晚，新中国成立初期，中国城镇化率仅为17.43%，经过几十年的发展，2011年，中国城镇化率已超过50%，这标志着中国已经进入城镇化高速发展阶段。然而在传统城镇化进程中，我国的资源、环境条件逐渐恶化，不利于中国经济的可持续发展。因此，粗放式的传统城镇化方式亟待改变。与传统城镇化不同，新型城镇化是以科学发展观为统领，以新型工业化和信息化为动力，追求人口、经济、社会、资源、环境等协调发展的城乡一体化的城镇化发展道路。

新型城镇化与建设"美丽中国"是不谋而合的，而实现"美丽中国"的必然选择就是推动中国经济的绿色发展。绿色发展是在可持续发展理念的指导下，推动经济发展方式的转变，实现经济社会发展与生态环境保护双赢的发展模式。因此，新型城镇化背景下的绿色发展，摒弃了单纯追求GDP的片面发展观，在经济发展的每一层面都整合了"绿色"原则，从而在更大程度上促进能源资源的最大化利用和环境污染输出的最小化。毋庸置疑，以新型城镇化推动绿色发展，是未来中国发展的新引擎。

第一，新型城镇化建设要求努力保持城市系统与环境系统的稳定与平衡。一方面，城市发展直接增加了对环境保护资金的投入，这有利于提高城市的绿化面积，改善城市的水源、空气质量。对环境治理投资力度的增强有助于城市发展尽可能地还原自然生态本底，这与环境友好发展是相契合的。一方面，城市发展对环境保护的投入还表现为较高水平环境规制标准的制定。随着环境规制体系的健全和完善，能够激发出企业的"创新补偿效应"，从而使得企业发展注重对科学研发投入的增加，不仅有效地抵销了企业的"遵循成本"，还推动了企业治污技术的进步和创新。总之，源于新型城镇化建设对环保投入的增加和对环保制度的完善将有助于生态环境的改善，推动经济的绿色发展。

第二，新型城镇化通过促进产业优化升级和产业技术创新形成了经济绿色发展的强大动力。从第二产业内部来看，传统城镇化在实现经济增长目标的过程中，主要依靠传统工业增加资源的投入和消耗来完成，这种粗放型的增长模式不仅使得资源、能源高度浪费，而且还造成了严重的环境污染，而新型城镇化下的经济增长方式是将产业的发展向集约型、循环型、低碳型转变，依靠提高能源资源的综合利用效率和维持生态环境的稳定平衡来推动经济转型，这种发展模式是实现绿色增长的必由之路。从三次产业结构调整的角度来看，中国的城镇化进程，主要依靠第二产业的推动。而经济发展的重工业化使城市化明显滞后于工业化，新兴产业和第三产业成长缓慢。在新型城镇化的推动下，能够转变以第二产业为主导的发展模式，促进产业结构的调整和优化，进一步推动新兴产业和现代服务业的快速发展和协同集聚。新兴产业和现代服务业是以低碳、集约模式为主导的产业形式，以高端化、高质化、高新化为方向。因此新兴产业和现代服务业的大力发展，能有效减少能源资源的消耗与环境的负外部性，是实现经济结构向绿色转型的内在要求。最后，由于当前世界经济结构正经历深度调整，国际经济技术竞争将更加激烈，我国要提高经济社会可持续发展能力并在国际产业分工中占据有利位置，就必须增强经济内循环能力，创新经济发展方式，而推进新型城镇化正好适应了这一需求和趋势。新型城镇化下的产业发展以技术进步和创新能力的提升为驱动，而技术创新正是绿色发展的关键。技术进步和创新不仅能够改变产业传统的增长模式，以较低的投入获得较高的产出，而且能使中国在面临国际竞争时，更具有"绿色发展"的话语权，有效减少国外环境污染的转嫁。因此，强化新型城镇化的现代产业支撑，推动产业结构战略性调整和升级，以产业技术进步和创新为动力，是实现中国经济绿色发展的核心要义。

第三，新型城镇化通过引导消费结构的转变推动经济的绿色发展。传统城镇化必然导致消费的升级，而消费的升级将拉动碳排放的激增。对我国来说，消费升级中拉动碳排放快速增长的是住房消费结构和交通消费结构的升级，即人均住房面积和人均拥有私家车的数量的不断攀升。而房地产建筑过程和使用过程是一个高碳排放的过程，私家车尾气的排放对环境造成的污染更是不容小觑。新型城镇化在空间发展上是以立体、集约、高效为原则，能够最大限度地减少"摊大饼"似的城市扩张，建立起符合城市发展实际的节约集约用地制度体系，提高土地资源的利用效率和循环使用能力，进而减少住房建设的空间浪费，并在建筑设计理念上引入低碳理念，推广可再生的能源建筑应用示范工程，降低了对能源资源的使用和排放。同时，新型城镇化在交通市政的建设过程中以发展和完善城市智能交通系统为目标，大力推广新能源汽车和交通节能减排技术，倡导使用低碳排放的交通工具，能够有效减少碳排放，减轻环境污染。绿色经济的发展需要城市社会的大力支持，只有在现代城市社会层面深入推动绿色发展，才能在更大范围内实现经济发展的绿色转型。

新型城镇化的绿色发展之路，是一条集约、智能、低碳的新型道路，能够提高资源、能源的环境承载力，推动人与自然的和谐相处，是实现中国经济可持续发展的必然选择。我们有理由相信，随着新型城镇化下绿色发展的深入推进，"美丽中国"的梦想将不再遥远。

北京师范大学经济与资源管理研究院　韩晶教授

>>"低成本陷阱"：绿色发展背景下中国企业的战略困境<<

　　企业无论是基于什么因素获得的竞争优势，其实质都是较高绩效工作系统持续推动的结果，而高绩效工作系统是依靠具有较低复制性或较难模仿的人力资源核心竞争力，从而在较长时期保持和提升企业的战略优势地位。如果失去"以人为本"核心理念导向，一时取巧于无限供给的特殊劳动力市场环境，试图在利润空间有限的低端制造链条上，借助大量低廉的劳动力支撑，通过一味压低劳工成本以赚取"血汗钱"来维持短期生存和有限发展，那么，这样的企业就很容易掉进"低成本陷阱"不能自拔，长期看是没有出路的，是不可持续的。

　　在工业化时代，大多数企业家和厂商们眼里还只有"物"没有"人"，往往对大规模生产的福特流水线和把人当牛马使用的泰勒科学管理依然顶礼膜拜，在雇用人的时候脑子里仅有"成本"概念，甚至没有"资源"和"资本"概念，以至于要靠所谓"管理大师"来给他们"普及常识"，告诉他们通过"雇用整个人"，树立"人力资源"概念，将"人"作为企业管理工作的中心或重心。这就是当时德鲁克写作《管理的实践》这部经典著作的时代背景。在这本书中，德鲁克特别提醒企业家和管理者们："在彻底机械化的作业中，生产速度和品质表面上似乎完全由机器界定，实际上工人才握有决定性的控制权。我们几乎不可能找出人力之所以能击败机器的真正原因，但是正如同拉丁谚语所说，即使拿耙子大力铲除人性，人类的本性仍然坚定不移……在现代的大规模生产和流程生产作业中，工人的参与是根本要素，很可能也是最关键的控制因素。"他还强调指出：泰勒的科学管理有一个"亮点"是在工程技术上，但却有两个"盲点"，一个是在工程技术上，一个是在哲学理念上，前者混淆了分析与行动，后者分离了计划与行动，总之，没有在"人做人事"的层面看待管理；而福特当初的成功，可能是来自于大规模生产带来低成本扩张的相对优势，但后来的失败，也确确实实是导源于"以人为本"理念的缺失，因"眼中无人"而最终陷于"低成本陷阱"不能自拔。

　　这样的情况也值得中国企业和管理界警戒。众所周知，20世纪末的数十年间，中国企业特别是制造业之所以能够在国际市场上"所向披靡"，也主要是走"低成本扩张"之路。1992年，国家明确提出"以市场换技术"的发展策略，大幅度降低关税，同时取消部分进口许可证，使外资快速占领中国市场，国内企业面临的压力达到顶点，一大批本土品牌立刻消亡。进入1995年，半壁江山已被洋品牌占领，电脑行业前10名只有联想，饮料界只剩下健力宝，彩电业也仅有长虹。新世纪之交，中国本土企业几乎无一例外地采取了低成本竞争战略，这种竞争优势首先来源于"低劳工成本"。中国企业的资本/劳动比大约只是国际平均水平的1/5，是美国的1/10。以钢铁业为例，中国是钢铁大国，但是企业劳工成本仅是近邻的日本、韩国、德国、美国同行的1/8～1/10。而且，在资本回报率迅速上升的同时，劳动力回报率却增长缓慢，据统计数字显示，1998—2008年，工业企业利润平均增长30.5%，劳动力报酬年均仅增长9.9%。据世界银行基于中国120个城市的12 400家企业的抽样调查发现，2005年中国工业企业平均净资产回报率超过15%，私营企业的投资回报率达到19%，外资企业为22%，均显著高于国际平均水平，也高于发展中国家的平均水平，如此高收益利润缘何而来，很大程度上源于劳动力价格长期扭曲。此外，得益于特殊的体制和发展环境，中国企业还长期占尽低土地成本、低环保成本、低资金成本等低要素价格的相对于优势。像富士康这样响当当的代工企业，其所赚实际上就是人力成本的差值，要想赚取更多利润就只能加强对低廉的人力成本调控，最大限度地降低人力成本，只有这样才能生存下去。

进入 21 世纪以后，由于全球性金融危机的影响，一些西方国家实施"再工业化"战略，加之绿色化发展要求企业承担社会责任的呼声越来越高，而国内工业化、城市化发展都已走过拐点，国人对自然资源和环境保护的意识日益觉醒，国家及劳动者权益保护意识及力度也越来越强，同时市场改革深化必然要求加大金融改革力度，在这样多重转型发展的大背景下，中国企业低成本发展空间越来越狭窄，如果再执迷不悟沿着老路走下去，很可能陷于"低成本陷阱"而难以实现可持续发展。近年来，随着人民币汇率上升，劳动力等生产要素成本增加，中国制造丧失低成本竞争优势，越来越多的跨国公司实施产业转移，纷纷关闭或缩减在华业务。外资出走，依靠政府扶持长大、其经济实力与跨国公司不在一个档次、技术进步缺少历史积累、品牌战略还处在初级阶段的中国本土企业更是困境重重。

总之，在绿色发展、多重转型背景下，如何走出中国制造"低成本陷阱"，在短期劳动密集型优势基础上逐渐提升人力资本优势，走向"高附加值创造"的可持续发展之路，是中国企业人力资源战略管理面临的重大难题。从人本战略对策来看，其要点大致有三：一是彻底解放思想，树立以人为本理念，转换传统用工思路，尽快跳出传统低成本竞争思维定势，建立健全人力资源契约化管理规范，是中国企业走出用工之困、实现长期可持续健康发展的根本出路；二是积极开拓创新，加大组织学习变革和人力资源开发力度，以期化危为机，变人工成本压力为人力资本动力；三是依法治企，自觉遵守劳动法规政策，遵循劳动力市场规律，建立健全人力资源契约化管理制度。

北京师范大学经济与工商管理学院　李宝元教授

>>走绿色低碳的新型城镇化道路<<

总结世界城镇化发展史，我们总体上可以将其划分为两种不同的城镇化道路：一条道路是发达国家已经走过的城镇化道路，我们姑且称之为传统城镇化道路；另一条则是在新的历史条件下，根据一系列因素的变化所选择的新城镇化道路，我们称之为新型城镇化道路。我国目前正在酝酿启动的新一轮城镇化被明确定义为是一种"新型城镇化"，而不是传统城镇化。

传统城镇化主要是指由工业革命和工业化驱动的城镇化发展模式。这一城镇化模式适应 18、19 和 20 世纪工业化模式的需要，先是十分强调城市集中、集聚与规模经济的优势与特征，在城市数量迅速增加的同时，城市规模不断扩大。但从 20 世纪初期开始，出现了像"花园城市"、"新城"、"卫星城"等当时比较新的形式；特别是 20 世纪 50 年代以后，随着交通技术的发展，美国和欧洲一些国家的城市开始向郊区扩散，不少企业或公司干脆彻底地搬迁到离中心城市比较远的小镇上了。通过这样的集中、集聚与分散、扩张两个过程的发展，基本上形成了目前世界上大多数国家的城市化模式，即总体看来比较多地占用土地、水、能源等资源，同时也比较多地排放出温室气体，属于一种典型的扩张型、粗放型的城镇化模式。当然，有些欧洲国家和美国的有些地区在其城镇化推进过程中也比较好地做到了资源节约和环境保护。

当传统工业化与传统城镇化发展模式从总体上走到 20 世纪末的时候，我们发现，人类所共有的唯一的地球正面临着越来越沉重的压力、越来越严峻的挑战，其中最严重的问题就是由于传统工业化和城镇化的快速发展使地球上的自然资源消耗过快，同时大量的温室气体排放使得地球表面温度也上升太快。这样，不仅我们的子孙后代面临着完全没有资源可供使用的危险，而且有的学者甚至认为如果发展中国家继续按照发达国家过去的方式搞工业化和城镇化的话，当 2030 年全世界的城镇人口达到 50 亿时，需要有四个地球才可能具有那样的承载能力。

随着相关科学研究的深入及其研究成果的发表与传播，世界上越来越多的有识之士在这个问题上达成了共识。作为应对挑战的重要措施之一，在新的历史时期如何探索一条不同于过去所走的城镇化和工业化道路就成为了全人类的共同选择。我国正是在这样的时代背景下再推城镇化的，因此，我们现在推进的应该是新型城镇化，而不是传统城镇化，并同时将新型城镇化与新型工业化、信息化与农业现代化密切结合，同步发展。

城镇化是一个包括了许多系统的巨大系统，因此有"系统之系统"的说法。由于工业革命和工业化力量的推动，长期以来，我们对城镇化的积极作用认识得比较深刻一些，而对于其所带来的消极的一面或者说是制约的一面认识不足。当然，它的积极作用是显而易见的，主要表现在其通过集中与集聚的方式而大幅提高了经济效率，创造巨大的物质财富。尽管城市只占了世界陆地总面积不到 3％的份额，但却创造了全球 60％多的 GDP。不过，我们过去却很少关心城市在创造这些财富的同时，消耗了多少自然资源，譬如说它消耗了全球近 70％的能源；也往往忽视了它排放出了多少有害物质，譬如说它排放出了全球 70％的温室气体。我们现在进一步地推进城镇化，就是要将这些方面的因素进行综合考量与平衡，不仅要继续发挥其积极的一面，同时也将通过城镇化本身的发展机制而限制或削弱其不利作用的发挥，从而使城镇化能够实现可持续发展，这就是走新型城镇化的意义所在。

作为一个发展中的人口大国，加上其独特的历史、文化、政治制度等方面的特殊性，以及其经济社会发展的阶段性特征，目前我国推进的新型城镇化已经并将继续表现出一些与世界上不论是发达国家还是发展中国家相比所不同的地方，或者说是人们所常说的中国特色。这样，我国的新型城镇化就将表现出一种与时代发展相一致的具有普遍意义的新型城镇化特点和体现中国发展特色的新型城镇化的综合性特征。具体而言，我国目前应该走的新型城镇化道路应该是一条充分体现了以下基本特征的城镇化道路。

一是要将人口、资源、环境因素综合起来考虑，实现三者的协调互动。根据自然资源承载力和环境制约确定城镇的边界、空间布局与规模，不再靠"摊大饼"式的粗放经营方式扩张城市土地、产业与人口规模，而是要实现集约发展和节约发展。目前 2/3 的城市缺水的严峻现实提醒我们在这方面要严格规划，加强政府在这方面的调控与管理。环境的问题主要是一个低碳问题，关键在于不断调整我国的能源结构，减少火电的比重，更多地使用新能源；同时加强公共交通建设，发展绿色建筑。

二是要合理布局空间结构。城市对于气候变化的影响是最重要的，目前城市所排放的二氧化碳占到了全球二氧化碳总量的 80％。因此，新型城镇化一定要适应这一重大变化而从现在开始不再增加碳排放，相反要努力减少碳排放。从空间布局角度来看，大量研究已经证明，紧凑型的城市空间结构有助于减少碳排放，因为它有助于人们通过步行或骑自行车的方式出行，或通过公共交通的方式出行，就像生活在中国香港地区或新加坡的情况那样，即一个城市就是一个大的集聚中心的空间结构是有利于减少碳排放的。另外还有一种聚集方式，即一个大的城市有多个中心，但每个中心都是高度紧凑的，如东京的情况；北京也有多个新城，但紧凑度不够。我国城市的人口密度在过去近 30 年间总体上讲不是上升的，而是下降的，大城市尤其如此。如果我们将 1981 年的数据与 2008 年的数据进行对比的话，发现上海市建成区每平方公里的人口密度从 4.3 万人下降到了只有 2.1 万人；北京从 1.3 万人降到了 1 万人；成都从 2.3 万人降到了 0.9 万人；重庆从 2.6 万人降到了 1.2 万人；苏州从 1.9 万人降到了只有 0.6 万人。不过，在建设紧凑型城市时，如何尽可能地保持一定的绿地面积也是一个需要同时注意和解决的重要问题。

　　三是努力促进社会公平。尽管我国在推进城镇化过程中，没有出现其他发展中国家比较普遍存在的"贫民窟"问题，但我国城市目前的房价普遍较高，政府采取什么样的政策与措施建设更多的保障房却是一个大问题。可喜的是，中央和地方政府这几年在这方面所采取的政策措施力度比较大，尽管这项工作起步比较晚，但推进速度比较快。另一个重要问题就是对于那些已经在城里生活、工作多年了的农民工应该通过什么样的方式根据其意愿逐渐市民化的问题，现在还没有全国统一的成熟政策，新一轮的相关改革需要进行有益的探索。我们认为，如果政府能够为城市居民（包括根据正当需要到城里工作的农村人口）提供基本均等的公共产品和服务的话，户籍制度改革就不再是一个难题了。

北京师范大学经济与资源管理研究院　胡必亮教授

>>连片特困地区绿色产业减贫效应已显现<<

　　产业发展是改变贫困地区落后的根本出路，我国产业扶贫的实践也充分证明了这一点。但产业扶贫关键是选择什么样的产业。显然，传统的高投入、高消耗、高污染的产业既不符合国家长期发展战略要求，也难以适合贫困地区的自然社会经济特点。而绿色产业发展则既符合国家长期发展战略要求，也适合贫困地区自然社会经济特点，更重要的是更加符合贫困地区资源禀赋优势。当然，绿色产业发展也能够避免传统工业发展的弊端和缺陷。而对于集中连片特殊困难地区来说，绿色产业的特殊性作用更加有效和明显。绿色产业在连片特困地区扶贫开发长的特殊作用主要表现在以下几点。

　　第一，绿色产业对贫困人口的减贫效应最大。通过调研数据证明，尽管不是所有连片特困地区的经济增长与贫困发生率呈现正相关关系，但很多地区的经济增长与贫困发生率是正相关关系，即通常是 GDP 增长越快，贫困发生率不仅没有减少，反而增加。或者说，经济增长幅度较大，但是贫困发生率减少却很小。与此相反，对于农业产业包括牧业产业发展，却是另一种变化取向，即农牧业产值的增长与贫困发生率呈现负相关关系，即农牧业增长一个单位，贫困发生率减少将会超过一个单位。当然还有另外一种情况，就是相对于工业和地区经济增长来说，农牧业经济增长带来的贫困发生率减少幅度要大。可以说，连片特困地区经济发展与贫困发生率之间关系大都呈现以上三种情况。简而言之，就是农牧业发展对贫困地区的减贫效果最明显，武陵山区湖北省恩施土家族苗族自治州建始县发展证明了这一点，我们还会做进一步验证。我们知道，农牧业是最基础性的绿色产业形态，因此，我们可以得出初步结论：连片特困地区绿色产业发展对贫困人口减贫效应最大。

　　第二，绿色产业是贫困地区自我发展的内生动力，能充分发挥贫困地区资源型内在潜力。我们知道，贫困地区缺乏资本优势，但是却有独特的资源优势，有了资源优势，变资源优势为资源产品、资源产业，就能获得产业发展的相对优势，也才能获得在市场竞争劣势情况下的资源产业优势，因此，贫困地区有着发展绿色产业的先机优势。而基于资源产业基础之上的绿色产业才能充分发挥自身特点、特色和优势，才能成为贫困地区经济发展新的增长点。在贫困地区承接区域产业转移，往往具有盲目性和巨大风险性，实践证明，现在我们正在承接大量的产业转移，这些产业是否污染环境，我们在这些产业进入之前也无法预知，因此，只有提高我们自己对污染产业的认知水平，能够有效辨识这些企业对环境的污染程度，才能避免污染产业转移到我们这里，污染我们的环境。保持这片尚未被污染的净土。例如武陵山区的湖北恩施土家族苗族自治州建始县就因为最近几年确立了葡萄产业、猕猴桃产业、魔芋产业、茶叶产业和新近拓展的绿色旅游产业，从而大大促进和加快了该县区域产业发展，贫困户贫困村的收入大幅度提升，减贫效果相当明显；相反，承接东南沿海的区域产业转移的产业不仅没有带来收入增长，反而使很多农民遭受了重大利益损害和收入减少。可以说贫困地区是保障国家环境资源的最后一片净土，假如这片土地和环境也受到污染，那么我们国家的生活环境就没有一片净土了。所以，贫困地区在国家环境保护中的贡献是巨大的，是以牺牲自身发展，担当着国家环境的保护职责，就凭这一点，国家应对贫困地区给予支持。

第三，贫困地区的农民、农业和农村与绿色产业有着天然内在联系。连片特困地区大多属于山区，而山区由于自然地理区位的特殊性，工业发展不可能很快，也绝少有优势可言，而绿色产业与农民、农村和农业有着天然内在联系。我们知道，与农业有关的初级绿色产业，诸如经济作物、特色产业等都是贫困地区主导型产业，而农产品加工产业等也同样是农民最熟悉、最易接受、最容易掌握、也最放心和最欢迎的，因此，相对于工业和高科技产业等，绿色产业与农村、农业和农民有着天然的内在联系，当然，现代的绿色农业包括观光农业、特色产业等，需要贫困地区农民提高自身能力尤其是专业技能技术，农民在现有基础上的培训就可以实现，这种天然的内在联系，为连片特困地区绿色发展提供了重要基础。

第四，现代绿色产业与民族传统文化特色产业在连片特困地区的减贫效应初步显现。我们知道，由于连片特困地区的山区特点和民族特点，从而造就了一种最稀有的资源，即自然景观资源和民族传统文化资源。这种特有的、特色资源是其他地区所没有的，而这些稀有的资源又都是绿色产业资源，从而就会创造特有的、特色价值，目前，连片特困地区开展的自然景观旅游、民族传统文化旅游以及民族传统产品等的收入比例不断提高，贫困村农户开展的农家乐项目等其减贫效果相当明显。因此，只要充分挖掘和开发利用这些稀有的特殊性、特色资源，连片特困地区减贫和绿色发展将会有更加美好前景。

第五，我国实施的连片特困地区区域发展和扶贫攻坚规划为绿色发展提供了良好社会经济条件。从2012年开始的"连片特困地区区域发展和扶贫攻坚规划"八个片区规划已经获得国务院批准开始实施，其他五个片区规划已接近完成，片区规划中的一个重要内容就包括产业发展尤其是产业专项规划，绿色产业是产业发展中的核心内容。这些规划的实施，包括国家投资取向、项目规划、资金筹措以及国家及其部委和地方政府等的全力拖动，都将成为连片特困地区绿色产业发展强大动力。相信连片特困地区绿色产业和减贫也将会加快发展步伐。

北京师范大学经济与资源管理研究院　张琦教授

>>公益组织促进绿色发展的转折点：信息化与社会企业的力量<<

2013年4月2日，网络上公布出了绿色组织的一个信息。

其标题为：民间环保组织公布评价报告，污染信息谁最透明？

其内容则是："江苏环保"微博昨天转发了民间环保组织发布的全国 138 个城市污染源监管信息公开指数（以下简称 PITI 指数）2012 年度评价报告。据了解，该报告首次对江苏省所有省辖市在污染源信息公开方面的透明度进行评价，此前 3 次仅评价了江苏省 9 个环保重点城市。自 2009 年以来，全国性民间环保组织"公众环境研究中心"与国际自然资源保护协会共同开发了 PITI 指数评价系统。2012 年度报告显示，江苏 13 个地市中有 3 个城市排在全国 138 个参评城市的前 10 位，分别是镇江（第 2 位）、泰州（第 5 位）和扬州（第 7 位）。报告同时指出，在环境信息公开上，存在城市间公开标准不一、同一城市信息公开随机性较强、相关负责人对信息公开制度不了解等情况。报告显示，江苏省环境信息公开的进展并不均衡，总体而言，苏中好于苏南，苏北最差。江苏省排名最前的镇江以 76.9 分在全国 138 个城市中位列第 2 位，排名最靠后的盐城以 42 分排在第 61 位。

这样的信息其实只是中国社会相当普通的一个信息。但需要注意的是这则消息的三个特点：第一，该消息通过微博来转发，没有通过一般的纸质传媒工具，也没有通过电视节目发布；第二，发布消息的单位是民间环保组织，而不是政府机构；第三，评价的对象是政府行为，特别是政府对于污染源信息公开的透明度。这三个特点，仅仅在几年前也是不可思议的。因为，当时的信息技术不可能有如此发达，微博还没有出现，而民间组织更不可能评价政府行为，因为各类评价行为往往是由政府主导，民间组织往往处于被评价的地位。但是，在今天，所有这一切都成了可能，整个社会正在静悄悄地发生着根本性的结构变化。

为什么这样的变化能够较为容易地发生？其实，最为直接的原因在于，中国的经济已经发展到了一个新的阶段，人民的生活水平到了一个新的台阶，2012 年，中国的人均 GDP 已经超过了 6 000 美元，现在到了中等偏上的发展水平，人们对生活质量的要求日益增强，环保问题已经成为大众的意识。比如，北京人开始普遍关注一个词——雾霾！甚至天气预报也在传递雾霾程度的强弱以及是否适宜户外活动的信息。人们幽默地形容：空气面前人人平等，无论职务高低与贫富差距。而这在过去生活较为窘迫的日子里也是不可想象的。环保公益组织的现实活动，恰恰满足了大众的要求，并不断地转化为公共政策，环保组织的政策倡导功能正在加强。

从更为广阔的角度看，公益组织促进绿色发展的行动正在进入一个历史性的转折点。其集中的特点就是，环保类的公益组织在绿色发展方面日益释放出更多的正能量并且获得社会大众和政府的认可，绿色发展已经成为社会的共识。

不仅如此，绿色发展的意识也开始在企业家中发展，出现了以环保为重要使命的企业家。2012 年 6 月，在巴西里约举行的联合国环保峰会上，中国亿利资源公司的董事会主席郑重宣布，在未来 10 年内，要捐款 100 亿元，治理 1 万平方公里的荒漠。这一举动，在国际社会引起了巨大的反响。非常有意义的是，该公司将治理荒漠与公司的发展有机地结合了起来，使绿色发展能够得到经济回报，该公司已经在内蒙古库布齐沙漠治理了 5 000 平方公里的荒漠并创造出了巨大的经济效益，这是巨大的社会创新，也自然在经济领域产生出示范效应并推动经济建设与社会发展的有机结合。

过去，污染问题往往是企业发展所形成的。环保与经济发展好像不能兼得，两者处于较为矛盾的状态。现在，当企业开始将环保与发展结合起来以后，中国社会的环保格局势必将发生较大的逆转，因为以绿色环保为使命的企业将成为巨大的社会力量，更有力地引领政策的调整并促成经济行为方式的转变。这对于民间环保组织更是一种结构性的支持。

当民间环保组织的社会功能发生根本性转折的时候，历史性的挑战也自然地产生。这种挑战在于，民间环保组织与政府和社会企业之间能否形成机制性的联系，从而建立起良性的社会互动模式？

应该正视的一个现实是，中国缺乏建设民间与政府良性互动机制的传统，我们既缺乏宽容合作的理念因而过于强调你死我活式的斗争，同时也缺乏一种机制性的解决办法。即使有个别成功的合作与妥协的案例，也往往形不成社会影响力，甚至于会形成负面的解读，因而不可能沿着建设机制的方向发展。

在历史转折关头，关键是需要理念创新，需要知识学习与传播方式的创新，并以此推动社会公共行为方式的改革与创新。我们需要认识到民间环保组织社会功能的不断强化趋势，因而应该调整有关的社会政策，比如增加财政的支持以使民间组织更好参与甚至独立地承担一定的调整与监测事项；同时也需要推进民间组织治理结构的建设，使其更为专业，更能够承担起日益繁重的社会责任。

随着科学技术的发展与中国经济的增长，人们的生活方式和社会活动方式还会不断地发生变化，而民间组织和政府机构及其职责和活动方式也都会随着社会的变化而改革。目前的转折只是历史大转折的开始，我们应该有充分的思想准备并善于推动多方面的要素调整以建设新的绿色发展格局。

北京师范大学中国公益研究院　王振耀教授

>>水与生态文明建设<<

水是生命之源、生产之要、生态之基，既是重要的经济资源，也是生态环境的控制性要素。从人类发展史来看，无论是中国的夏商文化，还是国外尼罗河的埃及文明、两河文化、玛雅文化等，都证明人类文明繁衍发展与水息息相关。古代中国重视水资源的开发和利用，修建了许多著名水利工程，如秦国蜀郡太守李冰修建的都江堰，以及到后来修建的世界上最长的人工运河——京杭大运河，这些水利工程的修建都推动了中华文明的发展。而新中国成立以后特别是改革开放以来，我国的水资源开发工作取得显著成绩，为经济社会发展、人民安居乐业做出了突出贡献。

水作为生态环境的控制性因素，在生态文明建设中强化水生态文明建设就显得尤为重要和迫切，水生态文明是生态文明的重要组成和基础保障，加强水生态文明建设是党和国家的明确要求。2011年中央1号文件及中央水利工作会议都明确指出水利是现代农业建设不可或缺的首要条件，是经济社会发展不可替代的基础支撑，是生态环境改善不可分割的保障系统，具有很强的公益性、基础性、战略性。加快水利改革发展，不仅事关农业农村发展，而且事关经济社会发展全局；不仅关系到防洪安全、供水安全、粮食安全，而且关系到经济安全、生态安全、国家安全，对水生态文明建设提出了明确要求。水利发展"十二五"规划也明确提出，加快构建水生态安全保障体系，加强饮用水水源地保护、地下水保护与修复、水文水资源监测、重点地区水土流失治理、河湖生态修复和小水电建设，并把加快构建水生态安全保障体系作为水利建设四项主要任务之一。在党的十八大报告中进一步提出必须树立尊重自然、顺应自然、保护自然的生态文明理念，把生态文明建设作为中国特色社会主义事业"五位一体"总体布局的一部分，放在建设美丽中国、实现中华民族永续发展的重要位置，凸显了生态文明建设的重要性。为贯彻落实党的十八大精神，加快推进水生态文明建设，水利部于 2013 年 1 月印发了《水利部关于加快推进水生态文明建设工作的意见》（水资源〔2013〕1 号），提出把生态文明理念融入到水资源开发、利用、配置、节约、保护以及水害防治的各方面和水利规划、建设、管理的各环节，要求加快推进水生态文明建设。

水是人类社会发展不可替代的重要资源，具有很强的基础性、战略性。但是目前我国水资源面临的形势依然严峻。人多水少、水资源分布不均是我国的基本国情水情。我国人均水资源量 2 200 立方米，仅为世界平均值的 1/4；水资源污染严重，并且有逐年加重的趋势。水资源供需矛盾突出、水旱灾害频繁、水利设施建设滞后是制约可持续发展的突出瓶颈。大力加强水资源节约保护，开展水生态文明建设，既是现实的紧迫要求，也是长远的战略任务。我们必须树立尊重自然、顺应自然、保护自然的生态文明理念，把水生态文明建设融入现代化建设的全过程，努力建设美丽中国。

开展水生态文明建设是保障和改善民生的重要任务。实现好、维护好最广大人民群众的根本利益是我们党和国家一切工作的出发点和落脚点。十八大强调，要着力保障和改善民生，要多谋民生之利、多解民生之忧，实现发展成果由人民共享。随着经济社会发展和人民群众生活水平提高，城乡居民对喝上干净水、享有优美环境的要求越来越高。我们要顺应人民群众的新期待，充分发挥水资源在促进经济发展、提高生活质量、保护生态环境等方面的多种功效，着力构建服务民生、保障民生、改善民生的水生态文明建设格局。

开展水生态文明建设是促进生态文明建设的重要基础。我国正处于工业化、城镇化发展的冲刺阶段，在经济社会快速发展的同时，水资源、水环境也为此付出沉重的代价，水环境污染、水生态系统退化、地下水超采等水生态问题日益严重。这种状况如果不尽快加以扭转，水资源难以承载，水环境难以承受，人与自然难以和谐，大力推进生态文明建设也就成了一句空话。我们必须从生态文明建设的战略高度，大力开展水生态文明建设，节约保护水资源，努力走出一条生产发展、生活富裕、生态良好的文明发展道路。

开展水生态文明建设是转变经济发展方式的重要抓手。我国长期以来的粗放型经济增长方式，造成了水资源的高消耗、高浪费、高污染，加剧了经济发展与水资源、水环境的矛盾。十八大报告强调，科学发展要以加快转变经济社会发展方式为主线，2011 年中央 1 号文件也把严格水资源管理作为加快转变经济发展方式的战略举措。当前，绿色经济、低碳经济、循环经济已成为全球经济发展不可逆转的大趋势。我们必须把水生态文明建设作为重要抓手，促进粗放型经济发展方式向绿色经济、循环经济转变，提升发展质量，实现经济发展与水资源、水生态环境容量相协调。

水利部明确了水生态文明建设的五大目标：一是最严格水资源管理制度的有效落实，"三条红线"和"四项制度"全面建立；二是节水型社会基本建成，用水总量得到有效控制，用水效率和效益显著提高；三是科学合理的水资源配置格局基本形成，防洪保安能力、供水保障能力、水资源承载能力显著增强；四是水资源保护与河湖健康保障体系基本建成，水功能区水质明显改善，城镇供水水源地水质全面达标，生态脆弱河流和地区水生态得到有效修复；五是水资源管理与保护体制基本理顺，水生态文明理念深入人心。为确保目标的实现，应该继续加强水生态文明建设，建议如下：一是认真学习党的十八大精神，以科学发展观为指导，转变观念，正确领会，全面贯彻党的十八大关于生态文明建设的战略部署，把生态文明理念融入到水资源开发、利用、治理、配置、节约、保护的各方面和水利规划、建设、管理的各环节。二是通过"世界水日"、"中国水周"、新闻报刊、电视广播、宣传画报和公益广告等各种途径，宣传水生态文明建设的重要意义、指导思想、基本原则、目标以及主要工作内容和战略部署等。鼓励公众节约用水、爱护水资源，成为水资源保护的参与者和主力军，让水生态文明理念深入人心。三是制定更加完善的管理制度、考核制度、监督制度和监控体系，理顺水资源管理与保护体制，保障最严格水资源管理制度有效落实，节水型社会基本建成，水生态质量得到明显改善和有效恢复。四是建立与相关部门密切合作的和谐机制，共同实现生态文明建设的伟大目标，同时也需要创造良好的外部氛围，为水利部门大力推进水生态文明建设创造外部条件。

北京师范大学水科学研究院　王红瑞教授

≫产业园区绿色低碳核算与标准研究≪

1. 产业园区发展背景

产业园区是城市系统构成中最重要的环节。全国84％的商业能耗发生在城市，主要集中在相关的产业园区。然而，我国现有的产业园区仍存在高污染高排放的生产和消费行为过多、耗能产业规模与城市能源环境条件不相符、园区规划不适应性等问题。绿色低碳园区的建设被认为是解决园区诸多最复杂、最紧迫问题（如资源、环境等）的关键。为满足国家应对气候变化的重大战略举措，中国低碳园区的建设亟待科学界提出相应的科技支撑体系。

产业园区的绿色低碳不应该片面地追求温室气体排放的减少，而应该是在生产模式、消费模式以及资源配置模式等多方面实现系统化的绿色和低碳发展。系统的产业园区绿色低碳核算是建立园区绿色低碳评价体系的基础。开展产业园区绿色低碳核算与标准制定，可以找出控制园区绿色发展的关键节点，有针对性地指导低碳园区建设和产业园区低碳化改造项目的实施，同时为制定绿色低碳园区准入制度和排放标准提供重要参考。

2. 产业园区绿色低碳核算体系

虽然"绿色园区"、"生态园区"以及"低碳园区"的概念逐渐得到世界各地决策者的认可，以此为核心的产业园区建设也陆续展开，但针对产业园区绿色低碳核算的研究较少。此外，现在国际社会应用较为广泛的绿色和温室气体核算框架基本都是由西方发达国家制定的，这些国家也因此在国际气候谈判中掌握了减排责任划分的主动权和话语权。我国在绿色低碳核算方面正处于起步阶段，没有形成统一的核算框架，直接影响了相关评价体系和标准的制定进程。目前亟须在制定符合中国国情的绿色低碳核算框架方面进行有益尝试。

区别于以往产业园区的低碳建设思路，绿色低碳核算和评价考虑两个方面：温室气体排放核算与园区绿色价值核算。在进行温室气体排放核算时，不仅考虑园区运营过程中直接产生的碳排放，也全面考虑园区建设与运营全过程的间接碳排放，将涉及材料投入、设备投入、维护、更新、废弃等过程的排放都纳入核算范围，从而构建起一个综合考虑园区全生命过程碳排放量的系统测算与评价体系。此外，计算园区内草地、树木和湖泊等景观设计这些生态建设带来的绿色效益。排放园区低碳评估技术的核心是对园区系统的结构类子系统中的关键因子（建筑系统、交通系统、能源系统、水系统、废弃物处理系统、相关的附属设施等）进行系统监测，对功能类子系统（包括物质代谢、温室气体等物质流输出、总能耗、园区能源的自给情况、绿度等）

中的关键因子进行调查，为正确认识绿色低碳园区系统特征提供必要的数据支持。

同时，从园区的全过程角度出发，建立碳排放五层次核算框架，系统分析分解园区主要碳排放源。核算层次分类包括：第一层，园区入驻企业的一次能源消耗与工业生产过程的直接排放；第二层，园区入驻企业的二次能源消耗产生的间接排放；第三层，园区管理与服务部门能源消耗产生的直接和间接排放；第四层，园区消耗的物质材料的全生命周期过程（从生产直到废弃处理）的排放；第五层，园区建设、改造扩建、拆除过程产生的一切排放。

3. 产业园区绿色低碳标准制定

科学系统的产业园区绿色低碳评估标准可以为其提升能源及物料使用效率，降低营运成本，寻找绿色低碳发展机会并规避温室气体排放超标风险等，具有重要的现实意义和实践价值。产业园区低碳标准化工作应着重考虑以下几个内容：第一，"低碳"与"绿色"并重：产业园区的低碳化不应该片面地追求能源消耗和温室气体排放的减少，而应该是在生产模式、消费模式以及资源配置模式等多方面实现系统化的低碳，并结合园区内绿色生态设计，实现"绿色"与"低碳"并重。第二，低碳建设与经济发展并重：低碳园区作为产业园区一种必然的发展趋势，它的出发点和最终落脚点仍然是经济发展，不过这种经济发展是在一种低消耗、低污染、低碳排的模式下实现的。因此，绿色低碳评价标准也应该考虑产业园区的低碳经济发展，从能源消耗产出、资源消耗产出和气候变化产出的角度出发设置评价指标来对产业园区的低碳经济发展水平进行衡量。第三，全过程标准构建：标准在指标设置上应覆盖产业园区的整个生命过程，综合衡量园区能源消耗、工业生产、物质资料投入、仪器设备投入和废弃物处理处置以及绿色碳汇等活动。第四，总量与强度指标相结合：产业园区的温室气体排放总量以及绿色产出与园区的规模密切相关，从排放强度、排放密度等角度来衡量园区的绿色低碳水平更加具有参考价值。第五，多部门协同与合作：在绿色低碳管理时，链条结构化产业园区低碳建设部门分工，构建多部门协同合作机制。

北京师范大学环境学院　陈彬教授

>>中国绿色城市发展的若干问题<<

中国城市化必须走绿色发展道路，这是一个中国发展必须坚持的根本问题，甚至是中国未来发展的核心原则之一。当前中国发展的主要困境就是如何继续城市化，世界各国的经验无法照搬。中国当前的城市化发展已经遇到重大问题，其核心是城市化的绿色发展问题。中国城市化如何继续发展的基本困境就是如何解决下述八个问题：比较高效的城市化发展与中国庞大的人口相适应的问题；城市化如何与中国土地红线相适应的问题；中国庞大的城市化如何解决城市的环境保护问题；中国城市化如何解决城市发展需要的基本经济问题；中国城市化必须解决城市化面临的特殊交通问题；中国城市化的资金问题；中国城市化的资源节约问题；中国城市化必须面对如何解决庞大的低收入人群问题。

解决上述八个问题，中国需要走一条全新的城市化发展道路。过去发达国家与地区的经验中国不能照搬，这是根本问题。

中国无法照搬韩国、日本、新加坡的经验，它们一个城市或者一个城市群就可以基本解决整个国家或者地区的城市化问题。以首尔为核心的一个城市圈基本解决了韩国的城市化发展问题，日本以东京为核心的城市圈基本解决了日本的城市化问题。新加坡的做法更是无法照搬。

中国也无法照搬欧美经验，特别是美国发展模式，欧美的人口密度远远低于中国，城市化的土地约束根本可以不考虑。美国人口大约是中国的 1/4，而可使用的土地是中国 3 倍以上，城市化发展可以充分满足人性化的需要，可以有理想的交通体系、充分土地利用的住房结构。

中国过去的城市化发展有巨大成就，同时有三大失误：城市化过于与 GDP 联系，导致城市化发展的各种关系失衡；城市化过于突出香港模式，住房解决的高房价问题非常突出——过去中国城市化发展极大程度是香港企业推动的，过于突出炒房价是形成中国城市化发展的诸多弊病的重要原因；中国城市化发展的不健康汽车文化是形成中国目前城市化发展的环境与交通弊病的基本原因。

中国未来城市化发展需要走一条全新的道路，其根本是走绿色发展道路，核心是三点。

第一，中国城市化发展必须考虑中国国情。中国城市化不能离开中国 13 亿人口、18 亿亩耕地的基本现实考虑问题。中国人口超过发达国家总和，人均可使用土地远远低于全球人均水平是中国最大国情，也是对中国城市化发展的根本约束。这是中国城市化发展最基本的考虑前提。中国城市化发展必须走土地高度约束的发展道路——这是中国城市化发展的第一个原则。中国城市化发展必须围绕这一基本原则展开。

第二，中国城市化发展需要坚持按规律办事。中国目前城市化发展产生的各种问题集中体现在没有按规律办事。规律核心是两个问题：一是市场规律；二是人与自然和谐的发展规律。违反规律是造成中国目前城市化发展问题的主要原因，根本性解决中国城市化发展的问题，以及推动中国城市化健康发展必须统筹两个规律的落实与协调。比如当前中国城市化发展的亟须解决的主要问题——高房价问题。高房价问题的核心就是没有按市场规律办事，土地价格分摊模式严重违反市场规律——城市化目前需要的土地分为两部分：一部分是解决城市交通，这部分土地大约接近整个城市土地使用量的一半；另一半是建房，而目前的交通占用土地的成本几乎全部转嫁到房屋成本中，这种结果既大幅推高住房价格，同时也是中国城市病态交通的基本原因。如果按市场规律办事，中国房地产的主要问题也是中国当前的头等大事——高房价问题就基本可以解决，大城市房价至少降一半。同时也可以根本性地解决城市交通问题——土地使用量进入交通成本既可以解决不合理的汽车文化，同时可以发展合理的交通体系与体制，以及有效解决城市环境问题——汽车的环境破坏问题可以得到极大程度的根治。

按规律办事是中国城市化发展的根本原则，只要坚持这一原则，中国城市化发展可以有一个根本性的改变与发展。

第三，中国城市化发展必须充分考虑公平、公正的原则。中国有 13 亿人口，是美国人口的 4 倍，仅有不到美国的经济规模，按经济规律考虑，中国存在巨大的各种形式的失业或者就业不充分问题，以及弱势人群问题。这部分人构成了当前中国以及未来相当长时期中国城市化需要解决的基本问题。解决这部分人的住房问题需要一个非市场化的办法，需要公平、公正的体制。

中国城市化发展面对的问题既是中国未来的主要问题，也是难点问题。解决这些问题需要面对世界各国过去没有出现的各种新问题，同时也要面对中国的特殊问题，解决这些问题是一个大的系统工程，相互关联，需要一个全新的解决体系，其核心应该是依靠绿色发展的思想体系——按规律办事，人与人和谐，人与自然和谐。

西南财经大学能源经济研究所 刘建生教授

>>关注人口生态，确保绿色发展<<

人口发展与绿色发展密切相关。一方面，绿色发展评价指标体系中有很多指标是人均指标，人口总量与结构可直接影响绿色发展的现实基础和客观条件；另一方面，人口系统自身也有绿色发展的问题，如果人口生态结构出现问题，最终势必将危及到整个经济与社会的绿色发展。

从目前情况看，我国人口生态存在如下问题。

1. 人口年龄结构失衡

早在 1998 年，我国小学在校生人数就开始减少；2003 年，处在 20～39 岁黄金年龄的劳动力人口数量开始减少；2008 年，17～20 岁的男性兵源数量开始负增长；2012 年，育龄妇女人数开始减少；预计到 2016 年，购房年龄人口开始负增长；保守估计，到 2025 年总人口将开始负增长。与此同时，中国人口老龄化程度不断加深，根据联合国研究机构的方案预测，中国 60 岁上以的老年人口将在 2014 年突破 2 亿，于 2025 年突破 3 亿，于 2034 年达到 4 亿，于 2050 达到 4.4 亿，老年人口将占总人口的 1/3 以上。

2. 低生育陷阱危险显现

国际学术界对低生育水平有一个分类：生育率在更替水平以下时称为低生育率；生育率低于 1.5 时称为很低生育率；而当生育率降至 1.3 以下时称为最低或极低生育率。20 世纪 90 年代以来，极低生育率在欧洲国家开始出现并有蔓延的趋势；进入 21 世纪，极低生育率开始出现在东亚一些国家和地区，其中，中国澳门为 0.8，中国香港为 0.97，中国台湾为 1.12，韩国为 1.08，日本为 1.26。根据低生育陷阱理论，生育率一旦下降到 1.5 以下，由于价值观转变、生存压力增加等多方面因素的共同影响，生育率将继续下降，很难甚至无法逆转。据第六次全国人口普查数据显示，2010 年我国生育率仅为 1.18，只相当于更替水平的一半左右，低于大多数发达国家的水平，而我国部分地区生育率已经在 1 以下，情况更加严重。

3. 人口性别比失调

计划生育政策的执行，使得一部分家庭不得不通过性别选择的方式来满足自己的男孩偏好。在此情况下，中国出生婴儿性别比从 1982 年时的 108.47，上升到 1990 年的 111.42；在 2000 年全国人口普查时，这一数据进一步提高到 116.86；到了 2005 年和 2009 年这一数据继续上升到 118.59 和 119.45。而第六次全国人口普查结果显示，我国出生人口性别比虽出现略微下降，但仍达到 118.06，性别比失调问题非常严重。性别比失调将产生一系列的人口生态问题，上千万适龄男性将面临择偶困难，形成"婚姻梯度挤压"现象，对未来人口发展产生负面影响。

为了落实十八大提出的"促进人口长期均衡发展"的目标，针对我国人口生态存在的问题，我们认为，当前要做好以下几方面的工作。

首先，重新评估人口生态风险。第六次全国人口普查结果显示，中国大陆地区总人口为 13.29 亿，其中，0～14 岁少年儿童人口占 16.60%，60 岁及以上老年人口占 13.26%。将这些数据与之前的人口预测数据进行对比，可以发现，中国当前的人口增长率远低于以往人口预测和规划的水平，而少子化和老龄化问题的严重程度又明显超出了以往人口预测和规划的评估水平。有学者指出，多年来，在人口管理方面出现了"见到低生育率统计结果就归因于漏报→人为调高生育率水平→继续严格控制人口→再次见到低生育率统计结果"的怪圈，之所以出现这样的情况，与其说是数据质量或技术方法出现了问题，倒不如说是研究背后的思想认识出现了问题。

当前，应本着求真务实的态度重新对中国人口生态风险进行评估，为制定更加合理的人口规划提供科学依据。

其次，走出危机管理状态下的人口管理模式。改革开放之初，人口增长过快和商品严重短缺的双重压力使中国人口管理采取了独生子女政策等危机管理政策。但危机管理政策不是理想的政策。在危机管理过程中，为了确保大多数公众的利益，必然要打破一些常态化的社会秩序，甚至以损害个别人利益为代价换取整个社会的稳定。显然，为了保持人口生态平衡，不能长期实行人口危机管理政策。经过30多年的发展，中国当初的人口与经济的危机状态早已解除，而前期人口危机管理的负面效果已经开始显现。考虑到这些问题，当前亟须从人口生态平衡的角度考虑采用更为长远的人口管理方式，为人口长期均衡发展提供制度保障。

最后，加强老龄化和极低生育率管理，建立适应人口减少的人口政策体系。受前期人口政策影响，我国的老龄化发展趋势不可避免，老龄化问题将在二三十年后集中出现。与30年前的人口数量增长危机比较起来，当前的人口老龄化危机同等严重。如何正确评估与应对老龄化挑战，不仅事关我国经济社会的可持续发展，而且事关当前正处于工作年龄这一代人的切身利益，必须成为当前人口生态干预中的核心问题。同时，数据显示我国早已进入极低生育水平，但我国目前在应对极低生育率方面还没有行动。显然，下一步的人口政策设计要把老龄化和极低生育率管理问题放到更加优先考虑的地位。

随着低生育率的持续，我国人口减少问题已经开始出现，人口减少将导致巨大的社会问题。比如，总人口中劳动力数量的绝对和相对减少将可能影响经济中劳动投入的水平与质量，由此影响到经济增长的潜力。同时社会负担加重大大提高了劳动力成本，降低了产品的竞争力，也将降低经济发展的速度。当然，人口减少在其他领域如文化传承创新、城镇化、国防动员、社会保障体系建设等方面的影响也不容乐观。如何适应人口减少涉及经济、社会、文化、科技、国防等诸多领域的政策，但根源还是抑制极低生育率发展的问题。从这个意义上说，在人口生态文明建设过程中还需要有更多的政策创新。

北京师范大学国民核算研究院　宋旭光教授

>>提升全要素生产率，推动中国经济持续健康发展<<

中国经济在经过30多年高速增长后的今天，外延扩张和后发优势的效应逐渐消退。越来越明确的迹象显示，中国经济正进入一个新的发展阶段。在这一阶段推动中国经济持续发展的主要动力，不再是要素投入量的外延扩张，而是全要素生产率的改善。正如保罗·克鲁格曼（Paul R. Krugman）所指出："生产率不是一切，但是长期来看生产率近似一切。"改善我国经济的投入产出效率，促进企业全要素生产率的提升，是推动我国经济持续健康发展的根本途径，也应该成为经济政策体系的核心。

全要素生产率测量的是投入—产出效率。当然，劳动生产率无疑是最重要的宏观和长期投入—产出效率测度，它最终决定着地区间（横向）或不同时期（纵向）居民福利水平的差异。然而，宏观投入—产出效率是由微观企业的投入—产出效率决定的。在市场经济中企业是产出活动的决策主体，它们在技术可能性和要素价格约束下选择最大化利润的生产方式。特定时期或区域的生产技术限定了企业在不同要素间进行替代的可能性。企业劳动生产率的纵向或横向差异受到要素价格和相对稀缺度的影响，并不能充分反映企业的真实效率。为了分析微观企业层面的投入—产出效率，需要控制生产技术所允许的投入要素间的替代，这正是全要素生产率的实质。企业内生产率是否在改善？企业间资源配置效率是否提高？这是关乎经济增长质量和可持续性的重大问题，直接决定国民生活水平。

作为经济福利基础的宏观投入—产出效率在两个方面取决于企业层面的全要素生产率：微观企业的全要素生产率是否在改善？经济环境是否能够鼓励全要素生产率高的企业发展、抑制甚至淘汰全要素生产率低下的企业？前者涉及企业内全要素生产率的发展，后者是资源效率问题。

从微观角度看，全要素生产率代表企业的长期成本优势，这是企业持续发展的基础。企业的盈利性并不等同于其生产率。企业短期财务绩效是多种因素的结果，既包括企业的成本优势即投入—产出效率，也包括需求、市场结构、企业经营所处的财政、金融、管制环境等诸多因素。其中后者对于企业短期财务绩效的影响尤其重要。越来越多的经济学家倾向于选择全要素生产率，而不是利润或成本等财务指标来评估企业的相对绩效。

政府这只看得见的手无疑是推动企业生产率改善的最重要力量，而其中政府的财政、金融和行业管制等政策是核心的影响因素。企业研发、技术变革等改善生产率的努力是要付出成本的。这包括投资的不确定性，以及设备安装和调试、员工再培训等调整成本。财政、金融和行业管制等政策能够影响企业改善生产率的积极性。受到财政、金融优惠和管制保护，竞争压力小的企业采用新技术、改善生产率的激励更小，因为政策导致的垄断利润会使进行创新的机会成本大大提高。财政、金融和行业管制等政策也会影响行业内达尔文式优胜劣汰的选择机制发挥作用的程度。如果一些企业长期受到政策优惠的关照，即使其生产率水平在行业分布中的位置不断下滑，它们可以获得相当可观的利润而不会退出。如果政府对行业实施限制竞争的保护政策，生产率高的企业也难以进入。

总之，在社会主义市场经济体制日益完善的今天，财政、金融和行业管制等政策作用于企业，通过影响企业内生产率，进而影响企业（行业）间的资源配置效率，最终影响整个经济体系的宏观投入—产出效率。政府政策应该立足于改善企业生产率，应该鼓励生产率高的企业发展，抑制、淘汰生产率低下的企业。这是推动中国经济持续健康发展最主要途径。

北京师范大学经济与工商管理学院　尹恒教授

>>政府绿色管理能力建设初探<<

党的十八大报告提出要"把生态文明建设放在突出地位，融入经济建设、政治建设、文化建设、社会建设的各方面和全过程，努力建设美丽中国，实现中华民族永续发展"。这标志着我们党对经济社会可持续发展规律、自然资源永续利用规律和生态环保规律的认识进入了新境界。

从理论上讲，推进生态文明建设是政府、企业、非政府组织（NGO）和公众等多元主体共同的责任，但在现实中，作为公共权力的行使者、财政资源的掌控者、社会信息的拥有者和公共政策的制定者，政府的管理决策对企业和公众的行为有着至关重要的影响，政府应当成为推动科学发展和建设生态文明的核心主体，应该加强政府绿色管理的内控能力建设、决策能力建设、执行能力建设和引导能力建设。

首先，加强政府绿色管理的内控能力建设。政府作为推进科学发展和建设生态文明的主导力量，应该加强内控能力建设，将自身打造成绿色政府。

一是树立绿色管理理念，加强政府绿色文化建设。在政府内部利用一切可能的形式和机会加强绿色文化的宣传，将绿色文化教育纳入公务员培训中，强化公务员的环境责任意识，倡导生态优先的原则，加深公务员对绿色管理和生态文明的理解。

二是建立绿色办公制度，树立政府绿色形象。政府要建立并实施"三公"经费公开制度、办公设备管理制度、办公用品领用制度、节水省电管理制度等，特别要实施政府绿色采购制度，因为政府是最大的消费团体，是落实绿色采购的关键领域；通过政府绿色采购的政策导向和示范行为，能够引导企业的绿色生产和公众的绿色消费。为此，需要制定办公用品和公共工程的绿色采购标准，健全采购信息公开制度，同等条件下优先采购带有绿色环保标志或复合绿色环保标准的产品。

三是建立内部监管机制，实施绿色绩效考评制度。政府内部监管主要通过建立政府绿色绩效考核制度，设定绿色考核指标体系，将部门年度能耗情况和节能降耗水平、绿色行动方案执行情况、绿色产品采购比例等纳入考核指标体系，对绿色政府建设过程中表现优秀的部门和员工进行表彰，以提高部门实施内部绿色管理的积极性和主动性。同时，加快建立和完善绿色GDP等绿色核算体系，淡化经济增长指标，用绿色标准去衡量和考核地方政府和各级干部的政绩。另外，在政府绩效考评过程中，应引入相对独立的第三方考评，实施民众对政府发展绿色经济的绩效考评，政府还应及时将部门运营情况与考核结果向公众公开，接受公众监督，从而构建发展绿色经济、建设生态文明的长效机制。

其次，加强政府绿色管理的决策能力建设。为实施绿色管理、建设生态文明，政府需要制定三个层次的制度规则，包括充分体现生态价值和生态规律的法律、法规、公共政策和绿色标准。

在环境立法方面，为全面落实十八大提出的生态文明建设的各项任务，全国人大必须加强环境保护和生态建设领域的立法工作。《环境保护法》的修正早在2008年就被全国人大常委会列入立法计划，但直到目前仅通过了全国人大常委会初审。这是《环境保护法》自1989年正式实施以来的首次修改，社会各界希望借这次修改进一步强化政府环境保护的责任，提高企业环境违规的成本，确保环境信息公开和公众参与权。同时，《矿产资源法》、《土地管理法》、《野生动物保护法》和《森林法》等相关法律急需修订，《自然遗产保护法》、《核安全法》等相关法律应该早日列入人大的立法规划。

在政府决策方面，我国长期以来以强制性管制模式为主，这导致政策执行的遵从成本较高。今后，为提高政府绿色管理的效率，充分发挥政策引导和激励功能，政府需要与时俱进地引入绿色贸易、绿色信贷、绿色保险、绿色金融、排污权交易、自然资源有偿使用和产权流转制度等非强制性的环保新政，促使企业和公众实现自我约束，推动绿色管理从强制性管理向激励性和自愿性管理转变。

在环境污染事故和自然生态灾害频发的今天，既要发挥制度规则的正面的激励和导向功能，又要设置禁止性的"绿色高压线"和市场准入的绿色管理标准，不再上马高污染、高能耗的项目，严格控制高能耗、高污染、质量低劣、不符合生态安全和卫生标准的产品的生产和消费，加快经济体系的"生态化"改造。

当然，非常重要的是，在上述各类法律、政策和标准制定过程中，必须引入集体协商、公开听证、专家咨询、事前公示等机制，以增强立法和决策过程的透明度、民主化和科学性，完善法律政策和各类标准的制定程序。

再次，加强政府绿色管理的执行能力建设。要提高政府绿色管理的效能，加强绿色政府执行力建设，必须构建绿色政府整体联动的执法体系，在绿色法律和政策的跨部门落实上下功夫。众所周知，长期以来我国行政管理体系上条块分割严重，部门间职权交叉、责任模糊，部门利益冲突成为影响政府绿色管理体系构建和法规政策实施的障碍因素。环境保护和生态建设工作长期以来主要由环境保护部门孤立进行，部门间缺乏长期合作、沟通的基础。因此，为使得政府各部门在生态环境问题上保持一致，在政府实施绿色管理时，有必要通过成立高层委员会或部门联席会议等方式实现部门协调，明确各部门环境保护和生态建设责任，环保部门应致力于为其他部门减少发展阻力和提供技术支持，从而推动部门间的整体联动、联合执法。

近年来，面对环境污染重、执法困难大的状况，我国环保部门积极创新执法机制，建立了"公众参与、部门联动"的联合执法机制，有效提高了执行力。为了更有效地发挥"联合执法"的作用，今后需要在以下几个方面实现突破：一是联合执法的部门和执法的领域都应进一步扩展；二是要加快建立"联合执法"的长效机制，使其从运动式执法向常规化、组织化执法转变；三是建立各部门间共享的征信系统，提高部门间执法的协作程度和效率；四是改变传统的、条块分割的政府管理特征，坚定推进大部门制改革，促进绿色转型工作的部门化、职能化、常规化，用绿色经济和绿色转型的理念改进、提升、创新部门常规工作，赋予各部门以新的职能和任务。要采用协同学的原理和方法，通过实施协调合作，保证政府管理系统整体的平衡与效率，以及确保政府管理绿色转型发展过程中的动态平衡与和谐，推动多元目标的不断提升与发展。

另外，为推动政府绿色管理的执行力建设，还需要加强检查监督，实施"环保问责"，构建政府绿色执行力建设的责任落实机制。

最后，加强政府绿色管理的引导能力建设。实施绿色管理、建设生态文明，政府先行固然重要，但仅有政府的"洁身自好"是不够的，政府肩负着提高社会环境意识、宣传环境政策、弘扬生态文明的重任，必须加强对企业和公众绿色意识与行为的教育和引导。毕竟，企业是国民经济运行的细胞，公众是推动社会进步的主力，两者都是社会资源的最大消耗者，也是最主要的环境污染源。政府在推行绿色管理过程中，必须通过多种途径将绿色宣传教育推广、延伸到企业、学校和社区，增强人们的生态环境责任感和使命感，倡导节约环保的生产方式和生活方式，推广绿色生产、绿色消费等行为，引导企业和公众积极参与生态文明建设。具体说来，在生产领域，通过相关政策和标准引导企业打造绿色产业、绿色企业、绿色园区、绿色产品；在消费领域，引导商家创建绿色宾馆、绿色饭店、绿色商店；在社会领域，引导社会各界建设绿色学校、绿色医院、绿色社区，引导全社会实现绿色转型，为推进生态文明建设做出贡献。

北京师范大学政府管理学院　王洛忠副教授

第六篇
省、市"绿色体检"表

为详细阐释 2011 年 30 个测评省（区、市）和 38 个测评城市的绿色发展水平，本篇向大家展示了数个测评地区中国绿色发展指数三级指标的数值、排名及前后两年排名变化等，形成了本篇的两部分内容：省际"绿色体检"表和城市"绿色体检"表。

如何解读省际"绿色体检"表

　　省际"绿色体检"表包含了中国绿色发展指数(省际)30 个测评省(区、市)60 个绿色发展三级指标的指标序号、指标名称、单位、指标属性、30 个省(区、市)2011 年测评均值、2011 年该省(区、市)指标数值、2010 年该省(区、市)指标数值、2011 年该省(区、市)指标排名、2010 年该省(区、市)指标排名、前后两年排名变化、数据来源及"进退脸谱"12 项内容。其中,指标序号、指标名称、单位、指标属性、30 个省(区、市)2011 年测评均值及数据来源这 6 项内容在每个省际"绿色发展体检"表中都是相同的,反映的是整个中国绿色发展指数(省际)60 个绿色发展三级指标的具体情况。2011 年该省(区、市)指标数值、2010 年该省(区、市)指标数值、2011 年该省(区、市)指标排名、2010 年该省(区、市)指标排名及前后两年排名变化这 5 项内容在每个表中均不同,反映每个测评省(区、市)三级指标的原始数据及其相应的排名、变化。而最后的"进退脸谱"是根据指标排名变化而制作的:若 2011 年指标数值排名较 2010 年有所进步,即给该项指标一个笑脸,以表示鼓励;若 2011 年指标数值排名较 2010 年有所退步,则给该项指标一个哭脸,以表示激励;若该项指标排名两年基本没有变化,则无脸谱表示。若该项指标在统计年鉴中没有数据,则用 NA 表示,待日后补全。省际"绿色体检"表全面地反映了每个测评省(区、市)在绿色发展各个方面的具体表现。

北京绿色发展"体检"表

序号	指标名称	单 位	指标属性	2011年测评均值	2011年北京数值	2010年北京数值	2011年北京排名	2010年北京排名	排名变化	2011年数据来源	进退脸谱
1	人均地区生产总值	元/人	正	40 087	81 658	75 943	3	2	−1	中国统计	☹
2	单位地区生产总值能耗	吨标准煤/万元	逆	1.041	0.459	0.582	1	1	0	中国统计	
3	非化石能源消费量占能源消费量的比重		正	NA	NA	NA	NA	NA			
4	单位地区生产总值二氧化碳排放量		逆	NA	NA	NA	NA	NA	NA		
5	单位地区生产总值二氧化硫排放量	吨/万元	逆	0.008	0.001	0.001	1	1	0	中国统计	
6	单位地区生产总值化学需氧量排放量	吨/万元	逆	0.008	0.001	0.001	2	1	−1	中国统计	☹
7	单位地区生产总值氮氧化物排放量	吨/万元	逆	0.008	0.001	0.002	1	1	0	环境年报；中国统计	
8	单位地区生产总值氨氮排放量	吨/万元	逆	0.001	0.000	0.000	1	1	0	环境年报；中国统计	
9	人均城镇生活消费用电	千瓦时/人	逆	311.585	1 112.980	1 084.520	29	29	0	城市	
10	第一产业劳动生产率	万元/人	正	1.866	2.195	1.902	11	11	0	中国统计	
11	土地产出率	亿元/千公顷	正	0.289	0.540	0.486	1	1	0	中国统计	
12	节灌率		正	0.514	1.365	1.352	1	1	0	水利；中国统计	
13	有效灌溉面积占耕地面积比重	%	正	54.220	90.350	91.252	2	1	−1	中国统计	☹
14	第二产业劳动生产率	万元/人	正	14.026	15.163	12.559	8	8	0	中国统计	
15	单位工业增加值水耗	立方米/元	逆	0.007	0.002	0.002	3	3	0	中国统计	
16	规模以上单位工业增加值能耗		逆	NA	NA	NA	NA	NA			
17	工业固体废物综合利用率	%	正	66.630	66.519	65.800	14	17	3	环境年鉴	☺
18	工业用水重复利用率	%	正	76.327	47.000	32.480	25	28	3	环境年鉴	☺
19	六大高载能行业产值占工业总产值比重	%	逆	40.149	29.490	30.661	8	8	0	工业经济	
20	第三产业劳动生产率	万元/人	正	8.022	13.984	11.145	3	3	0	中国统计	
21	第三产业增加值比重	%	正	39.783	76.100	75.100	1	1	0	中国统计	
22	第三产业就业人员比重	%	正	36.110	73.983	74.132	1	1	0	中国统计	
23	人均水资源量	立方米/人	正	1 877.761	134.707	124.190	28	29	1	中国统计	☺
24	人均森林面积	公顷/人	正	0.189	0.026	0.027	27	27	0	中国统计	
25	森林覆盖率	%	正	30.630	31.720	31.720	15	15	0	中国统计	
26	自然保护区面积占辖区面积比重	%	正	8.663	7.970	7.970	12	12	0	中国统计	
27	湿地面积占国土面积的比重	%	正	7.008	1.930	1.930	25	25	0	中国统计	
28	人均活立木总蓄积量	立方米/人	正	10.653	0.640	0.658	27	27	0	中国统计	
29	单位土地面积二氧化碳排放量		逆	NA	NA	NA	NA	NA			
30	人均二氧化碳排放量		逆	NA	NA	NA	NA	NA			
31	单位土地面积二氧化硫排放量	吨/平方公里	逆	5.956	5.965	7.011	18	23	5	中国统计；沙漠	☺
32	人均二氧化硫排放量	吨/人	逆	0.020	0.005	0.006	2	2	0	中国统计	
33	单位土地面积化学需氧量排放量	吨/平方公里	逆	6.699	11.772	5.606	27	27	0	中国统计；沙漠	
34	人均化学需氧量排放量	吨/人	逆	0.020	0.010	0.005	1	1	0	中国统计	

序号	指标名称	单 位	指标属性	2011年测评均值	2011年北京数值	2010年北京数值	2011年北京排名	2010年北京排名	排名变化	2011年数据来源	进退脸谱
35	单位土地面积氮氧化物排放量	吨/平方公里	逆	7.724	11.474	13.589	27	28	1	中国统计；沙漠；环境年报	☺
36	人均氮氧化物排放量	吨/人	逆	0.021	0.009	0.012	2	13	11	环境年报；中国统计	☺
37	单位土地面积氨氮排放量	吨/平方公里	逆	0.823	1.298	0.731	27	28	1	中国统计；沙漠；环境年报	☺
38	人均氨氮排放量	吨/人	逆	0.002	0.001	0.001	1	3	2	环境年报；中国统计	☺
39	单位耕地面积化肥施用量	万吨/千公顷	逆	0.049	0.060	0.059	22	22	0	中国统计	
40	单位耕地面积农药使用量	吨/千公顷	逆	17.801	16.988	17.144	19	19	0	环境年鉴；中国统计	
41	人均公路交通氮氧化物排放量	吨/万人	逆	51.741	42.984	48.428	15	28	13	环境年报；中国统计	☺
42	环境保护支出占财政支出比重	%	正	2.918	2.912	2.239	15	28	13	中国统计	☺
43	环境污染治理投资总额占地区生产总值比重	%	正	1.445	1.311	1.640	16	10	−6	环境年鉴；中国统计	☹
44	农村人均改水、改厕的政府投资	元/人	正	52.418	118.170	195.247	1	1	0	环境年鉴	
45	单位耕地面积退耕还林投资完成额	万元/千公顷	正	11.732	0.000	25.729	17	15	−2	环境年鉴；中国统计	☹
46	科教文卫支出占财政支出比重	%	正	26.875	31.297	32.949	4	3	−3	中国统计	☹
47	城市人均绿地面积	公顷/人	正	0.003	0.005	0.005	4	5	1	城市；中国统计	☺
48	城市用水普及率	%	正	96.434	100.000	100.000	1	1	0	中国统计	
49	城市污水处理率	%	正	82.500	81.700	82.100	21	16	−5	环境年鉴	☹
50	城市生活垃圾无害化处理率	%	正	80.933	98.240	96.950	3	4	1	中国统计	☺
51	城市每万人拥有公交车辆	标台	正	11.561	22.383	14.242	1	2	1	中国统计	☺
52	人均城市公共交通运营线路网长度	公里/人	正	0.001	0.002	0.002	4	4	0	中国统计；城市	
53	农村累计已改水受益人口占农村总人口比重	%	正	6.177	0.436	100.000	29	1	−28	环境年鉴	☹
54	建成区绿化覆盖率	%	正	38.199	45.600	47.690	2	1	−1	中国统计	☹
55	人均当年新增造林面积	公顷/万人	正	62.573	10.449	7.472	25	28	3	中国统计	☺
56	工业二氧化硫去除率	%	正	62.224	61.883	69.558	19	7	−12	中国统计	☹
57	工业废水化学需氧量去除率	%	正	82.101	91.247	88.478	6	5	−1	环境年报；中国统计	☹
58	工业氮氧化物去除率	%	正	5.066	10.193	1.077	5	19	14	环境年报	☺
59	工业废水氨氮去除率	%	正	78.957	86.398	76.166	10	12	2	环境年报；中国统计	☺
60	突发环境事件次数	次	逆	18	36	30	29	27	−2	中国统计	☹

年鉴说明：中国统计——《中国统计年鉴2012》；环境年鉴——《中国环境统计年鉴2012》；环境年报——《中国环境统计年报2011》；城市——《中国城市统计年鉴2012》；水利——《中国水利统计年鉴2012》；工业经济——《中国工业经济统计年鉴2012》；沙漠——《中国沙漠及其治理》。

天津绿色发展"体检"表

序号	指标名称	单位	指标属性	2011年测评均值	2011年天津数值	2010年天津数值	2011年天津排名	2010年天津排名	排名变化	2011年数据来源	进退脸谱
1	人均地区生产总值	元/人	正	40 087	85 213	72 994	1	3	2	中国统计	☺
2	单位地区生产总值能耗	吨标准煤/万元	逆	1.041	0.708	0.826	9	8	-1	中国统计	☹
3	非化石能源消费量占能源消费量的比重		正	NA	NA	NA	NA	NA			
4	单位地区生产总值二氧化碳排放量		逆	NA	NA	NA	NA	NA			
5	单位地区生产总值二氧化硫排放量	吨/万元	逆	0.008	0.002	0.003	5	5	0	中国统计	
6	单位地区生产总值化学需氧量排放量	吨/万元	逆	0.008	0.002	0.002	3	3	0	中国统计	
7	单位地区生产总值氮氧化物排放量	吨/万元	逆	0.008	0.004	0.003	6	3	-3	环境年报；中国统计	☹
8	单位地区生产总值氨氮排放量	吨/万元	逆	0.001	0.000	0.000	2	7	5	环境年报；中国统计	☺
9	人均城镇生活消费用电	千瓦时/人	逆	311.585	669.911	686.172	28	28	0	城市	
10	第一产业劳动生产率	万元/人	正	1.866	2.143	1.896	12	12	0	中国统计	
11	土地产出率	亿元/千公顷	正	0.289	0.384	0.366	7	7	0	中国统计	
12	节灌率		正	0.514	0.814	0.762	4	4	0	水利；中国统计	
13	有效灌溉面积占耕地面积比重	%	正	54.220	76.628	78.127	5	5	0	中国统计	
14	第二产业劳动生产率	万元/人	正	14.026	22.393	22.892	3	2	-1	中国统计	☹
15	单位工业增加值水耗	立方米/元	逆	0.007	0.001	0.001	1	1	0	中国统计	
16	规模以上单位工业增加值能耗		逆	NA	NA	NA	NA	NA			
17	工业固体废物综合利用率	%	正	66.630	99.829	98.600	1	1	0	环境年鉴	
18	工业用水重复利用率	%	正	76.327	96.300	95.860	1	1	0	环境年鉴	
19	六大高载能行业产值占工业总产值比重	%	逆	40.149	35.924	35.228	14	14	0	工业经济	
20	第三产业劳动生产率	万元/人	正	8.022	17.242	18.773	2	1	-1	中国统计	☹
21	第三产业增加值比重	%	正	39.783	46.200	46.000	4	5	1	中国统计	☺
22	第三产业就业人员比重	%	正	36.110	49.005	44.435	3	3	0	中国统计	
23	人均水资源量	立方米/人	正	1 877.761	115.963	72.801	29	30	1	中国统计	☺
24	人均森林面积	公顷/人	正	0.189	0.007	0.007	29	29	0	中国统计	
25	森林覆盖率	%	正	30.630	8.240	8.240	28	28	0	中国统计	
26	自然保护区面积占辖区面积比重	%	正	8.663	8.060	8.060	11	11	0	中国统计	
27	湿地面积占国土面积的比重	%	正	7.008	14.950	14.950	3	3	0	中国统计	
28	人均活立木总蓄积量	立方米/人	正	10.653	0.204	0.213	29	29	0	中国统计	
29	单位土地面积二氧化碳排放量		逆	NA	NA	NA	NA	NA			
30	人均二氧化碳排放量		逆	NA	NA	NA	NA	NA			
31	单位土地面积二氧化硫排放量	吨/平方公里	逆	5.956	19.375	19.732	29	29	0	中国统计；沙漠	
32	人均二氧化硫排放量	吨/人	逆	0.020	0.017	0.019	18	19	1	中国统计	☺
33	单位土地面积化学需氧量排放量	吨/平方公里	逆	6.699	19.789	11.074	29	29	0	中国统计；沙漠	
34	人均化学需氧量排放量	吨/人	逆	0.020	0.018	0.010	16	20	4	中国统计	☺

续表

序号	指标名称	单位	指标属性	2011年测评均值	2011年天津数值	2010年天津数值	2011年天津排名	2010年天津排名	排名变化	2011年数据来源	进退脸谱
35	单位土地面积氮氧化物排放量	吨/平方公里	逆	7.724	30.116	20.642	29	29	0	中国统计；沙漠；环境年报	
36	人均氮氧化物排放量	吨/人	逆	0.021	0.027	0.019	26	23	−3	环境年报；中国统计	☹
37	单位土地面积氨氮排放量	吨/平方公里	逆	0.823	2.215	1.678	29	29	0	中国统计；沙漠；环境年报	
38	人均氨氮排放量	吨/人	逆	0.002	0.002	0.002	15	28	13	环境年报；中国统计	☺
39	单位耕地面积化肥施用量	万吨/千公顷	逆	0.049	0.055	0.058	19	21	2	中国统计	☺
40	单位耕地面积农药使用量	吨/千公顷	逆	17.801	8.606	8.436	11	11	0	环境年鉴；中国统计	
41	人均公路交通氮氧化物排放量	吨/万人	逆	51.741	40.689	4.693	11	2	−9	环境年报；中国统计	☹
42	环境保护支出占财政支出比重	%	正	2.918	1.795	1.968	27	29	2	中国统计	☺
43	环境污染治理投资总额占地区生产总值比重	%	正	1.445	1.547	1.189	11	20	9	环境年鉴；中国统计	☺
44	农村人均改水、改厕的政府投资	元/人	正	52.418	45.107	111.826	16	3	−13	环境年鉴	☹
45	单位耕地面积退耕还林投资完成额	万元/千公顷	正	11.732	0.000	2.569	17	24	7	环境年鉴；中国统计	☺
46	科教文卫支出占财政支出比重	%	正	26.875	26.876	26.668	16	14	−2	中国统计	☹
47	城市人均绿地面积	公顷/人	正	0.003	0.002	0.002	10	9	−1	城市；中国统计	☹
48	城市用水普及率	%	正	96.434	100.000	100.000	1	1	0	中国统计	
49	城市污水处理率	%	正	82.500	86.800	85.300	9	10	1	环境年鉴	☺
50	城市生活垃圾无害化处理率	%	正	80.933	100.000	100.000	1	1	0	中国统计	
51	城市每万人拥有公交车辆	标台	正	11.561	15.187	12.048	4	4	0	中国统计	
52	人均城市公共交通运营线路网长度	公里/人	正	0.001	0.001	0.001	5	5	0	中国统计；城市	
53	农村累计已改水受益人口占农村总人口比重	%	正	6.177	2.417	100.000	20	1	−19	环境年鉴	☹
54	建成区绿化覆盖率	%	正	38.199	34.530	32.060	25	27	2	中国统计	☺
55	人均当年新增造林面积	公顷/万人	正	62.573	5.577	8.954	29	25	−4	中国统计	☹
56	工业二氧化硫去除率	%	正	62.224	61.665	63.217	21	13	−8	中国统计	☹
57	工业废水化学需氧量去除率	%	正	82.101	84.590	70.216	16	18	2	环境年报；中国统计	☺
58	工业氮氧化物去除率	%	正	5.066	2.965	14.782	17	2	−15	环境年报	☹
59	工业废水氨氮去除率	%	正	78.957	52.265	24.866	29	29	0	环境年报；中国统计	
60	突发环境事件次数	次	逆	18	1	0	1	1	0	中国统计	

年鉴说明：中国统计——《中国统计年鉴2012》；环境年鉴——《中国环境统计年鉴2012》；环境年报——《中国环境统计年报2011》；城市——《中国城市统计年鉴2012》；水利——《中国水利统计年鉴2012》；工业经济——《中国工业经济统计年鉴2012》；沙漠——《中国沙漠及其治理》。

河北绿色发展"体检"表

序号	指标名称	单 位	指标属性	2011年测评均值	2011年河北数值	2010年河北数值	2011年河北排名	2010年河北排名	排名变化	2011年数据来源	进退脸谱
1	人均地区生产总值	元/人	正	40 087	33 969	28 668	14	12	−2	中国统计	☹
2	单位地区生产总值能耗	吨标准煤/万元	逆	1.041	1.300	1.583	23	24	1	中国统计	☺
3	非化石能源消费量占能源消费量的比重		正	NA	NA	NA	NA	NA			
4	单位地区生产总值二氧化碳排放量		逆	NA	NA	NA	NA	NA			
5	单位地区生产总值二氧化硫排放量	吨/万元	逆	0.008	0.007	0.007	21	17	−4	中国统计	☹
6	单位地区生产总值化学需氧量排放量	吨/万元	逆	0.008	0.007	0.003	13	10	−3	中国统计	☹
7	单位地区生产总值氮氧化物排放量	吨/万元	逆	0.008	0.009	0.006	23	21	−2	环境年报；中国统计	☹
8	单位地区生产总值氨氮排放量	吨/万元	逆	0.001	0.001	0.000	9	9	0	环境年报；中国统计	
9	人均城镇生活消费用电	千瓦时/人	逆	311.585	97.183	90.058	2	1	−1	城市	☹
10	第一产业劳动生产率	万元/人	正	1.866	1.998	1.736	13	14	1	中国统计	☺
11	土地产出率	亿元/千公顷	正	0.289	0.316	0.283	11	11	0	中国统计	
12	节灌率		正	0.514	0.616	0.593	12	12	0	水利；中国统计	
13	有效灌溉面积占耕地面积比重	%	正	54.220	72.762	71.993	8	9	1	中国统计	☺
14	第二产业劳动生产率	万元/人	正	14.026	10.172	8.650	22	22	0	中国统计	
15	单位工业增加值水耗	立方米/元	逆	0.007	0.002	0.003	4	4	0	中国统计	
16	规模以上单位工业增加值能耗		逆	NA	NA	NA	NA	NA			
17	工业固体废物综合利用率	%	正	66.630	41.705	56.600	29	20	−9	环境年鉴	☹
18	工业用水重复利用率	%	正	76.327	93.700	94.640	4	3	−1	环境年鉴	☹
19	六大高载能行业产值占工业总产值比重	%	逆	40.149	50.486	50.942	24	24	0	工业经济	
20	第三产业劳动生产率	万元/人	正	8.022	7.499	6.302	14	13	−1	中国统计	☹
21	第三产业增加值比重	%	正	39.783	34.600	34.900	23	25	2	中国统计	☺
22	第三产业就业人员比重	%	正	36.110	30.359	27.954	25	27	2	中国统计	☺
23	人均水资源量	立方米/人	正	1 877.761	217.748	195.277	26	26	0	中国统计	
24	人均森林面积	公顷/人	正	0.189	0.058	0.058	24	24	0	中国统计	
25	森林覆盖率	%	正	30.630	22.290	22.290	19	19	0	中国统计	
26	自然保护区面积占辖区面积比重	%	正	8.663	3.050	3.050	28	29	1	中国统计	☺
27	湿地面积占国土面积的比重	%	正	7.008	5.820	5.820	12	12	0	中国统计	
28	人均活立木总蓄积量	立方米/人	正	10.653	1.407	1.416	24	24	0	中国统计	
29	单位土地面积二氧化碳排放量		逆	NA	NA	NA	NA	NA			
30	人均二氧化碳排放量		逆	NA	NA	NA	NA	NA			
31	单位土地面积二氧化硫排放量	吨/平方公里	逆	5.956	7.494	6.548	22	20	−2	中国统计；沙漠	☹
32	人均二氧化硫排放量	吨/人	逆	0.020	0.020	0.017	20	18	−2	中国统计	☹
33	单位土地面积化学需氧量排放量	吨/平方公里	逆	6.699	7.370	2.898	21	16	−5	中国统计；沙漠	☹
34	人均化学需氧量排放量	吨/人	逆	0.020	0.019	0.008	21	8	−13	中国统计	☹

续表

序号	指标名称	单位	指标属性	2011年测评均值	2011年河北数值	2010年河北数值	2011年河北排名	2010年河北排名	排名变化	2011年数据来源	进退脸谱
35	单位土地面积氮氧化物排放量	吨/平方公里	逆	7.724	9.558	5.923	23	21	-2	中国统计；沙漠；环境年报	☹
36	人均氮氧化物排放量	吨/人	逆	0.021	0.025	0.016	25	19	-6	环境年报；中国统计	☹
37	单位土地面积氨氮排放量	吨/平方公里	逆	0.823	0.607	0.292	15	17	2	中国统计；沙漠；环境年报	☺
38	人均氨氮排放量	吨/人	逆	0.002	0.002	0.001	4	9	5	环境年报；中国统计	☺
39	单位耕地面积化肥施用量	万吨/千公顷	逆	0.049	0.052	0.051	18	18	0	中国统计	
40	单位耕地面积农药使用量	吨/千公顷	逆	17.801	13.140	13.394	14	15	1	环境年鉴；中国统计	☺
41	人均公路交通氮氧化物排放量	吨/万人	逆	51.741	77.839	10.690	27	6	-21	环境年报；中国统计	☹
42	环境保护支出占财政支出比重	%	正	2.918	2.982	4.083	14	7	-7	中国统计	☹
43	环境污染治理投资总额占地区生产总值比重	%	正	1.445	2.545	1.819	4	6	2	环境年鉴；中国统计	☺
44	农村人均改水、改厕的政府投资	元/人	正	52.418	9.166	6.905	30	30	0	环境年鉴	
45	单位耕地面积退耕还林投资完成额	万元/千公顷	正	11.732	0.000	31.930	17	9	-8	环境年鉴；中国统计	☹
46	科教文卫支出占财政支出比重	%	正	26.875	29.359	28.952	8	6	-2	中国统计	☹
47	城市人均绿地面积	公顷/人	正	0.003	0.001	0.001	23	23	0	城市；中国统计	
48	城市用水普及率	%	正	96.434	100.000	99.970	1	4	3	中国统计	☺
49	城市污水处理率	%	正	82.500	93.900	92.300	3	2	-1	环境年鉴	☹
50	城市生活垃圾无害化处理率	%	正	80.933	72.560	69.820	23	23	0	中国统计	
51	城市每万人拥有公交车辆	标台	正	11.561	10.441	9.528	18	16	-2	中国统计	☹
52	人均城市公共交通运营线路网长度	公里/人	正	0.001	0.000	0.000	21	25	4	中国统计；城市	☺
53	农村累计已改水受益人口占农村总人口比重	%	正	6.177	0.946	97.463	26	14	-12	环境年鉴	☹
54	建成区绿化覆盖率	%	正	38.199	42.070	42.730	4	3	-1	中国统计	☹
55	人均当年新增造林面积	公顷/万人	正	62.573	39.687	39.904	14	15	1	中国统计	☺
56	工业二氧化硫去除率	%	正	62.224	63.423	63.177	18	14	-4	中国统计	☹
57	工业废水化学需氧量去除率	%	正	82.101	88.918	77.048	11	14	3	环境年报；中国统计	☺
58	工业氮氧化物去除率	%	正	5.066	4.351	6.459	14	7	-7	环境年报	☹
59	工业废水氨氮去除率	%	正	78.957	77.094	57.575	21	18	-3	环境年报；中国统计	☹
60	突发环境事件次数	次	逆	18	16	7	21	17	-4	中国统计	☹

年鉴说明：中国统计——《中国统计年鉴2012》；环境年鉴——《中国环境统计年鉴2012》；环境年报——《中国环境统计年报2011》；城市——《中国城市统计年鉴2012》；水利——《中国水利统计年鉴2012》；工业经济——《中国工业经济统计年鉴2012》；沙漠——《中国沙漠及其治理》。

山西绿色发展"体检"表

序号	指标名称	单位	指标属性	2011年测评均值	2011年山西数值	2010年山西数值	2011年山西排名	2010年山西排名	排名变化	2011年数据来源	进退脸谱
1	人均地区生产总值	元/人	正	40 087	31 357	26 283	18	18	0	中国统计	
2	单位地区生产总值能耗	吨标准煤/万元	逆	1.041	1.762	2.235	28	27	-1	中国统计	☹
3	非化石能源消费量占能源消费量的比重		正	NA	NA	NA	NA	NA			
4	单位地区生产总值二氧化碳排放量		逆	NA	NA	NA	NA	NA			
5	单位地区生产总值二氧化硫排放量	吨/万元	逆	0.008	0.017	0.017	28	28	0	中国统计	
6	单位地区生产总值化学需氧量排放量	吨/万元	逆	0.008	0.006	0.005	10	19	9	中国统计	☺
7	单位地区生产总值氮氧化物排放量	吨/万元	逆	0.008	0.016	0.013	29	27	-2	环境年报；中国统计	☹
8	单位地区生产总值氨氮排放量	吨/万元	逆	0.001	0.001	0.001	16	24	8	环境年报；中国统计	☺
9	人均城镇生活消费用电	千瓦时/人	逆	311.585	146.003	134.328	9	9	0	城市	
10	第一产业劳动生产率	万元/人	正	1.866	1.005	0.870	27	27	0	中国统计	
11	土地产出率	亿元/千公顷	正	0.289	0.202	0.178	21	21	0	中国统计	
12	节灌率		正	0.514	0.652	0.643	11	10	-1	水利；中国统计	☹
13	有效灌溉面积占耕地面积比重	%	正	54.220	32.542	31.415	25	25	0	中国统计	
14	第二产业劳动生产率	万元/人	正	14.026	15.074	12.178	9	9	0	中国统计	
15	单位工业增加值水耗	立方米/元	逆	0.007	0.002	0.003	6	6	0	中国统计	
16	规模以上单位工业增加值能耗		逆	NA	NA	NA	NA	NA			
17	工业固体废物综合利用率	%	正	66.630	57.403	65.500	20	18	-2	环境年鉴	☹
18	工业用水重复利用率	%	正	76.327	94.100	94.660	3	2	-1	环境年鉴	☹
19	六大高载能行业产值占工业总产值比重	%	逆	40.149	43.761	46.004	21	21	0	工业经济	
20	第三产业劳动生产率	万元/人	正	8.022	6.752	6.034	18	17	-1	中国统计	☹
21	第三产业增加值比重	%	正	39.783	35.200	37.100	19	16	-3	中国统计	☹
22	第三产业就业人员比重	%	正	36.110	35.233	35.233	16	15	-1	中国统计	☹
23	人均水资源量	立方米/人	正	1 877.761	346.964	261.515	25	25	0	中国统计	
24	人均森林面积	公顷/人	正	0.189	0.062	0.062	22	22	0	中国统计	
25	森林覆盖率	%	正	30.630	14.120	14.120	23	23	0	中国统计	
26	自然保护区面积占辖区面积比重	%	正	8.663	7.420	7.400	14	14	0	中国统计	
27	湿地面积占国土面积的比重	%	正	7.008	3.190	3.190	21	21	0	中国统计	
28	人均活立木总蓄积量	立方米/人	正	10.653	2.462	2.475	22	22	0	中国统计	
29	单位土地面积二氧化碳排放量		逆	NA	NA	NA	NA	NA			
30	人均二氧化碳排放量		逆	NA	NA	NA	NA	NA			
31	单位土地面积二氧化硫排放量	吨/平方公里	逆	5.956	8.928	7.971	25	24	-1	中国统计；沙漠	☹
32	人均二氧化硫排放量	吨/人	逆	0.020	0.039	0.036	28	28	0	中国统计	
33	单位土地面积化学需氧量排放量	吨/平方公里	逆	6.699	3.124	2.126	9	11	2	中国统计；沙漠	☺
34	人均化学需氧量排放量	吨/人	逆	0.020	0.014	0.010	5	14	9	中国统计	☺

续表

序号	指标名称	单位	指标属性	2011年测评均值	2011年山西数值	2010年山西数值	2011年山西排名	2010年山西排名	排名变化	2011年数据来源	进退脸谱
35	单位土地面积氮氧化物排放量	吨/平方公里	逆	7.724	8.206	5.839	22	20	-2	中国统计；沙漠；环境年报	☹
36	人均氮氧化物排放量	吨/人	逆	0.021	0.036	0.026	28	27	-1	环境年报；中国统计	☹
37	单位土地面积氨氮排放量	吨/平方公里	逆	0.823	0.377	0.268	12	15	3	中国统计；沙漠；环境年报	☺
38	人均氨氮排放量	吨/人	逆	0.002	0.002	0.001	6	23	17	环境年报；中国统计	☺
39	单位耕地面积化肥施用量	万吨/千公顷	逆	0.049	0.028	0.027	6	6	0	中国统计	
40	单位耕地面积农药使用量	吨/千公顷	逆	17.801	6.998	6.437	8	8	0	环境年鉴；中国统计	
41	人均公路交通氮氧化物排放量	吨/万人	逆	51.741	75.456	24.524	26	19	-7	环境年报；中国统计	☹
42	环境保护支出占财政支出比重	%	正	2.918	3.477	4.265	7	6	-1	中国统计	☹
43	环境污染治理投资总额占地区生产总值比重	%	正	1.445	2.211	2.249	5	2	-3	环境年鉴；中国统计	☹
44	农村人均改水、改厕的政府投资	元/人	正	52.418	28.103	31.358	26	24	-2	环境年鉴	☹
45	单位耕地面积退耕还林投资完成额	万元/千公顷	正	11.732	10.001	30.755	12	10	-2	环境年鉴；中国统计	☹
46	科教文卫支出占财政支出比重	%	正	26.875	27.783	25.568	13	18	5	中国统计	☺
47	城市人均绿地面积	公顷/人	正	0.003	0.001	0.001	25	25	0	城市；中国统计	
48	城市用水普及率	%	正	96.434	97.480	97.260	15	17	2	中国统计	☺
49	城市污水处理率	%	正	82.500	86.500	84.900	10	11	1	环境年鉴	☺
50	城市生活垃圾无害化处理率	%	正	80.933	77.500	73.580	21	19	-2	中国统计	☹
51	城市每万人拥有公交车辆	标台	正	11.561	7.868	6.829	29	30	1	中国统计	☺
52	人均城市公共交通运营线路网长度	公里/人	正	0.001	0.000	0.000	18	17	-1	中国统计；城市	☹
53	农村累计已改水受益人口占农村总人口比重	%	正	6.177	4.452	87.199	15	26	11	环境年鉴	☺
54	建成区绿化覆盖率	%	正	38.199	38.290	38.010	16	15	-1	中国统计	☹
55	人均当年新增造林面积	公顷/万人	正	62.573	83.636	80.660	8	9	1	中国统计	☺
56	工业二氧化硫去除率	%	正	62.224	60.952	62.916	23	15	-8	中国统计	☹
57	工业废水化学需氧量去除率	%	正	82.101	81.692	52.950	18	28	10	环境年报；中国统计	☺
58	工业氮氧化物去除率	%	正	5.066	12.681	15.455	2	1	-1	环境年报	☹
59	工业废水氨氮去除率	%	正	78.957	93.977	58.566	2	17	15	环境年报；中国统计	☺
60	突发环境事件次数	次	逆	18	11	9	18	19	1	中国统计	☺

年鉴说明：中国统计——《中国统计年鉴2012》；环境年鉴——《中国环境统计年鉴2012》；环境年报——《中国环境统计年报2011》；城市——《中国城市统计年鉴2012》；水利——《中国水利统计年鉴2012》；工业经济——《中国工业经济统计年鉴2012》；沙漠——《中国沙漠及其治理》。

内蒙古绿色发展"体检"表

序号	指标名称	单位	指标属性	2011年测评均值	2011年内蒙古数值	2010年内蒙古数值	2011年内蒙古排名	2010年内蒙古排名	排名变化	2011年数据来源	进退脸谱
1	人均地区生产总值	元/人	正	40 087	57 974	47 347	6	6	0	中国统计	
2	单位地区生产总值能耗	吨标准煤/万元	逆	1.041	1.405	1.915	25	26	1	中国统计	☺
3	非化石能源消费量占能源消费量的比重		正	NA	NA	NA	NA	NA			
4	单位地区生产总值二氧化碳排放量		逆	NA	NA	NA	NA	NA			
5	单位地区生产总值二氧化硫排放量	吨/万元	逆	0.008	0.014	0.016	25	26	1	中国统计	☺
6	单位地区生产总值化学需氧量排放量	吨/万元	逆	0.008	0.009	0.003	23	9	—14	中国统计	☹
7	单位地区生产总值氮氧化物排放量	吨/万元	逆	0.008	0.014	0.015	27	29	2	环境年报；中国统计	☺
8	单位地区生产总值氨氮排放量	吨/万元	逆	0.001	0.001	0.000	8	21	13	环境年报；中国统计	☺
9	人均城镇生活消费用电	千瓦时/人	逆	311.585	239.128	187.838	18	17	—1	城市	☹
10	第一产业劳动生产率	万元/人	正	1.866	2.284	1.940	9	10	1	中国统计	☺
11	土地产出率	亿元/千公顷	正	0.289	0.149	0.129	28	28	0	中国统计	
12	节灌率		正	0.514	0.818	0.769	3	3	0	水利；中国统计	
13	有效灌溉面积占耕地面积比重	%	正	54.220	42.987	42.359	19	18	—1	中国统计	☹
14	第二产业劳动生产率	万元/人	正	14.026	37.587	31.881	1	1	0	中国统计	
15	单位工业增加值水耗	立方米/元	逆	0.007	0.003	0.005	8	8	0	中国统计	
16	规模以上单位工业增加值能耗		逆	NA	NA	NA	NA	NA			
17	工业固体废物综合利用率	%	正	66.630	58.094	56.300	18	21	3	环境年鉴	☺
18	工业用水重复利用率	%	正	76.327	40.500	84.700	28	13	—15	环境年鉴	☹
19	六大高载能行业产值占工业总产值比重	%	逆	40.149	42.695	41.958	20	20	0	工业经济	
20	第三产业劳动生产率	万元/人	正	8.022	11.634	10.540	5	4	—1	中国统计	☹
21	第三产业增加值比重	%	正	39.783	34.900	36.100	20	21	1	中国统计	☺
22	第三产业就业人员比重	%	正	36.110	36.404	34.395	9	17	8	中国统计	☺
23	人均水资源量	立方米/人	正	1 877.761	1 691.590	1 576.080	12	17	5	中国统计	☺
24	人均森林面积	公顷/人	正	0.189	0.954	0.957	1	1	0	中国统计	
25	森林覆盖率		正	30.630	20.000	20.000	21	21	0	中国统计	
26	自然保护区面积占辖区面积比重	%	正	8.663	11.670	11.690	8	8	0	中国统计	
27	湿地面积占国土面积的比重	%	正	7.008	3.660	3.660	19	19	0	中国统计	
28	人均活立木总蓄积量	立方米/人	正	10.653	54.831	55.042	1	1	0	中国统计	
29	单位土地面积二氧化碳排放量		逆	NA	NA	NA	NA	NA			
30	人均二氧化碳排放量		逆	NA	NA	NA	NA	NA			
31	单位土地面积二氧化硫排放量	吨/平方公里	逆	5.956	1.894	1.873	8	7	—1	中国统计；沙漠	☹
32	人均二氧化硫排放量	吨/人	逆	0.020	0.057	0.057	29	30	1	中国统计	☺
33	单位土地面积化学需氧量排放量	吨/平方公里	逆	6.699	1.235	0.370	4	3	—1	中国统计；沙漠	☹
34	人均化学需氧量排放量	吨/人	逆	0.020	0.037	0.011	29	22	—7	中国统计	☹

序号	指标名称	单 位	指标属性	2011年测评均值	2011年内蒙古数值	2010年内蒙古数值	2011年内蒙古排名	2010年内蒙古排名	排名变化	2011年数据来源	进退脸谱
35	单位土地面积氮氧化物排放量	吨/平方公里	逆	7.724	1.911	1.739	7	10	3	中国统计；沙漠；环境年报	☺
36	人均氮氧化物排放量	吨/人	逆	0.021	0.057	0.053	29	29	0	环境年报；中国统计	
37	单位土地面积氨氮排放量	吨/平方公里	逆	0.823	0.072	0.055	3	4	1	中国统计；沙漠；环境年报	☺
38	人均氨氮排放量	吨/人	逆	0.002	0.002	0.002	22	29	7	环境年报；中国统计	☺
39	单位耕地面积化肥施用量	万吨/千公顷	逆	0.049	0.025	0.025	5	5	0	中国统计、	
40	单位耕地面积农药使用量	吨/千公顷	逆	17.801	3.424	3.400	4	4	0	环境年鉴；中国统计	
41	人均公路交通氮氧化物排放量	吨/万人	逆	51.741	99.679	36.803	28	24	-4	环境年报；中国统计	☹
42	环境保护支出占财政支出比重	%	正	2.918	3.932	4.750	5	3	-2	中国统计	☹
43	环境污染治理投资总额占地区生产总值比重	%	正	1.445	2.757	2.047	1	4	3	环境年鉴；中国统计	☺
44	农村人均改水、改厕的政府投资	元/人	正	52.418	60.006	50.670	9	14	5	环境年鉴	☺
45	单位耕地面积退耕还林投资完成额	万元/千公顷	正	11.732	37.077	29.965	3	12	9	环境年鉴；中国统计	☺
46	科教文卫支出占财政支出比重	%	正	26.875	21.821	22.748	28	25	-3	中国统计	☹
47	城市人均绿地面积	公顷/人	正	0.003	0.002	0.002	11	11	0	城市；中国统计	
48	城市用水普及率	%	正	96.434	91.390	87.970	29	30	1	中国统计	☺
49	城市污水处理率	%	正	82.500	83.900	80.600	18	19	1	环境年鉴	☺
50	城市生活垃圾无害化处理率	%	正	80.933	83.470	82.800	18	14	-4	中国统计	☹
51	城市每万人拥有公交车辆	标台	正	11.561	7.197	6.890	30	29	-1	中国统计	☹
52	人均城市公共交通运营线路网长度	公里/人	正	0.001	0.000	0.000	13	13	0	中国统计；城市	
53	农村累计已改水受益人口占农村总人口比重	%	正	6.177	8.775	88.355	10	25	15	环境年鉴	☺
54	建成区绿化覆盖率	%	正	38.199	34.090	33.350	27	26	-1	中国统计	☹
55	人均当年新增造林面积	公顷/万人	正	62.573	295.460	267.735	2	1	-1	中国统计	☹
56	工业二氧化硫去除率	%	正	62.224	70.459	57.326	8	22	14	中国统计	☺
57	工业废水化学需氧量去除率	%	正	82.101	78.037	80.221	23	8	-15	环境年报；中国统计	☹
58	工业氮氧化物去除率	%	正	5.066	2.790	0.977	18	21	3	环境年报	☺
59	工业废水氨氮去除率	%	正	78.957	73.370	60.499	23	15	-8	环境年报；中国统计	☹
60	突发环境事件次数	次	逆	18	14	5	20	14	-6	中国统计	☹

年鉴说明：中国统计——《中国统计年鉴2012》；环境年鉴——《中国环境统计年鉴2012》；环境年报——《中国环境统计年报2011》；城市——《中国城市统计年鉴2012》；水利——《中国水利统计年鉴2012》；工业经济——《中国工业经济统计年鉴2012》；沙漠——《中国沙漠及其治理》。

辽宁绿色发展"体检"表

序号	指标名称	单位	指标属性	2011年测评均值	2011年辽宁数值	2010年辽宁数值	2011年辽宁排名	2010年辽宁排名	排名变化	2011年数据来源	进退脸谱
1	人均地区生产总值	元/人	正	40 087	50 760	42 355	8	8	0	中国统计	
2	单位地区生产总值能耗	吨标准煤/万元	逆	1.041	1.096	1.380	21	22	1	中国统计	☺
3	非化石能源消费量占能源消费量的比重		正	NA	NA	NA	NA	NA			
4	单位地区生产总值二氧化碳排放量		逆	NA	NA	NA	NA	NA			
5	单位地区生产总值二氧化硫排放量	吨/万元	逆	0.008	0.006	0.007	18	15	−3	中国统计	☹
6	单位地区生产总值化学需氧量排放量	吨/万元	逆	0.008	0.008	0.003	15	13	−2	中国统计	☹
7	单位地区生产总值氮氧化物排放量	吨/万元	逆	0.008	0.006	0.005	15	17	2	环境年报；中国统计	☺
8	单位地区生产总值氨氮排放量	吨/万元	逆	0.001	0.001	0.000	10	12	2	环境年报；中国统计	☺
9	人均城镇生活消费用电	千瓦时/人	逆	311.585	270.005	258.217	20	19	−1	城市	☹
10	第一产业劳动生产率	万元/人	正	1.866	2.736	2.339	4	5	1	中国统计	☺
11	土地产出率	亿元/千公顷	正	0.289	0.315	0.280	12	12	0	中国统计	
12	节灌率		正	0.514	0.370	0.326	19	22	3	水利；中国统计	☺
13	有效灌溉面积占耕地面积比重	%	正	54.220	38.881	37.636	20	20	0	中国统计	
14	第二产业劳动生产率	万元/人	正	14.026	19.736	17.413	6	6	0	中国统计	
15	单位工业增加值水耗	立方米/元	逆	0.007	0.002	0.003	7	5	−2	中国统计	☹
16	规模以上单位工业增加值能耗		逆	NA	NA	NA	NA	NA			
17	工业固体废物综合利用率	%	正	66.630	38.019	46.900	30	27	−3	环境年鉴	☹
18	工业用水重复利用率	%	正	76.327	92.700	92.370	8	5	−3	环境年鉴	☹
19	六大高载能行业产值占工业总产值比重	%	逆	40.149	38.345	38.521	18	18	0	工业经济	
20	第三产业劳动生产率	万元/人	正	8.022	8.277	7.257	10	10	0	中国统计	
21	第三产业增加值比重	%	正	39.783	36.700	37.100	16	16	0	中国统计	
22	第三产业就业人员比重	%	正	36.110	43.127	42.515	4	4	0	中国统计	
23	人均水资源量	立方米/人	正	1 877.761	673.198	1 392.100	21	19	−2	中国统计	☹
24	人均森林面积	公顷/人	正	0.189	0.117	0.117	16	16	0	中国统计	
25	森林覆盖率	%	正	30.630	35.130	35.130	12	12	0	中国统计	
26	自然保护区面积占辖区面积比重	%	正	8.663	12.830	12.460	6	6	0	中国统计	
27	湿地面积占国土面积的比重	%	正	7.008	8.370	8.370	7	7	0	中国统计	
28	人均活立木总蓄积量	立方米/人	正	10.653	4.831	4.840	16	16	0	中国统计	
29	单位土地面积二氧化碳排放量		逆	NA	NA	NA	NA	NA			
30	人均二氧化碳排放量		逆	NA	NA	NA	NA	NA			
31	单位土地面积二氧化硫排放量	吨/平方公里	逆	5.956	7.694	6.984	23	22	−1	中国统计；沙漠	☹
32	人均二氧化硫排放量	吨/人	逆	0.020	0.026	0.024	24	23	−1	中国统计	☹
33	单位土地面积化学需氧量排放量	吨/平方公里	逆	6.699	9.178	3.700	24	20	−4	中国统计；沙漠	☹
34	人均化学需氧量排放量	吨/人	逆	0.020	0.031	0.012	27	25	−2	中国统计	☹

序号	指标名称	单 位	指标属性	2011年测评均值	2011年辽宁数值	2010年辽宁数值	2011年辽宁排名	2010年辽宁排名	排名变化	2011年数据来源	进退脸谱
35	单位土地面积氮氧化物排放量	吨/平方公里	逆	7.724	7.261	5.541	19	19	0	中国统计；沙漠；环境年报	
36	人均氮氧化物排放量	吨/人	逆	0.021	0.024	0.019	24	22	−2	环境年报；中国统计	☹
37	单位土地面积氨氮排放量	吨/平方公里	逆	0.823	0.759	0.383	19	23	4	中国统计；沙漠；环境年报	☺
38	人均氨氮排放量	吨/人	逆	0.002	0.003	0.001	27	25	−2	环境年报；中国统计	☹
39	单位耕地面积化肥施用量	万吨/千公顷	逆	0.049	0.035	0.034	10	10	0	中国统计	
40	单位耕地面积农药使用量	吨/千公顷	逆	17.801	13.846	16.982	15	18	3	环境年鉴；中国统计	☺
41	人均公路交通氮氧化物排放量	吨/万人	逆	51.741	64.230	12.300	23	8	−15	环境年报；中国统计	☹
42	环境保护支出占财政支出比重	%	正	2.918	1.900	2.423	26	26	0	中国统计	
43	环境污染治理投资总额占地区生产总值比重	%	正	1.445	1.694	1.119	9	23	14	环境年鉴；中国统计	☺
44	农村人均改水、改厕的政府投资	元/人	正	52.418	46.871	45.431	14	15	1	环境年鉴	☺
45	单位耕地面积退耕还林投资完成额	万元/千公顷	正	11.732	0.000	17.421	17	19	2	环境年鉴；中国统计	☺
46	科教文卫支出占财政支出比重	%	正	26.875	22.581	21.353	26	28	2	中国统计	☺
47	城市人均绿地面积	公顷/人	正	0.003	0.002	0.002	8	8	0	城市；中国统计	
48	城市用水普及率	%	正	96.434	98.360	97.440	12	15	3	中国统计	☺
49	城市污水处理率	%	正	82.500	84.100	74.900	16	22	6	环境年鉴	☺
50	城市生活垃圾无害化处理率	%	正	80.933	80.450	70.880	19	21	2	中国统计	☺
51	城市每万人拥有公交车辆	标台	正	11.561	11.027	9.350	16	19	3	中国统计	☺
52	人均城市公共交通运营线路网长度	公里/人	正	0.001	0.000	0.000	12	12	0	中国统计；城市	
53	农村累计已改水受益人口占农村总人口比重	%	正	6.177	12.198	96.683	6	17	11	环境年鉴	☺
54	建成区绿化覆盖率	%	正	38.199	39.780	39.320	10	10	0	中国统计	
55	人均当年新增造林面积	公顷/万人	正	62.573	56.353	43.863	13	14	1	中国统计	☺
56	工业二氧化硫去除率	%	正	62.224	52.840	60.107	26	20	−6	中国统计	☹
57	工业废水化学需氧量去除率	%	正	82.101	80.089	63.815	20	22	2	环境年报；中国统计	☺
58	工业氮氧化物去除率	%	正	5.066	2.551	4.808	19	10	−9	环境年报	☹
59	工业废水氨氮去除率	%	正	78.957	85.045	77.836	11	11	0	环境年报；中国统计	
60	突发环境事件次数	次	逆	18	2	10	6	22	16	中国统计	☺

年鉴说明：中国统计——《中国统计年鉴2012》；环境年鉴——《中国环境统计年鉴2012》；环境年报——《中国环境统计年报2011》；城市——《中国城市统计年鉴2012》；水利——《中国水利统计年鉴2012》；工业经济——《中国工业经济统计年鉴2012》；沙漠——《中国沙漠及其治理》。

吉林绿色发展"体检"表

序号	指标名称	单 位	指标属性	2011年测评均值	2011年吉林数值	2010年吉林数值	2011年吉林排名	2010年吉林排名	排名变化	2011年数据来源	进退脸谱
1	人均地区生产总值	元/人	正	40 087	38 460	31 599	11	11	0	中国统计	
2	单位地区生产总值能耗	吨标准煤/万元	逆	1.041	0.923	1.145	17	16	−1	中国统计	☹
3	非化石能源消费量占能源消费量的比重		正	NA	NA	NA	NA	NA			
4	单位地区生产总值二氧化碳排放量		逆	NA	NA	NA	NA	NA			
5	单位地区生产总值二氧化硫排放量	吨/万元	逆	0.008	0.005	0.005	14	10	−4	中国统计	☹
6	单位地区生产总值化学需氧量排放量	吨/万元	逆	0.008	0.010	0.005	25	20	−5	中国统计	☹
7	单位地区生产总值氮氧化物排放量	吨/万元	逆	0.008	0.007	0.008	18	24	6	环境年报；中国统计	☺
8	单位地区生产总值氨氮排放量	吨/万元	逆	0.001	0.001	0.000	13	15	2	环境年报；中国统计	☺
9	人均城镇生活消费用电	千瓦时/人	逆	311.585	204.118	179.118	16	15	−1	城市	☹
10	第一产业劳动生产率	万元/人	正	1.866	2.325	2.017	8	9	1	中国统计	☺
11	土地产出率	亿元/千公顷	正	0.289	0.195	0.166	22	24	2	中国统计	☺
12	节灌率		正	0.514	0.183	0.152	26	28	2	水利；中国统计	☺
13	有效灌溉面积占耕地面积比重	%	正	54.220	32.658	31.200	24	26	2	中国统计	☺
14	第二产业劳动生产率	万元/人	正	14.026	20.918	17.810	4	5	1	中国统计	☺
15	单位工业增加值水耗	立方米/元	逆	0.007	0.005	0.008	14	14	0	中国统计	
16	规模以上单位工业增加值能耗		逆	NA	NA	NA	NA	NA			
17	工业固体废物综合利用率	%	正	66.630	58.952	67.100	17	16	−1	环境年鉴	☹
18	工业用水重复利用率	%	正	76.327	78.100	74.510	20	20	0	环境年鉴	
19	六大高载能行业产值占工业总产值比重	%	逆	40.149	25.074	24.133	2	2	0	工业经济	
20	第三产业劳动生产率	万元/人	正	8.022	7.737	7.023	11	11	0	中国统计	
21	第三产业增加值比重	%	正	39.783	34.800	35.900	21	22	1	中国统计	☺
22	第三产业就业人员比重	%	正	36.110	36.904	36.639	7	10	3	中国统计	☺
23	人均水资源量	立方米/人	正	1 877.761	1 149.520	2 503.320	18	12	−6	中国统计	☹
24	人均森林面积	公顷/人	正	0.189	0.268	0.268	7	7	0	中国统计	
25	森林覆盖率	%	正	30.630	38.930	38.930	10	10	0	中国统计	
26	自然保护区面积占辖区面积比重	%	正	8.663	12.290	12.290	7	7	0	中国统计	
27	湿地面积占国土面积的比重	%	正	7.008	6.370	6.370	10	10	0	中国统计	
28	人均活立木总蓄积量	立方米/人	正	10.653	32.096	32.129	4	4	0	中国统计	
29	单位土地面积二氧化碳排放量		逆	NA	NA	NA	NA	NA			
30	人均二氧化碳排放量		逆	NA	NA	NA	NA	NA			
31	单位土地面积二氧化硫排放量	吨/平方公里	逆	5.956	2.203	1.900	10	8	−2	中国统计；沙漠	☹
32	人均二氧化硫排放量	吨/人	逆	0.020	0.015	0.013	17	12	−5	中国统计	☹
33	单位土地面积化学需氧量排放量	吨/平方公里	逆	6.699	4.398	1.878	12	10	−2	中国统计；沙漠	☹
34	人均化学需氧量排放量	吨/人	逆	0.020	0.030	0.013	25	26	1	中国统计	☺

续表

序号	指标名称	单位	指标属性	2011年测评均值	2011年吉林数值	2010年吉林数值	2011年吉林排名	2010年吉林排名	排名变化	2011年数据来源	进退脸谱
35	单位土地面积氮氧化物排放量	吨/平方公里	逆	7.724	3.225	3.008	12	15	3	中国统计；沙漠；环境年报	☺
36	人均氮氧化物排放量	吨/人	逆	0.021	0.022	0.021	22	25	3	环境年报；中国统计	☺
37	单位土地面积氨氮排放量	吨/平方公里	逆	0.823	0.310	0.160	9	9	0	中国统计；沙漠；环境年报	
38	人均氨氮排放量	吨/人	逆	0.002	0.002	0.001	19	20	1	环境年报；中国统计	☺
39	单位耕地面积化肥施用量	万吨/千公顷	逆	0.049	0.035	0.033	9	8	−1	中国统计	☹
40	单位耕地面积农药使用量	吨/千公顷	逆	17.801	8.238	7.730	10	10	0	环境年鉴；中国统计	
41	人均公路交通氮氧化物排放量	吨/万人	逆	51.741	66.739	11.022	24	7	−17	环境年报；中国统计	☹
42	环境保护支出占财政支出比重	%	正	2.918	4.652	4.003	3	9	6	中国统计	☺
43	环境污染治理投资总额占地区生产总值比重	%	正	1.445	0.958	1.433	24	15	−9	环境年鉴；中国统计	☹
44	农村人均改水、改厕的政府投资	元/人	正	52.418	87.692	107.777	3	4	1	环境年鉴	☺
45	单位耕地面积退耕还林投资完成额	万元/千公顷	正	11.732	20.712	10.690	8	20	12	环境年鉴；中国统计	☺
46	科教文卫支出占财政支出比重	%	正	26.875	24.032	23.118	24	24	0	中国统计	
47	城市人均绿地面积	公顷/人	正	0.003	0.002	0.002	15	16	1	城市；中国统计	☺
48	城市用水普及率	%	正	96.434	92.710	89.600	24	27	3	中国统计	☺
49	城市污水处理率	%	正	82.500	82.900	73.900	19	25	6	环境年鉴	☺
50	城市生活垃圾无害化处理率	%	正	80.933	49.210	44.510	28	28	0	中国统计	
51	城市每万人拥有公交车辆	标台	正	11.561	9.310	9.749	24	13	−11	中国统计	☹
52	人均城市公共交通运营线路网长度	公里/人	正	0.001	0.000	0.000	16	15	−1	中国统计；城市	☹
53	农村累计已改水受益人口占农村总人口比重	%	正	6.177	6.804	99.095	13	8	−5	环境年鉴	☹
54	建成区绿化覆盖率	%	正	38.199	34.170	34.120	26	25	−1	中国统计	☹
55	人均当年新增造林面积	公顷/万人	正	62.573	13.255	30.106	22	19	−3	中国统计	☹
56	工业二氧化硫去除率	%	正	62.224	36.178	40.320	28	27	−1	中国统计	☹
57	工业废水化学需氧量去除率	%	正	82.101	87.398	63.743	13	23	10	环境年报；中国统计	☺
58	工业氮氧化物去除率	%	正	5.066	1.967	0.001	20	29	9	环境年报	☺
59	工业废水氨氮去除率	%	正	78.957	80.535	55.000	18	21	3	环境年报；中国统计	☺
60	突发环境事件次数	次	逆	18	2	3	6	10	4	中国统计	☺

年鉴说明：中国统计——《中国统计年鉴2012》；环境年鉴——《中国环境统计年鉴2012》；环境年报——《中国环境统计年报2011》；城市——《中国城市统计年鉴2012》；水利——《中国水利统计年鉴2012》；工业经济——《中国工业经济统计年鉴2012》；沙漠——《中国沙漠及其治理》。

黑龙江绿色发展"体检"表

序号	指标名称	单位	指标属性	2011年测评均值	2011年黑龙江数值	2010年黑龙江数值	2011年黑龙江排名	2010年黑龙江排名	排名变化	2011年数据来源	进退脸谱
1	人均地区生产总值	元/人	正	40 087	32 819	27 076	17	16	-1	中国统计	☹
2	单位地区生产总值能耗	吨标准煤/万元	逆	1.041	1.042	1.156	20	17	-3	中国统计	☹
3	非化石能源消费量占能源消费量的比重		正	NA	NA	NA	NA	NA			
4	单位地区生产总值二氧化碳排放量		逆	NA	NA	NA	NA	NA			
5	单位地区生产总值二氧化硫排放量	吨/万元	逆	0.008	0.005	0.005	11	12	1	中国统计	☺
6	单位地区生产总值化学需氧量排放量	吨/万元	逆	0.008	0.014	0.005	29	18	-11	中国统计	☹
7	单位地区生产总值氮氧化物排放量	吨/万元	逆	0.008	0.007	0.005	16	16	0	环境年报；中国统计	
8	单位地区生产总值氨氮排放量	吨/万元	逆	0.001	0.001	0.000	19	19	0	环境年报；中国统计	
9	人均城镇生活消费用电	千瓦时/人	逆	311.585	189.654	167.655	14	13	-1	城市	☹
10	第一产业劳动生产率	万元/人	正	1.866	2.196	1.675	10	15	5	中国统计	☺
11	土地产出率	亿元/千公顷	正	0.289	0.147	0.113	29	30	1	中国统计	☺
12	节灌率		正	0.514	0.687	0.687	9	7	-2	水利；中国统计	☹
13	有效灌溉面积占耕地面积比重	%	正	54.220	36.624	32.757	21	23	2	中国统计	☺
14	第二产业劳动生产率	万元/人	正	14.026	18.760	15.277	7	7	0	中国统计	
15	单位工业增加值水耗	立方米/元	逆	0.007	0.010	0.011	21	20	-1	中国统计	☹
16	规模以上单位工业增加值能耗		逆	NA	NA	NA	NA	NA			
17	工业固体废物综合利用率	%	正	66.630	68.788	76.500	11	14	3	环境年鉴	☺
18	工业用水重复利用率	%	正	76.327	76.400	42.650	22	26	4	环境年鉴	☺
19	六大高载能行业产值占工业总产值比重	%	逆	40.149	31.534	32.254	10	11	1	工业经济	☺
20	第三产业劳动生产率	万元/人	正	8.022	7.209	6.470	15	12	-3	中国统计	☹
21	第三产业增加值比重	%	正	39.783	36.200	37.200	17	15	-2	中国统计	☹
22	第三产业就业人员比重	%	正	36.110	36.203	36.203	10	11	1	中国统计	☺
23	人均水资源量	立方米/人	正	1 877.761	1 641.970	2 228.590	13	13	0	中国统计	
24	人均森林面积	公顷/人	正	0.189	0.503	0.503	3	3	0	中国统计	
25	森林覆盖率	%	正	30.630	42.390	42.390	9	9	0	中国统计	
26	自然保护区面积占辖区面积比重	%	正	8.663	14.520	14.090	4	4	0	中国统计	
27	湿地面积占国土面积的比重	%	正	7.008	9.490	9.490	5	5	0	中国统计	
28	人均活立木总蓄积量	立方米/人	正	10.653	43.086	43.093	2	2	0	中国统计	
29	单位土地面积二氧化碳排放量		逆	NA	NA	NA	NA	NA			
30	人均二氧化碳排放量		逆	NA	NA	NA	NA	NA			
31	单位土地面积二氧化硫排放量	吨/平方公里	逆	5.956	1.160	1.089	4	4	0	中国统计；沙漠	
32	人均二氧化硫排放量	吨/人	逆	0.020	0.014	0.013	14	11	-3	中国统计	☹
33	单位土地面积化学需氧量排放量	吨/平方公里	逆	6.699	3.503	0.988	11	6	-5	中国统计；沙漠	☹
34	人均化学需氧量排放量	吨/人	逆	0.020	0.041	0.012	30	23	-7	中国统计	☹

续表

序号	指标名称	单位	指标属性	2011年测评均值	2011年黑龙江数值	2010年黑龙江数值	2011年黑龙江排名	2010年黑龙江排名	排名变化	2011年数据来源	进退脸谱
35	单位土地面积氮氧化物排放量	吨/平方公里	逆	7.724	1.742	1.113	6	4	−2	中国统计；沙漠；环境年报	☹
36	人均氮氧化物排放量	吨/人	逆	0.021	0.020	0.013	20	16	−4	环境年报；中国统计	☹
37	单位土地面积氨氮排放量	吨/平方公里	逆	0.823	0.214	0.096	6	7	1	中国统计；沙漠；环境年报	☺
38	人均氨氮排放量	吨/人	逆	0.002	0.003	0.001	26	21	−5	环境年报；中国统计	☹
39	单位耕地面积化肥施用量	万吨/千公顷	逆	0.049	0.019	0.018	3	2	−1	中国统计	☹
40	单位耕地面积农药使用量	吨/千公顷	逆	17.801	6.590	6.235	7	7	0	环境年鉴；中国统计	
41	人均公路交通氮氧化物排放量	吨/万人	逆	51.741	66.862	14.500	25	9	−16	环境年报；中国统计	☹
42	环境保护支出占财政支出比重	%	正	2.918	3.302	3.950	9	10	1	中国统计	☺
43	环境污染治理投资总额占地区生产总值比重	%	正	1.445	1.214	1.266	18	16	−2	环境年鉴；中国统计	☹
44	农村人均改水、改厕的政府投资	元/人	正	52.418	19.468	14.978	29	29	0	环境年鉴	
45	单位耕地面积退耕还林投资完成额	万元/千公顷	正	11.732	46.273	7.940	2	23	21	环境年鉴；中国统计	☺
46	科教文卫支出占财政支出比重	%	正	26.875	22.289	22.257	27	26	−1	中国统计	☹
47	城市人均绿地面积	公顷/人	正	0.003	0.002	0.002	12	10	−2	城市；中国统计	☹
48	城市用水普及率	%	正	96.434	90.780	88.430	30	29	−1	中国统计	☹
49	城市污水处理率	%	正	82.500	57.300	56.700	30	28	−2	环境年鉴	☹
50	城市生活垃圾无害化处理率	%	正	80.933	43.690	40.360	29	29	0	中国统计	
51	城市每万人拥有公交车辆	标台	正	11.561	11.135	10.001	15	12	−3	中国统计	☹
52	人均城市公共交通运营线路网长度	公里/人	正	0.001	0.000	0.000	17	19	2	中国统计；城市	☺
53	农村累计已改水受益人口占农村总人口比重	%	正	6.177	1.411	98.573	25	12	−13	环境年鉴	☹
54	建成区绿化覆盖率	%	正	38.199	36.320	34.890	24	24	0	中国统计	
55	人均当年新增造林面积	公顷/万人	正	62.573	32.283	61.043	17	10	−7	中国统计	☹
56	工业二氧化硫去除率	%	正	62.224	26.936	20.877	29	29	0	中国统计	
57	工业废水化学需氧量去除率	%	正	82.101	93.562	77.133	3	13	10	环境年报；中国统计	☺
58	工业氮氧化物去除率	%	正	5.066	1.129	2.723	22	15	−7	环境年报	☹
59	工业废水氨氮去除率	%	正	78.957	90.976	89.374	6	2	−4	环境年报；中国统计	☹
60	突发环境事件次数	次	逆	18	5	0	10	1	−9	中国统计	☹

年鉴说明：中国统计——《中国统计年鉴2012》；环境年鉴——《中国环境统计年鉴2012》；环境年报——《中国环境统计年报2011》；城市——《中国城市统计年鉴2012》；水利——《中国水利统计年鉴2012》；工业经济——《中国工业经济统计年鉴2012》；沙漠——《中国沙漠及其治理》。

上海绿色发展"体检"表

序号	指标名称	单位	指标属性	2011年测评均值	2011年上海数值	2010年上海数值	2011年上海排名	2010年上海排名	排名变化	2011年数据来源	进退脸谱
1	人均地区生产总值	元/人	正	40 087	82 560	76 075	2	1	−1	中国统计	☹
2	单位地区生产总值能耗	吨标准煤/万元	逆	1.041	0.618	0.712	5	3	−2	中国统计	☹
3	非化石能源消费量占能源消费量的比重		正	NA	NA	NA	NA	NA			
4	单位地区生产总值二氧化碳排放量		逆	NA	NA	NA	NA	NA			
5	单位地区生产总值二氧化硫排放量	吨/万元	逆	0.008	0.001	0.002	2	3	1	中国统计	☺
6	单位地区生产总值化学需氧量排放量	吨/万元	逆	0.008	0.001	0.001	1	2	1	中国统计	☺
7	单位地区生产总值氮氧化物排放量	吨/万元	逆	0.008	0.003	0.003	2	2	0	环境年报；中国统计	
8	单位地区生产总值氨氮排放量	吨/万元	逆	0.001	0.000	0.000	3	3	0	环境年报；中国统计	
9	人均城镇生活消费用电	千瓦时/人	逆	311.585	1 237.600	1 201.200	30	30	0	城市	
10	第一产业劳动生产率	万元/人	正	1.866	3.394	2.721	1	2	1	中国统计	☺
11	土地产出率	亿元/千公顷	正	0.289	0.412	0.387	6	6	0	中国统计	
12	节灌率		正	0.514	0.746	0.745	6	5	−1	水利；中国统计	☹
13	有效灌溉面积占耕地面积比重	%	正	54.220	81.821	82.391	3	3	0	中国统计	
14	第二产业劳动生产率	万元/人	正	14.026	20.007	20.775	5	4	−1	中国统计	☹
15	单位工业增加值水耗	立方米/元	逆	0.007	0.012	0.012	27	22	−5	中国统计	☹
16	规模以上单位工业增加值能耗		逆	NA	NA	NA	NA	NA			
17	工业固体废物综合利用率	%	正	66.630	96.560	96.200	2	2	0	环境年鉴	
18	工业用水重复利用率	%	正	76.327	82.600	82.400	17	16	−1	环境年鉴	☹
19	六大高载能行业产值占工业总产值比重	%	逆	40.149	26.393	25.838	5	4	−1	工业经济	☹
20	第三产业劳动生产率	万元/人	正	8.022	19.164	18.292	1	2	1	中国统计	☺
21	第三产业增加值比重	%	正	39.783	58.000	57.300	2	2	0	中国统计	
22	第三产业就业人员比重	%	正	36.110	56.321	58.496	2	2	0	中国统计	
23	人均水资源量	立方米/人	正	1 877.761	89.116	163.131	30	27	−3	中国统计	☹
24	人均森林面积	公顷/人	正	0.189	0.003	0.003	30	30	0	中国统计	
25	森林覆盖率	%	正	30.630	9.410	9.410	27	27	0	中国统计	
26	自然保护区面积占辖区面积比重	%	正	8.663	5.220	5.220	22	22	0	中国统计	
27	湿地面积占国土面积的比重	%	正	7.008	53.680	53.680	1	1	0	中国统计	
28	人均活立木总蓄积量	立方米/人	正	10.653	0.117	0.120	30	30	0	中国统计	
29	单位土地面积二氧化碳排放量		逆	NA	NA	NA	NA	NA			
30	人均二氧化碳排放量		逆	NA	NA	NA	NA	NA			
31	单位土地面积二氧化硫排放量	吨/平方公里	逆	5.956	29.142	43.464	30	30	0	中国统计；沙漠	
32	人均二氧化硫排放量	吨/人	逆	0.020	0.010	0.017	5	17	12	中国统计	☺
33	单位土地面积化学需氧量排放量	吨/平方公里	逆	6.699	30.220	26.678	30	30	0	中国统计；沙漠	
34	人均化学需氧量排放量	吨/人	逆	0.020	0.011	0.010	3	19	16	中国统计	☺

续表

序号	指标名称	单位	指标属性	2011年测评均值	2011年上海数值	2010年上海数值	2011年上海排名	2010年上海排名	排名变化	2011年数据来源	进退脸谱
35	单位土地面积氮氧化物排放量	吨/平方公里	逆	7.724	52.846	54.254	30	30	0	中国统计；沙漠；环境年报	
36	人均氮氧化物排放量	吨/人	逆	0.021	0.019	0.021	17	26	9	环境年报；中国统计	☺
37	单位土地面积氨氮排放量	吨/平方公里	逆	0.823	6.117	3.398	30	30	0	中国统计；沙漠；环境年报	
38	人均氨氮排放量	吨/人	逆	0.002	0.002	0.001	21	26	5	环境年报；中国统计	☺
39	单位耕地面积化肥施用量	万吨/千公顷	逆	0.049	0.049	0.049	15	15	0	中国统计	
40	单位耕地面积农药使用量	吨/千公顷	逆	17.801	25.804	28.849	23	23	0	环境年鉴；中国统计	
41	人均公路交通氮氧化物排放量	吨/万人	逆	51.741	42.597	52.025	14	29	15	环境年报；中国统计	☺
42	环境保护支出占财政支出比重	%	正	2.918	1.319	1.432	30	30	0	中国统计	
43	环境污染治理投资总额占地区生产总值比重	%	正	1.445	0.754	0.781	25	26	1	环境年鉴；中国统计	☺
44	农村人均改水、改厕的政府投资	元/人	正	52.418	87.348	82.262	5	5	0	环境年鉴	
45	单位耕地面积退耕还林投资完成额	万元/千公顷	正	11.732	0.000	0.000	17	25	8	环境年鉴；中国统计	☺
46	科教文卫支出占财政支出比重	%	正	26.875	26.222	25.261	19	19	0	中国统计	
47	城市人均绿地面积	公顷/人	正	0.003	0.009	0.009	3	3	0	城市；中国统计	
48	城市用水普及率	%	正	96.434	100.000	100.000	1	1	0	中国统计	
49	城市污水处理率	%	正	82.500	84.400	83.300	15	14	−1	环境年鉴	☹
50	城市生活垃圾无害化处理率	%	正	80.933	61.040	81.860	26	16	−10	中国统计	☹
51	城市每万人拥有公交车辆	标台	正	11.561	11.792	8.817	12	20	8	中国统计	☺
52	人均城市公共交通运营线路网长度	公里/人	正	0.001	0.002	0.002	3	3	0	中国统计；城市	
53	农村累计已改水受益人口占农村总人口比重	%	正	6.177	2.417	99.994	20	3	−17	环境年鉴	☹
54	建成区绿化覆盖率	%	正	38.199	38.220	38.150	17	14	−3	中国统计	☹
55	人均当年新增造林面积	公顷/万人	正	62.573	0.305	0.639	30	30	0	中国统计	
56	工业二氧化硫去除率	%	正	62.224	61.454	61.235	22	18	−4	中国统计	☹
57	工业废水化学需氧量去除率	%	正	82.101	91.465	92.344	5	1	−4	环境年报；中国统计	☹
58	工业氮氧化物去除率	%	正	5.066	8.503	5.956	6	8	2	环境年报	☺
59	工业废水氨氮去除率	%	正	78.957	79.219	69.629	19	14	−5	环境年报；中国统计	☹
60	突发环境事件次数	次	逆	18	197	161	30	30	0	中国统计	

年鉴说明：中国统计——《中国统计年鉴 2012》；环境年鉴——《中国环境统计年鉴 2012》；环境年报——《中国环境统计年报 2011》；城市——《中国城市统计年鉴 2012》；水利——《中国水利统计年鉴 2012》；工业经济——《中国工业经济统计年鉴 2012》；沙漠——《中国沙漠及其治理》。

江苏绿色发展"体检"表

序号	指标名称	单 位	指标属性	2011年测评均值	2011年江苏数值	2010年江苏数值	2011年江苏排名	2010年江苏排名	排名变化	2011年数据来源	进退脸谱
1	人均地区生产总值	元/人	正	40 087	62 290	52 840	4	4	0	中国统计	
2	单位地区生产总值能耗	吨标准煤/万元	逆	1.041	0.600	0.734	4	5	1	中国统计	☺
3	非化石能源消费量占能源消费量的比重		正	NA	NA	NA	NA	NA			
4	单位地区生产总值二氧化碳排放量		逆	NA	NA	NA	NA	NA			
5	单位地区生产总值二氧化硫排放量	吨/万元	逆	0.008	0.003	0.003	7	7	0	中国统计	
6	单位地区生产总值化学需氧量排放量	吨/万元	逆	0.008	0.003	0.002	5	7	2	中国统计	☺
7	单位地区生产总值氮氧化物排放量	吨/万元	逆	0.008	0.004	0.004	7	8	1	环境年报；中国统计	☺
8	单位地区生产总值氨氮排放量	吨/万元	逆	0.001	0.000	0.000	4	4	0	环境年报；中国统计	
9	人均城镇生活消费用电	千瓦时/人	逆	311.585	277.573	271.979	21	20	-1	城市	☹
10	第一产业劳动生产率	万元/人	正	1.866	3.215	2.854	2	1	-1	中国统计	☹
11	土地产出率	亿元/千公顷	正	0.289	0.345	0.298	9	9	0	中国统计	
12	节灌率		正	0.514	0.454	0.426	18	18	0	水利；中国统计	
13	有效灌溉面积占耕地面积比重	%	正	54.220	80.145	80.183	4	4	0	中国统计	
14	第二产业劳动生产率	万元/人	正	14.026	12.119	10.427	14	15	1	中国统计	☺
15	单位工业增加值水耗	立方米/元	逆	0.007	0.009	0.010	20	17	-3	中国统计	☹
16	规模以上单位工业增加值能耗		逆	NA	NA	NA	NA	NA			
17	工业固体废物综合利用率	%	正	66.630	95.437	96.100	3	3	0	环境年鉴	
18	工业用水重复利用率	%	正	76.327	85.600	79.820	15	18	3	环境年鉴	☺
19	六大高载能行业产值占工业总产值比重	%	逆	40.149	29.428	28.761	7	7	0	工业经济	
20	第三产业劳动生产率	万元/人	正	8.022	12.173	10.336	4	5	1	中国统计	☺
21	第三产业增加值比重	%	正	39.783	42.400	41.400	8	9	1	中国统计	☺
22	第三产业就业人员比重	%	正	36.110	36.100	36.065	11	13	2	中国统计	☺
23	人均水资源量	立方米/人	正	1 877.761	624.551	489.213	22	23	1	中国统计	☺
24	人均森林面积	公顷/人	正	0.189	0.014	0.014	28	28	0	中国统计	
25	森林覆盖率	%	正	30.630	10.480	10.480	24	24	0	中国统计	
26	自然保护区面积占辖区面积比重	%	正	8.663	4.080	4.080	26	26	0	中国统计	
27	湿地面积占国土面积的比重	%	正	7.008	16.320	16.320	2	2	0	中国统计	
28	人均活立木总蓄积量	立方米/人	正	10.653	0.636	0.638	28	28	0	中国统计	
29	单位土地面积二氧化碳排放量		逆	NA	NA	NA	NA	NA			
30	人均二氧化碳排放量		逆	NA	NA	NA	NA	NA			
31	单位土地面积二氧化硫排放量	吨/平方公里	逆	5.956	9.872	9.841	27	28	1	中国统计；沙漠	☺
32	人均二氧化硫排放量	吨/人	逆	0.020	0.013	0.013	13	13	0	中国统计	
33	单位土地面积化学需氧量排放量	吨/平方公里	逆	6.699	11.675	7.383	26	28	2	中国统计；沙漠	☺
34	人均化学需氧量排放量	吨/人	逆	0.020	0.016	0.010	11	17	6	中国统计	☺

续表

序号	指标名称	单位	指标属性	2011年测评均值	2011年江苏数值	2010年江苏数值	2011年江苏排名	2010年江苏排名	排名变化	2011年数据来源	进退脸谱
35	单位土地面积氮氧化物排放量	吨/平方公里	逆	7.724	14.387	11.795	28	27	-1	中国统计；沙漠；环境年报	☹
36	人均氮氧化物排放量	吨/人	逆	0.021	0.019	0.016	19	20	1	环境年报；中国统计	☺
37	单位土地面积氨氮排放量	吨/平方公里	逆	0.823	1.473	0.590	28	26	-2	中国统计；沙漠；环境年报	☹
38	人均氨氮排放量	吨/人	逆	0.002	0.002	0.001	16	11	-5	环境年报；中国统计	☹
39	单位耕地面积化肥施用量	万吨/千公顷	逆	0.049	0.071	0.072	26	26	0	中国统计	
40	单位耕地面积农药使用量	吨/千公顷	逆	17.801	18.158	18.919	20	20	0	环境年鉴；中国统计	
41	人均公路交通氮氧化物排放量	吨/万人	逆	51.741	42.297	34.748	13	23	10	环境年报；中国统计	☺
42	环境保护支出占财政支出比重	%	正	2.918	2.738	2.847	16	18	2	中国统计	☺
43	环境污染治理投资总额占地区生产总值比重	%	正	1.445	1.172	1.126	20	22	2	环境年鉴；中国统计	☺
44	农村人均改水、改厕的政府投资	元/人	正	52.418	41.893	35.684	19	21	2	环境年鉴	☺
45	单位耕地面积退耕还林投资完成额	万元/千公顷	正	11.732	0.000	0.000	17	25	8	环境年鉴；中国统计	☺
46	科教文卫支出占财政支出比重	%	正	26.875	28.502	27.555	11	11	0	中国统计	
47	城市人均绿地面积	公顷/人	正	0.003	0.003	0.003	6	6	0	城市；中国统计	
48	城市用水普及率	%	正	96.434	99.580	99.560	8	8	0	中国统计	
49	城市污水处理率	%	正	82.500	89.900	87.600	7	6	-1	环境年鉴	☹
50	城市生活垃圾无害化处理率	%	正	80.933	93.770	93.580	7	5	-2	中国统计	☹
51	城市每万人拥有公交车辆	标台	正	11.561	13.212	10.908	7	7	0	中国统计	
52	人均城市公共交通运营线路网长度	公里/人	正	0.001	0.001	0.001	10	10	0	中国统计；城市	
53	农村累计已改水受益人口占农村总人口比重	%	正	6.177	2.417	98.801	20	11	-9	环境年鉴	☹
54	建成区绿化覆盖率	%	正	38.199	42.120	42.070	3	5	2	中国统计	☺
55	人均当年新增造林面积	公顷/万人	正	62.573	7.267	11.063	28	23	-5	中国统计	☹
56	工业二氧化硫去除率	%	正	62.224	66.292	68.280	14	9	-5	中国统计	☹
57	工业废水化学需氧量去除率	%	正	82.101	89.346	83.257	9	7	-2	环境年报；中国统计	☹
58	工业氮氧化物去除率	%	正	5.066	7.030	4.005	8	11	3	环境年报	☺
59	工业废水氨氮去除率	%	正	78.957	81.328	79.023	17	9	-8	环境年报；中国统计	☹
60	突发环境事件次数	次	逆	18	27	7	26	17	-9	中国统计	☹

年鉴说明：中国统计——《中国统计年鉴2012》；环境年鉴——《中国环境统计年鉴2012》；环境年报——《中国环境统计年报2011》；城市——《中国城市统计年鉴2012》；水利——《中国水利统计年鉴2012》；工业经济——《中国工业经济统计年鉴2012》；沙漠——《中国沙漠及其治理》。

浙江绿色发展"体检"表

序号	指标名称	单 位	指标属性	2011年测评均值	2011年浙江数值	2010年浙江数值	2011年浙江排名	2010年浙江排名	排名变化	2011年数据来源	进退脸谱
1	人均地区生产总值	元/人	正	40 087	59 249	51 711	5	5	0	中国统计	
2	单位地区生产总值能耗	吨标准煤/万元	逆	1.041	0.590	0.717	3	4	1	中国统计	☺
3	非化石能源消费量占能源消费量的比重		正	NA	NA	NA	NA	NA			
4	单位地区生产总值二氧化碳排放量		逆	NA	NA	NA	NA	NA			
5	单位地区生产总值二氧化硫排放量	吨/万元	逆	0.008	0.003	0.003	6	6	0	中国统计	
6	单位地区生产总值化学需氧量排放量	吨/万元	逆	0.008	0.003	0.002	4	5	1	中国统计	☺
7	单位地区生产总值氮氧化物排放量	吨/万元	逆	0.008	0.003	0.004	4	9	5	环境年报；中国统计	☺
8	单位地区生产总值氨氮排放量	吨/万元	逆	0.001	0.000	0.000	5	2	−3	环境年报；中国统计	☹
9	人均城镇生活消费用电	千瓦时/人	逆	311.585	327.899	300.544	22	23	1	城市	☺
10	第一产业劳动生产率	万元/人	正	1.866	2.708	2.104	5	8	3	中国统计	☺
11	土地产出率	亿元/千公顷	正	0.289	0.468	0.419	4	3	−1	中国统计	☹
12	节灌率		正	0.514	0.724	0.713	7	6	−1	水利；中国统计	☹
13	有效灌溉面积占耕地面积比重	%	正	54.220	75.841	75.538	6	6	0	中国统计	
14	第二产业劳动生产率	万元/人	正	14.026	8.753	7.709	28	26	−2	中国统计	☹
15	单位工业增加值水耗	立方米/元	逆	0.007	0.004	0.005	11	9	−2	中国统计	☹
16	规模以上单位工业增加值能耗		逆	NA	NA	NA	NA	NA			
17	工业固体废物综合利用率	%	正	66.630	92.038	94.300	5	5	0	环境年鉴	
18	工业用水重复利用率	%	正	76.327	76.500	75.490	21	19	−2	环境年鉴	☹
19	六大高载能行业产值占工业总产值比重	%	逆	40.149	28.711	26.030	6	6	0	工业经济	
20	第三产业劳动生产率	万元/人	正	8.022	10.460	8.581	7	7	0	中国统计	
21	第三产业增加值比重	%	正	39.783	43.900	43.500	7	7	0	中国统计	
22	第三产业就业人员比重	%	正	36.110	34.566	36.130	19	12	−7	中国统计	☹
23	人均水资源量	立方米/人	正	1 877.761	1 365.710	2 608.750	16	11	−5	中国统计	☹
24	人均森林面积	公顷/人	正	0.189	0.107	0.107	17	17	0	中国统计	
25	森林覆盖率	%	正	30.630	57.410	57.410	3	3	0	中国统计	
26	自然保护区面积占辖区面积比重	%	正	8.663	1.530	1.500	30	30	0	中国统计	
27	湿地面积占国土面积的比重	%	正	7.008	7.880	7.880	8	8	0	中国统计	
28	人均活立木总蓄积量	立方米/人	正	10.653	3.548	3.559	19	19	0	中国统计	
29	单位土地面积二氧化碳排放量		逆	NA	NA	NA	NA	NA			
30	人均二氧化碳排放量		逆	NA	NA	NA	NA	NA			
31	单位土地面积二氧化硫排放量	吨/平方公里	逆	5.956	6.281	6.436	20	18	−2	中国统计；沙漠	☹
32	人均二氧化硫排放量	吨/人	逆	0.020	0.012	0.013	11	10	−1	中国统计	☹
33	单位土地面积化学需氧量排放量	吨/平方公里	逆	6.699	7.763	4.619	22	25	3	中国统计；沙漠	☺
34	人均化学需氧量排放量	吨/人	逆	0.020	0.015	0.009	8	13	5	中国统计	☺

续表

序号	指标名称	单位	指标属性	2011年测评均值	2011年浙江数值	2010年浙江数值	2011年浙江排名	2010年浙江排名	排名变化	2011年数据来源	进退脸谱
35	单位土地面积氮氧化物排放量	吨/平方公里	逆	7.724	8.151	8.976	21	26	5	中国统计;沙漠;环境年报	☺
36	人均氮氧化物排放量	吨/人	逆	0.021	0.016	0.018	12	21	9	环境年报;中国统计	☺
37	单位土地面积氨氮排放量	吨/平方公里	逆	0.823	1.095	0.380	24	22	-2	中国统计;沙漠;环境年报	☹
38	人均氨氮排放量	吨/人	逆	0.002	0.002	0.001	18	7	-11	环境年报;中国统计	☹
39	单位耕地面积化肥施用量	万吨/千公顷	逆	0.049	0.048	0.048	14	14	0	中国统计	
40	单位耕地面积农药使用量	吨/千公顷	逆	17.801	33.243	33.878	26	26	0	环境年鉴;中国统计	
41	人均公路交通氮氧化物排放量	吨/万人	逆	51.741	30.115	43.186	5	26	21	环境年报;中国统计	☺
42	环境保护支出占财政支出比重	%	正	2.918	2.033	2.558	25	23	-2	中国统计	☹
43	环境污染治理投资总额占地区生产总值比重	%	正	1.445	0.739	1.204	26	19	-7	环境年鉴;中国统计	☹
44	农村人均改水、改厕的政府投资	元/人	正	52.418	54.355	76.196	11	7	-4	环境年鉴	☹
45	单位耕地面积退耕还林投资完成额	万元/千公顷	正	11.732	0.000	0.000	17	25	8	环境年鉴;中国统计	☺
46	科教文卫支出占财政支出比重	%	正	26.875	32.775	32.097	1	2	1	中国统计	☺
47	城市人均绿地面积	公顷/人	正	0.003	0.002	0.002	9	12	3	城市;中国统计	☺
48	城市用水普及率	%	正	96.434	99.840	99.790	6	6	0	中国统计	
49	城市污水处理率	%	正	82.500	85.100	82.700	13	15	2	环境年鉴	☺
50	城市生活垃圾无害化处理率	%	正	80.933	96.430	98.300	4	3	-1	中国统计	☹
51	城市每万人拥有公交车辆	标台	正	11.561	13.551	11.870	5	5	0	中国统计	
52	人均城市公共交通运营线路网长度	公里/人	正	0.001	0.001	0.001	8	6	-2	中国统计;城市	☹
53	农村累计已改水受益人口占农村总人口比重	%	正	6.177	1.966	97.147	23	15	-8	环境年鉴	☹
54	建成区绿化覆盖率	%	正	38.199	38.390	38.300	14	12	-2	中国统计	☹
55	人均当年新增造林面积	公顷/万人	正	62.573	7.420	2.863	27	29	2	中国统计	☺
56	工业二氧化硫去除率	%	正	62.224	71.836	66.490	6	11	5	中国统计	☺
57	工业废水化学需氧量去除率	%	正	82.101	92.837	85.965	4	6	2	环境年报;中国统计	☺
58	工业氮氧化物去除率	%	正	5.066	7.703	3.771	7	12	5	环境年报	☺
59	工业废水氨氮去除率	%	正	78.957	83.737	84.607	13	6	-7	环境年报;中国统计	☹
60	突发环境事件次数	次	逆	18	31	35	27	29	2	中国统计	☺

年鉴说明:中国统计——《中国统计年鉴2012》;环境年鉴——《中国环境统计年鉴2012》;环境年报——《中国环境统计年报2011》;城市——《中国城市统计年鉴2012》;水利——《中国水利统计年鉴2012》;工业经济——《中国工业经济统计年鉴2012》;沙漠——《中国沙漠及其治理》。

安徽绿色发展"体检"表

序号	指标名称	单 位	指标属性	2011年测评均值	2011年安徽数值	2010年安徽数值	2011年安徽排名	2010年安徽排名	排名变化	2011年数据来源	进退脸谱
1	人均地区生产总值	元/人	正	40 087	25 659	20 888	26	26	0	中国统计	
2	单位地区生产总值能耗	吨标准煤/万元	逆	1.041	0.754	0.969	10	10	0	中国统计	
3	非化石能源消费量占能源消费量的比重		正	NA	NA	NA	NA	NA			
4	单位地区生产总值二氧化碳排放量		逆	NA	NA	NA	NA	NA			
5	单位地区生产总值二氧化硫排放量	吨/万元	逆	0.008	0.005	0.005	10	13	3	中国统计	☺
6	单位地区生产总值化学需氧量排放量	吨/万元	逆	0.008	0.008	0.004	19	15	−4	中国统计	☹
7	单位地区生产总值氮氧化物排放量	吨/万元	逆	0.008	0.008	0.006	21	20	−1	环境年报；中国统计	☹
8	单位地区生产总值氨氮排放量	吨/万元	逆	0.001	0.001	0.000	23	17	−6	环境年报；中国统计	☹
9	人均城镇生活消费用电	千瓦时/人	逆	311.585	124.593	122.055	5	7	2	城市	☺
10	第一产业劳动生产率	万元/人	正	1.866	1.285	1.109	24	23	−1	中国统计	☹
11	土地产出率	亿元/千公顷	正	0.289	0.190	0.171	23	22	−1	中国统计	☹
12	节灌率		正	0.514	0.238	0.232	24	24	0	水利；中国统计	
13	有效灌溉面积占耕地面积比重	%	正	54.220	61.912	61.425	14	14	0	中国统计	
14	第二产业劳动生产率	万元/人	正	14.026	7.655	5.921	30	30	0	中国统计	
15	单位工业增加值水耗	立方米/元	逆	0.007	0.013	0.021	28	28	0	中国统计	
16	规模以上单位工业增加值能耗		逆	NA	NA	NA	NA	NA			
17	工业固体废物综合利用率	%	正	66.630	81.635	84.600	7	7	0	环境年鉴	
18	工业用水重复利用率	%	正	76.327	95.600	94.000	2	4	2	环境年鉴	☺
19	六大高载能行业产值占工业总产值比重	%	逆	40.149	33.141	34.132	11	12	1	工业经济	☺
20	第三产业劳动生产率	万元/人	正	8.022	3.742	3.737	30	27	−3	中国统计	☹
21	第三产业增加值比重	%	正	39.783	32.500	33.900	28	27	−1	中国统计	☹
22	第三产业就业人员比重	%	正	36.110	35.999	30.567	12	26	14	中国统计	☺
23	人均水资源量	立方米/人	正	1 877.761	1 010.090	1 526.870	19	18	−1	中国统计	☹
24	人均森林面积	公顷/人	正	0.189	0.060	0.060	23	23	0	中国统计	
25	森林覆盖率	%	正	30.630	26.060	26.060	18	18	0	中国统计	
26	自然保护区面积占辖区面积比重	%	正	8.663	3.760	3.600	27	27	0	中国统计	
27	湿地面积占国土面积的比重	%	正	7.008	4.730	4.730	16	16	0	中国统计	
28	人均活立木总蓄积量	立方米/人	正	10.653	2.724	2.729	21	21	0	中国统计	
29	单位土地面积二氧化碳排放量		逆	NA	NA	NA	NA	NA			
30	人均二氧化碳排放量		逆	NA	NA	NA	NA	NA			
31	单位土地面积二氧化硫排放量	吨/平方公里	逆	5.956	3.779	3.797	15	14	−1	中国统计；沙漠	☹
32	人均二氧化硫排放量	吨/人	逆	0.020	0.009	0.009	4	3	−1	中国统计	☹
33	单位土地面积化学需氧量排放量	吨/平方公里	逆	6.699	6.804	2.934	20	17	−3	中国统计；沙漠	☹
34	人均化学需氧量排放量	吨/人	逆	0.020	0.016	0.007	12	7	−5	中国统计	☹

续表

序号	指标名称	单位	指标属性	2011年测评均值	2011年安徽数值	2010年安徽数值	2011年安徽排名	2010年安徽排名	排名变化	2011年数据来源	进退脸谱
35	单位土地面积氮氧化物排放量	吨/平方公里	逆	7.724	6.845	4.539	18	18	0	中国统计；沙漠；环境年报	
36	人均氮氧化物排放量	吨/人	逆	0.021	0.016	0.011	14	10	−4	环境年报；中国统计	☹
37	单位土地面积氨氮排放量	吨/平方公里	逆	0.823	0.784	0.314	22	19	−3	中国统计；沙漠；环境年报	☹
38	人均氨氮排放量	吨/人	逆	0.002	0.002	0.001	13	5	−8	环境年报；中国统计	☹
39	单位耕地面积化肥施用量	万吨/千公顷	逆	0.049	0.058	0.056	20	19	−1	中国统计	☹
40	单位耕地面积农药使用量	吨/千公顷	逆	17.801	20.501	20.356	21	21	0	环境年鉴；中国统计	
41	人均公路交通氮氧化物排放量	吨/万人	逆	51.741	38.173	15.487	10	11	1	环境年报；中国统计	☺
42	环境保护支出占财政支出比重	%	正	2.918	2.481	2.501	17	25	8	中国统计	☺
43	环境污染治理投资总额占地区生产总值比重	%	正	1.445	1.748	1.456	8	13	5	环境年鉴；中国统计	☺
44	农村人均改水、改厕的政府投资	元/人	正	52.418	36.580	31.559	22	23	1	环境年鉴	☺
45	单位耕地面积退耕还林投资完成额	万元/千公顷	正	11.732	0.000	10.412	17	21	4	环境年鉴；中国统计	☺
46	科教文卫支出占财政支出比重	%	正	26.875	29.710	26.287	6	15	9	中国统计	☺
47	城市人均绿地面积	公顷/人	正	0.003	0.001	0.001	21	21	0	城市；中国统计	
48	城市用水普及率	%	正	96.434	96.550	96.060	16	19	3	中国统计	☺
49	城市污水处理率	%	正	82.500	91.100	88.500	5	5	0	环境年鉴	
50	城市生活垃圾无害化处理率	%	正	80.933	86.990	64.560	15	26	11	中国统计	☺
51	城市每万人拥有公交车辆	标台	正	11.561	9.744	7.734	23	25	2	中国统计	☺
52	人均城市公共交通运营线路网长度	公里/人	正	0.001	0.000	0.000	30	30	0	中国统计；城市	
53	农村累计已改水受益人口占农村总人口比重	%	正	6.177	3.537	99.556	17	6	−11	环境年鉴	☹
54	建成区绿化覆盖率	%	正	38.199	39.470	37.500	11	18	7	中国统计	☺
55	人均当年新增造林面积	公顷/万人	正	62.573	7.653	8.060	26	27	1	中国统计	☺
56	工业二氧化硫去除率	%	正	62.224	79.036	76.924	2	5	3	中国统计	☺
57	工业废水化学需氧量去除率	%	正	82.101	87.898	78.406	12	9	−3	环境年报	☹
58	工业氮氧化物去除率	%	正	5.066	1.701	9.516	21	4	−17	环境年报	☹
59	工业废水氨氮去除率	%	正	78.957	90.876	86.045	7	5	−2	环境年报；中国统计	☹
60	突发环境事件次数	次	逆	18	12	30	19	27	8	中国统计	☺

年鉴说明：中国统计——《中国统计年鉴 2012》；环境年鉴——《中国环境统计年鉴 2012》；环境年报——《中国环境统计年报 2011》；城市——《中国城市统计年鉴 2012》；水利——《中国水利统计年鉴 2012》；工业经济——《中国工业经济统计年鉴 2012》；沙漠——《中国沙漠及其治理》。

福建绿色发展"体检"表

序号	指标名称	单位	指标属性	2011年测评均值	2011年福建数值	2010年福建数值	2011年福建排名	2010年福建排名	排名变化	2011年数据来源	进退脸谱
1	人均地区生产总值	元/人	正	40 087	47 377	40 025	9	10	1	中国统计	☺
2	单位地区生产总值能耗	吨标准煤/万元	逆	1.041	0.644	0.783	6	6	0	中国统计	
3	非化石能源消费量占能源消费量的比重		正	NA	NA	NA	NA	NA			
4	单位地区生产总值二氧化碳排放量		逆	NA	NA	NA	NA	NA			
5	单位地区生产总值二氧化硫排放量	吨/万元	逆	0.008	0.003	0.003	8	8	0	中国统计	
6	单位地区生产总值化学需氧量排放量	吨/万元	逆	0.008	0.005	0.003	7	8	1	中国统计	☺
7	单位地区生产总值氮氧化物排放量	吨/万元	逆	0.008	0.004	0.003	5	7	2	环境年报；中国统计	☺
8	单位地区生产总值氨氮排放量	吨/万元	逆	0.001	0.001	0.000	11	6	−5	环境年报；中国统计	☹
9	人均城镇生活消费用电	千瓦时/人	逆	311.585	330.548	300.231	23	22	−1	城市	☹
10	第一产业劳动生产率	万元/人	正	1.866	2.511	2.139	7	7	0	中国统计	
11	土地产出率	亿元/千公顷	正	0.289	0.497	0.430	2	2	0	中国统计	
12	节灌率		正	0.514	0.566	0.567	13	13	0	水利；中国统计	
13	有效灌溉面积占耕地面积比重	%	正	54.220	72.737	72.740	9	7	−2	中国统计	☹
14	第二产业劳动生产率	万元/人	正	14.026	10.396	9.453	21	17	−4	中国统计	☹
15	单位工业增加值水耗	立方米/元	逆	0.007	0.011	0.013	23	23	0	中国统计	
16	规模以上单位工业增加值能耗		逆	NA	NA	NA	NA	NA			
17	工业固体废物综合利用率	%	正	66.630	68.494	82.900	12	9	−3	环境年鉴	☹
18	工业用水重复利用率	%	正	76.327	90.000	80.500	12	17	5	环境年鉴	☺
19	六大高载能行业产值占工业总产值比重	%	逆	40.149	25.471	24.823	3	3	0	工业经济	
20	第三产业劳动生产率	万元/人	正	8.022	8.531	7.888	9	9	0	中国统计	
21	第三产业增加值比重	%	正	39.783	39.200	39.700	11	11	0	中国统计	
22	第三产业就业人员比重	%	正	36.110	35.921	33.415	13	21	8	中国统计	☺
23	人均水资源量	立方米/人	正	1 877.761	2 090.520	4 491.740	8	5	−3	中国统计	☹
24	人均森林面积	公顷/人	正	0.189	0.206	0.208	10	9	−1	中国统计	
25	森林覆盖率	%	正	30.630	63.100	63.100	1	1	0	中国统计	
26	自然保护区面积占辖区面积比重	%	正	8.663	2.960	3.230	29	28	−1	中国统计	☹
27	湿地面积占国土面积的比重	%	正	7.008	3.650	3.650	20	20	0	中国统计	
28	人均活立木总蓄积量	立方米/人	正	10.653	14.308	14.413	7	7	0	中国统计	
29	单位土地面积二氧化碳排放量		逆	NA	NA	NA	NA	NA			
30	人均二氧化碳排放量		逆	NA	NA	NA	NA	NA			
31	单位土地面积二氧化硫排放量	吨/平方公里	逆	5.956	3.138	3.298	11	10	−1	中国统计；沙漠	☹
32	人均二氧化硫排放量	吨/人	逆	0.020	0.010	0.011	7	7	0	中国统计	
33	单位土地面积化学需氧量排放量	吨/平方公里	逆	6.699	5.479	3.005	16	18	2	中国统计；沙漠	☺
34	人均化学需氧量排放量	吨/人	逆	0.020	0.018	0.010	19	18	−1	中国统计	☹

续表

序号	指标名称	单位	指标属性	2011年测评均值	2011年福建数值	2010年福建数值	2011年福建排名	2010年福建排名	排名变化	2011年数据来源	进退脸谱
35	单位土地面积氮氧化物排放量	吨/平方公里	逆	7.724	3.987	3.500	15	16	1	中国统计;沙漠;环境年报	☺
36	人均氮氧化物排放量	吨/人	逆	0.021	0.013	0.012	9	12	3	环境年报;中国统计	☺
37	单位土地面积氨氮排放量	吨/平方公里	逆	0.823	0.769	0.242	20	14	-6	中国统计;沙漠;环境年报	☹
38	人均氨氮排放量	吨/人	逆	0.002	0.003	0.001	28	12	-16	环境年报;中国统计	☹
39	单位耕地面积化肥施用量	万吨/千公顷	逆	0.049	0.091	0.091	30	30	0	中国统计	
40	单位耕地面积农药使用量	吨/千公顷	逆	17.801	43.813	43.785	29	29	0	环境年鉴;中国统计	
41	人均公路交通氮氧化物排放量	吨/万人	逆	51.741	27.144	24.971	3	20	17	环境年报;中国统计	☺
42	环境保护支出占财政支出比重	%	正	2.918	1.726	2.347	29	27	-2	中国统计	☹
43	环境污染治理投资总额占地区生产总值比重	%	正	1.445	1.130	0.880	22	25	3	环境年鉴;中国统计	☺
44	农村人均改水、改厕的政府投资	元/人	正	52.418	44.942	42.912	17	16	-1	环境年鉴	☹
45	单位耕地面积退耕还林投资完成额	万元/千公顷	正	11.732	0.000	0.000	17	25	8	环境年鉴;中国统计	☺
46	科教文卫支出占财政支出比重	%	正	26.875	29.223	29.778	9	3	-6	中国统计	☹
47	城市人均绿地面积	公顷/人	正	0.003	0.001	0.001	16	17	1	城市;中国统计	☺
48	城市用水普及率	%	正	96.434	99.110	99.500	10	9	-1	中国统计	☹
49	城市污水处理率	%	正	82.500	85.300	84.400	12	12	0	环境年鉴	
50	城市生活垃圾无害化处理率	%	正	80.933	94.550	91.960	6	7	1	中国统计	☺
51	城市每万人拥有公交车辆	标台	正	11.561	11.857	10.318	11	9	-2	中国统计	☹
52	人均城市公共交通运营线路网长度	公里/人	正	0.001	0.000	0.000	15	16	1	中国统计;城市	☺
53	农村累计已改水受益人口占农村总人口比重	%	正	6.177	7.290	98.813	12	10	-2	环境年鉴	☹
54	建成区绿化覆盖率	%	正	38.199	41.390	40.970	7	8	1	中国统计	☺
55	人均当年新造林面积	公顷/万人	正	62.573	57.392	8.163	12	26	14	中国统计	☺
56	工业二氧化硫去除率	%	正	62.224	60.187	50.858	24	25	1	中国统计	☺
57	工业废水化学需氧量去除率	%	正	82.101	90.863	90.547	7	3	-4	环境年报;中国统计	☹
58	工业氮氧化物去除率	%	正	5.066	11.750	2.324	3	17	14	环境年报	☺
59	工业废水氨氮去除率	%	正	78.957	82.841	88.331	16	3	-13	环境年报;中国统计	☹
60	突发环境事件次数	次	逆	18	8	4	14	12	-2	中国统计	☹

年鉴说明：中国统计——《中国统计年鉴2012》；环境年鉴——《中国环境统计年鉴2012》；环境年报——《中国环境统计年报2011》；城市——《中国城市统计年鉴2012》；水利——《中国水利统计年鉴2012》；工业经济——《中国工业经济统计年鉴2012》；沙漠——《中国沙漠及其治理》。

江西绿色发展"体检"表

序号	指标名称	单位	指标属性	2011年测评均值	2011年江西数值	2010年江西数值	2011年江西排名	2010年江西排名	排名变化	2011年数据来源	进退脸谱
1	人均地区生产总值	元/人	正	40 087	26 150	21 253	24	24	0	中国统计	
2	单位地区生产总值能耗	吨标准煤/万元	逆	1.041	0.651	0.845	7	9	2	中国统计	☺
3	非化石能源消费量占能源消费量的比重		正	NA	NA	NA	NA	NA			
4	单位地区生产总值二氧化碳排放量		逆	NA	NA	NA	NA	NA			
5	单位地区生产总值二氧化硫排放量	吨/万元	逆	0.008	0.007	0.007	19	18	-1	中国统计	☹
6	单位地区生产总值化学需氧量排放量	吨/万元	逆	0.008	0.009	0.006	21	25	4	中国统计	☺
7	单位地区生产总值氮氧化物排放量	吨/万元	逆	0.008	0.007	0.005	17	13	-4	环境年报；中国统计	☹
8	单位地区生产总值氨氮排放量	吨/万元	逆	0.001	0.001	0.000	26	20	-6	环境年报；中国统计	☹
9	人均城镇生活消费用电	千瓦时/人	逆	311.585	93.308	96.164	1	2	1	城市	☺
10	第一产业劳动生产率	万元/人	正	1.866	1.601	1.380	17	17	0	中国统计	
11	土地产出率	亿元/千公顷	正	0.289	0.167	0.147	27	26	-1	中国统计	☹
12	节灌率		正	0.514	0.182	0.162	27	27	0	水利；中国统计	
13	有效灌溉面积占耕地面积比重	%	正	54.220	66.063	65.523	12	12	0	中国统计	
14	第二产业劳动生产率	万元/人	正	14.026	8.830	7.764	26	24	-2	中国统计	☹
15	单位工业增加值水耗	立方米/元	逆	0.007	0.011	0.016	24	24	0	中国统计	
16	规模以上单位工业增加值能耗		逆	NA	NA	NA	NA	NA			
17	工业固体废物综合利用率	%	正	66.630	55.443	46.500	22	28	6	环境年鉴	☺
18	工业用水重复利用率	%	正	76.327	67.800	86.760	23	12	-11	环境年鉴	☹
19	六大高载能行业产值占工业总产值比重	%	逆	40.149	49.255	48.702	23	22	-1	工业经济	☹
20	第三产业劳动生产率	万元/人	正	8.022	4.743	4.215	27	24	-3	中国统计	☹
21	第三产业增加值比重	%	正	39.783	33.500	33.000	26	28	2	中国统计	☺
22	第三产业就业人员比重	%	正	36.110	35.489	32.730	15	22	7	中国统计	☺
23	人均水资源量	立方米/人	正	1 877.761	2 319.110	5 116.680	7	4	-3	中国统计	☹
24	人均森林面积	公顷/人	正	0.189	0.217	0.218	8	8	0	中国统计	
25	森林覆盖率	%	正	30.630	58.320	58.320	2	2	0	中国统计	
26	自然保护区面积占辖区面积比重	%	正	8.663	7.140	6.690	15	17	2	中国统计	☺
27	湿地面积占国土面积的比重	%	正	7.008	5.990	5.990	11	11	0	中国统计	
28	人均活立木总蓄积量	立方米/人	正	10.653	10.036	10.095	9	9	0	中国统计	
29	单位土地面积二氧化碳排放量		逆	NA	NA	NA	NA	NA			
30	人均二氧化碳排放量		逆	NA	NA	NA	NA	NA			
31	单位土地面积二氧化硫排放量	吨/平方公里	逆	5.956	3.500	3.338	13	11	-2	中国统计；沙漠	☹
32	人均二氧化硫排放量	吨/人	逆	0.020	0.013	0.013	12	9	-3	中国统计	☹
33	单位土地面积化学需氧量排放量	吨/平方公里	逆	6.699	4.601	2.583	13	12	-1	中国统计；沙漠	☹
34	人均化学需氧量排放量	吨/人	逆	0.020	0.017	0.010	15	15	0	中国统计	

续表

序号	指标名称	单 位	指标属性	2011年测评均值	2011年江西数值	2010年江西数值	2011年江西排名	2010年江西排名	排名变化	2011年数据来源	进退脸谱
35	单位土地面积氮氧化物排放量	吨/平方公里	逆	7.724	3.669	2.031	14	12	-2	中国统计;沙漠;环境年报	☹
36	人均氮氧化物排放量	吨/人	逆	0.021	0.014	0.008	10	5	-5	环境年报;中国统计	☹
37	单位土地面积氨氮排放量	吨/平方公里	逆	0.823	0.560	0.210	14	12	-2	中国统计;沙漠;环境年报	☹
38	人均氨氮排放量	吨/人	逆	0.002	0.002	0.001	17	10	-7	环境年报;中国统计	☹
39	单位耕地面积化肥施用量	万吨/千公顷	逆	0.049	0.050	0.049	16	17	1	中国统计	☺
40	单位耕地面积农药使用量	吨/千公顷	逆	17.801	35.208	37.682	27	28	1	环境年鉴;中国统计	☺
41	人均公路交通氮氧化物排放量	吨/万人	逆	51.741	48.282	20.829	19	18	-1	环境年报;中国统计	☹
42	环境保护支出占财政支出比重	%	正	2.918	1.727	2.555	28	24	-4	中国统计	☹
43	环境污染治理投资总额占地区生产总值比重	%	正	1.445	2.061	1.656	6	9	3	环境年鉴;中国统计	☺
44	农村人均改水、改厕的政府投资	元/人	正	52.418	32.606	29.422	24	25	1	环境年鉴	☺
45	单位耕地面积退耕还林投资完成额	万元/千公顷	正	11.732	0.000	30.683	17	11	-6	环境年鉴;中国统计	☹
46	科教文卫支出占财政支出比重	%	正	26.875	28.870	25.694	10	17	7	中国统计	☺
47	城市人均绿地面积	公顷/人	正	0.003	0.001	0.001	24	24	0	城市;中国统计	
48	城市用水普及率	%	正	96.434	97.940	97.430	14	16	2	中国统计	☺
49	城市污水处理率	%	正	82.500	85.100	80.800	13	18	5	环境年鉴	☺
50	城市生活垃圾无害化处理率	%	正	80.933	88.270	85.890	14	13	-1	中国统计	☹
51	城市每万人拥有公交车辆	标台	正	11.561	9.783	7.614	21	26	5	中国统计	☺
52	人均城市公共交通运营线路网长度	公里/人	正	0.001	0.000	0.000	22	24	2	中国统计;城市	☺
53	农村累计已改水受益人口占农村总人口比重	%	正	6.177	13.520	99.638	4	4	0	环境年鉴	
54	建成区绿化覆盖率	%	正	38.199	46.810	46.620	1	2	1	中国统计	☺
55	人均当年新增造林面积	公顷/万人	正	62.573	36.762	45.147	15	13	-2	中国统计	☹
56	工业二氧化硫去除率	%	正	62.224	74.656	77.561	4	2	-2	中国统计	☹
57	工业废水化学需氧量去除率	%	正	82.101	79.064	54.631	21	26	5	环境年报;中国统计	☺
58	工业氮氧化物去除率	%	正	5.066	5.226	0.412	11	24	13	环境年报	☺
59	工业废水氨氮去除率	%	正	78.957	76.272	57.189	22	19	-3	环境年报;中国统计	☹
60	突发环境事件次数	次	逆	18	8	9	14	19	5	中国统计	☺

年鉴说明：中国统计——《中国统计年鉴2012》；环境年鉴——《中国环境统计年鉴2012》；环境年报——《中国环境统计年报2011》；城市——《中国城市统计年鉴2012》；水利——《中国水利统计年鉴2012》；工业经济——《中国工业经济统计年鉴2012》；沙漠——《中国沙漠及其治理》。

山东绿色发展"体检"表

序号	指标名称	单位	指标属性	2011年测评均值	2011年山东数值	2010年山东数值	2011年山东排名	2010年山东排名	排名变化	2011年数据来源	进退脸谱
1	人均地区生产总值	元/人	正	40 087	47 335	41 106	10	9	−1	中国统计	☹
2	单位地区生产总值能耗	吨标准煤/万元	逆	1.041	0.855	1.025	13	11	−2	中国统计	☹
3	非化石能源消费量占能源消费量的比重		正	NA	NA	NA	NA	NA			
4	单位地区生产总值二氧化碳排放量		逆	NA	NA	NA	NA	NA			
5	单位地区生产总值二氧化硫排放量	吨/万元	逆	0.008	0.005	0.005	13	9	−4	中国统计	☹
6	单位地区生产总值化学需氧量排放量	吨/万元	逆	0.008	0.005	0.002	9	4	−5	中国统计	☹
7	单位地区生产总值氮氧化物排放量	吨/万元	逆	0.008	0.005	0.004	11	10	−1	环境年报;中国统计	☹
8	单位地区生产总值氨氮排放量	吨/万元	逆	0.001	0.000	0.000	6	5	−1	环境年报;中国统计	☹
9	人均城镇生活消费用电	千瓦时/人	逆	311.585	164.634	168.443	12	14	2	城市	☺
10	第一产业劳动生产率	万元/人	正	1.866	1.885	1.795	15	13	−2	中国统计	☹
11	土地产出率	亿元/千公顷	正	0.289	0.354	0.339	8	8	0	中国统计	
12	节灌率		正	0.514	0.480	0.457	16	17	1	水利;中国统计	☺
13	有效灌溉面积占耕地面积比重	%	正	54.220	66.356	65.936	10	11	1	中国统计	☺
14	第二产业劳动生产率	万元/人	正	14.026	11.932	11.861	15	10	−5	中国统计	
15	单位工业增加值水耗	立方米/元	逆	0.007	0.001	0.001	2	2	0	中国统计	
16	规模以上单位工业增加值能耗		逆	NA	NA	NA	NA	NA			
17	工业固体废物综合利用率	%	正	66.630	93.677	94.700	4	4	0	环境年鉴	
18	工业用水重复利用率	%	正	76.327	93.300	92.100	5	6	1	环境年鉴	☺
19	六大高载能行业产值占工业总产值比重	%	逆	40.149	33.939	31.916	12	10	−2	工业经济	☹
20	第三产业劳动生产率	万元/人	正	8.022	8.911	8.139	8	8	0	中国统计	
21	第三产业增加值比重	%	正	39.783	38.300	36.600	13	18	5	中国统计	☺
22	第三产业就业人员比重	%	正	36.110	32.201	32.016	22	23	1	中国统计	☺
23	人均水资源量	立方米/人	正	1 877.761	361.646	324.400	23	24	1	中国统计	☺
24	人均森林面积	公顷/人	正	0.189	0.026	0.027	26	26	0	中国统计	
25	森林覆盖率	%	正	30.630	16.720	16.720	22	22	0	中国统计	
26	自然保护区面积占辖区面积比重	%	正	8.663	4.800	4.920	24	24	0	中国统计	
27	湿地面积占国土面积的比重	%	正	7.008	11.720	11.720	4	4	0	中国统计	
28	人均活立木总蓄积量	立方米/人	正	10.653	0.895	0.900	26	26	0	中国统计	
29	单位土地面积二氧化碳排放量		逆	NA	NA	NA	NA	NA			
30	人均二氧化碳排放量		逆	NA	NA	NA	NA	NA			
31	单位土地面积二氧化硫排放量	吨/平方公里	逆	5.956	11.630	9.787	28	27	−1	中国统计;沙漠	☹
32	人均二氧化硫排放量	吨/人	逆	0.020	0.019	0.016	19	16	−3	中国统计	☹
33	单位土地面积化学需氧量排放量	吨/平方公里	逆	6.699	12.617	3.949	28	24	−4	中国统计;沙漠	
34	人均化学需氧量排放量	吨/人	逆	0.020	0.021	0.007	23	5	−18	中国统计	☹

序号	指标名称	单位	指标属性	2011年测评均值	2011年山东数值	2010年山东数值	2011年山东排名	2010年山东排名	排名变化	2011年数据来源	进退脸谱
35	单位土地面积氮氧化物排放量	吨/平方公里	逆	7.724	11.394	8.961	26	25	-1	中国统计;沙漠;环境年报	☹
36	人均氮氧化物排放量	吨/人	逆	0.021	0.019	0.015	16	18	2	环境年报;中国统计	☺
37	单位土地面积氨氮排放量	吨/平方公里	逆	0.823	1.100	0.420	25	24	-1	中国统计;沙漠;环境年报	☹
38	人均氨氮排放量	吨/人	逆	0.002	0.002	0.001	11	4	-7	环境年报;中国统计	☹
39	单位耕地面积化肥施用量	万吨/千公顷	逆	0.049	0.063	0.063	23	24	1	中国统计	☺
40	单位耕地面积农药使用量	吨/千公顷	逆	17.801	21.930	21.945	22	22	0	环境年鉴;中国统计	
41	人均公路交通氮氧化物排放量	吨/万人	逆	51.741	50.515	20.354	20	16	-4	环境年报;中国统计	☹
42	环境保护支出占财政支出比重	%	正	2.918	2.278	2.725	22	20	-2	中国统计	☹
43	环境污染治理投资总额占地区生产总值比重	%	正	1.445	1.354	1.235	13	18	5	环境年鉴;中国统计	☺
44	农村人均改水、改厕的政府投资	元/人	正	52.418	31.342	21.592	25	28	3	环境年鉴	☺
45	单位耕地面积退耕还林投资完成额	万元/千公顷	正	11.732	0.000	0.000	17	25	8	环境年鉴;中国统计	☺
46	科教文卫支出占财政支出比重	%	正	26.875	32.156	28.459	2	8	6	中国统计	☺
47	城市人均绿地面积	公顷/人	正	0.003	0.002	0.002	14	13	-1	城市;中国统计	☹
48	城市用水普及率	%	正	96.434	99.740	99.570	7	7	0	中国统计	
49	城市污水处理率	%	正	82.500	93.200	91.100	4	4	0	环境年鉴	
50	城市生活垃圾无害化处理率	%	正	80.933	92.540	91.900	8	8	0	中国统计	
51	城市每万人拥有公交车辆	标台	正	11.561	12.414	10.177	10	10	0	中国统计	
52	人均城市公共交通运营线路网长度	公里/人	正	0.001	0.000	0.000	14	14	0	中国统计;城市	
53	农村累计已改水受益人口占农村总人口比重	%	正	6.177	0.083	99.608	30	5	-25	环境年鉴	☹
54	建成区绿化覆盖率	%	正	38.199	41.510	41.470	6	6	0	中国统计	
55	人均当年新增造林面积	公顷/万人	正	62.573	22.786	21.527	21	21	0	中国统计	
56	工业二氧化硫去除率	%	正	62.224	72.530	69.509	5	8	3	中国统计	☺
57	工业废水化学需氧量去除率	%	正	82.101	95.058	88.704	2	4	2	环境年报;中国统计	☺
58	工业氮氧化物去除率	%	正	5.066	0.941	0.113	23	26	3	环境年报	☺
59	工业废水氨氮去除率	%	正	78.957	91.080	91.929	5	1	-4	环境年报;中国统计	☹
60	突发环境事件次数	次	逆	18	8	0	14	1	-13	中国统计	☹

年鉴说明:中国统计——《中国统计年鉴2012》;环境年鉴——《中国环境统计年鉴2012》;环境年报——《中国环境统计年报2011》;城市——《中国城市统计年鉴2012》;水利——《中国水利统计年鉴2012》;工业经济——《中国工业经济统计年鉴2012》;沙漠——《中国沙漠及其治理》。

河南绿色发展"体检"表

序号	指标名称	单 位	指标属性	2011年测评均值	2011年河南数值	2010年河南数值	2011年河南排名	2010年河南排名	排名变化	2011年数据来源	进退脸谱
1	人均地区生产总值	元/人	正	40 087	28 661	24 446	23	21	-2	中国统计	☹
2	单位地区生产总值能耗	吨标准煤/万元	逆	1.041	0.895	1.115	15	13	-2	中国统计	☹
3	非化石能源消费量占能源消费量的比重		正	NA	NA	NA	NA	NA			
4	单位地区生产总值二氧化碳排放量		逆	NA	NA	NA	NA	NA			
5	单位地区生产总值二氧化硫排放量	吨/万元	逆	0.008	0.006	0.007	17	16	-1	中国统计	☹
6	单位地区生产总值化学需氧量排放量	吨/万元	逆	0.008	0.007	0.003	12	11	-1	中国统计	☹
7	单位地区生产总值氮氧化物排放量	吨/万元	逆	0.008	0.008	0.006	19	19	0	环境年报；中国统计	
8	单位地区生产总值氨氮排放量	吨/万元	逆	0.001	0.001	0.000	15	13	-2	环境年报；中国统计	☹
9	人均城镇生活消费用电	千瓦时/人	逆	311.585	108.959	98.121	3	3	0	城市	
10	第一产业劳动生产率	万元/人	正	1.866	1.305	1.190	23	20	-3	中国统计	☹
11	土地产出率	亿元/千公顷	正	0.289	0.252	0.249	18	15	-3	中国统计	☹
12	节灌率		正	0.514	0.314	0.302	23	23	0	水利；中国统计	
13	有效灌溉面积占耕地面积比重	%	正	54.220	64.978	64.102	13	13	0	中国统计	
14	第二产业劳动生产率	万元/人	正	14.026	8.555	7.716	29	25	-4	中国统计	☹
15	单位工业增加值水耗	立方米/元	逆	0.007	0.004	0.005	9	10	1	中国统计	☺
16	规模以上单位工业增加值能耗		逆	NA	NA	NA	NA	NA			
17	工业固体废物综合利用率	%	正	66.630	75.230	77.100	10	13	3	环境年鉴	☺
18	工业用水重复利用率	%	正	76.327	92.800	87.090	6	10	4	环境年鉴	☺
19	六大高载能行业产值占工业总产值比重	%	逆	40.149	38.001	38.437	17	17	0	工业经济	
20	第三产业劳动生产率	万元/人	正	8.022	4.916	4.283	25	23	-2	中国统计	☹
21	第三产业增加值比重	%	正	39.783	29.700	28.600	30	30	0	中国统计	
22	第三产业就业人员比重	%	正	36.110	27.025	26.094	28	29	1	中国统计	☺
23	人均水资源量	立方米/人	正	1 877.761	349.025	566.247	24	22	-2	中国统计	
24	人均森林面积	公顷/人	正	0.189	0.036	0.036	25	25	0	中国统计	
25	森林覆盖率	%	正	30.630	20.160	20.160	20	20	0	中国统计	
26	自然保护区面积占辖区面积比重	%	正	8.663	4.400	4.400	25	25	0	中国统计	
27	湿地面积占国土面积的比重	%	正	7.008	3.740	3.740	18	18	0	中国统计	
28	人均活立木总蓄积量	立方米/人	正	10.653	1.923	1.919	23	23	0	中国统计	
29	单位土地面积二氧化碳排放量		逆	NA	NA	NA	NA	NA			
30	人均二氧化碳排放量		逆	NA	NA	NA	NA	NA			
31	单位土地面积二氧化硫排放量	吨/平方公里	逆	5.956	8.279	8.087	24	25	1	中国统计；沙漠	☺
32	人均二氧化硫排放量	吨/人	逆	0.020	0.015	0.014	15	15	0	中国统计	
33	单位土地面积化学需氧量排放量	吨/平方公里	逆	6.699	8.679	3.744	23	21	-2	中国统计；沙漠	☹
34	人均化学需氧量排放量	吨/人	逆	0.020	0.015	0.007	9	6	-3	中国统计	☹

序号	指标名称	单 位	指标属性	2011年测评均值	2011年河南数值	2010年河南数值	2011年河南排名	2010年河南排名	排名变化	2011年数据来源	进退脸谱
35	单位土地面积氮氧化物排放量	吨/平方公里	逆	7.724	10.061	7.322	24	23	−1	中国统计;沙漠;环境年报	☹
36	人均氮氧化物排放量	吨/人	逆	0.021	0.018	0.013	15	14	−1	环境年报;中国统计	☹
37	单位土地面积氨氮排放量	吨/平方公里	逆	0.823	0.929	0.435	23	25	2	中国统计;沙漠;环境年报	☺
38	人均氨氮排放量	吨/人	逆	0.002	0.002	0.001	5	8	3	环境年报;中国统计	☺
39	单位耕地面积化肥施用量	万吨/千公顷	逆	0.049	0.085	0.083	28	28	0	中国统计	
40	单位耕地面积农药使用量	吨/千公顷	逆	17.801	16.243	15.753	18	17	−1	环境年鉴;中国统计	☹
41	人均公路交通氮氧化物排放量	吨/万人	逆	51.741	53.054	15.313	21	10	−11	环境年报;中国统计	☹
42	环境保护支出占财政支出比重	%	正	2.918	2.250	2.821	23	19	−4	中国统计	☹
43	环境污染治理投资总额占地区生产总值比重	%	正	1.445	0.606	0.572	30	29	−1	环境年鉴;中国统计	☹
44	农村人均改水、改厕的政府投资	元/人	正	52.418	26.736	27.984	28	26	−2	环境年鉴	☹
45	单位耕地面积退耕还林投资完成额	万元/千公顷	正	11.732	0.300	10.253	16	22	6	环境年鉴;中国统计	☺
46	科教文卫支出占财政支出比重	%	正	26.875	31.368	28.665	3	7	4	中国统计	☺
47	城市人均绿地面积	公顷/人	正	0.003	0.001	0.001	30	30	0	城市;中国统计	
48	城市用水普及率	%	正	96.434	92.640	91.030	25	25	0	中国统计	
49	城市污水处理率	%	正	82.500	89.000	87.600	8	6	−2	环境年鉴	☹
50	城市生活垃圾无害化处理率	%	正	80.933	84.420	82.590	17	15	−2	中国统计	☹
51	城市每万人拥有公交车辆	标台	正	11.561	8.683	7.579	28	27	−1	中国统计	☹
52	人均城市公共交通运营线路网长度	公里/人	正	0.001	0.000	0.000	28	29	1	中国统计;城市	☺
53	农村累计已改水受益人口占农村总人口比重	%	正	6.177	0.750	91.195	27	23	−4	环境年鉴	☹
54	建成区绿化覆盖率	%	正	38.199	36.640	36.560	22	21	−1	中国统计	☹
55	人均当年新增造林面积	公顷/万人	正	62.573	25.300	24.528	20	20	0	中国统计	
56	工业二氧化硫去除率	%	正	62.224	64.660	55.211	17	23	6	中国统计	☺
57	工业废水化学需氧量去除率	%	正	82.101	90.410	78.023	8	11	3	环境年报;中国统计	☺
58	工业氮氧化物去除率	%	正	5.066	0.415	0.419	27	23	−4	环境年报	☹
59	工业废水氨氮去除率	%	正	78.957	83.136	53.365	14	23	9	环境年报;中国统计	☺
60	突发环境事件次数	次	逆	18	25	18	23	24	1	中国统计	☺

年鉴说明:中国统计——《中国统计年鉴2012》;环境年鉴——《中国环境统计年鉴2012》;环境年报——《中国环境统计年报2011》;城市——《中国城市统计年鉴2012》;水利——《中国水利统计年鉴2012》;工业经济——《中国工业经济统计年鉴2012》;沙漠——《中国沙漠及其治理》。

湖北绿色发展"体检"表

序号	指标名称	单 位	指标属性	2011年测评均值	2011年湖北数值	2010年湖北数值	2011年湖北排名	2010年湖北排名	排名变化	2011年数据来源	进退脸谱
1	人均地区生产总值	元/人	正	40 087	34 197	27 906	13	13	0	中国统计	
2	单位地区生产总值能耗	吨标准煤/万元	逆	1.041	0.912	1.183	16	19	3	中国统计	☺
3	非化石能源消费量占能源消费量的比重		正	NA	NA	NA	NA	NA			
4	单位地区生产总值二氧化碳排放量		逆	NA	NA	NA	NA	NA			
5	单位地区生产总值二氧化硫排放量	吨/万元	逆	0.008	0.005	0.005	9	11	2	中国统计	☺
6	单位地区生产总值化学需氧量排放量	吨/万元	逆	0.008	0.008	0.005	14	17	3	中国统计	☺
7	单位地区生产总值氮氧化物排放量	吨/万元	逆	0.008	0.005	0.004	10	12	2	环境年报;中国统计	☺
8	单位地区生产总值氨氮排放量	吨/万元	逆	0.001	0.001	0.000	21	23	2	环境年报;中国统计	☺
9	人均城镇生活消费用电	千瓦时/人	逆	311.585	195.533	186.677	15	16	1	城市	☺
10	第一产业劳动生产率	万元/人	正	1.866	1.977	2.247	14	6	−8	中国统计	☹
11	土地产出率	亿元/千公顷	正	0.289	0.287	0.240	14	16	2	中国统计	☺
12	节灌率		正	0.514	0.180	0.169	28	26	−2	水利;中国统计	☹
13	有效灌溉面积占耕地面积比重	%	正	54.220	52.651	51.023	15	15	0	中国统计	
14	第二产业劳动生产率	万元/人	正	14.026	11.693	9.018	17	19	2	中国统计	☺
15	单位工业增加值水耗	立方米/元	逆	0.007	0.014	0.022	29	29	0	中国统计	
16	规模以上单位工业增加值能耗		逆	NA	NA	NA	NA	NA			
17	工业固体废物综合利用率	%	正	66.630	79.081	80.500	8	11	3	环境年鉴	☺
18	工业用水重复利用率	%	正	76.327	85.700	82.570	14	15	1	环境年鉴	☺
19	六大高载能行业产值占工业总产值比重	%	逆	40.149	35.523	36.041	13	15	2	工业经济	☺
20	第三产业劳动生产率	万元/人	正	8.022	5.773	4.828	20	20	0	中国统计	
21	第三产业增加值比重	%	正	39.783	36.900	37.900	15	13	−2	中国统计	☹
22	第三产业就业人员比重	%	正	36.110	33.300	41.329	21	5	−16	中国统计	☹
23	人均水资源量	立方米/人	正	1 877.761	1 319.130	2 216.510	17	14	−3	中国统计	☹
24	人均森林面积	公顷/人	正	0.189	0.101	0.101	18	18	0	中国统计	
25	森林覆盖率	%	正	30.630	31.140	31.140	17	17	0	中国统计	
26	自然保护区面积占辖区面积比重	%	正	8.663	5.160	5.160	23	23	0	中国统计	
27	湿地面积占国土面积的比重	%	正	7.008	4.990	4.990	15	15	0	中国统计	
28	人均活立木总蓄积量	立方米/人	正	10.653	4.016	4.037	18	18	0	中国统计	
29	单位土地面积二氧化碳排放量		逆	NA	NA	NA	NA	NA			
30	人均二氧化碳排放量		逆	NA	NA	NA	NA	NA			
31	单位土地面积二氧化硫排放量	吨/平方公里	逆	5.956	3.581	3.403	14	12	−2	中国统计;沙漠	☹
32	人均二氧化硫排放量	吨/人	逆	0.020	0.012	0.011	10	6	−4	中国统计	☹
33	单位土地面积化学需氧量排放量	吨/平方公里	逆	6.699	5.943	3.079	18	19	1	中国统计;沙漠	☺
34	人均化学需氧量排放量	吨/人	逆	0.020	0.019	0.010	20	16	−4	中国统计	☹

续表

序号	指标名称	单位	指标属性	2011年测评均值	2011年湖北数值	2010年湖北数值	2011年湖北排名	2010年湖北排名	排名变化	2011年数据来源	进退脸谱
35	单位土地面积氮氧化物排放量	吨/平方公里	逆	7.724	3.602	2.996	13	14	1	中国统计;沙漠;环境年报	☺
36	人均氮氧化物排放量	吨/人	逆	0.021	0.012	0.010	6	8	2	环境年报;中国统计	☺
37	单位土地面积氨氮排放量	吨/平方公里	逆	0.823	0.706	0.328	18	20	2	中国统计;沙漠;环境年报	☺
38	人均氨氮排放量	吨/人	逆	0.002	0.002	0.001	24	18	−6	环境年报;中国统计	☹
39	单位耕地面积化肥施用量	万吨/千公顷	逆	0.049	0.076	0.075	27	27	0	中国统计	
40	单位耕地面积农药使用量	吨/千公顷	逆	17.801	29.914	30.010	24	24	0	环境年鉴;中国统计	
41	人均公路交通氮氧化物排放量	吨/万人	逆	51.741	31.341	18.774	7	15	8	环境年报;中国统计	☺
42	环境保护支出占财政支出比重	%	正	2.918	3.145	3.850	12	11	−1	中国统计	☹
43	环境污染治理投资总额占地区生产总值比重	%	正	1.445	1.323	0.919	15	24	9	环境年鉴;中国统计	☺
44	农村人均改水、改厕的政府投资	元/人	正	52.418	45.560	55.045	15	13	−2	环境年鉴	☹
45	单位耕地面积退耕还林投资完成额	万元/千公顷	正	11.732	6.662	28.547	14	13	−1	环境年鉴;中国统计	☹
46	科教文卫支出占财政支出比重	%	正	26.875	25.717	24.484	21	22	1	中国统计	☺
47	城市人均绿地面积	公顷/人	正	0.003	0.001	0.001	19	20	1	城市;中国统计	☺
48	城市用水普及率	%	正	96.434	98.250	97.590	13	14	1	中国统计	☺
49	城市污水处理率	%	正	82.500	86.500	81.000	10	17	7	环境年鉴	☺
50	城市生活垃圾无害化处理率	%	正	80.933	61.020	61.430	27	27	0	中国统计	
51	城市每万人拥有公交车辆	标台	正	11.561	11.172	9.468	14	18	4	中国统计	☺
52	人均城市公共交通运营线路网长度	公里/人	正	0.001	0.000	0.000	19	20	1	中国统计;城市	☺
53	农村累计已改水受益人口占农村总人口比重	%	正	6.177	14.066	99.175	3	7	4	环境年鉴	☺
54	建成区绿化覆盖率	%	正	38.199	38.350	37.740	15	17	2	中国统计	☺
55	人均当年新增造林面积	公顷/万人	正	62.573	33.896	33.580	16	16	0	中国统计	
56	工业二氧化硫去除率	%	正	62.224	68.038	67.897	10	10	0	中国统计	
57	工业废水化学需氧量去除率	%	正	82.101	98.355	69.629	1	19	18	环境年报;中国统计	☺
58	工业氮氧化物去除率	%	正	5.066	3.343	0.980	16	20	4	环境年报	☺
59	工业废水氨氮去除率	%	正	78.957	65.910	45.777	25	26	1	环境年报;中国统计	☺
60	突发环境事件次数	次	逆	18	7	27	12	26	14	中国统计	☺

年鉴说明:中国统计——《中国统计年鉴 2012》;环境年鉴——《中国环境统计年鉴 2012》;环境年报——《中国环境统计年报 2011》;城市——《中国城市统计年鉴 2012》;水利——《中国水利统计年鉴 2012》;工业经济——《中国工业经济统计年鉴 2012》;沙漠——《中国沙漠及其治理》。

湖南绿色发展"体检"表

序号	指标名称	单位	指标属性	2011年测评均值	2011年湖南数值	2010年湖南数值	2011年湖南排名	2010年湖南排名	排名变化	2011年数据来源	进退脸谱
1	人均地区生产总值	元/人	正	40 087	29 880	24 719	20	20	0	中国统计	
2	单位地区生产总值能耗	吨标准煤/万元	逆	1.041	0.894	1.170	14	18	4	中国统计	☺
3	非化石能源消费量占能源消费量的比重		正	NA	NA	NA	NA	NA			
4	单位地区生产总值二氧化碳排放量		逆	NA	NA	NA	NA	NA			
5	单位地区生产总值二氧化硫排放量	吨/万元	逆	0.008	0.005	0.006	12	14	2	中国统计	☺
6	单位地区生产总值化学需氧量排放量	吨/万元	逆	0.008	0.009	0.006	22	26	4	中国统计	☺
7	单位地区生产总值氮氧化物排放量	吨/万元	逆	0.008	0.005	0.003	9	5	-4	环境年报；中国统计	☹
8	单位地区生产总值氨氮排放量	吨/万元	逆	0.001	0.001	0.001	28	25	-3	环境年报；中国统计	☹
9	人均城镇生活消费用电	千瓦时/人	逆	311.585	144.509	131.140	8	8	0	城市	
10	第一产业劳动生产率	万元/人	正	1.866	1.559	1.241	18	18	0	中国统计	
11	土地产出率	亿元/千公顷	正	0.289	0.285	0.251	15	14	-1	中国统计	☹
12	节灌率		正	0.514	0.121	0.114	29	29	0	水利；中国统计	
13	有效灌溉面积占耕地面积比重	%	正	54.220	72.899	72.281	7	8	1	中国统计	☺
14	第二产业劳动生产率	万元/人	正	14.026	10.440	8.764	20	20	0	中国统计	
15	单位工业增加值水耗	立方米/元	逆	0.007	0.011	0.018	25	26	1	中国统计	☺
16	规模以上单位工业增加值能耗		逆	NA	NA	NA	NA	NA			
17	工业固体废物综合利用率	%	正	66.630	66.914	81.000	13	10	-3	环境年鉴	☹
18	工业用水重复利用率	%	正	76.327	42.300	42.480	27	27	0	环境年鉴	
19	六大高载能行业产值占工业总产值比重	%	逆	40.149	36.697	37.241	15	16	1	工业经济	☺
20	第三产业劳动生产率	万元/人	正	8.022	5.653	5.113	21	19	-2	中国统计	☹
21	第三产业增加值比重	%	正	39.783	38.300	39.700	13	11	-2	中国统计	☹
22	第三产业就业人员比重	%	正	36.110	34.768	31.813	17	24	7	中国统计	☺
23	人均水资源量	立方米/人	正	1 877.761	1 711.930	2 938.660	11	9	-2	中国统计	☹
24	人均森林面积	公顷/人	正	0.189	0.144	0.144	15	15	0	中国统计	
25	森林覆盖率	%	正	30.630	44.760	44.760	8	8	0	中国统计	
26	自然保护区面积占辖区面积比重	%	正	8.663	5.900	5.880	19	19	0	中国统计	
27	湿地面积占国土面积的比重	%	正	7.008	5.790	5.790	13	13	0	中国统计	
28	人均活立木总蓄积量	立方米/人	正	10.653	5.788	5.811	15	15	0	中国统计	
29	单位土地面积二氧化碳排放量		逆	NA	NA	NA	NA	NA			
30	人均二氧化碳排放量		逆	NA	NA	NA	NA	NA			
31	单位土地面积二氧化硫排放量	吨/平方公里	逆	5.956	3.236	3.782	12	13	1	中国统计；沙漠	☺
32	人均二氧化硫排放量	吨/人	逆	0.020	0.010	0.012	6	8	2	中国统计	☺
33	单位土地面积化学需氧量排放量	吨/平方公里	逆	6.699	6.161	3.767	19	22	3	中国统计；沙漠	☺
34	人均化学需氧量排放量	吨/人	逆	0.020	0.020	0.012	22	24	2	中国统计	☺

续表

序号	指标名称	单　位	指标属性	2011年测评均值	2011年湖南数值	2010年湖南数值	2011年湖南排名	2010年湖南排名	排名变化	2011年数据来源	进退脸谱
35	单位土地面积氮氧化物排放量	吨/平方公里	逆	7.724	3.146	1.926	11	11	0	中国统计；沙漠；环境年报	
36	人均氮氧化物排放量	吨/人	逆	0.021	0.010	0.006	3	2	−1	环境年报；中国统计	☹
37	单位土地面积氨氮排放量	吨/平方公里	逆	0.823	0.779	0.354	21	21	0	中国统计；沙漠；环境年报	
38	人均氨氮排放量	吨/人	逆	0.002	0.003	0.001	25	22	−3	环境年报；中国统计	☹
39	单位耕地面积化肥施用量	万吨/千公顷	逆	0.049	0.064	0.062	24	23	−1	中国统计	☹
40	单位耕地面积农药使用量	吨/千公顷	逆	17.801	31.781	31.341	25	25	0	环境年鉴；中国统计	
41	人均公路交通氮氧化物排放量	吨/万人	逆	51.741	25.978	9.825	2	5	3	环境年报；中国统计	☺
42	环境保护支出占财政支出比重	%	正	2.918	2.422	3.361	20	14	−6	中国统计	☹
43	环境污染治理投资总额占地区生产总值比重	%	正	1.445	0.647	0.665	28	27	−1	环境年鉴；中国统计	☹
44	农村人均改水、改厕的政府投资	元/人	正	52.418	27.164	27.464	27	27	0	环境年鉴	
45	单位耕地面积退耕还林投资完成额	万元/千公顷	正	11.732	0.000	46.355	17	8	−9	环境年鉴；中国统计	☹
46	科教文卫支出占财政支出比重	%	正	26.875	25.120	24.357	23	23	0	中国统计	
47	城市人均绿地面积	公顷/人	正	0.003	0.001	0.001	27	27	0	城市；中国统计	
48	城市用水普及率	%	正	96.434	95.680	95.170	19	20	1	中国统计	☺
49	城市污水处理率	%	正	82.500	82.800	75.000	20	21	1	环境年鉴	☺
50	城市生活垃圾无害化处理率	%	正	80.933	86.350	78.990	16	18	2	中国统计	☺
51	城市每万人拥有公交车辆	标台	正	11.561	10.358	10.009	19	11	−8	中国统计	☹
52	人均城市公共交通运营线路网长度	公里/人	正	0.001	0.000	0.000	23	23	0	中国统计；城市	
53	农村累计已改水受益人口占农村总人口比重	%	正	6.177	11.401	94.264	7	20	13	环境年鉴	☺
54	建成区绿化覆盖率	%	正	38.199	36.840	36.640	21	20	−1	中国统计	☹
55	人均当年新增造林面积	公顷/万人	正	62.573	61.134	32.899	10	17	7	中国统计	☺
56	工业二氧化硫去除率	正		62.224	66.017	61.488	15	17	2	中国统计	☺
57	工业废水化学需氧量去除率	%	正	82.101	70.920	70.957	26	17	−9	环境年报；中国统计	☹
58	工业氮氧化物去除率	%	正	5.066	4.735	3.552	13	14	1	环境年报	☺
59	工业废水氨氮去除率	%	正	78.957	58.663	46.156	26	25	−1	环境年报；中国统计	☹
60	突发环境事件次数	次	逆	18	9	1	17	6	−11	中国统计	☹

年鉴说明：中国统计——《中国统计年鉴2012》；环境年鉴——《中国环境统计年鉴2012》；环境年报——《中国环境统计年报2011》；城市——《中国城市统计年鉴2012》；水利——《中国水利统计年鉴2012》；工业经济——《中国工业经济统计年鉴2012》；沙漠——《中国沙漠及其治理》。

广东绿色发展"体检"表

序号	指标名称	单位	指标属性	2011年测评均值	2011年广东数值	2010年广东数值	2011年广东排名	2010年广东排名	排名变化	2011年数据来源	进退脸谱
1	人均地区生产总值	元/人	正	40 087	50 807	44 736	7	7	0	中国统计	
2	单位地区生产总值能耗	吨标准煤/万元	逆	1.041	0.563	0.664	2	2	0	中国统计	
3	非化石能源消费量占能源消费量的比重		正	NA	NA	NA	NA	NA			
4	单位地区生产总值二氧化碳排放量		逆	NA	NA	NA	NA	NA			
5	单位地区生产总值二氧化硫排放量	吨/万元	逆	0.008	0.002	0.003	4	4	0	中国统计	
6	单位地区生产总值化学需氧量排放量	吨/万元	逆	0.008	0.004	0.002	6	6	0	中国统计	
7	单位地区生产总值氮氧化物排放量	吨/万元	逆	0.008	0.003	0.003	3	4	1	环境年报；中国统计	☺
8	单位地区生产总值氨氮排放量	吨/万元	逆	0.001	0.001	0.000	7	8	1	环境年报；中国统计	☺
9	人均城镇生活消费用电	千瓦时/人	逆	311.585	565.568	517.402	27	26	−1	城市	☹
10	第一产业劳动生产率	万元/人	正	1.866	1.831	1.515	16	16	0	中国统计	
11	土地产出率	亿元/千公顷	正	0.289	0.447	0.389	5	5	0	中国统计	
12	节灌率		正	0.514	0.113	0.108	30	30	0	水利；中国统计	
13	有效灌溉面积占耕地面积比重	%	正	54.220	66.172	66.147	11	10	−1	中国统计	☹
14	第二产业劳动生产率	万元/人	正	14.026	11.639	11.680	18	12	−6	中国统计	☹
15	单位工业增加值水耗	立方米/元	逆	0.007	0.006	0.007	15	12	−3	中国统计	☹
16	规模以上单位工业增加值能耗		逆	NA	NA	NA	NA	NA			
17	工业固体废物综合利用率	%	正	66.630	87.519	90.200	6	6	0	环境年鉴	
18	工业用水重复利用率	%	正	76.327	86.200	83.640	13	14	1	环境年鉴	☺
19	六大高载能行业产值占工业总产值比重	%	逆	40.149	22.249	21.737	1	1	0	工业经济	
20	第三产业劳动生产率	万元/人	正	8.022	11.254	9.289	6	6	0	中国统计	
21	第三产业增加值比重	%	正	39.783	45.300	45.000	6	6	0	中国统计	
22	第三产业就业人员比重	%	正	36.110	33.669	39.392	20	6	−14	中国统计	☹
23	人均水资源量	立方米/人	正	1 877.761	1 404.820	1 943.310	15	15	0	中国统计	
24	人均森林面积	公顷/人	正	0.189	0.083	0.084	20	20	0	中国统计	
25	森林覆盖率	%	正	30.630	49.440	49.440	6	6	0	中国统计	
26	自然保护区面积占辖区面积比重	%	正	8.663	6.730	6.950	17	16	−1	中国统计	☹
27	湿地面积占国土面积的比重	%	正	7.008	7.860	7.860	9	9	0	中国统计	
28	人均活立木总蓄积量	立方米/人	正	10.653	3.062	3.080	20	20	0	中国统计	
29	单位土地面积二氧化碳排放量		逆	NA	NA	NA	NA	NA			
30	人均二氧化碳排放量		逆	NA	NA	NA	NA	NA			
31	单位土地面积二氧化硫排放量	吨/平方公里	逆	5.956	4.715	5.842	17	17	0	中国统计；沙漠	
32	人均二氧化硫排放量	吨/人	逆	0.020	0.008	0.010	3	4	1	中国统计	☺
33	单位土地面积化学需氧量排放量	吨/平方公里	逆	6.699	10.480	4.774	25	26	1	中国统计；沙漠	☺
34	人均化学需氧量排放量	吨/人	逆	0.020	0.018	0.009	17	11	−6	中国统计	☹

续表

序号	指标名称	单位	指标属性	2011年测评均值	2011年广东数值	2010年广东数值	2011年广东排名	2010年广东排名	排名变化	2011年数据来源	进退脸谱
35	单位土地面积氮氧化物排放量	吨/平方公里	逆	7.724	7.720	7.213	20	22	2	中国统计；沙漠；环境年报	☺
36	人均氮氧化物排放量	吨/人	逆	0.021	0.013	0.013	8	15	7	环境年报；中国统计	☺
37	单位土地面积氨氮排放量	吨/平方公里	逆	0.823	1.284	0.595	26	27	1	中国统计；沙漠；环境年报	☺
38	人均氨氮排放量	吨/人	逆	0.002	0.002	0.001	23	19	-4	环境年报；中国统计	☹
39	单位耕地面积化肥施用量	万吨/千公顷	逆	0.049	0.085	0.084	29	29	0	中国统计	
40	单位耕地面积农药使用量	吨/千公顷	逆	17.801	40.301	36.875	28	27	-1	环境年鉴；中国统计	☹
41	人均公路交通氮氧化物排放量	吨/万人	逆	51.741	45.795	43.506	17	27	10	环境年报；中国统计	☺
42	环境保护支出占财政支出比重	%	正	2.918	3.466	4.411	8	5	-3	中国统计	☹
43	环境污染治理投资总额占地区生产总值比重	%	正	1.445	0.625	3.078	29	1	-28	环境年鉴；中国统计	☹
44	农村人均改水、改厕的政府投资	元/人	正	52.418	36.432	41.596	23	17	-6	环境年鉴	☹
45	单位耕地面积退耕还林投资完成额	万元/千公顷	正	11.732	0.000	0.000	17	25	8	环境年鉴；中国统计	☺
46	科教文卫支出占财政支出比重	%	正	26.875	30.333	29.625	5	4	-1	中国统计	☹
47	城市人均绿地面积	公顷/人	正	0.003	0.005	0.005	5	4	-1	城市；中国统计	☹
48	城市用水普及率	%	正	96.434	98.390	98.370	11	12	1	中国统计	☺
49	城市污水处理率	%	正	82.500	79.100	86.100	23	9	-14	环境年鉴	☹
50	城市生活垃圾无害化处理率	%	正	80.933	72.120	72.120	24	20	-4	中国统计	☹
51	城市每万人拥有公交车辆	标台	正	11.561	12.898	9.527	8	17	9	中国统计	☺
52	人均城市公共交通运营线路网长度	公里/人	正	0.001	0.001	0.001	6	7	1	中国统计；城市	☺
53	农村累计已改水受益人口占农村总人口比重	%	正	6.177	2.469	98.989	19	9	-10	环境年鉴	☹
54	建成区绿化覆盖率	%	正	38.199	41.100	41.310	8	7	-1	中国统计	☹
55	人均当年新增造林面积	公顷/万人	正	62.573	11.981	9.477	24	24	0	中国统计	
56	工业二氧化硫去除率	%	正	62.224	65.059	59.450	16	21	5	中国统计	☺
57	工业废水化学需氧量去除率	%	正	82.101	85.350	76.057	14	15	1	环境年报	☺
58	工业氮氧化物去除率	%	正	5.066	11.742	13.748	4	3	-1	环境年报	☹
59	工业废水氨氮去除率	%	正	78.957	73.364	78.756	24	10	-14	环境年报；中国统计	☹
60	突发环境事件次数	次	逆	18	26	2	25	9	-16	中国统计	☹

年鉴说明：中国统计——《中国统计年鉴2012》；环境年鉴——《中国环境统计年鉴2012》；环境年报——《中国环境统计年报2011》；城市——《中国城市统计年鉴2012》；水利——《中国水利统计年鉴2012》；工业经济——《中国工业经济统计年鉴2012》；沙漠——《中国沙漠及其治理》。

广西绿色发展"体检"表

序号	指标名称	单位	指标属性	2011年测评均值	2011年广西数值	2010年广西数值	2011年广西排名	2010年广西排名	排名变化	2011年数据来源	进退脸谱
1	人均地区生产总值	元/人	正	40 087	25 326	20 219	27	27	0	中国统计	
2	单位地区生产总值能耗	吨标准煤/万元	逆	1.041	0.800	1.036	11	12	1	中国统计	☺
3	非化石能源消费量占能源消费量的比重		正	NA	NA	NA	NA	NA			
4	单位地区生产总值二氧化碳排放量		逆	NA	NA	NA	NA	NA			
5	单位地区生产总值二氧化硫排放量	吨/万元	逆	0.008	0.006	0.012	16	23	7	中国统计	☺
6	单位地区生产总值化学需氧量排放量	吨/万元	逆	0.008	0.009	0.012	24	30	6	中国统计	☺
7	单位地区生产总值氮氧化物排放量	吨/万元	逆	0.008	0.006	0.005	14	14	0	环境年报；中国统计	
8	单位地区生产总值氨氮排放量	吨/万元	逆	0.001	0.001	0.001	25	26	1	环境年报；中国统计	☺
9	人均城镇生活消费用电	千瓦时/人	逆	311.585	154.040	120.455	10	5	-5	城市	☹
10	第一产业劳动生产率	万元/人	正	1.866	1.305	1.069	22	25	3	中国统计	☺
11	土地产出率	亿元/千公顷	正	0.289	0.267	0.227	16	17	1	中国统计	☺
12	节灌率		正	0.514	0.476	0.461	17	16	-1	水利；中国统计	☹
13	有效灌溉面积占耕地面积比重	%	正	54.220	36.259	36.112	22	21	-1	中国统计	☹
14	第二产业劳动生产率	万元/人	正	14.026	9.608	7.509	24	28	4	中国统计	☺
15	单位工业增加值水耗	立方米/元	逆	0.007	0.011	0.018	26	25	-1	中国统计	☹
16	规模以上单位工业增加值能耗		逆	NA	NA	NA	NA	NA			
17	工业固体废物综合利用率	%	正	66.630	57.704	67.800	19	15	-4	环境年鉴	☹
18	工业用水重复利用率	%	正	76.327	92.400	89.190	9	9	0	环境年鉴	
19	六大高载能行业产值占工业总产值比重	%	逆	40.149	42.158	41.751	19	19	0	工业经济	
20	第三产业劳动生产率	万元/人	正	8.022	5.114	4.591	23	22	-1	中国统计	☹
21	第三产业增加值比重	%	正	39.783	34.100	35.400	24	23	-1	中国统计	☹
22	第三产业就业人员比重	%	正	36.110	27.556	25.622	26	30	4	中国统计	☺
23	人均水资源量	立方米/人	正	1 877.761	2 917.390	3 852.880	5	7	2	中国统计	☺
24	人均森林面积	公顷/人	正	0.189	0.270	0.272	6	6	0	中国统计	
25	森林覆盖率	%	正	30.630	52.710	52.710	4	4	0	中国统计	
26	自然保护区面积占辖区面积比重	%	正	8.663	5.980	5.970	18	18	0	中国统计	
27	湿地面积占国土面积的比重	%	正	7.008	2.760	2.760	23	23	0	中国统计	
28	人均活立木总蓄积量	立方米/人	正	10.653	10.992	11.075	8	8	0	中国统计	
29	单位土地面积二氧化碳排放量		逆	NA	NA	NA	NA	NA			
30	人均二氧化碳排放量		逆	NA	NA	NA	NA	NA			
31	单位土地面积二氧化硫排放量	吨/平方公里	逆	5.956	2.193	3.805	9	15	6	中国统计；沙漠	☺
32	人均二氧化硫排放量	吨/人	逆	0.020	0.011	0.019	9	20	11	中国统计	☺
33	单位土地面积化学需氧量排放量	吨/平方公里	逆	6.699	3.339	3.944	10	23	13	中国统计；沙漠	☺
34	人均化学需氧量排放量	吨/人	逆	0.020	0.017	0.020	14	30	16	中国统计	☺

续表

序号	指标名称	单位	指标属性	2011年测评均值	2011年广西数值	2010年广西数值	2011年广西排名	2010年广西排名	排名变化	2011年数据来源	进退脸谱
35	单位土地面积氮氧化物排放量	吨/平方公里	逆	7.724	2.079	1.456	8	8	0	中国统计;沙漠;环境年报	
36	人均氮氧化物排放量	吨/人	逆	0.021	0.011	0.007	4	4	0	环境年报;中国统计	
37	单位土地面积氨氮排放量	吨/平方公里	逆	0.823	0.353	0.198	11	11	0	中国统计;沙漠;环境年报	
38	人均氨氮排放量	吨/人	逆	0.002	0.002	0.001	12	17	5	环境年报;中国统计	☺
39	单位耕地面积化肥施用量	万吨/千公顷	逆	0.049	0.058	0.056	21	20	−1	中国统计	☹
40	单位耕地面积农药使用量	吨/千公顷	逆	17.801	15.703	15.284	17	16	−1	环境年鉴;中国统计	☹
41	人均公路交通氮氧化物排放量	吨/万人	逆	51.741	30.824	20.474	6	17	11	环境年报;中国统计	☺
42	环境保护支出占财政支出比重	%	正	2.918	2.118	3.187	24	16	−8	中国统计	☹
43	环境污染治理投资总额占地区生产总值比重	%	正	1.445	1.378	1.715	12	8	−4	环境年鉴;中国统计	☹
44	农村人均改水、改厕的政府投资	元/人	正	52.418	75.279	59.764	7	12	5	环境年鉴	☺
45	单位耕地面积退耕还林投资完成额	万元/千公顷	正	11.732	0.000	19.783	17	17	0	环境年鉴;中国统计	
46	科教文卫支出占财政支出比重	%	正	26.875	29.682	29.227	7	5	−2	中国统计	☹
47	城市人均绿地面积	公顷/人	正	0.003	0.001	0.001	18	18	0	城市;中国统计	
48	城市用水普及率	%	正	96.434	93.910	94.650	22	21	−1	中国统计	☹
49	城市污水处理率	%	正	82.500	64.100	83.400	28	13	−15	环境年鉴	☹
50	城市生活垃圾无害化处理率	%	正	80.933	95.490	91.140	5	9	4	中国统计	☺
51	城市每万人拥有公交车辆	标台	正	11.561	8.901	8.073	25	24	−1	中国统计	☹
52	人均城市公共交通运营线路网长度	公里/人	正	0.001	0.000	0.000	29	28	−1	中国统计;城市	☹
53	农村累计已改水受益人口占农村总人口比重	%	正	6.177	3.239	91.990	18	22	4	环境年鉴	☺
54	建成区绿化覆盖率	%	正	38.199	37.350	34.960	20	23	3	中国统计	☺
55	人均当年新增造林面积	公顷/万人	正	62.573	31.942	30.267	18	18	0	中国统计	
56	工业二氧化硫去除率	%	正	62.224	75.302	53.722	3	24	21	中国统计	☺
57	工业废水化学需氧量去除率	%	正	82.101	81.694	64.161	17	21	4	环境年报;中国统计	☺
58	工业氮氧化物去除率	%	正	5.066	0.556	8.017	26	6	−20	环境年报	☹
59	工业废水氨氮去除率	%	正	78.957	84.632	36.758	12	27	15	环境年报;中国统计	☺
60	突发环境事件次数	次	逆	18	31	4	27	12	−15	中国统计	☹

　　年鉴说明:中国统计——《中国统计年鉴2012》;环境年鉴——《中国环境统计年鉴2012》;环境年报——《中国环境统计年报2011》;城市——《中国城市统计年鉴2012》;水利——《中国水利统计年鉴2012》;工业经济——《中国工业经济统计年鉴2012》;沙漠——《中国沙漠及其治理》。

海南绿色发展"体检"表

序号	指标名称	单 位	指标属性	2011年测评均值	2011年海南数值	2010年海南数值	2011年海南排名	2010年海南排名	排名变化	2011年数据来源	进退脸谱
1	人均地区生产总值	元/人	正	40 087	28 898	23 831	22	23	1	中国统计	☺
2	单位地区生产总值能耗	吨标准煤/万元	逆	1.041	0.692	0.808	8	7	−1	中国统计	☹
3	非化石能源消费量占能源消费量的比重		正	NA	NA	NA	NA	NA			
4	单位地区生产总值二氧化碳排放量		逆	NA	NA	NA	NA	NA			
5	单位地区生产总值二氧化硫排放量	吨/万元	逆	0.008	0.002	0.002	3	2	−1	中国统计	☹
6	单位地区生产总值化学需氧量排放量	吨/万元	逆	0.008	0.011	0.005	26	23	−3	中国统计	☹
7	单位地区生产总值氮氧化物排放量	吨/万元	逆	0.008	0.005	0.003	13	6	−7	环境年报;中国统计	☹
8	单位地区生产总值氨氮排放量	吨/万元	逆	0.001	0.001	0.000	29	22	−7	环境年报;中国统计	☹
9	人均城镇生活消费用电	千瓦时/人	逆	311.585	540.301	467.353	25	25	0	城市	
10	第一产业劳动生产率	万元/人	正	1.866	2.949	2.409	3	4	1	中国统计	☺
11	土地产出率	亿元/千公顷	正	0.289	0.478	0.410	3	4	1	中国统计	☺
12	节灌率		正	0.514	0.510	0.468	14	15	1	水利;中国统计	☺
13	有效灌溉面积占耕地面积比重	%	正	54.220	34.022	33.510	23	22	1	中国统计	
14	第二产业劳动生产率	万元/人	正	14.026	13.195	11.100	12	14	2	中国统计	☺
15	单位工业增加值水耗	立方米/元	逆	0.007	0.008	0.011	18	18	0	中国统计	
16	规模以上单位工业增加值能耗		逆	NA	NA	NA	NA	NA			
17	工业固体废物综合利用率	%	正	66.630	47.743	84.100	27	8	−19	环境年鉴	☹
18	工业用水重复利用率	%	正	76.327	66.900	73.170	24	21	−3	环境年鉴	☹
19	六大高载能行业产值占工业总产值比重	%	逆	40.149	58.769	55.621	27	26	−1	工业经济	☹
20	第三产业劳动生产率	万元/人	正	8.022	6.573	5.848	19	18	−1	中国统计	☹
21	第三产业增加值比重	%	正	39.783	45.500	46.200	5	4	−1	中国统计	☹
22	第三产业就业人员比重	%	正	36.110	39.090	38.158	5	8	3	中国统计	☺
23	人均水资源量	立方米/人	正	1 877.761	5 545.590	5 538.660	2	2	0	中国统计	
24	人均森林面积	公顷/人	正	0.189	0.201	0.203	12	12	0	中国统计	
25	森林覆盖率	%	正	30.630	51.980	51.980	5	5	0	中国统计	
26	自然保护区面积占辖区面积比重	%	正	8.663	6.970	7.010	16	15	−1	中国统计	☹
27	湿地面积占国土面积的比重	%	正	7.008	9.130	9.130	6	6	0	中国统计	
28	人均活立木总蓄积量	立方米/人	正	10.653	9.051	9.143	11	11	0	中国统计	
29	单位土地面积二氧化碳排放量		逆	NA	NA	NA	NA	NA			
30	人均二氧化碳排放量		逆	NA	NA	NA	NA	NA			
31	单位土地面积二氧化硫排放量	吨/平方公里	逆	5.956	0.921	0.815	3	3	0	中国统计;沙漠	
32	人均二氧化硫排放量	吨/人	逆	0.020	0.004	0.003	1	1	0	中国统计	
33	单位土地面积化学需氧量排放量	吨/平方公里	逆	6.699	5.655	2.612	17	13	−4	中国统计;沙漠	☹
34	人均化学需氧量排放量	吨/人	逆	0.020	0.023	0.011	24	21	−3	中国统计	☹

续表

序号	指标名称	单位	指标属性	2011年测评均值	2011年海南数值	2010年海南数值	2011年海南排名	2010年海南排名	排名变化	2011年数据来源	进退脸谱
35	单位土地面积氮氧化物排放量	吨/平方公里	逆	7.724	2.698	1.584	9	9	0	中国统计；沙漠；环境年报	
36	人均氮氧化物排放量	吨/人	逆	0.021	0.011	0.006	5	3	−2	环境年报；中国统计	☹
37	单位土地面积氨氮排放量	吨/平方公里	逆	0.823	0.642	0.226	16	13	−3	中国统计；沙漠；环境年报	☹
38	人均氨氮排放量	吨/人	逆	0.002	0.003	0.001	29	15	−14	环境年报；中国统计	☹
39	单位耕地面积化肥施用量	万吨/千公顷	逆	0.049	0.066	0.064	25	25	0	中国统计	
40	单位耕地面积农药使用量	吨/千公顷	逆	17.801	64.403	62.545	30	30	0	环境年鉴；中国统计	
41	人均公路交通氮氧化物排放量	吨/万人	逆	51.741	33.954	26.424	8	21	13	环境年报；中国统计	☺
42	环境保护支出占财政支出比重	%	正	2.918	3.078	2.561	13	22	9	中国统计	☺
43	环境污染治理投资总额占地区生产总值比重	%	正	1.445	1.110	1.143	23	21	−2	环境年鉴；中国统计	☹
44	农村人均改水、改厕的政府投资	元/人	正	52.418	87.650	80.862	4	6	2	环境年鉴	☺
45	单位耕地面积退耕还林投资完成额	万元/千公顷	正	11.732	21.750	21.880	6	16	10	环境年鉴；中国统计	☺
46	科教文卫支出占财政支出比重	%	正	26.875	26.194	26.187	20	16	−4	中国统计	☹
47	城市人均绿地面积	公顷/人	正	0.003	0.023	0.023	1	1	0	城市；中国统计	
48	城市用水普及率	%	正	96.434	96.090	89.430	17	28	11	中国统计	☺
49	城市污水处理率	%	正	82.500	73.100	54.900	26	29	3	环境年鉴	☺
50	城市生活垃圾无害化处理率	%	正	80.933	91.350	67.970	9	24	15	中国统计	☺
51	城市每万人拥有公交车辆	标台	正	11.561	10.761	8.606	17	21	4	中国统计	☺
52	人均城市公共交通运营线路网长度	公里/人	正	0.001	0.002	0.002	2	2	0	中国统计；城市	
53	农村累计已改水受益人口占农村总人口比重	%	正	6.177	3.731	96.407	16	18	2	环境年鉴	☺
54	建成区绿化覆盖率	%	正	38.199	41.810	42.630	5	4	−1	中国统计	☹
55	人均当年新增造林面积	公顷/万人	正	62.573	12.503	16.352	23	22	−1	中国统计	☹
56	工业二氧化硫去除率	%	正	62.224	70.314	75.713	9	6	−3	中国统计	☹
57	工业废水化学需氧量去除率	%	正	82.101	88.931	90.690	10	2	−8	环境年报；中国统计	☹
58	工业氮氧化物去除率	%	正	5.066	27.408	0.421	1	22	21	环境年报	☺
59	工业废水氨氮去除率	%	正	78.957	57.680	69.679	27	13	−14	环境年报；中国统计	☹
60	突发环境事件次数	次	逆	18	1	0	1	1	0	中国统计	

年鉴说明：中国统计——《中国统计年鉴2012》；环境年鉴——《中国环境统计年鉴2012》；环境年报——《中国环境统计年报2011》；城市——《中国城市统计年鉴2012》；水利——《中国水利统计年鉴2012》；工业经济——《中国工业经济统计年鉴2012》；沙漠——《中国沙漠及其治理》。

重庆绿色发展"体检"表

序号	指标名称	单 位	指标属性	2011年测评均值	2011年重庆数值	2010年重庆数值	2011年重庆排名	2010年重庆排名	排名变化	2011年数据来源	进退脸谱
1	人均地区生产总值	元/人	正	40 087	34 500	27 596	12	14	2	中国统计	☺
2	单位地区生产总值能耗	吨标准煤/万元	逆	1.041	0.953	1.127	18	14	−4	中国统计	☹
3	非化石能源消费量占能源消费量的比重		正	NA	NA	NA	NA	NA			
4	单位地区生产总值二氧化碳排放量		逆	NA	NA	NA	NA	NA			
5	单位地区生产总值二氧化硫排放量	吨/万元	逆	0.008	0.007	0.010	20	22	2	中国统计	☺
6	单位地区生产总值化学需氧量排放量	吨/万元	逆	0.008	0.005	0.003	8	12	4	中国统计	☺
7	单位地区生产总值氮氧化物排放量	吨/万元	逆	0.008	0.005	0.004	12	11	−1	环境年报；中国统计	☹
8	单位地区生产总值氨氮排放量	吨/万元	逆	0.001	0.001	0.000	12	11	−1	环境年报；中国统计	☹
9	人均城镇生活消费用电	千瓦时/人	逆	311.585	263.101	219.406	19	18	−1	城市	☹
10	第一产业劳动生产率	万元/人	正	1.866	1.365	1.064	21	26	5	中国统计	☺
11	土地产出率	亿元/千公顷	正	0.289	0.220	0.186	19	20	1	中国统计	☺
12	节灌率		正	0.514	0.236	0.220	25	25	0	水利；中国统计	
13	有效灌溉面积占耕地面积比重	%	正	54.220	30.988	30.647	27	27	0	中国统计	
14	第二产业劳动生产率	万元/人	正	14.026	11.713	8.108	16	23	7	中国统计	☺
15	单位工业增加值水耗	立方米/元	逆	0.007	0.010	0.019	22	27	5	中国统计	☺
16	规模以上单位工业增加值能耗		逆	NA	NA	NA	NA	NA			
17	工业固体废物综合利用率	%	正	66.630	78.357	80.200	9	12	3	环境年鉴	☺
18	工业用水重复利用率	%	正	76.327	30.800	4.140	29	30	1	环境年鉴	☺
19	六大高载能行业产值占工业总产值比重	%	逆	40.149	26.315	25.892	4	5	1	工业经济	☺
20	第三产业劳动生产率	万元/人	正	8.022	5.517	4.038	22	25	3	中国统计	☺
21	第三产业增加值比重	%	正	39.783	36.200	36.400	17	19	2	中国统计	☺
22	第三产业就业人员比重	%	正	36.110	37.219	37.850	6	9	3	中国统计	☺
23	人均水资源量	立方米/人	正	1 877.761	1 773.300	1 616.750	10	16	6	中国统计	☺
24	人均森林面积	公顷/人	正	0.189	0.098	0.099	19	19	0	中国统计	
25	森林覆盖率	%	正	30.630	34.850	34.850	13	13	0	中国统计	
26	自然保护区面积占辖区面积比重	%	正	8.663	10.322	9.920	10	9	−1	中国统计	☹
27	湿地面积占国土面积的比重	%	正	7.008	0.520	0.520	29	29	0	中国统计	
28	人均活立木总蓄积量	立方米/人	正	10.653	4.729	4.785	17	17	0	中国统计	
29	单位土地面积二氧化碳排放量		逆	NA	NA	NA	NA	NA			
30	人均二氧化碳排放量		逆	NA	NA	NA	NA	NA			
31	单位土地面积二氧化硫排放量	吨/平方公里	逆	5.956	7.134	8.745	21	26	5	中国统计；沙漠	☺
32	人均二氧化硫排放量	吨/人	逆	0.020	0.020	0.025	21	24	3	中国统计	☺
33	单位土地面积化学需氧量排放量	吨/平方公里	逆	6.699	5.066	2.851	14	15	1	中国统计；沙漠	☺
34	人均化学需氧量排放量	吨/人	逆	0.020	0.014	0.008	6	9	3	中国统计	☺

续表

序号	指标名称	单位	指标属性	2011年测评均值	2011年重庆数值	2010年重庆数值	2011年重庆排名	2010年重庆排名	排名变化	2011年数据来源	进退脸谱
35	单位土地面积氮氧化物排放量	吨/平方公里	逆	7.724	4.894	3.647	17	17	0	中国统计；沙漠；环境年报	
36	人均氮氧化物排放量	吨/人	逆	0.021	0.014	0.010	11	9	-2	环境年报；中国统计	☹
37	单位土地面积氨氮排放量	吨/平方公里	逆	0.823	0.669	0.304	17	18	1	中国统计；沙漠；环境年报	☺
38	人均氨氮排放量	吨/人	逆	0.002	0.002	0.001	14	14	0	环境年报；中国统计	
39	单位耕地面积化肥施用量	万吨/千公顷	逆	0.049	0.043	0.041	12	12	0	中国统计	
40	单位耕地面积农药使用量	吨/千公顷	逆	17.801	9.090	9.327	12	12	0	环境年鉴；中国统计	
41	人均公路交通氮氧化物排放量	吨/万人	逆	51.741	35.829	16.758	9	12	3	环境年报；中国统计	☺
42	环境保护支出占财政支出比重	%	正	2.918	3.922	4.038	6	8	2	中国统计	☺
43	环境污染治理投资总额占地区生产总值比重	%	正	1.445	2.589	2.224	3	3	0	环境年鉴；中国统计	
44	农村人均改水、改厕的政府投资	元/人	正	52.418	60.136	60.451	8	11	3	环境年鉴	☺
45	单位耕地面积退耕还林投资完成额	万元/千公顷	正	11.732	13.874	90.922	9	2	-7	环境年鉴；中国统计	☹
46	科教文卫支出占财政支出比重	%	正	26.875	20.177	22.075	30	27	-3	中国统计	☹
47	城市人均绿地面积	公顷/人	正	0.003	0.001	0.001	17	19	2	城市；中国统计	☺
48	城市用水普及率	%	正	96.434	93.410	94.050	23	23	0	中国统计	
49	城市污水处理率	%	正	82.500	94.600	91.700	1	3	2	环境年鉴	☺
50	城市生活垃圾无害化处理率	%	正	80.933	99.550	98.820	2	2	0	中国统计	
51	城市每万人拥有公交车辆	标台	正	11.561	8.796	7.229	26	28	2	中国统计	☺
52	人均城市公共交通运营线路网长度	公里/人	正	0.001	0.000	0.000	20	18	-2	中国统计；城市	☹
53	农村累计已改水受益人口占农村总人口比重	%	正	6.177	5.185	98.549	14	13	-1	环境年鉴	☹
54	建成区绿化覆盖率	%	正	38.199	40.180	40.570	9	9	0	中国统计	
55	人均当年新增造林面积	公顷/万人	正	62.573	84.307	88.876	7	8	1	中国统计	☺
56	工业二氧化硫去除率	%	正	62.224	66.570	62.691	12	16	4	中国统计	☺
57	工业废水化学需氧量去除率	%	正	82.101	77.746	59.286	24	24	0	环境年报；中国统计	
58	工业氮氧化物去除率	%	正	5.066	0.865	3.643	24	13	-11	环境年报	☹
59	工业废水氨氮去除率	%	正	78.957	88.844	53.619	9	22	13	环境年报；中国统计	☺
60	突发环境事件次数	次	逆	18	18	23	22	25	3	中国统计	☺

年鉴说明：中国统计——《中国统计年鉴 2012》；环境年鉴——《中国环境统计年鉴 2012》；环境年报——《中国环境统计年报 2011》；城市——《中国城市统计年鉴 2012》；水利——《中国水利统计年鉴 2012》；工业经济——《中国工业经济统计年鉴 2012》；沙漠——《中国沙漠及其治理》。

四川绿色发展"体检"表

序号	指标名称	单 位	指标属性	2011年测评均值	2011年四川数值	2010年四川数值	2011年四川排名	2010年四川排名	排名变化	2011年数据来源	进退脸谱
1	人均地区生产总值	元/人	正	40 087	26 133	21 182	25	25	0	中国统计	
2	单位地区生产总值能耗	吨标准煤/万元	逆	1.041	0.997	1.275	19	20	1	中国统计	☺
3	非化石能源消费量占能源消费量的比重		正	NA	NA	NA	NA	NA			
4	单位地区生产总值二氧化碳排放量		逆	NA	NA	NA	NA	NA			
5	单位地区生产总值二氧化硫排放量	吨/万元	逆	0.008	0.006	0.008	15	19	4	中国统计	☺
6	单位地区生产总值化学需氧量排放量	吨/万元	逆	0.008	0.008	0.005	16	22	6	中国统计	☺
7	单位地区生产总值氮氧化物排放量	吨/万元	逆	0.008	0.004	0.005	8	15	7	环境年报；中国统计	☺
8	单位地区生产总值氨氮排放量	吨/万元	逆	0.001	0.001	0.000	20	16	−4	环境年报；中国统计	☹
9	人均城镇生活消费用电	千瓦时/人	逆	311.585	139.922	121.985	7	6	−1	城市	☹
10	第一产业劳动生产率	万元/人	正	1.866	1.426	1.155	20	21	1	中国统计	☺
11	土地产出率	亿元/千公顷	正	0.289	0.257	0.218	17	18	1	中国统计	☺
12	节灌率		正	0.514	0.506	0.490	15	14	−1	水利；中国统计	☹
13	有效灌溉面积占耕地面积比重	%	正	54.220	43.729	42.928	17	17	0	中国统计	
14	第二产业劳动生产率	万元/人	正	14.026	9.329	7.662	25	27	2	中国统计	☺
15	单位工业增加值水耗	立方米/元	逆	0.007	0.007	0.010	16	16	0	中国统计	
16	规模以上单位工业增加值能耗		逆	NA	NA	NA	NA	NA			
17	工业固体废物综合利用率	%	正	66.630	47.319	54.800	28	22	−6	环境年鉴	☹
18	工业用水重复利用率	%	正	76.327	80.200	71.790	19	22	3	环境年鉴	☺
19	六大高载能行业产值占工业总产值比重	%	逆	40.149	30.760	31.634	9	9	0	工业经济	
20	第三产业劳动生产率	万元/人	正	8.022	4.339	3.570	29	28	−1	中国统计	☹
21	第三产业增加值比重	%	正	39.783	33.400	35.100	27	24	−3	中国统计	☹
22	第三产业就业人员比重	%	正	36.110	32.000	34.055	23	19	−4	中国统计	☹
23	人均水资源量	立方米/人	正	1 877.761	2 782.850	3 173.510	6	8	2	中国统计	☺
24	人均森林面积	公顷/人	正	0.189	0.206	0.206	9	10	1	中国统计	☺
25	森林覆盖率	%	正	30.630	34.310	34.310	14	14	0	中国统计	
26	自然保护区面积占辖区面积比重	%	正	8.663	18.583	18.420	2	2	0	中国统计	
27	湿地面积占国土面积的比重	%	正	7.008	1.980	1.980	24	24	0	中国统计	
28	人均活立木总蓄积量	立方米/人	正	10.653	20.963	20.976	5	5	0	中国统计	
29	单位土地面积二氧化碳排放量		逆	NA	NA	NA	NA	NA			
30	人均二氧化碳排放量		逆	NA	NA	NA	NA	NA			
31	单位土地面积二氧化硫排放量	吨/平方公里	逆	5.956	1.863	2.336	7	9	2	中国统计；沙漠	☺
32	人均二氧化硫排放量	吨/人	逆	0.020	0.011	0.014	8	14	6	中国统计	☺
33	单位土地面积化学需氧量排放量	吨/平方公里	逆	6.699	2.690	1.530	7	8	1	中国统计；沙漠	☺
34	人均化学需氧量排放量	吨/人	逆	0.020	0.016	0.009	13	12	−1	中国统计	☹

续表

序号	指标名称	单　位	指标属性	2011年测评均值	2011年四川数值	2010年四川数值	2011年四川排名	2010年四川排名	排名变化	2011年数据来源	进退脸谱
35	单位土地面积氮氧化物排放量	吨/平方公里	逆	7.724	1.394	1.397	3	7	4	中国统计；沙漠；环境年报	☺
36	人均氮氧化物排放量	吨/人	逆	0.021	0.008	0.008	1	6	5	环境年报；中国统计	☺
37	单位土地面积氨氮排放量	吨/平方公里	逆	0.823	0.297	0.126	8	8	0	中国统计；沙漠；环境年报	
38	人均氨氮排放量	吨/人	逆	0.002	0.002	0.001	10	6	−4	环境年报；中国统计	☹
39	单位耕地面积化肥施用量	万吨/千公顷	逆	0.049	0.042	0.042	11	13	2	中国统计	☺
40	单位耕地面积农药使用量	吨/千公顷	逆	17.801	10.410	10.456	13	14	1	环境年鉴；中国统计	☺
41	人均公路交通氮氧化物排放量	吨/万人	逆	51.741	24.772	6.830	1	3	2	环境年报；中国统计	☺
42	环境保护支出占财政支出比重	%	正	2.918	2.477	2.654	18	21	3	中国统计	☺
43	环境污染治理投资总额占地区生产总值比重	%	正	1.445	0.666	0.518	27	30	3	环境年鉴；中国统计	☺
44	农村人均改水、改厕的政府投资	元/人	正	52.418	49.961	67.358	13	10	−3	环境年鉴	☹
45	单位耕地面积退耕还林投资完成额	万元/千公顷	正	11.732	35.252	66.599	4	5	1	环境年鉴；中国统计	☺
46	科教文卫支出占财政支出比重	%	正	26.875	25.470	21.092	22	29	7	中国统计	☺
47	城市人均绿地面积	公顷/人	正	0.003	0.001	0.001	26	26	0	城市；中国统计	
48	城市用水普及率	%	正	96.434	91.830	90.800	27	26	−1	中国统计	☹
49	城市污水处理率	%	正	82.500	78.300	74.800	24	23	−1	环境年鉴	☹
50	城市生活垃圾无害化处理率	%	正	80.933	88.430	86.860	13	12	−1	中国统计	☹
51	城市每万人拥有公交车辆	标台	正	11.561	12.603	9.655	9	15	6	中国统计	☺
52	人均城市公共交通运营线路网长度	公里/人	正	0.001	0.000	0.000	25	26	1	中国统计；城市	☺
53	农村累计已改水受益人口占农村总人口比重	%	正	6.177	15.328	92.607	2	21	19	环境年鉴	☺
54	建成区绿化覆盖率	%	正	38.199	38.210	37.880	18	16	−2	中国统计	☹
55	人均当年新增造林面积	公顷/万人	正	62.573	31.305	47.101	19	12	−7	中国统计	☹
56	工业二氧化硫去除率	%	正	62.224	58.328	48.069	25	26	1	中国统计	☺
57	工业废水化学需氧量去除率	%	正	82.101	85.180	56.568	15	25	10	环境年报；中国统计	☺
58	工业氮氧化物去除率	%	正	5.066	5.119	2.416	12	16	4	环境年报	☺
59	工业废水氨氮去除率	%	正	78.957	91.581	30.492	4	28	24	环境年报；中国统计	☺
60	突发环境事件次数	次	逆	18	25	1	23	6	−17	中国统计	☹

年鉴说明：中国统计——《中国统计年鉴2012》；环境年鉴——《中国环境统计年鉴2012》；环境年报——《中国环境统计年报2011》；城市——《中国城市统计年鉴2012》；水利——《中国水利统计年鉴2012》；工业经济——《中国工业经济统计年鉴2012》；沙漠——《中国沙漠及其治理》。

贵州绿色发展"体检"表

序号	指标名称	单位	指标属性	2011年测评均值	2011年贵州数值	2010年贵州数值	2011年贵州排名	2010年贵州排名	排名变化	2011年数据来源	进退脸谱
1	人均地区生产总值	元/人	正	40 087	16 413	13 119	30	30	0	中国统计	
2	单位地区生产总值能耗	吨标准煤/万元	逆	1.041	1.714	2.248	27	28	1	中国统计	☺
3	非化石能源消费量占能源消费量的比重		正	NA	NA	NA	NA	NA			
4	单位地区生产总值二氧化碳排放量		逆	NA	NA	NA	NA	NA			
5	单位地区生产总值二氧化硫排放量	吨/万元	逆	0.008	0.026	0.032	29	30	1	中国统计	☺
6	单位地区生产总值化学需氧量排放量	吨/万元	逆	0.008	0.008	0.006	18	24	6	中国统计	☺
7	单位地区生产总值氮氧化物排放量	吨/万元	逆	0.008	0.013	0.006	26	18	−8	环境年报；中国统计	☹
8	单位地区生产总值氨氮排放量	吨/万元	逆	0.001	0.001	0.000	22	18	−4	环境年报；中国统计	☹
9	人均城镇生活消费用电	千瓦时/人	逆	311.585	207.023	276.165	17	21	4	城市	☺
10	第一产业劳动生产率	万元/人	正	1.866	0.609	0.520	30	30	0	中国统计	
11	土地产出率	亿元/千公顷	正	0.289	0.131	0.120	30	29	−1	中国统计	☹
12	节灌率		正	0.514	0.330	0.346	22	21	−1	水利；中国统计	☹
13	有效灌溉面积占耕地面积比重	%	正	54.220	26.781	25.232	30	30	0	中国统计	
14	第二产业劳动生产率	万元/人	正	14.026	8.763	6.507	27	29	2	中国统计	☺
15	单位工业增加值水耗	立方米/元	逆	0.007	0.019	0.026	30	30	0	中国统计	
16	规模以上单位工业增加值能耗		逆	NA	NA	NA	NA	NA			
17	工业固体废物综合利用率	%	正	66.630	52.843	50.900	24	24	0	环境年鉴	
18	工业用水重复利用率	%	正	76.327	85.000	59.340	16	24	8	环境年鉴	☺
19	六大高载能行业产值占工业总产值比重	%	逆	40.149	47.955	50.564	22	23	1	工业经济	☺
20	第三产业劳动生产率	万元/人	正	8.022	7.513	2.436	12	30	18	中国统计	☺
21	第三产业增加值比重	%	正	39.783	48.800	47.300	3	3	0	中国统计	
22	第三产业就业人员比重	%	正	36.110	21.338	38.510	30	7	−23	中国统计	☹
23	人均水资源量	立方米/人	正	1 877.761	1 802.110	2 726.760	9	10	1	中国统计	☺
24	人均森林面积	公顷/人	正	0.189	0.161	0.160	14	14	0	中国统计	
25	森林覆盖率	%	正	30.630	31.610	31.610	16	16	0	中国统计	
26	自然保护区面积占辖区面积比重	%	正	8.663	5.407	5.390	21	21	0	中国统计	
27	湿地面积占国土面积的比重	%	正	7.008	0.450	0.450	30	30	0	中国统计	
28	人均活立木总蓄积量	立方米/人	正	10.653	8.047	8.023	13	13	0	中国统计	
29	单位土地面积二氧化碳排放量		逆	NA	NA	NA	NA	NA			
30	人均二氧化碳排放量		逆	NA	NA	NA	NA	NA			
31	单位土地面积二氧化硫排放量	吨/平方公里	逆	5.956	6.269	6.522	19	19	0	中国统计；沙漠	
32	人均二氧化硫排放量	吨/人	逆	0.020	0.032	0.032	26	27	1	中国统计	☺
33	单位土地面积化学需氧量排放量	吨/平方公里	逆	6.699	1.943	1.180	6	7	1	中国统计；沙漠	☺
34	人均化学需氧量排放量	吨/人	逆	0.020	0.010	0.006	2	2	0	中国统计	

续表

序号	指标名称	单位	指标属性	2011年测评均值	2011年贵州数值	2010年贵州数值	2011年贵州排名	2010年贵州排名	排名变化	2011年数据来源	进退脸谱
35	单位土地面积氮氧化物排放量	吨/平方公里	逆	7.724	3.140	1.283	10	6	−4	中国统计；沙漠；环境年报	☹
36	人均氮氧化物排放量	吨/人	逆	0.021	0.016	0.006	13	1	−12	环境年报；中国统计	☹
37	单位土地面积氨氮排放量	吨/平方公里	逆	0.823	0.226	0.091	7	6	−1	中国统计；沙漠；环境年报	☹
38	人均氨氮排放量	吨/人	逆	0.002	0.001	0.000	2	1	−1	环境年报；中国统计	☹
39	单位耕地面积化肥施用量	万吨/千公顷	逆	0.049	0.021	0.019	4	4	0	中国统计	
40	单位耕地面积农药使用量	吨/千公顷	逆	17.801	3.226	2.885	3	2	−1	环境年鉴；中国统计	☹
41	人均公路交通氮氧化物排放量	吨/万人	逆	51.741	27.189	2.514	4	1	−3	环境年报；中国统计	☹
42	环境保护支出占财政支出比重	%	正	2.918	2.465	3.329	19	15	−4	中国统计	☹
43	环境污染治理投资总额占地区生产总值比重	%	正	1.445	1.138	0.652	21	28	7	环境年鉴；中国统计	☺
44	农村人均改水、改厕的政府投资	元/人	正	52.418	42.786	38.056	18	19	1	环境年鉴	☺
45	单位耕地面积退耕还林投资完成额	万元/千公顷	正	11.732	5.232	46.595	15	7	−8	环境年鉴；中国统计	☹
46	科教文卫支出占财政支出比重	%	正	26.875	26.990	28.218	15	9	−6	中国统计	☹
47	城市人均绿地面积	公顷/人	正	0.003	0.001	0.002	22	14	−8	城市；中国统计	☹
48	城市用水普及率	%	正	96.434	91.550	94.100	28	22	−6	中国统计	☹
49	城市污水处理率	%	正	82.500	90.700	86.800	6	8	2	环境年鉴	☺
50	城市生活垃圾无害化处理率	%	正	80.933	88.560	90.640	12	10	−2	中国统计	☹
51	城市每万人拥有公交车辆	标台	正	11.561	8.705	8.462	27	22	−5	中国统计	☹
52	人均城市公共交通运营线路网长度	公里/人	正	0.001	0.000	0.000	26	21	−5	中国统计；城市	☹
53	农村累计已改水受益人口占农村总人口比重	%	正	6.177	8.843	81.041	9	29	20	环境年鉴	☺
54	建成区绿化覆盖率	%	正	38.199	32.310	29.580	28	28	0	中国统计	
55	人均当年新增造林面积	公顷/万人	正	62.573	58.267	56.783	11	11	0	中国统计	
56	工业二氧化硫去除率	%	正	62.224	66.469	77.194	13	3	−10	中国统计	☹
57	工业废水化学需氧量去除率	%	正	82.101	66.698	78.405	27	10	−17	环境年报；中国统计	☹
58	工业氮氧化物去除率	%	正	5.066	0.167	8.530	28	5	−23	环境年报	☹
59	工业废水氨氮去除率	%	正	78.957	95.651	59.319	1	16	15	环境年报；中国统计	☺
60	突发环境事件次数	次	逆	18	7	5	12	14	2	中国统计	☺

年鉴说明：中国统计——《中国统计年鉴2012》；环境年鉴——《中国环境统计年鉴2012》；环境年报——《中国环境统计年报2011》；城市——《中国城市统计年鉴2012》；水利——《中国水利统计年鉴2012》；工业经济——《中国工业经济统计年鉴2012》；沙漠——《中国沙漠及其治理》。

云南绿色发展"体检"表

序号	指标名称	单 位	指标属性	2011年测评均值	2011年云南数值	2010年云南数值	2011年云南排名	2010年云南排名	排名变化	2011年数据来源	进退脸谱
1	人均地区生产总值	元/人	正	40 087	19 265	15 752	29	29	0	中国统计	
2	单位地区生产总值能耗	吨标准煤/万元	逆	1.041	1.162	1.438	22	23	1	中国统计	☺
3	非化石能源消费量占能源消费量的比重		正	NA	NA	NA	NA	NA			
4	单位地区生产总值二氧化碳排放量		逆	NA	NA	NA	NA	NA			
5	单位地区生产总值二氧化硫排放量	吨/万元	逆	0.008	0.010	0.008	22	20	−2	中国统计	☹
6	单位地区生产总值化学需氧量排放量	吨/万元	逆	0.008	0.008	0.004	17	16	−1	中国统计	☹
7	单位地区生产总值氮氧化物排放量	吨/万元	逆	0.008	0.008	0.007	20	23	3	环境年报；中国统计	☺
8	单位地区生产总值氨氮排放量	吨/万元	逆	0.001	0.001	0.000	18	10	−8	环境年报；中国统计	☹
9	人均城镇生活消费用电	千瓦时/人	逆	311.585	158.764	154.067	11	11	0	城市	
10	第一产业劳动生产率	万元/人	正	1.866	0.838	0.663	28	29	1	中国统计	☺
11	土地产出率	亿元/千公顷	正	0.289	0.169	0.144	26	27	1	中国统计	☺
12	节灌率		正	0.514	0.360	0.349	21	20	−1	水利；中国统计	☹
13	有效灌溉面积占耕地面积比重	%	正	54.220	26.914	26.159	29	29	0	中国统计	
14	第二产业劳动生产率	万元/人	正	14.026	9.989	8.759	23	21	−2	中国统计	☹
15	单位工业增加值水耗	立方米/元	逆	0.007	0.009	0.011	19	19	0	中国统计	
16	规模以上单位工业增加值能耗		逆	NA	NA	NA	NA	NA			
17	工业固体废物综合利用率	%	正	66.630	50.349	50.800	26	25	−1	环境年鉴	☹
18	工业用水重复利用率	%	正	76.327	82.000	64.650	18	23	5	环境年鉴	☺
19	六大高载能行业产值占工业总产值比重	%	逆	40.149	56.438	55.633	26	27	1	工业经济	☺
20	第三产业劳动生产率	万元/人	正	8.022	4.790	3.951	26	26	0	中国统计	
21	第三产业增加值比重	%	正	39.783	41.600	40.000	9	10	1	中国统计	☺
22	第三产业就业人员比重	%	正	36.110	27.499	27.005	27	28	1	中国统计	☺
23	人均水资源量	立方米/人	正	1 877.761	3 206.530	4 233.150	4	6	2	中国统计	☺
24	人均森林面积	公顷/人	正	0.189	0.393	0.395	4	4	0	中国统计	
25	森林覆盖率	%	正	30.630	47.500	47.500	7	7	0	中国统计	
26	自然保护区面积占辖区面积比重	%	正	8.663	7.770	7.800	13	13	0	中国统计	
27	湿地面积占国土面积的比重	%	正	7.008	0.610	0.610	28	28	0	中国统计	
28	人均活立木总蓄积量	立方米/人	正	10.653	36.974	37.208	3	3	0	中国统计	
29	单位土地面积二氧化碳排放量		逆	NA	NA	NA	NA	NA			
30	人均二氧化碳排放量		逆	NA	NA	NA	NA	NA			
31	单位土地面积二氧化硫排放量	吨/平方公里	逆	5.956	1.804	1.307	5	5	0	中国统计；沙漠	
32	人均二氧化硫排放量	吨/人	逆	0.020	0.015	0.011	16	5	−11	中国统计	☹
33	单位土地面积化学需氧量排放量	吨/平方公里	逆	6.699	1.448	0.700	5	5	0	中国统计；沙漠	
34	人均化学需氧量排放量	吨/人	逆	0.020	0.012	0.006	4	3	−1	中国统计	☹

续表

序号	指标名称	单位	指标属性	2011年测评均值	2011年云南数值	2010年云南数值	2011年云南排名	2010年云南排名	排名变化	2011年数据来源	进退脸谱
35	单位土地面积氮氧化物排放量	吨/平方公里	逆	7.724	1.431	1.135	5	5	0	中国统计;沙漠;环境年报	
36	人均氮氧化物排放量	吨/人	逆	0.021	0.012	0.009	7	7	0	环境年报;中国统计	
37	单位土地面积氨氮排放量	吨/平方公里	逆	0.823	0.155	0.055	5	3	−2	中国统计;沙漠;环境年报	☹
38	人均氨氮排放量	吨/人	逆	0.002	0.001	0.000	3	2	−1	环境年报;中国统计	☹
39	单位耕地面积化肥施用量	万吨/千公顷	逆	0.049	0.033	0.030	7	7	0	中国统计	
40	单位耕地面积农药使用量	吨/千公顷	逆	17.801	7.931	7.607	9	9	0	环境年鉴;中国统计	
41	人均公路交通氮氧化物排放量	吨/万人	逆	51.741	42.076	18.256	12	14	2	环境年报;中国统计	☺
42	环境保护支出占财政支出比重	%	正	2.918	3.272	3.780	11	12	1	中国统计	☺
43	环境污染治理投资总额占地区生产总值比重	%	正	1.445	1.340	1.470	14	12	−2	环境年鉴;中国统计	☹
44	农村人均改水、改厕的政府投资	元/人	正	52.418	41.720	37.163	20	20		环境年鉴	
45	单位耕地面积退耕还林投资完成额	万元/千公顷	正	11.732	12.638	27.189	11	14	3	环境年鉴;中国统计	☺
46	科教文卫支出占财政支出比重	%	正	26.875	27.090	26.926	14	13	−1	中国统计	☹
47	城市人均绿地面积	公顷/人	正	0.003	0.001	0.001	20	22	2	城市;中国统计	☺
48	城市用水普及率	%	正	96.434	95.090	96.500	21	18	−3	中国统计	☹
49	城市污水处理率	%	正	82.500	94.600	93.400	1	1	0	环境年鉴	
50	城市生活垃圾无害化处理率	%	正	80.933	74.130	88.280	22	11	−11	中国统计	☹
51	城市每万人拥有公交车辆	标台	正	11.561	10.064	9.742	20	14	−6	中国统计	☹
52	人均城市公共交通运营线路网长度	公里/人	正	0.001	0.001	0.000	11	11	0	中国统计;城市	
53	农村累计已改水受益人口占农村总人口比重	%	正	6.177	12.503	85.055	5	27	22	环境年鉴	☺
54	建成区绿化覆盖率	%	正	38.199	38.730	37.310	12	19	7	中国统计	☺
55	人均当年新增造林面积	公顷/万人	正	62.573	134.301	144.234	4	4	0	中国统计	
56	工业二氧化硫去除率	正	正	62.224	71.234	77.140	7	4	−3	中国统计	☹
57	工业废水化学需氧量去除率	%	正	82.101	76.844	77.695	25	12	−13	环境年报;中国统计	☹
58	工业氮氧化物去除率	%	正	5.066	0.587	0.000	25	30	5	环境年报	☺
59	工业废水氨氮去除率	%	正	78.957	93.082	82.158	3	7	4	环境年报;中国统计	☺
60	突发环境事件次数	次	逆	18	1	0	1	1	0	中国统计	

年鉴说明:中国统计——《中国统计年鉴2012》;环境年鉴——《中国环境统计年鉴2012》;环境年报——《中国环境统计年报2011》;城市——《中国城市统计年鉴2012》;水利——《中国水利统计年鉴2012》;工业经济——《中国工业经济统计年鉴2012》;沙漠——《中国沙漠及其治理》。

陕西绿色发展"体检"表

序号	指标名称	单 位	指标属性	2011年测评均值	2011年陕西数值	2010年陕西数值	2011年陕西排名	2010年陕西排名	排名变化	2011年数据来源	进退脸谱
1	人均地区生产总值	元/人	正	40 087	33 464	27 133	15	15	0	中国统计	
2	单位地区生产总值能耗	吨标准煤/万元	逆	1.041	0.846	1.129	12	15	3	中国统计	☺
3	非化石能源消费量占能源消费量的比重		正	NA	NA	NA	NA	NA			
4	单位地区生产总值二氧化碳排放量		逆	NA	NA	NA	NA	NA			
5	单位地区生产总值二氧化硫排放量	吨/万元	逆	0.008	0.010	0.010	23	21	-2	中国统计	☹
6	单位地区生产总值化学需氧量排放量	吨/万元	逆	0.008	0.006	0.004	11	14	3	中国统计	☺
7	单位地区生产总值氮氧化物排放量	吨/万元	逆	0.008	0.009	0.007	22	22	0	环境年报;中国统计	
8	单位地区生产总值氨氮排放量	吨/万元	逆	0.001	0.001	0.000	14	14	0	环境年报;中国统计	
9	人均城镇生活消费用电	千瓦时/人	逆	311.585	188.474	157.944	13	12	-1	城市	☹
10	第一产业劳动生产率	万元/人	正	1.866	1.453	1.140	19	22	3	中国统计	☺
11	土地产出率	亿元/千公顷	正	0.289	0.325	0.265	10	13	3	中国统计	☺
12	节灌率		正	0.514	0.676	0.664	10	9	-1	水利;中国统计	☹
13	有效灌溉面积占耕地面积比重	%	正	54.220	31.463	31.723	26	24	-2	中国统计	☹
14	第二产业劳动生产率	万元/人	正	14.026	12.929	11.834	13	11	-2	中国统计	☹
15	单位工业增加值水耗	立方米/元	逆	0.007	0.002	0.004	5	7	2	中国统计	☺
16	规模以上单位工业增加值能耗		逆	NA	NA	NA	NA	NA			
17	工业固体废物综合利用率	%	正	66.630	59.933	54.400	16	23	7	环境年鉴	☺
18	工业用水重复利用率	%	正	76.327	92.800	91.060	6	8	2	环境年鉴	☺
19	六大高载能行业产值占工业总产值比重	%	逆	40.149	36.718	34.969	16	13	-3	工业经济	☹
20	第三产业劳动生产率	万元/人	正	8.022	6.924	6.060	17	15	-2	中国统计	☹
21	第三产业增加值比重	%	正	39.783	34.800	36.400	21	19	-2	中国统计	☹
22	第三产业就业人员比重	%	正	36.110	31.569	31.157	24	25	1	中国统计	☺
23	人均水资源量	立方米/人	正	1 877.761	1 616.560	1 360.250	14	20	6	中国统计	☺
24	人均森林面积	公顷/人	正	0.189	0.205	0.205	11	11	0	中国统计	
25	森林覆盖率	%	正	30.630	37.260	37.260	11	11	0	中国统计	
26	自然保护区面积占辖区面积比重	%	正	8.663	5.700	5.640	20	20	0	中国统计	
27	湿地面积占国土面积的比重	%	正	7.008	1.420	1.420	26	26	0	中国统计	
28	人均活立木总蓄积量	立方米/人	正	10.653	9.658	9.677	10	10	0	中国统计	
29	单位土地面积二氧化碳排放量		逆	NA	NA	NA	NA	NA			
30	人均二氧化碳排放量		逆	NA	NA	NA	NA	NA			
31	单位土地面积二氧化硫排放量	吨/平方公里	逆	5.956	4.707	3.997	16	16	0	中国统计;沙漠	
32	人均二氧化硫排放量	吨/人	逆	0.020	0.025	0.021	23	21	-2	中国统计	☹
33	单位土地面积化学需氧量排放量	吨/平方公里	逆	6.699	2.863	1.579	8	9	1	中国统计;沙漠	☺
34	人均化学需氧量排放量	吨/人	逆	0.020	0.015	0.008	7	10	3	中国统计	☺

续表

序号	指标名称	单位	指标属性	2011年测评均值	2011年陕西数值	2010年陕西数值	2011年陕西排名	2010年陕西排名	排名变化	2011年数据来源	进退脸谱
35	单位土地面积氮氧化物排放量	吨/平方公里	逆	7.724	4.270	2.659	16	13	-3	中国统计；沙漠；环境年报	☹
36	人均氮氧化物排放量	吨/人	逆	0.021	0.022	0.014	23	17	-6	环境年报；中国统计	☹
37	单位土地面积氨氮排放量	吨/平方公里	逆	0.823	0.325	0.164	10	10	0	中国统计；沙漠；环境年报	
38	人均氨氮排放量	吨/人	逆	0.002	0.002	0.001	8	13	5	环境年报；中国统计	☺
39	单位耕地面积化肥施用量	万吨/千公顷	逆	0.049	0.051	0.049	17	16	-1	中国统计	☹
40	单位耕地面积农药使用量	吨/千公顷	逆	17.801	3.064	3.063	2	3	1	环境年鉴；中国统计	☺
41	人均公路交通氮氧化物排放量	吨/万人	逆	51.741	47.829	6.878	18	4	-14	环境年报；中国统计	☹
42	环境保护支出占财政支出比重	%	正	2.918	3.280	3.735	10	13	3	中国统计	☺
43	环境污染治理投资总额占地区生产总值比重	%	正	1.445	1.225	1.770	17	7	-10	环境年鉴；中国统计	☹
44	农村人均改水、改厕的政府投资	元/人	正	52.418	59.585	69.692	10	9	-1	环境年鉴	☹
45	单位耕地面积退耕还林投资完成额	万元/千公顷	正	11.732	23.672	55.298	5	6	1	环境年鉴；中国统计	☺
46	科教文卫支出占财政支出比重	%	正	26.875	27.888	27.382	12	12	0	中国统计	
47	城市人均绿地面积	公顷/人	正	0.003	0.001	0.001	28	28	0	城市；中国统计	
48	城市用水普及率	%	正	96.434	95.720	99.390	18	10	-8	中国统计	☹
49	城市污水处理率	%	正	82.500	84.000	74.200	17	24	7	环境年鉴	☺
50	城市生活垃圾无害化处理率	%	正	80.933	90.270	79.840	10	17	7	中国统计	☺
51	城市每万人拥有公交车辆	标台	正	11.561	15.592	12.636	3	3	0	中国统计	
52	人均城市公共交通运营线路网长度	公里/人	正	0.001	0.000	0.000	24	22	-2	中国统计；城市	☹
53	农村累计已改水受益人口占农村总人口比重	%	正	6.177	18.131	89.270	1	24	23	环境年鉴	☺
54	建成区绿化覆盖率	%	正	38.199	38.680	38.290	13	13	0	中国统计	
55	人均当年新增造林面积	公顷/万人	正	62.573	87.125	97.056	6	6	0	中国统计	
56	工业二氧化硫去除率	%	正	62.224	61.736	60.360	20	19	-1	中国统计	☹
57	工业废水化学需氧量去除率	%	正	82.101	80.942	66.806	19	20	1	环境年报；中国统计	☺
58	工业氮氧化物去除率	%	正	5.066	6.309	2.222	9	18	9	环境年报	☺
59	工业废水氨氮去除率	%	正	78.957	78.551	55.471	20	20	0	环境年报；中国统计	
60	突发环境事件次数	次	逆	18	2	9	6	19	13	中国统计	☺

年鉴说明：中国统计——《中国统计年鉴2012》；环境年鉴——《中国环境统计年鉴2012》；环境年报——《中国环境统计年报2011》；城市——《中国城市统计年鉴2012》；水利——《中国水利统计年鉴2012》；工业经济——《中国工业经济统计年鉴2012》；沙漠——《中国沙漠及其治理》。

甘肃绿色发展"体检"表

序号	指标名称	单 位	指标属性	2011年测评均值	2011年甘肃数值	2010年甘肃数值	2011年甘肃排名	2010年甘肃排名	排名变化	2011年数据来源	进退脸谱
1	人均地区生产总值	元/人	正	40 087	19 595	16 113	28	28	0	中国统计	
2	单位地区生产总值能耗	吨标准煤/万元	逆	1.041	1.402	1.801	24	25	1	中国统计	☺
3	非化石能源消费量占能源消费量的比重		正	NA	NA	NA	NA	NA			
4	单位地区生产总值二氧化碳排放量		逆	NA	NA	NA	NA	NA			
5	单位地区生产总值二氧化硫排放量	吨/万元	逆	0.008	0.017	0.017	27	27	0	中国统计	
6	单位地区生产总值化学需氧量排放量	吨/万元	逆	0.008	0.011	0.005	27	21	−6	中国统计	☹
7	单位地区生产总值氮氧化物排放量	吨/万元	逆	0.008	0.013	0.009	25	25	0	环境年报；中国统计	
8	单位地区生产总值氨氮排放量	吨/万元	逆	0.001	0.001	0.001	27	28	1	环境年报；中国统计	☺
9	人均城镇生活消费用电	千瓦时/人	逆	311.585	120.217	107.452	4	4	0	城市	
10	第一产业劳动生产率	万元/人	正	1.866	0.822	0.815	29	28	−1	中国统计	☹
11	土地产出率	亿元/千公顷	正	0.289	0.207	0.190	20	19	−1	中国统计	☹
12	节灌率		正	0.514	0.693	0.672	8	8	0	水利；中国统计	
13	有效灌溉面积占耕地面积比重	%	正	54.220	27.729	27.442	28	28	0	中国统计	
14	第二产业劳动生产率	万元/人	正	14.026	10.621	9.428	19	18	−1	中国统计	☹
15	单位工业增加值水耗	立方米/元	逆	0.007	0.007	0.011	17	21	4	中国统计	☺
16	规模以上单位工业增加值能耗		逆	NA	NA	NA	NA	NA			
17	工业固体废物综合利用率	%	正	66.630	51.226	46.300	25	29	4	环境年鉴	☺
18	工业用水重复利用率	%	正	76.327	92.200	87.090	10	10	0	环境年鉴	
19	六大高载能行业产值占工业总产值比重	%	逆	40.149	67.608	67.409	30	30	0	工业经济	
20	第三产业劳动生产率	万元/人	正	8.022	4.710	3.246	28	29	1	中国统计	☺
21	第三产业增加值比重	%	正	39.783	39.100	37.300	12	14	2	中国统计	☺
22	第三产业就业人员比重	%	正	36.110	23.310	33.810	29	20	−9	中国统计	☹
23	人均水资源量	立方米/人	正	1 877.761	945.367	841.656	20	21	1	中国统计	☺
24	人均森林面积	公顷/人	正	0.189	0.183	0.183	13	13	0	中国统计	
25	森林覆盖率	%	正	30.630	10.420	10.420	25	25	0	中国统计	
26	自然保护区面积占辖区面积比重	%	正	8.663	16.170	16.170	3	3	0	中国统计	
27	湿地面积占国土面积的比重	%	正	7.008	2.800	2.800	22	22	0	中国统计	
28	人均活立木总蓄积量	立方米/人	正	10.653	8.466	8.480	12	12	0	中国统计	
29	单位土地面积二氧化碳排放量		逆	NA	NA	NA	NA	NA			
30	人均二氧化碳排放量		逆	NA	NA	NA	NA	NA			
31	单位土地面积二氧化硫排放量	吨/平方公里	逆	5.956	1.856	1.642	6	6	0	中国统计；沙漠	
32	人均二氧化硫排放量	吨/人	逆	0.020	0.024	0.021	22	22	0	中国统计	
33	单位土地面积化学需氧量排放量	吨/平方公里	逆	6.699	1.180	0.499	3	4	1	中国统计；沙漠	☺
34	人均化学需氧量排放量	吨/人	逆	0.020	0.015	0.006	10	4	−6	中国统计	☹

续表

序号	指标名称	单 位	指标属性	2011年测评均值	2011年甘肃数值	2010年甘肃数值	2011年甘肃排名	2010年甘肃排名	排名变化	2011年数据来源	进退脸谱
35	单位土地面积氮氧化物排放量	吨/平方公里	逆	7.724	1.431	0.869	4	3	−1	中国统计；沙漠；环境年报	☹
36	人均氮氧化物排放量	吨/人	逆	0.021	0.019	0.011	18	11	−7	环境年报；中国统计	☹
37	单位土地面积氨氮排放量	吨/平方公里	逆	0.823	0.127	0.071	4	5	1	中国统计；沙漠；环境年报	☺
38	人均氨氮排放量	吨/人	逆	0.002	0.002	0.001	7	16	9	环境年报；中国统计	☺
39	单位耕地面积化肥施用量	万吨/千公顷	逆	0.049	0.019	0.018	2	3	1	中国统计	☺
40	单位耕地面积农药使用量	吨/千公顷	逆	17.801	14.685	9.566	16	13	−3	环境年鉴；中国统计	☹
41	人均公路交通氮氧化物排放量	吨/万人	逆	51.741	44.120	17.739	16	13	−3	环境年报；中国统计	☹
42	环境保护支出占财政支出比重	%	正	2.918	4.745	4.651	2	4	2	中国统计	☺
43	环境污染治理投资总额占地区生产总值比重	%	正	1.445	1.187	1.551	19	11	−8	环境年鉴；中国统计	☹
44	农村人均改水、改厕的政府投资	元/人	正	52.418	53.499	41.063	12	18	6	环境年鉴	☺
45	单位耕地面积退耕还林投资完成额	万元/千公顷	正	11.732	21.174	82.803	7	4	−3	环境年鉴；中国统计	☹
46	科教文卫支出占财政支出比重	%	正	26.875	26.451	25.147	18	20	2	中国统计	☺
47	城市人均绿地面积	公顷/人	正	0.003	0.001	0.001	29	29	0	城市；中国统计	
48	城市用水普及率	%	正	96.434	92.500	91.570	26	24	−2	中国统计	☹
49	城市污水处理率	%	正	82.500	68.800	62.600	27	27	0	环境年鉴	
50	城市生活垃圾无害化处理率	%	正	80.933	41.700	37.950	30	30	0	中国统计	
51	城市每万人拥有公交车辆	标台	正	11.561	9.762	8.099	22	23	1	中国统计	☺
52	人均城市公共交通运营线路网长度	公里/人	正	0.001	0.000	0.000	27	27	0	中国统计；城市	
53	农村累计已改水受益人口占农村总人口比重	%	正	6.177	10.345	97.093	8	16	8	环境年鉴	☺
54	建成区绿化覆盖率	%	正	38.199	27.850	27.120	30	30	0	中国统计	
55	人均当年新增造林面积	公顷/万人	正	62.573	74.083	89.602	9	7	−2	中国统计	☹
56	工业二氧化硫去除率	%	正	62.224	79.778	79.316	1	1	0	中国统计	
57	工业废水化学需氧量去除率	%	正	82.101	58.653	54.422	29	27	−2	环境年报；中国统计	☹
58	工业氮氧化物去除率	%	正	5.066	3.584	5.411	15	9	−6	环境年报	☹
59	工业废水氨氮去除率	%	正	78.957	46.575	46.385	30	24	−6	环境年报；中国统计	☹
60	突发环境事件次数	次	逆	18	4	10	9	22	13	中国统计	☺

年鉴说明：中国统计——《中国统计年鉴2012》；环境年鉴——《中国环境统计年鉴2012》；环境年报——《中国环境统计年报2011》；城市——《中国城市统计年鉴2012》；水利——《中国水利统计年鉴2012》；工业经济——《中国工业经济统计年鉴2012》；沙漠——《中国沙漠及其治理》。

青海绿色发展"体检"表

序号	指标名称	单位	指标属性	2011年测评均值	2011年青海数值	2010年青海数值	2011年青海排名	2010年青海排名	排名变化	2011年数据来源	进退脸谱
1	人均地区生产总值	元/人	正	40 087	29 522	24 115	21	22	1	中国统计	☺
2	单位地区生产总值能耗	吨标准煤/万元	逆	1.041	2.081	2.550	29	29	0	中国统计	
3	非化石能源消费量占能源消费量的比重		正	NA	NA	NA	NA	NA			
4	单位地区生产总值二氧化碳排放量		逆	NA	NA	NA	NA	NA			
5	单位地区生产总值二氧化硫排放量	吨/万元	逆	0.008	0.014	0.014	24	25	1	中国统计	☺
6	单位地区生产总值化学需氧量排放量	吨/万元	逆	0.008	0.009	0.008	20	28	8	中国统计	☺
7	单位地区生产总值氮氧化物排放量	吨/万元	逆	0.008	0.011	0.011	24	26	2	环境年报；中国统计	☺
8	单位地区生产总值氨氮排放量	吨/万元	逆	0.001	0.001	0.001	17	29	12	环境年报；中国统计	☺
9	人均城镇生活消费用电	千瓦时/人	逆	311.585	378.981	351.624	24	24	0	城市	
10	第一产业劳动生产率	万元/人	正	1.866	1.265	1.097	25	24	−1	中国统计	☹
11	土地产出率	亿元/千公顷	正	0.289	0.188	0.168	24	23	−1	中国统计	☹
12	节灌率		正	0.514	0.369	0.352	20	19	−1	水利；中国统计	☹
13	有效灌溉面积占耕地面积比重	%	正	54.220	46.372	46.372	16	16	0	中国统计	
14	第二产业劳动生产率	万元/人	正	14.026	13.900	11.521	11	13	2	中国统计	☺
15	单位工业增加值水耗	立方米/元	逆	0.007	0.004	0.007	10	13	3	中国统计	☺
16	规模以上单位工业增加值能耗		逆	NA	NA	NA	NA	NA			
17	工业固体废物综合利用率	%	正	66.630	56.462	42.200	21	30	9	环境年鉴	☺
18	工业用水重复利用率	%	正	76.327	46.800	44.620	26	25	−1	环境年鉴	☹
19	六大高载能行业产值占工业总产值比重	%	逆	40.149	66.346	62.224	29	29	0	工业经济	
20	第三产业劳动生产率	万元/人	正	8.022	4.961	4.607	24	21	−3	中国统计	☹
21	第三产业增加值比重	%	正	39.783	32.300	34.900	29	25	−4	中国统计	☹
22	第三产业就业人员比重	%	正	36.110	36.700	35.467	8	14	6	中国统计	☺
23	人均水资源量	立方米/人	正	1 877.761	12 956.800	13 225.000	1	1	0	中国统计	
24	人均森林面积	公顷/人	正	0.189	0.580	0.585	2	2	0	中国统计	
25	森林覆盖率	%	正	30.630	4.570	4.570	29	29	0	中国统计	
26	自然保护区面积占辖区面积比重	%	正	8.663	30.210	30.210	1	1	0	中国统计	
27	湿地面积占国土面积的比重	%	正	7.008	5.720	5.720	14	14	0	中国统计	
28	人均活立木总蓄积量	立方米/人	正	10.653	7.768	7.840	14	14	0	中国统计	
29	单位土地面积二氧化碳排放量		逆	NA	NA	NA	NA	NA			
30	人均二氧化碳排放量		逆	NA	NA	NA	NA	NA			
31	单位土地面积二氧化硫排放量	吨/平方公里	逆	5.956	0.244	0.223	1	1	0	中国统计；沙漠	
32	人均二氧化硫排放量	吨/人	逆	0.020	0.028	0.026	25	25	0	中国统计	
33	单位土地面积化学需氧量排放量	吨/平方公里	逆	6.699	0.161	0.129	1	1	0	中国统计；沙漠	
34	人均化学需氧量排放量	吨/人	逆	0.020	0.018	0.015	18	28	10	中国统计	☺

续表

序号	指标名称	单位	指标属性	2011年测评均值	2011年青海数值	2010年青海数值	2011年青海排名	2010年青海排名	排名变化	2011年数据来源	进退脸谱
35	单位土地面积氮氧化物排放量	吨/平方公里	逆	7.724	0.193	0.171	1	1	0	中国统计；沙漠；环境年报	
36	人均氮氧化物排放量	吨/人	逆	0.021	0.022	0.020	21	24	3	环境年报；中国统计	☺
37	单位土地面积氨氮排放量	吨/平方公里	逆	0.823	0.015	0.012	1	1	0	中国统计；沙漠；环境年报	
38	人均氨氮排放量	吨/人	逆	0.002	0.002	0.001	9	27	18	环境年报；中国统计	☺
39	单位耕地面积化肥施用量	万吨/千公顷	逆	0.049	0.015	0.016	1	1	0	中国统计	
40	单位耕地面积农药使用量	吨/千公顷	逆	17.801	3.676	3.799	5	5	0	环境年鉴；中国统计	
41	人均公路交通氮氧化物排放量	吨/万人	逆	51.741	56.031	40.307	22	25	3	环境年报；中国统计	☺
42	环境保护支出占财政支出比重	%	正	2.918	4.316	4.863	4	2	−2	中国统计	☹
43	环境污染治理投资总额占地区生产总值比重	%	正	1.445	1.568	1.259	10	17	7	环境年鉴；中国统计	☺
44	农村人均改水、改厕的政府投资	元/人	正	52.418	37.385	32.049	21	22	1	环境年鉴	☺
45	单位耕地面积退耕还林投资完成额	万元/千公顷	正	11.732	76.636	93.601	1	1	0	环境年鉴；中国统计	
46	科教文卫支出占财政支出比重	%	正	26.875	20.221	18.437	29	30	1	中国统计	☺
47	城市人均绿地面积	公顷/人	正	0.003	0.002	0.002	13	15	2	城市；中国统计	☺
48	城市用水普及率	%	正	96.434	99.860	99.870	5	5	0	中国统计	
49	城市污水处理率	%	正	82.500	61.000	43.500	29	30	1	环境年鉴	☺
50	城市生活垃圾无害化处理率	%	正	80.933	89.460	67.280	11	25	14	中国统计	☺
51	城市每万人拥有公交车辆	标台	正	11.561	16.935	18.304	2	1	−1	中国统计	☹
52	人均城市公共交通运营线路网长度	公里/人	正	0.001	0.001	0.001	7	8	1	中国统计；城市	☺
53	农村累计已改水受益人口占农村总人口比重	%	正	6.177	1.502	85.037	24	28	4	环境年鉴	☺
54	建成区绿化覆盖率	%	正	38.199	31.060	29.380	29	29	0	中国统计	
55	人均当年新增造林面积	公顷/万人	正	62.573	313.820	210.308	1	2	1	中国统计	☺
56	工业二氧化硫去除率	%	正	62.224	38.077	17.337	27	30	3	中国统计	☺
57	工业废水化学需氧量去除率	%	正	82.101	44.709	12.107	30	30	0	环境年报；中国统计	
58	工业氮氧化物去除率	%	正	5.066	0.000	0.058	30	27	−3	环境年报	☹
59	工业废水氨氮去除率	%	正	78.957	53.170	2.532	28	30	2	环境年报；中国统计	☺
60	突发环境事件次数	次	逆	18	1	1	1	6	5	中国统计	☺

年鉴说明：中国统计——《中国统计年鉴2012》；环境年鉴——《中国环境统计年鉴2012》；环境年报——《中国环境统计年报2011》；城市——《中国城市统计年鉴2012》；水利——《中国水利统计年鉴2012》；工业经济——《中国工业经济统计年鉴2012》；沙漠——《中国沙漠及其治理》。

宁夏绿色发展"体检"表

序号	指标名称	单位	指标属性	2011年测评均值	2011年宁夏数值	2010年宁夏数值	2011年宁夏排名	2010年宁夏排名	排名变化	2011年数据来源	进退脸谱
1	人均地区生产总值	元/人	正	40 087	33 043	26 860	16	17	1	中国统计	☺
2	单位地区生产总值能耗	吨标准煤/万元	逆	1.041	2.279	3.308	30	30	0	中国统计	
3	非化石能源消费量占能源消费量的比重		正	NA	NA	NA	NA	NA			
4	单位地区生产总值二氧化碳排放量		逆	NA	NA	NA	NA	NA			
5	单位地区生产总值二氧化硫排放量	吨/万元	逆	0.008	0.033	0.028	30	29	−1	中国统计	☹
6	单位地区生产总值化学需氧量排放量	吨/万元	逆	0.008	0.019	0.011	30	29	−1	中国统计	☹
7	单位地区生产总值氮氧化物排放量	吨/万元	逆	0.008	0.037	0.031	30	30	0	环境年报;中国统计	
8	单位地区生产总值氨氮排放量	吨/万元	逆	0.001	0.001	0.001	30	30	0	环境年报;中国统计	
9	人均城镇生活消费用电	千瓦时/人	逆	311.585	138.663	151.765	6	10	4	城市	☺
10	第一产业劳动生产率	万元/人	正	1.866	1.250	1.229	26	19	−7	中国统计	☹
11	土地产出率	亿元/千公顷	正	0.289	0.177	0.156	25	25	0	中国统计	
12	节灌率		正	0.514	0.810	0.640	5	11	6	水利;中国统计	☺
13	有效灌溉面积占耕地面积比重	%	正	54.220	43.140	41.967	18	19	1	中国统计	☺
14	第二产业劳动生产率	万元/人	正	14.026	14.917	9.690	10	16	6	中国统计	☺
15	单位工业增加值水耗	立方米/元	逆	0.007	0.005	0.009	13	15	2	中国统计	☺
16	规模以上单位工业增加值能耗		逆	NA	NA	NA	NA	NA			
17	工业固体废物综合利用率	%	正	66.630	61.244	57.500	15	19	4	环境年鉴	☺
18	工业用水重复利用率	%	正	76.327	91.000	91.180	11	7	−4	环境年鉴	☹
19	六大高载能行业产值占工业总产值比重	%	逆	40.149	61.765	59.492	28	28	0	工业经济	
20	第三产业劳动生产率	万元/人	正	8.022	7.512	6.259	13	14	1	中国统计	☺
21	第三产业增加值比重	%	正	39.783	41.000	41.600	10	8	−2	中国统计	☹
22	第三产业就业人员比重	%	正	36.110	34.747	34.193	18	18	0	中国统计	
23	人均水资源量	立方米/人	正	1 877.761	137.691	148.185	27	28	1	中国统计	☺
24	人均森林面积	公顷/人	正	0.189	0.080	0.081	21	21	0	中国统计	
25	森林覆盖率		正	30.630	9.840	9.840	26	26	0	中国统计	
26	自然保护区面积占辖区面积比重	%	正	8.663	10.340	9.790	9	10	1	中国统计	☺
27	湿地面积占国土面积的比重	%	正	7.008	3.850	3.850	17	17	0	中国统计	
28	人均活立木总蓄积量	立方米/人	正	10.653	0.979	0.989	25	25	0	中国统计	
29	单位土地面积二氧化碳排放量		逆	NA	NA	NA	NA	NA			
30	人均二氧化碳排放量		逆	NA	NA	NA	NA	NA			
31	单位土地面积二氧化硫排放量	吨/平方公里	逆	5.956	9.029	6.837	26	21	−5	中国统计;沙漠	☹
32	人均二氧化硫排放量	吨/人	逆	0.020	0.065	0.049	30	29	−1	中国统计	☹
33	单位土地面积化学需氧量排放量	吨/平方公里	逆	6.699	5.141	2.677	15	14	−1	中国统计;沙漠	☹
34	人均化学需氧量排放量	吨/人	逆	0.020	0.037	0.019	28	29	1	中国统计	☺

续表

序号	指标名称	单位	指标属性	2011年测评均值	2011年宁夏数值	2010年宁夏数值	2011年宁夏排名	2010年宁夏排名	排名变化	2011年数据来源	进退脸谱
35	单位土地面积氮氧化物排放量	吨/平方公里	逆	7.724	10.080	7.678	25	24	-1	中国统计;沙漠;环境年报	☹
36	人均氮氧化物排放量	吨/人	逆	0.021	0.072	0.055	30	30	0	环境年报;中国统计	
37	单位土地面积氨氮排放量	吨/平方公里	逆	0.823	0.396	0.286	13	16	3	中国统计;沙漠;环境年报	☺
38	人均氨氮排放量	吨/人	逆	0.002	0.003	0.002	30	30	0	环境年报;中国统计	
39	单位耕地面积化肥施用量	万吨/千公顷	逆	0.049	0.035	0.034	8	9	1	中国统计	☺
40	单位耕地面积农药使用量	吨/千公顷	逆	17.801	2.432	2.385	1	1	0	环境年鉴;中国统计	
41	人均公路交通氮氧化物排放量	吨/万人	逆	51.741	109.462	33.694	29	22	-7	环境年报;中国统计	☹
42	环境保护支出占财政支出比重	%	正	2.918	4.991	5.522	1	1	0	中国统计	
43	环境污染治理投资总额占地区生产总值比重	%	正	1.445	2.730	2.042	2	5	3	环境年鉴;中国统计	☺
44	农村人均改水、改厕的政府投资	元/人	正	52.418	103.407	114.056	2	2	0	环境年鉴	
45	单位耕地面积退耕还林投资完成额	万元/千公顷	正	11.732	13.825	88.794	10	3	-7	环境年鉴;中国统计	☹
46	科教文卫支出占财政支出比重	%	正	26.875	23.504	24.692	25	21	-4	中国统计	☹
47	城市人均绿地面积	公顷/人	正	0.003	0.003	0.003	7	7	0	城市;中国统计	
48	城市用水普及率	%	正	96.434	95.450	98.230	20	13	-7	中国统计	☹
49	城市污水处理率	%	正	82.500	80.200	78.000	22	20	-2	环境年鉴	☹
50	城市生活垃圾无害化处理率	%	正	80.933	66.950	92.530	25	6	-19	中国统计	☹
51	城市每万人拥有公交车辆	标台	正	11.561	11.239	10.629	13	8	-5	中国统计	☹
52	人均城市公共交通运营线路网长度	公里/人	正	0.001	0.001	0.001	9	9	0	中国统计;城市	
53	农村累计已改水受益人口占农村总人口比重	%	正	6.177	0.703	94.556	28	19	-9	环境年鉴	☹
54	建成区绿化覆盖率	%	正	38.199	37.450	38.750	19	11	-8	中国统计	☹
55	人均当年新增造林面积	公顷/万人	正	62.573	142.215	150.906	3	3	0	中国统计	
56	工业二氧化硫去除率	%	正	62.224	67.978	65.412	11	12	1	中国统计	☺
57	工业废水化学需氧量去除率	%	正	82.101	78.165	72.496	22	16	-6	环境年报;中国统计	☹
58	工业氮氧化物去除率	%	正	5.066	5.648	0.057	10	28	18	环境年报	☺
59	工业废水氨氮去除率	%	正	78.957	89.813	87.153	8	4	-4	环境年报;中国统计	☹
60	突发环境事件次数	次	逆	18	1	3	1	10	9	中国统计	☺

年鉴说明：中国统计——《中国统计年鉴2012》；环境年鉴——《中国环境统计年鉴2012》；环境年报——《中国环境统计年报2011》；城市——《中国城市统计年鉴2012》；水利——《中国水利统计年鉴2012》；工业经济——《中国工业经济统计年鉴2012》；沙漠——《中国沙漠及其治理》。

新疆绿色发展"体检"表

序号	指标名称	单 位	指标属性	2011年测评均值	2011年新疆数值	2010年新疆数值	2011年新疆排名	2010年新疆排名	排名变化	2011年数据来源	进退脸谱
1	人均地区生产总值	元/人	正	40 087	30 087	25 034	19	19	0	中国统计	
2	单位地区生产总值能耗	吨标准煤/万元	逆	1.041	1.631	1.292	26	21	−5	中国统计	☹
3	非化石能源消费量占能源消费量的比重		正	NA	NA	NA	NA	NA			
4	单位地区生产总值二氧化碳排放量		逆	NA	NA	NA	NA	NA			
5	单位地区生产总值二氧化硫排放量	吨/万元	逆	0.008	0.016	0.014	26	24	−2	中国统计	☹
6	单位地区生产总值化学需氧量排放量	吨/万元	逆	0.008	0.014	0.007	28	27	−1	中国统计	☹
7	单位地区生产总值氮氧化物排放量	吨/万元	逆	0.008	0.016	0.014	28	28	0	环境年报；中国统计	
8	单位地区生产总值氨氮排放量	吨/万元	逆	0.001	0.001	0.001	24	27	3	环境年报；中国统计	☺
9	人均城镇生活消费用电	千瓦时/人	逆	311.585	558.355	542.415	26	27	1	城市	☺
10	第一产业劳动生产率	万元/人	正	1.866	2.531	2.503	6	3	−3	中国统计	☹
11	土地产出率	亿元/千公顷	正	0.289	0.289	0.289	13	10	−3	中国统计	☹
12	节灌率		正	0.514	0.835	0.801	2	2	0	水利；中国统计	
13	有效灌溉面积占耕地面积比重	%	正	54.220	94.181	90.230	1	2	1	中国统计	☺
14	第二产业劳动生产率	万元/人	正	14.026	23.998	21.959	2	3	1	中国统计	☺
15	单位工业增加值水耗	立方米/元	逆	0.007	0.004	0.007	12	11	−1	中国统计	☹
16	规模以上单位工业增加值能耗		逆	NA	NA	NA	NA	NA			
17	工业固体废物综合利用率	%	正	66.630	54.378	47.500	23	26	3	环境年鉴	☺
18	工业用水重复利用率	%	正	76.327	12.500	11.960	30	29	−1	环境年鉴	☹
19	六大高载能行业产值占工业总产值比重	%	逆	40.149	53.519	51.070	25	25	0	工业经济	
20	第三产业劳动生产率	万元/人	正	8.022	7.049	6.052	16	16	0	中国统计	
21	第三产业增加值比重	%	正	39.783	34.000	32.500	25	29	4	中国统计	☺
22	第三产业就业人员比重	%	正	36.110	35.705	34.793	14	16	2	中国统计	☺
23	人均水资源量	立方米/人	正	1 877.761	4 031.340	5 125.240	3	3	0	中国统计	
24	人均森林面积	公顷/人	正	0.189	0.300	0.303	5	5	0	中国统计	
25	森林覆盖率	%	正	30.630	4.020	4.020	30	30	0	中国统计	
26	自然保护区面积占辖区面积比重	%	正	8.663	12.950	12.950	5	5	0	中国统计	
27	湿地面积占国土面积的比重	%	正	7.008	0.860	0.860	27	27	0	中国统计	
28	人均活立木总蓄积量	立方米/人	正	10.653	15.355	15.521	6	6	0	中国统计	
29	单位土地面积二氧化碳排放量		逆	NA	NA	NA	NA	NA			
30	人均二氧化碳排放量		逆	NA	NA	NA	NA	NA			
31	单位土地面积二氧化硫排放量	吨/平方公里	逆	5.956	0.802	0.618	2	2	0	中国统计；沙漠	
32	人均二氧化硫排放量	吨/人	逆	0.020	0.035	0.027	27	26	−1	中国统计	☹
33	单位土地面积化学需氧量排放量	吨/平方公里	逆	6.699	0.707	0.311	2	2	0	中国统计；沙漠	
34	人均化学需氧量排放量	吨/人	逆	0.020	0.031	0.014	26	27	1	中国统计	☺

续表

序号	指标名称	单　位	指标属性	2011年测评均值	2011年新疆数值	2010年新疆数值	2011年新疆排名	2010年新疆排名	排名变化	2011年数据来源	进退脸谱
35	单位土地面积氮氧化物排放量	吨/平方公里	逆	7.724	0.793	0.635	2	2	0	中国统计；沙漠；环境年报	
36	人均氮氧化物排放量	吨/人	逆	0.021	0.034	0.028	27	28	1	环境年报；中国统计	☺
37	单位土地面积氨氮排放量	吨/平方公里	逆	0.823	0.049	0.028	2	2	0	中国统计；沙漠；环境年报	
38	人均氨氮排放量	吨/人	逆	0.002	0.002	0.001	20	24	4	环境年报；中国统计	☺
39	单位耕地面积化肥施用量	万吨/千公顷	逆	0.049	0.045	0.041	13	11	-2	中国统计	☹
40	单位耕地面积农药使用量	吨/千公顷	逆	17.801	4.689	4.411	6	6		环境年鉴；中国统计	
41	人均公路交通氮氧化物排放量	吨/万人	逆	51.741	130.379	70.220	30	30		环境年报；中国统计	
42	环境保护支出占财政支出比重	%	正	2.918	2.349	3.003	21	17	-4	中国统计	☹
43	环境污染治理投资总额占地区生产总值比重	%	正	1.445	2.008	1.442	7	14	7	环境年鉴；中国统计	☺
44	农村人均改水、改厕的政府投资	元/人	正	52.418	81.603	73.797	6	8	2	环境年鉴	☺
45	单位耕地面积退耕还林投资完成额	万元/千公顷	正	11.732	6.875	17.457	13	18	5	环境年鉴；中国统计	☺
46	科教文卫支出占财政支出比重	%	正	26.875	26.543	27.753	17	10	-7	中国统计	☹
47	城市人均绿地面积	公顷/人	正	0.003	0.016	0.013	2	2	0	城市；中国统计	
48	城市用水普及率	%	正	96.434	99.170	99.170	9	11	2	中国统计	☺
49	城市污水处理率	%	正	82.500	77.000	73.300	25	26	1	环境年鉴	☺
50	城市生活垃圾无害化处理率	%	正	80.933	79.480	70.580	20	22	2	中国统计	☺
51	城市每万人拥有公交车辆	标台	正	11.561	13.461	11.655	6	6	0	中国统计	
52	人均城市公共交通运营线路网长度	公里/人	正	0.001	0.003	0.004	1	1	0	中国统计；城市	
53	农村累计已改水受益人口占农村总人口比重	%	正	6.177	8.455	76.971	11	30	19	环境年鉴	☺
54	建成区绿化覆盖率	%	正	38.199	36.640	36.420	22	22	0	中国统计	
55	人均当年新增造林面积	公顷/万人	正	62.573	98.733	115.845	5	5	0	中国统计	
56	工业二氧化硫去除率	%	正	62.224	26.846	25.680	30	28	-2	中国统计	☹
57	工业废水化学需氧量去除率	%	正	82.101	66.372	50.510	28	29	1	环境年报；中国统计	☺
58	工业氮氧化物去除率	%	正	5.066	0.018	0.212	29	25	-4	环境年报	☹
59	工业废水氨氮去除率	%	正	78.957	83.038	81.867	15	8	-7	环境年报；中国统计	☹
60	突发环境事件次数	次	逆	18	6	6	11	16	5	中国统计	☺

　　年鉴说明：中国统计——《中国统计年鉴2012》；环境年鉴——《中国环境统计年鉴2012》；环境年报——《中国环境统计年报2011》；城市——《中国城市统计年鉴2012》；水利——《中国水利统计年鉴2012》；工业经济——《中国工业经济统计年鉴2012》；沙漠——《中国沙漠及其治理》。

如何解读城市"绿色体检"表

　　城市"绿色体检"表包含了中国绿色发展指数（城市）38 个测评城市 44 个绿色发展三级指标的指标序号、指标名称、单位、指标口径、指标属性、38 个城市测评均值、2011 年该城市指标数值、2010 年该城市指标数值、2011 年该城市指标排名、2010 年该城市指标排名、前后两年排名变化、数据来源及"进退脸谱"13 项内容。其中，指标序号、指标名称、单位、指标口径、指标属性、38 个城市测评均值及数据来源这 7 项内容在每个城市"绿色发展体检"表中都是相同的，反映的是整个中国绿色发展指数（城市）44 个绿色发展三级指标的具体情况。2011 年该城市指标数值、2010 年该城市指标数值、2011 年该城市指标排名、2010 年该城市指标排名及前后两年排名变化这 5 项内容在每个表中均不同，反映每个测评城市三级指标的原始数据及其相应的排名、变化。而最后的"进退脸谱"是根据指标排名变化而制作的：若 2011 年指标数值排名较 2010 年有所进步，即给该项指标一个笑脸，以表示鼓励；若 2011 年指标数值排名较 2010 年有所退步，则给该项指标一个哭脸，以表示激励；若该项指标排名两年基本没有变化，则无脸谱表示。若该项指标在统计年鉴中没有数据，则用 NA 表示，待日后补全。城市"绿色体检"表全面地反映了每个测评城市在绿色发展各个方面的具体表现。

北京市绿色发展"体检"表

序号	指标名称	单 位	口 径	指标属性	2011年测评均值	2011年北京市数值	2010年北京市数值	2011年北京市排名	2010年北京市排名	排名变化	2011年数据来源	进退脸谱
1	人均地区生产总值	元/人	全市	正	65 651	81 658	75 943	11	8	−3	区域经济	☹
2	单位地区生产总值能耗	吨/万元	全市	逆	0.595	0.139	0.184	9	3	−6	区域经济；城市	☹
3	人均城镇生活消费用电	千瓦时/人	全市	逆	688.162	1 112.980	1 084.516	33	34	1	城市	☺
4	单位地区生产总值二氧化碳排放量			逆	NA	NA	NA	NA	NA			
5	单位地区生产总值二氧化硫排放量	吨/亿元	全市	逆	40.633	7.738	9.867	4	4	0	区域经济；环境年报2011	
6	单位地区生产总值化学需氧量排放量	吨/亿元	全市	逆	20.423	8.427	7.890	4	3	−1	区域经济；环境年报2011	☹
7	单位地区生产总值氮氧化物排放量	吨/亿元	全市	逆	34.969	8.104	19.128	5	6	1	区域经济；环境年报2011	☺
8	单位地区生产总值氨氮排放量	吨/亿元	全市	逆	3.392	1.265	1.040	2	6	4	区域经济；环境年报2011	☺
9	第一产业劳动生产率	万元/人	全市	正	535.071	48.755	2.013	34	21	−13	区域经济；城市	☹
10	第二产业劳动生产率	万元/人	全市	正	39.262	23.653	16.845	33	8	−25	区域经济；城市	☹
11	单位工业增加值水耗	万吨/万元	全市	逆	189.548	155.091	0.019	18	17	−1	区域经济；环境年报2011	☹
12	单位工业增加值能耗		全市	逆	NA	NA	NA	NA	NA			
13	工业固体废物综合利用率	%	全市	正	86.776	66.500	65.800	34	34	0	环境年报2011	
14	工业用水重复利用率	%	全市	正	75.192	95.545	96.304	4	3	−1	环境年报2011	☹
15	第三产业劳动生产率	万元/人	全市	正	36.578	24.490	14.097	30	6	−24	区域经济；城市	☹
16	第三产业增加值比重	%	全市	正	47.441	76.070	75.110	1	1	0	城市	
17	第三产业就业人员比重	%	全市	正	49.627	75.447	74.399	1	1	0	区域经济	
18	人均水资源量	立方米/人	全市	正	907.111	211.452	190.014	31	32	1	城市	☺
19	单位土地面积二氧化碳排放量			逆	NA	NA	NA	NA	NA			
20	人均二氧化碳排放量			逆	NA	NA	NA	NA	NA			
21	单位土地面积二氧化硫排放量	吨/平方公里	全市	逆	10.514	5.944	7.011	12	13	1	环境年报2011；城市	☺

续表

序号	指标名称	单 位	口 径	指标属性	2011年测评均值	2011年北京市数值	2010年北京市数值	2011年北京市排名	2010年北京市排名	排名变化	2011年数据来源	进退脸谱
22	人均二氧化硫排放量	吨/万人	全市	逆	225.184	76.930	91.907	8	6	-2	环境年报2011；城市	☹
23	单位土地面积化学需氧量排放量	吨/平方公里	全市	逆	8.116	6.472	5.606	23	20	-3	环境年报2011；城市	☹
24	人均化学需氧量排放量	吨/万人	全市	逆	114.136	83.772	73.491	11	10	-1	环境年报2011；城市	☹
25	单位土地面积氮氧化物排放量	吨/平方公里	全市	逆	11.285	6.224	13.591	14	26	12	环境年报2011；城市	☺
26	人均氮氧化物排放量	吨/万人	全市	逆	208.761	80.562	178.172	7	17	10	环境年报2011；城市	☺
27	单位土地面积氨氮排放量	吨/平方公里	全市	逆	1.387	0.972	0.739	22	25	3	环境年报2011；城市	☺
28	人均氨氮排放量	吨/万人	全市	逆	19.239	12.577	9.687	10	15	5	环境年报2011；城市	☺
29	空气质量达到二级以上天数占全年比重	%	市辖区	正	90.522	78.300	78.300	36	35	-1	环境保护部数据	☹
30	首要污染物可吸入颗粒物天数占全年比重	%	市辖区	逆	73.590	78.630	84.110	20	27	7	环境保护部数据	☺
31	可吸入细颗粒物（PM2.5）浓度年均值		市辖区	逆	NA	NA	NA	NA	NA			
32	环境保护支出占财政支出比重	%	全市	正	2.146	2.777	2.239	9	23	14	统计；城市	☺
33	工业污染治理投资额占地区生产总值比重	%	全市	正	0.078	0.014	0.014	29	29	0	区域经济；环境年报2011	
34	科教文卫支出占财政支出比重	%	全市	正	26.226	31.218	32.315	5	2	-3	统计；区域经济；城市	☹
35	人均绿地面积	平方米	市辖区	正	676.995	1 267.900	53.000	3	15	12	城市	☺
36	建成区绿化覆盖率	%	市辖区	正	40.342	45.600	55.100	3	1	-2	城市建设	☹
37	用水普及率	%	市辖区	正	98.746	100.000	100.000	1	1	0	城市建设	
38	城市生活污水处理率	%	市辖区	正	87.741	81.680	82.090	31	30	-1	城市建设	☹
39	生活垃圾无害化处理率	%	市辖区	正	92.101	98.240	96.950	21	21	0	城市建设	
40	万人拥有公交车辆	辆	市辖区	正	16.178	17.920	18.150	5	7	2	城市	☺
41	工业二氧化硫去除率	%	全市	正	56.941	62.112	69.559	19	11	-8	环境年报2011	☹
42	工业废水化学需氧量去除率	%	全市	正	85.401	91.248	88.478	11	10	-1	环境年报2011	☹
43	工业氮氧化物去除率	%	全市	正	6.658	10.891	1.077	8	21	13	环境年报2011	☺
44	工业废水氨氮去除率	%	全市	正	79.173	86.405	76.160	13	15	2	环境年报2011	☺

年鉴说明：区域经济——《中国区域经济统计年鉴2012》；城市——《中国城市统计年鉴2012》；统计——《中国统计年鉴2012》；城市建设——《中国城市建设统计年鉴2011》；环境年报2011——《中国环境统计年报2011》；环境年鉴——《中国环境统计年鉴2012》；环保部数据——环境保护数据中心。

天津市绿色发展"体检"表

序号	指标名称	单位	口径	指标属性	2011年测评均值	2011年天津市数值	2010年天津市数值	2011年天津市排名	2010年天津市排名	排名变化	2011年数据来源	进退脸谱
1	人均地区生产总值	元/人	全市	正	65 650.947	85 213.000	72 994.000	9	9	0	区域经济	
2	单位地区生产总值能耗	吨/万元	全市	逆	0.595	0.840	0.877	28	25	−3	区域经济；城市	☹
3	人均城镇生活消费用电	千瓦时/人	全市	逆	688.162	669.911	686.172	28	29	1	城市	☺
4	单位地区生产总值二氧化碳排放量			逆	NA	NA	NA	NA	NA			
5	单位地区生产总值二氧化硫排放量	吨/亿元	全市	逆	40.633	25.532	30.258	18	22	4	区域经济；环境年报2011	☺
6	单位地区生产总值化学需氧量排放量	吨/亿元	全市	逆	20.423	13.345	16.981	14	16	2	区域经济；环境年报2011	☺
7	单位地区生产总值氮氧化物排放量	吨/亿元	全市	逆	34.969	33.656	31.617	25	18	−7	区域经济；环境年报2011	☹
8	单位地区生产总值氨氮排放量	吨/亿元	全市	逆	3.392	2.253	2.544	11	23	12	区域经济；环境年报2011	☺
9	第一产业劳动生产率	万元/人	全市	正	535.071	243.290	1.946	22	24	2	区域经济；城市	☺
10	第二产业劳动生产率	万元/人	全市	正	39.262	46.391	16.596	11	10	−1	区域经济；城市	☹
11	单位工业增加值水耗	万吨/万元	全市	逆	189.548	195.090	0.026	25	22	−3	区域经济；环境年报2011	☹
12	单位工业增加值能耗		全市	逆	NA	NA	NA	NA	NA			
13	工业固体废物综合利用率	%	全市	正	86.776	99.500	98.600	1	6	5	环境年报2011	☺
14	工业用水重复利用率	%	全市	正	75.192	96.083	93.772	3	11	8	环境年报2011	☺
15	第三产业劳动生产率	万元/人	全市	正	36.578	48.104	12.598	8	10	2	区域经济；城市	☺
16	第三产业增加值比重	%	全市	正	47.441	46.160	45.950	22	23	1	城市	☺
17	第三产业就业人员比重	%	全市	正	49.627	40.934	48.374	31	14	−17	区域经济	☹
18	人均水资源量	立方米/人	全市	正	907.111	155.244	93.415	34	37	3	城市	☺
19	单位土地面积二氧化碳排放量			逆	NA	NA	NA	NA	NA			
20	人均二氧化碳排放量			逆	NA	NA	NA	NA	NA			
21	单位土地面积二氧化硫排放量	吨/平方公里	全市	逆	10.514	19.639	19.996	35	33	−2	环境年报2011；城市	☹

序号	指标名称	单位	口径	指标属性	2011年测评均值	2011年天津市数值	2010年天津市数值	2011年天津市排名	2010年天津市排名	排名变化	2011年数据来源	进退脸谱
22	人均二氧化硫排放量	吨/万人	全市	逆	225.184	233.127	239.375	26	27	1	环境年报2011；城市	☺
23	单位土地面积化学需氧量排放量	吨/平方公里	全市	逆	8.116	10.265	11.222	30	31	1	环境年报2011；城市	☺
24	人均化学需氧量排放量	吨/万人	全市	逆	114.136	121.850	134.340	24	25	1	环境年报2011；城市	☺
25	单位土地面积氮氧化物排放量	吨/平方公里	全市	逆	11.285	25.888	20.893	35	30	−5	环境年报2011；城市	☹
26	人均氮氧化物排放量	吨/万人	全市	逆	208.761	307.305	250.120	30	29	−1	环境年报2011；城市	☹
27	单位土地面积氨氮排放量	吨/平方公里	全市	逆	1.387	1.733	1.681	30	35	5	环境年报2011；城市	☺
28	人均氨氮排放量	吨/万人	全市	逆	19.239	20.572	20.129	26	32	6	环境年报2011；城市	☺
29	空气质量达到二级以上天数占全年比重	%	市辖区	正	90.522	87.910	84.340	25	30	5	环境保护部数据	☺
30	首要污染物可吸入颗粒物天数占全年比重	%	市辖区	逆	73.590	72.329	68.219	16	15	−1	环境保护部数据	☹
31	可吸入细颗粒物（PM2.5）浓度年均值		市辖区	正	NA	NA	NA	NA	NA			
32	环境保护支出占财政支出比重	%	全市	正	2.146	1.774	1.968	13	28	15	统计；城市	☺
33	工业污染治理投资额占地区生产总值比重	%	全市	正	0.078	0.179	0.179	6	6	0	区域经济；环境年报2011	
34	科教文卫支出占财政支出比重	%	全市	正	26.226	26.824	25.060	14	7	−7	统计；区域经济；城市	☹
35	人均绿地面积	平方米	市辖区	正	676.995	990.700	24.000	7	33	26	城市	☺
36	建成区绿化覆盖率	%	市辖区	正	40.342	34.530	32.060	37	37	0	城市建设	
37	用水普及率	%	市辖区	正	98.746	100.000	100.000	1	1	0	城市建设	
38	城市生活污水处理率	%	市辖区	正	87.741	86.750	85.300	24	26	2	城市建设	☺
39	生活垃圾无害化处理率	%	市辖区	正	92.101	100.000	100.000	1	1	0	城市建设	
40	万人拥有公交车辆	辆	市辖区	正	16.178	9.420	8.870	36	34	−2	城市	☹
41	工业二氧化硫去除率	%	全市	正	56.941	61.658	63.217	20	17	−3	环境年报2011	☹
42	工业废水化学需氧量去除率	%	全市	正	85.401	84.590	70.216	25	31	6	环境年报2011	☺
43	工业氮氧化物去除率	%	全市	正	6.658	3.226	14.782	18	6	−12	环境年报2011	☹
44	工业废水氨氮去除率	%	全市	正	79.173	52.264	24.857	36	35	−1	环境年报2011	☹

年鉴说明：区域经济——《中国区域经济统计年鉴2012》；城市——《中国城市统计年鉴2012》；统计——《中国统计年鉴2012》；城市建设——《中国城市建设统计年鉴2011》；环境年报2011——《中国环境统计年报2011》；环境年鉴——《中国环境统计年鉴2012》；环保部数据——环境保护部数据中心。

石家庄市绿色发展"体检"表

序号	指标名称	单位	口径	指标属性	2011年测评均值	2011年石家庄市数值	2010年石家庄市数值	2011年石家庄市排名	2010年石家庄市排名	排名变化	2011年数据来源	进退脸谱
1	人均地区生产总值	元/人	全市	正	65 651	39 919	33 915	31	32	1	区域经济	☺
2	单位地区生产总值能耗	吨/万元	全市	逆	0.595	0.163	0.875	10	24	14	区域经济；城市	☺
3	人均城镇生活消费用电	千瓦时/人	全市	逆	688.162	182.482	162.823	1	1	0	城市	
4	单位地区生产总值二氧化碳排放量			逆	NA	NA	NA	NA	NA			
5	单位地区生产总值二氧化硫排放量	吨/亿元	全市	逆	40.633	58.249	57.006	29	29	0	区域经济；环境年报2011	
6	单位地区生产总值化学需氧量排放量	吨/亿元	全市	逆	20.423	15.569	37.644	19	31	12	区域经济；环境年报2011	☺
7	单位地区生产总值氮氧化物排放量	吨/亿元	全市	逆	34.969	61.329	56.393	32	29	−3	区域经济；环境年报2011	☹
8	单位地区生产总值氨氮排放量	吨/亿元	全市	逆	3.392	2.698	3.040	16	27	11	区域经济；环境年报2011	☺
9	第一产业劳动生产率	万元/人	全市	正	535.071	1 012.200	2.509	8	16	8	区域经济；城市	☺
10	第二产业劳动生产率	万元/人	全市	正	39.262	65.960	9.035	3	36	33	区域经济；城市	☺
11	单位工业增加值水耗	万吨/万元	全市	逆	189.548	371.494	0.049	35	34	−1	区域经济；环境年报2011	☹
12	单位工业增加值能耗		全市	逆	NA	NA	NA	NA	NA			
13	工业固体废物综合利用率	%	全市	正	86.776	91.900	93.400	21	19	−2	环境年报2011	☹
14	工业用水重复利用率	%	全市	正	75.192	93.705	95.358	7	7	0	环境年报2011	
15	第三产业劳动生产率	万元/人	全市	正	36.578	30.713	7.673	21	29	8	区域经济；城市	☺
16	第三产业增加值比重	%	全市	正	47.441	40.070	40.510	32	35	3	城市	☺
17	第三产业就业人员比重	%	全市	正	49.627	63.550	35.556	3	35	32	区域经济	☺
18	人均水资源量	立方米/人	全市	正	907.111	177.205	133.345	33	35	2	城市	☺
19	单位土地面积二氧化碳排放量			逆	NA	NA	NA	NA	NA			
20	人均二氧化碳排放量			逆	NA	NA	NA	NA	NA			
21	单位土地面积二氧化硫排放量	吨/平方公里	全市	逆	10.514	13.076	11.426	27	26	−1	环境年报2011；城市	☹

续表

序号	指标名称	单位	口径	指标属性	2011年测评均值	2011年石家庄市数值	2010年石家庄市数值	2011年石家庄市排名	2010年石家庄市排名	排名变化	2011年数据来源	进退脸谱
22	人均二氧化硫排放量	吨/万人	全市	逆	225.184	208.652	184.157	25	22	−3	环境年报2011；城市	☹
23	单位土地面积化学需氧量排放量	吨/平方公里	全市	逆	8.116	3.495	7.545	12	26	14	环境年报2011；城市	☺
24	人均化学需氧量排放量	吨/万人	全市	逆	114.136	55.769	121.609	5	22	17	环境年报2011；城市	☺
25	单位土地面积氮氧化物排放量	吨/平方公里	全市	逆	11.285	13.768	11.303	28	25	−3	环境年报2011；城市	☹
26	人均氮氧化物排放量	吨/万人	全市	逆	208.761	219.685	182.178	25	19	−6	环境年报2011；城市	☹
27	单位土地面积氨氮排放量	吨/平方公里	全市	逆	1.387	0.606	0.609	11	21	10	环境年报2011；城市	☺
28	人均氨氮排放量	吨/万人	全市	逆	19.239	9.665	9.822	2	17	15	环境年报2011；城市	☺
29	空气质量达到二级以上天数占全年比重	%	市辖区	正	90.522	87.640	87.360	26	21	−5	环境保护部数据	☹
30	首要污染物可吸入颗粒物天数占全年比重	%	市辖区	逆	73.590	83.562	83.562	28	25	−3	环境保护部数据	☹
31	可吸入细颗粒物（PM2.5）浓度年均值		市辖区	逆	NA	NA	NA	NA	NA			
32	环境保护支出占财政支出比重	%	全市	正	2.146	1.105	2.846	26	18	−8	统计；城市	☹
33	工业污染治理投资额占地区生产总值比重	%	全市	正	0.078	0.032	0.032	21	21	0	区域经济；环境年报2011	
34	科教文卫支出占财政支出比重	%	全市	正	26.226	33.963	20.576	2	19	17	统计；区域经济；城市	☺
35	人均绿地面积	平方米	市辖区	正	676.995	993.200	36.000	5	21	16	城市	☺
36	建成区绿化覆盖率	%	市辖区	正	40.342	47.120	43.030	2	8	6	城市建设	☺
37	用水普及率	%	市辖区	正	98.746	100.000	100.000	1	1	0	城市建设	
38	城市生活污水处理率	%	市辖区	正	87.741	95.460	95.380	7	8	1	城市建设	☺
39	生活垃圾无害化处理率	%	市辖区	正	92.101	100.000	100.000	1	1	0	城市建设	
40	万人拥有公交车辆	辆	市辖区	正	16.178	19.240	18.290	4	6	2	城市	☺
41	工业二氧化硫去除率	%	全市	正	56.941	69.315	72.915	11	10	−1	环境年报2011	☹
42	工业废水化学需氧量去除率	%	全市	正	85.401	84.574	81.431	26	22	−4	环境年报2011	☹
43	工业氮氧化物去除率	%	全市	正	6.658	0.922	0.408	24	23	−1	环境年报2011	☹
44	工业废水氨氮去除率	%	全市	正	79.173	67.429	73.794	31	18	−13	环境年报2011	☹

年鉴说明：区域经济——《中国区域经济统计年鉴2012》；城市——《中国城市统计年鉴2012》；统计——《中国统计年鉴2012》；城市建设——《中国城市建设统计年鉴2011》；环境年报2011——《中国环境统计年报2011》；环境年鉴——《中国环境统计年鉴2012》；环保部数据——环境保护数据中心。

太原市绿色发展"体检"表

序号	指标名称	单位	口径	指标属性	2011年测评均值	2011年太原市数值	2010年太原市数值	2011年太原市排名	2010年太原市排名	排名变化	2011年数据来源	进退脸谱
1	人均地区生产总值	元/人	全市	正	65 651	49 292	46 144	26	22	−4	区域经济	☹
2	单位地区生产总值能耗	吨/万元	全市	逆	0.595	1.519	1.745	37	36	−1	区域经济；城市	☹
3	人均城镇生活消费用电	千瓦时/人	全市	逆	688.162	586.105	525.597	24	22	−2	城市	☹
4	单位地区生产总值二氧化碳排放量			逆	NA	NA	NA	NA	NA			
5	单位地区生产总值二氧化硫排放量	吨/亿元	全市	逆	40.633	89.861	86.725	33	33	0	区域经济；环境年报2011	
6	单位地区生产总值化学需氧量排放量	吨/亿元	全市	逆	20.423	10.905	19.185	7	18	11	区域经济；环境年报2011	☺
7	单位地区生产总值氮氧化物排放量	吨/亿元	全市	逆	34.969	78.226	68.257	34	33	−1	区域经济；环境年报2011	☹
8	单位地区生产总值氨氮排放量	吨/亿元	全市	逆	3.392	3.151	4.034	25	30	5	区域经济；环境年报2011	☺
9	第一产业劳动生产率	万元/人	全市	正	535.071	102.576	1.233	28	30	2	区域经济；城市	☺
10	第二产业劳动生产率	万元/人	全市	正	39.262	22.360	14.571	34	14	−20	区域经济；城市	☹
11	单位工业增加值水耗	万吨/万元	全市	逆	189.548	662.919	0.069	38	36	−2	区域经济；环境年报2011	☹
12	单位工业增加值能耗		全市	逆	NA	NA	NA	NA	NA			
13	工业固体废物综合利用率	%	全市	正	86.776	53.000	52.300	36	36	0	环境年报2011	
14	工业用水重复利用率	%	全市	正	75.192	96.500	96.885	2	1	−1	环境年报2011	☹
15	第三产业劳动生产率	万元/人	全市	正	36.578	26.474	10.279	29	20	−9	区域经济；城市	☹
16	第三产业增加值比重	%	全市	正	47.441	52.740	53.390	10	8	−2	城市	☹
17	第三产业就业人员比重	%	全市	正	49.627	49.308	53.890	20	5	−15	区域经济	☹
18	人均水资源量	立方米/人	全市	正	907.111	141.081	154.788	36	33	−3	城市	☹
19	单位土地面积二氧化碳排放量			逆	NA	NA	NA	NA	NA			
20	人均二氧化碳排放量			逆	NA	NA	NA	NA	NA			
21	单位土地面积二氧化硫排放量	吨/平方公里	全市	逆	10.514	20.201	17.776	36	30	−6	环境年报2011；城市	☹

续表

序号	指标名称	单 位	口 径	指标属性	2011年测评均值	2011年太原市数值	2010年太原市数值	2011年太原市排名	2010年太原市排名	排名变化	2011年数据来源	进退脸谱
22	人均二氧化硫排放量	吨/万人	全市	逆	225.184	385.828	338.811	34	32	−2	环境年报2011；城市	☹
23	单位土地面积化学需氧量排放量	吨/平方公里	全市	逆	8.116	2.451	3.932	8	11	3	环境年报2011；城市	☺
24	人均化学需氧量排放量	吨/万人	全市	逆	114.136	46.820	74.952	3	11	8	环境年报2011；城市	☺
25	单位土地面积氮氧化物排放量	吨/平方公里	全市	逆	11.285	17.586	13.990	30	27	−3	环境年报2011；城市	☹
26	人均氮氧化物排放量	吨/万人	全市	逆	208.761	335.872	266.661	31	31	0	环境年报2011；城市	
27	单位土地面积氨氮排放量	吨/平方公里	全市	逆	1.387	0.708	0.827	15	27	12	环境年报2011；城市	☺
28	人均氨氮排放量	吨/万人	全市	逆	19.239	13.531	15.760	11	27	16	环境年报2011；城市	☺
29	空气质量达到二级以上天数占全年比重	%	市辖区	正	90.522	84.340	83.240	32	32	0	环境保护部数据	
30	首要污染物可吸入颗粒物天数占全年比重	%	市辖区	逆	73.590	55.069	60.548	6	10	4	环境保护部数据	☺
31	可吸入细颗粒物（PM2.5）浓度年均值		市辖区	逆	NA	NA	NA	NA	NA			
32	环境保护支出占财政支出比重	%	全市	正	2.146	1.803	4.336	12	6	−6	统计；城市	☹
33	工业污染治理投资额占地区生产总值比重	%	全市	正	0.078	0.232	0.232	5	5	0	区域经济；环境年报2011	
34	科教文卫支出占财政支出比重	%	全市	正	26.226	29.063	24.122	8	9	1	统计；区域经济；城市	☺
35	人均绿地面积	平方米	市辖区	正	676.995	365.300	29.000	28	29	1	城市	☺
36	建成区绿化覆盖率	%	市辖区	正	40.342	38.010	35.750	27	32	5	城市建设	☺
37	用水普及率	%	市辖区	正	98.746	100.000	100.000	1	1	0	城市建设	
38	城市生活污水处理率	%	市辖区	正	87.741	84.000	83.860	30	28	−2	城市建设	☹
39	生活垃圾无害化处理率	%	市辖区	正	92.101	100.000	100.000	1	1	0	城市建设	
40	万人拥有公交车辆	辆	市辖区	正	16.178	9.440	7.760	35	36	1	城市	☺
41	工业二氧化硫去除率	%	全市	正	56.941	69.318	73.015	10	8	−2	环境年报2011	☹
42	工业废水化学需氧量去除率	%	全市	正	85.401	89.758	85.868	14	15	1	环境年报2011	☺
43	工业氮氧化物去除率	%	全市	正	6.658	10.236	19.907	9	2	−7	环境年报2011	☹
44	工业废水氨氮去除率	%	全市	正	79.173	76.176	63.964	28	25	−3	环境年报2011	☹

年鉴说明：区域经济——《中国区域经济统计年鉴 2012》；城市——《中国城市统计年鉴 2012》；统计——《中国统计年鉴 2012》；城市建设——《中国城市建设统计年鉴 2011》；环境年报 2011——《中国环境统计年报 2011》；环境年鉴——《中国环境统计年鉴 2012》；环保部数据——环境保护数据中心。

呼和浩特市绿色发展"体检"表

序号	指标名称	单 位	口 径	指标属性	2011年测评均值	2011年呼和浩特市数值	2010年呼和浩特市数值	2011年呼和浩特市排名	2010年呼和浩特市排名	排名变化	2011年数据来源	进退脸谱
1	人均地区生产总值	元/人	全市	正	65 651	75 266	65 518	15	14	−1	区域经济	☹
2	单位地区生产总值能耗	吨/万元	全市	逆	0.595	1.498	1.540	36	35	−1	区域经济；城市	☹
3	人均城镇生活消费用电	千瓦时/人	全市	逆	688.162	562.806	416.046	23	14	−9	城市	☹
4	单位地区生产总值二氧化碳排放量			逆	NA	NA	NA	NA	NA			
5	单位地区生产总值二氧化硫排放量	吨/亿元	全市	逆	40.633	65.339	66.160	30	31	1	区域经济；环境年报2011	☺
6	单位地区生产总值化学需氧量排放量	吨/亿元	全市	逆	20.423	15.591	24.000	20	25	5	区域经济；环境年报2011	☺
7	单位地区生产总值氮氧化物排放量	吨/亿元	全市	逆	34.969	97.700	83.162	37	36	−1	区域经济；环境年报2011	☹
8	单位地区生产总值氨氮排放量	吨/亿元	全市	逆	3.392	1.987	4.040	9	31	22	区域经济；环境年报2011	☺
9	第一产业劳动生产率	万元/人	全市	正	535.071	299.836	2.151	18	19	1	区域经济；城市	☺
10	第二产业劳动生产率	万元/人	全市	正	39.262	86.860	13.772	1	17	16	区域经济；城市	☺
11	单位工业增加值水耗	万吨/万元	全市	逆	189.548	180.913	0.027	21	24	3	区域经济；环境年报2011	☺
12	单位工业增加值能耗		全市	逆	NA	NA	NA	NA	NA			
13	工业固体废物综合利用率	%	全市	正	86.776	40.200	38.700	38	38	0	环境年报2011	
14	工业用水重复利用率	%	全市	正	75.192	91.383	93.079	13	13	0	环境年报2011	
15	第三产业劳动生产率	万元/人	全市	正	36.578	56.742	15.505	3	4	1	区域经济；城市	☺
16	第三产业增加值比重	%	全市	正	47.441	58.690	58.710	4	4	0	城市	
17	第三产业就业人员比重	%	全市	正	49.627	70.025	44.048	2	25	23	区域经济	☺
18	人均水资源量	立方米/人	全市	正	907.111	517.425	517.425	21	24	3	城市	☺
19	单位土地面积二氧化碳排放量			逆	NA	NA	NA	NA	NA			
20	人均二氧化碳排放量			逆	NA	NA	NA	NA	NA			
21	单位土地面积二氧化硫排放量	吨/平方公里	全市	逆	10.514	6.424	5.922	14	12	−2	环境年报2011；城市	☹

序号	指标名称	单位	口径	指标属性	2011年测评均值	2011年呼和浩特市数值	2010年呼和浩特市数值	2011年呼和浩特市排名	2010年呼和浩特市排名	排名变化	2011年数据来源	进退脸谱
22	人均二氧化硫排放量	吨/万人	全市	逆	225.184	485.565	446.448	35	36	1	环境年报2011；城市	☺
23	单位土地面积化学需氧量排放量	吨/平方公里	全市	逆	8.116	1.533	2.148	3	5	2	环境年报2011；城市	☺
24	人均化学需氧量排放量	吨/万人	全市	逆	114.136	115.864	161.953	22	30	8	环境年报2011；城市	☺
25	单位土地面积氮氧化物排放量	吨/平方公里	全市	逆	11.285	9.606	7.444	24	17	−7	环境年报2011；城市	☹
26	人均氮氧化物排放量	吨/万人	全市	逆	208.761	726.050	561.177	38	35	−3	环境年报2011；城市	☹
27	单位土地面积氨氮排放量	吨/平方公里	全市	逆	1.387	0.195	0.362	2	11	9	环境年报2011；城市	☺
28	人均氨氮排放量	吨/万人	全市	逆	19.239	14.768	27.259	15	38	23	环境年报2011；城市	☺
29	空气质量达到二级以上天数占全年比重	%	市辖区	正	90.522	95.050	95.600	12	10	−2	环境保护部数据	☹
30	首要污染物可吸入颗粒物天数占全年比重	%	市辖区	逆	73.590	49.041	42.192	3	5	2	环境保护部数据	☺
31	可吸入细颗粒物（PM2.5）浓度年均值		市辖区	逆	NA	NA	NA	NA	NA			
32	环境保护支出占财政支出比重	%	全市	正	2.146	0.206	3.661	38	10	−28	统计；城市	☹
33	工业污染治理投资额占地区生产总值比重	%	全市	正	0.078	0.178	0.178	7	7	0	区域经济；环境年报2011	
34	科教文卫支出占财政支出比重	%	全市	正	26.226	18.587	10.823	38	38	0	统计；区域经济；城市	
35	人均绿地面积	平方米	市辖区	正	676.995	230.900	22.000	32	35	3	城市	☺
36	建成区绿化覆盖率	%	市辖区	正	40.342	36.000	35.690	35	33	−2	城市建设	☹
37	用水普及率	%	市辖区	正	98.746	99.900	95.500	23	34	11	城市建设	☺
38	城市生活污水处理率	%	市辖区	正	87.741	73.410	77.100	35	32	−3	城市建设	☹
39	生活垃圾无害化处理率	%	市辖区	正	92.101	97.990	97.880	22	19	−3	城市建设	☹
40	万人拥有公交车辆	辆	市辖区	正	16.178	13.660	15.780	20	11	−9	城市	☹
41	工业二氧化硫去除率	%	全市	正	56.941	72.208	73.031	6	7	1	环境年报2011	☺
42	工业废水化学需氧量去除率	%	全市	正	85.401	82.382	94.166	30	3	−27	环境年报2011	☹
43	工业氮氧化物去除率	%	全市	正	6.658	0.000	0.000	27	31	4	环境年报2011	☺
44	工业废水氨氮去除率	%	全市	正	79.173	86.191	82.476	14	11	−3	环境年报2011	☹

年鉴说明：区域经济——《中国区域经济统计年鉴2012》；城市——《中国城市统计年鉴2012》；统计——《中国统计年鉴2012》；城市建设——《中国城市建设统计年鉴2011》；环境年报2011——《中国环境统计年报2011》；环境年鉴——《中国环境统计年鉴2012》；环保部数据——环境保护部数据中心。

沈阳市绿色发展"体检"表

序号	指标名称	单位	口径	指标属性	2011年测评均值	2011年沈阳市数值	2010年沈阳市数值	2011年沈阳市排名	2010年沈阳市排名	排名变化	2011年数据来源	进退脸谱
1	人均地区生产总值	元/人	全市	正	65 651	72 648	62 357	16	16	0	区域经济	
2	单位地区生产总值能耗	吨/万元	全市	逆	0.595	0.176	0.275	11	7	−4	区域经济；城市	☹
3	人均城镇生活消费用电	千瓦时/人	全市	逆	688.162	519.533	536.024	20	25	5	城市	☺
4	单位地区生产总值二氧化碳排放量			逆	NA	NA	NA	NA	NA			
5	单位地区生产总值二氧化硫排放量	吨/亿元	全市	逆	40.633	21.814	24.092	13	16	3	区域经济；环境年报2011	☺
6	单位地区生产总值化学需氧量排放量	吨/亿元	全市	逆	20.423	11.160	15.176	9	12	3	区域经济；环境年报2011	☺
7	单位地区生产总值氮氧化物排放量	吨/亿元	全市	逆	34.969	16.390	22.521	11	7	−4	区域经济；环境年报2011	☹
8	单位地区生产总值氨氮排放量	吨/亿元	全市	逆	3.392	3.214	1.980	26	18	−8	区域经济；环境年报2011	☹
9	第一产业劳动生产率	万元/人	全市	正	535.071	286.215	2.952	19	8	−11	区域经济；城市	☹
10	第二产业劳动生产率	万元/人	全市	正	39.262	70.871	27.365	2	2	0	区域经济；城市	
11	单位工业增加值水耗	万吨/万元	全市	逆	189.548	48.234	0.004	7	4	−3	区域经济；环境年报2011	☹
12	单位工业增加值能耗		全市	逆	NA	NA	NA	NA	NA			
13	工业固体废物综合利用率	%	全市	正	86.776	93.800	95.700	17	14	−3	环境年报2011	☹
14	工业用水重复利用率	%	全市	正	75.192	88.906	89.513	17	20	3	环境年报2011	☺
15	第三产业劳动生产率	万元/人	全市	正	36.578	36.285	13.604	14	8	−6	区域经济；城市	☹
16	第三产业增加值比重	%	全市	正	47.441	44.120	44.940	24	25	1	城市	☺
17	第三产业就业人员比重	%	全市	正	49.627	62.657	50.143	5	10	5	区域经济	☺
18	人均水资源量	立方米/人	全市	正	907.111	289.795	574.347	28	23	−5	城市	☹
19	单位土地面积二氧化碳排放量			逆	NA	NA	NA	NA	NA			
20	人均二氧化碳排放量			逆	NA	NA	NA	NA	NA			
21	单位土地面积二氧化硫排放量	吨/平方公里	全市	逆	10.514	8.531	8.390	18	18	0	环境年报2011；城市	

续表

序号	指标名称	单 位	口 径	指标属性	2011年测评均值	2011年沈阳市数值	2010年沈阳市数值	2011年沈阳市排名	2010年沈阳市排名	排名变化	2011年数据来源	进退脸谱
22	人均二氧化硫排放量	吨/万人	全市	逆	225.184	153.545	151.661	18	19	1	环境年报2011；城市	☺
23	单位土地面积化学需氧量排放量	吨/平方公里	全市	逆	8.116	4.365	5.285	16	19	3	环境年报2011；城市	☺
24	人均化学需氧量排放量	吨/万人	全市	逆	114.136	78.553	95.533	10	17	7	环境年报2011；城市	☺
25	单位土地面积氮氧化物排放量	吨/平方公里	全市	逆	11.285	6.410	7.843	16	18	2	环境年报2011；城市	☺
26	人均氮氧化物排放量	吨/万人	全市	逆	208.761	115.363	141.774	13	14	1	环境年报2011；城市	☺
27	单位土地面积氨氮排放量	吨/平方公里	全市	逆	1.387	1.257	0.689	26	22	-4	环境年报2011；城市	☹
28	人均氨氮排放量	吨/万人	全市	逆	19.239	22.625	12.462	28	23	-5	环境年报2011；城市	☹
29	空气质量达到二级以上天数占全年比重	%	市辖区	正	90.522	90.930	90.110	21	19	-2	环境保护部数据	☹
30	首要污染物可吸入颗粒物天数占全年比重	%	市辖区	逆	73.590	77.260	75.068	18	19	1	环境保护部数据	☺
31	可吸入细颗粒物（PM2.5）浓度年均值		市辖区	逆	NA	NA	NA	NA	NA			
32	环境保护支出占财政支出比重	%	全市	正	2.146	1.539	2.053	17	26	9	统计；城市	☺
33	工业污染治理投资额占地区生产总值比重	%	全市	正	0.078	0.013	0.013	30	30	0	区域经济；环境年报2011	
34	科教文卫支出占财政支出比重	%	全市	正	26.226	24.825	20.985	25	18	-7	统计；区域经济；城市	☹
35	人均绿地面积	平方米	市辖区	正	676.995	721.200	50.000	14	16	2	城市	☺
36	建成区绿化覆盖率	%	市辖区	正	40.342	42.000	42.010	16	13	-3	城市建设	☹
37	用水普及率	%	市辖区	正	98.746	100.000	100.000	1	1	0	城市建设	
38	城市生活污水处理率	%	市辖区	正	87.741	86.200	73.610	26	34	8	城市建设	☺
39	生活垃圾无害化处理率	%	市辖区	正	92.101	100.000	100.000	1	1	0	城市建设	
40	万人拥有公交车辆	辆	市辖区	正	16.178	9.900	9.730	33	30	-3	城市	☹
41	工业二氧化硫去除率	%	全市	正	56.941	49.198	53.162	26	24	-2	环境年报2011	☹
42	工业废水化学需氧量去除率	%	全市	正	85.401	80.077	82.712	32	20	-12	环境年报2011	☹
43	工业氮氧化物去除率	%	全市	正	6.658	0.000	0.528	27	22	-5	环境年报2011	☹
44	工业废水氨氮去除率	%	全市	正	79.173	85.567	23.612	16	36	20	环境年报2011	☺

年鉴说明：区域经济——《中国区域经济统计年鉴 2012》；城市——《中国城市统计年鉴 2012》；统计——《中国统计年鉴 2012》；城市建设——《中国城市建设统计年鉴 2011》；环境年报 2011——《中国环境统计年报 2011》；环境年鉴——《中国环境统计年鉴 2012》；环保部数据——环境保护部数据中心。

大连市绿色发展"体检"表

序号	指标名称	单位	口径	指标属性	2011年测评均值	2011年大连市数值	2010年大连市数值	2011年大连市排名	2010年大连市排名	排名变化	2011年数据来源	进退脸谱
1	人均地区生产总值	元/人	全市	正	65 651	91 295	77 704	7	6	-1	区域经济	☹
2	单位地区生产总值能耗	吨/万元	全市	逆	0.595	0.259	0.359	15	11	-4	区域经济;城市	☹
3	人均城镇生活消费用电	千瓦时/人	全市	逆	688.162	417.675	401.245	13	13	0	城市	
4	单位地区生产总值二氧化碳排放量			逆	NA	NA	NA	NA	NA			
5	单位地区生产总值二氧化硫排放量	吨/亿元	全市	逆	40.633	28.372	22.276	21	12	-9	区域经济;环境年报2011	☹
6	单位地区生产总值化学需氧量排放量	吨/亿元	全市	逆	20.423	15.889	11.116	21	7	-14	区域经济;环境年报2011	☹
7	单位地区生产总值氮氧化物排放量	吨/亿元	全市	逆	34.969	22.186	24.296	16	10	-6	区域经济;环境年报2011	☹
8	单位地区生产总值氨氮排放量	吨/亿元	全市	逆	3.392	2.222	1.250	10	9	-1	区域经济;环境年报2011	☹
9	第一产业劳动生产率	万元/人	全市	正	535.071	403.796	5.027	15	3	-12	区域经济;城市	☹
10	第二产业劳动生产率	万元/人	全市	正	39.262	61.666	21.182	5	4	-1	区域经济;城市	☹
11	单位工业增加值水耗	万吨/万元	全市	逆	189.548	63.456	0.006	11	6	-5	区域经济;环境年报2011	☹
12	单位工业增加值能耗		全市	逆	NA	NA	NA	NA	NA			
13	工业固体废物综合利用率	%	全市	正	86.776	96.100	94.700	13	15	2	环境年报2011	☺
14	工业用水重复利用率	%	全市	正	75.192	5.578	65.483	38	34	-4	环境年报2011	☹
15	第三产业劳动生产率	万元/人	全市	正	36.578	51.992	10.932	4	17	13	区域经济;城市	☺
16	第三产业增加值比重	%	全市	正	47.441	41.470	42.430	29	28	-1	城市	☹
17	第三产业就业人员比重	%	全市	正	49.627	47.778	51.343	23	6	-17	区域经济	☹
18	人均水资源量	立方米/人	全市	正	907.111	653.447	669.463	15	17	2	城市	☺
19	单位土地面积二氧化碳排放量			逆	NA	NA	NA	NA	NA			
20	人均二氧化碳排放量			逆	NA	NA	NA	NA	NA			
21	单位土地面积二氧化硫排放量	吨/平方公里	全市	逆	10.514	11.635	8.048	25	17	-8	环境年报2011;城市	☹

续表

序号	指标名称	单位	口径	指标属性	2011年测评均值	2011年大连市数值	2010年大连市数值	2011年大连市排名	2010年大连市排名	排名变化	2011年数据来源	进退脸谱
22	人均二氧化硫排放量	吨/万人	全市	逆	225.184	249.018	172.808	27	20	−7	环境年报2011；城市	☹
23	单位土地面积化学需氧量排放量	吨/平方公里	全市	逆	8.116	6.516	4.016	24	12	−12	环境年报2011；城市	☹
24	人均化学需氧量排放量	吨/万人	全市	逆	114.136	139.453	86.234	29	16	−13	环境年报2011；城市	☹
25	单位土地面积氮氧化物排放量	吨/平方公里	全市	逆	11.285	9.098	8.778	23	20	−3	环境年报2011；城市	☹
26	人均氮氧化物排放量	吨/万人	全市	逆	208.761	194.729	188.482	23	21	−2	环境年报2011；城市	☹
27	单位土地面积氨氮排放量	吨/平方公里	全市	逆	1.387	0.911	0.452	21	17	−4	环境年报2011；城市	☹
28	人均氨氮排放量	吨/万人	全市	逆	19.239	19.504	9.701	24	16	−8	环境年报2011；城市	☹
29	空气质量达到二级以上天数占全年比重	%	市辖区	正	90.522	96.980	98.900	8		−3	环境保护部数据	☹
30	首要污染物可吸入颗粒物天数占全年比重	%	市辖区	逆	73.590	52.877	41.370	4	4	0	环境保护部数据	
31	可吸入细颗粒物（PM2.5）浓度年均值		市辖区	逆	NA	NA	NA	NA	NA			
32	环境保护支出占财政支出比重	%	全市	正	2.146	1.074	1.826	28	30	2	统计；城市	☺
33	工业污染治理投资额占地区生产总值比重	%	全市	正	0.078	0.019	0.019	26	26	0	区域经济；环境年报2011	
34	科教文卫支出占财政支出比重	%	全市	正	26.226	23.508	18.831	30	27	−3	统计；区域经济；城市	☹
35	人均绿地面积	平方米	市辖区	正	676.995	587.500	60.000	23	8	−15	城市	☹
36	建成区绿化覆盖率	%	市辖区	正	40.342	45.170	45.170	4	3	−1	城市建设	☹
37	用水普及率	%	市辖区	正	98.746	100.000	100.000	1	1	0	城市建设	
38	城市生活污水处理率	%	市辖区	正	87.741	95.050	90.400	11	17	6	城市建设	☺
39	生活垃圾无害化处理率	%	市辖区	正	92.101	100.000	100.000	1	1	0	城市建设	
40	万人拥有公交车辆	辆	市辖区	正	16.178	17.130	15.430	7	14	7	城市	☺
41	工业二氧化硫去除率	%	全市	正	56.941	35.610	75.706	36	6	−30	环境年报2011	☹
42	工业废水化学需氧量去除率	%	全市	正	85.401	74.866	76.385	35	29	−6	环境年报2011	☹
43	工业氮氧化物去除率	%	全市	正	6.658	5.882	0.188	12	28	16	环境年报2011	☺
44	工业废水氨氮去除率	%	全市	正	79.173	73.571	97.429	29	2	−27	环境年报2011	☹

年鉴说明：区域经济——《中国区域经济统计年鉴2012》；城市——《中国城市统计年鉴2012》；统计——《中国统计年鉴2012》；城市建设——《中国城市建设统计年鉴2011》；环境年报2011——《中国环境统计年报2011》；环境年鉴——《中国环境统计年鉴2012》；环保部数据——环境保护部数据中心。

长春市绿色发展"体检"表

序号	指标名称	单 位	口 径	指标属性	2011年测评均值	2011年长春市数值	2010年长春市数值	2011年长春市排名	2010年长春市排名	排名变化	2011年数据来源	进退脸谱
1	人均地区生产总值	元/人	全市	正	65 651	52 649	43 936	22	25	3	区域经济	☺
2	单位地区生产总值能耗	吨/万元	全市	逆	0.595	0.252	0.335	14	10	-4	区域经济；城市	☹
3	人均城镇生活消费用电	千瓦时/人	全市	逆	688.162	340.650	304.317	8	6	-2	城市	☹
4	单位地区生产总值二氧化碳排放量			逆	NA	NA	NA	NA	NA			
5	单位地区生产总值二氧化硫排放量	吨/亿元	全市	逆	40.633	21.343	23.901	12	15	3	区域经济；环境年报2011	☺
6	单位地区生产总值化学需氧量排放量	吨/亿元	全市	逆	20.423	12.232	20.270	12	19	7	区域经济；环境年报2011	☺
7	单位地区生产总值氮氧化物排放量	吨/亿元	全市	逆	34.969	26.447	47.270	18	26	8	区域经济；环境年报2011	☺
8	单位地区生产总值氨氮排放量	吨/亿元	全市	逆	3.392	2.389	1.883	13	17	4	区域经济；环境年报2011	☺
9	第一产业劳动生产率	万元/人	全市	正	535.071	226.656	1.986	23	22	-1	区域经济；城市	☹
10	第二产业劳动生产率	万元/人	全市	正	39.262	55.525	18.963	8	5	-3	区域经济；城市	☹
11	单位工业增加值水耗	万吨/万元	全市	逆	189.548	97.248	0.010	13	12	-1	区域经济；环境年报2011	☹
12	单位工业增加值能耗		全市	逆	NA	NA	NA	NA	NA			
13	工业固体废物综合利用率	%	全市	正	86.776	99.400	99.600	2	2	0	环境年报2011	
14	工业用水重复利用率	%	全市	正	75.192	90.784	91.809	15	16	1	环境年报2011	☺
15	第三产业劳动生产率	万元/人	全市	正	36.578	29.507	10.531	23	19	-4	区域经济；城市	☹
16	第三产业增加值比重	%	全市	正	47.441	40.470	40.740	31	33	2	城市	☺
17	第三产业就业人员比重	%	全市	正	49.627	58.757	37.728	9	32	23	区域经济	☺
18	人均水资源量	立方米/人	全市	正	907.111	302.248	584.336	27	21	-6	城市	☹
19	单位土地面积二氧化碳排放量			逆	NA	NA	NA	NA	NA			
20	人均二氧化碳排放量			逆	NA	NA	NA	NA	NA			
21	单位土地面积二氧化硫排放量	吨/平方公里	全市	逆	10.514	3.705	3.662	5	5	0	环境年报2011；城市	

续表

序号	指标名称	单位	口径	指标属性	2011年测评均值	2011年长春市数值	2010年长春市数值	2011年长春市排名	2010年长春市排名	排名变化	2011年数据来源	进退脸谱
22	人均二氧化硫排放量	吨/万人	全市	逆	225.184	100.413	99.587	10	8	−2	环境年报2011；城市	☹
23	单位土地面积化学需氧量排放量	吨/平方公里	全市	逆	8.116	2.124	3.106	6	8	2	环境年报2011；城市	☺
24	人均化学需氧量排放量	吨/万人	全市	逆	114.136	57.548	84.458	6	15	9	环境年报2011；城市	☺
25	单位土地面积氮氧化物排放量	吨/平方公里	全市	逆	11.285	4.591	7.243	10	13	3	环境年报2011；城市	☺
26	人均氮氧化物排放量	吨/万人	全市	逆	208.761	124.425	196.955	16	22	6	环境年报2011；城市	☺
27	单位土地面积氨氮排放量	吨/平方公里	全市	逆	1.387	0.415	0.288	5	6	1	环境年报2011；城市	☺
28	人均氨氮排放量	吨/万人	全市	逆	19.239	11.240	7.844	5	10	5	环境年报2011；城市	☺
29	空气质量达到二级以上天数占全年比重	%	市辖区	正	90.522	94.510	93.410	14	14	0	环境保护部数据	
30	首要污染物可吸入颗粒物天数占全年比重	%	市辖区	逆	73.590	86.849	87.397	33	32	−1	环境保护部数据	☹
31	可吸入细颗粒物（PM2.5）浓度年均值		市辖区	逆	NA	NA	NA	NA	NA			
32	环境保护支出占财政支出比重	%	全市	正	2.146	3.803	3.972	5	7	2	统计；城市	☺
33	工业污染治理投资额占地区生产总值比重	%	全市	正	0.078	0.035	0.035	20	20	0	区域经济；环境年报2011	
34	科教文卫支出占财政支出比重	%	全市	正	26.226	22.276	18.520	34	29	−5	统计；区域经济；城市	☹
35	人均绿地面积	平方米	市辖区	正	676.995	760.300	37.000	12	20	8	城市	☺
36	建成区绿化覆盖率	%	市辖区	正	40.342	36.330	38.580	33	24	−9	城市建设	☹
37	用水普及率	%	市辖区	正	98.746	99.700	99.460	25	30	5	城市建设	☺
38	城市生活污水处理率	%	市辖区	正	87.741	87.260	89.460	22	20	−2	城市建设	☹
39	生活垃圾无害化处理率	%	市辖区	正	92.101	79.120	87.450	35	31	−4	城市建设	☹
40	万人拥有公交车辆	辆	市辖区	正	16.178	12.260	12.220	25	23	−2	城市	☹
41	工业二氧化硫去除率	%	全市	正	56.941	41.026	36.746	33	32	−1	环境年报2011	☹
42	工业废水化学需氧量去除率	%	全市	正	85.401	95.517	42.874	3	36	33	环境年报2011	☺
43	工业氮氧化物去除率	%	全市	正	6.658	6.061	0.000	11	31	20	环境年报2011	☺
44	工业废水氨氮去除率	%	全市	正	79.173	91.928	48.296	8	32	24	环境年报2011	☺

年鉴说明：区域经济——《中国区域经济统计年鉴2012》；城市——《中国城市统计年鉴2012》；统计——《中国统计年鉴2012》；城市建设——《中国城市建设统计年鉴2011》；环境年报2011——《中国环境统计年报2011》；环境年鉴——《中国环境统计年鉴2012》；环保部数据——环境保护部数据中心。

哈尔滨市绿色发展"体检"表

序号	指标名称	单位	口径	指标属性	2011年测评均值	2011年哈尔滨市数值	2010年哈尔滨市数值	2011年哈尔滨市排名	2010年哈尔滨市排名	排名变化	2011年数据来源	进退脸谱
1	人均地区生产总值	元/人	全市	正	65 651	42 736	36 951	30	31	1	区域经济	☺
2	单位地区生产总值能耗	吨/万元	全市	逆	0.595	1.040	1.154	32	29	−3	区域经济；城市	☹
3	人均城镇生活消费用电	千瓦时/人	全市	逆	688.162	286.981	224.236	3	3	0	城市	
4	单位地区生产总值二氧化碳排放量			逆	NA	NA	NA	NA	NA			
5	单位地区生产总值二氧化硫排放量	吨/亿元	全市	逆	40.633	31.627	22.194	24	11	−13	区域经济；环境年报2011	☹
6	单位地区生产总值化学需氧量排放量	吨/亿元	全市	逆	20.423	28.620	22.983	31	22	−9	区域经济；环境年报2011	☹
7	单位地区生产总值氮氧化物排放量	吨/亿元	全市	逆	34.969	29.689	25.213	22	14	−8	区域经济；环境年报2011	☹
8	单位地区生产总值氨氮排放量	吨/亿元	全市	逆	3.392	4.392	1.800	31	16	−15	区域经济；环境年报2011	☹
9	第一产业劳动生产率	万元/人	全市	正	535.071	70.041	2.703	32	11	−21	区域经济；城市	☹
10	第二产业劳动生产率	万元/人	全市	正	39.262	34.795	12.278	21	24	3	区域经济；城市	☺
11	单位工业增加值水耗	万吨/万元	全市	逆	189.548	194.851	0.024	24	21	−3	区域经济；环境年报2011	☹
12	单位工业增加值能耗		全市	逆	NA	NA	NA	NA	NA			
13	工业固体废物综合利用率	%	全市	正	86.776	84.200	89.700	28	22	−6	环境年报2011	☹
14	工业用水重复利用率	%	全市	正	75.192	91.914	95.936	11	5	−6	环境年报2011	☹
15	第三产业劳动生产率	万元/人	全市	正	36.578	27.006	8.902	25	23	−2	区域经济；城市	☹
16	第三产业增加值比重	%	全市	正	47.441	50.630	50.960	13	14	1	城市	☺
17	第三产业就业人员比重	%	全市	正	49.627	60.195	46.136	7	18	11	区域经济	☺
18	人均水资源量	立方米/人	全市	正	907.111	1 150.920	1 504.909	8	8	0	城市	
19	单位土地面积二氧化碳排放量			逆	NA	NA	NA	NA	NA			
20	人均二氧化碳排放量			逆	NA	NA	NA	NA	NA			
21	单位土地面积二氧化硫排放量	吨/平方公里	全市	逆	10.514	2.301	1.438	3	2	−1	环境年报2011；城市	☹

续表

序号	指标名称	单位	口径	指标属性	2011年测评均值	2011年哈尔滨市数值	2010年哈尔滨市数值	2011年哈尔滨市排名	2010年哈尔滨市排名	排名变化	2011年数据来源	进退脸谱
22	人均二氧化硫排放量	吨/万人	全市	逆	225.184	123.040	76.947	12	4	-8	环境年报2011；城市	☹
23	单位土地面积化学需氧量排放量	吨/平方公里	全市	逆	8.116	2.083	1.489	5	3	-2	环境年报2011；城市	☹
24	人均化学需氧量排放量	吨/万人	全市	逆	114.136	111.345	79.683	20	14	-6	环境年报2011；城市	☹
25	单位土地面积氮氧化物排放量	吨/平方公里	全市	逆	11.285	2.160	1.634	4	1	-3	环境年报2011；城市	☹
26	人均氮氧化物排放量	吨/万人	全市	逆	208.761	115.501	87.417	14	5	-9	环境年报2011；城市	☹
27	单位土地面积氨氮排放量	吨/平方公里	全市	逆	1.387	0.320	0.117	4	3	-1	环境年报2011；城市	☹
28	人均氨氮排放量	吨/万人	全市	逆	19.239	17.089	6.241	21	7	-14	环境年报2011；城市	☹
29	空气质量达到二级以上天数占全年比重	%	市辖区	正	90.522	86.810	85.710	29	26	-3	环境保护部数据	☹
30	首要污染物可吸入颗粒物天数占全年比重	%	市辖区	逆	73.590	91.507	90.959	35	35	0	环境保护部数据	
31	可吸入细颗粒物(PM2.5)浓度年均值		市辖区	逆	NA	NA	NA	NA	NA			
32	环境保护支出占财政支出比重	%	全市	正	2.146	0.878	3.265	35	16	-19	统计；城市	☹
33	工业污染治理投资额占地区生产总值比重	%	全市	正	0.078	0.001	0.001	37	38	1	区域经济；环境年报2011	☺
34	科教文卫支出占财政支出比重	%	全市	正	26.226	25.739	19.697	19	23	4	统计；区域经济；城市	☺
35	人均绿地面积	平方米	市辖区	正	676.995	992.600	27.000	6	30	24	城市	☺
36	建成区绿化覆盖率	%	市辖区	正	40.342	37.920	38.380	28	25	-3	城市建设	☹
37	用水普及率	%	市辖区	正	98.746	92.170	89.170	37	38	1	城市建设	☺
38	城市生活污水处理率	%	市辖区	正	87.741	73.940	57.180	34	37	3	城市建设	☺
39	生活垃圾无害化处理率	%	市辖区	正	92.101	79.730	82.910	34	34	0	城市建设	
40	万人拥有公交车辆	辆	市辖区	正	16.178	11.440	10.960	28	28	0	城市	
41	工业二氧化硫去除率	%	全市	正	56.941	36.170	35.620	35	33	-2	环境年报2011	☹
42	工业废水化学需氧量去除率	%	全市	正	85.401	95.107	92.096	4	6	2	环境年报2011	☺
43	工业氮氧化物去除率	%	全市	正	6.658	2.885	15.600	19	4	-15	环境年报2011	☹
44	工业废水氨氮去除率	%	全市	正	79.173	82.623	98.966	19	1	-18	环境年报2011	☹

年鉴说明：区域经济——《中国区域经济统计年鉴2012》；城市——《中国城市统计年鉴2012》；统计——《中国统计年鉴2012》；城市建设——《中国城市建设统计年鉴2011》；环境年报2011——《中国环境统计年报2011》；环境年鉴——《中国环境统计年鉴2012》；环保部数据——环境保护部数据中心。

上海市绿色发展"体检"表

序号	指标名称	单位	口径	指标属性	2011年测评均值	2011年上海市数值	2010年上海市数值	2011年上海市排名	2010年上海市排名	排名变化	2011年数据来源	进退脸谱
1	人均地区生产总值	元/人	全市	正	65 651	82 560	76 074	10	7	−3	区域经济	☹
2	单位地区生产总值能耗	吨/万元	全市	逆	0.595	0.679	0.728	27	19	−8	区域经济；城市	☹
3	人均城镇生活消费用电	千瓦时/人	全市	逆	688.162	1 237.600	1 201.200	34	35	1	城市	☺
4	单位地区生产总值二氧化碳排放量			逆	NA	NA	NA	NA	NA			
5	单位地区生产总值二氧化硫排放量	吨/亿元	全市	逆	40.633	14.462	23.361	8	14	6	区域经济；环境年报2011	☺
6	单位地区生产总值化学需氧量排放量	吨/亿元	全市	逆	20.423	12.615	14.339	13	10	−3	区域经济；环境年报2011	☹
7	单位地区生产总值氮氧化物排放量	吨/亿元	全市	逆	34.969	20.263	29.133	14	16	2	区域经济；环境年报2011	☺
8	单位地区生产总值氨氮排放量	吨/亿元	全市	逆	3.392	2.808	1.795	17	15	−2	区域经济；环境年报2011	☹
9	第一产业劳动生产率	万元/人	全市	正	535.071	84.993	2.666	31	13	−18	区域经济；城市	☹
10	第二产业劳动生产率	万元/人	全市	正	39.262	40.876	16.657	15	9	−6	区域经济；城市	☹
11	单位工业增加值水耗	万吨/万元	全市	逆	189.548	113.626	0.021	14	19	5	区域经济；环境年报2011	☺
12	单位工业增加值能耗		全市	逆	NA	NA	NA	NA	NA			
13	工业固体废物综合利用率	%	全市	正	86.776	96.500	96.200	12	13	1	环境年报2011	☺
14	工业用水重复利用率	%	全市	正	75.192	89.705	72.349	16	32	16	环境年报2011	☺
15	第三产业劳动生产率	万元/人	全市	正	36.578	44.630	16.352	10	3	−7	区域经济；城市	☹
16	第三产业增加值比重	%	全市	正	47.441	58.050	57.280	5	5	0	城市	
17	第三产业就业人员比重	%	全市	正	49.627	53.523	55.918	15	4	−11	区域经济	☹
18	人均水资源量	立方米/人	全市	正	907.111	146.348	260.635	35	28	−7	城市	☹
19	单位土地面积二氧化碳排放量			逆	NA	NA	NA	NA	NA			
20	人均二氧化碳排放量			逆	NA	NA	NA	NA	NA			
21	单位土地面积二氧化硫排放量	吨/平方公里	全市	逆	10.514	37.833	56.483	38	38	0	环境年报2011；城市	

序号	指标名称	单位	口径	指标属性	2011年测评均值	2011年上海市数值	2010年上海市数值	2011年上海市排名	2010年上海市排名	排名变化	2011年数据来源	进退脸谱
22	人均二氧化硫排放量	吨/万人	全市	逆	225.184	169.417	254.602	20	28	8	环境年报2011；城市	☺
23	单位土地面积化学需氧量排放量	吨/平方公里	全市	逆	8.116	33.001	34.669	37	38	1	环境年报2011；城市	☺
24	人均化学需氧量排放量	吨/万人	全市	逆	114.136	147.777	156.273	32	29	−3	环境年报2011；城市	☹
25	单位土地面积氮氧化物排放量	吨/平方公里	全市	逆	11.285	53.009	70.438	38	38	0	环境年报2011；城市	
26	人均氮氧化物排放量	吨/万人	全市	逆	208.761	237.377	317.506	27	32	5	环境年报2011；城市	☺
27	单位土地面积氨氮排放量	吨/平方公里	全市	逆	1.387	7.346	4.339	38	38	0	环境年报2011；城市	
28	人均氨氮排放量	吨/万人	全市	逆	19.239	32.896	19.561	34	31	−3	环境年报2011；城市	☹
29	空气质量达到二级以上天数占全年比重	%	市辖区	正	90.522	92.310	92.030	16	16	0	环境保护部数据	
30	首要污染物可吸入颗粒物天数占全年比重	%	市辖区	逆	73.590	63.288	61.096	9	11	2	环境保护部数据	☺
31	可吸入细颗粒物（PM2.5）浓度年均值		市辖区	逆	NA	NA	NA	NA	NA			
32	环境保护支出占财政支出比重	%	全市	正	2.146	1.270	1.432	22	36	14	统计；城市	☺
33	工业污染治理投资额占地区生产总值比重	%	全市	正	0.078	0.055	0.055	16	16	0	区域经济；环境年报2011	
34	科教文卫支出占财政支出比重	%	全市	正	26.226	26.189	24.900	16	8	−8	统计；区域经济；城市	☹
35	人均绿地面积	平方米	市辖区	正	676.995	1 415.800	89.000	2	6	4	城市	☺
36	建成区绿化覆盖率	%	市辖区	正	40.342	38.220	38.150	25	26	1	城市建设	☺
37	用水普及率	%	市辖区	正	98.746	100.000	100.000	1	1	0	城市建设	
38	城市生活污水处理率	%	市辖区	正	87.741	84.420	83.290	29	29	0	城市建设	
39	生活垃圾无害化处理率	%	市辖区	正	92.101	61.040	81.860	36	35	−1	城市建设	☹
40	万人拥有公交车辆	辆	市辖区	正	16.178	12.280	12.990	24	20	−4	城市	☹
41	工业二氧化硫去除率	%	全市	正	56.941	61.468	61.235	21	20	−1	环境年报2011	☹
42	工业废水化学需氧量去除率	%	全市	正	85.401	91.465	92.344	10	5	−5	环境年报2011	☹
43	工业氮氧化物去除率	%	全市	正	6.658	8.403	5.956	10	11	1	环境年报2011	☺
44	工业废水氨氮去除率	%	全市	正	79.173	79.215	69.629	24	21	−3	环境年报2011	☹

年鉴说明：区域经济——《中国区域经济统计年鉴2012》；城市——《中国城市统计年鉴2012》；统计——《中国统计年鉴2012》；城市建设——《中国城市建设统计年鉴2011》；环境年报2011——《中国环境统计年报2011》；环境年鉴——《中国环境统计年鉴2012》；环保部数据——环境保护数据中心。

南京市绿色发展"体检"表

序号	指标名称	单 位	口 径	指标属性	2011年测评均值	2011年南京市数值	2010年南京市数值	2011年南京市排名	2010年南京市排名	排名变化	2011年数据来源	进退脸谱
1	人均地区生产总值	元/人	全市	正	65 651	76 263	65 273	13	15	2	区域经济	☺
2	单位地区生产总值能耗	吨/万元	全市	逆	0.595	0.667	1.081	26	27	1	区域经济；城市	☺
3	人均城镇生活消费用电	千瓦时/人	全市	逆	688.162	780.805	790.174	30	31	1	城市	☺
4	单位地区生产总值二氧化碳排放量			逆	NA	NA	NA	NA	NA			
5	单位地区生产总值二氧化硫排放量	吨/亿元	全市	逆	40.633	24.936	26.719	17	19	2	区域经济；环境年报2011	☺
6	单位地区生产总值化学需氧量排放量	吨/亿元	全市	逆	20.423	18.783	26.629	23	28	5	区域经济；环境年报2011	☺
7	单位地区生产总值氮氧化物排放量	吨/亿元	全市	逆	34.969	29.627	34.607	21	22	1	区域经济；环境年报2011	☺
8	单位地区生产总值氨氮排放量	吨/亿元	全市	逆	3.392	3.122	0.478	22	1	−21	区域经济；环境年报2011	☹
9	第一产业劳动生产率	万元/人	全市	正	535.071	395.855	2.931	16	9	−7	区域经济；城市	☹
10	第二产业劳动生产率	万元/人	全市	正	39.262	42.947	13.550	12	18	6	区域经济；城市	☺
11	单位工业增加值水耗	万吨/万元	全市	逆	189.548	370.176	0.054	34	35	1	区域经济；环境年报2011	☺
12	单位工业增加值能耗		全市	逆	NA	NA	NA	NA	NA			
13	工业固体废物综合利用率	%	全市	正	86.776	85.200	88.800	27	24	−3	环境年报2011	☹
14	工业用水重复利用率	%	全市	正	75.192	64.750	88.105	29	23	−6	环境年报2011	☹
15	第三产业劳动生产率	万元/人	全市	正	36.578	47.516	12.526	9	11	2	区域经济；城市	☺
16	第三产业增加值比重	%	全市	正	47.441	52.400	51.850	11	12	1	城市	☺
17	第三产业就业人员比重	%	全市	正	49.627	50.183	50.612	19	8	−11	区域经济	☹
18	人均水资源量	立方米/人	全市	正	907.111	567.793	587.763	18	20	2	城市	☺
19	单位土地面积二氧化碳排放量			逆	NA	NA	NA	NA	NA			
20	人均二氧化碳排放量			逆	NA	NA	NA	NA	NA			
21	单位土地面积二氧化硫排放量	吨/平方公里	全市	逆	10.514	19.254	18.420	34	32	−2	环境年报2011；城市	☹

续表

序号	指标名称	单位	口径	指标属性	2011年测评均值	2011年南京市数值	2010年南京市数值	2011年南京市排名	2010年南京市排名	排名变化	2011年数据来源	进退脸谱
22	人均二氧化硫排放量	吨/万人	全市	逆	225.184	199.916	192.255	23	23	0	环境年报2011；城市	
23	单位土地面积化学需氧量排放量	吨/平方公里	全市	逆	8.116	14.503	18.358	34	36	2	环境年报2011；城市	☺
24	人均化学需氧量排放量	吨/万人	全市	逆	114.136	150.584	191.606	33	36	3	环境年报2011；城市	☺
25	单位土地面积氮氧化物排放量	吨/平方公里	全市	逆	11.285	22.876	23.858	33	31	-2	环境年报2011；城市	☹
26	人均氮氧化物排放量	吨/万人	全市	逆	208.761	237.520	249.013	28	28	0	环境年报2011；城市	
27	单位土地面积氨氮排放量	吨/平方公里	全市	逆	1.387	2.411	0.329	34	8	-26	环境年报2011；城市	☹
28	人均氨氮排放量	吨/万人	全市	逆	19.239	25.033	3.439	30	1	-29	环境年报2011；城市	☹
29	空气质量达到二级以上天数占全年比重	%	市辖区	正	90.522	86.810	82.970	29	34	5	环境保护部数据	☺
30	首要污染物可吸入颗粒物天数占全年比重	%	市辖区	逆	73.590	82.466	87.945	27	34	7	环境保护部数据	☺
31	可吸入细颗粒物（PM2.5）浓度年均值		市辖区	逆	NA	NA	NA	NA	NA			
32	环境保护支出占财政支出比重	%	全市	正	2.146	1.465	1.532	18	33	15	统计；城市	☺
33	工业污染治理投资额占地区生产总值比重	%	全市	正	0.078	0.062	0.062	14	14	0	区域经济；环境年报2011	
34	科教文卫支出占财政支出比重	%	全市	正	26.226	25.620	23.220	20	13	-7	统计；区域经济；城市	☹
35	人均绿地面积	平方米	市辖区	正	676.995	634.400	141.000	21	3	-18	城市	☹
36	建成区绿化覆盖率	%	市辖区	正	40.342	44.420	44.380	7	5	-2	城市建设	☹
37	用水普及率	%	市辖区	正	98.746	100.000	100.000	1	1	0	城市建设	
38	城市生活污水处理率	%	市辖区	正	87.741	95.160	88.820	10	21	11	城市建设	☺
39	生活垃圾无害化处理率	%	市辖区	正	92.101	86.600	78.740	30	37	7	城市建设	☺
40	万人拥有公交车辆	辆	市辖区	正	16.178	11.440	11.270	28	27	-1	城市	☹
41	工业二氧化硫去除率	%	全市	正	56.941	66.310	84.005	15	3	-12	环境年报2011	☹
42	工业废水化学需氧量去除率	%	全市	正	85.401	88.876	79.420	18	25	7	环境年报2011	☺
43	工业氮氧化物去除率	%	全市	正	6.658	16.667	15.025	5	5	0	环境年报2011	
44	工业废水氨氮去除率	%	全市	正	79.173	90.983	91.170	9	7	-2	环境年报2011	☹

年鉴说明：区域经济——《中国区域经济统计年鉴2012》；城市——《中国城市统计年鉴2012》；统计——《中国统计年鉴2012》；城市建设——《中国城市建设统计年鉴2011》；环境年报2011——《中国环境统计年报2011》；环境年鉴——《中国环境统计年鉴2012》；环保部数据——环境保护部数据中心。

苏州市绿色发展"体检"表

序号	指标名称	单 位	口 径	指标属性	2011年测评均值	2011年苏州市数值	2010年苏州市数值	2011年苏州市排名	2010年苏州市排名	排名变化	2011年数据来源	进退脸谱
1	人均地区生产总值	元/人	全市	正	65 651	102 129	93 043	4	3	-1	区域经济	☹
2	单位地区生产总值能耗	吨/万元	全市	逆	0.595	0.082	0.854	3	22	19	区域经济；城市	☺
3	人均城镇生活消费用电	千瓦时/人	全市	逆	688.162	505.797	483.049	18	19	1	城市	☺
4	单位地区生产总值二氧化碳排放量			逆	NA	NA	NA	NA	NA			
5	单位地区生产总值二氧化硫排放量	吨/亿元	全市	逆	40.633	22.459	25.629	14	17	3	区域经济；环境年报2011	☺
6	单位地区生产总值化学需氧量排放量	吨/亿元	全市	逆	20.423	9.135	14.453	6	11	5	区域经济；环境年报2011	☺
7	单位地区生产总值氮氧化物排放量	吨/亿元	全市	逆	34.969	27.189	33.210	20	20	0	区域经济；环境年报2011	
8	单位地区生产总值氨氮排放量	吨/亿元	全市	逆	3.392	1.715	1.046	5	7	2	区域经济；环境年报2011	☺
9	第一产业劳动生产率	万元/人	全市	正	535.071	1 225.860	5.428	7	2	-5	区域经济；城市	☹
10	第二产业劳动生产率	万元/人	全市	正	39.262	62.849	16.306	4	11	7	区域经济；城市	☺
11	单位工业增加值水耗	万吨/万元	全市	逆	189.548	180.272	0.019	20	18	-2	区域经济；环境年报2011	☹
12	单位工业增加值能耗		全市	逆	NA	NA	NA	NA	NA			
13	工业固体废物综合利用率	%	全市	正	86.776	97.900	98.700	7	5	-2	环境年报2011	☹
14	工业用水重复利用率	%	全市	正	75.192	88.885	89.815	18	19	1	环境年报2011	☺
15	第三产业劳动生产率	万元/人	全市	正	36.578	123.707	17.468	1	1	0	区域经济；城市	
16	第三产业增加值比重	%	全市	正	47.441	42.750	41.380	27	30	3	城市	☺
17	第三产业就业人员比重	%	全市	正	49.627	28.584	39.246	35	31	-4	区域经济	☹
18	人均水资源量	立方米/人	全市	正	907.111	697.063	403.350	13	26	13	城市	☺
19	单位土地面积二氧化碳排放量			逆	NA	NA	NA	NA	NA			
20	人均二氧化碳排放量			逆	NA	NA	NA	NA	NA			
21	单位土地面积二氧化硫排放量	吨/平方公里	全市	逆	10.514	22.713	23.142	37	36	-1	环境年报2011；城市	☹

续表

序号	指标名称	单位	口径	指标属性	2011年测评均值	2011年苏州市数值	2010年苏州市数值	2011年苏州市排名	2010年苏州市排名	排名变化	2011年数据来源	进退脸谱
22	人均二氧化硫排放量	吨/万人	全市	逆	225.184	301.236	309.111	29	31	2	环境年报2011；城市	☺
23	单位土地面积化学需氧量排放量	吨/平方公里	全市	逆	8.116	9.239	13.051	28	33	5	环境年报2011；城市	☺
24	人均化学需氧量排放量	吨/万人	全市	逆	114.136	122.528	174.318	26	32	6	环境年报2011；城市	☺
25	单位土地面积氮氧化物排放量	吨/平方公里	全市	逆	11.285	27.497	29.988	36	35	−1	环境年报2011；城市	☹
26	人均氮氧化物排放量	吨/万人	全市	逆	208.761	364.683	400.552	32	33	1	环境年报2011；城市	☺
27	单位土地面积氨氮排放量	吨/平方公里	全市	逆	1.387	1.735	0.945	31	28	−3	环境年报2011；城市	☹
28	人均氨氮排放量	吨/万人	全市	逆	19.239	23.005	12.622	29	24	−5	环境年报2011；城市	☹
29	空气质量达到二级以上天数占全年比重	%	市辖区	正	90.522	91.760	90.110	17	19	2	环境保护部数据	☺
30	首要污染物可吸入颗粒物天数占全年比重	%	市辖区	逆	73.590	79.726	75.342	22	20	−2	环境保护部数据	☹
31	可吸入细颗粒物（PM2.5）浓度年均值		市辖区	逆	NA	NA	NA	NA	NA			
32	环境保护支出占财政支出比重	%	全市	正	2.146	1.002	3.479	31	11	−20	统计；城市	☹
33	工业污染治理投资额占地区生产总值比重	%	全市	正	0.078	0.082	0.082	11	11	0	区域经济；环境年报2011	
34	科教文卫支出占财政支出比重	%	全市	正	26.226	25.841	13.905	17	35	18	统计；区域经济；城市	☺
35	人均绿地面积	平方米	市辖区	正	676.995	640.000	58.000	20	11	−9	城市	☹
36	建成区绿化覆盖率	%	市辖区	正	40.342	42.200	42.700	12	12	0	城市建设	
37	用水普及率	%	市辖区	正	98.746	100.000	100.000	1	1	0	城市建设	
38	城市生活污水处理率	%	市辖区	正	87.741	90.290	90.340	18	18	0	城市建设	
39	生活垃圾无害化处理率	%	市辖区	正	92.101	100.000	100.000	1	1	0	城市建设	
40	万人拥有公交车辆	辆	市辖区	正	16.178	14.940	13.210	15	18	3	城市	☺
41	工业二氧化硫去除率	%	全市	正	56.941	66.954	69.178	12	12	0	环境年报2011	
42	工业废水化学需氧量去除率	%	全市	正	85.401	89.096	87.872	16	11	−5	环境年报2011	☹
43	工业氮氧化物去除率	%	全市	正	6.658	3.320	3.829	17	14	−3	环境年报2011	☹
44	工业废水氨氮去除率	%	全市	正	79.173	79.652	80.401	23	12	−11	环境年报2011	☹

年鉴说明：区域经济——《中国区域经济统计年鉴2012》；城市——《中国城市统计年鉴2012》；统计——《中国统计年鉴2012》；城市建设——《中国城市建设统计年鉴2011》；环境年报2011——《中国环境统计年报2011》；环境年鉴——《中国环境统计年鉴2012》；环保部数据——环境保护部数据中心。

杭州市绿色发展"体检"表

序号	指标名称	单位	口径	指标属性	2011年测评均值	2011年杭州市数值	2010年杭州市数值	2011年杭州市排名	2010年杭州市排名	排名变化	2011年数据来源	进退脸谱
1	人均地区生产总值	元/人	全市	正	65 651	101 370	69 828	5	10	5	区域经济	☺
2	单位地区生产总值能耗	吨/万元	全市	逆	0.595	0.234	0.301	13	8	−5	区域经济；城市	☹
3	人均城镇生活消费用电	千瓦时/人	全市	逆	688.162	801.379	739.349	31	30	−1	城市	☹
4	单位地区生产总值二氧化碳排放量			逆	NA	NA	NA	NA	NA			
5	单位地区生产总值二氧化硫排放量	吨/亿元	全市	逆	40.633	15.926	17.523	9	6	−3	区域经济；环境年报2011	☹
6	单位地区生产总值化学需氧量排放量	吨/亿元	全市	逆	20.423	13.680	23.001	17	23	6	区域经济；环境年报2011	☺
7	单位地区生产总值氮氧化物排放量	吨/亿元	全市	逆	34.969	14.351	23.249	10	8	−2	区域经济；环境年报2011	☹
8	单位地区生产总值氨氮排放量	吨/亿元	全市	逆	3.392	1.775	1.260	6	11	5	区域经济；环境年报2011	☺
9	第一产业劳动生产率	万元/人	全市	正	535.071	1 527.550	2.673	5	12	7	区域经济；城市	☺
10	第二产业劳动生产率	万元/人	全市	正	39.262	24.551	10.080	32	33	1	区域经济；城市	☺
11	单位工业增加值水耗	万吨/万元	全市	逆	189.548	131.423	0.017	17	16	−1	区域经济；环境年报2011	☹
12	单位工业增加值能耗		全市	逆	NA	NA	NA	NA	NA			
13	工业固体废物综合利用率	%	全市	正	86.776	92.700	94.100	20	16	−4	环境年报2011	☹
14	工业用水重复利用率	%	全市	正	75.192	79.313	73.432	24	30	6	环境年报2011	☺
15	第三产业劳动生产率	万元/人	全市	正	36.578	30.616	11.502	22	15	−7	区域经济；城市	☹
16	第三产业增加值比重	%	全市	正	47.441	49.270	48.690	15	20	5	城市	☺
17	第三产业就业人员比重	%	全市	正	49.627	45.112	42.209	28	28	0	区域经济	
18	人均水资源量	立方米/人	全市	正	907.111	1 974.260	2 762.990	3	2	−1	城市	☹
19	单位土地面积二氧化碳排放量			逆	NA	NA	NA	NA	NA			
20	人均二氧化碳排放量			逆	NA	NA	NA	NA	NA			
21	单位土地面积二氧化硫排放量	吨/平方公里	全市	逆	10.514	5.588	5.564	11	11	0	环境年报2011；城市	

序号	指标名称	单位	口径	指标属性	2011年测评均值	2011年杭州市数值	2010年杭州市数值	2011年杭州市排名	2010年杭州市排名	排名变化	2011年数据来源	进退脸谱
22	人均二氧化硫排放量	吨/万人	全市	逆	225.184	133.938	134.557	13	14	1	环境年报2011；城市	☺
23	单位土地面积化学需氧量排放量	吨/平方公里	全市	逆	8.116	4.800	7.304	18	25	7	环境年报2011；城市	☺
24	人均化学需氧量排放量	吨/万人	全市	逆	114.136	115.049	176.630	21	33	12	环境年报2011；城市	☺
25	单位土地面积氮氧化物排放量	吨/平方公里	全市	逆	11.285	5.035	7.382	12	15	3	环境年报2011；城市	☺
26	人均氮氧化物排放量	吨/万人	全市	逆	208.761	120.695	178.528	15	18	3	环境年报2011；城市	☺
27	单位土地面积氨氮排放量	吨/平方公里	全市	逆	1.387	0.623	0.400	12	12	0	环境年报2011；城市	
28	人均氨氮排放量	吨/万人	全市	逆	19.239	14.926	9.674	17	14	−3	环境年报2011；城市	☹
29	空气质量达到二级以上天数占全年比重	%	市辖区	正	90.522	91.210	86.260	19	25	6	环境保护部数据	☺
30	首要污染物可吸入颗粒物天数占全年比重	%	市辖区	逆	73.590	81.918	83.288	26	24	−2	环境保护部数据	☹
31	可吸入细颗粒物（PM2.5）浓度年均值		市辖区	逆	NA	NA	NA	NA	NA			
32	环境保护支出占财政支出比重	%	全市	正	2.146	0.988	2.248	33	22	−11	统计；城市	☹
33	工业污染治理投资额占地区生产总值比重	%	全市	正	0.078	0.064	0.064	13	13	0	区域经济；环境年报2011	
34	科教文卫支出占财政支出比重	%	全市	正	26.226	31.319	25.751	4	6	2	统计；区域经济；城市	☺
35	人均绿地面积	平方米	市辖区	正	676.995	692.400	35.000	17	23	6	城市	☺
36	建成区绿化覆盖率	%	市辖区	正	40.342	40.040	39.950	23	21	−2	城市建设	☹
37	用水普及率	%	市辖区	正	98.746	100.000	100.000	1	1	0	城市建设	
38	城市生活污水处理率	%	市辖区	正	87.741	95.470	95.400	6	7	1	城市建设	☺
39	生活垃圾无害化处理率	%	市辖区	正	92.101	100.000	100.000	1	1	0	城市建设	
40	万人拥有公交车辆	辆	市辖区	正	16.178	17.130	16.890	7	10	3	城市	☺
41	工业二氧化硫去除率	%	全市	正	56.941	44.578	50.961	29	25	−4	环境年报2011	☹
42	工业废水化学需氧量去除率	%	全市	正	85.401	96.624	80.393	1	24	23	环境年报2011	☺
43	工业氮氧化物去除率	%	全市	正	6.658	1.190	2.759	22	17	−5	环境年报2011	☹
44	工业废水氨氮去除率	%	全市	正	79.173	86.702	61.671	12	26	14	环境年报2011	☺

年鉴说明：区域经济——《中国区域经济统计年鉴2012》；城市——《中国城市统计年鉴2012》；统计——《中国统计年鉴2012》；城市建设——《中国城市建设统计年鉴2011》；环境年报2011——《中国环境统计年报2011》；环境年鉴——《中国环境统计年鉴2012》；环保部数据——环境保护部数据中心。

宁波市绿色发展"体检"表

序号	指标名称	单位	口径	指标属性	2011年测评均值	2011年宁波市数值	2010年宁波市数值	2011年宁波市排名	2010年宁波市排名	排名变化	2011年数据来源	进退脸谱
1	人均地区生产总值	元/人	全市	正	65 651	105 334	69 368	3	11	8	区域经济	☺
2	单位地区生产总值能耗	吨/万元	全市	逆	0.595	0.381	1.897	16	37	21	区域经济；城市	☺
3	人均城镇生活消费用电	千瓦时/人	全市	逆	688.162	454.117	421.748	15	15	0	城市	
4	单位地区生产总值二氧化碳排放量			逆	NA	NA	NA	NA	NA			
5	单位地区生产总值二氧化硫排放量	吨/亿元	全市	逆	40.633	32.740	25.715	26	18	−8	区域经济；环境年报2011	☹
6	单位地区生产总值化学需氧量排放量	吨/亿元	全市	逆	20.423	11.175	9.508	10	5	−5	区域经济；环境年报2011	☹
7	单位地区生产总值氮氧化物排放量	吨/亿元	全市	逆	34.969	53.458	64.241	31	32	1	区域经济；环境年报2011	☺
8	单位地区生产总值氨氮排放量	吨/亿元	全市	逆	3.392	2.419	0.774	14	3	−11	区域经济；环境年报2011	☹
9	第一产业劳动生产率	万元/人	全市	正	535.071	2 041.840	4.312	2	4	2	区域经济；城市	☺
10	第二产业劳动生产率	万元/人	全市	正	39.262	31.850	11.354	24	29	5	区域经济；城市	☺
11	单位工业增加值水耗	万吨/万元	全市	逆	189.548	367.592	0.034	33	28	−5	区域经济；环境年报2011	☹
12	单位工业增加值能耗		全市	逆	NA	NA	NA	NA	NA			
13	工业固体废物综合利用率	%	全市	正	86.776	89.800	89.700	25	22	−3	环境年报2011	☹
14	工业用水重复利用率	%	全市	正	75.192	36.289	34.617	34	38	4	环境年报2011	☺
15	第三产业劳动生产率	万元/人	全市	正	36.578	48.407	13.245	7	9	2	区域经济；城市	☺
16	第三产业增加值比重	%	全市	正	47.441	40.510	40.150	30	36	6	城市	☺
17	第三产业就业人员比重	%	全市	正	49.627	31.094	37.293	34	34	0	区域经济	
18	人均水资源量	立方米/人	全市	正	907.111	999.652	1 579.571	10	6	−4	城市	☹
19	单位土地面积二氧化碳排放量			逆	NA	NA	NA	NA	NA			
20	人均二氧化碳排放量			逆	NA	NA	NA	NA	NA			
21	单位土地面积二氧化硫排放量	吨/平方公里	全市	逆	10.514	15.826	11.300	32	25	−7	环境年报2011；城市	☹

序号	指标名称	单 位	口 径	指标属性	2011年测评均值	2011年宁波市数值	2010年宁波市数值	2011年宁波市排名	2010年宁波市排名	排名变化	2011年数据来源	进退脸谱
22	人均二氧化硫排放量	吨/万人	全市	逆	225.184	270.068	193.730	28	24	−4	环境年报2011；城市	☹
23	单位土地面积化学需氧量排放量	吨/平方公里	全市	逆	8.116	5.402	4.178	20	14	−6	环境年报2011；城市	☹
24	人均化学需氧量排放量	吨/万人	全市	逆	114.136	92.180	71.631	16	7	−9	环境年报2011；城市	☹
25	单位土地面积氮氧化物排放量	吨/平方公里	全市	逆	11.285	25.840	28.229	34	34	0	环境年报2011；城市	
26	人均氮氧化物排放量	吨/万人	全市	逆	208.761	440.974	483.973	34	34	0	环境年报2011；城市	
27	单位土地面积氨氮排放量	吨/平方公里	全市	逆	1.387	1.169	0.340	24	9	−15	环境年报2011；城市	☹
28	人均氨氮排放量	吨/万人	全市	逆	19.239	19.956	5.834	25	6	−19	环境年报2011；城市	☹
29	空气质量达到二级以上天数占全年比重	%	市辖区	正	90.522	88.460	86.540	23	23	0	环境保护部数据	
30	首要污染物可吸入颗粒物天数占全年比重	%	市辖区	逆	73.590	78.904	75.616	21	21	0	环境保护部数据	
31	可吸入细颗粒物（PM2.5）浓度年均值		市辖区	逆	NA	NA	NA	NA	NA			
32	环境保护支出占财政支出比重	%	全市	正	2.146	0.973	3.227	34	17	−17	统计；城市	☹
33	工业污染治理投资额占地区生产总值比重	%	全市	正	0.078	0.010	0.010	33	33	0	区域经济；环境年报2011	
34	科教文卫支出占财政支出比重	%	全市	正	26.226	26.749	19.028	15	26	11	统计；区域经济；城市	☺
35	人均绿地面积	平方米	市辖区	正	676.995	575.200	44.000	24	17	−7	城市	☹
36	建成区绿化覆盖率	%	市辖区	正	40.342	38.130	38.040	26	27	1	城市建设	☺
37	用水普及率	%	市辖区	正	98.746	100.000	100.000	1	1	0	城市建设	
38	城市生活污水处理率	%	市辖区	正	87.741	86.850	85.210	23	27	4	城市建设	☺
39	生活垃圾无害化处理率	%	市辖区	正	92.101	100.000	100.000	1	1	0	城市建设	
40	万人拥有公交车辆	辆	市辖区	正	16.178	16.720	15.470	10	13	3	城市	☺
41	工业二氧化硫去除率	%	全市	正	56.941	86.436	86.788	1	2	1	环境年报2011	☺
42	工业废水化学需氧量去除率	%	全市	正	85.401	93.135	92.437	6	4	−2	环境年报2011	☹
43	工业氮氧化物去除率	%	全市	正	6.658	13.652	7.743	6	9	3	环境年报2011	☺
44	工业废水氨氮去除率	%	全市	正	79.173	95.711	96.187	5	4	−1	环境年报2011	☹

年鉴说明：区域经济——《中国区域经济统计年鉴2012》；城市——《中国城市统计年鉴2012》；统计——《中国统计年鉴2012》；城市建设——《中国城市建设统计年鉴2011》；环境年报2011——《中国环境统计年报2011》；环境年鉴——《中国环境统计年鉴2012》；环保部数据——环境保护部数据中心。

合肥市绿色发展"体检"表

序号	指标名称	单 位	口 径	指标属性	2011年测评均值	2011年合肥市数值	2010年合肥市数值	2011年合肥市排名	2010年合肥市排名	排名变化	2011年数据来源	进退脸谱
1	人均地区生产总值	元/人	全市	正	65 651	48 540	48 312	28	20	−8	区域经济	☹
2	单位地区生产总值能耗	吨/万元	全市	逆	0.595	0.641	0.234	25	5	−20	区域经济;城市	☹
3	人均城镇生活消费用电	千瓦时/人	全市	逆	688.162	322.147	441.104	7	17	10	城市	☺
4	单位地区生产总值二氧化碳排放量			逆	NA	NA	NA	NA	NA			
5	单位地区生产总值二氧化硫排放量	吨/亿元	全市	逆	40.633	23.149	17.325	16	5	−11	区域经济;环境年报2011	☹
6	单位地区生产总值化学需氧量排放量	吨/亿元	全市	逆	20.423	27.281	16.561	30	15	−15	区域经济;环境年报2011	☹
7	单位地区生产总值氮氧化物排放量	吨/亿元	全市	逆	34.969	39.723	24.805	26	11	−15	区域经济;环境年报2011	☹
8	单位地区生产总值氨氮排放量	吨/亿元	全市	逆	3.392	3.688	1.486	29	13	−16	区域经济;环境年报2011	☹
9	第一产业劳动生产率	万元/人	全市	正	535.071	1 601.690	1.741	4	28	24	区域经济;城市	☺
10	第二产业劳动生产率	万元/人	全市	正	39.262	47.972	12.722	9	20	11	区域经济;城市	☺
11	单位工业增加值水耗	万吨/万元	全市	逆	189.548	184.525	0.107	22	37	15	区域经济;环境年报2011	☺
12	单位工业增加值能耗		全市	逆	NA	NA	NA	NA	NA			
13	工业固体废物综合利用率	%	全市	正	86.776	93.800	98.800	17	4	−13	环境年报2011	☹
14	工业用水重复利用率	%	全市	正	75.192	92.339	95.718	10	6	−4	环境年报2011	☹
15	第三产业劳动生产率	万元/人	全市	正	36.578	33.516	8.239	18	25	7	区域经济;城市	☺
16	第三产业增加值比重	%	全市	正	47.441	39.220	41.170	35	32	−3	城市	☹
17	第三产业就业人员比重	%	全市	正	49.627	48.128	42.903	22	27	5	区域经济	☺
18	人均水资源量	立方米/人	全市	正	907.111	401.502	608.546	24	18	−6	城市	☹
19	单位土地面积二氧化碳排放量			逆	NA	NA	NA	NA	NA			
20	人均二氧化碳排放量			逆	NA	NA	NA	NA	NA			
21	单位土地面积二氧化硫排放量	吨/平方公里	全市	逆	10.514	4.492	4.725	6	7	1	环境年报2011;城市	☺

续表

序号	指标名称	单位	口径	指标属性	2011年测评均值	2011年合肥市数值	2010年合肥市数值	2011年合肥市排名	2010年合肥市排名	排名变化	2011年数据来源	进退脸谱
22	人均二氧化硫排放量	吨/万人	全市	逆	225.184	72.771	67.520	7	3	−4	环境年报2011；城市	☹
23	单位土地面积化学需氧量排放量	吨/平方公里	全市	逆	8.116	5.294	4.517	19	17	−2	环境年报2011；城市	☹
24	人均化学需氧量排放量	吨/万人	全市	逆	114.136	85.760	64.542	12	4	−8	环境年报2011；城市	☹
25	单位土地面积氮氧化物排放量	吨/平方公里	全市	逆	11.285	7.709	6.766	20	11	−9	环境年报2011；城市	☹
26	人均氮氧化物排放量	吨/万人	全市	逆	208.761	124.872	96.671	17	9	−8	环境年报2011；城市	☹
27	单位土地面积氨氮排放量	吨/平方公里	全市	逆	1.387	0.716	0.405	16	13	−3	环境年报2011；城市	☹
28	人均氨氮排放量	吨/万人	全市	逆	19.239	11.594	5.791	6	5	−1	环境年报2011；城市	☹
29	空气质量达到二级以上天数占全年比重	%	市辖区	正	90.522	83.240	85.160	35	28	−7	环境保护部数据	☹
30	首要污染物可吸入颗粒物天数占全年比重	%	市辖区	逆	73.590	86.301	85.205	31	30	−1	环境保护部数据	☹
31	可吸入细颗粒物(PM2.5)浓度年均值		市辖区	逆	NA	NA	NA	NA	NA			
32	环境保护支出占财政支出比重	%	全市	正	2.146	1.288	2.184	21	24	3	统计；城市	☺
33	工业污染治理投资额占地区生产总值比重	%	全市	正	0.078	0.004	0.004	36	37	1	区域经济；环境年报2011	☺
34	科教文卫支出占财政支出比重	%	全市	正	26.226	25.510	16.920	22	31	9	统计；区域经济；城市	☺
35	人均绿地面积	平方米	市辖区	正	676.995	705.600	54.000	16	14	−2	城市	☹
36	建成区绿化覆盖率	%	市辖区	正	40.342	43.410	38.820	8	23	15	城市建设	☺
37	用水普及率	%	市辖区	正	98.746	99.730	97.220	24	31	7	城市建设	☺
38	城市生活污水处理率	%	市辖区	正	87.741	99.830	99.810	1	2	1	城市建设	☺
39	生活垃圾无害化处理率	%	市辖区	正	92.101	100.000	99.970	1	17	16	城市建设	☺
40	万人拥有公交车辆	辆	市辖区	正	16.178	16.130	12.190	12	24	12	城市	☺
41	工业二氧化硫去除率	%	全市	正	56.941	48.958	41.153	27	31	4	环境年报2011	☺
42	工业废水化学需氧量去除率	%	全市	正	85.401	87.258	77.406	22	27	5	环境年报2011	☺
43	工业氮氧化物去除率	%	全市	正	6.658	1.124	0.257	23	26	3	环境年报2011	☺
44	工业废水氨氮去除率	%	全市	正	79.173	97.609	65.888	1	24	23	环境年报2011	☺

年鉴说明：区域经济——《中国区域经济统计年鉴2012》；城市——《中国城市统计年鉴2012》；统计——《中国统计年鉴2012》；城市建设——《中国城市建设统计年鉴2011》；环境年报2011——《中国环境统计年报2011》；环境年鉴——《中国环境统计年鉴2012》；环保部数据——环境保护部数据中心。

福州市绿色发展"体检"表

序号	指标名称	单 位	口 径	指标属性	2011年测评均值	2011年福州市数值	2010年福州市数值	2011年福州市排名	2010年福州市排名	排名变化	2011年数据来源	进退脸谱
1	人均地区生产总值	元/人	全市	正	65 651	52 152	44 000	24	23	−1	区域经济	☹
2	单位地区生产总值能耗	吨/万元	全市	逆	0.595	0.025	0.396	1	12	11	区域经济；城市	☺
3	人均城镇生活消费用电	千瓦时/人	全市	逆	688.162	514.272	474.677	19	18	−1	城市	☹
4	单位地区生产总值二氧化碳排放量			逆	NA	NA	NA	NA	NA			
5	单位地区生产总值二氧化硫排放量	吨/亿元	全市	逆	40.633	29.331	34.371	22	25	3	区域经济；环境年报2011	☺
6	单位地区生产总值化学需氧量排放量	吨/亿元	全市	逆	20.423	22.608	17.740	26	17	−9	区域经济；环境年报2011	☹
7	单位地区生产总值氮氧化物排放量	吨/亿元	全市	逆	34.969	32.514	43.416	23	25	2	区域经济；环境年报2011	☺
8	单位地区生产总值氨氮排放量	吨/亿元	全市	逆	3.392	3.124	0.945	24	5	−19	区域经济；环境年报2011	☹
9	第一产业劳动生产率	万元/人	全市	正	535.071	467.755	3.040	12	7	−5	区域经济；城市	☹
10	第二产业劳动生产率	万元/人	全市	正	39.262	25.295	11.035	31	30	−1	区域经济；城市	☹
11	单位工业增加值水耗	万吨/万元	全市	逆	189.548	35.643	0.004	4	3	−1	区域经济；环境年报2011	☹
12	单位工业增加值能耗		全市	逆	NA	NA	NA	NA	NA			
13	工业固体废物综合利用率	%	全市	正	86.776	89.800	80.400	25	28	3	环境年报2011	☺
14	工业用水重复利用率	%	全市	正	75.192	67.019	70.443	28	33	5	环境年报2011	☺
15	第三产业劳动生产率	万元/人	全市	正	36.578	35.108	9.027	16	22	6	区域经济；城市	☺
16	第三产业增加值比重	%	全市	正	47.441	45.500	46.060	23	22	−1	城市	☹
17	第三产业就业人员比重	%	全市	正	49.627	37.487	42.996	33	26	−7	区域经济	☹
18	人均水资源量	立方米/人	全市	正	907.111	1 192.840	2 057.594	7	3	−4	城市	☹
19	单位土地面积二氧化碳排放量			逆	NA	NA	NA	NA	NA			
20	人均二氧化碳排放量			逆	NA	NA	NA	NA	NA			
21	单位土地面积二氧化硫排放量	吨/平方公里	全市	逆	10.514	7.058	7.320	15	15	0	环境年报2011；城市	

续表

序号	指标名称	单位	口径	指标属性	2011年测评均值	2011年福州市数值	2010年福州市数值	2011年福州市排名	2010年福州市排名	排名变化	2011年数据来源	进退脸谱
22	人均二氧化硫排放量	吨/万人	全市	逆	225.184	142.390	148.993	16	18	2	环境年报2011；城市	☺
23	单位土地面积化学需氧量排放量	吨/平方公里	全市	逆	8.116	5.441	3.778	21	10	−11	环境年报2011；城市	☹
24	人均化学需氧量排放量	吨/万人	全市	逆	114.136	109.752	76.901	18	12	−6	环境年报2011；城市	☹
25	单位土地面积氮氧化物排放量	吨/平方公里	全市	逆	11.285	7.825	9.246	21	22	1	环境年报2011；城市	☺
26	人均氮氧化物排放量	吨/万人	全市	逆	208.761	157.845	188.206	22	20	−2	环境年报2011；城市	☹
27	单位土地面积氨氮排放量	吨/平方公里	全市	逆	1.387	0.752	0.201	18	4	−14	环境年报2011；城市	☹
28	人均氨氮排放量	吨/万人	全市	逆	19.239	15.168	4.094	18	2	−16	环境年报2011；城市	☹
29	空气质量达到二级以上天数占全年比重	%	市辖区	正	90.522	98.630	96.150	6	9	3	环境保护部数据	☺
30	首要污染物可吸入颗粒物天数占全年比重	%	市辖区	逆	73.590	68.767	62.740	13	12	−1	环境保护部数据	☹
31	可吸入细颗粒物（PM2.5）浓度年均值		市辖区	逆	NA	NA	NA	NA	NA			
32	环境保护支出占财政支出比重	%	全市	正	2.146	0.801	1.635	36	32	−4	统计；城市	☹
33	工业污染治理投资额占地区生产总值比重	%	全市	正	0.078	0.037	0.037	18	18	0	区域经济；环境年报2011	
34	科教文卫支出占财政支出比重	%	全市	正	26.226	29.478	18.722	7	28	21	统计；区域经济；城市	☺
35	人均绿地面积	平方米	市辖区	正	676.995	647.700	43.000	19	18	−1	城市	☹
36	建成区绿化覆盖率	%	市辖区	正	40.342	40.500	40.270	20	20	0	城市建设	
37	用水普及率	%	市辖区	正	98.746	99.260	99.860	31	23	−8	城市建设	☹
38	城市生活污水处理率	%	市辖区	正	87.741	84.580	87.100	28	24	−4	城市建设	☹
39	生活垃圾无害化处理率	%	市辖区	正	92.101	99.940	100.000	17	1	−16	城市建设	☹
40	万人拥有公交车辆	辆	市辖区	正	16.178	16.420	18.910	11	4	−7	城市	☹
41	工业二氧化硫去除率	%	全市	正	56.941	66.544	54.510	14	23	9	环境年报2011	☺
42	工业废水化学需氧量去除率	%	全市	正	85.401	96.338	94.894	2	2	0	环境年报2011	
43	工业氮氧化物去除率	%	全市	正	6.658	22.727	0.014	4	29	25	环境年报2011	☺
44	工业废水氨氮去除率	%	全市	正	79.173	70.552	73.811	30	17	−13	环境年报2011	☹

　　年鉴说明：区域经济——《中国区域经济统计年鉴2012》；城市——《中国城市统计年鉴2012》；统计——《中国统计年鉴2012》；城市建设——《中国城市建设统计年鉴2011》；环境年报2011——《中国环境统计年报2011》；环境年鉴——《中国环境统计年鉴2012》；环保部数据——环境保护数据中心。

厦门市绿色发展"体检"表

序号	指标名称	单位	口径	指标属性	2011年测评均值	2011年厦门市数值	2010年厦门市数值	2011年厦门市排名	2010年厦门市排名	排名变化	2011年数据来源	进退脸谱
1	人均地区生产总值	元/人	全市	正	65 651	70 832	59 323	17	17	0	区域经济	
2	单位地区生产总值能耗	吨/万元	全市	逆	0.595	0.551	0.569	21	15	−6	区域经济；城市	☹
3	人均城镇生活消费用电	千瓦时/人	全市	逆	688.162	1 863.730	1 711.758	37	38	1	城市	☺
4	单位地区生产总值二氧化碳排放量			逆	NA	NA	NA	NA	NA			
5	单位地区生产总值二氧化硫排放量	吨/亿元	全市	逆	40.633	8.942	27.505	6	20	14	区域经济；环境年报2011	☺
6	单位地区生产总值化学需氧量排放量	吨/亿元	全市	逆	20.423	15.280	24.693	18	26	8	区域经济；环境年报2011	☺
7	单位地区生产总值氮氧化物排放量	吨/亿元	全市	逆	34.969	8.285	23.332	6	9	3	区域经济；环境年报2011	☺
8	单位地区生产总值氨氮排放量	吨/亿元	全市	逆	3.392	3.074	2.396	21	22	1	区域经济；环境年报2011	☺
9	第一产业劳动生产率	万元/人	全市	正	535.071	94.923	2.444	29	17	−12	区域经济；城市	☹
10	第二产业劳动生产率	万元/人	全市	正	39.262	17.892	11.804	36	27	−9	区域经济；城市	☹
11	单位工业增加值水耗	万吨/万元	全市	逆	189.548	166.111	0.008	19	10	−9	区域经济；环境年报2011	☹
12	单位工业增加值能耗		全市	逆	NA	NA	NA	NA	NA			
13	工业固体废物综合利用率	%	全市	正	86.776	91.500	87.300	22	25	3	环境年报2011	☺
14	工业用水重复利用率	%	全市	正	75.192	39.736	90.428	33	18	−15	环境年报2011	☹
15	第三产业劳动生产率	万元/人	全市	正	36.578	40.374	11.639	12	14	2	区域经济；城市	☺
16	第三产业增加值比重	%	全市	正	47.441	47.950	49.150	20	17	−3	城市	☹
17	第三产业就业人员比重	%	全市	正	49.627	28.308	40.427	36	30	−6	区域经济	☹
18	人均水资源量	立方米/人	全市	正	907.111	527.641	777.981	20	15	−5	城市	☹
19	单位土地面积二氧化碳排放量			逆	NA	NA	NA	NA	NA			
20	人均二氧化碳排放量			逆	NA	NA	NA	NA	NA			
21	单位土地面积二氧化硫排放量	吨/平方公里	全市	逆	10.514	12.388	33.105	26	37	11	环境年报2011；城市	☺

续表

序号	指标名称	单位	口径	指标属性	2011年测评均值	2011年厦门市数值	2010年厦门市数值	2011年厦门市排名	2010年厦门市排名	排名变化	2011年数据来源	进退脸谱
22	人均二氧化硫排放量	吨/万人	全市	逆	225.184	106.656	291.568	11	29	18	环境年报2011；城市	☺
23	单位土地面积化学需氧量排放量	吨/平方公里	全市	逆	8.116	21.169	29.720	36	37	1	环境年报2011；城市	☺
24	人均化学需氧量排放量	吨/万人	全市	逆	114.136	182.256	261.758	36	38	2	环境年报2011；城市	☺
25	单位土地面积氮氧化物排放量	吨/平方公里	全市	逆	11.285	11.477	28.083	27	33	6	环境年报2011；城市	☺
26	人均氮氧化物排放量	吨/万人	全市	逆	208.761	98.818	247.335	11	26	15	环境年报2011；城市	☺
27	单位土地面积氨氮排放量	吨/平方公里	全市	逆	1.387	4.259	2.884	36	36	0	环境年报2011；城市	
28	人均氨氮排放量	吨/万人	全市	逆	19.239	36.669	25.401	37	36	−1	环境年报2011；城市	☹
29	空气质量达到二级以上天数占全年比重	%	市辖区	正	90.522	99.450	97.530	4	7	3	环境保护部数据	☺
30	首要污染物可吸入颗粒物天数占全年比重	%	市辖区	逆	73.590	63.562	55.616	10	7	−3	环境保护部数据	☹
31	可吸入细颗粒物（PM2.5）浓度年均值		市辖区	逆	NA	NA	NA	NA	NA			
32	环境保护支出占财政支出比重	%	全市	正	2.146	1.759	3.315	15	15	0	统计；城市	
33	工业污染治理投资额占地区生产总值比重	%	全市	正	0.078	0.058	0.058	15	15	0	区域经济；环境年报2011	
34	科教文卫支出占财政支出比重	%	全市	正	26.226	25.267	23.881	23	11	−12	统计；区域经济；城市	☹
35	人均绿地面积	平方米	市辖区	正	676.995	182.700	91.000	34	5	−29	城市	☹
36	建成区绿化覆盖率	%	市辖区	正	40.342	40.640	40.400	19	18	−1	城市建设	☹
37	用水普及率	%	市辖区	正	98.746	100.000	100.000	1	1	0	城市建设	
38	城市生活污水处理率	%	市辖区	正	87.741	90.400	90.100	17	19	2	城市建设	☺
39	生活垃圾无害化处理率	%	市辖区	正	92.101	98.320	96.930	20	22	2	城市建设	☺
40	万人拥有公交车辆	辆	市辖区	正	16.178	20.350	18.660	2	5	3	城市	☺
41	工业二氧化硫去除率	%	全市	正	56.941	65.454	25.304	16	37	21	环境年报2011	☺
42	工业废水化学需氧量去除率	%	全市	正	85.401	94.182	95.779	5	1	−4	环境年报2011	☹
43	工业氮氧化物去除率	%	全市	正	6.658	41.935	11.991	1	8	7	环境年报2011	☺
44	工业废水氨氮去除率	%	全市	正	79.173	87.786	72.236	11	19	8	环境年报2011	☺

年鉴说明：区域经济——《中国区域经济统计年鉴2012》；城市——《中国城市统计年鉴2012》；统计——《中国统计年鉴2012》；城市建设——《中国城市建设统计年鉴2011》；环境年报2011——《中国环境统计年报2011》；环境年鉴——《中国环境统计年鉴2012》；环保部数据——环境保护部数据中心。

南昌市绿色发展"体检"表

序号	指标名称	单位	口径	指标属性	2011年测评均值	2011年南昌市数值	2010年南昌市数值	2011年南昌市排名	2010年南昌市排名	排名变化	2011年数据来源	进退脸谱
1	人均地区生产总值	元/人	全市	正	65 651	53 023	43 961	21	24	3	区域经济	☺
2	单位地区生产总值能耗	吨/万元	全市	逆	0.595	0.477	0.841	17	21	4	区域经济；城市	☺
3	人均城镇生活消费用电	千瓦时/人	全市	逆	688.162	313.741	302.047	5	5	0	城市	
4	单位地区生产总值二氧化碳排放量			逆	NA	NA	NA	NA	NA			
5	单位地区生产总值二氧化硫排放量	吨/亿元	全市	逆	40.633	16.124	20.709	10	8	−2	区域经济；环境年报2011	☹
6	单位地区生产总值化学需氧量排放量	吨/亿元	全市	逆	20.423	24.964	28.292	29	29	0	区域经济；环境年报2011	
7	单位地区生产总值氮氧化物排放量	吨/亿元	全市	逆	34.969	12.095	31.874	8	19	11	区域经济；环境年报2011	☺
8	单位地区生产总值氨氮排放量	吨/亿元	全市	逆	3.392	3.496	2.655	27	24	−3	区域经济；环境年报2011	☹
9	第一产业劳动生产率	万元/人	全市	正	535.071	90.248	1.682	30	29	−1	区域经济；城市	☹
10	第二产业劳动生产率	万元/人	全市	正	39.262	37.959	17.884	18	7	−11	区域经济；城市	☹
11	单位工业增加值水耗	万吨/万元	全市	逆	189.548	48.769	0.007	8	7	−1	区域经济；环境年报2011	☹
12	单位工业增加值能耗		全市	逆	NA	NA	NA	NA	NA			
13	工业固体废物综合利用率	%	全市	正	86.776	98.300	93.600	6	18	12	环境年报2011	☺
14	工业用水重复利用率	%	全市	正	75.192	75.245	75.508	25	28	3	环境年报2011	☺
15	第三产业劳动生产率	万元/人	全市	正	36.578	26.681	5.715	28	36	8	区域经济；城市	☺
16	第三产业增加值比重	%	全市	正	47.441	36.250	41.250	36	31	−5	城市	☹
17	第三产业就业人员比重	%	全市	正	49.627	42.732	50.649	30	7	−23	区域经济	☹
18	人均水资源量	立方米/人	全市	正	907.111	961.676	203.683	12	30	18	城市	☺
19	单位土地面积二氧化碳排放量			逆	NA	NA	NA	NA	NA			
20	人均二氧化碳排放量			逆	NA	NA	NA	NA	NA			
21	单位土地面积二氧化硫排放量	吨/平方公里	全市	逆	10.514	4.885	5.553	8	10	2	环境年报2011；城市	☺

序号	指标名称	单位	口径	指标属性	2011年测评均值	2011年南昌市数值	2010年南昌市数值	2011年南昌市排名	2010年南昌市排名	排名变化	2011年数据来源	进退脸谱
22	人均二氧化硫排放量	吨/万人	全市	逆	225.184	71.801	82.235	6	5	-1	环境年报2011；城市	☹
23	单位土地面积化学需氧量排放量	吨/平方公里	全市	逆	8.116	7.564	7.586	27	27	0	环境年报2011；城市	
24	人均化学需氧量排放量	吨/万人	全市	逆	114.136	111.170	112.345	19	20	1	环境年报2011；城市	☺
25	单位土地面积氮氧化物排放量	吨/平方公里	全市	逆	11.285	3.664	8.546	8	19	11	环境年报2011；城市	☺
26	人均氮氧化物排放量	吨/万人	全市	逆	208.761	53.860	126.567	5	12	7	环境年报2011；城市	☺
27	单位土地面积氨氮排放量	吨/平方公里	全市	逆	1.387	1.059	0.712	23	23	0	环境年报2011；城市	
28	人均氨氮排放量	吨/万人	全市	逆	19.239	15.570	10.544	19	19	0	环境年报2011；城市	
29	空气质量达到二级以上天数占全年比重	%	市辖区	正	90.522	95.050	93.960	12	12	0	环境保护部数据	
30	首要污染物可吸入颗粒物天数占全年比重	%	市辖区	逆	73.590	76.438	69.041	17	16	-1	环境保护部数据	☹
31	可吸入细颗粒物（PM2.5）浓度年均值		市辖区	逆	NA	NA	NA	NA	NA			
32	环境保护支出占财政支出比重	%	全市	正	2.146	1.082	1.470	27	35	8	统计；城市	☺
33	工业污染治理投资额占地区生产总值比重	%	全市	正	0.078	0.030	0.030	23	23	0	区域经济；环境年报2011	
34	科教文卫支出占财政支出比重	%	全市	正	26.226	28.532	19.956	10	22	12	统计；区域经济；城市	☺
35	人均绿地面积	平方米	市辖区	正	676.995	503.600	38.000	26	19	-7	城市	☹
36	建成区绿化覆盖率	%	市辖区	正	40.342	42.960	42.760	9	11	2	城市建设	☺
37	用水普及率	%	市辖区	正	98.746	99.700	99.790	25	25	0	城市建设	
38	城市生活污水处理率	%	市辖区	正	87.741	89.010	75.000	20	33	13	城市建设	☺
39	生活垃圾无害化处理率	%	市辖区	正	92.101	100.000	100.000	1	1	0	城市建设	
40	万人拥有公交车辆	辆	市辖区	正	16.178	14.150	11.750	19	26	7	城市	☺
41	工业二氧化硫去除率	%	全市	正	56.941	63.158	62.987	18	18	0	环境年报2011	
42	工业废水化学需氧量去除率	%	全市	正	85.401	87.940	40.523	20	37	17	环境年报2011	☺
43	工业氮氧化物去除率	%	全市	正	6.658	0.000	1.372	27	19	-8	环境年报2011	☹
44	工业废水氨氮去除率	%	全市	正	79.173	83.747	61.396	17	27	10	环境年报2011	☺

年鉴说明：区域经济——《中国区域经济统计年鉴2012》；城市——《中国城市统计年鉴2012》；统计——《中国统计年鉴2012》；城市建设——《中国城市建设统计年鉴2011》；环境年报2011——《中国环境统计年报2011》；环境年鉴——《中国环境统计年鉴2012》；环保部数据——环境保护部数据中心。

济南市绿色发展"体检"表

序号	指标名称	单位	口径	指标属性	2011年测评均值	2011年济南市数值	2010年济南市数值	2011年济南市排名	2010年济南市排名	排名变化	2011年数据来源	进退脸谱
1	人均地区生产总值	元/人	全市	正	65 651	64 310	57 947	19	18	-1	区域经济	☹
2	单位地区生产总值能耗	吨/万元	全市	逆	0.595	0.910	0.870	30	23	-7	区域经济；城市	☹
3	人均城镇生活消费用电	千瓦时/人	全市	逆	688.162	494.473	495.677	17	20	3	城市	☺
4	单位地区生产总值二氧化碳排放量			逆	NA	NA	NA	NA	NA			
5	单位地区生产总值二氧化硫排放量	吨/亿元	全市	逆	40.633	30.265	22.704	23	13	-10	区域经济；环境年报2011	☹
6	单位地区生产总值化学需氧量排放量	吨/亿元	全市	逆	20.423	11.816	13.175	11	9	-2	区域经济；环境年报2011	☹
7	单位地区生产总值氮氧化物排放量	吨/亿元	全市	逆	34.969	21.793	25.032	15	13	-2	区域经济；环境年报2011	☹
8	单位地区生产总值氨氮排放量	吨/亿元	全市	逆	3.392	1.805	1.330	7	12	5	区域经济；环境年报2011	☺
9	第一产业劳动生产率	万元/人	全市	正	535.071	1 699.000	2.789	3	10	7	区域经济；城市	☺
10	第二产业劳动生产率	万元/人	全市	正	39.262	29.725	12.584	27	21	-6	区域经济；城市	☹
11	单位工业增加值水耗	万吨/万元	全市	逆	189.548	194.154	0.023	23	20	-3	区域经济；环境年报2011	☹
12	单位工业增加值能耗		全市	逆	NA	NA	NA	NA	NA			
13	工业固体废物综合利用率	%	全市	正	86.776	99.200	97.500	3	11	8	环境年报2011	☺
14	工业用水重复利用率	%	全市	正	75.192	95.111	96.060	5	4	-1	环境年报2011	☹
15	第三产业劳动生产率	万元/人	全市	正	36.578	34.016	12.183	17	12	-5	区域经济；城市	☹
16	第三产业增加值比重	%	全市	正	47.441	53.090	52.620	8	10	2	城市	☺
17	第三产业就业人员比重	%	全市	正	49.627	53.941	44.357	13	24	11	区域经济	☺
18	人均水资源量	立方米/人	全市	正	907.111	288.735	289.697	29	27	-2	城市	☹
19	单位土地面积二氧化碳排放量			逆	NA	NA	NA	NA	NA			
20	人均二氧化碳排放量			逆	NA	NA	NA	NA	NA			
21	单位土地面积二氧化硫排放量	吨/平方公里	全市	逆	10.514	14.713	9.979	30	22	-8	环境年报2011；城市	☹

续表

序号	指标名称	单位	口径	指标属性	2011年测评均值	2011年济南市数值	2010年济南市数值	2011年济南市排名	2010年济南市排名	排名变化	2011年数据来源	进退脸谱
22	人均二氧化硫排放量	吨/万人	全市	逆	225.184	198.722	135.173	22	15	-7	环境年报2011；城市	☹
23	单位土地面积化学需氧量排放量	吨/平方公里	全市	逆	8.116	5.744	5.791	22	22	0	环境年报2011；城市	
24	人均化学需氧量排放量	吨/万人	全市	逆	114.136	77.582	78.441	9	13	4	环境年报2011；城市	☺
25	单位土地面积氮氧化物排放量	吨/平方公里	全市	逆	11.285	10.594	11.002	26	24	-2	环境年报2011；城市	☹
26	人均氮氧化物排放量	吨/万人	全市	逆	208.761	143.094	149.029	20	15	-5	环境年报2011；城市	☹
27	单位土地面积氨氮排放量	吨/平方公里	全市	逆	1.387	0.878	0.584	20	18	-2	环境年报2011；城市	☹
28	人均氨氮排放量	吨/万人	全市	逆	19.239	11.855	7.917	8	11	3	环境年报2011；城市	☺
29	空气质量达到二级以上天数占全年比重	%	市辖区	正	90.522	87.640	84.340	26	30	4	环境保护部数据	☺
30	首要污染物可吸入颗粒物天数占全年比重	%	市辖区	逆	73.590	93.973	93.425	37	37	0	环境保护部数据	
31	可吸入细颗粒物（PM2.5）浓度年均值		市辖区	逆	NA	NA	NA	NA	NA			
32	环境保护支出占财政支出比重	%	全市	正	2.146	1.652	3.393	16	13	-3	统计；城市	☹
33	工业污染治理投资额占地区生产总值比重	%	全市	正	0.078	0.070	0.070	12	12	0	区域经济；环境年报2011	
34	科教文卫支出占财政支出比重	%	全市	正	26.226	27.918	21.177	11	17	6	统计；区域经济；城市	☺
35	人均绿地面积	平方米	市辖区	正	676.995	605.400	34.000	22	24	2	城市	☺
36	建成区绿化覆盖率	%	市辖区	正	40.342	37.050	37.040	31	30	-1	城市建设	☹
37	用水普及率	%	市辖区	正	98.746	100.000	100.000	1	1	0	城市建设	
38	城市生活污水处理率	%	市辖区	正	87.741	94.400	96.650	14	6	-8	城市建设	☹
39	生活垃圾无害化处理率	%	市辖区	正	92.101	98.470	90.780	19	29	10	城市建设	☺
40	万人拥有公交车辆	辆	市辖区	正	16.178	11.940	12.180	26	25	-1	城市	☹
41	工业二氧化硫去除率	%	全市	正	56.941	56.917	68.007	23	13	-10	环境年报2011	☹
42	工业废水化学需氧量去除率	%	全市	正	85.401	92.887	82.829	7	19	12	环境年报2011	☺
43	工业氮氧化物去除率	%	全市	正	6.658	3.488	0.010	16	30	14	环境年报2011	☺
44	工业废水氨氮去除率	%	全市	正	79.173	97.095	92.101	2	6	4	环境年报2011	☺

年鉴说明：区域经济——《中国区域经济统计年鉴2012》；城市——《中国城市统计年鉴2012》；统计——《中国统计年鉴2012》；城市建设——《中国城市建设统计年鉴2011》；环境年报2011——《中国环境统计年报2011》；环境年鉴——《中国环境统计年鉴2012》；环保部数据——环境保护数据中心。

青岛市绿色发展"体检"表

序号	指标名称	单位	口径	指标属性	2011年测评均值	2011年青岛市数值	2010年青岛市数值	2011年青岛市排名	2010年青岛市排名	排名变化	2011年数据来源	进退脸谱
1	人均地区生产总值	元/人	全市	正	65 651	75 546	65 812	14	13	-1	区域经济	☹
2	单位地区生产总值能耗	吨/万元	全市	逆	0.595	0.201	0.316	12	9	-3	区域经济;城市	☹
3	人均城镇生活消费用电	千瓦时/人	全市	逆	688.162	360.643	356.777	9	9	0	城市	
4	单位地区生产总值二氧化碳排放量			逆	NA	NA	NA	NA	NA			
5	单位地区生产总值二氧化硫排放量	吨/亿元	全市	逆	40.633	17.784	21.736	11	10	-1	区域经济;环境年报2011	☹
6	单位地区生产总值化学需氧量排放量	吨/亿元	全市	逆	20.423	6.287	8.989	2	4	2	区域经济;环境年报2011	☺
7	单位地区生产总值氮氧化物排放量	吨/亿元	全市	逆	34.969	13.909	15.450	9	4	-5	区域经济;环境年报2011	☹
8	单位地区生产总值氨氮排放量	吨/亿元	全市	逆	3.392	1.276	1.557	3	14	11	区域经济;环境年报2011	☺
9	第一产业劳动生产率	万元/人	全市	正	535.071	747.268	2.660	9	14	5	区域经济;城市	☺
10	第二产业劳动生产率	万元/人	全市	正	39.262	40.980	12.511	14	22	8	区域经济;城市	☺
11	单位工业增加值水耗	万吨/万元	全市	逆	189.548	53.191	0.008	9	11	2	区域经济;环境年报2011	☺
12	单位工业增加值能耗		全市	逆	NA	NA	NA	NA	NA			
13	工业固体废物综合利用率	%	全市	正	86.776	97.300	98.300	9	8	-1	环境年报2011	☹
14	工业用水重复利用率	%	全市	正	75.192	80.701	89.120	23	21	-2	环境年报2011	☹
15	第三产业劳动生产率	万元/人	全市	正	36.578	64.486	13.988	2	7	5	区域经济;城市	☺
16	第三产业增加值比重	%	全市	正	47.441	47.740	46.430	21	21	0	城市	
17	第三产业就业人员比重	%	全市	正	49.627	38.913	37.679	32	33	1	区域经济	☺
18	人均水资源量	立方米/人	全市	正	907.111	273.464	207.951	30	29	-1	城市	☹
19	单位土地面积二氧化碳排放量			逆	NA	NA	NA	NA	NA			
20	人均二氧化碳排放量			逆	NA	NA	NA	NA	NA			
21	单位土地面积二氧化硫排放量	吨/平方公里	全市	逆	10.514	9.388	10.272	20	23	3	环境年报2011;城市	☺

序号	指标名称	单位	口径	指标属性	2011年测评均值	2011年青岛市数值	2010年青岛市数值	2011年青岛市排名	2010年青岛市排名	排名变化	2011年数据来源	进退脸谱
22	人均二氧化硫排放量	吨/万人	全市	逆	225.184	134.718	147.735	14	17	3	环境年报2011；城市	☺
23	单位土地面积化学需氧量排放量	吨/平方公里	全市	逆	8.116	3.318	4.248	10	15	5	环境年报2011；城市	☺
24	人均化学需氧量排放量	吨/万人	全市	逆	114.136	47.621	61.096	4	3	−1	环境年报2011；城市	☹
25	单位土地面积氮氧化物排放量	吨/平方公里	全市	逆	11.285	7.342	7.301	18	14	−4	环境年报2011；城市	☹
26	人均氮氧化物排放量	吨/万人	全市	逆	208.761	105.361	105.011	12	10	−2	环境年报2011；城市	☹
27	单位土地面积氨氮排放量	吨/平方公里	全市	逆	1.387	0.674	0.736	14	24	10	环境年报2011；城市	☺
28	人均氨氮排放量	吨/万人	全市	逆	19.239	9.669	10.581	3	20	17	环境年报2011；城市	☺
29	空气质量达到二级以上天数占全年比重	%	市辖区	正	90.522	91.480	90.380	18	18	0	环境保护部数据	
30	首要污染物可吸入颗粒物天数占全年比重	%	市辖区	逆	73.590	68.493	78.904	12	23	11	环境保护部数据	☺
31	可吸入细颗粒物（PM2.5）浓度年均值		市辖区	逆	NA	NA	NA	NA	NA			
32	环境保护支出占财政支出比重	%	全市	正	2.146	1.008	2.420	30	21	−9	统计；城市	☹
33	工业污染治理投资额占地区生产总值比重	%	全市	正	0.078	0.018	0.018	27	27	0	区域经济；环境年报2011	
34	科教文卫支出占财政支出比重	%	全市	正	26.226	25.833	15.872	18	33	15	统计；区域经济；城市	☺
35	人均绿地面积	平方米	市辖区	正	676.995	765.000	60.000	11	8	−3	城市	☹
36	建成区绿化覆盖率	%	市辖区	正	40.342	44.690	43.380	6	7	1	城市建设	☺
37	用水普及率	%	市辖区	正	98.746	100.000	100.000	1	1	0	城市建设	
38	城市生活污水处理率	%	市辖区	正	87.741	96.690	88.290	5	22	17	城市建设	☺
39	生活垃圾无害化处理率	%	市辖区	正	92.101	100.000	100.000	1	1	0	城市建设	
40	万人拥有公交车辆	辆	市辖区	正	16.178	19.560	16.930	3	9	6	城市	☺
41	工业二氧化硫去除率	%	全市	正	56.941	70.079	64.556	9	14	5	环境年报2011	☺
42	工业废水化学需氧量去除率	%	全市	正	85.401	91.757	84.823	9	16	7	环境年报2011	☺
43	工业氮氧化物去除率	%	全市	正	6.658	0.000	1.259	27	20	−7	环境年报2011	☹
44	工业废水氨氮去除率	%	全市	正	79.173	93.538	87.520	7	9	2	环境年报2011	☺

年鉴说明：区域经济——《中国区域经济统计年鉴 2012》；城市——《中国城市统计年鉴 2012》；统计——《中国统计年鉴 2012》；城市建设——《中国城市建设统计年鉴 2011》；环境年报 2011——《中国环境统计年报 2011》；环境年鉴——《中国环境统计年鉴 2012》；环保部数据——环境保护部数据中心。

郑州市绿色发展"体检"表

序号	指标名称	单 位	口 径	指标属性	2011年测评均值	2011年郑州市数值	2010年郑州市数值	2011年郑州市排名	2010年郑州市排名	排名变化	2011年数据来源	进退脸谱
1	人均地区生产总值	元/人	全市	正	65 651	56 855	47 608	20	21	1	区域经济	☺
2	单位地区生产总值能耗	吨/万元	全市	逆	0.595	0.132	0.601	8	16	8	区域经济；城市	☺
3	人均城镇生活消费用电	千瓦时/人	全市	逆	688.162	467.368	427.886	16	16	0	城市	
4	单位地区生产总值二氧化碳排放量			逆	NA	NA	NA	NA	NA			
5	单位地区生产总值二氧化硫排放量	吨/亿元	全市	逆	40.633	32.577	42.051	25	26	1	区域经济；环境年报2011	☺
6	单位地区生产总值化学需氧量排放量	吨/亿元	全市	逆	20.423	13.535	15.674	16	14	−2	区域经济；环境年报2011	☹
7	单位地区生产总值氮氧化物排放量	吨/亿元	全市	逆	34.969	41.863	47.491	28	27	−1	区域经济；环境年报2011	☹
8	单位地区生产总值氨氮排放量	吨/亿元	全市	逆	3.392	2.840	2.363	18	21	3	区域经济；环境年报2011	☺
9	第一产业劳动生产率	万元/人	全市	正	535.071	612.372	1.166	10	33	23	区域经济；城市	☺
10	第二产业劳动生产率	万元/人	全市	正	39.262	46.731	14.504	10	15	5	区域经济；城市	☺
11	单位工业增加值水耗	万吨/万元	全市	逆	189.548	121.904	0.015	15	14	−1	区域经济；环境年报2011	☹
12	单位工业增加值能耗		全市	逆	NA	NA	NA	NA	NA			
13	工业固体废物综合利用率	%	全市	正	86.776	73.500	83.000	33	27	−6	环境年报2011	☹
14	工业用水重复利用率	%	全市	正	75.192	91.315	87.577	14	24	10	环境年报2011	☺
15	第三产业劳动生产率	万元/人	全市	正	36.578	32.435	8.321	20	24	4	区域经济；城市	☺
16	第三产业增加值比重	%	全市	正	47.441	39.640	40.740	33	33	0	城市	
17	第三产业就业人员比重	%	全市	正	49.627	46.715	44.650	27	23	−4	区域经济	☹
18	人均水资源量	立方米/人	全市	正	907.111	179.641	140.355	32	34	2	城市	☺
19	单位土地面积二氧化碳排放量			逆	NA	NA	NA	NA	NA			
20	人均二氧化碳排放量			逆	NA	NA	NA	NA	NA			
21	单位土地面积二氧化硫排放量	吨/平方公里	全市	逆	10.514	15.700	17.808	31	31	0	环境年报2011；城市	

续表

序号	指标名称	单位	口径	指标属性	2011年测评均值	2011年郑州市数值	2010年郑州市数值	2011年郑州市排名	2010年郑州市排名	排名变化	2011年数据来源	进退脸谱
22	人均二氧化硫排放量	吨/万人	全市	逆	225.184	155.369	179.675	19	21	2	环境年报2011；城市	☺
23	单位土地面积化学需氧量排放量	吨/平方公里	全市	逆	8.116	6.523	6.638	25	24	−1	环境年报2011；城市	☹
24	人均化学需氧量排放量	吨/万人	全市	逆	114.136	64.550	66.973	8	5	−3	环境年报2011；城市	☹
25	单位土地面积氮氧化物排放量	吨/平方公里	全市	逆	11.285	20.175	20.112	32	28	−4	环境年报2011；城市	☹
26	人均氮氧化物排放量	吨/万人	全市	逆	208.761	199.657	202.917	24	23	−1	环境年报2011；城市	☹
27	单位土地面积氨氮排放量	吨/平方公里	全市	逆	1.387	1.369	1.001	28	29	1	环境年报2011；城市	☺
28	人均氨氮排放量	吨/万人	全市	逆	19.239	13.545	10.099	12	18	6	环境年报2011；城市	☺
29	空气质量达到二级以上天数占全年比重	%	市辖区	正	90.522	87.090	86.810	28	22	−6	环境保护部数据	☹
30	首要污染物可吸入颗粒物天数占全年比重	%	市辖区	逆	73.590	83.836	86.575	29	31	2	环境保护部数据	☺
31	可吸入细颗粒物（PM2.5）浓度年均值		市辖区	逆	NA	NA	NA	NA	NA			
32	环境保护支出占财政支出比重	%	全市	正	2.146	1.295	2.002	20	27	7	统计；城市	☺
33	工业污染治理投资额占地区生产总值比重	%	全市	正	0.078	0.026	0.026	25	25	0	区域经济；环境年报2011	
34	科教文卫支出占财政支出比重	%	全市	正	26.226	25.097	19.977	24	21	−3	统计；区域经济；城市	☹
35	人均绿地面积	平方米	市辖区	正	676.995	752.400	22.000	13	35	22	城市	☺
36	建成区绿化覆盖率	%	市辖区	正	40.342	35.130	34.880	36	35	−1	城市建设	☹
37	用水普及率	%	市辖区	正	98.746	100.000	100.000	1	1	0	城市建设	
38	城市生活污水处理率	%	市辖区	正	87.741	98.080	97.200	3	4	1	城市建设	☺
39	生活垃圾无害化处理率	%	市辖区	正	92.101	89.710	89.610	29	30	1	城市建设	☺
40	万人拥有公交车辆	辆	市辖区	正	16.178	9.950	9.390	32	33	1	城市	☺
41	工业二氧化硫去除率	%	全市	正	56.941	45.050	30.666	28	34	6	环境年报2011	☺
42	工业废水化学需氧量去除率	%	全市	正	85.401	82.103	79.007	31	26	−5	环境年报2011	☹
43	工业氮氧化物去除率	%	全市	正	6.658	0.000	0.298	27	24	−3	环境年报2011	☹
44	工业废水氨氮去除率	%	全市	正	79.173	62.870	70.573	33	20	−13	环境年报2011	☹

　　年鉴说明：区域经济——《中国区域经济统计年鉴2012》；城市——《中国城市统计年鉴2012》；统计——《中国统计年鉴2012》；城市建设——《中国城市建设统计年鉴2011》；环境年报2011——《中国环境统计年报2011》；环境年鉴——《中国环境统计年鉴2012》；环保部数据——环境保护数据中心。

武汉市绿色发展"体检"表

序号	指标名称	单位	口径	指标属性	2011年测评均值	2011年武汉市数值	2010年武汉市数值	2011年武汉市排名	2010年武汉市排名	排名变化	2011年数据来源	进退脸谱
1	人均地区生产总值	元/人	全市	正	65 651	68 315	56 367	18	19	1	区域经济	☺
2	单位地区生产总值能耗	吨/万元	全市	逆	0.595	0.885	1.073	29	26	−3	区域经济；城市	☹
3	人均城镇生活消费用电	千瓦时/人	全市	逆	688.162	685.921	640.801	29	28	−1	城市	☹
4	单位地区生产总值二氧化碳排放量			逆	NA	NA	NA	NA	NA			
5	单位地区生产总值二氧化硫排放量	吨/亿元	全市	逆	40.633	22.873	20.812	15	9	−6	区域经济；环境年报2011	☹
6	单位地区生产总值化学需氧量排放量	吨/亿元	全市	逆	20.423	24.160	32.539	28	30	2	区域经济；环境年报2011	☺
7	单位地区生产总值氮氧化物排放量	吨/亿元	全市	逆	34.969	24.208	39.104	17	24	7	区域经济；环境年报2011	☺
8	单位地区生产总值氨氮排放量	吨/亿元	全市	逆	3.392	3.123	2.724	23	25	2	区域经济；环境年报2011	☺
9	第一产业劳动生产率	万元/人	全市	正	535.071	333.950	2.656	17	15	−2	区域经济；城市	☹
10	第二产业劳动生产率	万元/人	全市	正	39.262	34.614	14.275	22	16	−6	区域经济；城市	☹
11	单位工业增加值水耗	万吨/万元	全市	逆	189.548	276.157	0.030	29	26	−3	区域经济；环境年报2011	☹
12	单位工业增加值能耗		全市	逆	NA	NA	NA	NA	NA			
13	工业固体废物综合利用率	%	全市	正	86.776	96.100	98.600	13	6	−7	环境年报2011	☹
14	工业用水重复利用率	%	全市	正	75.192	81.021	93.047	22	14	−8	环境年报2011	☹
15	第三产业劳动生产率	万元/人	全市	正	36.578	36.973	11.874	13	13	0	区域经济；城市	
16	第三产业增加值比重	%	全市	正	47.441	48.940	51.440	16	13	−3	城市	☹
17	第三产业就业人员比重	%	全市	正	49.627	47.631	50.051	24	12	−12	区域经济	☹
18	人均水资源量	立方米/人	全市	正	907.111	600.962	915.708	16	13	−3	城市	☹
19	单位土地面积二氧化碳排放量			逆	NA	NA	NA	NA	NA			
20	人均二氧化碳排放量			逆	NA	NA	NA	NA	NA			
21	单位土地面积二氧化硫排放量	吨/平方公里	全市	逆	10.514	13.506	10.924	28	24	−4	环境年报2011；城市	☹

续表

序号	指标名称	单位	口径	指标属性	2011年测评均值	2011年武汉市数值	2010年武汉市数值	2011年武汉市排名	2010年武汉市排名	排名变化	2011年数据来源	进退脸谱
22	人均二氧化硫排放量	吨/万人	全市	逆	225.184	137.885	110.968	15	11	−4	环境年报2011；城市	☹
23	单位土地面积化学需氧量排放量	吨/平方公里	全市	逆	8.116	14.266	17.079	33	35	2	环境年报2011；城市	☺
24	人均化学需氧量排放量	吨/万人	全市	逆	114.136	145.644	173.496	31	31	0	环境年报2011；城市	
25	单位土地面积氮氧化物排放量	吨/平方公里	全市	逆	11.285	14.294	20.524	29	29	0	环境年报2011；城市	
26	人均氮氧化物排放量	吨/万人	全市	逆	208.761	145.933	208.500	21	24	3	环境年报2011；城市	☺
27	单位土地面积氨氮排放量	吨/平方公里	全市	逆	1.387	1.844	1.429	32	32	0	环境年报2011；城市	
28	人均氨氮排放量	吨/万人	全市	逆	19.239	18.825	14.522	23	26	3	环境年报2011；城市	☺
29	空气质量达到二级以上天数占全年比重	%	市辖区	正	90.522	83.790	78.020	33	36	3	环境保护部数据	☺
30	首要污染物可吸入颗粒物天数占全年比重	%	市辖区	逆	73.590	81.644	84.384	25	28	3	环境保护部数据	☺
31	可吸入细颗粒物（PM2.5）浓度年均值		市辖区	逆	NA	NA	NA	NA	NA			
32	环境保护支出占财政支出比重	%	全市	正	2.146	4.731	1.815	4	31	27	统计；城市	☺
33	工业污染治理投资额占地区生产总值比重	%	全市	正	0.078	0.027	0.027	24	24	0	区域经济；环境年报2011	
34	科教文卫支出占财政支出比重	%	全市	正	26.226	21.612	19.376	35	24	−11	统计；区域经济；城市	☹
35	人均绿地面积	平方米	市辖区	正	676.995	832.000	30.000	8	27	19	城市	☺
36	建成区绿化覆盖率	%	市辖区	正	40.342	37.590	37.170	29	29	0	城市建设	
37	用水普及率	%	市辖区	正	98.746	100.000	100.000	1	1	0	城市建设	
38	城市生活污水处理率	%	市辖区	正	87.741	94.970	94.960	12	10	−2	城市建设	☹
39	生活垃圾无害化处理率	%	市辖区	正	92.101	90.240	85.010	28	33	5	城市建设	☺
40	万人拥有公交车辆	辆	市辖区	正	16.178	14.490	13.450	16	17	1	城市	☺
41	工业二氧化硫去除率	%	全市	正	56.941	60.932	63.821	22	16	−6	环境年报2011	☹
42	工业废水化学需氧量去除率	%	全市	正	85.401	88.115	87.160	19	13	−6	环境年报2011	☹
43	工业氮氧化物去除率	%	全市	正	6.658	0.826	0.211	25	27	2	环境年报2011	☺
44	工业废水氨氮去除率	%	全市	正	79.173	61.430	57.108	34	29	−5	环境年报2011	☹

年鉴说明：区域经济——《中国区域经济统计年鉴2012》；城市——《中国城市统计年鉴2012》；统计——《中国统计年鉴2012》；城市建设——《中国城市建设统计年鉴2011》；环境年报2011——《中国环境统计年报2011》；环境年鉴——《中国环境统计年鉴2012》；环保部数据——环境保护部数据中心。

长沙市绿色发展"体检"表

序号	指标名称	单 位	口 径	指标属性	2011年测评均值	2011年长沙市数值	2010年长沙市数值	2011年长沙市排名	2010年长沙市排名	排名变化	2011年数据来源	进退脸谱
1	人均地区生产总值	元/人	全市	正	65 651	79 530	66 464	12	12	0	区域经济	
2	单位地区生产总值能耗	吨/万元	全市	逆	0.595	0.074	0.169	2	2	0	区域经济；城市	
3	人均城镇生活消费用电	千瓦时/人	全市	逆	688.162	639.102	528.118	27	24	−3	城市	☹
4	单位地区生产总值二氧化碳排放量			逆	NA	NA	NA	NA	NA			
5	单位地区生产总值二氧化硫排放量	吨/亿元	全市	逆	40.633	8.016	20.382	5	7	2	区域经济；环境年报2011	☺
6	单位地区生产总值化学需氧量排放量	吨/亿元	全市	逆	20.423	22.082	15.481	25	13	−12	区域经济；环境年报2011	☹
7	单位地区生产总值氮氧化物排放量	吨/亿元	全市	逆	34.969	6.289	15.150	3	3	0	区域经济；环境年报2011	
8	单位地区生产总值氨氮排放量	吨/亿元	全市	逆	3.392	2.697	2.326	15	19	4	区域经济；环境年报2011	☺
9	第一产业劳动生产率	万元/人	全市	正	535.071	2 433.800	1.764	1	27	26	区域经济；城市	☺
10	第二产业劳动生产率	万元/人	全市	正	39.262	57.962	18.375	7	6	−1	区域经济；城市	☹
11	单位工业增加值水耗	万吨/万元	全市	逆	189.548	5.611	0.007	2	8	6	区域经济；环境年报2011	☺
12	单位工业增加值能耗		全市	逆	NA	NA	NA	NA	NA			
13	工业固体废物综合利用率	%	全市	正	86.776	98.400	99.700	5	1	−4	环境年报2011	☹
14	工业用水重复利用率	%	全市	正	75.192	30.260	92.426	36	15	−21	环境年报2011	☹
15	第三产业劳动生产率	万元/人	全市	正	36.578	36.015	11.283	15	16	1	区域经济；城市	☺
16	第三产业增加值比重	%	全市	正	47.441	39.580	41.960	34	29	−5	城市	☹
17	第三产业就业人员比重	%	全市	正	49.627	51.776	41.122	17	29	12	区域经济	☺
18	人均水资源量	立方米/人	全市	正	907.111	984.695	1 654.966	11	5	−6	城市	☹
19	单位土地面积二氧化碳排放量			逆	NA	NA	NA	NA	NA			
20	人均二氧化碳排放量			逆	NA	NA	NA	NA	NA			
21	单位土地面积二氧化硫排放量	吨/平方公里	全市	逆	10.514	2.397	5.324	4	9	5	环境年报2011；城市	☺

续表

序号	指标名称	单位	口径	指标属性	2011年测评均值	2011年长沙市数值	2010年长沙市数值	2011年长沙市排名	2010年长沙市排名	排名变化	2011年数据来源	进退脸谱
22	人均二氧化硫排放量	吨/万人	全市	逆	225.184	43.355	96.480	3	7	4	环境年报2011；城市	☺
23	单位土地面积化学需氧量排放量	吨/平方公里	全市	逆	8.116	6.604	4.043	26	13	-13	环境年报2011；城市	☹
24	人均化学需氧量排放量	吨/万人	全市	逆	114.136	119.427	73.279	23	9	-14	环境年报2011；城市	☹
25	单位土地面积氮氧化物排放量	吨/平方公里	全市	逆	11.285	1.881	3.957	3	6	3	环境年报2011；城市	☺
26	人均氮氧化物排放量	吨/万人	全市	逆	208.761	34.014	71.713	2	3	1	环境年报2011；城市	☺
27	单位土地面积氨氮排放量	吨/平方公里	全市	逆	1.387	0.806	0.608	19	20	1	环境年报2011；城市	☺
28	人均氨氮排放量	吨/万人	全市	逆	19.239	14.585	11.010	14	22	8	环境年报2011；城市	☺
29	空气质量达到二级以上天数占全年比重	%	市辖区	正	90.522	93.410	92.560	15	15	0	环境保护部数据	
30	首要污染物可吸入颗粒物天数占全年比重	%	市辖区	逆	73.590	78.356	74.795	19	18	-1	环境保护部数据	☹
31	可吸入细颗粒物(PM2.5)浓度年均值		市辖区	逆	NA	NA	NA	NA	NA			
32	环境保护支出占财政支出比重	%	全市	正	2.146	1.344	2.072	19	25	6	统计；城市	☺
33	工业污染治理投资额占地区生产总值比重	%	全市	正	0.078	0.006	0.006	35	36	1	区域经济；环境年报2011	☺
34	科教文卫支出占财政支出比重	%	全市	正	26.226	22.700	16.900	33	32	-1	统计；区域经济；城市	☹
35	人均绿地面积	平方米	市辖区	正	676.995	653.400	36.000	18	21	3	城市	☺
36	建成区绿化覆盖率	%	市辖区	正	40.342	36.970	36.190	32	31	-1	城市建设	☹
37	用水普及率	%	市辖区	正	98.746	99.980	100.000	20	1	-19	城市建设	☹
38	城市生活污水处理率	%	市辖区	正	87.741	96.910	90.800	4	15	11	城市建设	☺
39	生活垃圾无害化处理率	%	市辖区	正	92.101	100.000	100.000	1	1	0	城市建设	
40	万人拥有公交车辆	辆	市辖区	正	16.178	12.300	14.710	23	16	-7	城市	☹
41	工业二氧化硫去除率	%	全市	正	56.941	64.865	46.915	17	28	11	环境年报2011	☺
42	工业废水化学需氧量去除率	%	全市	正	85.401	58.152	62.246	37	32	-5	环境年报2011	☹
43	工业氮氧化物去除率	%	全市	正	6.658	33.333	3.715	3	15	12	环境年报2011	☺
44	工业废水氨氮去除率	%	全市	正	79.173	33.190	40.510	38	34	-4	环境年报2011	☹

年鉴说明：区域经济——《中国区域经济统计年鉴2012》；城市——《中国城市统计年鉴2012》；统计——《中国统计年鉴2012》；城市建设——《中国城市建设统计年鉴2011》；环境年报2011——《中国环境统计年报2011》；环境年鉴——《中国环境统计年鉴2012》；环保部数据——环境保护数据中心。

广州市绿色发展"体检"表

序号	指标名称	单位	口径	指标属性	2011年测评均值	2011年广州市数值	2010年广州市数值	2011年广州市排名	2010年广州市排名	排名变化	2011年数据来源	进退脸谱
1	人均地区生产总值	元/人	全市	正	65 651	97 588	87 458	6	4	−2	区域经济	☹
2	单位地区生产总值能耗	吨/万元	全市	逆	0.595	0.533	0.625	19	17	−2	区域经济；城市	☹
3	人均城镇生活消费用电	千瓦时/人	全市	逆	688.162	1 440.770	1 353.216	36	37	1	城市	☺
4	单位地区生产总值二氧化碳排放量			逆	NA	NA	NA	NA	NA			
5	单位地区生产总值二氧化硫排放量	吨/亿元	全市	逆	40.633	6.497	9.352	3	3	0	区域经济；环境年报2011	
6	单位地区生产总值化学需氧量排放量	吨/亿元	全市	逆	20.423	13.379	9.840	15	6	−9	区域经济；环境年报2011	☹
7	单位地区生产总值氮氧化物排放量	吨/亿元	全市	逆	34.969	7.064	18.494	4	5	1	区域经济；环境年报2011	☺
8	单位地区生产总值氨氮排放量	吨/亿元	全市	逆	3.392	1.917	0.785	8	4	−4	区域经济；环境年报2011	☹
9	第一产业劳动生产率	万元/人	全市	正	535.071	430.611	2.382	14	18	4	区域经济；城市	☺
10	第二产业劳动生产率	万元/人	全市	正	39.262	36.868	13.118	20	19	−1	区域经济；城市	☹
11	单位工业增加值水耗	万吨/万元	全市	逆	189.548	127.824	0.016	16	15	−1	区域经济；环境年报2011	☹
12	单位工业增加值能耗		全市	逆	NA	NA	NA	NA	NA			
13	工业固体废物综合利用率	%	全市	正	86.776	94.800	89.800	16	21	5	环境年报2011	☺
14	工业用水重复利用率	%	全市	正	75.192	50.380	50.790	31	36	5	环境年报2011	☺
15	第三产业劳动生产率	万元/人	全市	正	36.578	49.725	17.272	6	2	−4	区域经济；城市	☹
16	第三产业增加值比重	%	全市	正	47.441	61.510	61.010	3	3	0	城市	
17	第三产业就业人员比重	%	全市	正	49.627	53.936	50.399	14	9	−5	区域经济	☹
18	人均水资源量	立方米/人	全市	正	907.111	1 143.600	1 143.598	9	12	3	城市	☺
19	单位土地面积二氧化碳排放量			逆	NA	NA	NA	NA	NA			
20	人均二氧化碳排放量			逆	NA	NA	NA	NA	NA			
21	单位土地面积二氧化硫排放量	吨/平方公里	全市	逆	10.514	9.391	12.145	21	28	7	环境年报2011；城市	☺

续表

序号	指标名称	单位	口径	指标属性	2011年测评均值	2011年广州市数值	2010年广州市数值	2011年广州市排名	2010年广州市排名	排名变化	2011年数据来源	进退脸谱
22	人均二氧化硫排放量	吨/万人	全市	逆	225.184	86.146	112.805	9	12	3	环境年报2011；城市	☺
23	单位土地面积化学需氧量排放量	吨/平方公里	全市	逆	8.116	19.337	12.778	35	32	−3	环境年报2011；城市	☹
24	人均化学需氧量排放量	吨/万人	全市	逆	114.136	177.387	118.682	35	21	−14	环境年报2011；城市	☹
25	单位土地面积氮氧化物排放量	吨/平方公里	全市	逆	11.285	10.211	24.017	25	32	7	环境年报2011；城市	☺
26	人均氮氧化物排放量	吨/万人	全市	逆	208.761	93.665	223.068	10	25	15	环境年报2011；城市	☺
27	单位土地面积氨氮排放量	吨/平方公里	全市	逆	1.387	2.771	1.019	35	30	−5	环境年报2011；城市	☹
28	人均氨氮排放量	吨/万人	全市	逆	19.239	25.419	9.467	31	13	−18	环境年报2011；城市	☹
29	空气质量达到二级以上天数占全年比重	%	市辖区	正	90.522	98.630	97.800	6	6	0	环境保护部数据	
30	首要污染物可吸入颗粒物天数占全年比重	%	市辖区	逆	73.590	64.384	67.945	11	14	3	环境保护部数据	☺
31	可吸入细颗粒物（PM2.5）浓度年均值		市辖区	逆	NA	NA	NA	NA	NA			
32	环境保护支出占财政支出比重	%	全市	正	2.146	1.200	2.489	25	20	−5	统计；城市	☹
33	工业污染治理投资额占地区生产总值比重	%	全市	正	0.078	0.015	0.015	28	28	0	区域经济；环境年报2011	
34	科教文卫支出占财政支出比重	%	全市	正	26.226	27.104	23.818	12	12	0	统计；区域经济；城市	
35	人均绿地面积	平方米	市辖区	正	676.995	810.400	187.000	9	2	−7	城市	☹
36	建成区绿化覆盖率	%	市辖区	正	40.342	40.300	41.960	21	14	−7	城市建设	☹
37	用水普及率	%	市辖区	正	98.746	99.700	99.560	25	28	3	城市建设	☺
38	城市生活污水处理率	%	市辖区	正	87.741	79.430	96.960	33	5	−28	城市建设	☹
39	生活垃圾无害化处理率	%	市辖区	正	92.101	81.360	91.960	32	28	−4	城市建设	☹
40	万人拥有公交车辆	辆	市辖区	正	16.178	17.500	17.310	6	8	2	城市	☺
41	工业二氧化硫去除率	%	全市	正	56.941	84.889	82.062	2	4	2	环境年报2011	☺
42	工业废水化学需氧量去除率	%	全市	正	85.401	92.615	84.219	8	17	9	环境年报2011	☺
43	工业氮氧化物去除率	%	全市	正	6.658	35.652	40.740	2	1	−1	环境年报2011	☹
44	工业废水氨氮去除率	%	全市	正	79.173	77.711	94.092	27	5	−22	环境年报2011	☹

年鉴说明：区域经济——《中国区域经济统计年鉴2012》；城市——《中国城市统计年鉴2012》；统计——《中国统计年鉴2012》；城市建设——《中国城市建设统计年鉴2011》；环境年报2011——《中国环境统计年报2011》；环境年鉴——《中国环境统计年鉴2012》；环保部数据——环境保护数据中心。

深圳市绿色发展"体检"表

序号	指标名称	单位	口径	指标属性	2011年测评均值	2011年深圳市数值	2010年深圳市数值	2011年深圳市排名	2010年深圳市排名	排名变化	2011年数据来源	进退脸谱
1	人均地区生产总值	元/人	全市	正	65 651	110 421	94 296	2	2	0	区域经济	
2	单位地区生产总值能耗	吨/万元	全市	逆	0.595	0.107	0.141	4	1	−3	区域经济；城市	☹
3	人均城镇生活消费用电	千瓦时/人	全市	逆	688.162	3 445.710	798.334	38	32	−6	城市	☹
4	单位地区生产总值二氧化碳排放量			逆	NA	NA	NA	NA	NA			
5	单位地区生产总值二氧化硫排放量	吨/亿元	全市	逆	40.633	1.033	3.391	1	2	1	区域经济；环境年报2011	☺
6	单位地区生产总值化学需氧量排放量	吨/亿元	全市	逆	20.423	8.759	2.409	5	1	−4	区域经济；环境年报2011	☹
7	单位地区生产总值氮氧化物排放量	吨/亿元	全市	逆	34.969	3.476	13.444	2	2	0	区域经济；环境年报2011	
8	单位地区生产总值氨氮排放量	吨/亿元	全市	逆	3.392	1.339	0.643	4	2	−2	区域经济；环境年报2011	☹
9	第一产业劳动生产率	万元/人	全市	正	535.071	24.717	17.486	36	1	−35	区域经济；城市	☹
10	第二产业劳动生产率	万元/人	全市	正	39.262	38.419	12.279	16	23	7	区域经济；城市	☺
11	单位工业增加值水耗	万吨/万元	全市	逆	189.548	4.003	0.001	1	1	0	区域经济；环境年报2011	
12	单位工业增加值能耗		全市	逆	NA	NA	NA	NA	NA			
13	工业固体废物综合利用率	%	全市	正	86.776	96.000	92.000	15	20	5	环境年报2011	☺
14	工业用水重复利用率	%	全市	正	75.192	28.587	48.935	37	37	0	环境年报2011	
15	第三产业劳动生产率	万元/人	全市	正	36.578	51.719	15.303	5	5	0	区域经济；城市	
16	第三产业增加值比重	%	全市	正	47.441	53.500	52.720	7	9	2	城市	☺
17	第三产业就业人员比重	%	全市	正	49.627	47.021	48.469	26	13	−13	区域经济	☹
18	人均水资源量	立方米/人	全市	正	907.111	537.572	689.576	19	16	−3	城市	☹
19	单位土地面积二氧化碳排放量			逆	NA	NA	NA	NA	NA			
20	人均二氧化碳排放量			逆	NA	NA	NA	NA	NA			
21	单位土地面积二氧化硫排放量	吨/平方公里	全市	逆	10.514	5.265	15.708	10	29	19	环境年报2011；城市	☺

续表

序号	指标名称	单　位	口　径	指标属性	2011年测评均值	2011年深圳市数值	2010年深圳市数值	2011年深圳市排名	2010年深圳市排名	排名变化	2011年数据来源	进退脸谱
22	人均二氧化硫排放量	吨/万人	全市	逆	225.184	40.416	30.210	2	2	0	环境年报2011；城市	
23	单位土地面积化学需氧量排放量	吨/平方公里	全市	逆	8.116	44.628	11.159	38	30	−8	环境年报2011；城市	☹
24	人均化学需氧量排放量	吨/万人	全市	逆	114.136	342.578	21.461	38	1	−37	环境年报2011；城市	☹
25	单位土地面积氮氧化物排放量	吨/平方公里	全市	逆	11.285	17.713	62.275	31	37	6	环境年报2011；城市	☺
26	人均氮氧化物排放量	吨/万人	全市	逆	208.761	135.973	119.766	18	11	−7	环境年报2011；城市	☹
27	单位土地面积氨氮排放量	吨/平方公里	全市	逆	1.387	6.821	2.980	37	37	0	环境年报2011；城市	
28	人均氨氮排放量	吨/万人	全市	逆	19.239	52.362	5.732	38	4	−34	环境年报2011；城市	☹
29	空气质量达到二级以上天数占全年比重	%	市辖区	正	90.522	99.180	97.530	5	7	2	环境保护部数据	☺
30	首要污染物可吸入颗粒物天数占全年比重	%	市辖区	逆	73.590	53.699	39.452	5	3	−2	环境保护部数据	☹
31	可吸入细颗粒物（PM2.5）浓度年均值		市辖区	逆	NA	NA	NA	NA	NA			
32	环境保护支出占财政支出比重	%	全市	正	2.146	6.131	3.362	2	14	12	统计；城市	☺
33	工业污染治理投资额占地区生产总值比重	%	全市	正	0.078	0.011	0.011	32	32	0	区域经济；环境年报2011	
34	科教文卫支出占财政支出比重	%	全市	正	26.226	24.647	20.335	27	20	−7	统计；区域经济；城市	☹
35	人均绿地面积	平方米	市辖区	正	676.995	259.500	371.000	30	1	−29	城市	☹
36	建成区绿化覆盖率	%	市辖区	正	40.342	45.050	45.040	5	4	−1	城市建设	☹
37	用水普及率	%	市辖区	正	98.746	100.000	100.000	1	1	0	城市建设	
38	城市生活污水处理率	%	市辖区	正	87.741	95.460	99.300	7	3	−4	城市建设	☹
39	生活垃圾无害化处理率	%	市辖区	正	92.101	95.000	94.600	25	25	0	城市建设	
40	万人拥有公交车辆	辆	市辖区	正	16.178	110.520	103.110	1	1	0	城市	
41	工业二氧化硫去除率	%	全市	正	56.941	75.610	55.477	4	22	18	环境年报2011	☺
42	工业废水化学需氧量去除率	%	全市	正	85.401	83.120	89.907	28	8	−20	环境年报2011	☹
43	工业氮氧化物去除率	%	全市	正	6.658	5.405	4.100	14	13	−1	环境年报2011	☹
44	工业废水氨氮去除率	%	全市	正	79.173	80.557	78.470	22	14	−8	环境年报2011	☹

　　年鉴说明：区域经济——《中国区域经济统计年鉴2012》；城市——《中国城市统计年鉴2012》；统计——《中国统计年鉴2012》；城市建设——《中国城市建设统计年鉴2011》；环境年报2011——《中国环境统计年报2011》；环境年鉴——《中国环境统计年鉴2012》；环保部数据——环境保护部数据中心。

珠海市绿色发展"体检"表

序号	指标名称	单位	口径	指标属性	2011年测评均值	2011年珠海市数值	2010年珠海市数值	2011年珠海市排名	2010年珠海市排名	排名变化	2011年数据来源	进退脸谱
1	人均地区生产总值	元/人	全市	正	65 651	89 794	77 888	8	5	−3	区域经济	☹
2	单位地区生产总值能耗	吨/万元	全市	逆	0.595	0.537	0.561	20	13	−7	区域经济；城市	☹
3	人均城镇生活消费用电	千瓦时/人	全市	逆	688.162	1 411.810	1 313.346	35	36	1	城市	☺
4	单位地区生产总值二氧化碳排放量			逆	NA	NA	NA	NA	NA			
5	单位地区生产总值二氧化硫排放量	吨/亿元	全市	逆	40.633	25.628	31.493	19	23	4	区域经济；环境年报2011	☺
6	单位地区生产总值化学需氧量排放量	吨/亿元	全市	逆	20.423	19.065	23.380	24	24	0	区域经济；环境年报2011	
7	单位地区生产总值氮氧化物排放量	吨/亿元	全市	逆	34.969	42.967	80.423	30	35	5	区域经济；环境年报2011	☺
8	单位地区生产总值氨氮排放量	吨/亿元	全市	逆	3.392	2.912	2.340	19	20	1	区域经济；环境年报2011	☺
9	第一产业劳动生产率	万元/人	全市	正	535.071	49.728	3.830	33	5	−28	区域经济；城市	☹
10	第二产业劳动生产率	万元/人	全市	正	39.262	16.674	14.843	37	13	−24	区域经济；城市	☹
11	单位工业增加值水耗	万吨/万元	全市	逆	189.548	54.770	0.005	10	5	−5	区域经济；环境年报2011	☹
12	单位工业增加值能耗		全市	逆	NA	NA	NA	NA	NA			
13	工业固体废物综合利用率	%	全市	正	86.776	97.000	98.200	10	9	−1	环境年报2011	☹
14	工业用水重复利用率	%	全市	正	75.192	74.171	62.063	26	35	9	环境年报2011	☺
15	第三产业劳动生产率	万元/人	全市	正	36.578	32.656	10.548	19	18	−1	区域经济；城市	☹
16	第三产业增加值比重	%	全市	正	47.441	42.990	42.550	26	27	1	城市	☺
17	第三产业就业人员比重	%	全市	正	49.627	27.985	47.723	37	15	−22	区域经济	☹
18	人均水资源量	立方米/人	全市	正	907.111	1 290.320	1 779.645	6	4	−2	城市	☹
19	单位土地面积二氧化碳排放量			逆	NA	NA	NA	NA	NA			
20	人均二氧化碳排放量			逆	NA	NA	NA	NA	NA			
21	单位土地面积二氧化硫排放量	吨/平方公里	全市	逆	10.514	18.866	20.829	33	34	1	环境年报2011；城市	☺

续表

序号	指标名称	单位	口径	指标属性	2011年测评均值	2011年珠海市数值	2010年珠海市数值	2011年珠海市排名	2010年珠海市排名	排名变化	2011年数据来源	进退脸谱
22	人均二氧化硫排放量	吨/万人	全市	逆	225.184	306.262	343.674	30	34	4	环境年报2011；城市	☺
23	单位土地面积化学需氧量排放量	吨/平方公里	全市	逆	8.116	14.034	15.463	32	34	2	环境年报2011；城市	☺
24	人均化学需氧量排放量	吨/万人	全市	逆	114.136	227.826	255.140	37	37	0	环境年报2011；城市	
25	单位土地面积氮氧化物排放量	吨/平方公里	全市	逆	11.285	31.630	53.192	37	36	−1	环境年报2011；城市	☹
26	人均氮氧化物排放量	吨/万人	全市	逆	208.761	513.454	877.637	36	37	1	环境年报2011；城市	☺
27	单位土地面积氨氮排放量	吨/平方公里	全市	逆	1.387	2.144	1.547	33	33	0	环境年报2011；城市	
28	人均氨氮排放量	吨/万人	全市	逆	19.239	34.800	25.532	35	37	2	环境年报2011；城市	☺
29	空气质量达到二级以上天数占全年比重	%	市辖区	正	90.522	100.000	100.000	1	1	0	环境保护部数据	
30	首要污染物可吸入颗粒物天数占全年比重	%	市辖区	逆	73.590	44.657	38.082	2	2	0	环境保护部数据	
31	可吸入细颗粒物（PM2.5）浓度年均值		市辖区	逆	NA	NA	NA	NA	NA			
32	环境保护支出占财政支出比重	%	全市	正	2.146	10.916	14.301	1	1	0	统计；城市	
33	工业污染治理投资额占地区生产总值比重	%	全市	正	0.078	0.035	0.035	19	19	0	区域经济；环境年报2011	
34	科教文卫支出占财政支出比重	%	全市	正	26.226	25.525	23.974	21	10	−11	统计；区域经济；城市	☹
35	人均绿地面积	平方米	市辖区	正	676.995	105.400	55.000	37	13	−24	城市	☹
36	建成区绿化覆盖率	%	市辖区	正	40.342	51.260	50.250	1	2	1	城市建设	☺
37	用水普及率	%	市辖区	正	98.746	99.700	99.700	25	26	1	城市建设	☺
38	城市生活污水处理率	%	市辖区	正	87.741	86.030	78.810	27	31	4	城市建设	☺
39	生活垃圾无害化处理率	%	市辖区	正	92.101	100.000	92.340	1	27	26	城市建设	☺
40	万人拥有公交车辆	辆	市辖区	正	16.178	14.340	13.150	17	19	2	城市	☺
41	工业二氧化硫去除率	%	全市	正	56.941	70.094	63.919	8	15	7	环境年报2011	☺
42	工业废水化学需氧量去除率	%	全市	正	85.401	90.395	86.934	13	14	1	环境年报2011	☺
43	工业氮氧化物去除率	%	全市	正	6.658	1.818	0.259	20	25	5	环境年报2011	☺
44	工业废水氨氮去除率	%	全市	正	79.173	58.699	53.906	35	30	−5	环境年报2011	☹

年鉴说明：区域经济——《中国区域经济统计年鉴 2012》；城市——《中国城市统计年鉴 2012》；统计——《中国统计年鉴 2012》；城市建设——《中国城市建设统计年鉴 2011》；环境年报 2011——《中国环境统计年报 2011》；环境年鉴——《中国环境统计年鉴 2012》；环保部数据——环境保护部数据中心。

南宁市绿色发展"体检"表

序号	指标名称	单　位	口　径	指标属性	2011年测评均值	2011年南宁市数值	2010年南宁市数值	2011年南宁市排名	2010年南宁市排名	排名变化	2011年数据来源	进退脸谱
1	人均地区生产总值	元/人	全市	正	65 651	31 173	26 330	38	37	−1	区域经济	☹
2	单位地区生产总值能耗	吨/万元	全市	逆	0.595	0.116	0.273	5	6	1	区域经济；城市	☺
3	人均城镇生活消费用电	千瓦时/人	全市	逆	688.162	319.364	272.769	6	4	−2	城市	☹
4	单位地区生产总值二氧化碳排放量			逆	NA	NA	NA	NA	NA			
5	单位地区生产总值二氧化硫排放量	吨/亿元	全市	逆	40.633	27.676	58.463	20	30	10	区域经济；环境年报2011	☺
6	单位地区生产总值化学需氧量排放量	吨/亿元	全市	逆	20.423	66.823	95.927	38	38	0	区域经济；环境年报2011	
7	单位地区生产总值氮氧化物排放量	吨/亿元	全市	逆	34.969	17.064	30.997	12	17	5	区域经济；环境年报2011	☺
8	单位地区生产总值氨氮排放量	吨/亿元	全市	逆	3.392	7.162	3.736	35	29	−6	区域经济；环境年报2011	☹
9	第一产业劳动生产率	万元/人	全市	正	535.071	191.863	1.196	24	31	7	区域经济；城市	☺
10	第二产业劳动生产率	万元/人	全市	正	39.262	34.230	9.450	23	35	12	区域经济；城市	☺
11	单位工业增加值水耗	万吨/万元	全市	逆	189.548	247.447	0.027	27	23	−4	区域经济；环境年报2011	☹
12	单位工业增加值能耗		全市	逆	NA	NA	NA	NA	NA			
13	工业固体废物综合利用率	%	全市	正	86.776	89.900	94.000	24	17	−7	环境年报2011	☹
14	工业用水重复利用率	%	全市	正	75.192	82.830	86.028	21	26	5	环境年报2011	☺
15	第三产业劳动生产率	万元/人	全市	正	36.578	22.082	6.848	33	30	−3	区域经济；城市	☹
16	第三产业增加值比重	%	全市	正	47.441	48.670	50.210	18	15	−3	城市	☹
17	第三产业就业人员比重	%	全市	正	49.627	63.290	32.608	4	38	34	区域经济	☺
18	人均水资源量	立方米/人	全市	正	907.111	1 992.030	1 573.999	2	7	5	城市	☺
19	单位土地面积二氧化碳排放量			逆	NA	NA	NA	NA	NA			
20	人均二氧化碳排放量			逆	NA	NA	NA	NA	NA			
21	单位土地面积二氧化硫排放量	吨/平方公里	全市	逆	10.514	1.843	3.430	2	4	2	环境年报2011；城市	☺

序号	指标名称	单位	口径	指标属性	2011年测评均值	2011年南宁市数值	2010年南宁市数值	2011年南宁市排名	2010年南宁市排名	排名变化	2011年数据来源	进退脸谱
22	人均二氧化硫排放量	吨/万人	全市	逆	225.184	57.439	107.933	5	9	4	环境年报2011；城市	☺
23	单位土地面积化学需氧量排放量	吨/平方公里	全市	逆	8.116	4.449	5.627	17	21	4	环境年报2011；城市	☺
24	人均化学需氧量排放量	吨/万人	全市	逆	114.136	138.685	177.099	28	34	6	环境年报2011；城市	☺
25	单位土地面积氮氧化物排放量	吨/平方公里	全市	逆	11.285	1.136	1.818	2	2	0	环境年报2011；城市	
26	人均氮氧化物排放量	吨/万人	全市	逆	208.761	35.414	57.226	3	2	−1	环境年报2011；城市	☹
27	单位土地面积氨氮排放量	吨/平方公里	全市	逆	1.387	0.477	0.219	7	5	−2	环境年报2011；城市	☹
28	人均氨氮排放量	吨/万人	全市	逆	19.239	14.863	6.897	16	8	−8	环境年报2011；城市	☹
29	空气质量达到二级以上天数占全年比重	%	市辖区	正	90.522	96.150	95.600	10	10	0	环境保护部数据	
30	首要污染物可吸入颗粒物天数占全年比重	%	市辖区	逆	73.590	61.096	58.630	7	9	2	环境保护部数据	☺
31	可吸入细颗粒物（PM2.5）浓度年均值		市辖区	逆	NA	NA	NA	NA	NA			
32	环境保护支出占财政支出比重	%	全市	正	2.146	0.685	1.319	37	37	0	统计；城市	
33	工业污染治理投资额占地区生产总值比重	%	全市	正	0.078	0.043	0.043	17	17	0	区域经济；环境年报2011	
34	科教文卫支出占财政支出比重	%	全市	正	26.226	29.608	19.079	6	25	19	统计；区域经济；城市	☺
35	人均绿地面积	平方米	市辖区	正	676.995	709.400	137.000	15	4	−11	城市	☹
36	建成区绿化覆盖率	%	市辖区	正	40.342	41.250	40.360	17	19	2	城市建设	☺
37	用水普及率	%	市辖区	正	98.746	93.520	95.100	35	35	0	城市建设	
38	城市生活污水处理率	%	市辖区	正	87.741	64.640	93.270	37	11	−26	城市建设	☹
39	生活垃圾无害化处理率	%	市辖区	正	92.101	100.000	100.000	1	1	0	城市建设	
40	万人拥有公交车辆	辆	市辖区	正	16.178	9.810	9.610	34	31	−3	城市	☹
41	工业二氧化硫去除率	%	全市	正	56.941	43.860	26.885	30	36	6	环境年报2011	☺
42	工业废水化学需氧量去除率	%	全市	正	85.401	89.224	75.895	15	30	15	环境年报2011	☺
43	工业氮氧化物去除率	%	全市	正	6.658	0.000	1.404	27	18	−9	环境年报2011	☹
44	工业废水氨氮去除率	%	全市	正	79.173	40.716	79.254	37	13	−24	环境年报2011	☹

年鉴说明：区域经济——《中国区域经济统计年鉴2012》；城市——《中国城市统计年鉴2012》；统计——《中国统计年鉴2012》；城市建设——《中国城市建设统计年鉴2011》；环境年报2011——《中国环境统计年报2011》；环境年鉴——《中国环境统计年鉴2012》；环保部数据——环境保护部数据中心。

海口市绿色发展"体检"表

序号	指标名称	单 位	口 径	指标属性	2011年测评均值	2011年海口市数值	2010年海口市数值	2011年海口市排名	2010年海口市排名	排名变化	2011年数据来源	进退脸谱
1	人均地区生产总值	元/人	全市	正	65 651	35 338	38 731	34	29	−5	区域经济	☹
2	单位地区生产总值能耗	吨/万元	全市	逆	0.595	0.617	0.649	23	18	−5	区域经济;城市	☹
3	人均城镇生活消费用电	千瓦时/人	全市	逆	688.162	429.560	357.462	14	10	−4	城市	☹
4	单位地区生产总值二氧化碳排放量			逆	NA	NA	NA	NA	NA			
5	单位地区生产总值二氧化硫排放量	吨/亿元	全市	逆	40.633	3.150	0.822	2	1	−1	区域经济;环境年报2011	☹
6	单位地区生产总值化学需氧量排放量	吨/亿元	全市	逆	20.423	11.024	20.343	8	20	12	区域经济;环境年报2011	☺
7	单位地区生产总值氮氧化物排放量	吨/亿元	全市	逆	34.969	0.094	36.833	1	23	22	区域经济;环境年报2011	☺
8	单位地区生产总值氨氮排放量	吨/亿元	全市	逆	3.392	5.405	3.034	33	26	−7	区域经济;环境年报2011	☹
9	第一产业劳动生产率	万元/人	全市	正	535.071	13.945	2.014	38	20	−18	区域经济;城市	☹
10	第二产业劳动生产率	万元/人	全市	正	39.262	18.778	7.056	35	38	3	区域经济;城市	☺
11	单位工业增加值水耗	万吨/万元	全市	逆	189.548	29.929	0.003	3	2	−1	区域经济;环境年报2011	☹
12	单位工业增加值能耗		全市	逆	NA	NA	NA	NA	NA			
13	工业固体废物综合利用率	%	全市	正	86.776	90.200	97.000	23	12	−11	环境年报2011	☹
14	工业用水重复利用率	%	全市	正	75.192	59.086	75.101	30	·29	−1	环境年报2011	☹
15	第三产业劳动生产率	万元/人	全市	正	36.578	19.988	6.689	36	32	−4	区域经济;城市	☹
16	第三产业增加值比重	%	全市	正	47.441	68.370	69.580	2	2	0	城市	
17	第三产业就业人员比重	%	全市	正	49.627	61.482	59.802	6	3	−3	区域经济	☹
18	人均水资源量	立方米/人	全市	正	907.111	109.765	108.434	37	36	−1	城市	☹
19	单位土地面积二氧化碳排放量			逆	NA	NA	NA	NA	NA			
20	人均二氧化碳排放量			逆	NA	NA	NA	NA	NA			
21	单位土地面积二氧化硫排放量	吨/平方公里	全市	逆	10.514	0.877	0.204	1	1	0	环境年报2011;城市	

续表

序号	指标名称	单 位	口 径	指标属性	2011年测评均值	2011年海口市数值	2010年海口市数值	2011年海口市排名	2010年海口市排名	排名变化	2011年数据来源	进退脸谱
22	人均二氧化硫排放量	吨/万人	全市	逆	225.184	12.522	2.950	1	1	0	环境年报2011；城市	
23	单位土地面积化学需氧量排放量	吨/平方公里	全市	逆	8.116	3.069	5.047	9	18	9	环境年报2011；城市	☺
24	人均化学需氧量排放量	吨/万人	全市	逆	114.136	43.827	73.016	2	8	6	环境年报2011；城市	☺
25	单位土地面积氮氧化物排放量	吨/平方公里	全市	逆	11.285	0.026	9.139	1	21	20	环境年报2011；城市	☺
26	人均氮氧化物排放量	吨/万人	全市	逆	208.761	0.372	132.202	1	13	12	环境年报2011；城市	☺
27	单位土地面积氨氮排放量	吨/平方公里	全市	逆	1.387	1.505	0.753	29	26	−3	环境年报2011；城市	☹
28	人均氨氮排放量	吨/万人	全市	逆	19.239	21.489	10.889	27	21	−6	环境年报2011；城市	☹
29	空气质量达到二级以上天数占全年比重	%	市辖区	正	90.522	100.000	100.000	1	1	0	环境保护部数据	
30	首要污染物可吸入颗粒物天数占全年比重	%	市辖区	逆	73.590	27.671	18.082	1	1	0	环境保护部数据	
31	可吸入细颗粒物（PM2.5）浓度年均值		市辖区	逆	NA	NA	NA	NA	NA			
32	环境保护支出占财政支出比重	%	全市	正	2.146	3.585	1.868	7	29	22	统计；城市	☺
33	工业污染治理投资额占地区生产总值比重	%	全市	正	0.078	0.000	0.008	38	35	−3	区域经济；环境年报2011	☹
34	科教文卫支出占财政支出比重	%	全市	正	26.226	28.923	28.114	9	4	−5	统计；区域经济；城市	☹
35	人均绿地面积	平方米	市辖区	正	676.995	161.400	23.000	35	34	−1	城市	☹
36	建成区绿化覆盖率	%	市辖区	正	40.342	42.010	44.140	15	6	−9	城市建设	☹
37	用水普及率	%	市辖区	正	98.746	99.340	100.000	30	1	−29	城市建设	☹
38	城市生活污水处理率	%	市辖区	正	87.741	87.810	87.420	21	23	2	城市建设	☺
39	生活垃圾无害化处理率	%	市辖区	正	92.101	100.000	100.000	1	1	0	城市建设	
40	万人拥有公交车辆	辆	市辖区	正	16.178	8.670	6.980	37	37	0	城市	
41	工业二氧化硫去除率	%	全市	正	56.941	0.000	73.000	38	9	−29	环境年报2011	☹
42	工业废水化学需氧量去除率	%	全市	正	85.401	85.149	92.033	24	7	−17	环境年报2011	☹
43	工业氮氧化物去除率	%	全市	正	6.658	0.000	5.287	27	12	−15	环境年报2011	☹
44	工业废水氨氮去除率	%	全市	正	79.173	77.784	86.496	26	10	−16	环境年报2011	☹

年鉴说明：区域经济——《中国区域经济统计年鉴2012》；城市——《中国城市统计年鉴2012》；统计——《中国统计年鉴2012》；城市建设——《中国城市建设统计年鉴2011》；环境年报2011——《中国环境统计年报2011》；环境年鉴——《中国环境统计年鉴2012》；环保部数据——环境保护部数据中心。

重庆市绿色发展"体检"表

序号	指标名称	单位	口径	指标属性	2011年测评均值	2011年重庆市数值	2010年重庆市数值	2011年重庆市排名	2010年重庆市排名	排名变化	2011年数据来源	进退脸谱
1	人均地区生产总值	元/人	全市	正	65 651	34 500	27 596	36	36	0	区域经济	
2	单位地区生产总值能耗	吨/万元	全市	逆	0.595	0.987	1.162	31	30	−1	区域经济;城市	☹
3	人均城镇生活消费用电	千瓦时/人	全市	逆	688.162	263.101	219.406	2	2	0	城市	
4	单位地区生产总值二氧化碳排放量			逆	NA	NA	NA	NA	NA			
5	单位地区生产总值二氧化硫排放量	吨/亿元	全市	逆	40.633	82.280	117.460	32	36	4	区域经济;环境年报2011	☺
6	单位地区生产总值化学需氧量排放量	吨/亿元	全市	逆	20.423	40.510	38.293	35	32	−3	区域经济;环境年报2011	☹
7	单位地区生产总值氮氧化物排放量	吨/亿元	全市	逆	34.969	41.915	49.020	29	28	−1	区域经济;环境年报2011	☹
8	单位地区生产总值氨氮排放量	吨/亿元	全市	逆	3.392	5.790	4.108	34	33	−1	区域经济;环境年报2011	☹
9	第一产业劳动生产率	万元/人	全市	正	535.071	524.547	0.934	11	34	23	区域经济;城市	☺
10	第二产业劳动生产率	万元/人	全市	正	39.262	41.672	12.255	13	25	12	区域经济;城市	☺
11	单位工业增加值水耗	万吨/万元	全市	逆	189.548	206.773	0.028	26	25	−1	区域经济;环境年报2011	☹
12	单位工业增加值能耗		全市	逆	NA	NA	NA	NA	NA			
13	工业固体废物综合利用率	%	全市	正	86.776	77.800	80.200	31	29	−2	环境年报2011	☹
14	工业用水重复利用率	%	全市	正	75.192	73.305	73.075	27	31	4	环境年报2011	☺
15	第三产业劳动生产率	万元/人	全市	正	36.578	26.685	4.972	27	37	10	区域经济;城市	☺
16	第三产业增加值比重	%	全市	正	47.441	36.200	36.350	37	37	0	城市	
17	第三产业就业人员比重	%	全市	正	49.627	48.357	34.700	21	37	16	区域经济	☺
18	人均水资源量	立方米/人	全市	正	907.111	1 551.520	1 472.097	4	9	5	城市	☺
19	单位土地面积二氧化碳排放量			逆	NA	NA	NA	NA	NA			
20	人均二氧化碳排放量			逆	NA	NA	NA	NA	NA			
21	单位土地面积二氧化硫排放量	吨/平方公里	全市	逆	10.514	7.082	8.685	16	20	4	环境年报2011;城市	☺

续表

序号	指标名称	单位	口径	指标属性	2011 年测评均值	2011 年重庆市数值	2010 年重庆市数值	2011 年重庆市排名	2010 年重庆市排名	排名变化	2011 年数据来源	进退脸谱
22	人均二氧化硫排放量	吨/万人	全市	逆	225.184	176.863	218.695	21	26	5	环境年报2011；城市	☺
23	单位土地面积化学需氧量排放量	吨/平方公里	全市	逆	8.116	3.487	2.832	11	7	−4	环境年报2011；城市	☹
24	人均化学需氧量排放量	吨/万人	全市	逆	114.136	87.076	71.297	13	6	−7	环境年报2011；城市	☹
25	单位土地面积氮氧化物排放量	吨/平方公里	全市	逆	11.285	3.608	3.625	7	5	−2	环境年报2011；城市	☹
26	人均氮氧化物排放量	吨/万人	全市	逆	208.761	90.097	91.268	9	7	−2	环境年报2011；城市	☹
27	单位土地面积氨氮排放量	吨/平方公里	全市	逆	1.387	0.498	0.304	8	7	−1	环境年报2011；城市	☹
28	人均氨氮排放量	吨/万人	全市	逆	19.239	12.445	7.649	9	9	0	环境年报2011；城市	
29	空气质量达到二级以上天数占全年比重	%	市辖区	正	90.522	88.740	85.160	22	28	6	环境保护部数据	☺
30	首要污染物可吸入颗粒物天数占全年比重	%	市辖区	逆	73.590	79.726	84.932	22	29	7	环境保护部数据	☺
31	可吸入细颗粒物（PM2.5）浓度年均值		市辖区	逆	NA	NA	NA	NA	NA			
32	环境保护支出占财政支出比重	%	全市	正	2.146	1.226	3.901	23	8	−15	统计；城市	☹
33	工业污染治理投资额占地区生产总值比重	%	全市	正	0.078	0.098	0.098	9	9	0	区域经济；环境年报2011	
34	科教文卫支出占财政支出比重	%	全市	正	26.226	19.468	12.836	37	36	−1	统计；区域经济；城市	☹
35	人均绿地面积	平方米	市辖区	正	676.995	3 316.600	27.000	1	30	29	城市	☺
36	建成区绿化覆盖率	%	市辖区	正	40.342	40.180	40.570	22	16	−6	城市建设	☹
37	用水普及率	%	市辖区	正	98.746	93.410	94.050	36	37	1	城市建设	☺
38	城市生活污水处理率	%	市辖区	正	87.741	94.620	91.650	13	14	1	城市建设	☺
39	生活垃圾无害化处理率	%	市辖区	正	92.101	99.550	98.820	18	18	0	城市建设	
40	万人拥有公交车辆	辆	市辖区	正	16.178	4.420	4.900	38	38	0	城市	
41	工业二氧化硫去除率	%	全市	正	56.941	66.583	62.691	13	19	6	环境年报2011	☺
42	工业废水化学需氧量去除率	%	全市	正	85.401	77.746	59.286	33	33	0	环境年报2011	
43	工业氮氧化物去除率	%	全市	正	6.658	0.676	3.640	26	16	−10	环境年报2011	☹
44	工业废水氨氮去除率	%	全市	正	79.173	88.843	53.620	10	31	21	环境年报2011	☺

年鉴说明：区域经济——《中国区域经济统计年鉴 2012》；城市——《中国城市统计年鉴 2012》；统计——《中国统计年鉴 2012》；城市建设——《中国城市建设统计年鉴 2011》；环境年报 2011——《中国环境统计年报 2011》；环境年鉴——《中国环境统计年鉴 2012》；环保部数据——环境保护部数据中心。

成都市绿色发展"体检"表

序号	指标名称	单 位	口 径	指标属性	2011年测评均值	2011年成都市数值	2010年成都市数值	2011年成都市排名	2010年成都市排名	排名变化	2011年数据来源	进退脸谱
1	人均地区生产总值	元/人	全市	正	65 651	49 438	41 253	25	28	3	区域经济	☺
2	单位地区生产总值能耗	吨/万元	全市	逆	0.595	0.566	0.815	22	20	−2	区域经济；城市	☹
3	人均城镇生活消费用电	千瓦时/人	全市	逆	688.162	402.588	367.257	12	12	0	城市	
4	单位地区生产总值二氧化碳排放量			逆	NA	NA	NA	NA	NA			
5	单位地区生产总值二氧化硫排放量	吨/亿元	全市	逆	40.633	10.819	30.191	7	21	14	区域经济；环境年报2011	☺
6	单位地区生产总值化学需氧量排放量	吨/亿元	全市	逆	20.423	23.891	25.728	27	27	0	区域经济；环境年报2011	
7	单位地区生产总值氮氧化物排放量	吨/亿元	全市	逆	34.969	11.100	11.398	7	1	−6	区域经济；环境年报2011	☹
8	单位地区生产总值氨氮排放量	吨/亿元	全市	逆	3.392	3.015	4.089	20	32	12	区域经济；环境年报2011	☺
9	第一产业劳动生产率	万元/人	全市	正	535.071	1 487.910	1.804	6	25	19	区域经济；城市	☺
10	第二产业劳动生产率	万元/人	全市	正	39.262	31.346	9.536	25	34	9	区域经济；城市	☺
11	单位工业增加值水耗	万吨/万元	全市	逆	189.548	69.152	0.008	12	9	−3	区域经济；环境年报2011	☹
12	单位工业增加值能耗		全市	逆	NA	NA	NA	NA	NA			
13	工业固体废物综合利用率	%	全市	正	86.776	98.800	99.600	4	2	−2	环境年报2011	☹
14	工业用水重复利用率	%	全市	正	75.192	87.086	86.599	20	25	5	环境年报2011	☺
15	第三产业劳动生产率	万元/人	全市	正	36.578	40.949	8.183	11	26	15	区域经济；城市	☺
16	第三产业增加值比重	%	全市	正	47.441	49.360	50.170	14	16	2	城市	☺
17	第三产业就业人员比重	%	全市	正	49.627	44.757	45.407	29	19	−10	区域经济	☹
18	人均水资源量	立方米/人	全市	正	907.111	574.378	574.378	17	22	5	城市	☺
19	单位土地面积二氧化碳排放量			逆	NA	NA	NA	NA	NA			
20	人均二氧化碳排放量			逆	NA	NA	NA	NA	NA			
21	单位土地面积二氧化硫排放量	吨/平方公里	全市	逆	10.514	4.730	11.447	7	27	20	环境年报2011；城市	☺

续表

序号	指标名称	单 位	口 径	指标属性	2011年测评均值	2011年成都市数值	2010年成都市数值	2011年成都市排名	2010年成都市排名	排名变化	2011年数据来源	进退脸谱
22	人均二氧化硫排放量	吨/万人	全市	逆	225.184	49.586	121.355	4	13	9	环境年报2011；城市	☺
23	单位土地面积化学需氧量排放量	吨/平方公里	全市	逆	8.116	10.444	9.754	31	29	−2	环境年报2011；城市	☹
24	人均化学需氧量排放量	吨/万人	全市	逆	114.136	109.493	103.413	17	19	2	环境年报2011；城市	☺
25	单位土地面积氮氧化物排放量	吨/平方公里	全市	逆	11.285	4.852	4.321	11	8	−3	环境年报2011；城市	☹
26	人均氮氧化物排放量	吨/万人	全市	逆	208.761	50.869	45.813	4	1	−3	环境年报2011；城市	☹
27	单位土地面积氨氮排放量	吨/平方公里	全市	逆	1.387	1.318	1.550	27	34	7	环境年报2011；城市	☺
28	人均氨氮排放量	吨/万人	全市	逆	19.239	13.816	16.437	13	28	15	环境年报2011；城市	☺
29	空气质量达到二级以上天数占全年比重	%	市辖区	正	90.522	88.190	86.540	24	23	−1	环境保护部数据	☹
30	首要污染物可吸入颗粒物天数占全年比重	%	市辖区	逆	73.590	85.480	83.836	30	26	−4	环境保护部数据	☹
31	可吸入细颗粒物（PM2.5）浓度年均值		市辖区	逆	NA	NA	NA	NA	NA			
32	环境保护支出占财政支出比重	%	全市	正	2.146	0.991	1.304	32	38	6	统计；城市	☺
33	工业污染治理投资额占地区生产总值比重	%	全市	正	0.078	0.009	0.009	34	34	0	区域经济；环境年报2011	
34	科教文卫支出占财政支出比重	%	全市	正	26.226	23.120	15.351	32	34	2	统计；区域经济；城市	☺
35	人均绿地面积	平方米	市辖区	正	676.995	1 156.200	31.000	4	26	22	城市	☺
36	建成区绿化覆盖率	%	市辖区	正	40.342	39.150	39.430	24	22	−2	城市建设	☹
37	用水普及率	%	市辖区	正	98.746	98.170	95.790	32	33	1	城市建设	☺
38	城市生活污水处理率	%	市辖区	正	87.741	90.020	90.680	19	16	−3	城市建设	☹
39	生活垃圾无害化处理率	%	市辖区	正	92.101	100.000	100.000	1	1	0	城市建设	
40	万人拥有公交车辆	辆	市辖区	正	16.178	13.190	12.640	22	21	−1	城市	☹
41	工业二氧化硫去除率	%	全市	正	56.941	53.097	49.787	24	26	2	环境年报2011	☺
42	工业废水化学需氧量去除率	%	全市	正	85.401	84.116	57.930	27	34	7	环境年报2011	☺
43	工业氮氧化物去除率	%	全市	正	6.658	10.938	6.603	7	10	3	环境年报2011	☺
44	工业废水氨氮去除率	%	全市	正	79.173	83.615	19.564	18	37	19	环境年报2011	☺

年鉴说明：区域经济——《中国区域经济统计年鉴 2012》；城市——《中国城市统计年鉴 2012》；统计——《中国统计年鉴 2012》；城市建设——《中国城市建设统计年鉴 2011》；环境年报 2011——《中国环境统计年报 2011》；环境年鉴——《中国环境统计年鉴 2012》；环保部数据——环境保护数据中心。

贵阳市绿色发展"体检"表

序号	指标名称	单位	口径	指标属性	2011年测评均值	2011年贵阳市数值	2010年贵阳市数值	2011年贵阳市排名	2010年贵阳市排名	排名变化	2011年数据来源	进退脸谱
1	人均地区生产总值	元/人	全市	正	65 651	31 712	26 209	37	38	1	区域经济	☺
2	单位地区生产总值能耗	吨/万元	全市	逆	0.595	0.622	1.099	24	28	4	区域经济；城市	☺
3	人均城镇生活消费用电	千瓦时/人	全市	逆	688.162	943.887	806.922	32	33	1	城市	☺
4	单位地区生产总值二氧化碳排放量			逆	NA	NA	NA	NA	NA			
5	单位地区生产总值二氧化硫排放量	吨/亿元	全市	逆	40.633	96.558	167.560	35	38	3	区域经济；环境年报2011	☺
6	单位地区生产总值化学需氧量排放量	吨/亿元	全市	逆	20.423	28.672	48.508	32	36	4	区域经济；环境年报2011	☺
7	单位地区生产总值氮氧化物排放量	吨/亿元	全市	逆	34.969	27.077	34.438	19	21	2	区域经济；环境年报2011	☺
8	单位地区生产总值氨氮排放量	吨/亿元	全市	逆	3.392	3.646	3.382	28	28	0	区域经济；环境年报2011	
9	第一产业劳动生产率	万元/人	全市	正	535.071	250.200	0.835	21	36	15	区域经济；城市	☺
10	第二产业劳动生产率	万元/人	全市	正	39.262	15.797	7.428	38	37	-1	区域经济；城市	☹
11	单位工业增加值水耗	万吨/万元	全市	逆	189.548	278.805	0.033	30	27	-3	区域经济；环境年报2011	☹
12	单位工业增加值能耗		全市	逆	NA	NA	NA	NA	NA			
13	工业固体废物综合利用率	%	全市	正	86.776	56.300	56.200	35	35	0	环境年报2011	
14	工业用水重复利用率	%	全市	正	75.192	95.061	95.278	6	8	2	环境年报2011	☺
15	第三产业劳动生产率	万元/人	全市	正	36.578	20.363	5.769	34	35	1	区域经济；城市	☺
16	第三产业增加值比重	%	全市	正	47.441	53.050	54.180	9	6	-3	城市	☹
17	第三产业就业人员比重	%	全市	正	49.627	47.230	46.625	25	17	-8	区域经济	☹
18	人均水资源量	立方米/人	全市	正	907.111	1 340.610	1 340.610	5	10	5	城市	☺
19	单位土地面积二氧化碳排放量			逆	NA	NA	NA	NA	NA			
20	人均二氧化碳排放量			逆	NA	NA	NA	NA	NA			
21	单位土地面积二氧化硫排放量	吨/平方公里	全市	逆	10.514	14.378	21.326	29	35	6	环境年报2011；城市	☺

序号	指标名称	单位	口径	指标属性	2011年测评均值	2011年贵阳市数值	2010年贵阳市数值	2011年贵阳市排名	2010年贵阳市排名	排名变化	2011年数据来源	进退脸谱
22	人均二氧化硫排放量	吨/万人	全市	逆	225.184	308.369	462.907	31	37	6	环境年报2011；城市	☺
23	单位土地面积化学需氧量排放量	吨/平方公里	全市	逆	8.116	4.269	6.174	15	23	8	环境年报2011；城市	☺
24	人均化学需氧量排放量	吨/万人	全市	逆	114.136	91.567	134.011	15	24	9	环境年报2011；城市	☺
25	单位土地面积氮氧化物排放量	吨/平方公里	全市	逆	11.285	4.032	4.383	9	10	1	环境年报2011；城市	☺
26	人均氮氧化物排放量	吨/万人	全市	逆	208.761	86.474	95.139	8	8	0	环境年报2011；城市	
27	单位土地面积氨氮排放量	吨/平方公里	全市	逆	1.387	0.543	0.430	10	15	5	环境年报2011；城市	☺
28	人均氨氮排放量	吨/万人	全市	逆	19.239	11.643	9.344	7	12	5	环境年报2011；城市	☺
29	空气质量达到二级以上天数占全年比重	%	市辖区	正	90.522	95.600	93.960	11	12	1	环境保护部数据	☺
30	首要污染物可吸入颗粒物天数占全年比重	%	市辖区	逆	73.590	70.137	56.164	15	8	-7	环境保护部数据	☹
31	可吸入细颗粒物（PM2.5）浓度年均值		市辖区	逆	NA	NA	NA	NA	NA			
32	环境保护支出占财政支出比重	%	全市	正	2.146	2.068	2.648	11	19	8	统计；城市	☺
33	工业污染治理投资额占地区生产总值比重	%	全市	正	0.078	0.279	0.279	4	4	0	区域经济；环境年报2011	
34	科教文卫支出占财政支出比重	%	全市	正	26.226	27.098	21.651	13	15	2	统计；区域经济；城市	☺
35	人均绿地面积	平方米	市辖区	正	676.995	374.600	30.000	27	27	0	城市	
36	建成区绿化覆盖率	%	市辖区	正	40.342	42.130	37.240	14	28	14	城市建设	☺
37	用水普及率	%	市辖区	正	98.746	89.350	96.220	38	32	-6	城市建设	☹
38	城市生活污水处理率	%	市辖区	正	87.741	95.270	95.200	9	9	0	城市建设	
39	生活垃圾无害化处理率	%	市辖区	正	92.101	93.900	93.740	26	26	0	城市建设	
40	万人拥有公交车辆	辆	市辖区	正	16.178	10.290	9.570	31	32	1	城市	☺
41	工业二氧化硫去除率	%	全市	正	56.941	76.836	81.056	3	5	2	环境年报2011	☺
42	工业废水化学需氧量去除率	%	全市	正	85.401	71.607	89.480	36	9	-27	环境年报2011	☹
43	工业氮氧化物去除率	%	全市	正	6.658	0.000	17.420	27	3	-24	环境年报2011	☹
44	工业废水氨氮去除率	%	全市	正	79.173	81.722	67.560	20	23	3	环境年报2011	☺

年鉴说明：区域经济——《中国区域经济统计年鉴2012》；城市——《中国城市统计年鉴2012》；统计——《中国统计年鉴2012》；城市建设——《中国城市建设统计年鉴2011》；环境年报2011——《中国环境统计年报2011》；环境年鉴——《中国环境统计年鉴2012》；环保部数据——环境保护部数据中心。

昆明市绿色发展"体检"表

序号	指标名称	单位	口径	指标属性	2011年测评均值	2011年昆明市数值	2010年昆明市数值	2011年昆明市排名	2010年昆明市排名	排名变化	2011年数据来源	进退脸谱
1	人均地区生产总值	元/人	全市	正	65 651	38 831	33 549	32	33	1	区域经济	☺
2	单位地区生产总值能耗	吨/万元	全市	逆	0.595	0.120	0.562	6	14	8	区域经济;城市	☺
3	人均城镇生活消费用电	千瓦时/人	全市	逆	688.162	619.459	577.390	26	27	1	城市	☺
4	单位地区生产总值二氧化碳排放量			逆	NA	NA	NA	NA	NA			
5	单位地区生产总值二氧化硫排放量	吨/亿元	全市	逆	40.633	49.618	42.631	28	27	−1	区域经济;环境年报2011	☹
6	单位地区生产总值化学需氧量排放量	吨/亿元	全市	逆	20.423	7.572	7.667	3	2	−1	区域经济;环境年报2011	☹
7	单位地区生产总值氮氧化物排放量	吨/亿元	全市	逆	34.969	33.578	24.902	24	12	−12	区域经济;环境年报2011	☹
8	单位地区生产总值氨氮排放量	吨/亿元	全市	逆	3.392	2.379	1.259	12	10	−2	区域经济;环境年报2011	☹
9	第一产业劳动生产率	万元/人	全市	正	535.071	179.638	0.885	26	35	9	区域经济;城市	☺
10	第二产业劳动生产率	万元/人	全市	正	39.262	26.481	11.870	30	26	−4	区域经济;城市	☹
11	单位工业增加值水耗	万吨/万元	全市	逆	189.548	254.933	0.037	28	32	4	区域经济;环境年报2011	☺
12	单位工业增加值能耗		全市	逆	NA	NA	NA	NA	NA			
13	工业固体废物综合利用率	%	全市	正	86.776	43.100	41.300	37	37	0	环境年报2011	
14	工业用水重复利用率	%	全市	正	75.192	91.660	94.942	12	9	−3	环境年报2011	☹
15	第三产业劳动生产率	万元/人	全市	正	36.578	20.142	5.943	35	34	−1	区域经济;城市	☹
16	第三产业增加值比重	%	全市	正	47.441	48.400	49.010	19	18	−1	城市	☹
17	第三产业就业人员比重	%	全市	正	49.627	55.310	45.105	12	21	9	区域经济	☺
18	人均水资源量	立方米/人	全市	正	907.111	423.177	1 195.740	22	11	−11	城市	☹
19	单位土地面积二氧化碳排放量			逆	NA	NA	NA	NA	NA			
20	人均二氧化碳排放量			逆	NA	NA	NA	NA	NA			
21	单位土地面积二氧化硫排放量	吨/平方公里	全市	逆	10.514	5.200	3.919	9	6	−3	环境年报2011;城市	☹

序号	指标名称	单 位	口径	指标属性	2011年测评均值	2011年昆明市数值	2010年昆明市数值	2011年昆明市排名	2010年昆明市排名	排名变化	2011年数据来源	进退脸谱
22	人均二氧化硫排放量	吨/万人	全市	逆	225.184	202.260	142.087	24	16	-8	环境年报2011；城市	☹
23	单位土地面积化学需氧量排放量	吨/平方公里	全市	逆	8.116	0.794	0.705	2	1	-1	环境年报2011；城市	☹
24	人均化学需氧量排放量	吨/万人	全市	逆	114.136	30.867	25.554	1	2	1	环境年报2011；城市	☺
25	单位土地面积氮氧化物排放量	吨/平方公里	全市	逆	11.285	3.519	2.289	6	3	-3	环境年报2011；城市	☹
26	人均氮氧化物排放量	吨/万人	全市	逆	208.761	136.879	82.997	19	4	-15	环境年报2011；城市	☹
27	单位土地面积氨氮排放量	吨/平方公里	全市	逆	1.387	0.249	0.116	3	2	-1	环境年报2011；城市	☹
28	人均氨氮排放量	吨/万人	全市	逆	19.239	9.700	4.196	4	3	-1	环境年报2011；城市	☹
29	空气质量达到二级以上天数占全年比重	%	市辖区	正	90.522	100.000	100.000	1	1	0	环境保护部数据	
30	首要污染物可吸入颗粒物天数占全年比重	%	市辖区	逆	73.590	62.466	65.479	8	13	5	环境保护部数据	☺
31	可吸入细颗粒物（PM2.5）浓度年均值		市辖区	逆	NA	NA	NA	NA	NA			
32	环境保护支出占财政支出比重	%	全市	正	2.146	1.207	4.851	24	5	-19	统计；城市	☹
33	工业污染治理投资额占地区生产总值比重	%	全市	正	0.078	0.097	0.097	10	10	0	区域经济；环境年报2011	
34	科教文卫支出占财政支出比重	%	全市	正	26.226	23.332	11.284	31	37	6	统计；区域经济；城市	☺
35	人均绿地面积	平方米	市辖区	正	676.995	540.200	34.000	25	24	-1	城市	☹
36	建成区绿化覆盖率	%	市辖区	正	40.342	42.400	41.360	11	15	4	城市建设	☺
37	用水普及率	%	市辖区	正	98.746	94.730	99.690	33	27	-6	城市建设	☹
38	城市生活污水处理率	%	市辖区	正	87.741	99.420	100.000	2	1	-1	城市建设	☹
39	生活垃圾无害化处理率	%	市辖区	正	92.101	79.970	96.800	33	23	-10	城市建设	☹
40	万人拥有公交车辆	辆	市辖区	正	16.178	17.020	20.630	9	2	-7	城市	☹
41	工业二氧化硫去除率	%	全市	正	56.941	74.384	87.991	5	1	-4	环境年报2011	☹
42	工业废水化学需氧量去除率	%	全市	正	85.401	88.966	87.179	17	12	-5	环境年报2011	☹
43	工业氮氧化物去除率	%	全市	正	6.658	1.351	0.000	21	31	10	环境年报2011	☺
44	工业废水氨氮去除率	%	全市	正	79.173	94.082	75.343	6	16	10	环境年报2011	☺

年鉴说明：区域经济——《中国区域经济统计年鉴2012》；城市——《中国城市统计年鉴2012》；统计——《中国统计年鉴2012》；城市建设——《中国城市建设统计年鉴2011》；环境年报2011——《中国环境统计年报2011》；环境年鉴——《中国环境统计年鉴2012》；环保部数据——环境保护数据中心。

西安市绿色发展"体检"表

序号	指标名称	单　位	口　径	指标属性	2011年测评均值	2011年西安市数值	2010年西安市数值	2011年西安市排名	2010年西安市排名	排名变化	2011年数据来源	进退脸谱
1	人均地区生产总值	元/人	全市	正	65 651	45 475	38 343	29	30	1	区域经济	☺
2	单位地区生产总值能耗	吨/万元	全市	逆	0.595	0.121	0.206	7	4	−3	区域经济;城市	☹
3	人均城镇生活消费用电	千瓦时/人	全市	逆	688.162	594.985	515.706	25	21	−4	城市	☹
4	单位地区生产总值二氧化碳排放量			逆	NA	NA	NA	NA	NA			
5	单位地区生产总值二氧化硫排放量	吨/亿元	全市	逆	40.633	40.478	34.069	27	24	−3	区域经济;环境年报2011	☹
6	单位地区生产总值化学需氧量排放量	吨/亿元	全市	逆	20.423	33.814	38.774	33	33	0	区域经济;环境年报2011	
7	单位地区生产总值氮氧化物排放量	吨/亿元	全市	逆	34.969	19.962	28.326	13	15	2	区域经济;环境年报2011	☺
8	单位地区生产总值氨氮排放量	吨/亿元	全市	逆	3.392	4.363	4.241	30	34	4	区域经济;环境年报2011	☺
9	第一产业劳动生产率	万元/人	全市	正	535.071	449.714	1.170	13	32	19	区域经济;城市	☺
10	第二产业劳动生产率	万元/人	全市	正	39.262	27.626	10.158	28	31	3	区域经济;城市	☺
11	单位工业增加值水耗	万吨/万元	全市	逆	189.548	36.892	0.010	5	13	8	区域经济;环境年报2011	☺
12	单位工业增加值能耗		全市	逆	NA	NA	NA	NA	NA			
13	工业固体废物综合利用率	%	全市	正	86.776	97.600	98.100	8	10	2	环境年报2011	☺
14	工业用水重复利用率	%	全市	正	75.192	47.116	80.452	32	27	−5	环境年报2011	☹
15	第三产业劳动生产率	万元/人	全市	正	36.578	23.333	8.000	32	27	−5	区域经济;城市	☹
16	第三产业增加值比重	%	全市	正	47.441	51.600	52.200	12	11	−1	城市	☹
17	第三产业就业人员比重	%	全市	正	49.627	58.293	44.996	10	22	12	区域经济	☺
18	人均水资源量	立方米/人	全市	正	907.111	390.448	199.274	26	31	5	城市	☺
19	单位土地面积二氧化碳排放量			逆	NA	NA	NA	NA	NA			
20	人均二氧化碳排放量			逆	NA	NA	NA	NA	NA			
21	单位土地面积二氧化硫排放量	吨/平方公里	全市	逆	10.514	11.370	8.409	24	19	−5	环境年报2011;城市	☹

续表

序号	指标名称	单位	口径	指标属性	2011年测评均值	2011年西安市数值	2010年西安市数值	2011年西安市排名	2010年西安市排名	排名变化	2011年数据来源	进退脸谱
22	人均二氧化硫排放量	吨/万人	全市	逆	225.184	145.971	108.664	17	10	-7	环境年报2011；城市	☹
23	单位土地面积化学需氧量排放量	吨/平方公里	全市	逆	8.116	9.498	9.570	29	28	-1	环境年报2011；城市	☹
24	人均化学需氧量排放量	吨/万人	全市	逆	114.136	121.942	123.673	25	23	-2	环境年报2011；城市	☹
25	单位土地面积氮氧化物排放量	吨/平方公里	全市	逆	11.285	5.607	6.991	13	12	-1	环境年报2011；城市	☹
26	人均氮氧化物排放量	吨/万人	全市	逆	208.761	71.987	90.348	6	6	0	环境年报2011；城市	
27	单位土地面积氨氮排放量	吨/平方公里	全市	逆	1.387	1.226	1.047	25	31	6	环境年报2011；城市	☺
28	人均氨氮排放量	吨/万人	全市	逆	19.239	15.735	13.528	20	25	5	环境年报2011；城市	☺
29	空气质量达到二级以上天数占全年比重	%	市辖区	正	90.522	83.520	83.240	34	32	-2	环境保护部数据	☹
30	首要污染物可吸入颗粒物天数占全年比重	%	市辖区	逆	73.590	89.315	95.890	34	38	4	环境保护部数据	☺
31	可吸入细颗粒物(PM2.5)浓度年均值		市辖区	逆	NA	NA	NA	NA	NA			
32	环境保护支出占财政支出比重	%	全市	正	2.146	1.034	1.487	29	34	5	统计；城市	☺
33	工业污染治理投资额占地区生产总值比重	%	全市	正	0.078	0.030	0.030	22	22	0	区域经济；环境年报2011	
34	科教文卫支出占财政支出比重	%	全市	正	26.226	24.707	21.209	26	16	-10	统计；区域经济；城市	☹
35	人均绿地面积	平方米	市辖区	正	676.995	787.300	19.000	10	38	28	城市	☺
36	建成区绿化覆盖率	%	市辖区	正	40.342	41.150	40.430	18	17	-1	城市建设	☹
37	用水普及率	%	市辖区	正	98.746	100.000	100.000	1	1	0	城市建设	
38	城市生活污水处理率	%	市辖区	正	87.741	86.550	86.410	25	25	0	城市建设	
39	生活垃圾无害化处理率	%	市辖区	正	92.101	97.640	97.480	23	20	-3	城市建设	☹
40	万人拥有公交车辆	辆	市辖区	正	16.178	13.460	12.630	21	22	1	城市	☺
41	工业二氧化硫去除率	%	全市	正	56.941	43.023	43.817	31	29	-2	环境年报2011	☹
42	工业废水化学需氧量去除率	%	全市	正	85.401	76.853	76.659	34	28	-6	环境年报2011	☹
43	工业氮氧化物去除率	%	全市	正	6.658	0.000	0.000	27	31	4	环境年报2011	☺
44	工业废水氨氮去除率	%	全市	正	79.173	85.754	41.291	15	33	18	环境年报2011	☺

年鉴说明：区域经济——《中国区域经济统计年鉴2012》；城市——《中国城市统计年鉴2012》；统计——《中国统计年鉴2012》；城市建设——《中国城市建设统计年鉴2011》；环境年报2011——《中国环境统计年报2011》；环境年鉴——《中国环境统计年鉴2012》；环保部数据——环境保护部数据中心。

兰州市绿色发展"体检"表

序号	指标名称	单位	口径	指标属性	2011年测评均值	2011年兰州市数值	2010年兰州市数值	2011年兰州市排名	2010年兰州市排名	排名变化	2011年数据来源	进退脸谱
1	人均地区生产总值	元/人	全市	正	65 651	37 570	30 672	33	34	1	区域经济	☺
2	单位地区生产总值能耗	吨/万元	全市	逆	0.595	1.296	1.995	33	38	5	区域经济；城市	☺
3	人均城镇生活消费用电	千瓦时/人	全市	逆	688.162	370.294	349.045	10	7	−3	城市	☹
4	单位地区生产总值二氧化碳排放量			逆	NA	NA	NA	NA	NA			
5	单位地区生产总值二氧化硫排放量	吨/亿元	全市	逆	40.633	91.603	96.867	34	35	1	区域经济；环境年报2011	☺
6	单位地区生产总值化学需氧量排放量	吨/亿元	全市	逆	20.423	42.860	47.027	36	35	−1	区域经济；环境年报2011	☹
7	单位地区生产总值氮氧化物排放量	吨/亿元	全市	逆	34.969	71.631	57.346	33	31	−2	区域经济；环境年报2011	☹
8	单位地区生产总值氨氮排放量	吨/亿元	全市	逆	3.392	8.414	5.573	37	35	−2	区域经济；环境年报2011	☹
9	第一产业劳动生产率	万元/人	全市	正	535.071	266.667	0.825	20	37	17	区域经济；城市	☺
10	第二产业劳动生产率	万元/人	全市	正	39.262	26.875	11.514	29	28	−1	区域经济；城市	☹
11	单位工业增加值水耗	万吨/万元	全市	逆	189.548	40.038	0.036	6	30	24	区域经济；环境年报2011	☺
12	单位工业增加值能耗		全市	逆	NA	NA	NA	NA	NA			
13	工业固体废物综合利用率	%	全市	正	86.776	92.800	78.900	19	30	11	环境年报2011	☺
14	工业用水重复利用率	%	全市	正	75.192	36.161	94.266	35	10	−25	环境年报2011	☹
15	第三产业劳动生产率	万元/人	全市	正	36.578	24.317	6.498	31	33	2	区域经济；城市	☺
16	第三产业增加值比重	%	全市	正	47.441	48.780	48.840	17	19	2	城市	☺
17	第三产业就业人员比重	%	全市	正	49.627	52.492	50.142	16	11	−5	区域经济	☹
18	人均水资源量	立方米/人	全市	正	907.111	10 154.000	10 149.595	1	1	0	城市	
19	单位土地面积二氧化碳排放量			逆	NA	NA	NA	NA	NA			
20	人均二氧化碳排放量			逆	NA	NA	NA	NA	NA			
21	单位土地面积二氧化硫排放量	吨/平方公里	全市	逆	10.514	8.011	7.367	17	16	−1	环境年报2011；城市	☹

序号	指标名称	单位	口径	指标属性	2011年测评均值	2011年兰州市数值	2010年兰州市数值	2011年兰州市排名	2010年兰州市排名	排名变化	2011年数据来源	进退脸谱
22	人均二氧化硫排放量	吨/万人	全市	逆	225.184	324.168	297.935	32	30	-2	环境年报2011；城市	☹
23	单位土地面积化学需氧量排放量	吨/平方公里	全市	逆	8.116	3.748	3.576	13	9	-4	环境年报2011；城市	☹
24	人均化学需氧量排放量	吨/万人	全市	逆	114.136	151.675	144.642	34	26	-8	环境年报2011；城市	☹
25	单位土地面积氮氧化物排放量	吨/平方公里	全市	逆	11.285	6.265	4.361	15	9	-6	环境年报2011；城市	☹
26	人均氮氧化物排放量	吨/万人	全市	逆	208.761	253.491	176.382	29	16	-13	环境年报2011；城市	☹
27	单位土地面积氨氮排放量	吨/平方公里	全市	逆	1.387	0.736	0.424	17	14	-3	环境年报2011；城市	☹
28	人均氨氮排放量	吨/万人	全市	逆	19.239	29.776	17.140	33	30	-3	环境年报2011；城市	☹
29	空气质量达到二级以上天数占全年比重	%	市辖区	正	90.522	66.760	60.710	38	38	0	环境保护部数据	
30	首要污染物可吸入颗粒物天数占全年比重	%	市辖区	逆	73.590	93.973	87.397	37	32	-5	环境保护部数据	☹
31	可吸入细颗粒物（PM2.5）浓度年均值		市辖区	逆	NA	NA	NA	NA	NA			
32	环境保护支出占财政支出比重	%	全市	正	2.146	2.688	5.141	10	3	-7	统计；城市	☹
33	工业污染治理投资额占地区生产总值比重	%	全市	正	0.078	0.286	0.286	3	3	0	区域经济；环境年报2011	
34	科教文卫支出占财政支出比重	%	全市	正	26.226	32.644	26.354	3	5	2	统计；区域经济；城市	☺
35	人均绿地面积	平方米	市辖区	正	676.995	323.400	21.000	29	37	8	城市	☺
36	建成区绿化覆盖率	%	市辖区	正	40.342	25.080	25.020	38	38	0	城市建设	
37	用水普及率	%	市辖区	正	98.746	94.610	94.960	34	36	2	城市建设	☺
38	城市生活污水处理率	%	市辖区	正	87.741	58.700	57.550	38	36	-2	城市建设	☹
39	生活垃圾无害化处理率	%	市辖区	正	92.101	41.700	80.260	38	36	-2	城市建设	☹
40	万人拥有公交车辆	辆	市辖区	正	16.178	10.340	10.220	30	29	-1	城市	☹
41	工业二氧化硫去除率	%	全市	正	56.941	51.309	47.823	25	27	2	环境年报2011	☺
42	工业废水化学需氧量去除率	%	全市	正	85.401	87.272	51.870	21	35	14	环境年报2011	☺
43	工业氮氧化物去除率	%	全市	正	6.658	4.762	14.519	15	7	-8	环境年报2011	☹
44	工业废水氨氮去除率	%	全市	正	79.173	64.259	60.938	32	28	-4	环境年报2011	☹

年鉴说明：区域经济——《中国区域经济统计年鉴2012》；城市——《中国城市统计年鉴2012》；统计——《中国统计年鉴2012》；城市建设——《中国城市建设统计年鉴2011》；环境年报2011——《中国环境统计年报2011》；环境年鉴——《中国环境统计年鉴2012》；环保部数据——环境保护部数据中心。

西宁市绿色发展"体检"表

序号	指标名称	单位	口径	指标属性	2011年测评均值	2011年西宁市数值	2010年西宁市数值	2011年西宁市排名	2010年西宁市排名	排名变化	2011年数据来源	进退脸谱
1	人均地区生产总值	元/人	全市	正	65 651	34 743	28 428	35	35	0	区域经济	
2	单位地区生产总值能耗	吨/万元	全市	逆	0.595	1.375	1.536	35	34	−1	区域经济；城市	☹
3	人均城镇生活消费用电	千瓦时/人	全市	逆	688.162	378.981	351.624	11	8	−3	城市	☹
4	单位地区生产总值二氧化碳排放量			逆	NA	NA	NA	NA	NA			
5	单位地区生产总值二氧化硫排放量	吨/亿元	全市	逆	40.633	140.705	156.716	38	37	−1	区域经济；环境年报2011	☹
6	单位地区生产总值化学需氧量排放量	吨/亿元	全市	逆	20.423	57.861	71.436	37	37	0	区域经济；环境年报2011	
7	单位地区生产总值氮氧化物排放量	吨/亿元	全市	逆	34.969	92.416	118.177	36	37	1	区域经济；环境年报2011	☺
8	单位地区生产总值氨氮排放量	吨/亿元	全市	逆	3.392	7.267	9.304	36	38	2	区域经济；环境年报2011	☺
9	第一产业劳动生产率	万元/人	全市	正	535.071	189.034	0.658	25	38	13	区域经济；城市	☺
10	第二产业劳动生产率	万元/人	全市	正	39.262	31.229	10.119	26	32	6	区域经济；城市	☺
11	单位工业增加值水耗	万吨/万元	全市	逆	189.548	411.056	0.036	36	31	−5	区域经济；环境年报2011	☹
12	单位工业增加值能耗		全市	逆	NA	NA	NA	NA	NA			
13	工业固体废物综合利用率	%	全市	正	86.776	96.800	83.600	11	26	15	环境年报2011	☺
14	工业用水重复利用率	%	全市	正	75.192	92.686	91.179	9	17	8	环境年报2011	☺
15	第三产业劳动生产率	万元/人	全市	正	36.578	18.637	4.855	38	38	0	区域经济；城市	
16	第三产业增加值比重	%	全市	正	47.441	43.080	45.050	25	24	−1	城市	☹
17	第三产业就业人员比重	%	全市	正	49.627	55.460	35.100	11	36	25	区域经济	☺
18	人均水资源量	立方米/人	全市	正	907.111	687.624	597.039	14	19	5	城市	☺
19	单位土地面积二氧化碳排放量			逆	NA	NA	NA	NA	NA			
20	人均二氧化碳排放量			逆	NA	NA	NA	NA	NA			
21	单位土地面积二氧化硫排放量	吨/平方公里	全市	逆	10.514	10.172	9.864	23	21	−2	环境年报2011；城市	☹

续表

序号	指标名称	单 位	口径	指标属性	2011年测评均值	2011年西宁市数值	2010年西宁市数值	2011年西宁市排名	2010年西宁市排名	排名变化	2011年数据来源	进退脸谱
22	人均二氧化硫排放量	吨/万人	全市	逆	225.184	351.510	342.154	33	33	0	环境年报2011；城市	
23	单位土地面积化学需氧量排放量	吨/平方公里	全市	逆	8.116	4.183	4.496	14	16	2	环境年报2011；城市	☺
24	人均化学需氧量排放量	吨/万人	全市	逆	114.136	144.549	155.966	30	28	−2	环境年报2011；城市	☹
25	单位土地面积氮氧化物排放量	吨/平方公里	全市	逆	11.285	6.681	7.438	17	16	−1	环境年报2011；城市	☹
26	人均氮氧化物排放量	吨/万人	全市	逆	208.761	230.875	258.014	26	30	4	环境年报2011；城市	☺
27	单位土地面积氨氮排放量	吨/平方公里	全市	逆	1.387	0.525	0.586	9	19	10	环境年报2011；城市	☺
28	人均氨氮排放量	吨/万人	全市	逆	19.239	18.155	20.314	22	33	11	环境年报2011；城市	☺
29	空气质量达到二级以上天数占全年比重	%	市辖区	正	90.522	86.540	85.710	31	26	−5	环境保护部数据	☹
30	首要污染物可吸入颗粒物天数占全年比重	%	市辖区	逆	73.590	92.603	92.329	36	36	0	环境保护部数据	
31	可吸入细颗粒物（PM2.5）浓度年均值		市辖区	逆	NA	NA	NA	NA	NA			
32	环境保护支出占财政支出比重	%	全市	正	2.146	5.367	5.671	3	2	−1	统计；城市	☹
33	工业污染治理投资额占地区生产总值比重	%	全市	正	0.078	0.105	0.105	8	8	0	区域经济；环境年报2011	
34	科教文卫支出占财政支出比重	%	全市	正	26.226	24.417	29.424	28	3	−25	统计；区域经济；城市	☹
35	人均绿地面积	平方米	市辖区	正	676.995	221.800	26.000	33	32	−1	城市	☹
36	建成区绿化覆盖率	%	市辖区	正	40.342	37.130	35.120	30	34	4	城市建设	☺
37	用水普及率	%	市辖区	正	98.746	99.970	99.850	21	24	3	城市建设	☺
38	城市生活污水处理率	%	市辖区	正	87.741	71.040	55.050	36	38	2	城市建设	☺
39	生活垃圾无害化处理率	%	市辖区	正	92.101	92.290	69.900	27	38	11	城市建设	☺
40	万人拥有公交车辆	辆	市辖区	正	16.178	14.320	19.060	18	3	−15	城市	☹
41	工业二氧化硫去除率	%	全市	正	56.941	41.463	27.626	32	35	3	环境年报2011	☺
42	工业废水化学需氧量去除率	%	全市	正	85.401	41.784	10.076	38	38	0	环境年报2011	
43	工业氮氧化物去除率	%	全市	正	6.658	0.000	0.000	27	31	4	环境年报2011	☺
44	工业废水氨氮去除率	%	全市	正	79.173	78.831	3.240	25	38	13	环境年报2011	☺

年鉴说明：区域经济——《中国区域经济统计年鉴2012》；城市——《中国城市统计年鉴2012》；统计——《中国统计年鉴2012》；城市建设——《中国城市建设统计年鉴2011》；环境年报2011——《中国环境统计年报2011》；环境年鉴——《中国环境统计年鉴2012》；环保部数据——环境保护数据中心。

银川市绿色发展"体检"表

序号	指标名称	单位	口径	指标属性	2011年测评均值	2011年银川市数值	2010年银川市数值	2011年银川市排名	2010年银川市排名	排名变化	2011年数据来源	进退脸谱
1	人均地区生产总值	元/人	全市	正	65 651	48 964	42 771	27	27	0	区域经济	
2	单位地区生产总值能耗	吨/万元	全市	逆	0.595	0.520	1.388	18	33	15	区域经济；城市	☺
3	人均城镇生活消费用电	千瓦时/人	全市	逆	688.162	311.819	358.188	4	11	7	城市	☺
4	单位地区生产总值二氧化碳排放量			逆	NA	NA	NA	NA	NA			
5	单位地区生产总值二氧化硫排放量	吨/亿元	全市	逆	40.633	131.001	56.450	37	28	−9	区域经济；环境年报2011	☹
6	单位地区生产总值化学需氧量排放量	吨/亿元	全市	逆	20.423	35.303	44.044	34	34	0	区域经济；环境年报2011	
7	单位地区生产总值氮氧化物排放量	吨/亿元	全市	逆	34.969	110.643	71.024	38	34	−4	区域经济；环境年报2011	☹
8	单位地区生产总值氨氮排放量	吨/亿元	全市	逆	3.392	9.446	5.932	38	37	−1	区域经济；环境年报2011	☹
9	第一产业劳动生产率	万元/人	全市	正	535.071	38.884	1.796	35	26	−9	区域经济；城市	☹
10	第二产业劳动生产率	万元/人	全市	正	39.262	37.318	15.864	19	12	−7	区域经济；城市	☹
11	单位工业增加值水耗	万吨/万元	全市	逆	189.548	329.814	0.042	32	33	1	区域经济；环境年报2011	☺
12	单位工业增加值能耗		全市	逆	NA	NA	NA	NA	NA			
13	工业固体废物综合利用率	%	全市	正	86.776	83.800	75.400	29	31	2	环境年报2011	☺
14	工业用水重复利用率	%	全市	正	75.192	87.613	89.036	19	22	3	环境年报2011	☺
15	第三产业劳动生产率	万元/人	全市	正	36.578	26.882	7.955	26	28	2	区域经济；城市	☺
16	第三产业增加值比重	%	全市	正	47.441	42.000	44.640	28	26	−2	城市	☹
17	第三产业就业人员比重	%	全市	正	49.627	50.830	47.086	18	16	−2	区域经济	☹
18	人均水资源量	立方米/人	全市	正	907.111	81.745	82.620	38	38	0	城市	
19	单位土地面积二氧化碳排放量			逆	NA	NA	NA	NA	NA			
20	人均二氧化碳排放量			逆	NA	NA	NA	NA	NA			
21	单位土地面积二氧化硫排放量	吨/平方公里	全市	逆	10.514	8.912	3.429	19	3	−16	环境年报2011；城市	☹

序号	指标名称	单　位	口　径	指标属性	2011年测评均值	2011年银川市数值	2010年银川市数值	2011年银川市排名	2010年银川市排名	排名变化	2011年数据来源	进退脸谱
22	人均二氧化硫排放量	吨/万人	全市	逆	225.184	501.109	196.870	36	25	−11	环境年报2011；城市	☹
23	单位土地面积化学需氧量排放量	吨/平方公里	全市	逆	8.116	2.402	2.675	7	6	−1	环境年报2011；城市	☹
24	人均化学需氧量排放量	吨/万人	全市	逆	114.136	135.042	153.603	27	27	0	环境年报2011；城市	
25	单位土地面积氮氧化物排放量	吨/平方公里	全市	逆	11.285	7.527	4.314	19	7	−12	环境年报2011；城市	☹
26	人均氮氧化物排放量	吨/万人	全市	逆	208.761	423.234	247.697	33	27	−6	环境年报2011；城市	☹
27	单位土地面积氨氮排放量	吨/平方公里	全市	逆	1.387	0.643	0.360	13	10	−3	环境年报2011；城市	☹
28	人均氨氮排放量	吨/万人	全市	逆	19.239	36.135	20.686	36	34	−2	环境年报2011；城市	☹
29	空气质量达到二级以上天数占全年比重	%	市辖区	正	90.522	91.210	90.930	19	17	−2	环境保护部数据	☹
30	首要污染物可吸入颗粒物天数占全年比重	%	市辖区	逆	73.590	86.575	71.233	32	17	−15	环境保护部数据	☹
31	可吸入细颗粒物（PM2.5）浓度年均值		市辖区	逆	NA	NA	NA	NA	NA			
32	环境保护支出占财政支出比重	%	全市	正	2.146	1.773	3.462	14	12	−2	统计；城市	☹
33	工业污染治理投资额占地区生产总值比重	%	全市	正	0.078	0.360	0.360	1	1	0	区域经济；环境年报2011	
34	科教文卫支出占财政支出比重	%	全市	正	26.226	20.264	17.931	36	30	−6	统计；区域经济；城市	☹
35	人均绿地面积	平方米	市辖区	正	676.995	160.500	57.000	36	12	−24	城市	☹
36	建成区绿化覆盖率	%	市辖区	正	40.342	42.190	43.030	13	8	−5	城市建设	☹
37	用水普及率	%	市辖区	正	98.746	99.450	99.480	29	29	0	城市建设	
38	城市生活污水处理率	%	市辖区	正	87.741	92.000	91.800	16	13	−3	城市建设	☹
39	生活垃圾无害化处理率	%	市辖区	正	92.101	59.800	100.000	37	1	−36	城市建设	☹
40	万人拥有公交车辆	辆	市辖区	正	16.178	15.570	14.770	13	15	2	城市	☺
41	工业二氧化硫去除率	%	全市	正	56.941	71.591	59.716	7	21	14	环境年报2011	☺
42	工业废水化学需氧量去除率	%	全市	正	85.401	90.625	82.933	12	18	6	环境年报2011	☺
43	工业氮氧化物去除率	%	全市	正	6.658	5.634	0.000	13	31	18	环境年报2011	☺
44	工业废水氨氮去除率	%	全市	正	79.173	96.238	96.460	3	3	0	环境年报2011	

年鉴说明：区域经济——《中国区域经济统计年鉴2012》；城市——《中国城市统计年鉴2012》；统计——《中国统计年鉴2012》；城市建设——《中国城市建设统计年鉴2011》；环境年报2011——《中国环境统计年报2011》；环境年鉴——《中国环境统计年鉴2012》；环保部数据——环境保护部数据中心。

乌鲁木齐市绿色发展"体检"表

序号	指标名称	单位	口径	指标属性	2011年测评均值	2011年乌鲁木齐市数值	2010年乌鲁木齐市数值	2011年乌鲁木齐市排名	2010年乌鲁木齐市排名	排名变化	2011年数据来源	进退脸谱
1	人均地区生产总值	元/人	全市	正	65 651	52 649	43 039	22	26	4	区域经济	☺
2	单位地区生产总值能耗	吨/万元	全市	逆	0.595	1.321	1.269	34	31	−3	区域经济;城市	☹
3	人均城镇生活消费用电	千瓦时/人	全市	逆	688.162	561.812	545.083	22	26	4	城市	☺
4	单位地区生产总值二氧化碳排放量			逆	NA	NA	NA	NA	NA			
5	单位地区生产总值二氧化硫排放量	吨/亿元	全市	逆	40.633	109.446	91.356	36	34	−2	区域经济;环境年报2011	☹
6	单位地区生产总值化学需氧量排放量	吨/亿元	全市	逆	20.423	17.652	21.378	22	21	−1	区域经济;环境年报2011	☹
7	单位地区生产总值氮氧化物排放量	吨/亿元	全市	逆	34.969	89.912	125.378	35	38	3	区域经济;环境年报2011	☺
8	单位地区生产总值氨氮排放量	吨/亿元	全市	逆	3.392	5.060	5.610	32	36	4	区域经济;环境年报2011	☺
9	第一产业劳动生产率	万元/人	全市	正	535.071	18.766	1.984	37	23	−14	区域经济;城市	☹
10	第二产业劳动生产率	万元/人	全市	正	39.262	38.115	24.607	17	3	−14	区域经济;城市	☹
11	单位工业增加值水耗	万吨/万元	全市	逆	189.548	567.008	0.110	37	38	1	区域经济;环境年报2011	☺
12	单位工业增加值能耗		全市	逆	NA	NA	NA	NA	NA			
13	工业固体废物综合利用率	%	全市	正	86.776	80.900	68.200	30	32	2	环境年报2011	☺
14	工业用水重复利用率	%	全市	正	75.192	92.882	93.729	8	12	4	环境年报2011	☺
15	第三产业劳动生产率	万元/人	全市	正	36.578	27.602	9.056	24	21	−3	区域经济;城市	☹
16	第三产业增加值比重	%	全市	正	47.441	53.780	53.650	6	7	1	城市	☺
17	第三产业就业人员比重	%	全市	正	49.627	59.767	69.615	8	2	−6	区域经济	☹
18	人均水资源量	立方米/人	全市	正	907.111	406.174	427.252	23	25	2	城市	☺
19	单位土地面积二氧化碳排放量			逆	NA	NA	NA	NA	NA			
20	人均二氧化碳排放量			逆	NA	NA	NA	NA	NA			
21	单位土地面积二氧化硫排放量	吨/平方公里	全市	逆	10.514	10.024	7.257	22	14	−8	环境年报2011;城市	☹

序号	指标名称	单位	口径	指标属性	2011年测评均值	2011年乌鲁木齐市数值	2010年乌鲁木齐市数值	2011年乌鲁木齐市排名	2010年乌鲁木齐市排名	排名变化	2011年数据来源	进退脸谱
22	人均二氧化硫排放量	吨/万人	全市	逆	225.184	561.361	413.263	37	35	−2	环境年报2011；城市	☹
23	单位土地面积化学需氧量排放量	吨/平方公里	全市	逆	8.116	1.617	1.698	4	4	0	环境年报2011；城市	
24	人均化学需氧量排放量	吨/万人	全市	逆	114.136	90.537	96.707	14	18	4	环境年报2011；城市	☺
25	单位土地面积氮氧化物排放量	吨/平方公里	全市	逆	11.285	8.235	9.959	22	23	1	环境年报2011；城市	☺
26	人均氮氧化物排放量	吨/万人	全市	逆	208.761	461.170	567.164	35	36	1	环境年报2011；城市	☺
27	单位土地面积氨氮排放量	吨/平方公里	全市	逆	1.387	0.463	0.446	6	16	10	环境年报2011；城市	☺
28	人均氨氮排放量	吨/万人	全市	逆	19.239	25.954	25.376	32	35	3	环境年报2011；城市	☺
29	空气质量达到二级以上天数占全年比重	%	市辖区	正	90.522	75.550	72.800	37	37	0	环境保护部数据	
30	首要污染物可吸入颗粒物天数占全年比重	%	市辖区	逆	73.590	80.548	78.356	24	22	−2	环境保护部数据	☹
31	可吸入细颗粒物（PM2.5）浓度年均值		市辖区	逆	NA	NA	NA	NA	NA			
32	环境保护支出占财政支出比重	%	全市	正	2.146	3.684	3.888	6	9	3	统计；城市	☺
33	工业污染治理投资额占地区生产总值比重	%	全市	正	0.078	0.011	0.011	31	31	0	区域经济；环境年报2011	
34	科教文卫支出占财政支出比重	%	全市	正	26.226	23.680	22.503	29	14	−15	统计；区域经济；城市	☹
35	人均绿地面积	平方米	市辖区	正	676.995	246.200	67.000	31	7	−24	城市	☹
36	建成区绿化覆盖率	%	市辖区	正	40.342	36.160	34.800	34	36	2	城市建设	☺
37	用水普及率	%	市辖区	正	98.746	99.940	99.930	22	22	0	城市建设	
38	城市生活污水处理率	%	市辖区	正	87.741	80.180	60.650	32	35	3	城市建设	☺
39	生活垃圾无害化处理率	%	市辖区	正	92.101	82.160	87.400	31	32	1	城市建设	☺
40	万人拥有公交车辆	辆	市辖区	正	16.178	15.320	15.560	14	12	−2	城市	☹
41	工业二氧化硫去除率	%	全市	正	56.941	40.826	42.221	34	30	−4	环境年报2011	☹
42	工业废水化学需氧量去除率	%	全市	正	85.401	83.072	81.168	29	23	−6	环境年报2011	☹
43	工业氮氧化物去除率	%	全市	正	6.658	0.000	0.000	27	31	4	环境年报2011	☺
44	工业废水氨氮去除率	%	全市	正	79.173	96.217	90.332	4	8	4	环境年报2011	☺

年鉴说明：区域经济——《中国区域经济统计年鉴2012》；城市——《中国城市统计年鉴2012》；统计——《中国统计年鉴2012》；城市建设——《中国城市建设统计年鉴2011》；环境年报2011——《中国环境统计年报2011》；环境年鉴——《中国环境统计年鉴2012》；环保部数据——环境保护部数据中心。

克拉玛依市绿色发展"体检"表

序号	指标名称	单位	口径	指标属性	2011年测评均值	2011年克拉玛依市数值	2010年克拉玛依市数值	2011年克拉玛依市排名	2010年克拉玛依市排名	排名变化	2011年数据来源	进退脸谱
1	人均地区生产总值	元/人	全市	正	65 651	129 105	121 387	1	1	0	区域经济	
2	单位地区生产总值能耗	吨/万元	全市	逆	0.595	1.945	1.341	38	32	−6	区域经济；城市	☹
3	人均城镇生活消费用电	千瓦时/人	全市	逆	688.162	535.782	525.605	21	23	2	城市	☺
4	单位地区生产总值二氧化碳排放量			逆	NA	NA	NA	NA	NA			
5	单位地区生产总值二氧化硫排放量	吨/亿元	全市	逆	40.633	78.119	75.478	31	32	1	区域经济；环境年报2011	☺
6	单位地区生产总值化学需氧量排放量	吨/亿元	全市	逆	20.423	3.743	11.796	1	8	7	区域经济；环境年报2011	☺
7	单位地区生产总值氮氧化物排放量	吨/亿元	全市	逆	34.969	40.614	57.000	27	30	3	区域经济；环境年报2011	☺
8	单位地区生产总值氨氮排放量	吨/亿元	全市	逆	3.392	0.239	1.065	1	8	7	区域经济；环境年报2011	☺
9	第一产业劳动生产率	万元/人	全市	正	535.071	166.000	3.061	27	6	−21	区域经济；城市	☹
10	第二产业劳动生产率	万元/人	全市	正	39.262	60.236	56.748	6	1	−5	区域经济；城市	☹
11	单位工业增加值水耗	万吨/万元	全市	逆	189.548	325.938	0.036	31	29	−2	区域经济；环境年报2011	☹
12	单位工业增加值能耗		全市	逆	NA	NA	NA	NA	NA			
13	工业固体废物综合利用率	%	全市	正	86.776	77.100	66.300	32	33	1	环境年报2011	☺
14	工业用水重复利用率	%	全市	正	75.192	96.577	96.629	1	2	1	环境年报2011	☺
15	第三产业劳动生产率	万元/人	全市	正	36.578	19.092	6.706	37	31	−6	区域经济；城市	☹
16	第三产业增加值比重	%	全市	正	47.441	10.150	9.760	38	38	0	城市	
17	第三产业就业人员比重	%	全市	正	49.627	26.823	45.175	38	20	−18	区域经济	☹
18	人均水资源量	立方米/人	全市	正	907.111	392.175	797.814	25	14	−11	城市	☹
19	单位土地面积二氧化碳排放量			逆	NA	NA	NA	NA	NA			
20	人均二氧化碳排放量			逆	NA	NA	NA	NA	NA			
21	单位土地面积二氧化硫排放量	吨/平方公里	全市	逆	10.514	6.233	4.741	13	8	−5	环境年报2011；城市	☹

序号	指标名称	单 位	口 径	指标属性	2011年测评均值	2011年克拉玛依市数值	2010年克拉玛依市数值	2011年克拉玛依市排名	2010年克拉玛依市排名	排名变化	2011年数据来源	进退脸谱
22	人均二氧化硫排放量	吨/万人	全市	逆	225.184	1 278.650	1 177.804	38	38	0	环境年报2011；城市	
23	单位土地面积化学需氧量排放量	吨/平方公里	全市	逆	8.116	0.299	0.741	1	2	1	环境年报2011；城市	☺
24	人均化学需氧量排放量	吨/万人	全市	逆	114.136	61.263	184.067	7	35	28	环境年报2011；城市	☺
25	单位土地面积氮氧化物排放量	吨/平方公里	全市	逆	11.285	3.240	3.580	5	4	−1	环境年报2011；城市	☹
26	人均氮氧化物排放量	吨/万人	全市	逆	208.761	664.775	889.461	37	38	1	环境年报2011；城市	☺
27	单位土地面积氨氮排放量	吨/平方公里	全市	逆	1.387	0.019	0.067	1	1	0	环境年报2011；城市	
28	人均氨氮排放量	吨/万人	全市	逆	19.239	3.907	16.617	1	29	28	环境年报2011；城市	☺
29	空气质量达到二级以上天数占全年比重	%	市辖区	正	90.522	96.980	99.730	8	4	−4	环境保护部数据	☹
30	首要污染物可吸入颗粒物天数占全年比重	%	市辖区	逆	73.590	69.315	45.753	14	6	−8	环境保护部数据	☹
31	可吸入细颗粒物（PM2.5)浓度年均值		市辖区	逆	NA	NA	NA	NA	NA			
32	环境保护支出占财政支出比重	%	全市	正	2.146	3.371	4.905	2	4	−4	统计；城市	☹
33	工业污染治理投资额占地区生产总值比重	%	全市	正	0.078	0.337	0.337	2	2	0	区域经济；环境年报2011	
34	科教文卫支出占财政支出比重	%	全市	正	26.226	38.373	36.657	1	1	0	统计；区域经济；城市	
35	人均绿地面积	平方米	市辖区	正	676.995	37.700	59.000	38	10	−28	城市	☹
36	建成区绿化覆盖率	%	市辖区	正	40.342	42.910	42.900	10	10	0	城市建设	
37	用水普及率	%	市辖区	正	98.746	100.000	100.000	1	1	0	城市建设	
38	城市生活污水处理率	%	市辖区	正	87.741	92.160	92.120	15	12	−3	城市建设	☹
39	生活垃圾无害化处理率	%	市辖区	正	92.101	97.080	94.870	24	24	0	城市建设	
40	万人拥有公交车辆	辆	市辖区	正	16.178	11.770	7.970	27	35	8	城市	☺
41	工业二氧化硫去除率	%	全市	正	56.941	5.882	10.389	37	38	1	环境年报2011	☺
42	工业废水化学需氧量去除率	%	全市	正	85.401	86.651	81.659	23	21	−2	环境年报2011	☹
43	工业氮氧化物去除率	%	全市	正	6.658	0.000	0.000	27	31	4	环境年报2011	☺
44	工业废水氨氮去除率	%	全市	正	79.173	81.312	69.609	21	22	1	环境年报2011	☺

年鉴说明：区域经济——《中国区域经济统计年鉴 2012》；城市——《中国城市统计年鉴 2012》；统计——《中国统计年鉴 2012》；城市建设——《中国城市建设统计年鉴 2011》；环境年报 2011——《中国环境统计年报 2011》；环境年鉴——《中国环境统计年鉴 2012》；环保部数据——环境保护部数据中心。

附　录

附录一

省际绿色发展指数测算指标解释及数据来源

1. 人均地区生产总值

国内生产总值(GDP)是指按市场价格计算的一个国家(或地区)所有常住单位在一定时期内生产活动的最终成果。对于一个地区来说,称为地区生产总值或地区 GDP。计算公式为:

$$人均地区生产总值 = \frac{地区生产总值}{(上年年末总人口数 + 当年年末总人口数)/2}$$

资料来源:国家统计局,《中国统计年鉴 2011—2012》,北京,中国统计出版社,2011—2012。

2. 单位地区生产总值能耗

能源消费总量是指一定时期内全国(地区)各行业和居民生活消费的各种能源的核算能源消费总量指标。能源消费总量分为三部分,即终端能源消费量、能源加工转换损失量和损失量。

单位地区生产总值能耗是指一定时期内该地区能源消费总量与地区生产总值的比值,反映的是该地区每增加一单位地区生产总值所带来的能源使用的增加量。计算公式为:

$$单位地区生产总值能耗 = \frac{能源消费总量}{地区生产总值}$$

资料来源:国家统计局,《中国统计年鉴 2012》,北京,中国统计出版社,2012。

3. 非化石能源消费量占能源消费量的比重

非化石能源是指除煤炭、石油和天然气之外的其他能源。

非化石能源消费量占能源消费量的比重是指非化石能源消费量在能源消费总量中的百分比。计算公式为:

$$非化石能源消费量占能源消费量的比重 = \frac{非化石能源消费总量}{能源消费总量} \times 100\%$$

资料来源:无数列表。

4. 单位地区生产总值二氧化碳排放量

单位地区生产总值二氧化碳排放量是指一定时期内某地区二氧化碳排放量与地区生产总值的比值。计算公式为:

$$单位地区生产总值二氧化碳排放 = \frac{二氧化碳排放量}{地区生产总值}$$

资料来源:无数列表。

5. 单位地区生产总值二氧化硫排放量

二氧化硫排放量分为工业二氧化硫排放量和生活及其他二氧化硫排放量,其中工业二氧化硫排放量是指报告期内企业在燃料燃烧和生产工艺过程中排入大气的二氧化硫总量，计算公式为：

工业二氧化硫排放量＝燃料燃烧过程中二氧化硫排放量＋生产工艺过程中二氧化硫排放量

生活及其他二氧化硫排放量是以生活及其他煤炭消费量和其含硫量为基础，根据以下公式计算的：

生活及其他二氧化硫排放量＝生活及其他煤炭消费量×含硫量×0.8×2

单位地区生产总值二氧化硫排放量是指一定时期内某地区二氧化硫排放量与地区生产总值的比值。计算公式为：

$$单位地区生产总值二氧化硫排放量＝\frac{二氧化硫排放量}{地区生产总值}$$

资料来源：国家统计局，《中国统计年鉴2011—2012》，北京，中国统计出版社，2011—2012。

6. 单位地区生产总值化学需氧量排放量

化学需氧量（COD）是指用化学氧化剂氧化水中有机污染物时所需的氧量。COD值越高，表示水中有机污染物污染越重。化学需氧量排放量主要来自工业废水和生活污水。其中，生活污水中化学需氧量（COD）排放量是指城镇居民每年排放的生活污水中的COD的量。用人均系数法测算。测算公式为：

城镇生活污水中COD排放量＝城镇生活污水中COD产生系数×市镇非农业人口×365

单位地区生产总值化学需氧量排放量是指一定时期内该地区化学需氧量排放量与地区生产总值的比值。计算公式为：

$$单位地区生产总值化学需氧量排放量＝\frac{化学需氧量排放量}{地区生产总值}$$

资料来源：国家统计局，《中国统计年鉴2011—2012》，北京，中国统计出版社，2011—2012。

7. 单位地区生产总值氮氧化物排放量

单位地区生产总值氮氧化物排放量是指一定时期内该地区氮氧化物排放量与地区生产总值的比值。计算公式为：

$$单位地区生产总值氮氧化物排放量＝\frac{氮氧化物排放量}{地区生产总值}$$

资料来源：国家统计局，《中国统计年鉴2011—2012》，北京，中国统计出版社，2011—2012；环境保护部，《中国环境统计年报2011》，北京，中国环境科学出版社，2012。

8. 单位地区生产总值氨氮排放量

单位地区生产总值氨氮排放量是指一定时期内该地区氨氮排放量与地区生产总值的比值。计算公式为：

$$单位地区生产总值氨氮排放量＝\frac{氨氮排放量}{地区生产总值}$$

资料来源：国家统计局，《中国统计年鉴2011—2012》，北京，中国统计出版社，2011—2012；环境保护部，《中国环境统计年报2011》，北京，中国环境科学出版社，2012。

9. 人均城镇生活消费用电

计算公式为：

$$人均城镇生活消费用电＝\frac{城镇生活消费用电}{城市年平均人口}$$

资料来源：国家统计局，《中国城市统计年鉴2012》，北京，中国统计出版社，2013。

10. 第一产业劳动生产率

第一产业劳动生产率是指一定时期内第一产业增加值与第一产业年平均就业人员数的比值。计算公式为：

$$第一产业劳动生产率 = \frac{第一产业增加值}{(上年年末第一产业就业人员数 + 当年年末第一产业就业人员数)/2}$$

资料来源：国家统计局，《中国统计年鉴 2012》，北京，中国统计出版社，2012；国家统计局，《中国城市统计年鉴 2011—2012》，北京，中国统计出版社，2012—2013。

11. 土地产出率

土地产出率是指一定时期内该地区种植业产值与农作物播种面积的比值。计算公式为：

$$土地产出率 = \frac{农业总产值}{农作物播种面积}$$

资料来源：国家统计局，《中国统计年鉴 2012》，北京，中国统计出版社，2012。

12. 节水灌溉面积占有效灌溉面积的比重

有效灌溉面积指具有一定的水源，地块比较平整，灌溉工程或设备已经配套，在一般年景下，当年能够进行正常灌溉的耕地面积。在一般情况下，有效灌溉面积应等于灌溉工程或设备已经配备，能够进行正常灌溉的水田和水浇地面积之和。它是反映我国耕地抗旱能力的一个重要指标。

节水灌溉面积占有效灌溉面积的比重计算公式为：

$$节水灌溉面积占有效灌溉面积的比重 = \frac{节水灌溉面积}{有效灌溉面积} \times 100\%$$

资料来源：国家统计局，《中国统计年鉴 2012》，北京，中国统计出版社，2012；水利部，《中国水利统计年鉴 2012》，北京，中国水利水电出版社，2012。

13. 有效灌溉面积占耕地面积比重

有效灌溉面积指具有一定的水源，地块比较平整，灌溉工程或设备已经配套，在一般年景下，当年能够进行正常灌溉的耕地面积。在一般情况下，有效灌溉面积应等于灌溉工程或设备已经配备，能够进行正常灌溉的水田和水浇地面积之和。它是反映我国耕地抗旱能力的一个重要指标。

耕地面积指经过开垦用以种植农作物并经常进行耕耘的土地面积。包括种有作物的土地面积、休闲地、新开荒地和抛荒未满三年的土地面积。

资料来源：国家统计局《中国统计年鉴 2012》，北京，中国统计出版社，2012。

14. 第二产业劳动生产率

第二产业劳动生产率是指一定时期内第二产业增加值与第二产业年平均就业人员数的比值。计算公式为：

$$第二产业劳动生产率 = \frac{第二产业增加值}{(上年年末第二产业就业人员数 + 当年年末第二产业就业人员数)/2}$$

资料来源：国家统计局，《中国城市统计年鉴 2011—2012》，北京，中国统计出版社，2012—2013。

15. 单位工业增加值水耗

工业增加值是指工业企业在报告期内以货币表现的工业生产活动的最终成果。

工业用水量是指工矿企业在生产过程中用于制造、加工、冷却、空调、净化、洗涤等方面的用水，按新水取用量计，不包括企业内部的重复利用水量。

单位工业增加值水耗是指一定时期内工业用水量与工业增加值的比值。计算公式为：

$$单位工业增加值水耗 = \frac{工业用水量}{工业增加值}$$

资料来源：国家统计局，《中国统计年鉴 2012》，北京，中国统计出版社，2012；国家统计局，《中国区域经济统计年鉴 2005—2012》，北京，中国统计出版社，2005—2012。

16. 规模以上单位工业增加值能耗

规模以上单位工业增加值能耗指的是规模以上工业企业能源使用量与规模以上工业增加值的比值。计算公式为：

$$规模以上单位工业增加值能耗 = \frac{规模以上工业企业能源使用量}{规模以上工业增加值}$$

资料来源：无数列表。

17. 工业固体废物综合利用率

工业固体废物综合利用率是指工业固体废物综合利用量占工业固体废物产生量（包括综合利用往年贮存量）的百分率。计算公式为：

$$工业固体废物综合利用率 = \frac{工业固体废物综合利用量}{工业固体废物产生量 + 综合利用往年贮存量} \times 100\%$$

其中，工业固体废物产生量是指报告期内企业在生产过程中产生的固体状、半固体状和高浓度液体状废弃物的总量，包括危险废物、冶炼废渣、粉煤灰、炉渣、煤矸石、尾矿、放射性废物和其他废物等；不包括矿山开采的剥离废石和掘进废石（煤矸石和呈酸性或碱性的废石除外）。酸性或碱性废石指采掘的废石其流经水、雨淋水的 pH 值小于 4 或 pH 值大于 10.5 者。工业固体废物综合利用量是指报告期内企业通过回收、加工、循环、交换等方式，从固体废物中提取或者使其转化为可以利用的资源、能源和其他原材料的固体废物量（包括当年利用往年的工业固体废物贮存量），如用作农业肥料、生产建筑材料、筑路等。综合利用量由原产生固体废物的单位统计。

资料来源：国家统计局、环境保护部，《中国环境统计年鉴 2012》，北京，中国统计出版社，2013。

18. 工业用水重复利用率

工业用水重复利用率是指在一定时期内，生产过程中使用的重复利用水量与总用水量之比。计算公式为：

$$工业用水重复利用率 = \frac{重复利用水量}{生产中取用的新水量 + 重复利用水量} \times 100\%$$

资料来源：国家统计局、环境保护部，《中国环境统计年鉴 2012》，北京，中国统计出版社，2013。

19. 六大高载能行业产值占工业总产值比重

六大高载能行业产值占工业总产值比重是指规模以上工业中六大高载能行业产值占全部工业总产值的百分比。

工业总产值是指以货币形式表现的，工业企业在一定时期内生产的工业最终产品或提供工业性劳务活动的总价值量。它反映一定时间内工业生产的总规模和总水平。

六大高载能行业产值是指一定时期内石油加工、炼焦及核燃料加工业总产值，化学原料及化学制品制造业总产值，非金属矿物制品业总产值，黑色金属冶炼及压延加工业总产值，有色金属冶炼及压延加工业总产值，电力热力的生产和供应业总产值之和。

资料来源：国家统计局，《中国工业经济统计年鉴 2012》，北京，中国统计出版社，2012。

20. 第三产业劳动生产率

第三产业劳动生产率是指一定时期内第三产业增加值与第三产业年平均就业人员数的比值。计算公式为：

$$第三产业劳动生产率 = \frac{第三产业增加值}{(上年年末第三产业就业人员数 + 当年年末第三产业就业人员数)/2}$$

资料来源：国家统计局，《中国城市统计年鉴 2011—2012》，北京，中国统计出版社，2012—2013。

21. 第三产业增加值比重

第三产业增加值比重是指报告期内第三产业增加值占地区生产总值的百分比。计算公式为：

第三产业增加值比重 = 第三产业增加值/地区生产总值×100%

资料来源：国家统计局，《中国统计年鉴 2012》，北京，中国统计出版社，2012。

22. 第三产业就业人员比重

第三产业就业人员比重是指报告期内第三产业就业人员占全部产业就业人员的百分比。计算公式为：

$$第三产业就业人员比重 = \frac{第三产业就业人员}{全部产业就业人员}×100\%$$

资料来源：国家统计局，《中国城市统计年鉴 2012》，北京，中国统计出版社，2013。

23. 人均水资源量

水资源总量是指评价区内降水形成的地表和地下产水总量，即地表产流量与降水入渗补给地下水量之和，不包括过境水量。

人均水资源量是指一定时期内一个地区个人平均拥有的地表和地下产水总量。计算公式为：

人均水资源量 = 该地区的水资源总量/该地区总人数

资料来源：国家统计局，《中国统计年鉴 2012》，北京，中国统计出版社，2012。

24. 人均森林面积

森林面积是指由乔木树种构成，郁闭度 0.2 以上（含 0.2）的林地或冠幅宽度 10 米以上的林带的面积，即有林地面积。森林面积包括天然起源和人工起源的针叶林面积、阔叶林面积、针阔混交林面积和竹林面积，不包括灌木林地面积和疏林地面积。

人均森林面积是指一定时期内一个地区个人平均拥有的有林地面积。计算公式为：

人均森林面积 = 该地区森林面积/该地区总人数

资料来源：国家统计局，《中国统计年鉴 2012》，北京，中国统计出版社，2012。

25. 森林覆盖率

森林覆盖率指一个国家或地区森林面积占土地面积的百分比。在计算森林覆盖率时，森林面积包括郁闭度 0.20 以上的乔木林地面积和竹林地面积、国家特别规定的灌木林地面积、农田林网以及四旁（村旁、路旁、水旁、宅旁）林木的覆盖面积。森林覆盖率表明一个国家或地区森林资源的丰富程度和生态平衡状况，是反映林业生产发展水平的主要指标。

$$森林覆盖率 = \frac{森林面积}{土地总面积}×100\% + \frac{灌木林地面积}{土地总面积}×100\% + \frac{林网树占地面积}{土地总面积}×100\% + \frac{四旁树占地面积}{土地总面积}×100\%$$

资料来源：国家统计局，《中国统计年鉴 2012》，北京，中国统计出版社，2012。

26. 自然保护区面积占辖区面积比重

自然保护区是指对有代表性的自然生态系统、珍稀濒危野生动植物物种的天然分布区、水源涵养区、有特殊意义的自然历史遗迹等保护对象所在的陆地、陆地水体或海域，依法划出一定面积进行特殊保护和管理的区域。以县及县以上各级人民政府正式批准建立的自然保护区为准(包括"六五"以前由部门或"革委会"批准且现仍存在的自然保护区)。风景名胜区、文物保护区不计在内。

自然保护区面积占辖区面积比重的计算公式为：

$$自然保护区面积占辖区面积比重 = \frac{自然保护区面积}{辖区面积} \times 100\%$$

资料来源：国家统计局，《中国统计年鉴 2012》，北京，中国统计出版社，2012。

27. 湿地面积占国土面积的比重

湿地：指天然或人工、长久或暂时性的沼泽地、泥炭地或水域地带，包括静止或流动、淡水、半咸水、咸水体，低潮时水深不超过 6 米的水域以及海岸地带地区的珊瑚滩和海草床、滩涂、红树林、河口、河流、淡水沼泽、沼泽森林、湖泊、盐沼及盐湖。计算公式为：

$$湿地面积占国土面积比重 = \frac{湿地面积}{国土面积} \times 100\%$$

资料来源：国家统计局，《中国统计年鉴 2012》，北京，中国统计出版社，2012。

28. 人均活立木总蓄积量

活立木总蓄积量指一定范围内土地上全部树木蓄积的总量，包括森林蓄积、疏林蓄积、散生木蓄积和四旁树蓄积。计算公式为：

$$人均活立木总蓄积量 = \frac{活立木总蓄积量}{年末总人口}$$

资料来源：国家统计局，《中国统计年鉴 2012》，北京，中国统计出版社，2012。

29. 单位土地面积二氧化碳排放量

土地调查面积是指行政区域内的土地调查总面积，包括农用地、建设用地和未利用地。

单位土地面积二氧化碳排放量的计算公式为：

$$单位土地面积二氧化碳排放量 = \frac{二氧化碳排放量}{土地调查面积}$$

资料来源：无数列表。

30. 人均二氧化碳排放量

人均二氧化碳排放量的计算公式为：

$$人均二氧化碳排放量 = \frac{当年二氧化碳排放量}{年平均人口}$$

资料来源：无数列表。

31. 单位土地面积二氧化硫排放量

单位土地面积二氧化硫排放量的计算公式为：

$$单位土地面积二氧化硫排放量 = \frac{二氧化硫排放量}{土地调查面积 - 沙漠及戈壁总面积}$$

资料来源：国家统计局，《中国统计年鉴 2012》，北京，中国统计出版社，2012；吴正，《中国沙漠及其治理》，北京，科学出版社，2009。

32. 人均二氧化硫排放量

人均二氧化硫排放量的计算公式为：

$$人均二氧化硫排放量 = \frac{当年二化硫排放量}{(上年年末总人口数 + 当年年末总人口数)/2}$$

资料来源：国家统计局，《中国统计年鉴 2011—2012》，北京，中国统计出版社，2011—2012。

33. 单位土地面积化学需氧量排放量

单位土地面积化学需氧量排放量的计算公式为：

$$单位土地面积化学需氧量排放量 = \frac{化学需氧量排放量}{土地调查面积 - 沙漠及戈壁总面积}$$

资料来源：国家统计局，《中国统计年鉴2012》，北京，中国统计出版社，2012；吴正，《中国沙漠及其治理》，北京，科学出版社，2009。

34. 人均化学需氧量排放量

人均化学需氧量排放量的计算公式为：

$$人均化学需氧量排放量 = \frac{当年化学需氧量排放量}{(上年年末总人口数 + 当年年末总人口数)/2}$$

资料来源：国家统计局，《中国统计年鉴2011—2012》，北京，中国统计出版社，2011—2012。

35. 单位土地面积氮氧化物排放量

单位土地面积氮氧化物排放量的计算公式为：

$$单位土地面积氮氧化物排放量 = \frac{氮氧化物排放量}{土地调查面积 - 沙漠及戈壁总面积}$$

资料来源：环境保护部，《中国环境统计年报2011》，北京，中国环境科学出版社，2012；国家统计局，《中国统计年鉴2012》，北京，中国统计出版社，2012；吴正，《中国沙漠及其治理》，北京，科学出版社，2009。

36. 人均氮氧化物排放量

人均氮氧化物排放量的计算公式为：

$$人均氮氧化物排放量 = \frac{当年氮氧化物排放量}{(上年年末总人口数 + 当年年末总人口数)/2}$$

资料来源：环境保护部，《中国环境统计年报2011》，北京，中国环境科学出版社，2012；国家统计局，《中国统计年鉴2011—2012》，北京，中国统计出版社，2011—2012。

37. 单位土地面积氨氮排放量

单位土地面积氨氮排放量的计算公式为：

$$单位土地面积氨氮排放量 = \frac{氨氮排放量}{土地调查面积 - 沙漠及戈壁总面积}$$

资料来源：环境保护部，《中国环境统计年报2011》，北京，中国环境科学出版社，2012；国家统计局，《中国统计年鉴2012》，北京，中国统计出版社，2012；吴正，《中国沙漠及其治理》，北京，科学出版社，2009。

38. 人均氨氮排放量

人均氨氮排放量的计算公式为：

$$人均氨氮排放量 = \frac{当年氨氮排放量}{(上年年末总人口数 + 当年年末总人口数)/2}$$

资料来源：环境保护部，《中国环境统计年报2011》，北京，中国环境科学出版社，2012；国家统计局，《中国统计年鉴2011—2012》，北京，中国统计出版社，2011—2012。

39. 单位耕地面积化肥施用量

农用化肥施用量指本年内实际用于农业生产的化肥数量，包括氮肥、磷肥、钾肥和复合肥。化肥施用量要求按折纯量计算数量。折纯量是指把氮肥、磷肥、钾肥分别按含氮、含五氧化二磷、含氧化钾的百分之百成分进行折算后的数量。复合肥按其所含主要成分折算。计算公式为：

折纯量 = 实物量 × 某种化肥有效成分含量的百分比

耕地面积指经过开垦用以种植农作物并经常进行耕耘的土地面积。包括种有作物的土地面积、休闲地、新开荒地和抛荒未满三年的土地面积。单位耕地面积化肥施用量的计算公式为：

$$单位耕地面积化肥施用量 = \frac{化肥施用量}{耕地面积}$$

资料来源：国家统计局，《中国统计年鉴 2012》，北京，中国统计出版社，2012。

40. 单位耕地面积农药使用量

单位耕地面积农药使用量是指在一定时期内单位耕地面积上的农药使用量。计算公式为：

$$单位耕地面积农药使用量 = \frac{农药使用量}{耕地面积}$$

资料来源：国家统计局、环境保护部，《中国环境统计年鉴 2012》，北京，中国统计出版社，2013；国家统计局，《中国统计年鉴 2012》，北京，中国统计出版社，2012。

41. 人均公路交通氮氧化物排放量

计算公式为：

$$人均公路交通氮氧化物排放量 = \frac{公路机动车氮氧化物排放量}{(上年年末总人口数 + 当年年末总人口数)/2}$$

资料来源：国家统计局，《中国统计年鉴 2011—2012》，北京，中国统计出版社，2011—2012；环境保护部，《中国环境统计年报 2011》，北京，中国环境科学出版社，2012。

42. 环境保护支出占财政支出比重

环境保护支出是指政府环境保护支出，包括环境保护管理事务支出、环境监测与监察支出、污染治理支出、自然生态保护支出、天然林保护工程支出、退耕还林支出、风沙荒漠治理支出、退牧还草支出、已垦草原退耕还草、能源节约利用、污染减排、可再生能源和资源综合利用等支出。环境保护支出占财政支出比重是指环境保护支出占财政支出的百分比。计算公式为：

环境保护支出占财政支出比重 = 环境保护支出/财政支出 × 100%

资料来源：国家统计局，《中国统计年鉴 2012》，北京，中国统计出版社，2012。

43. 环境污染治理投资占地区生产总值比重

环境污染治理投资是指在工业污染源治理和城市环境基础设施建设的资金投入中，用于形成固定资产的资金。包括工业污染源治理投资和"三同时"项目环保投资，以及城市环境基础设施建设所投入的资金。

环境污染治理投资占地区生产总值比重是指环境污染治理投资与地区生产总值的比值。计算公式为：

环境污染治理投资占地区生产总值比重 = 环境污染治理投资/地区生产总值 × 100%

资料来源：国家统计局、环境保护部，《中国环境统计年鉴 2012》，北京，中国统计出版社，2013；国家统计局，《中国统计年鉴 2012》，北京，中国统计出版社，2012。

44. 农村人均改水、改厕的政府投资

农村人口是指居住和生活在县城（不含）以下的乡镇、村的人口。

计算公式为：

$$农村人均改水、改厕的政府投资 = \frac{农村改水投资 + 农村改厕投资}{(上年年末乡村总人口数 + 当年年末乡村总人口数)/2}$$

资料来源：国家统计局、环境保护部，《中国环境统计年鉴 2012》，北京，中国统计出版社，2013。

45. 单位耕地面积退耕还林投资完成额

单位耕地面积退耕还林投资完成额的计算公式为：

$$单位耕地面积退耕还林投资完成额 = \frac{林业投资完成额}{耕地面积}$$

资料来源：国家统计局、环境保护部，《中国环境统计年鉴2012》，北京，中国统计出版社，2013；国家统计局，《中国统计年鉴2012》，北京，中国统计出版社，2012。

46. 科教文卫支出占财政支出比重

科学技术支出是指用于科学技术方面的支出，包括科学技术管理事务、基础研究、应用研究、技术研究与开发、科技条件与服务、社会科学、科学技术普及、科技交流与合作等。

教育支出是指政府教育事务支出，包括教育行政管理、学前教育、小学教育、初中教育、普通高中教育、普通高等教育、初等职业教育、中专教育、技校教育、职业高中教育、高等职业教育、广播电视教育、留学生教育、特殊教育、干部继续教育、教育机关服务等。

文化体育与传媒支出是指政府在文化、文物、体育、广播影视、新闻出版等方面的支出。

医疗卫生支出是指政府医疗卫生方面的支出，包括医疗卫生管理事务支出、医疗服务支出、医疗保障支出、疾病预防控制支出、卫生监督支出、妇幼保健支出、农村卫生支出等。

科教文卫支出占财政支出比重的计算公式为：

$$科教文卫支出占财政支出比重 = \frac{(科学技术支出+教育支出+文化体育与传媒支出+医疗卫生支出)}{地方财政一般预算内支出} \times 100\%$$

资料来源：国家统计局，《中国统计年鉴2012》，北京，中国统计出版社，2012。

47. 城市人均绿地面积

绿地面积是指报告期末用作绿化的各种绿地面积。包括公园绿地、单位附属绿地、居住区绿地、生产绿地、防护绿地和风景林地的总面积。计算公式为：

$$人均绿地面积 = \frac{城市绿地面积}{城市年平均人口}$$

资料来源：国家统计局，《中国统计年鉴2012》，北京，中国统计出版社，2012；国家统计局，《中国城市统计年鉴2012》，北京，中国统计出版社，2013。

48. 城市用水普及率

城市用水普及率是指城市用水人口数与城市人口总数的比率。计算公式为：

$$用水普及率 = \frac{城市用水人口数}{城市人口总数} \times 100\%$$

资料来源：国家统计局，《中国统计年鉴2012》，北京：中国统计出版社，2012。

49. 城市污水处理率

城市污水处理率是指城市污水处理量占城市污水排放量的比重。计算公式为：

$$城市污水处理率 = \frac{城市污水处理量}{城市污水排放量} \times 100\%$$

资料来源：国家统计局、环境保护部，《中国环境统计年鉴2012》，北京，中国统计出版社，2013。

50. 城市生活垃圾无害化处理率

城市生活垃圾无害化处理率是指报告期生活垃圾无害化处理量与生活垃圾产生量比率。在统计上，由于生活垃圾产生量不易取得，可用清运量代替。计算公式为：

$$生活垃圾无害化处理率 = \frac{生活垃圾无害化处理量}{生活垃圾产生量} \times 100\%$$

资料来源：国家统计局，《中国统计年鉴2012》，北京：中国统计出版社，2012。

51. 城市每万人拥有公交车辆

城市每万人拥有公交车辆是指报告期内城市每万人拥有的不同类型的运营车辆按统一的标准折算成的运营车辆数。计算公式为：

$$每万人拥有公共交通车辆 = \frac{公共交通运营车辆数}{城市人口总数}$$

资料来源：国家统计局，《中国城市统计年鉴 2012》，北京：中国统计出版社，2013。

52. 人均城市公共交通运营线路网长度

人均城市公共交通运营线路网长度是指每人拥有的城市公共交通运营线路网长度。

人均城市公共交通运营线路网长度计算公式为：

$$人均城市公共交通运营线路网长度 = \frac{城市公共交通运营线路网长度}{城市年平均人口}$$

资料来源：国家统计局，《中国统计年鉴 2012》，北京：中国统计出版社，2012；国家统计局，《中国城市统计年鉴 2012》，北京，中国统计出版社，2013。

53. 农村累计已改水受益人口占农村总人口比重

累计已改水受益人口指各种改水形式的受益人口。农村人口指居住和生活在县城（不含）以下的乡镇、村的人口。

$$农村累计已改水受益人口占农村总人口比重 = \frac{农村累计已改水受益人口}{农村总人口}$$

资料来源：国家统计局、环境保护部，《中国环境统计年鉴 2012》，北京，中国统计出版社，2013。

54. 建成区绿化覆盖率

建成区绿化覆盖率是指城市建成区绿地面积占建成区面积的百分比。

建成区绿地面积是指报告期末建成区用作园林和绿化的各种绿地面积，包括公园绿地、生产绿地、防护绿地、附属绿地和其他绿地的面积。

资料来源：国家统计局，《中国统计年鉴 2012》，北京：中国统计出版社，2012。

55. 人均当年新增造林面积

造林是指在宜林荒山荒地、宜林沙荒地、无立木林地、疏林地和退耕地等其他宜林地上通过人工措施形成或恢复森林、林木、灌木林的过程。人均造林面积计算公式为：

$$人均当年新增造林面积 = \frac{当年造林总面积}{(上年年末总人口数 + 当年年末总人口数)/2}$$

资料来源：国家统计局，《中国统计年鉴 2011—2012》，北京，中国统计出版社，2011—2012。

56. 工业二氧化硫去除率

工业二氧化硫排放量是指报告期内企业在燃料燃烧和生产工艺过程中排入大气的二氧化硫总量。工业二氧化硫去除量是指燃料燃烧和生产工艺废气经过各种废气治理设施处理后，去除的二氧化硫量。

工业二氧化硫去除率是指工业二氧化硫去除量占工业二氧化硫排放量和工业二氧化硫去除量总和的比重。计算公式为：

$$工业二氧化硫去除率 = \frac{工业二氧化硫去除量}{(工业二氧化碳去除量 + 工业二氧化硫排放量)} \times 100\%$$

资料来源：国家统计局、环境保护部，《中国环境统计年报 2011》，北京，中国统计出版社，2012；国家统计局、环境保护部，《中国环境统计年鉴 2012》，北京，中国统计出版社，2013。

57. 工业废水化学需氧量去除率

工业废水化学需氧量去除率是指工业废水化学需氧量去除量占工业废水化学需氧量排放量和工业废水化学需氧量去除量总和的比重。计算公式为：

$$\text{工业废水化学需氧量去除率} = \frac{\text{工业废水化学需氧量去除量}}{(\text{工业废水化学需氧量去除量}+\text{工业废水化学需氧量排放量})} \times 100\%$$

资料来源：国家统计局、环境保护部，《中国环境统计年报 2011》，北京，中国统计出版社，2012；国家统计局、环境保护部，《中国环境统计年鉴 2012》，北京，中国统计出版社，2013。

58. 工业氮氧化物去除率

工业氮氧化物排放量是指工业生产过程中排入大气的氮氧化物量。工业氮氧化物去除量是指工业生产过程中的废气经过各种废气治理设施处理后，去除的氮氧化物量。

工业氮氧化物去除率是指工业氮氧化物去除量占工业氮氧化物排放量和工业氮氧化物去除量总和的比重。计算公式为：

$$\text{工业氮氧化物去除率} = \frac{\text{工业氮氧化物去除量}}{(\text{工业氮氧化物去除量}+\text{工业氮氧化物排放量})} \times 100\%$$

资料来源：国家统计局、环境保护部，《中国环境统计年报 2011》，北京，中国统计出版社，2012。

59. 工业废水氨氮去除率

工业废水氨氮去除率是指工业废水氨氮去除量占工业废水氨氮排放量和工业废水氨氮去除量总和的比重。计算公式为：

$$\text{工业废水氨氮去除率} = \frac{\text{工业废水氨氮去除量}}{(\text{工业废水氨氮去除量}+\text{工业废水氨氮排放量})} \times 100\%$$

资料来源：国家统计局、环境保护部，《中国环境统计年报 2011》，北京，中国统计出版社，2012；国家统计局、环境保护部，《中国环境统计年鉴 2012》，北京，中国统计出版社，2013。

60. 突发环境事件次数

环境突发事件指由于违反环境保护法规的经济、社会活动与行为，以及意外因素的影响或不可抗拒的自然灾害等原因，致使环境受到污染，国家重点保护的野生动植物、自然保护区受到破坏，人体健康受到危害，社会经济和人民财产受到损失，造成不良社会影响的突发性事件。

资料来源：国家统计局，《中国统计年鉴 2012》，北京：中国统计出版社，2012。

附录二

城市绿色发展指数测算指标解释及数据来源

1. 人均地区生产总值

国内生产总值（GDP）是指按市场价格计算的一个国家（或地区）所有常住单位在一定时期内生产活动的最终成果。对于一个地区来说，称为地区生产总值或地区 GDP。计算公式为：

$$人均地区生产总值 = \frac{地区生产总值}{年平均人口}$$

资料来源：国家统计局，《中国区域经济统计年鉴 2012》，北京，中国统计出版社，2012。

2. 单位地区生产总值能耗

能源消费总量是指一定时期内一个国家或地区各行业和居民生活消费的各种能源的总和。单位地区生产总值能耗是指一定时期内该地区每生产一个单位的地区生产总值所消耗的能源。计算公式为：

$$单位地区生产总值能耗 = \frac{能源消费总量}{地区生产总值}$$

资料来源：国家统计局，《中国区域经济统计年鉴 2012》，北京，中国统计出版社，2012；国家统计局，《中国城市统计年鉴 2012》，北京，中国统计出版社，2012。

3. 人均城镇生活消费用电

人均城镇生活消费用电是指一定时期内某地区城镇居民生活消费用电量与年平均人口的比值。计算公式为：

$$人均城镇生活消费用电 = \frac{城镇生活消费用电量}{年平均人口}$$

资料来源：国家统计局，《中国城市统计年鉴 2012》，北京，中国统计出版社，2012。

4. 单位地区生产总值二氧化碳排放量

单位地区生产总值二氧化碳排放量是指一定时期内某地区二氧化碳排放量与地区生产总值的比值。计算公式为：

$$单位地区生产总值二氧化碳排放量 = \frac{二氧化碳排放量}{地区生产总值}$$

资料来源：无数列表。

5. 单位地区生产总值二氧化硫排放量

二氧化硫排放量分为工业二氧化硫排放量和生活二氧化硫排放量，其中工业二氧化硫排放量是指报告期内企业在燃料燃烧和生产工艺过程中排入大气的二氧化硫总量，计算公式为：

工业二氧化硫排放量＝燃料燃烧过程中二氧化硫排放量＋生产工艺过程中二氧化硫排放量

生活及其他二氧化硫排放量是以生活及其他煤炭消费量和其含硫量为基础，根据以下公式计算的：

生活及其他排放量＝生活及其他煤炭消费量×含硫量×0.8×2

单位地区生产总值二氧化硫排放量是指一定时期内某地区二氧化硫排放量与地区生产总值的比值。计算公式为：

$$单位地区生产总值二氧化硫排放量＝\frac{二氧化硫排放量}{地区生产总值}$$

资料来源：国家统计局，《中国区域经济统计年鉴2012》，北京，中国统计出版社，2012；环境保护部，《中国环境统计年报2011》，北京，中国环境科学出版社，2012。

6. 单位地区生产总值化学需氧量排放量

化学需氧量（COD）是指用化学氧化剂氧化水中有机污染物时所需的氧量。COD值越高，表示水中有机污染物污染越重。化学需氧量排放量主要来自工业废水和生活污水。其中，生活污水中化学需氧量（COD）排放量是指城镇居民每年排放的生活污水中的COD的量。用人均系数法测算。测算公式为：

城镇生活污水中COD排放量＝城镇生活污水中COD产生系数×市镇非农业人口×365

单位地区生产总值化学需氧量排放量是指一定时期内该地区化学需氧量排放量与地区生产总值的比值。

$$单位地区生产总值化学需氧量排放量＝\frac{化学需氧量排放量}{地区生产总值}$$

资料来源：国家统计局，《中国区域经济统计年鉴2012》，北京，中国统计出版社，2012；环境保护部，《中国环境统计年报2011》，北京，中国环境科学出版社，2012。

7. 单位地区生产总值氮氧化物排放量

氮氧化物排放量是指报告期内排入大气的氮氧化物量。

单位地区生产总值氮氧化物排放量是指一定时期内该地区氮氧化物排放量与地区生产总值的比值。计算公式为：

$$单位地区生产总值氮氧化物排放量＝\frac{氮氧化物排放量}{地区生产总值}$$

资料来源：国家统计局，《中国区域经济统计年鉴2012》，北京，中国统计出版社，2012；环境保护部，《中国环境统计年报2011》，北京，中国环境科学出版社，2012。

8. 单位地区生产总值氨氮排放量

氨氮排放量是指报告期内企业排出的工业废水和城镇生活污水中所含氨氮的纯重量。

单位地区生产总值氨氮排放量是指一定时期内该地区氨氮排放量与地区生产总值的比值。计算公式为：

$$单位地区生产总值氨氮排放量＝\frac{氨氮排放量}{地区生产总值}$$

资料来源：国家统计局，《中国区域经济统计年鉴2012》，北京，中国统计出版社，2013；环境保护部，《中国环境统计年报2011》，北京，中国环境科学出版社，2012。

9. 第一产业劳动生产率

第一产业劳动生产率是指一定时期内第一产业增加值与第一产业年平均就业人员数的比值。

计算公式为：

$$第一产业劳动生产率=\frac{第一产业增加值}{(上年年末第一产业就业人员数+当年年末第一产业就业人员数)/2}$$

资料来源：国家统计局，《中国城市统计年鉴 2012》，北京，中国统计出版社，2012；国家统计局，《中国城市统计年鉴 2011》，北京，中国统计出版社，2011；国家统计局，《中国区域经济统计年鉴 2012》，北京，中国统计出版社，2012。

10. 第二产业劳动生产率

第二产业劳动生产率是指一定时期内第二产业增加值与第二产业年平均就业人员数的比值。计算公式为：

$$第二产业劳动生产率=\frac{第二产业增加值}{(上年年末第二产业就业人员数+当年年末第二产业就业人员数)/2}$$

资料来源：国家统计局，《中国城市统计年鉴 2012》，北京，中国统计出版社，2012；国家统计局，《中国城市统计年鉴 2011》，北京，中国统计出版社，2011；国家统计局，《中国区域经济统计年鉴 2012》，北京，中国统计出版社，2012。

11. 单位工业增加值水耗

单位工业增加值水耗是指一定时期内，一个国家或地区每生产一个单位的工业增加值所消耗的水量。其中，工业增加值是指工业企业在报告期内以货币表现的工业生产活动的最终成果。工业用水量是指报告期内企业厂区内用于生产和生活的水量，它等于新鲜用水量与重复用水量之和。计算公式为：

$$单位工业增加值水耗=\frac{工业用水量}{工业增加值}$$

资料来源：国家统计局，《中国区域经济统计年鉴 2012》，北京，中国统计出版社，2012；环境保护部，《中国环境统计年报 2011》，北京，中国环境科学出版社，2012。

12. 单位工业增加值能耗

单位工业增加值能耗是指一定时期内，一个国家或地区每生产一个单位的工业增加值所消耗的能源。计算公式为：

$$单位工业增加值能耗=\frac{工业能源消费量}{工业增加值}$$

资料来源：国家统计局，《中国区域经济统计年鉴 2012》，北京，中国统计出版社，2012；国家统计局，《中国统计年鉴 2012》，北京，中国统计出版社，2012。

13. 工业固体废物综合利用率

工业固体废物综合利用率是指工业固体废物综合利用量占工业固体废物产生量(包括综合利用往年贮存量)的百分率。计算公式为：

$$工业固体废物利用率=\frac{工业固体废物综合利用量}{工业固体废物产生量+综合利用往年贮存量}\times100\%$$

其中，工业固体废物产生量是指报告期内企业在生产过程中产生的固体状、半固体状和高浓度液体状废弃物的总量，包括危险废物、冶炼废渣、粉煤灰、炉渣、煤矸石、尾矿、放射性废物和其他废物等；不包括矿山开采的剥离废石和掘进废石(煤矸石和呈酸性或碱性的废石除外)。酸性或碱性废石指采掘的废石其流经水、雨淋水的 pH 值小于 4 或 pH 值大于 10.5 者。工业固体废物综合利用量是指报告期内企业通过回收、加工、循环、交换等方式，从固体废物中提取或者使其转化为可以利用的资源、能源和其他原材料的固体废物量(包括当年利用往年的工业固体废物贮存量），如用作农业肥料、生产建筑材料、筑路等。综合利用量由原产生固体废物的单位统计。

资料来源：环境保护部，《中国环境统计年报 2011》，北京，中国环境科学出版社，2012。

14. 工业用水重复利用率

工业用水量指报告期内企业厂区内用于生产和生活的水量，它等于新鲜用水量与重复用水量之和。其中，新鲜用水量指报告期内企业厂区用于生产和生活的新鲜水量（生活用水单独计量且生活污水不与生活废水混排的除外），它等于企业从城市自来水取用的水量和企业自备水用量之和。重复用水量指报告期内企业用水中重复再利用的水量，包括循环使用、一水多用和窜级使用的水量（含经处理后回用量）。

工业用水重复利用率是指在一定时期内，生产过程中使用的重复用水量与工业用水量之比。计算公式为：

$$工业用水重复利用率 = \frac{重复用水量}{新鲜用水量 + 重复用水量} \times 100\%$$

资料来源：环境保护部，《中国环境统计年报 2011》，北京，中国环境科学出版社，2012。

15. 第三产业劳动生产率

第三产业劳动生产率是指一定时期内某地区第三产业增加值与第三产业年平均就业人员数的比值。计算公式为：

$$第三产业劳动生产率 = \frac{第三产业增加值}{(上年年末第三产业就业人员数 + 当年年末第三产业就业人员数)/2}$$

资料来源：国家统计局，《中国城市统计年鉴 2012》，北京，中国统计出版社，2012；国家统计局，《中国城市统计年鉴 2011》，北京，中国统计出版社，2011；国家统计局，《中国区域经济统计年鉴 2012》，北京，中国统计出版社，2012。

16. 第三产业增加值比重

第三产业增加值比重是指报告期内某地区第三产业增加值占地区生产总值的比重。

资料来源：国家统计局，《中国城市统计年鉴 2012》，北京，中国统计出版社，2012。

17. 第三产业就业人员比重

第三产业就业人员比重是指报告期内第三产业就业人员占全部产业就业人员的百分比。

资料来源：国家统计局，《中国城市统计年鉴 2012》，北京，中国统计出版社，2012；国家统计局，《中国城市统计年鉴 2011》，北京，中国统计出版社，2011。

18. 人均水资源量

人均当地水资源量是指一定时期内一个地区个人平均拥有的水资源总量。其中，一定区域的水资源总量是指当地降水形成的地表和地下产水量，即地表径流量与降水入渗补给量之和，不包括过境水量。

资料来源：环境保护部，《中国环境统计年报 2011》，北京，中国环境科学出版社，2012；国家统计局，《中国城市统计年鉴 2012》，北京，中国统计出版社，2012。

19. 单位土地面积二氧化碳排放量

单位土地面积二氧化碳排放量的计算公式为：

$$单位土地面积二氧化碳排放量 = \frac{二氧化碳排放量}{行政区域土地面积}$$

资料来源：无数列表。

20. 人均二氧化碳排放量

人均二氧化碳排放量的计算公式为：

$$人均二氧化碳排放量 = \frac{二氧化碳排放量}{年平均人口}$$

资料来源：无数列表。

21. 单位土地面积二氧化硫排放量

行政区域土地面积是指该行政区划内的全部土地面积（包括水面面积）。计算土地面积是以行政区划分为准。

单位土地面积二氧化硫排放量的计算公式为：

$$单位土地面积二氧化硫排放量 = \frac{二氧化硫排放量}{行政区域土地面积}$$

资料来源：环境保护部，《中国环境统计年报2011》，北京，中国环境科学出版社，2012；国家统计局，《中国城市统计年鉴2012》，北京，中国统计出版社，2012。

22. 人均二氧化硫排放量

人均二氧化硫排放量的计算公式为：

$$人均二氧化硫排放量 = \frac{二氧化硫排放量}{年平均人口}$$

资料来源：环境保护部，《中国环境统计年报2011》，北京，中国环境科学出版社，2012；国家统计局，《中国城市统计年鉴2012》，北京，中国统计出版社，2012。

23. 单位土地面积化学需氧量排放量

单位土地面积化学需氧量排放量的计算公式为：

$$单位土地面积化学需氧量排放量 = \frac{化学需氧量排放量}{行政区域土地面积}$$

资料来源：环境保护部，《中国环境统计年报2011》，北京，中国环境科学出版社，2012；国家统计局，《中国城市统计年鉴2012》，北京，中国统计出版社，2012。

24. 人均化学需氧量排放量

人均化学需氧量排放量的计算公式为：

$$人均化学需氧量排放量 = \frac{化学需氧量排放量}{年平均人口}$$

资料来源：环境保护部，《中国环境统计年报2011》，北京，中国环境科学出版社，2012；国家统计局，《中国城市统计年鉴2012》，北京，中国统计出版社，2012。

25. 单位土地面积氮氧化物排放量

单位土地面积氮氧化物排放量的计算公式为：

$$单位土地面积氮氧化物排放量 = \frac{氮氧化物排放量}{行政区域土地面积}$$

资料来源：环境保护部，《中国环境统计年报2011》，北京，中国环境科学出版社，2012；国家统计局，《中国城市统计年鉴2012》，北京，中国统计出版社，2012。

26. 人均氮氧化物排放量

人均氮氧化物排放量的计算公式为：

$$人均氮氧化物排放量 = \frac{氮氧化物排放量}{年平均人口}$$

资料来源：环境保护部，《中国环境统计年报2011》，北京，中国环境科学出版社，2012；国家统计局，《中国城市统计年鉴2012》，北京，中国统计出版社，2012。

27. 单位土地面积氨氮排放量

单位土地面积氨氮排放量的计算公式为：

$$单位土地面积氨氮排放量 = \frac{氨氮排放量}{行政区域土地面积}$$

资料来源：环境保护部，《中国环境统计年报2011》，北京，中国环境科学出版社，2012；国家统计局，《中国城市统计年鉴2012》，北京，中国统计出版社，2012。

28. 人均氨氮排放量

人均氨氮排放量的计算公式为：

$$人均氨氮排放量 = \frac{氨氮排放量}{年平均人口}$$

资料来源：环境保护部，《中国环境统计年报2011》，北京，中国环境科学出版社，2012；国家统计局，《中国城市统计年鉴2012》，北京，中国统计出版社，2012。

29. 空气质量达到二级以上天数占全年比重

空气污染指数是根据环境空气质量标准和各项污染物对人体健康和生态环境的影响来确定污染指数的分级及相应的污染物浓度值。我国目前采用的空气污染指数（API）分为五个等级：API值小于等于50，说明空气质量为优，相当于国家空气质量一级标准，符合自然保护区、风景名胜区和其他需要特殊保护地区的空气质量要求；API值大于50且小于等于100，表明空气质量良好，相当于达到国家质量二级标准；API值大于100且小于等于200，表明空气质量为轻度污染，相当于国家空气质量三级标准；API值大于200表明空气质量差，称为中度污染，为国家空气质量四级标准；API大于300表明空气质量极差，已严重污染。

空气质量达到二级以上天数占全年比重是指该行政区域内空气污染指数达到二级以上天数与全年总天数的比值。

资料来源：环境保护部数据中心（http://datacenter.mep.gov.cn/）。

30. 首要污染物可吸入颗粒物天数占全年比重

首要污染物是指污染最重的污染物，目前在测的三大污染物为二氧化硫、二氧化氮和可吸入颗粒物。可吸入颗粒物是指粒径在0.1～100微米，不易在重力作用下沉降到地面，能在空气中长期飘浮的颗粒物。

首要污染物可吸入颗粒物天数占全年比例是指该行政区域内首要污染物为可吸入颗粒物的天数与全年总天数的比值。

资料来源：环境保护部数据中心（http://datacenter.mep.gov.cn/）。

31. 可吸入细颗粒物（PM2.5）浓度年均值

细颗粒物（PM2.5）是指环境空气中空气动力学当量直径小于等于2.5微米的颗粒物。

可吸入细颗粒物（PM2.5）浓度年均值指一个日历年内各日可吸入细颗粒物（PM2.5）浓度平均浓度的算术平均值。

资料来源：环境保护部、国家质量监督检验检疫总局，《中华人民共和国国家标准——环境空气质量标准》，北京，中国环境科学出版社，2012。

32. 环境保护支出占财政支出比重

环境保护支出是指政府环境保护支出，包括环境保护管理事务支出、环境监测与监察支出、污染治理支出、自然生态保护支出、天然林保护工程支出、退耕还林支出、风沙荒漠治理支出、退牧还草支出、已垦草原退耕还草、能源节约利用、污染减排、可再生能源和资源综合利用等支出。

环境保护支出占财政支出比重是指环境保护支出占财政支出的百分比。计算公式为：

$$环境保护支出占财政支出比重 = \frac{环境保护支出}{地方财政一般预算内支出} \times 100\%$$

资料来源：国家统计局，《中国城市统计年鉴2012》，北京，中国统计出版社，2012。

33. 工业环境污染治理投资占地区生产总值比重

工业环境污染治理投资是指报告期内用于治理工业废水、废气、固体废物、噪声及其他环境污染的投资完成额。工业环境污染治理投资占地区生产总值比重的计算公式为：

$$工业环境污染治理投资占地区生产总值比重 = \frac{工业环境污染治理投资完成额}{地区生产总值} \times 100\%$$

资料来源：环境保护部，《中国环境统计年报2010》，北京，中国环境科学出版社，2011；国家统计局，《中国区域经济统计年鉴2011》，北京，中国统计出版社，2012。

34. 科教文卫支出占财政支出比重

科学技术支出是指用于科学技术方面的支出，包括科学技术管理事务、基础研究、应用研究、技术研究与开发、科技条件与服务、社会科学、科学技术普及、科技交流与合作等。

教育支出是指政府教育事务支出，包括教育行政管理、学前教育、小学教育、初中教育、普通高中教育、普通高等教育、初等职业教育、中专教育、技校教育、职业高中教育、高等职业教育、广播电视教育、留学生教育、特殊教育、干部继续教育、教育机关服务等。

文化体育与传媒支出是指政府在文化、文物、体育、广播影视、新闻出版等方面的支出。

医疗卫生支出是指政府医疗卫生方面的支出，包括医疗卫生管理事务支出、医疗服务支出、医疗保障支出、疾病预防控制支出、卫生监督支出、妇幼保健支出、农村卫生支出等。

科教文卫支出占财政支出比重的计算公式为：

$$科教文卫支出占财政支出比重 = \frac{(科学技术支出+教育支出+文化体育与传媒指出+医疗卫生支出)}{地方财政一般预算内支出} \times 100\%$$

资料来源：国家统计局，《中国统计年鉴2012》，北京，中国统计出版社，2012；国家统计局，《中国区域经济统计年鉴2012》，北京，中国统计出版社，2012；国家统计局，《中国城市统计年鉴2012》，北京，中国统计出版社，2012。

35. 人均绿地面积

绿地面积是指报告期末用作绿化的各种绿地面积。包括公园绿地、单位附属绿地、居住区绿地、生产绿地、防护绿地和风景林地的总面积。计算公式为：

$$人均绿地面积 = \frac{绿地面积}{市辖区常住人口}$$

资料来源：国家统计局，《中国城市统计年鉴2012》，北京，中国统计出版社，2012。

36. 建成区绿化覆盖率

建成区绿化覆盖率指报告期末建成区内绿化覆盖面积与区域面积的比率。计算公式为：

$$建成区绿化覆盖率 = \frac{建成区绿化覆盖面积}{建成区面积} \times 100\%$$

资料来源：住房和城乡建设部，《中国城市建设统计年鉴2011》，北京，中国计划出版社，2012。

37. 用水普及率

城市用水普及率是指城市用水人口数与城市人口总数的比率。计算公式为：

$$用水普及率=\frac{城市用水人口数}{城市人口总数}\times100\%$$

资料来源：住房和城乡建设部，《中国城市建设统计年鉴2011》，北京，中国计划出版社，2012。

38. 城镇生活污水处理率

城市污水处理率是指报告期内城镇生活污水处理量占城镇生活污水产生量的百分率。计算公式为：

$$城镇生活污水处理率=\frac{城镇生活污水处理量}{城镇生活污水产生量}\times100\%$$

资料来源：住房和城乡建设部，《中国城市建设统计年鉴2011》，北京，中国计划出版社，2012。

39. 生活垃圾无害化处理率

生活垃圾无害化处理率是指报告期生活垃圾无害化处理量与生活垃圾产生量比率。在统计上，由于生活垃圾产生量不易取得，可用清运量代替。计算公式为：

$$生活垃圾无害化处理率=\frac{生活垃圾无害化处理量}{生活垃圾产生量}\times100\%$$

资料来源：住房和城乡建设部，《中国城市建设统计年鉴2011》，北京，中国计划出版社，2012。

40. 每万人拥有公共汽车

每万人拥有公共汽车是指报告期期末市辖区内每万人平均拥有的不同类型的公共交通运营车辆数。计算公式为：

$$每万人拥有公共汽车=\frac{公共交通运营车辆数}{市辖区常住人口数}$$

资料来源：国家统计局，《中国城市统计年鉴2012》，北京，中国统计出版社，2012。

41. 工业二氧化硫去除率

二氧化硫排放量是指报告期内企业在燃料燃烧和生产工艺过程中排入大气的二氧化硫总量。

二氧化硫去除量是指燃料燃烧和生产工艺废气经过各种废气治理设施处理后去除的二氧化硫总量。

工业二氧化硫去除率是指工业二氧化硫去除量占工业二氧化硫排放量和工业二氧化硫去除量总和的比重。计算公式为：

$$工业二氧化硫去除率=\frac{工业二氧化硫去除量}{(工业二氧化硫去除量＋工业二氧化硫排放量)}\times100\%$$

资料来源：环境保护部，《中国环境统计年报2011》，北京，中国环境科学出版社，2012。

42. 工业废水化学需氧量去除率

工业废水中化学需氧量去除量是指报告期内企业生产过程中排出的废水，经过各种水治理设施处理后，除去废水中所含化学需氧量的纯重量。

工业废水中化学需氧量排放量是指报告期内企业排出的工业废水中所含污染物本身的纯重量。

工业废水化学需氧量去除率是指工业废水中化学需氧量去除量占工业废水中化学需氧量排放量和工业废水中化学需氧量去除量总和的比重。计算公式为：

$$工业废水化学需氧量去除率=\frac{工业废中化学需氧量去除量}{(工业废水中化学需氧量去除量＋工业废水中化学需氧量排放量)}\times100\%$$

资料来源：环境保护部，《中国环境统计年报2011》，北京，中国环境科学出版社，2012。

43. 工业氮氧化物去除率

氮氧化物排放量是指报告期内企业排入大气的氮氧化物量。

氮氧化物去除量是指报告期内企业利用各种废气治理设施去除的氮氧化物量。

工业氮氧化物去除率是指工业氮氧化物去除量占工业氮氧化物排放量和工业氮氧化物去除量总和的比重。计算公式为：

$$工业氮氧化物去除率 = \frac{工业氮氧化物去除量}{(工业氮氧化物去除量 + 工业氮氧化物排放量)} \times 100\%$$

资料来源：环境保护部，《中国环境统计年报 2011》，北京，中国环境科学出版社，2012。

44. 工业废水氨氮去除率

工业废水中氨氮去除量是指报告期内企业生产过程中排出的废水，经过各种水治理设施处理后，除去废水中所含氨氮本身的纯重量。

工业废水中氨氮排放量是指报告期内企业排出的工业废水中所含氨氮本身的纯重量。

工业废水氨氮去除率是指工业废水氨氮去除量占工业废水氨氮排放量和工业废水氨氮去除量总和的比重。计算公式为：

$$工业氨氮去除率 = \frac{工业废水中氨氮去除量}{(工业废水中氨氮去除量 + 工业废水中氨氮排放量)} \times 100\%$$

资料来源：环境保护部，《中国环境统计年报 2011》，北京，中国环境科学出版社，2012。

参考文献

1. UNEP. Towards a Green Economy: Pathways to Sustainable Development and Poverty Eradication[R], 2011.

2. The World Bank, Development Research Center of the State Council, the People's Republic of China. China 2030: Building a Modern, Harmonious, and Creative High-income Society[R], 2012.

3. Beatley T. Green Urbanism: Learning from European Cities[M]. Island Press, 2000.

4. Hall B, Kerr M L. 1991—1992 Green Index: A State-by-state Guide to the Nation's Environmental Health[M]. Island Press, 1991.

5. Kim C, et al. Environmental Performance Index 2010 [R]. Yale University and Columbia University, 2010.

6. Cobb C, Halstead T, and Rowe J. If the GDP is Up, Why is America Down? [J]. The Atlantic Monthly, October, 1995: 59-78.

7. N. F. R. Crafts. The Human Development Index and Changes in Standards of Living: Some Historical Comparisons[J]. European Review of Economic History. 1997 (1): 299-332.

8. Donovan N, Halpem D. Life Satisfaction: The State of Knowledge and Implications for Government [EB/OL]. United Kingdom Treasury Paper, 2002.

9. Goldsmith E, Robert A. A Blueprint for Survival[M]. Ecosystems Ltd., 1972.

10. Hadwen S, and Palmer L J. Reindeer in Alaska, USDA Bulletin. 1922. No. 1089. Washington, D. C.: US Department of Agriculture.

11. Harris J M, and Kennedy S. Carrying Capacity in Agriculture: Global and Regional Issues[J]. Ecological Economics. 1999, 29(3): 443-461.

12. Daly H, and Cobb J Jr.. For the Common Good: Redirecting the Economy Toward Community, the Environment, and a Sustainable Future[M]. Boston: Beacon Press, 1989.

13. Lawn P A. A Theoretical Foundation to Support the Index of Sustainable Economic Welfare (ISEW), Genuine Progress Indicator (GPI), and Other Related Indexes[J]. Ecological Economics, 2003, 44(1): 105-118.

14. Leipert C. A Critical Appraisal of Gross National Product: The Measurement of Net National Welfare and Environmental Accounting[J]. Journal of Economics Issues, 1987, 21(1): 357-373.

15. Rijsberman M A, and Frans H M van de Ven. Different Approaches to Assessment of Design and Management of Sustainable Urban Water System [J]. Environment Impact Assessment Review, 2000, 20(3): 333-345.

16. OECD. Eco-efficiency[R]. Paris: Organisation for Economic Cooperation and Development, 1998.

17. Ree W E. Ecological Footprint and Appropriated Carrying Capacity：What Urban Economics Leaves Out[J]. Environment and Urbanization，1992，4(2).

18. Northam R M. Urban Geography[M]. 2nd edition. New York：John Wiley & Sons，1979.

19. Nicholson-Lord D. Green Cities and Why We Need Them［M］. London：New Economics Foundation，2003.

20. ［美］卡恩著. 绿色城市[M]. 孟凡玲译. 北京：中信出版社，2008.

21. 经济合作与发展组织编. 环境绩效评估：中国[M]. 曹东等译. 北京：中国环境科学出版社，2007.

22. ［英］吉登斯著. 气候变化的政治[M]. 曹荣湘译. 北京：社会科学文献出版社，2009.

23. 联合国环境规划署. 迈向绿色经济：通往可持续发展和消除贫困的各种途径——面向决策者的综合报告[R]，2011.

24. 2013 年政府工作报告(全文).

25. 国家统计局. 中国统计年鉴 2009—2012[M]. 北京：中国统计出版社，2009—2012.

26. 国家统计局，环境保护部. 中国环境统计年鉴 2008—2012[M]. 北京：中国统计出版社，2009—2012.

27. 中华人民共和国环境保护部编. 中国环境统计年报 2011[M]. 北京：中国环境科学出版社，2012.

28. 国家统计局国民经济综合统计司编. 中国区域经济统计年鉴 2012[M]. 北京：中国统计出版社，2012.

29. 国家统计局工业统计司编. 2012 中国工业经济统计年鉴[M]. 北京：中国统计出版社，2012.

30. 中华人民共和国水利部编. 2012 中国水利统计年鉴[M]. 北京：中国水利水电出版社，2012.

31. 国家统计局城市社会经济调查司编. 中国城市统计年鉴 2012[M]. 北京：中国统计出版社，2012.

32. 住房和城乡建设部编. 中国城市建设统计年鉴 2011[M]. 北京：中国城市建设出版社，2011.

33. 国家统计局国民经济综合统计司编. 新中国六十年统计资料汇编[M]. 北京：中国统计出版社，2009.

34. 国家环境保护总局编著. 全国生态现状调查与评估　综合卷[M]. 北京：中国环境科学出版社，2005.

35. 中国环境与发展国际合作委员会秘书处编. 绿色转型，科学发展的战略思考：中国环境与发展国际合作委员会 2007—2009 政策研究成果[M]. 北京：中国环境科学出版社，2010.

36. 科学技术部社会发展科技司，中国 21 世纪议程管理中心编著. 绿色发展与科技创新[M]. 北京：科学出版社，2011.

37. 中国科学院可持续发展战略研究组. 2012 中国可持续发展战略报告——全球视野下的中国可持续发展[M]. 北京：科学出版社，2012.

38. 中国社会科学院《城镇化质量评估与提升路径研究》创新项目组. 中国城镇化质量综合评价报告[R]，2013.

39. 世界银行. 2011 年世界发展指标[M]. 王辉等译. 北京：中国财政经济出版社，2011.

40. 联合国开发计划署. 中国人类发展报告 2002：绿色发展，必选之路[R]. 北京：中国财政经济出版社，2002.

41. 中国发展研究基金会编. 中国发展报告 2010——促进人的发展的中国新型城市化战略[R]. 北京：人民出版社，2010.

42. 中国城市科学研究会主编. 中国低碳生态城市发展战略[M]. 北京：中国城市出版社，2009.

43. 北京师范大学科学发展观与经济可持续发展研究基地等著. 2010 中国绿色发展指数年度报告——省际比较[R]. 北京：北京师范大学出版社，2010.

44. 北京师范大学科学发展观与经济可持续发展研究基地等著. 2011 中国绿色发展指数报告——区域比较[R]. 北京：北京师范大学出版社，2011.

45. 北京师范大学科学发展观与经济可持续发展研究基地等著. 2012 中国绿色发展指数报告——区域比较[R]. 北京：北京师范大学出版社，2012.

46. 北京师范大学经济与资源管理研究院. 2008 中国市场经济发展报告[R]. 北京：北京师范大学出版社，2008.

47. 中国人民大学气候变化与低碳经济研究所编著. 低碳经济：中国用行动告诉哥本哈根[M]. 北京：石油工业出版社，2010.

48. 李克强. 协调推进城镇化是实现现代化的重大战略选择[J]. 行政管理改革，2012(11)。

49. 吴敬琏. 中国增长模式抉择[M]. 上海：远东出版社，2006.

50. 厉以宁. 经济增长方式转变为何缓慢[J]. 价格理论与实践，2005(3).

51. 李晓西等. 新世纪中国经济报告[M]. 北京：中国经济出版社，2009.

52. 李晓西. 中国：新的发展观[M]. 北京：中国经济出版社，2009.

53. 牛文元主编. 中国可持续发展总论[M]. 北京：科学出版社，2007.

54. 吴正. 中国沙漠及其治理[M]. 北京：科学出版社，2009.

55. 李建平，李闽榕，王金南主编. 中国省域环境竞争力发展报告 2009—2010[R]. 北京：社会科学文献出版社，2011.

56. 谢文蕙，邓卫. 城市经济学[M]. 北京：清华大学出版社，1996.

57. 赵峥. 中国城镇化与金融支持[M]. 北京：商务印书馆，2011.

58. 张庆丰，罗伯特·克鲁克斯. 迈向环境可持续的未来：中华人民共和国国家环境分析[M]. 北京：中国财政经济出版社，2012.

59. 杨东平主编. 中国环境发展报告 2010[R]. 北京：社会科学文献出版社，2010.

60. 严耕主编. 中国省域生态文明建设评价报告 ECI 2011[R]. 北京：社会科学文献出版社，2011.

61. 曹荣湘主编. 全球大变暖：气候经济、政治与伦理[M]. 北京：社会科学文献出版社，2010.

62. 曾少军著. 碳减排：中国经验：基于清洁发展机制的考察[M]. 北京：社会科学文献出版社，2010.

63. 王金南等著. 绿色国民经济核算[M]. 北京：中国环境科学出版社，2009.

64. 张坤民，潘家华，崔大鹏主编. 低碳经济论[M]. 北京：中国环境科学出版社，2008.

65．马胜杰，姚晓艳著．中国循环经济综合评价研究［M］．北京：中国经济出版社，2009．

66．邱寿丰著．探索循环经济规划之道：循环经济规划的生态效率方法及应用［M］．上海：同济大学出版社，2009．

67．张录强著．广义循环经济的生态学基础——自然科学与社会科学的整合［M］．北京：人民出版社，2007．

68．王秋艳主编．中国绿色发展报告［R］．北京：中国时代经济出版社，2009．

69．田红娜著．中国资源型城市创新体系营建［M］．北京：经济科学出版社，2009．

各章主要执笔人

部 分	章 数	撰 稿 人
总 论		李晓西、潘建成
第一篇	第一章	施发启、李卓、青正
	第二章	江明清、刘杨
	第三章	赵军利、闵德龙、王蓄
第二篇	第四章	王有捐、石翊龙、罗佳
	第五章	毛玉如、刘诗瑶、杨栋
	第六章	陈小龙、宋涛、蔡宁
	第七章	赵峥、荣婷婷、蔡宁
第三篇	第八章	潘建成、赵军利、贾德刚
	第九章	潘建成、赵军利、贾德刚
第四篇	专题一	李晓西、赵峥、荣婷婷、李英子
	专题二	张生玲、邵晖、王颖、白瑞雪、周晔馨
	专题三	林卫斌、王诺、郑艳婷、张江雪
	专题四	张琦、林永生、刘一萌、许凌筠、于倩、黎文娟
	专题五	刘金石、李丁、晏凌、朱春辉、刘政伟
	专题六	范世涛
	专题七	李晓西
	专题八	李晓西、张琦、赵峥、王颖、荣婷婷
第五篇	专家论坛	刘伟、Arthur Hanson、徐庆华、牛文元、倪鹏飞、赖德胜、刘学敏、刘方健、韩晶、李宝元、胡必亮、张琦、王振耀、王红瑞、陈彬、刘建生、宋旭光、尹恒、王洛忠
第六篇	省际"绿色体检"表	施发启、江明清、马洪立、刘杨、李卓、闵德龙、青正、王蓄
	城市"绿色体检"表	王有捐、毛玉如、陈小龙、蔡宁、石翊龙、刘诗瑶、罗佳、杨栋
附 录	附录一	施发启、江明清、刘杨、李卓、闵德龙
	附录二	王有捐、毛玉如、陈小龙、石翊龙、刘诗瑶

后 记

十八大报告明确提出坚持节约资源和保护环境的基本国策，着力推进绿色发展，努力建设美丽中国，实现中华民族永续发展。从 2010 年开始，在北京师范大学、西南财经大学和国家统计局中国经济景气监测中心三家单位的大力支持下，我组织中国绿色发展研究课题组，连续推出"中国绿色发展指数系列报告"。《2013 中国绿色发展指数报告——区域比较》即将出版，在此感谢社会各界对本报告的大力支持。

国家统计局马建堂局长充满感情、富有诗意的序，令我十分感动。"长空碧澄，山色如黛，清水荡漾，芳草茵茵……让我们携起手来，为建设天蓝、地绿、山青、水净的美丽中国共同努力！"

北京师范大学刘川生书记、董奇校长，西南财经大学赵德武书记、张宗益校长多次肯定绿色发展指数报告的研究成果，鼓励信任，语重意深，再次欣然为本书作序，推动我们不断进步。

我要再次感谢国家统计局、北京师范大学、西南财经大学领导对本课题研究的大力支持！

感谢国家统计局中国经济景气监测中心潘建成副主任，国家统计局王有捐副主任、施发启处长、赵军利处长、江明清处长、陈小龙处长，环境保护部毛玉如处长等专家，你们认真审核与确定指标的增减、修改，提供数据，参与各章的定稿，合作高效而成功。国家统计局社情民意调查中心翟宏伟副处长、国家统计局中国经济景气监测中心贾德刚、刘岩等参与了城市绿色发展公众满意度调查的组织实施及数据处理等工作，在此一并表示感谢。

感谢所有参与本项研究的合作单位、协作与支持单位！

感谢著名经济学家吴敬琏教授、厉以宁教授、张卓元教授，全国政协文史和学习委员会魏礼群副主任，中央财经领导小组办公室陈锡文副主任，环境保护部潘岳副部长，中国环境与发展国际合作委员会徐庆华副秘书长，中国科学院张新时院士，北京师范大学副校长葛剑平教授，西南财经大学副校长边慧敏教授等 28 位国内经济、资源、生态、环境领域资深专家的专业评审。专家们的热情肯定与宝贵建议使我们受益颇多，推动了报告的不断进步与完善。

感谢为"专家论坛"做出贡献的教授和专家！他们有：北京大学副校长刘伟教授，加拿大可持续发展研究院特邀高级顾问阿瑟·汉森（Arthur Hanson）教授，中国环境与发展国际合作委员会副秘书长徐庆华研究员，国务院参事、中国科学院牛文元研究员，中国社会科学院城市与竞争力研究中心倪鹏飞研究员，北京师范大学资源学院刘学敏教授，水科学研究院王红瑞教授，管理学院王洛忠副教授，经济与工商管理学院赖德胜教授、李宝元教授、尹恒教授，国民核算研究院宋旭光教授，中国公益研究院王振耀教授，环境学院陈彬教授，经济与资源管理研究院胡必亮教授、张琦教授、韩晶教授，西南财经大学刘方健教授、刘建生教授等。专家、教授们为中国的绿色发展建言献策，提出了有科学价值的观点与分析，为本报告做出贡献。

为进一步了解绿色发展的实际情况，以求更加深刻评判中国绿色发展现状，课题组深入青海、浙江、山西、湖北、四川等省（区、市）进行调研，并分赴中国香港特别行政区、中国台湾地区，以及韩国首尔都市圈等地进行绿色发展实地考察。在调研考察中，我们得到各地相关政府部门、科研机构、高等院校等领导专家的大力支持，虽在正文各调研报告中我们已表达真挚的谢意，但这与他们提供的帮助相比是远远不够的，在此我再次由衷地对他们表示感谢。

　　同时，我院张琦教授、张生玲副教授、王诺副教授、林卫斌副教授、郑艳婷副教授、张江雪副教授、邵晖副教授、赵峥老师、林永生老师、刘一萌老师、白瑞雪老师、周晔馨老师、范世涛老师、王颖老师、荣婷婷老师，西南财经大学刘金石副教授、李丁副教授、晏凌老师、朱春辉老师，研究生李英子、许凌筠、于倩、黎文娟、刘政伟等参与了调研与考察。他们认真准备调研提纲，不断修改和完善报告写作，顺利完成了调研考察任务。

　　这里我要向课题组组织协调和进行测算的老师和同学们表示感谢。他们全力以赴、高效努力，为完成课题做出了贡献。课题协调人赵军利处长、赵峥老师及课题联系人荣婷婷老师协调各方、组织会议，在测算写作过程中提出了重要的建议；课题协调人林永生老师组织协调绿色发展实地考察与调研，与各调研组及各地相关部门交流沟通，发挥了重要作用。我的研究生团队全程参与课题的研究，他们在指标完善、指数测算、评审稿排版送审等方面贡献良多、进步很快，在此我要表扬并感谢他们。蔡宁博士作为测算小组组长，分别组织、协调测算小组的数据录入、试算等工作，高效地完成了任务。宋涛博士组织研发的绿色指数测算软件，为我们的研究节约了大量的时间和工作。张亮亮博士赴国家统计局中国经济景气监测中心详细了解城市绿色发展公众满意度调查的组织实施情况，并进行现场考察与试听。刘杨博士、刘诗瑶硕士、石翊龙硕士、闵德龙硕士在研究过程中参与了指标选取与测算、送审稿校稿排版、评审专家联系等多方面的工作，发挥了非常重要的作用。李卓硕士、王矗硕士、杨栋硕士、罗佳硕士、青正硕士虽然是课题组的新成员，但他们在研究过程中表现出来的认真态度，让我感到欣慰。测算小组的研究生们牺牲周末时间，多次工作到深夜，谢谢你们。

　　在这里，我还要感谢负责管理课题经费的王颖老师和晏凌老师，她们认真细致的工作为项目的后勤提供了保障。感谢参与课题会议组织协调、评审稿送审的范世涛、宋洋等十余位老师与研究生，他们的认真负责受到大家的肯定与好评。

　　最后，感谢北京师范大学出版社对我们的大力支持。北京师范大学副校长、北京师范大学出版集团董事长杨耕教授，北京师范大学出版集团总编辑叶子老师，北京师范大学出版社编辑马洪立、姚兵等老师高度重视本课题，悉心安排报告的出版与推广工作，并推荐报告参与相关荣誉的评比，令我非常感动。

　　"中国绿色发展指数系列报告"的研究已经进行了四年，感谢社会各界的关心与支持。由于主客观条件的限制，我们的研究还有很多不足之处，希望各位领导、专家、学者能够指出，以共同推进中国的绿色增长，实现人类与地球的可持续发展。

2013 年 7 月 8 日